全世界优等生都在做的
1500个思维游戏

李昕 编著

天津出版传媒集团
天津科学技术出版社

图书在版编目（CIP）数据

全世界优等生都在做的 1500 个思维游戏 / 李昕编著
. -- 天津：天津科学技术出版社，2018.4（2024.1 重印）
ISBN 978-7-5576-4835-0

Ⅰ.①全… Ⅱ.①李… Ⅲ.①智力游戏 Ⅳ.
① G898.2

中国版本图书馆 CIP 数据核字（2018）第 040123 号

全世界优等生都在做的 1500 个思维游戏
QUAN SHIJIE YOUDENGSHENG DOU ZAI ZUO DE 1500 GE SIWEI YOUXI

责任编辑：杨　譞
责任印制：兰　毅

出　　版：天津出版传媒集团
　　　　　天津科学技术出版社
地　　址：天津市西康路 35 号
邮　　编：300051
电　　话：（022）23332490
网　　址：www.tjkjcbs.com.cn
发　　行：新华书店经销
印　　刷：德富泰（唐山）印务有限公司

开本 720×1 020　1/16　印张 32　字数 520 000
2024 年 1 月第 1 版第 3 次印刷
定价：68.00 元

前言
PREFACE

让孩子成为优等生是无数家长和教师的共同心声。优等生是什么样的？聚精会神地听讲，认认真真地完成作业，成绩优秀就是优等生吗？其实不然。对于大多数学生来说，培养他们建立一套行之有效的学习方法，开发他们的思维能力，远远要比仅获得优异的成绩更加重要。

哈佛大学、牛津大学、伊顿公学等世界著名学府成功的经验和智慧告诉我们，优等生之所以成为优等生，并不是在于他们有多努力，而是在于他们掌握了科学的思维方法。正如哈佛大学第 21 届校长艾略特所言："人类的希望取决于那些知识先驱者的思维，他们所思考的事情可能超过一般人几年、几代人甚至几个世纪。"具有超常思维能力的人，到哪里都是卓尔不群的人，他们办事更高效，行动更果断，更容易获得成功。

人的思维潜能是无限的，因为承载人类思维的大脑具有无限的容量。科学研究表明，人脑中有 140 亿个脑细胞，每个脑细胞可生长出 2 万个树枝状的树突，可储存 50 亿本书的信息，平均每 24 小时能产生 4000 种思想，而思想每小时能游走 300 多千米。如果把大脑比作一部超大型的计算机，那么它不仅控制了我们的思想，还控制了我们的感觉、情绪以及身体的各种反应，这架不可思议的机器几乎主宰着一个人一生的发展。人的一生可以通过学习来获取知识，但思维训练从来都不是一件简单容易的事。人的头脑中蕴藏着无尽的宝藏，大多没有被人充分利用。科学调查结果表明，到目前为止人类的大脑普遍才开发了 5%，即使像爱因斯坦这些科学精英的大脑的开发程度也只达到 13% 左右。作为一种能"使思维流动的活动"，思维游戏是锻炼思维能力、提高智力水平的重要方法之一，它不但能够帮助发掘个人潜能，而且能使人感到愉快，是充分发掘大脑潜能、开启智慧大门的金钥匙。

本书精选数十所世界著名高校及中学生做的1500个思维游戏，包括算术类、几何类、组合类、数独类、推理类、创造类、观察类、想象类、文字类等各种形式，能帮助游戏者提高观察力、判断力、推理力、想象力、创造力、分析力、计算力、语言力、反应力、记忆力等多种思维能力，发掘大脑潜能。书中没有枯燥的公式，也没有难解的习题，每一类游戏都经过了精心的选择和设计，每一个游戏都具有代表性和独特性，内容丰富，难易有度，形式活泼。有看似复杂但却非常简单的推理问题，有让人迷惑不解的图形难题，有运用算数技巧以及常识解决的纵横谜题等。游戏者不但可以获得解题的快乐和满足，还可以通过完成各种挑战活跃思维，发掘大脑潜能，掌握必要的思维方法，得到更多可能的视角和解决问题的途径，进而做出正确的判断。

本书虽是一本游戏书，但却不是一本简单的娱乐书。每个游戏都是为训练学生的思维专门设计的，从而充分锻炼游戏者综合运用逻辑学、运筹学、心理学和概率论等多种知识的能力，兼具挑战性、趣味性与科学性，将为大家营造一个坐在世界名校课堂里训练思维的意境。在游戏的过程中，你需要大胆的设想、判断和推测，需要尽量发挥想象力，突破固有的思维模式，充分运用创造性思维，多角度、多层次地审视问题，将所有线索纳入你的思考。这些精彩纷呈的游戏，将让你在享受乐趣的同时，彻底带动你的思维高速运转起来，让你越玩越聪明。

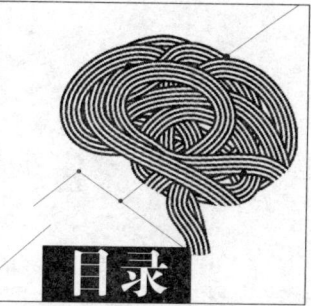

目录
CONTENTS

第一章 观察力

001	添加六边形 2	021	找出异己 5
002	四分均等 2	022	三维路径 5
003	选出正确的图 2	023	鸭子变公鸡 5
004	美丽的花瓶 2	024	有趣的脸谱 5
005	不同的箭头 2	025	找兄弟 6
006	规律线段 2	026	相同画面 6
007	巧分月牙 3	027	两鸡相斗 6
008	让 a 相等 3	028	玻璃上的弹孔 6
009	找出第五幅图 3	029	直线分饼 6
010	神秘单词 3	030	自制时针 6
011	圆中圆 3	031	是冬还是夏 7
012	观察正方形 3	032	儿童溜冰 7
013	给鱼配配对 4	033	翻身 7
014	补缺拼圆 4	034	折叠魔方 7
015	手势与影子 4	035	找出相同图案 7
016	2 个金字塔 4	036	不平衡的天平 7
017	困惑 4	037	同心圆 8
018	巧分花瓶 4	038	哪个不相关 8
019	新增房间 5	039	微调等式 8
020	巧分"工"字 5	040	划分数字 8

041	图形识别	8
042	几个镜中人	9
043	道路线	9
044	想一想	9
045	消防设备	9
046	老师出的谜题	9
047	重新排列	10
048	巧妙喂鱼	10
049	工具平面图	10
050	清点三角形	10
051	敬酒	11
052	三头大象	11
053	错在哪里	11
054	最长的线	11
055	上下颠倒	11
056	巧锯正方形	11
057	填数字	12
058	让圆点消失	12
059	神奇的绳子	12
060	黑白图	12
061	多了一把伞	12
062	巧送牛奶	12
063	变幻三角形	12
064	小猫找尾巴	13
065	火柴图形变幻	13
066	不同的方框	13
067	鲸鱼图案	13
068	给卓别林找道具	13
069	等分方孔图	14
070	三角形的个数	14
071	破损的宝塔	14
072	省份分组	14
073	小舟变形	14
074	分割场地	14
075	灰黑相间	15
076	重叠的长方形	15
077	查缺补漏	15
078	群鸟展翅	15
079	双板拼图	15
080	女子画像	16
081	套环	16
082	谁先到达	16
083	数字整队	16
084	万字花拼图	17
085	W变三角	17
086	母鸡下蛋	17
087	按图索骥	17
088	相切的圆	18
089	找袜子	18
090	补缺口	18
091	头像剪影	18
092	连点画方	18
093	找不同	18
094	照明灯	19

095	未来时光 …………………19	128	奇怪的圆圈 …………………26
096	巧分农庄 …………………19	129	与众不同的图形 ……………26
097	找出4 ……………………19	130	高脚杯 ………………………26
098	灰度值 …………………19	131	两个单词 ……………………26
099	延伸序列 …………………20	132	音符 …………………………26
100	表情 ……………………20	133	游泳的鱼 ……………………26
101	两个竖条纹 ………………20	134	萨拉和内德 …………………27
102	名画 ……………………20	135	隐藏的老鼠 …………………27
103	灰色区域 …………………20	136	墓前的拿破仑 ………………27
104	基本图形 …………………21	137	拿破仑家庭 …………………27
105	迷惑 ……………………21	138	骷髅头 ………………………27
106	剪出图形 …………………21	139	体形 …………………………28
107	棋盘格 …………………21	140	蜈蚣 …………………………28
108	明暗度 …………………22	141	更长的线段 …………………28
109	求同存异 …………………22	142	利润 …………………………28
110	比亮度 …………………22	143	比比哪个长 …………………28
111	圆圈与背景 ………………22	144	帽子 …………………………28
112	不存在的灰点 ……………22	145	线段 …………………………29
113	另类 ……………………23	146	中间的圆 ……………………29
114	鱼目混珠 …………………23	147	与众不同的星星 ……………29
115	特立独行 …………………23	148	弧线 …………………………29
116	闪烁栅格 …………………23	149	凸凹变化 ……………………29
117	找出不一样的图形 ………23	150	球的深度 ……………………29
118	视觉反应 …………………24	151	相交的直线 …………………30
119	塔顶 ……………………24	152	雪花 …………………………30
120	不存在的黑点 ……………24	153	波浪 …………………………30
121	移动图片 …………………24		
122	忽明忽暗 …………………24		
123	找不同 …………………25		
124	"弯曲"的直线 ……………25		
125	墙壁 ……………………25		
126	动动脑 …………………25		
127	考考你 …………………25		

| 154 | 火柴人 | 30 | 155 | 与众不同的三角形 | 30 |

第二章 | 判断力

156	谁是罪犯	32
157	真正的出路	32
158	抢钱的破绽	32
159	奇特的生日	32
160	巧移冬青	32
161	猜猜是谁	32
162	判断公车驶向	33
163	间谍之死	33
164	特殊数字	33
165	4只小狗	33
166	黑色还是白色	33
167	周长比较	34
168	外星来客	34
169	面积有多大	34
170	残缺的迷宫	34
171	聪明的海盗	35
172	钥匙在哪里	35
173	狡诈的走私犯	35
174	足球的破绽	35
175	识破伪证	36
176	推断纸牌	36
177	生死有别	36
178	多余的线	36
179	公路设计图	37
180	妙用砝码	37
181	狂人日记	37
182	比较黑白	37
183	血型辨凶手	37
184	谎言的破绽	37
185	三位美女	38
186	标签怎样用	38
187	兄弟姐妹	38
188	特殊台桌面	38
189	比赛排名	38
190	选择建筑师	38
191	表盘上的数字	39
192	男生还是女生	39
193	卸运西瓜	39
194	寻找冰红茶	39
195	黑点方格	39
196	照片反影	40
197	4减4的结果	40
198	正确的按钮	40
199	"1"究竟有多少	40
200	最大的影子	40
201	如何站立	40
202	帽子的颜色	40
203	假设	40
204	拍卖无价	41
205	妙手剪纸后的图	41
206	牛奶咖啡	41
207	向左向右	41
208	分隔18点	41
209	哪里人	41
210	哪3人是一家	42
211	仓库被盗	42

| 212 奇怪的生日 …… 42
| 213 巨款仍在 …… 42
| 214 书的价格 …… 42
| 215 最佳位置 …… 43
| 216 巧牵马 …… 43
| 217 撒谎村来的打工妹 …… 43
| 218 4种蔬菜 …… 43
| 219 大象几条腿 …… 43
| 220 有钱人 …… 43
| 221 女性解放 …… 44
| 222 小孔的变化 …… 44
| 223 判别表针 …… 44
| 224 不合格的乒乓球 …… 44
| 225 图形转换 …… 45
| 226 预言家 …… 45
| 227 露茜要什么 …… 45
| 228 旗、杆间距 …… 45
| 229 赛马 …… 45
| 230 加勒比海盗 …… 46
| 231 找出下一个字母 …… 46
| 232 百试百灵 …… 46
| 233 真的没有时间吗 …… 46
| 234 谁的照片 …… 46
| 235 考试的结果 …… 47
| 236 巧辨开关 …… 47
| 237 继续发牌吗 …… 47
| 238 错误多面角 …… 47
| 239 判断正误 …… 47
| 240 最先出现的裂缝 …… 48
| 241 家庭比赛 …… 48
| 242 跳棋游戏 …… 48
| 243 乐极生悲 …… 48
| 244 配合握手 …… 49

245 找谁算命 …… 49
246 养鱼的是谁 …… 49
247 距离更近 …… 49
248 最后一个字母 …… 49
249 安全脱险 …… 49
250 搜查 …… 50
251 向哪边倾斜 …… 50
252 风中的蜡烛 …… 50
253 巧切蛋糕 …… 50
254 福尔摩斯 …… 50
255 无赖和愚蠢 …… 51
256 互联网狂躁症 …… 51
257 完全吻合 …… 51
258 燕子李三 …… 51
259 缺少的时针 …… 52
260 挑选人员 …… 52
261 欢聚圣诞节 …… 52
262 类同变化 …… 52
263 加薪 …… 52
264 3个乒乓球 …… 52
265 抓强盗 …… 52
266 心灵手巧的少妇 …… 53
267 顺序 …… 53

268	远近	53
269	美丽的正方体	53
270	几个正方形	54
271	概率	54
272	雷击	54
273	数字代码	54
274	各走各门	54
275	兔子难题	54
276	错觉	55
277	丢失的数字	55
278	巧穿数字	55
279	捉老鼠	55
280	建操场	55
281	衣服的数量	55
282	6+5=9	56
283	剩余的页数	56
284	野战地图	56
285	添上一条线	56
286	爱撒谎的一家人	56
287	合二为一	57
288	翻跟头的小鸟	57
289	移花接木	57
290	上升还是下降	57
291	成才与独生	57
292	搭桥	58
293	语意深长	58
294	圆心	58
295	看一看	58
296	挽救熊猫的方法	58
297	弯曲的眼镜蛇	59
298	封口	59
299	蚂蚁回家	59
300	魔方	60
301	渡河	60
302	一刀两断	60
303	推测符号	60
304	图形变身	61
305	鱼儿有几条	61
306	明察秋毫	61
307	残缺的纸杯	61
308	可疑旅客	61
309	最牢固的门	62
310	不同的图形	62
311	构成图案	62
312	缺失的字母	62
313	哪两个数	62
314	条形图	62
315	图像边缘	63
316	星星	63
317	方块变形	63
318	水平线	63
319	三角形中的点	63
320	拿掉谁	63
321	与D1对应的选项	64

322	图形复位 64	323	关系判断 64

第三章 推理力

324	真实身份 66	352	提钱诀窍 71
325	正确答案 66	353	弄巧成拙 71
326	推断年龄 66	354	真正的藏宝箱 71
327	五碗巧搬 66	355	高效电梯 72
328	分辨姐妹 66	356	保守的丈夫 72
329	小偷被偷 67	357	案发时间 72
330	中国盒 67	358	露出破绽 73
331	英语过级 67	359	等鱼上钩 73
332	环球飞行计划 67	360	特别的碑文 73
333	猫捉老鼠 67	361	背后的圆牌 74
334	缺页的书 67	362	雪夜目击 74
335	钱去哪里了 68	363	妙计辨靴 74
336	第一百个数字 68	364	可怜的囚犯 74
337	马虎的校长 68	365	文字推数 75
338	哪瓶是葡萄酒 68	366	3000米决赛 75
339	小男孩和小女孩 68	367	人和魔鬼 75
340	他绝不是自杀 69	368	一片沉寂 75
341	运动员的年龄 69	369	有毒的苹果 75
342	学生会委员 69	370	放不下的榻榻米 76
343	烟蒂制烟 69	371	循环赛 76
344	分辨矿石 69	372	最有可能的贼 76
345	谁点了牛排 69	373	虎毒不食子 76
346	局内人 70	374	破解密码算式 76
347	两位老实人 70	375	智推车牌号 76
348	受过伤的死者 70	376	留下的钻石 77
349	纸带的漏洞 70	377	谁是赢家 77
350	五色珠 71	378	悬赏启事 77
351	打破的水晶 71	379	谁害了议员 78

380	吞蛋送命	78
381	概率是多少	78
382	罪犯的同伙	78
383	大采购	78
384	抛尸现场	79
385	失窃的海洛因	79
386	犯罪嫌疑人	79
387	商业谈判	79
388	猜猜主角	80
389	决斗制胜	80
390	波娣娅的宝盒	80
391	猜猜赌资	80
392	火柴搬家	80
393	名画失窃	81
394	碎瓶的破绽	81
395	数字组合	82
396	大嘴鲈鱼	82
397	凶手是谁	82
398	计算闯关	82
399	狡猾的罪犯	82
400	是银圆，还是红枣	83
401	推算兵力	83
402	天使的钻戒	83
403	兔子能逃脱吗？	83
404	休闲的城镇	84
405	何时能相聚	84
406	凶器消失了	84
407	同步左脚	84
408	反驳名言	85
409	沙漠归来	85
410	移动汽车	85
411	扒手	85
412	百米冠军	85
413	分辨雌雄	85
414	谁是盗贼	86
415	数列	86
416	选小偷	86
417	恶魔魔方	86
418	清理仓库	87
419	分蛋糕	87
420	西瓜的重量	87
421	铰链翻动	88
422	鱼的长度	88
423	猫鼠游戏	88
424	六边形里的数字	88
425	手表	89
426	发现规律	89
427	箭头的方向	89
428	正确的选项	89
429	黑变白	90
430	图形填空	90
431	折叠	90
432	隐藏的东西	90
433	数字列	91
434	逻辑图框	91
435	逻辑数值	91
436	组合瓷砖	91

| 437 画符号 …… 92
| 438 结果 …… 92
| 439 填入正确的数字 …… 92
| 440 密码 …… 92
| 441 原图归位 …… 92
| 442 应显示时间 …… 93
| 443 表格分解 …… 93
| 444 "6"的样子 …… 93
| 445 正确的八边形 …… 93
| 446 三阶反魔方 …… 93
| 447 洪水警告 …… 94
| 448 完成序列 …… 94
| 449 手表的显示时间 …… 94
| 450 字母游戏 …… 94
| 451 下一幅 …… 94
| 452 规律填空 …… 95
| 453 对号入座 …… 95
| 454 取代 …… 95

455 图形归位 …… 95
456 彼此对应 …… 96
457 填充空格 …… 96
458 数字取代符号 …… 96
459 补全多边形 …… 96
460 数字填格 …… 96
461 规律填数 …… 97
462 图形推数 …… 97
463 数字盾牌 …… 97
464 下一个图案 …… 97
465 显示时间 …… 97
466 缺少的方块 …… 97
467 推理数字 …… 98
468 选择箭头 …… 98
469 树形序列 …… 98
470 取代问号 …… 98
471 下一个 …… 98
472 顶端数字 …… 98

第四章 | 想象力

473 一笔成等 …… 100
474 四人头像 …… 100
475 等边三角形 …… 100
476 找出真凶 …… 100
477 被圈住的蟑螂 …… 100
478 花儿变风车 …… 100
479 他们是双胞胎吗 …… 101
480 地牢奇事 …… 101
481 奇怪的线 …… 101
482 太空人 …… 101
483 奇特的算式 …… 101

484 形状想象 …… 101
485 游来游去 …… 101
486 过桥 …… 101
487 兔子和萝卜 …… 102
488 三鸟拼母鸡 …… 102
489 五边形瓷砖 …… 102
490 如何过河 …… 102
491 六角变花 …… 102
492 积木空缺 …… 102
493 扑克暗示 …… 102
494 移动三角 …… 103

495	钟表异事 103	528	房产买卖 108
496	开几枪 103	529	组合转换 108
497	聪明的家丁 103	530	一句话答全 108
498	空间三角形 104	531	硬币钻洞 109
499	无桥河 104	532	抛硬币 109
500	双胞离体 104	533	未卜先知 109
501	入睡妙招 104	534	交叉魔术 109
502	俯视 104	535	自由下落 109
503	灯笼"101" 104	536	硬币正方形 109
504	直线画三角 105	537	巧摆瓶子 109
505	理发 105	538	飞机的影子 110
506	箱子不见了 105	539	公安局长 110
507	公元前出生的人 105	540	招生计划 110
508	最优方案 105	541	天上掉番茄汁 110
509	特殊的时钟 105	542	12 的一半 110
510	穿越六边形 105	543	数字巧妙推 110
511	差距 106	544	致命弱点 110
512	罗马数字变身 106	545	奇怪的家庭 111
513	你中有我,我中有你 106	546	轨迹想象 111
514	完整的方糖 106	547	分图陷阱 111
515	共有几堆 106	548	剪刀魔法 111
516	绳结 106	549	椅子倒了 111
517	缺失的方块 106	550	过河 111
518	奇怪的回答 107	551	火柴组图形 112
519	铁路工人的反常举动 107	552	高难度动作 112
520	奇怪的大小比较 107	553	路标 112
521	增添杯子 107	554	添数字 112
522	巧妙连线 107	555	单只通过 112
523	果皮形状 107	556	一扫而空 112
524	直角拓展 107	557	辨真伪 112
525	感觉 108	558	共同点 112
526	分梨 108	559	猜猜数字 113
527	为什么 108	560	蜡烛 113

561	卡片转换	113
562	熊的颜色	113
563	画	113
564	切割方形孔	113
565	蒂多公主	113
566	木板比较	114
567	妙取 B 字	114
568	重拼长方形	114
569	骰子	114
570	分割球体	114
571	男孩与凸面镜	115
572	拼接六边形	115
573	将硬币放入玻璃杯	115
574	不重复的符号	115
575	对应立体图形	115
576	拼接整圆	116
577	胶片	116
578	全等图形	116
579	另外 2 种对称星形	116
580	画出 9 种对称星形	117
581	对称星形	117
582	阶梯	117
583	立体图形	117
584	样板	118
585	相同的立方体	118
586	正确的数字	118
587	金字塔	118
588	圣诞老人	118
589	画像	119
590	皮带	119
591	多面体环	119
592	折叠正方形	120
593	神奇的符号	120
594	找出符号相同的两个面	120
595	折叠立方体	120
596	符号相同的两个面	120
597	升序降序	120
598	折不出的立方体	121
599	折不出的图形	121
600	两个正确的	121
601	画图	121
602	鸠尾结合	121
603	重组长方形	122
604	折一折	122
605	一刀切出六边形	122
606	剪线	122
607	圆柱体	122
608	打孔游戏	123
609	邮票	123
610	箭头	123
611	弹孔	123
612	胶合板	124
613	立方体	124
614	瓶塞	124

615	长方形	124
616	货物箱	125
617	鸡蛋	125
618	太妃糖	125
619	形状	125
620	蜘蛛	126
621	钟	126
622	考古	126

第五章 创造力

623	创意植树	128
624	不变的星星	128
625	这可能吗？	128
626	魔法变数	128
627	不向左转	128
628	只剩一点	128
629	智擒盗贼	128
630	麦秸提瓶	129
631	戒指放盒里	129
632	让正方形最多	129
633	巧搬巨石	129
634	两个瓶子	129
635	买肉	129
636	永不消失的字	129
637	画师与财主	130
638	聪明的匪徒	130
639	一笔成字	130
640	三角分隔术	130
641	让三角消失	130
642	剪绳子	130
643	多点相连	131
644	叶公好龙	131
645	创意过河	131
646	脑力体操	131
647	切割菱形	131
648	等距画点	131
649	陆游与美酒	132
650	平平捉鸟	132
651	转动的齿轮	132
652	大白菜	132
653	抢30	132
654	得分	132
655	错变对	133
656	9个空格	133
657	一笔两线	133
658	香槟的分法	133
659	面包夹火腿	133
660	驯犬	133
661	奇怪的选择	133
662	切去一个角	133
663	直线连点	134
664	心念猜数	134
665	药水挥发	134
666	移出乒乓球	134
667	房子变球门	134
668	完全相同的试卷	135
669	数字矩阵	135
670	站立	135
671	不变的数字	135
672	哪一个不一样	135

673	少数民族	135
674	自助就餐	135
675	阮小二吹牛	136
676	合作	136
677	旅游	136
678	无重力地带	136
679	两只小鱼	136
680	变大的正方形	136
681	菱形叠加	137
682	只动一点点	137
683	推迟鸡叫	137
684	国际会议	137
685	无人乐队	137
686	智取	137
687	酒鬼	138
688	铜锣	138
689	神通广大	138
690	空中解绳	138
691	保住脑袋	138
692	创意拼音	139
693	如此坐监	139
694	最大的数字	139
695	东京路标	139
696	你让谁上车	139
697	灭绝的动物	139
698	特制工具	139
699	分牛	139
700	一杯水	140
701	直尺曲线	140
702	得分趣事	140
703	符号	140
704	三角板画平行线	140
705	变小变小	140
706	一层变双层	140
707	棋盘与骑士	141
708	栩栩如生的鹰蛋	141
709	巧变"88"	141
710	特异功能	141
711	多少块砖	141
712	蜡烛	141
713	瓶底的饮料	141
714	幻化三角形	141
715	让水上升	142
716	割据	142
717	另类制胜	142
718	滑行路线	142
719	镜子迷宫	142
720	上色正方形	143
721	七巧板拼多边形	143
722	4个三角形	143
723	燃烧映像	144
724	面积减少一半	144
725	八角形迷宫	144
726	有趣的七巧板	144
727	农场	145
728	三角形拼图	145
729	线段连图	145
730	拼字母	146

731 铅笔组图 146
732 奇怪的电梯 146
733 拼出五角星 146
734 大小梯形 147
735 组合六角星 147
736 心形七巧板 147
737 闭合多边形 147
738 构建多边形 147
739 分割正方形 147
740 上色 148
741 4 点连出正方形 148
742 分割 L 形 148
743 填涂图案 148
744 建造桥梁 149
745 复制图案 149
746 增加正方形 149
747 直线分符号 150
748 铁丝环 150
749 覆盖网格 150
750 变出立方体 150
751 重组正方形 150
752 埋伏地点 151
753 绳子 151
754 移到中心位置 151
755 小钉板 151

756 三角形钉板 152
757 正六边形钉板 152
758 折叠纸片 153
759 分割 153
760 连接数字 153
761 连接四边形 153
762 4 等分钉板 153
763 摆放皇后 153
764 多少个皇后 154
765 画三角形 154
766 图形大变身 154
767 奇妙的火柴游戏 154
768 分割矩阵 155
769 国王 155
770 走出棋盘 155
771 巡游路线 155
772 走出迷宫的捷径 155
773 皇后巡游 156
774 瓢虫 156
775 象巡游 156
776 摆象 157
777 正确的等式 157
778 车的巡游 157
779 不可比的长方形 158
780 连接圆点 158
781 8 个三角形 158
782 切巧克力 159
783 有闭合曲线的十二边形 159
784 构建三角形围栏 159
785 哈密尔顿循环 159
786 重物重组 160
787 分割图表 160
788 一笔画图 160

789	自己的空间 160	804	牙签 164
790	变少的正方形 161	805	飞船 164
791	火柴游戏 161	806	杯垫 165
792	等分网格 161	807	圆圈 165
793	作图 161	808	X 射线 165
794	组成三角形 162	809	警察 165
795	LOVE 立方体 162	810	钉子 166
796	组合正方形 162	811	徽章 166
797	滑动链接谜题 162	812	盘子 166
798	有始有终 163	813	火柴 167
799	正方形里的半圆 163	814	国际象棋 167
800	水族馆 163	815	置换 167
801	数学符号 163	816	蜂箱 168
802	麦秆提苏打瓶 164	817	城堡 168
803	鱼缸 164	818	纸片 168

第六章 分析力

819	安全的名画 170	833	按时归队 172
820	一剪成形 170	834	错误在哪里 172
821	花坛有多大 170	835	视图 172
822	不被承认的彩票 170	836	妙运钢管 172
823	字母变小 170	837	巧挪硬币 173
824	妙招 170	838	不同的耗油量 173
825	六角迷宫 171	839	聪明搬动 173
826	一笔画五环 171	840	产量 173
827	五棵松 171	841	中间的绳子 173
828	出征 171	842	是否相等 174
829	穿越山谷 171	843	裁展纸环 174
830	遗嘱纠纷 171	844	三棱柱 174
831	变化无穷 172	845	财主分田 174
832	酒鬼有几个 172	846	死里逃生 174

847	心愿难了	175
848	方格挪球	175
849	问路	175
850	哪边的灯亮	175
851	杯中取币	175
852	星球	176
853	切割马蹄	176
854	降妖魔圈	176
855	图形数字	176
856	钟表不慢了	176
857	枪战胜算	176
858	拍照	177
859	巧套纸靴	177
860	谁对	177
861	筷子搭桥	177
862	书虫啃书	177
863	房间分配	178
864	谁更有利	178
865	有趣的故事	178
866	看台	178
867	规律勾勒	178
868	半杯咖啡	178
869	房子的位置	179
870	蚯蚓	179
871	走入一端	179
872	货车卸运	179
873	南来北往	179
874	十字变方	179
875	比面积	179
876	当水缸满溢	179
877	扔球	180
878	动手钻纸	180
879	行星"赤道"	180
880	巧做十字标	180
881	条条大道通罗马	180
882	客轮	180
883	小管妙用	181
884	售票员的警觉	181
885	你快乐吗	181
886	停止不动	181
887	失踪的小鸭	181
888	回到原点	181
889	周游世界	181
890	方格寻宝	182
891	奥斯卡	182
892	哪来的蛋	182
893	奇效	182
894	没收钱币	182
895	几枚邮票	182
896	智采草莓	182
897	一笔方圆	183
898	贪玩的蜗牛	183
899	拼剪三角	183
900	单摆	183
901	圣诞聚会	183
902	有眼睛的正方形	183
903	溢水加水	184
904	设计桌面	184
905	形单影只	184
906	正常国与反常国	184
907	字母散步	184
908	连环纸带	184
909	孰对孰错	185
910	平均分配	185
911	勾画六边形	185
912	模糊数字	185

913	快速续图	185
914	更大的正方形	185
915	对应	186
916	与其他不同的图	186
917	未完的序列	186
918	男孩女孩	186
919	数字狭条	186
920	恰当的数字	187
921	移动的数字	187
922	合适的长方形	187
923	数字游戏板	187
924	六边形上色	187
925	失衡的天平	188
926	三角形里正确的数字	188
927	阿基米德保卫叙利亚	188
928	排列规律	189
929	旗子	189
930	不一样的时间	189
931	镜子成像	189
932	坐座位	189
933	猜图	190
934	骑士	190
935	填图补白	190
936	地板	190
937	蛋卷冰激凌	191
938	通话	191
939	关系	191
940	扑克牌	191
941	合适的图形	191
942	特别的数字	192
943	破解密码	192
944	图形转变	192
945	保持平衡	192
946	蜂巢六边形魔方	192
947	装饰物	192
948	称重量	193
949	排序	193
950	称重	193
951	去电影院	193
952	神奇的环	194
953	守卫	194
954	圆筒观物	194
955	2 条变 3 条	195
956	中间位置	195
957	最后的星星	195
958	派对	195
959	三维的剑	195
960	平衡天平	196
961	圣诞节长袜	196
962	发射炮弹	196
963	较重的盒子	196
964	骨牌覆盖棋盘	196
965	最近距离	197
966	左撇子, 右撇子	197
967	空白	197
968	桌球	197

969	踩着石头过河 ……198	1002	角度 ……206
970	禁酒时期 ……198	1003	指针相遇 ……206
971	箱子的重量 ……198	1004	百分比 ……206
972	骑士数量 ……198	1005	约会地点 ……206
973	海市蜃楼之碗 ……199	1006	找标志 ……206
974	瀑布 ……199	1007	凹陷的原因 ……206
975	下一个字母 ……199	1008	从 A 到 B ……207
976	F 在哪里 ……199	1009	影像结构 ……207
977	特殊的数 ……199	1010	图形配平 ……207
978	吃掉骑士 ……200	1011	杂技演员 ……207
979	例外 ……200	1012	用材料最少的围栏 ……208
980	过桥 ……200	1013	倒酒 ……208
981	添图配平 ……200	1014	正确的图标 ……208
982	不同 ……201	1015	平分红酒 ……208
983	正透镜 ……201	1016	分配方法 ……209
984	白纸着火 ……201	1017	接通电路 ……209
985	反射 ……201	1018	变形 ……209
986	蜡烛的像 ……202	1019	辨别假币 ……210
987	恰当的字母 ……202	1020	彩虹 ……210
988	两类皇后 ……202	1021	太阳光 ……210
989	齿轮 ……202	1022	平行四边形 ……210
990	路线 ……203	1023	几何级数 ……211
991	保持平衡 ……203		
992	最短接线长度 ……203		
993	与众不同 ……203		
994	监视器 ……204		
995	欧几里得平面 ……204		
996	代替问号 ……204		
997	转移 ……204		
998	多少个象 ……205		
999	7 张纸条 ……205		
1000	配平 ……205		
1001	几根绳子 ……205		

1024 天平 211	1031 钱包 213
1025 泰迪玩具熊 211	1032 家庭 213
1026 翡翠乐大厦 211	1033 圣诞节 213
1027 钞票 212	1034 纸牌 213
1028 十字路口 212	1035 葡萄酒 214
1029 细长玻璃杯 212	1036 牌点 214
1030 古董 212	1037 铁匠 214

第七章 计算力

1038 喝茶 216	1060 鸡蛋的价钱 219
1039 猜猜年龄 216	1061 中央五角星 219
1040 布鞋与皮鞋 216	1062 韩信点兵 219
1041 她几岁了 216	1063 □代表几 219
1042 薪酬 216	1064 粗心的人 219
1043 分马 216	1065 数字是 1 219
1044 数字和密码 216	1066 出生日期 219
1045 走楼梯 217	1067 数字通缉令 220
1046 一串字符 217	1068 分糖果 220
1047 养鸽 217	1069 失落的数字 220
1048 三人买马 217	1070 黑白棋子 220
1049 鸡和蛋 217	1071 几人割草 220
1050 胜算最大的赌博 217	1072 迷路 220
1051 求值 217	1073 齐头并进 220
1052 几只鸟 217	1074 罗盘推数 221
1053 狡猾的狐狸 217	1075 蚂蚁搬面包 221
1054 比大小 218	1076 奥赛试题 221
1055 井有多深 218	1077 蜡烛燃烧了多久 221
1056 下车 218	1078 商人卖牛 221
1057 各自的硬币 218	1079 桃子有多少 221
1058 看图填数字 218	1080 多才多艺 222
1059 补充表格 218	1081 补充数字 222

1082 奇妙六圆阵 ……………………222	1115 两数之差 ……………………227
1083 数字运算 ……………………222	1116 李白买酒 ……………………227
1084 善良的老奶奶 ………………222	1117 统筹方法 ……………………228
1085 手指数数 ……………………223	1118 相撞的导弹 …………………228
1086 完成算式 ……………………223	1119 镜子里的游戏 ………………228
1087 巧算线段 ……………………223	1120 双环填数 ……………………228
1088 魔方 …………………………223	1121 稀奇的算式 …………………228
1089 推算生日 ……………………223	1122 青蛙爬井 ……………………228
1090 得分 …………………………223	1123 数字六边形 …………………229
1091 固定的数 ……………………224	1124 购票 …………………………229
1092 创意算式 ……………………224	1125 魔法公式 ……………………229
1093 半张唱片 ……………………224	1126 如何表示 100 ………………229
1094 寻找最大和 …………………224	1127 数独魔方 ……………………229
1095 同一数字 ……………………224	1128 百羊趣题 ……………………229
1096 几人能脱险 …………………225	1129 实际损失 ……………………229
1097 多少人 ………………………225	1130 古柏树的年龄 ………………230
1098 圆花周长 ……………………225	1131 棋子 …………………………230
1099 龟兔赛跑 ……………………225	1132 算一算 ………………………230
1100 遗嘱执行 ……………………225	1133 四阶魔方 ……………………230
1101 连撕日历 ……………………225	1134 菱形亮度 ……………………231
1102 赔了还是赚了 ………………225	1135 构建等式 ……………………231
1103 交换 …………………………226	1136 砖头重量 ……………………231
1104 趣味金字塔 …………………226	1137 归位 …………………………231
1105 跳台阶 ………………………226	1138 格子屋 ………………………231
1106 迅速过桥 ……………………226	1139 位置对应 ……………………232
1107 快速计算 ……………………226	1140 6 数之和 ……………………232
1108 猜出新号码 …………………226	1141 八阶魔方 ……………………232
1109 卖水 …………………………226	1142 符号与数字 …………………232
1110 网球赛 ………………………227	1143 多米诺骨牌墙 ………………233
1111 规律推数 ……………………227	1144 大圆与小圆 …………………233
1112 删数字 ………………………227	1145 算数 …………………………233
1113 分割圆环 ……………………227	1146 博彩游戏 ……………………233
1114 三只桶的称量 ………………227	1147 五星数字谜题 ………………234

1148 数独 234
1149 数字谜题 234
1150 替代数字 234
1151 完美六边形 234
1152 哪个数 235
1153 活塞 235
1154 送货 235
1155 结果是 12 235
1156 完成等式 235
1157 合力 236
1158 解答难题 236
1159 问号里的数字 236
1160 蜂巢 236
1161 最大的和 236
1162 填数完形 237
1163 倍数难题 237
1164 五星填数 237
1165 填空 237
1166 三角形面积 237
1167 填数 237
1168 相等的数字之和 238
1169 三角形组 238
1170 七角星 238
1171 八角星 238
1172 完成链形图 238
1173 路径 239
1174 代数 239
1175 完成谜题 239
1176 墨迹 239
1177 房顶上的数 239
1178 迷宫算式 240
1179 算算看 240
1180 数字补白 240

1181 数字完形 240
1182 数字填空 240
1183 标志 241
1184 替换问号 241
1185 小狗菲多 241
1186 几个白色小圆 241
1187 剩余面积 241
1188 数字难题 242
1189 缺少的数字 242
1190 数字圆盘 242
1191 白色小圆 242
1192 四边形面积 242
1193 总值 242
1194 求面积 243
1195 数字 243
1196 最小正方形边长 243
1197 正方形边长 243
1198 金字塔上的问号 243
1199 最后的格子 243
1200 符号与数值 244
1201 数字台阶 244
1202 面积比值 244
1203 年龄 244
1204 结果是 203 244

第八章 语言力

1205 拼汉字 246
1206 诗词填数 246
1207 纵横交错 246
1208 三国演义 247
1209 疑惑的小书童 247
1210 文学想象 247
1211 成语十字格 247
1212 一笔变新字 247
1213 看图猜字 248
1214 一台彩电 248
1215 成语猜谜 248
1216 几家欢喜几家愁 248
1217 快乐联想 248
1218 成语接龙 248
1219 学三部曲 248
1220 象棋成语 249
1221 组合猜字 249
1222 串门 249
1223 乌龟信 249
1224 拜访 250
1225 成语与算式 250
1226 长联句读 250
1227 穿针引线 250
1228 一封怪信 250
1229 秀才贵姓 251
1230 成语加减 251
1231 "山东"唐诗 251
1232 雪中送炭 251
1233 汉字拼凑 252
1234 真实的谎言 252
1235 老父读信 252
1236 诗词影片名 252
1237 断肠谜 253
1238 巧读同音联 253
1239 趣味课程表 253
1240 是否别字 253
1241 屏开雀选 254
1242 快来猜一猜 254
1243 环形情诗 254
1244 组字透诗意 255
1245 多维提示 255
1246 几读连环诗 255
1247 树木字谜 255
1248 什么关系 255
1249 难解之谜 255
1250 孪生成语 256
1251 文静的姑娘 256
1252 水果汉字 256
1253 拆字猜谜 256
1254 运动会 256
1255 张三李四 256
1256 添字组字 257
1257 郑板桥劝学 257
1258 字画藏唐诗 257
1259 聪明的长生 257
1260 大树不得砍 257
1261 数字藏成语 258
1262 答非所问 258
1263 心连心 258
1264 蜻蜓点水 258
1265 人名变成语 258
1266 "5"字中的成语 258

1267 三谜同底 259
1268 回文成语 259
1269 图片猜成语 259
1270 一环扣一环 259
1271 省市组唐诗 260
1272 剪读唐诗 260
1273 三个举人 260
1274 钟表成语 260
1275 迷宫成语 261
1276 博杂填字 261
1277 诗句重排 262
1278 幽默的夫妻 262
1279 成语之最 263
1280 巧拼省名 263
1281 以谜和谜 263
1282 意外收获 263
1283 藏头成语 263
1284 指路 263
1285 百鹅题诗 264
1286 画师 264
1287 魔法字条 264
1288 二王相争 264
1289 拆字对联 265
1290 智改电文 265
1291 唐伯虎填诗 265
1292 接头暗语 265
1293 神童解缚 265
1294 骑士传说 266
1295 棋盘成语 266
1296 快乐猜想 266
1297 识图猜字 266
1298 猜谜招亲 266
1299 各国风情 267
1300 开国君主 267
1301 猜一猜 267
1302 虎字成语 267
1303 成双成对 267
1304 和珅求匾 267
1305 更正片名填成语 268
1306 书生猜字 268
1307 拼单词 268
1308 寻找作家 268

第九章 反应力

1309 山羊和卷心菜 270
1310 五色环 270
1311 "√"何处来 270
1312 细菌分裂 270
1313 体重 270
1314 一个回答 270
1315 圣诞礼物 270
1316 奇特等式 270
1317 奇特的车祸 270
1318 冒险航海 270
1319 越来越大 271
1320 立起来的鸡蛋 271
1321 兔毛产地 271
1322 不乘电梯 271
1323 绳结 271
1324 三角形与正方形 271

1325 外星人到月球 271
1326 看谁跑得慢 271
1327 照镜子 271
1328 在哪里 271
1329 舰艇沉没 272
1330 跳过两天 272
1331 骨科医生 272
1332 美梦成真 272
1333 耳朵有两只 272
1334 寸步难行 272
1335 奇怪的字 272
1336 国内盛产 272
1337 巧妙反驳 272
1338 寄钥匙 272
1339 熊猫的愿望 272
1340 专利 272
1341 吝啬的姨夫 273
1342 紧急时刻 273
1343 红十字 273
1344 掉落的小鸟 273
1345 两堵墙 273
1346 无法修改 273
1347 停在哪里 273
1348 锅盖 273
1349 选举 273
1350 折痕 274
1351 他去买什么 274
1352 点火柴 274
1353 杯中的鱼 274
1354 赛跑 274
1355 最长的手指 274
1356 遗书 274
1357 喝酒划拳 275

1358 空中射弹 275
1359 不同的答案 275
1360 花圃 275
1361 袜子的毛病 275
1362 越小越旧 275
1363 不可能变可能 275
1364 将来式 275
1365 小狗变大 275
1366 死掉的蚯蚓 275
1367 挖洞 275
1368 问题 275
1369 好听的字母 276
1370 给蠢货让路 276
1371 冰变水 276
1372 魔法符号 276
1373 滑轮比赛 276
1374 智过界桥 276
1375 倒向何方 276
1376 高尔夫球 276
1377 称职的士兵 276
1378 过生日 277
1379 谐音巧问 277
1380 巧取袜子 277

1381 谁先升天	277		1414 点菜	282
1382 照片顺序	277		1415 "解放"棍子	283
1383 解铃与系铃	277		1416 动物组合	283
1384 作案人	277		1417 曲线半径	283
1385 迅速灭火	277		1418 对角线路径	283
1386 雪后脚印	277		1419 拓扑游戏	284
1387 特殊的月份	278		1420 多出的图形	284
1388 狡猾的商人	278		1421 弦的交点	284
1389 游泳比赛	278		1422 玩玩棋子游戏	284
1390 不走的时钟	278		1423 拇指结	285
1391 巧分蛋糕	278		1424 穿越地球	285
1392 天敌	278		1425 平分小圆点	285
1393 取胜	278		1426 数量	285
1394 迟钝的士兵	278		1427 小狗吃饼干	285
1395 奖赏	278		1428 剪纸	286
1396 微型相机	279		1429 路线图	286
1397 倒粮食	279		1430 走出迷宫	286
1398 如此作画	279		1431 棋子游戏	286
1399 奇怪的鸟	279		1432 管道与绳子	287
1400 找对手	279		1433 吞吃蛇	287
1401 真假之辨	280		1434 重新拼入	287
1402 半篮鸡蛋	280		1435 方向	287
1403 巧租公寓	280		1436 金鱼的位置	287
1404 如何出场	280		1437 线段长度	288
1405 链形图	280		1438 小人	288
1406 演员金字塔	281		1439 变更硬币位置	288
1407 T	281		1440 三角形个数	288
1408 拼合图形	281		1441 大厦	288
1409 七巧板	281		1442 重组连续	288
1410 拼拼七巧板	281		1443 加法运算	289
1411 篱笆	282		1444 数字之和	289
1412 铅球	282		1445 内接正方形	289
1413 七巧板拼数字	282		1446 围栏	289

1447 有趣的跳棋游戏 289
1448 跳棋 290
1449 变换心情 290
1450 一笔描画 290
1451 六边形 291
1452 神奇的运算 291
1453 多少个菱形 291
1454 油漆窗户 291
1455 1角硬币 291
1456 奶牛喝什么 292
1457 喇叭 292
1458 扑克筹码 292

第十章 | 记忆力

1459 回忆填图 294
1460 寻找底片 294
1461 回忆手势 294
1462 图形再现 294
1463 补充图案 295
1464 减少信息 295
1465 记忆历史事件 295
1466 记忆涂格 295
1467 规律推图 296
1468 面面俱到 296
1469 消失的标记 296
1470 选择记忆 296
1471 判断图形 297
1472 记住词义 297
1473 谐音法记忆 297
1474 识图记忆 297
1475 图形选择 298
1476 回忆选图 298
1477 底部的图案 298
1478 倒扣的扑克 299
1479 超级联想 299
1480 破译数字密码 299
1481 记忆填箭头 299
1482 过程描述 300
1483 慧眼识星 300
1484 记忆推图 300
1485 图形组合 300
1486 拼凑瓷砖 301
1487 细节比较 301
1488 动物公共汽车 301
1489 巧记圆周率 302
1490 图符相对 302
1491 巧记书名 302
1492 与椅子有关的东西 302
1493 图形推理 302
1494 超级记忆 302
1495 正方形个数 302
1496 记忆分辨 303
1497 众里挑一 303
1498 停车次数 303
1499 猫窝的门 303
1500 渐变 303

答案 **305**

第一章

观察力

001 添加六边形

先用 12 根火柴摆个正六边形，再用 18 根火柴在里面摆 6 个相等的小六边形，知道是怎么摆的吗？

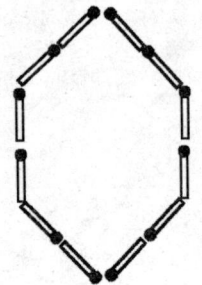

002 四分均等

把下图的长方形分成全等（完全一样）的 4 个图形，你能画出 4 种以上的图案吗？

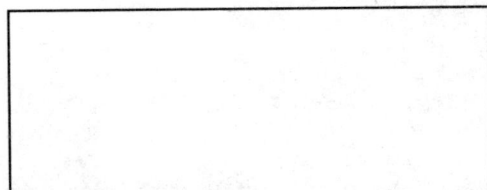

003 选出正确的图

A、B、C、D、E 几个图形，哪一个填入图中的问号比较合适？

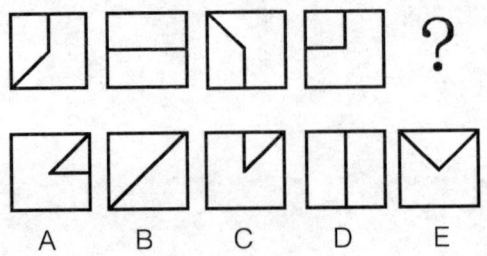

004 美丽的花瓶

这个造型美观的花瓶是位技术高超的工匠用旁边的碎瓷片拼成的。请你仔细看了后，在碎瓷上写上对应的编号。

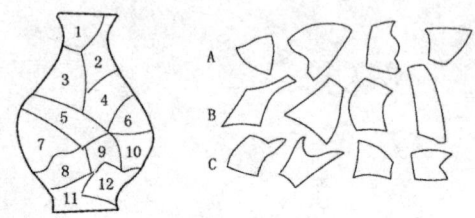

005 不同的箭头

找出下面 5 个箭头中与众不同的一个。

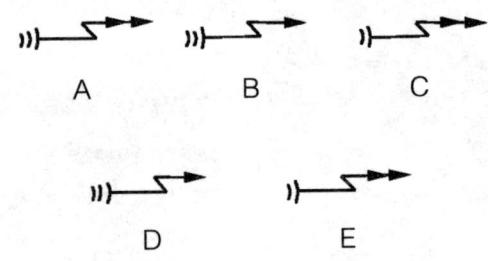

006 规律线段

仔细观察下面 4 幅图形，选出规律相同的第五幅图。

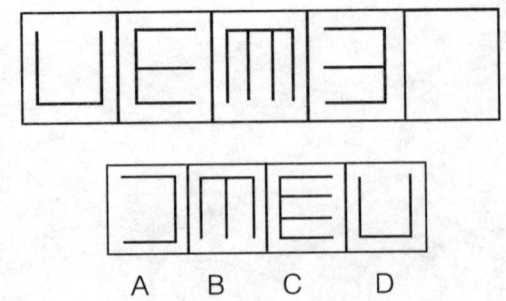

007 巧分月牙

用两条直线可以把状若月牙的图形分为6个部分,你来试试看吧。

008 让 a 相等

纵横都为六格的网格中有 36 个 a,能不能划掉 12 个 a,使得未划掉的 a 在纵、横每行的数目相等?

a	a	a	a	a	a
a	a	a	a	a	a
a	a	a	a	a	a
a	a	a	a	a	a
a	a	a	a	a	a
a	a	a	a	a	a

009 找出第五幅图

仔细观察下面 4 幅图形,依据图形规律,选出适合的第五幅图形。

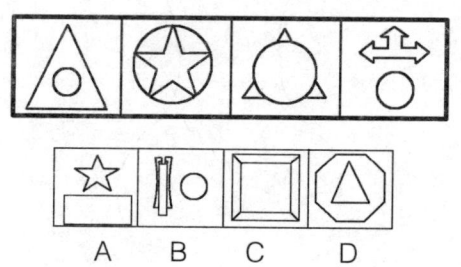

A   B   C   D

010 神秘单词

字母方阵里藏了一个神秘单词。你能发现它吗?

R	V	E	O	V	C
S	I	O	V	R	D
V	E	R	C	V	O
R	O	V	E	S	E
E	R	S	C	R	I
C	E	R	E	O	R

011 圆中圆

下图中共有多少个圆圈呢?

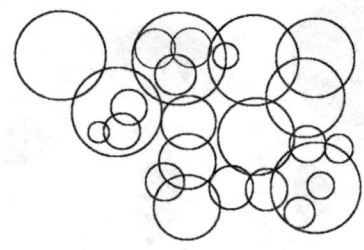

012 观察正方形

观察下图的 3 个正方形,它们有一个特点,下列只有一组图形具备这一特点。这一特点是什么?哪一组和它相配:

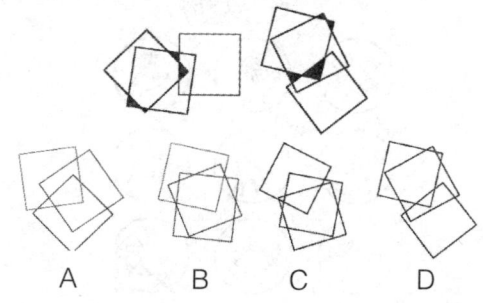

A   B   C   D

第一章 观察力 | 3

013 给鱼配配对

请将下面6个图配成相称的3对。

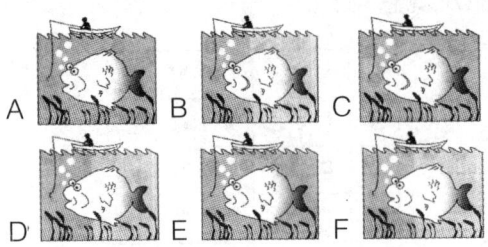

014 补缺拼圆

图中共有A、B、C、D四块边角料，请你从中选出一块，与大块正好拼成一个圆。

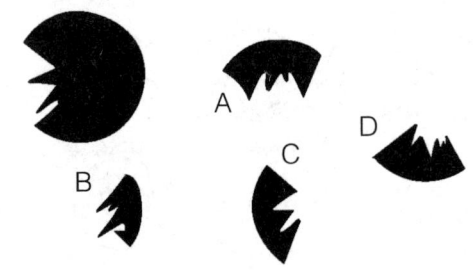

015 手势与影子

不同的手势会产生不同的影子，那么下列手势会出现什么样的影子呢？

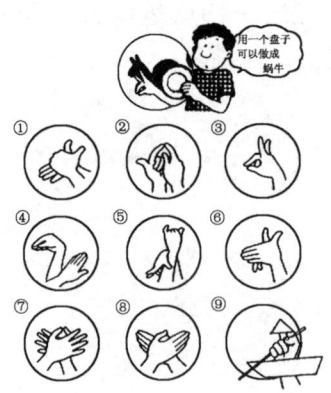

016 2个金字塔

请找出连接着2个金字塔的秘密通道。

017 困惑

哪一项不是箱子相同3个面的视图？

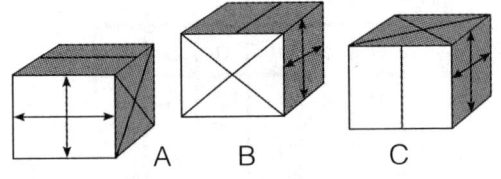

018 巧分花瓶

下图这个花瓶形状的图形分割后，能再拼成长方形和正方形吗？

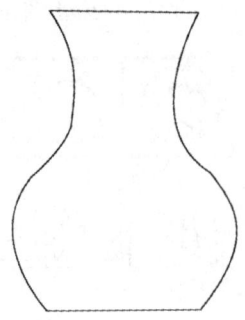

019 新增房间

动物园用围栏围成了7个房间,现在搬来两个新邻居,它不能和其他动物放在一起。工作人员开动脑筋,只移动了图中的3根围栏并增加一根围栏,就让原来的7个房间变成了9个。你知道他们是怎样移动的吗?

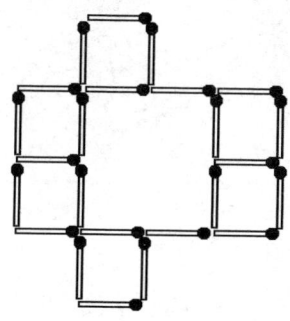

020 巧分"工"字

下图一个"工"字是由面积相等的小方块组成的,怎样把它切分成4个面积和形状都相同的部分?

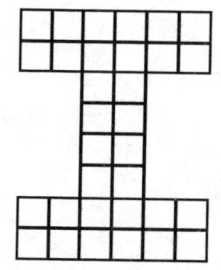

021 找出异己

在下列5个字母中,哪个与其余4个差别最大呢?

AZFNE

022 三维路径

一只小蚂蚁可以沿着下边所示的物体的边爬行,但它不愿意穿过它自己走过的路,也不愿意经过同样一块地方两次。有了这样的要求,你能找出一条路,使得它走过恰好每个角一次吗?

如果你无法解决这道题,可能是因为通常很难想象一个立体物隐藏的边和角。画一个与立体物在拓扑结构上相同的二维图形可能会有帮助。这样一幅图使得每条边和每个角都能看见,并且你能够看见它们之间的关系。

023 鸭子变公鸡

如图,你能移动1笔就将duck(鸭子)变成另一种家禽吗?

024 有趣的脸谱

A、B、C三个选项中,哪个可以接续下图序列?

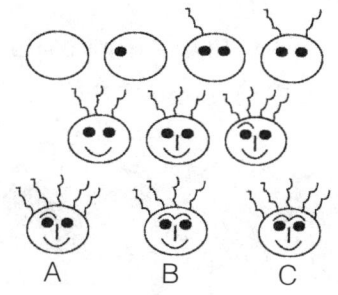

025 找兄弟

有16只小猫，其中有两只小猫长得一模一样。帮它们找一找。

026 相同画面

仔细观察下面这幅图，找出图画完全相同的格子。

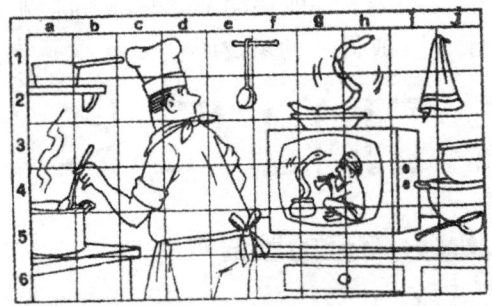

027 两鸡相斗

在"两鸡相斗"图画上添上一笔，使之变成单鸡自嬉。你会吗？

028 玻璃上的弹孔

某寓所发生一起枪击案，下图是窗户上的玻璃被枪击后，留下的2个弹孔。你能分辨出哪个孔是先射的，哪个孔是后射的吗？

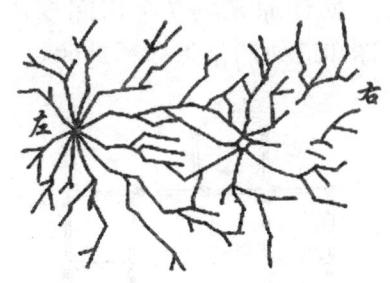

029 直线分饼

用一次直线切割，可以把一个馅饼切成2块。第二次切割与第一次切割相交，则把馅饼切成4块。第三次切割（如图）切成的馅饼可多至7块。经过6次这样呈直线的切割，最多可把馅饼切成几块？

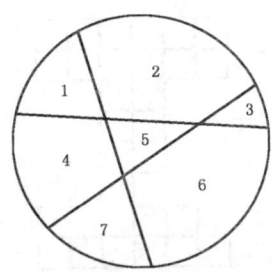

030 自制时针

亮亮手工制作了一个纸时针，他的时间做得有毛病吗？

031　是冬还是夏

下面这两幅图，你能区别哪一幅是夏天，哪一幅是冬天吗？

032　儿童溜冰

在下面这张图中，你能找到几个儿童与左上方向那个儿童溜冰姿势图相同？

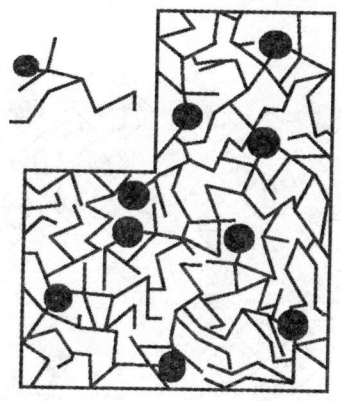

033　翻身

请你把下边的火柴图向箭头所指的方向翻一个身，它会变成图中哪一个？

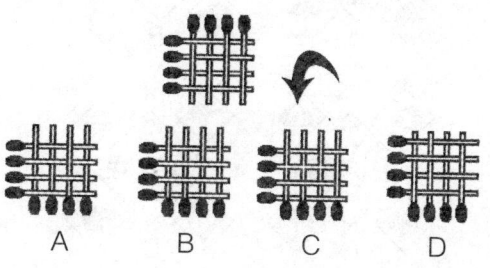

034　折叠魔方

哪个立方体上的图案跟平面图形上的图案完全相同？

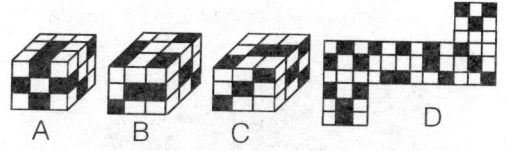

035　找出相同图案

这里有5幅图案，其中有几幅与小方格内的图案是相同的？把它找出来。

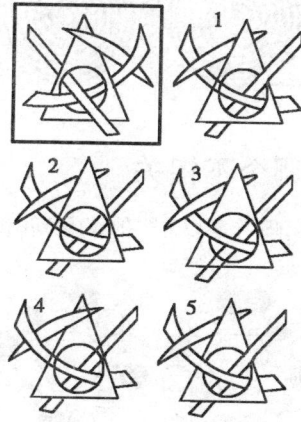

036　不平衡的天平

下图是用9个木棒摆成的一架天平，可是这架天平并不平。如果要把这架天平调整到水平状态，至少要移动几个木棒才能成功？

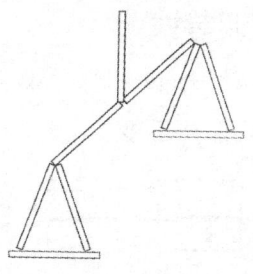

037 同心圆

如果车轮绕着圆心旋转,你会产生什么感觉?

038 哪个不相关

下面哪个图与其他的图不相关?

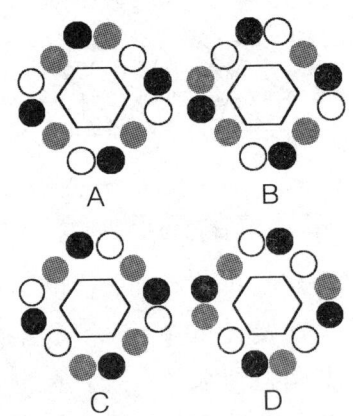

039 微调等式

在此等式中移动哪一根火柴,能使等式结果保持不变?

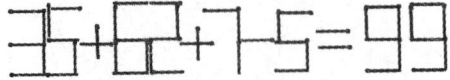

040 划分数字

将下图分成形状、面积相同的4份,使每份上各数相加的和相等。

8	3	6	5
3	1	2	1
4	5	4	2
1	7	3	9

041 图形识别

依据图形变化规律找出第四幅图形。

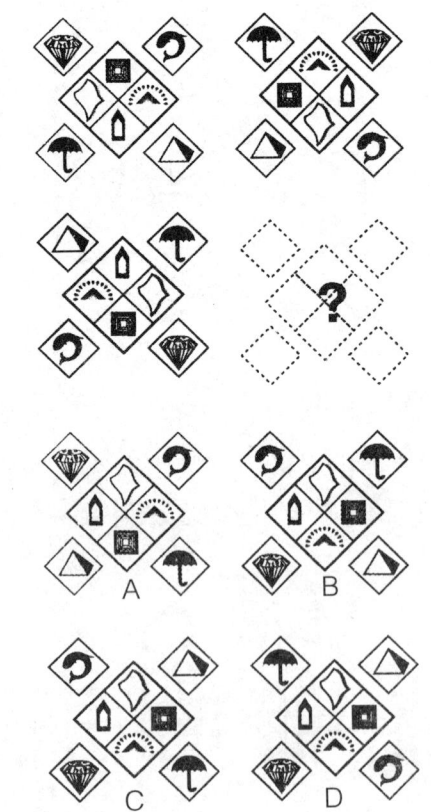

042 几个镜中人

镜子前站7个人。只要镜子里有影，哪怕只能看见一只手，都算"能看见"。请问：①有多少人能从镜子中看见1号？②有多少人能从镜子中看见4号？③4号向后退2个方块的距离，有多少人能看见他？

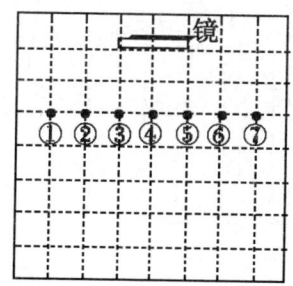

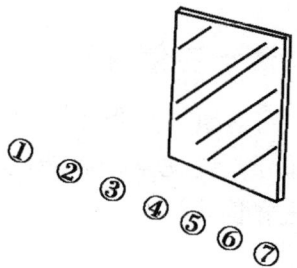

043 道路线

下图是一部分街道的道路图。

李小明住在A处，王小平住在F处。现在李小明要去王小平家，他行进中的每一个路口、每一条街道只许经过一次，那么李小明从家到王小平家，共有多少种不同的走法？

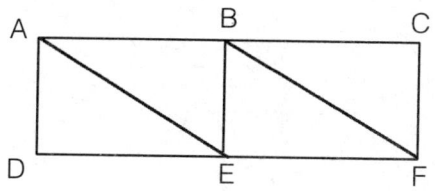

044 想一想

请仔细看下面这张图，想想看它是什么？

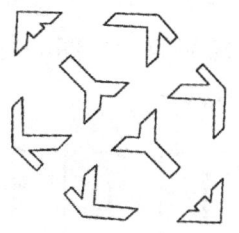

045 消防设备

某地有9座仓库，为了防火，需在这些仓库中放2套消防设备。一座仓库放了消防设备，凡是与它有路连着的仓库都可以就近使用。请想一想，这2套消防设备应该放在哪里，才能使9座仓库都用得上。

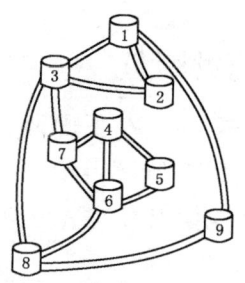

046 老师出的谜题

有一天，老师让同学们观察下列4幅图，并要求同学们说出哪个与其他3个不同，你知道吗？

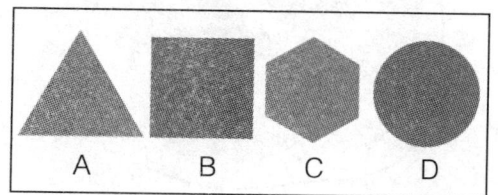

047 重新排列

如下图所示,从1到5的25个数字规规矩矩地站在那里,请你将它们打乱,重新排列一下,使纵、横各行数目的和都相等,在同一行中一个数字不得出现两次。

1	1	1	1	1
2	2	2	2	2
3	3	3	3	3
4	4	4	4	4
5	5	5	5	5

048 巧妙喂鱼

有一个渔民在下面所有的池塘都养了鱼,每天他都得给每个池塘投喂饲料,帮他找出最佳喂鱼路线。

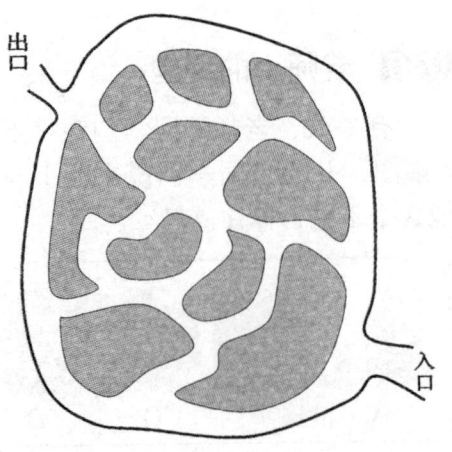

049 工具平面图

这张图里有哪7件工具的平面图(至少讲出4种):

050 清点三角形

下列这组三角形中,每个都被遮掉一部分。凭观察,你能说出共有多少个三角形吗?

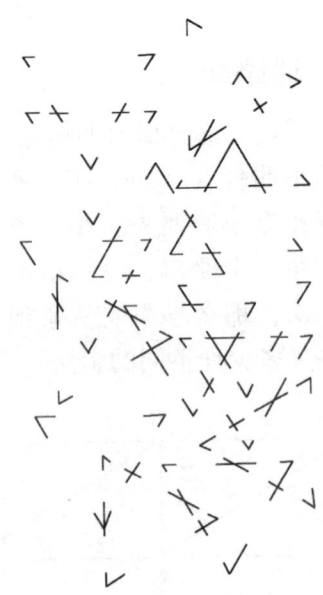

051 敬酒

某清官为老百姓教训了恶棍,大家争相为他倒酒庆贺。酒杯和酒瓶如图,你能移动3根,使瓶口对准酒杯吗?

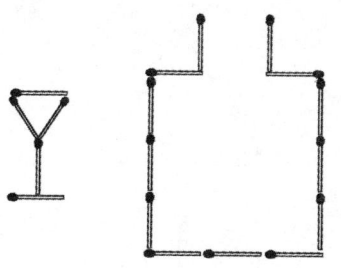

052 三头大象

给黑象补上耳朵,而2头白象上加一笔,变出了3头大白象。

053 错在哪里

刚上幼儿园的花花画了一幅画,她哪些地方画得不对呢?

054 最长的线

在下面这些流动的竖线中,你能找出最长的一条吗?

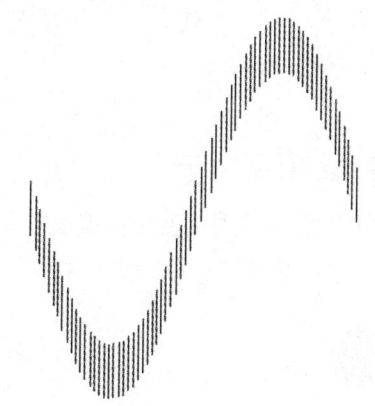

055 上下颠倒

由10个硬币排成一个三角形,你能否只移动其中的3个,就让三角形上下颠倒呢?

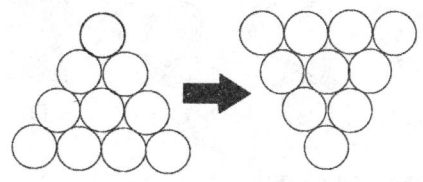

056 巧锯正方形

乐乐家有一块奇形怪状的木板(如下图)。一天,爸爸想让乐乐把它拼成一个正方形,前提是只能锯两次。乐乐看了半天也不敢动手,你能帮帮乐乐吗?

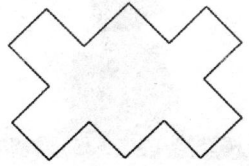

057 填数字

根据规律,填数字完成下列谜题。

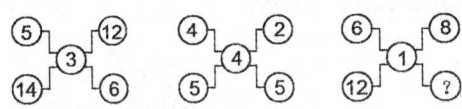

058 让圆点消失

想办法让图中的圆点消失,不要用手,也不要用工具遮盖。

059 神奇的绳子

图中有4根绳子,在绳的两端用力拉,除一根外,其他3根都打不成结,请问哪一根绳子能打结?

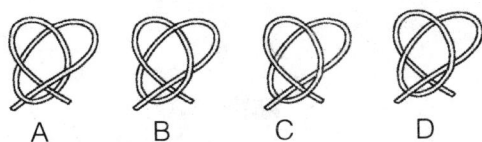

060 黑白图

仔细观察下面这幅图,说说看,你都看到了什么。

061 多了一把伞

火柴棒排成一把伞的形状(如图所示)。在只能移动4根火柴棒的情况下,要使这一把伞变成两把,该怎么做?

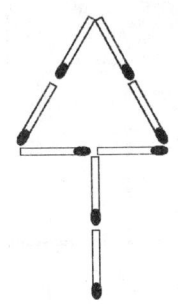

062 巧送牛奶

牛奶公司的送货员每天都要把牛奶送到各个销售点(图中的黑点),要求路线不能重复,然后回到牛奶公司,送货员该怎么走?

063 变幻三角形

这幅图案是用9根火柴拼成的3个三角形,现移动3根火柴,搭出5个三角形。

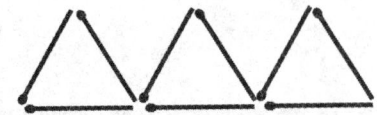

064 小猫找尾巴

在 2 分钟内，把猫的两截正确连接（找寻猫尾），不要搞错它的尾巴。

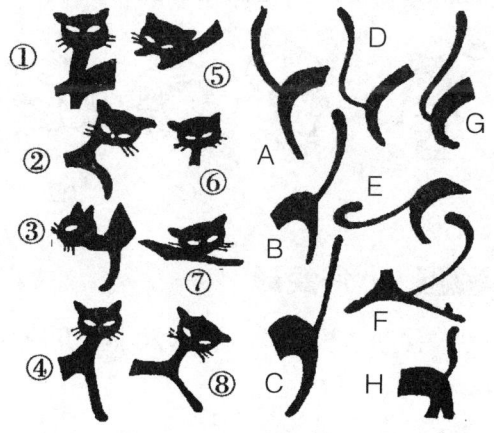

065 火柴图形变幻

用 24 根火柴按下图摆好。（1）拿掉 4 根，拼成同样大小的 5 个正方形。（2）拿掉 6 根，拼成 3 个不同大小的正方形。（3）拿掉 8 根，拼成 2 个不同大小的正方形。

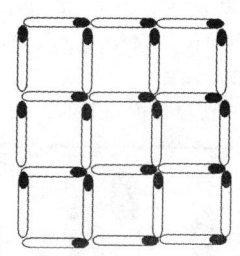

066 不同的方框

找出与众不同的一个：

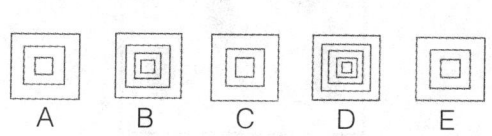

067 鲸鱼图案

如图所示，下面的 3 个小方格的画面与整个画面中的哪部分相同呢？在括号中填上数字标号。

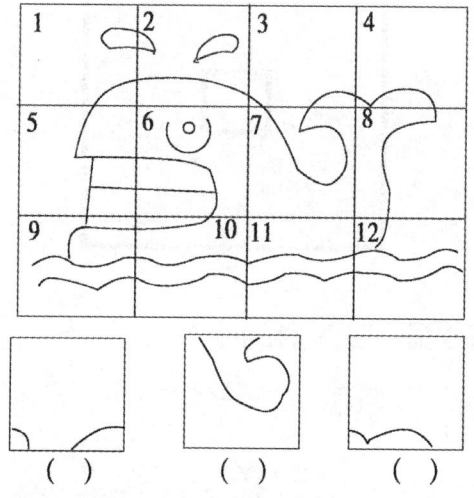

068 给卓别林找道具

卓别林的道具丢了，你能在住宅前后帮他找到吗？

069　等分方孔图

如何将以下图形分为大小和形状均相同的6等份？

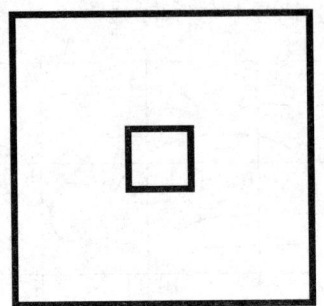

070　三角形的个数

下图有几个三角形？

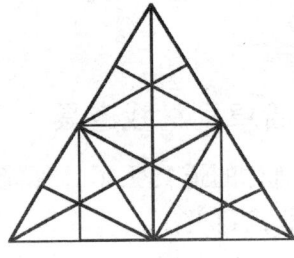

071　破损的宝塔

年久失修的宝塔，裂缝多多，其中有2块碎片形状是一模一样的，是哪2块碎片？

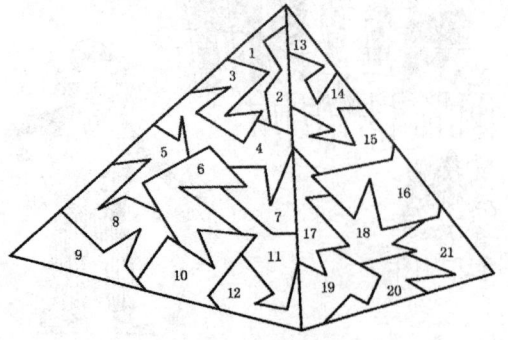

072　省份分组

图中A、B、C、D四幅有趣的图分别是我国的4个省份，你能根据这些图的外形判断它们是哪些省份吗？

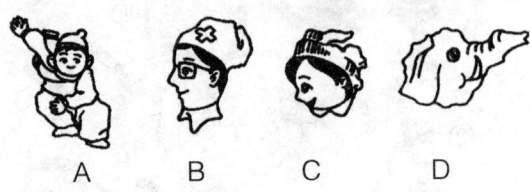

073　小舟变形

移动4根火柴，把这只小舟变成3个梯形。

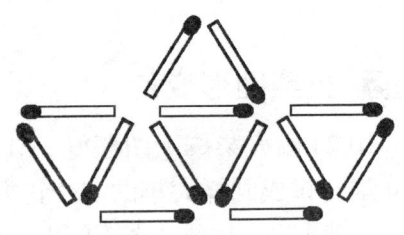

074　分割场地

场上有10个人，请画出3条线，把场地划5块，使得每一小块场内只有2个人。

075　灰黑相间

灰色的部分和黑色的部分哪个面积更大些？

076　重叠的长方形

3个相同的长方形叠放在一起，如图所示，它们相交构成7个区域。你能提出一种构成25个区域的方案吗？

077　查缺补漏

你能找出图中的规律，并把缺掉的部分补上吗？

078　群鸟展翅

下图中有几只小鸟？

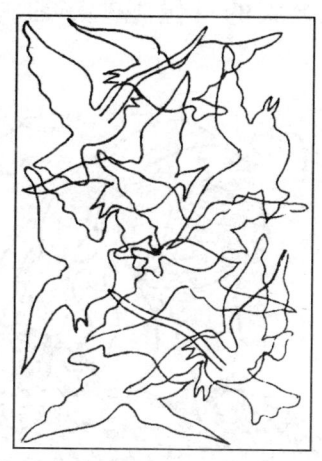

079　双板拼图

数学家高斯因其杰出贡献而被誉为"数学王子"，但并不是所有的人都对他能得到这一殊荣而心悦诚服。有一天，一个自诩为天才的傲慢青年来找高斯，妄图出一道难题难倒高斯，让他出丑，以夺过"数学王子"的桂冠。他拿出一些模型，选出2块拼成一个图形（如图所示）。高斯一眼扫去便发现了其中的诀窍，并想出了3种拼法。那青年自知冒失，便灰溜溜地走了。你知道高斯是怎么拼的吗？

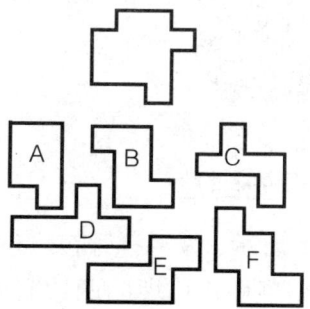

080 女子画像

这是一幅妙龄女子的肖像还是一幅年迈老太的肖像呢？仔细观察一下吧！

081 套环

仔细看看绳子连着几个三角环？几个圆圈环？几个方块环？

082 谁先到达

如图所示，从 A 点到 B 点中间隔着一个小草坪，草坪的两边有两条小路。小明和小军同时从 A 点出发，小明从左侧小路走，小军从右侧小路走，相同的速度下，谁先到达 B 点？

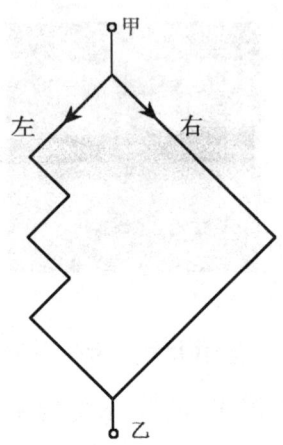

083 数字整队

鲁西西误入数学王国，被任命为某数字集团军的上尉。现在，她要给手下十几个士兵整整队，16 个方格里已有 1、2、3、4 四个五边形，要将上面 12 个也排进去，不论横行、竖行或对角线都不能有相同的数字和图形，该怎么排呢？

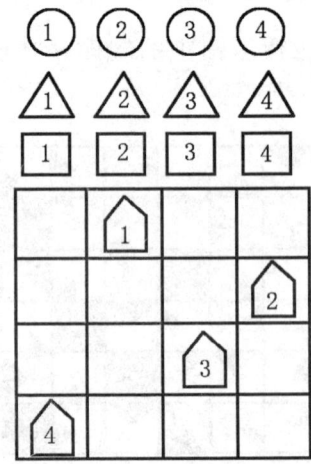

084 万字花拼图

将下图割成4块,然后拼出一个正方形来。

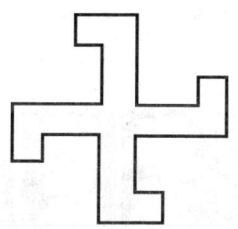

085 W变三角

在字母"W"上画3条直线,使得三角形的数量最多。应该怎样画呢?

086 母鸡下蛋

一只母鸡想使每行(包括横、竖和斜线)中的鸡蛋不超过2个,它能在蛋格子里下多少蛋?你能在表格中标注出来吗?图中有2个鸡蛋已下好了,因而不能再在这条对角线上下蛋了。

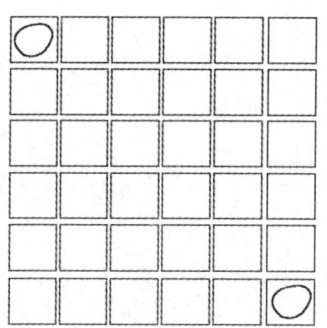

087 按图索骥

(1)此组图案右边给出的6块拼图中,找出哪一块是漏掉的?

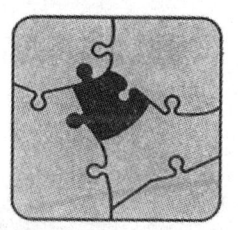

 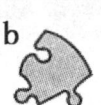

(2)在此组图案标有字母的6个形状中,其中有5个分别与右侧标有数字的形状相同,把它找出来。

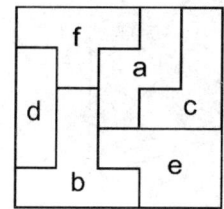 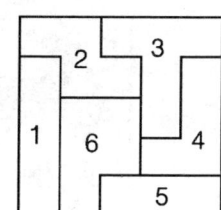

(3)在此组图案标有字母的拼块中,哪一个不属于左边的拼图,把它找出来。

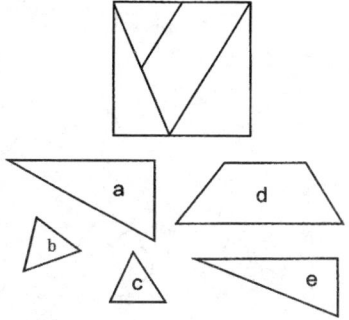

088 相切的圆

3个圆两两相切，图中用黑色标明切点。如果要得到9个这样的切点，最少要有几个圆相切？

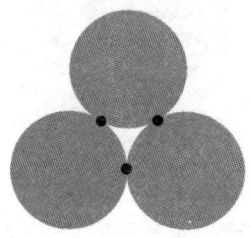

089 找袜子

图中7只袜子随便地摆放着，请你仔细地观察一下，放在最下面的是几号袜子呢？

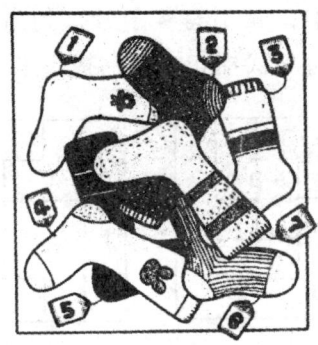

090 补缺口

请你仔细观察积木的缺口形状（如图），在A～F的小木块中，哪一块正好能嵌入积木？

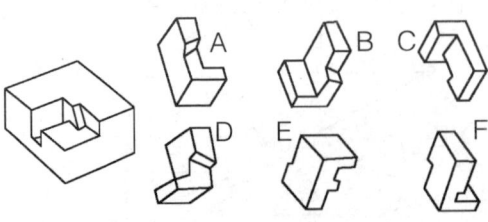

091 头像剪影

A～D这4幅头影图（反白）分别是由①～⑧中的2个黑影拼成的一个头影。请问4个人头像分别是由哪两个剪影合成的？

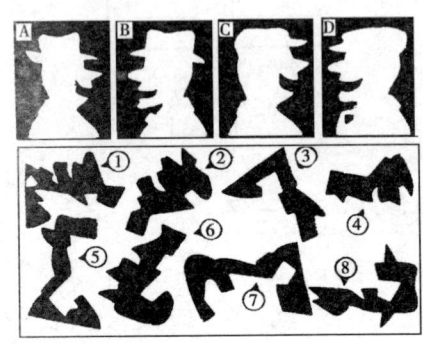

092 连点画方

如图所示，25个点整齐排列，连接其中一些点可以画出正方形。那么，到底能够画出多少个面积不等的正方形呢？

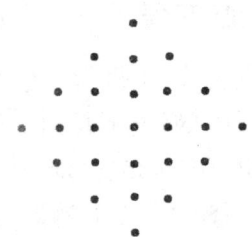

093 找不同

在下列12张脸谱中，你能看出哪幅与众不同呢？

094 照明灯

有一个照明灯，灯上罩了一个伞状的罩子，如图一样把灯固定在墙壁上，请问墙壁的哪些部分无法被光照到？

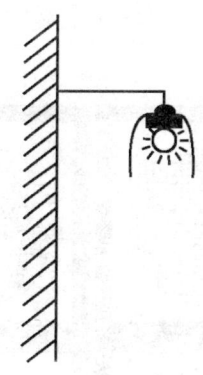

095 未来时光

一位将军在战场上，拿着望远镜观察远处的房屋，偶尔看见一家墙壁上的挂历有如图所示的黑字。根据这些字能不能推测出这个月的1号是星期几？

096 巧分农庄

智者周游世界，有一天来到一个村庄。一个地主对他说："都说你很聪明，我有一块地，你能把它分成大小相等、形状相同的两份，我就把地送给你。"聪明的智者不慌不忙，用木棍划了一道线，地主傻了眼，只好履行诺言。智者把地分给了最穷的两户人家。你知道智者是怎么分的吗？

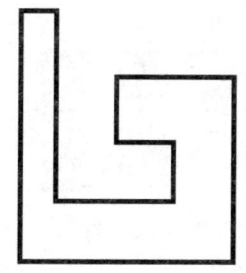

097 找出4

A图中有一个阿拉伯数字4，B图中也有一个大小一样、形状相同的4，你能看出在哪里吗？

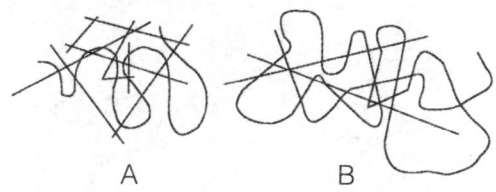

098 灰度值

图中整个水平横条的灰度值一样吗？

099 延伸序列

哪一个符号可以将这个序列继续下去？

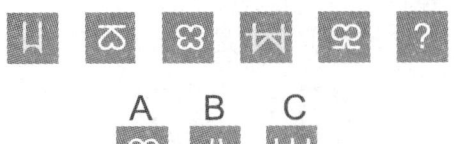

100 表情

在下边所有面具中找出一个带有生气表情的面具，看看你多久能够找出来。

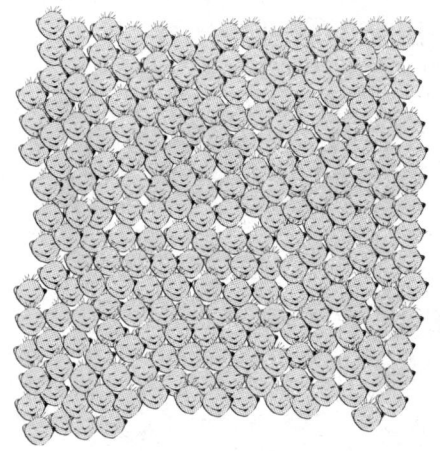

101 两个竖条纹

下图中两个竖条纹的灰度一样吗？

102 名画

下面有一组图案，每组有4幅图，这4幅中有1幅是蒙德里安（荷兰著名风格派画家）的原画，其他3幅都是用电脑制作的仿制品。

请你找出这组图案中的蒙德里安的原画。

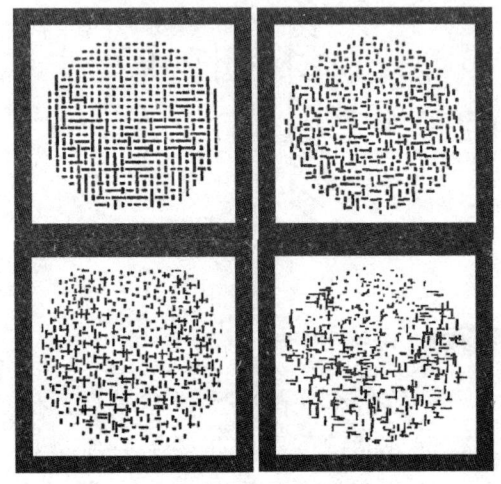

103 灰色区域

中心的灰色小方块是不是比周围的灰色区域暗？

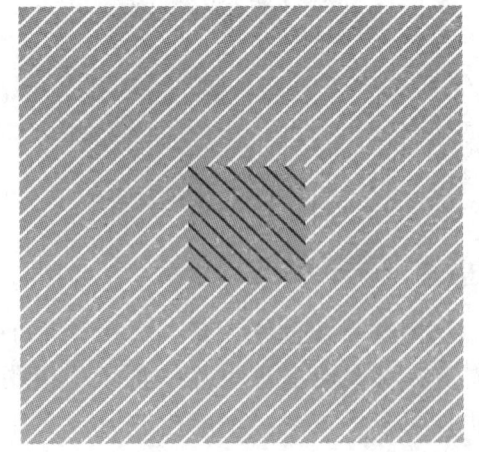

104 基本图形

马蒂是一个艺术家,他的作品因能给人的视觉带来多样性而备受推崇。

如下图,请问马蒂在这 6 幅图中使用了多少种基本图形?

105 迷惑

图中各颜色方块中对角线上较亮的"×"与它们所在的正方形亮度相同吗?

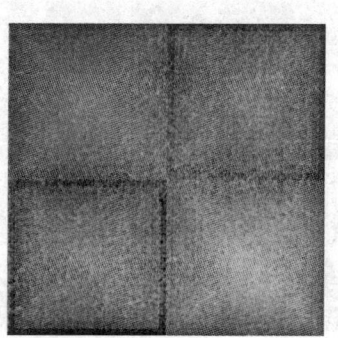

106 剪出图形

根据爱因斯坦的理论,在某些地方,两点之间最短的距离并不是直线!思考一下这样的场景:在太空中,巨大物体的重力场具有相当的强度,而且达到了足以使得这片空间变得歪曲的程度。在这种空间维度已经变得弯曲的环境中,原本由直线所表现出的概念也会发生变化,转而去适应这扭曲空间的框架结构。那么你的思维也随之转向了吗?

下面的图形由一张纸构成,纸上没有哪部分进行过移动或是重新被贴回到适当的位置。你能用剪刀剪几下就做出这个图形来吗?你会找到乐趣的!

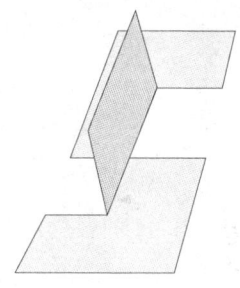

107 棋盘格

观察棋盘的浅色和暗色方格。阴影里的浅色方块和阴影外的暗色方块灰度值一样吗?

108 明暗度

观察箭头所指的浅色和深色区域,它们看起来明暗是否一样?

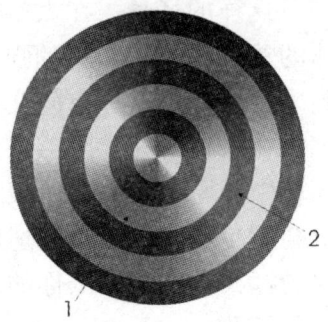

109 求同存异

这些图形中哪一个与众不同?

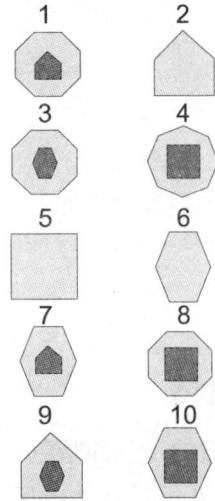

110 比亮度

图中 2 个菱形的亮度相同吗?

111 圆圈与背景

看到圆圈了吗?这些圆圈是不是比背景亮一些?

112 不存在的灰点

看到交叉处的灰点了吗?仔细看它并不存在。你能解释这个原因吗?

113 另类

哪个图形与众不同？

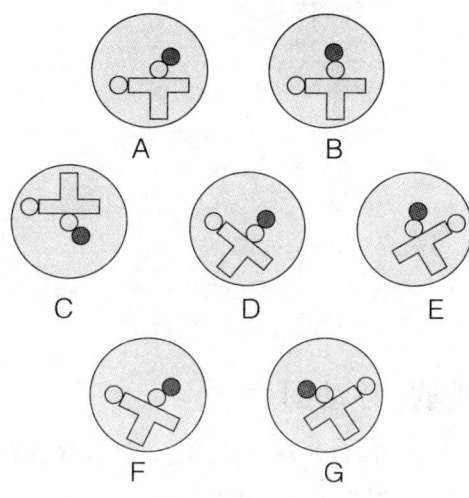

114 鱼目混珠

下列哪一项和其他项不一样？

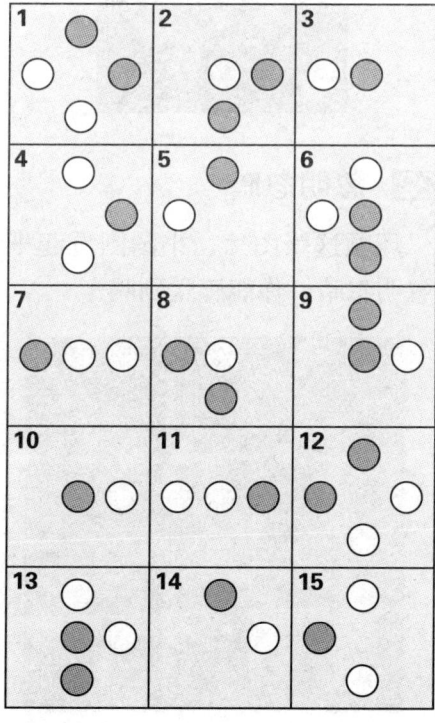

115 特立独行

选项中哪一项与其他项都不相同？

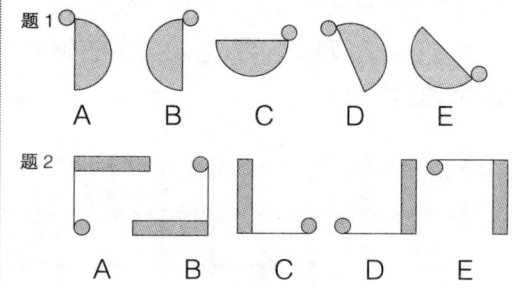

116 闪烁栅格

在这幅闪烁栅格的变化中，当转动眼球观察图片时，会有什么变化？如果你注视圆心，又会有什么变化呢？

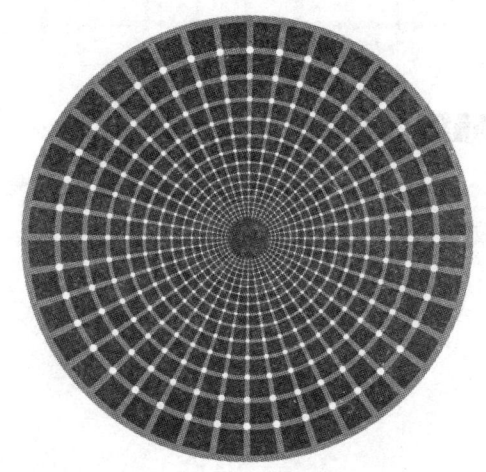

117 找出不一样的图形

哪个图形和其他图形不一样？

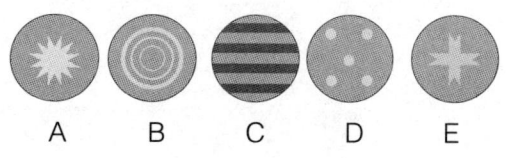

118 视觉反应

转动眼球,联结处会闪烁,闪烁的位置也不断改变。如果凝视任何交叉点,那个点就不再闪烁。你能解释这个原因吗?

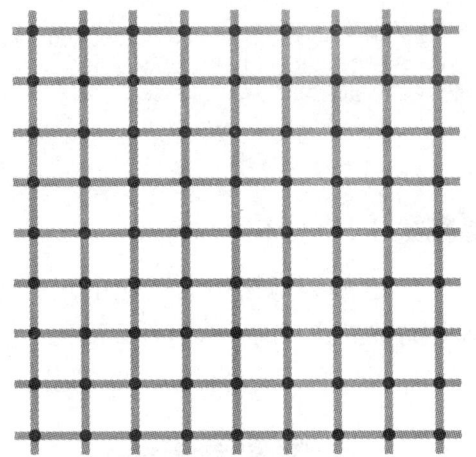

119 塔顶

你能看出哪个选项应该填入问号处吗?

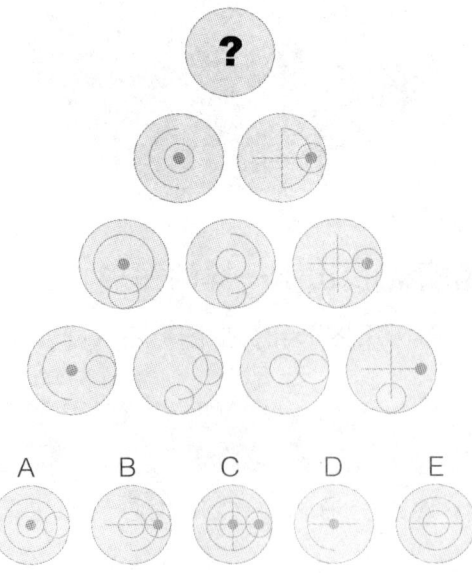

120 不存在的黑点

扫视图片,每个圆圈中会出现小黑点。你能看到吗?

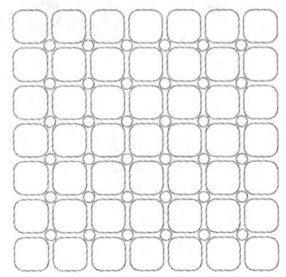

121 移动图片

如果上下移动图片,你能看到什么?如果左右移动图片呢?

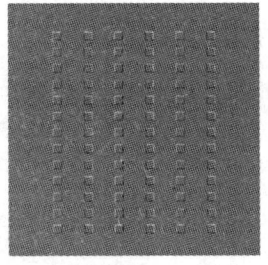

122 忽明忽暗

环顾这张图片,小圆圈看起来好像忽明忽暗。你能感觉到吗?

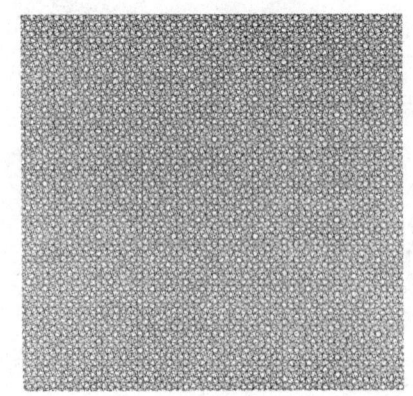

123 找不同

如图所示，标号为1A到3C的图形分别是由标号为1，2，3和标号为A，B，C的图形叠加起来的。例如，图形2B就是由图形2和图形B叠加构成的，图形2B必须包含图形2和图形B里所有的图案和符号。图形1A到3C中有一个图形是不符合这一规律的，请把它找出来。

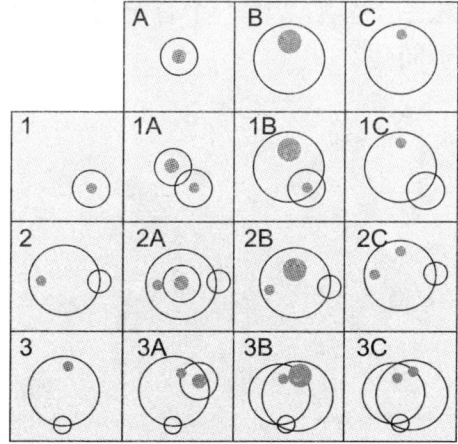

124 "弯曲"的直线

这些竖线条是直的还是弯曲的？

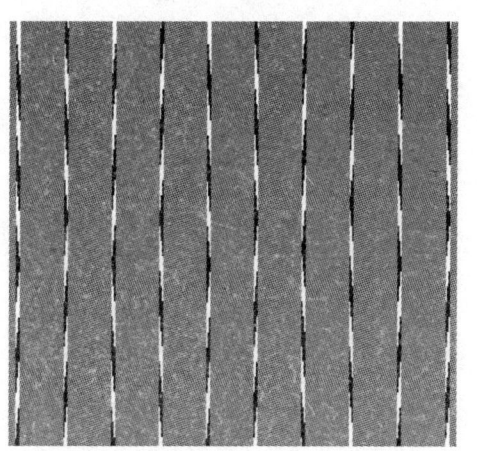

125 墙壁

右边是一家咖啡馆的墙壁。你看到的是楔形线还是平行线？

126 动动脑

这是一个螺旋还是一个个的同心圆？

127 考考你

图中由一系列线条组成的是同心圆还是螺旋？

128 奇怪的圆圈

这些圆圈是相互交叉的还是同心圆?

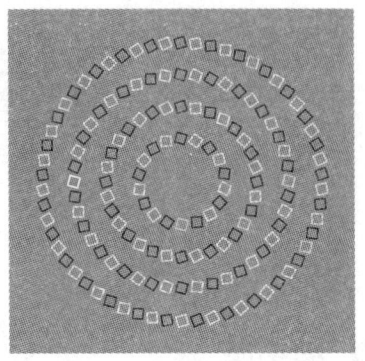

129 与众不同的图形

哪一个图形与众不同?

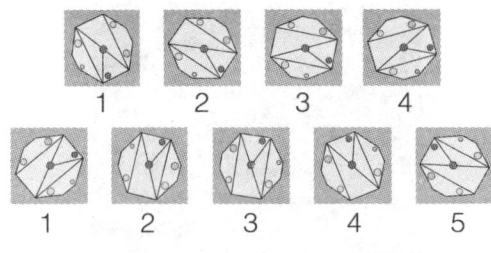

130 高脚杯

你应该一眼就能看到高脚杯,那么,你能看到两个人的轮廓吗?

131 两个单词

这个图中有 Figure 和 Ground 两个单词,你能看见吗?

132 音符

现在来一道关于音乐的题目让你放松一下。右边哪一个音符与其他音符不同呢?

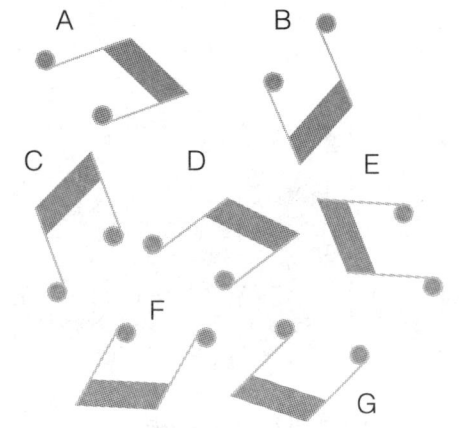

133 游泳的鱼

凝视这幅图中的鱼,它们向哪个方向游呢?

134 萨拉和内德

你能找到一张女人的脸和一个萨克斯演奏家吗?萨拉是一个女人的名字,内德是吹萨克斯的男人。

135 隐藏的老鼠

在图中,你能看到老鼠吗?

136 墓前的拿破仑

你能找到站在自己坟墓前的拿破仑吗?

137 拿破仑家庭

你能找到藏在紫罗兰中间的拿破仑、他的妻子和儿子的轮廓吗?

138 骷髅头

你能看到骷髅头吗?

139 体形

哪个老太太看起来体形更大？

140 蜈蚣

如上图，这条"蜈蚣"中间所有横线都等长吗？

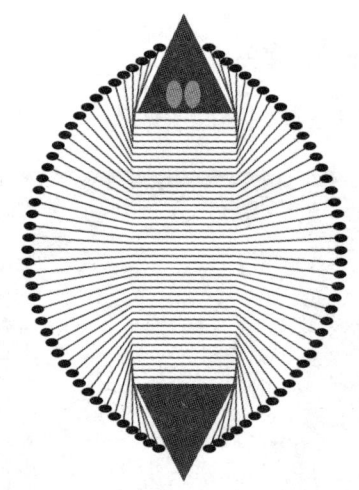

141 更长的线段

哪条线段更长？

142 利润

下图是4家公司的年利润表。根据图中的信息，找出从2001年到2005年哪一家公司的总利润最高？

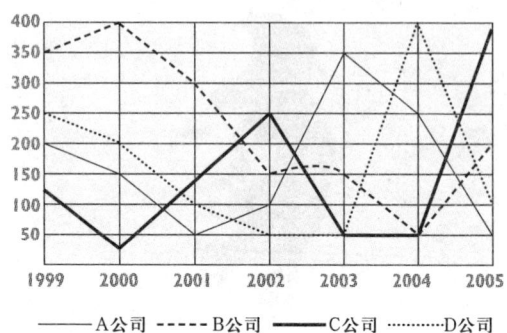

143 比比哪个长

线段 AB 长还是线段 BC 长？

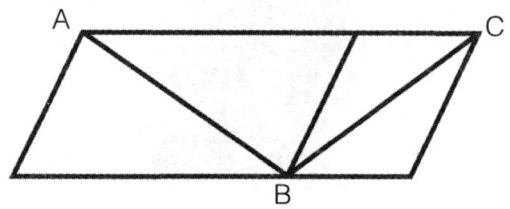

144 帽子

帽子的高度是不是比宽度长？

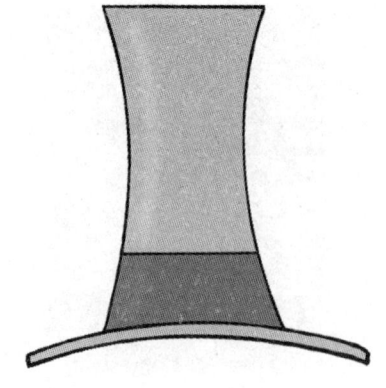

145 线段

所有的竖直线段都一样长吗？

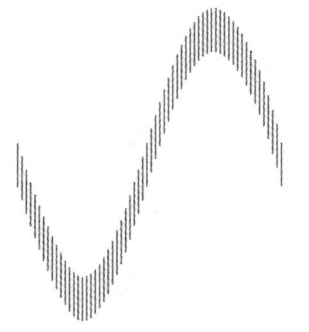

146 中间的圆

两个图形中间的圆一样大吗？

147 与众不同的星星

如图所示，在圆上取6个相互之间等距离的点，这6个点用不同的连线方式可以画出不同的星形。

请问：你能找出下图众多星星中与众不同的那一个吗？

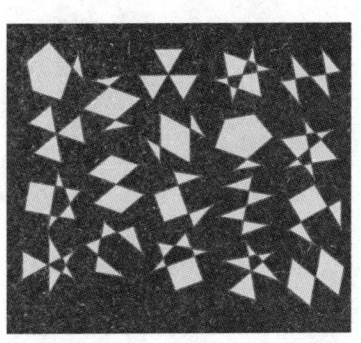

148 弧线

一个完整的圆圈被一张黑色的卡片遮住了一部分，只用眼睛看，你能不能告诉我们哪一条弧线是这个圆圈上的弧线？

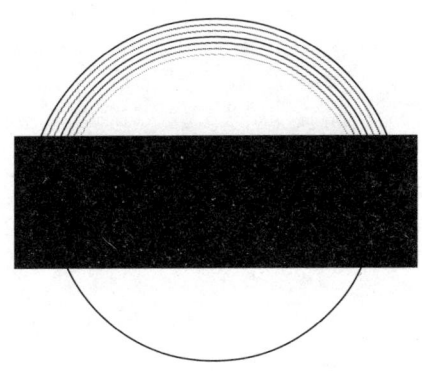

149 凸凹变化

这些立方体是凸出纸面的还是凹进去的？

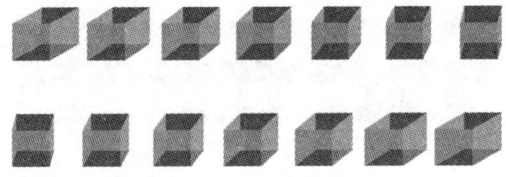

150 球的深度

网格上所有球的深度一致吗？

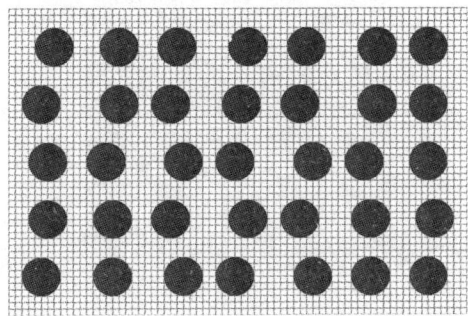

151 相交的直线

2条相交的直线被一张黑色的卡片遮住了一部分,只用眼睛看,不用直尺,请问图中这9条线中哪一条是原相交直线上的部分?

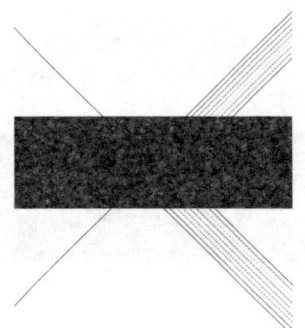

152 雪花

图中"雪花"的深度一样吗?

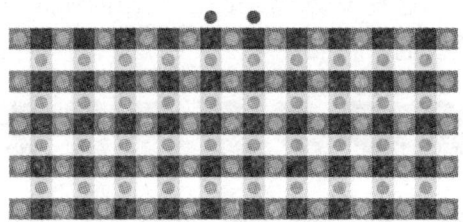

153 波浪

将视线从图上来回移动,你看见了什么?

154 火柴人

根据A~F这几个火柴人的排列规律,接下来应该排列的是G,H,I中的哪一个?

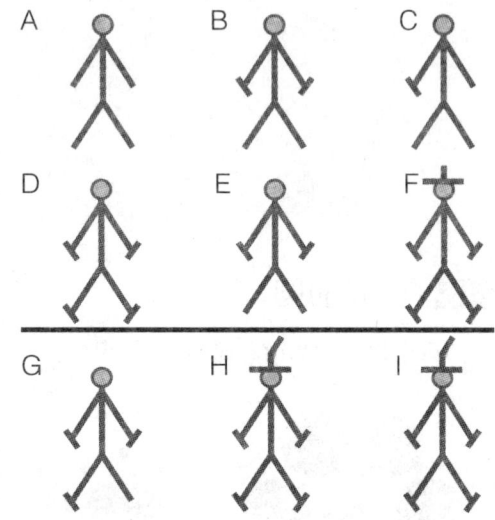

155 与众不同的三角形

哪个三角形与众不同?

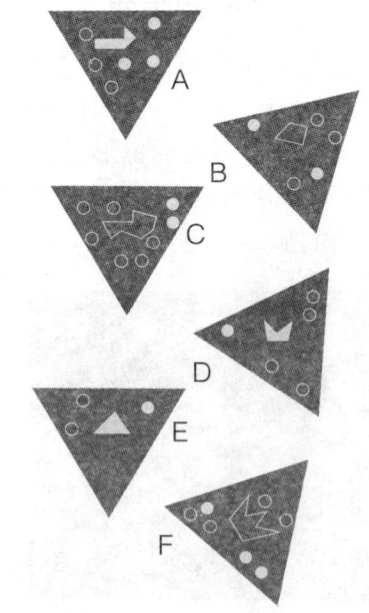

第二章

判断力

156 谁是罪犯

一个罪犯溜进了一家美容理发店。当公安人员根据线索前去拘捕时，发现镜子里有3个人像。他们掏出相片进行核对，在他们没有拘捕前，你能认出哪个是罪犯吗？

甲　乙　丙

157 真正的出路

一个顽皮小孩独自闯入一座迷宫，在里面走了很久，一直没有找到出口，孩子吓坏了。这时，他走到一个三岔路口旁，发现每个路口上面都写了一句话，第一个路口上写着："这条路通向迷宫的出口。"第二条路口写着："这条路不通向迷宫的出口。"第三条路口上写着："另外两条路口上写的话，一句是真的，一句是假的，我们保证，上述的话绝不会错。"那么，他要选择哪一条路才能出去呢？

158 抢钱的破绽

一名女出纳员拎着一个空手提包向民警报案："我叫夏扬，是远华进出口公司的出纳员。上午9点钟，我去市农业银行取了10万元人民币放进手提包里，当我走到十字街口的时候，一个骑摩托车的歹徒，突然停在我身边，狠狠地打了我一拳，我头一晕，倒在了地上，当我醒来时，手提包里的10万元人民币不见了。"听完夏扬的叙述，民警冷笑一声，说："小姐，你涉嫌作案，请跟我们到公安局去！"在公安局，夏扬不得不交代了她伙同男友作案的过程。请问：民警是根据什么断定夏扬作案的？

159 奇特的生日

一对孪生姐妹，妹妹今天刚好过第四个生日，姐姐在昨天才过第一个生日，这是怎么一回事呢？

160 巧移冬青

花坛里有25棵冬青（如图）。你能只移动其中几棵，重新栽上后，使它们成为共12行每行5棵吗？

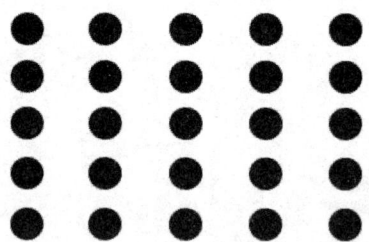

161 猜猜是谁

老师在一张纸条上写了甲乙丙丁4个人中的一个人的名字，然后握在手里让这4个人猜一猜是谁的名字。

甲说：是丙的名字。乙说：不是

我的名字。丙说：不是我的名字。丁说：是甲的名字。老师听完后说："4个人中间只有一个人说对了，其他人都说错了。请再猜一遍。"这次4个人很快同时猜出了这张纸条上写的是谁的名字了。这张纸条上究竟写的是谁的名字？

162 判断公车驶向

如下图所示，有 A 和 B 两个汽车站点。公共汽车现在是要驶往 A 站，还是驶往 B 站？若此辆车是中国的公共汽车，那么车现在是要驶往 A 站，还是驶往 B 站？请说出理由。

163 间谍之死

一个为刺探情报而潜入国境的出身罗马的双重间谍 R，不知被谁杀死了。他临死前，用身上的血写了一个"X"。据分析这个"X"指的是杀死他的人。而杀死他的人为图中所示 3 个间谍中的一个。你知道是谁吗？

A间谍NW12号　　L间谍UP3号　　B间谍WY7号

164 特殊数字

圆中的哪个数是特殊的？

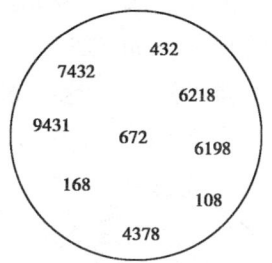

165 4只小狗

有 4 只小狗，年龄从 1 岁到 4 岁各不相同。它们中有两只说话了，无论谁说话，只要求说的是关于比它大的小狗的话，就都是假话，说比它小的狗的话则都是真话。小狗甲说："小狗乙 3 岁。"小狗丙说："小狗甲不是 1 岁。"你能知道这 4 只小狗分别是几岁吗？

166 黑色还是白色

依照下图的逻辑，说说 Z 应该是黑色还是白色？

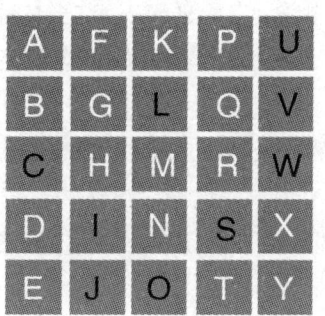

167 周长比较

假设有一个大圆，以它的一个直径上的无数个点为圆心，画出无数个紧密相连的小圆（如图所示）。请问，大圆的周长与大圆内部这些无数小圆周长之和相比较，哪个更长呢？

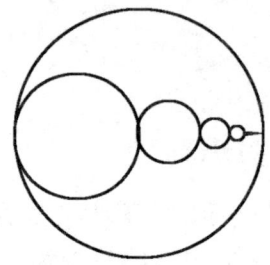

168 外星来客

有一天，在广阔的西伯利亚地面上降落了一艘子弹头式的宇宙飞船，随后从里面下来5个穿着奇异服装的稀客，有2个人是火星人，其余的是水星人。

面对新闻媒体的热烈采访，5人的发言如下。

菲尔德说："奥尼尔和卡思两者之中只有一个是火星人。"

奥尼尔说："卡思和杰森之中有一个是水星人。"

卡思说："韦伯和杰森之中有一个人是水星人。杰森和菲尔德来自不同星球。"

杰森说："奥尼尔和韦伯之间至少有一个人是火星人。"

韦伯说："菲尔德和奥尼尔之中有一个人是火星人。"

请问：他们之中哪几个人是火星人，哪几个是水星人？

169 面积有多大

在一个正三角形中内接一个圆，圆内又内接一个正三角形。请问：外面的大三角形和里面的小三角形的面积比是多少？

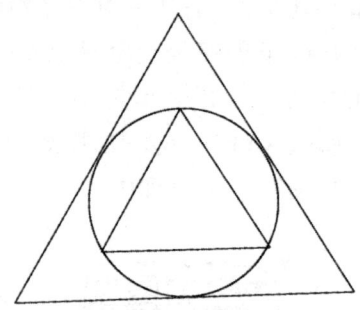

170 残缺的迷宫

如图是一张残缺了的迷宫图。为使迷宫图能走得通，请你在A、B、C中选出合适的迷宫残缺图补上，并试着走出这个迷宫。

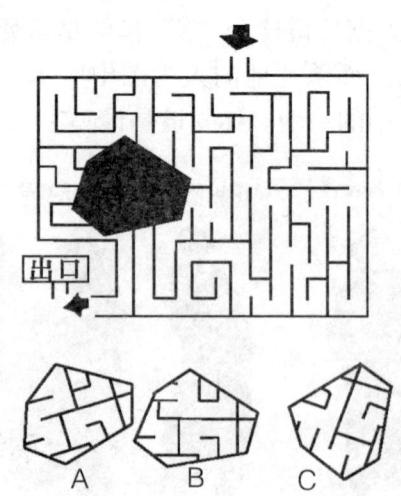

171 聪明的海盗

一艘海盗船上有600人，暴风雨肆虐，船出了问题，首领下令减少船上的人数，于是让600名海盗站成一排，报数，每次报到奇数的人都被扔下海，第一轮都是选择报奇数的人，有一个聪明的海盗站在了一个最安全的位置上，你知道他站在哪里吗？

172 钥匙在哪里

空空是个马大哈，经常找不着钥匙。这天姐姐想故意刁难他一下，就把钥匙放在书桌的抽屉里，并在3个抽屉上各贴了一张纸条。

（1）左面抽屉的纸条上写着：钥匙在这里。

（2）中间抽屉的纸条上写着：钥匙不在这里。

（3）右面抽屉的纸条上写着：钥匙不在左右抽屉里。

姐姐说："3张纸条只有一句是真话，两句是假话。你能只打开一只抽屉就取出钥匙吗？"空空想了想，根据判断打开一只抽屉，钥匙果真就在那里。

请你想想看，钥匙到底在哪一个抽屉里？

173 狡诈的走私犯

霍普是个国际走私犯，每年从加勒比海沿岸偷运大量钻石，从未落网。根据海关侦查，6个月前他曾在海关露面，开一辆新出厂的黑色高级蓝鸟敞篷车，海关人员彻底搜查了汽车，发现他的3只行李箱都有伪装的夹层，3个夹层都分别藏有一个瓶子：一个装着砾岩层标本，另一个装着少量牡蛎壳，第三个装的则是玻璃屑。人们不明白他为什么挖空心思藏这些东西。更奇怪的是，他每月两次定期开着高级轿车经过海关，海关人员因抓不到证据，每次都不得不放他过去。

迷惑不解的海关总长找名探洛里帮助分析，洛里看着"砾岩层、牡蛎壳、玻璃屑"深思着。"这些东西有什么意义？"总长心急地问："他到底在走私什么东西？"洛里点燃烟斗，沉思良久，恍然大悟，笑着说："这个老滑头，你把他拘留起来好了。"

霍普到底在走私什么东西？

174 足球的破绽

大毒枭沙文连闯四国，马上就要将价值100万美元的海洛因带进毒品价格最高的美国了。他把毒品藏在一只新足球内，足球上有好几个世界著名球星的签名，看到这样的足球，谁还会贸然剖开足球检查呢？然而当他在纽约机场遇到了反毒专家——警官波特。波特甚至没有掂一掂足球的分量，仅是看了看网兜里的足球，就说："先生，请你到毒品检查站来一趟，你的足球有问题。"沙文急坏了，大声说："球星签名的足球，有什么问题呀？"试问：波特是怎么说的呢？

175 识破伪证

桥下浮起一个被淹死的女孩，对于这个女孩，周围的人一无所知。警察正为侦破这个案子一筹莫展，这时，有个男人划着小船急速地向桥驶过来。他向警察提供了这样的证词："刚才我向桥下划来时，亲眼看见这个女孩在桥上脱下帽子，随后跳下了河。"他满脸憨厚，语句真切，周围的人一下子全都相信了，纷纷议论起来。可是精明的警察一下子就识破了这个男人的谎言。请问，警察是怎样判断出来的？

176 推断纸牌

8张编了号的纸牌扣在桌上，它们的相对位置如下图所示：

（1）其中至少有一张Q。
（2）每张Q都在两张K之间。
（3）至少有一张K在两张J之间。
（4）没有一张J与Q相邻。
（5）其中只有一张A。
（6）没有一张K与A相邻。

（7）至少有一张K和另一张K相邻。
（8）这8张牌中只有K、Q、J和A这4种牌。

猜猜4种牌是如何分布的？

177 生死有别

一日，乾隆想捉弄一下纪晓岚，要他回答两个问题。第一个问题是：北京九门每天进出各有多少人；第二个问题是：大清国一年生和死分别有多少人？

纪晓岚第一个问题回答有"两人"，解释说："两人，一个是男人，一个是女人。"第二个问题回答是说："一年生一人，死十二人。"

乾隆想了想也无话可说。
请问知道"一年生一人，死十二人"是什么意思吗？

178 多余的线

下图不能用一笔画出，可是，只要擦去一根线，图形就可以一笔画成。应该擦掉哪根线，你知道吗？

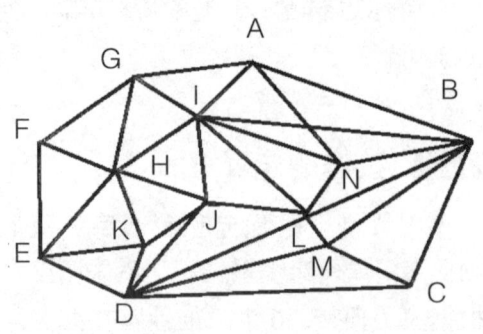

179 公路设计图

下图是某高速公路的立体交叉路口图,中央部分为立体交叉钢桥。如果只要求立交桥能使车辆由一个方向向三个方向自由换向,不要求其他功能,请问该立交桥中有哪些部分可以去掉?要求岔路部分可以像(A)那样通过、不能像(B)那样通过,也不能越过中间线,不能U字形转向。

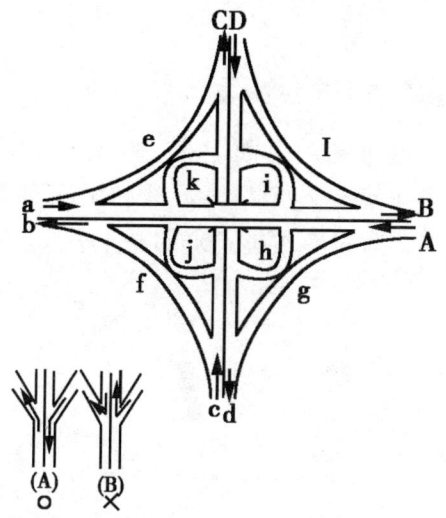

180 妙用砝码

天平是用来称量物体重量的,用几个砝码可以在天平上称出从1克到40克的全部整克数的重量呢?经过验证,用4个砝码就可以了。请问该用4个多少克的砝码呢?

181 狂人日记

鲁迅的多数著作篇幅都很长,不是一天能读完的,《狂人日记》是鲁迅的众多著作中的其中一本著作集,所以《狂人日记》不是一天可以读完的。这句话:(1)正确。(2)错误。

182 比较黑白

黑白两部分面积相等吗?

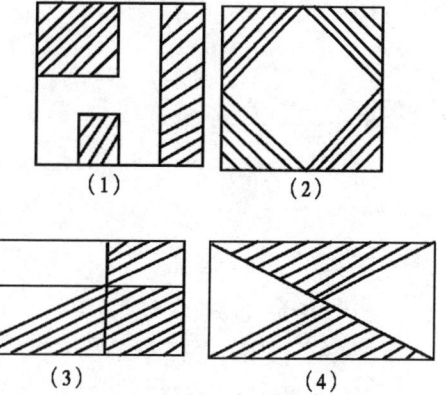

183 血型辨凶手

这是个十分奇妙的案件。兄弟俩感情破裂,原因是为了争夺家产,见面也像仇人似的。一天,哥哥被发现死在街头,而弟弟从此后失踪。警方在现场侦查,发现了以下一些资料:死去的哥哥的血型是A型,而在他身上,还发现另外一些血液,是属于凶手的,则为AB型。警方发现死者父亲的血是O型,母亲的血是AB型,但失踪的弟弟血型却不清楚。

凭以上的资料,你认为失踪的弟弟会不会是凶手呢?

184 谎言的破绽

在家休息的老罗接到一个电话,对

方想在隔周的星期五拜访他。但老罗说："那天上午我要开会，下午1点要参加学生的婚礼，4点要参加一个朋友的孩子的葬礼，随后是我姐姐的公公60寿辰宴会……所以那天我没时间接待您了。"老罗的话里有一个地方不可信，是什么地方？

185 三位美女

有3个大美女："天使""魔鬼"和"常人"三姐妹。天使总是说真话，魔鬼总是说假话，常人有时说真话，有时说假话。

黑发美女说："我不是天使。"
茶发美女说："我不是常人。"
金发美女说："我不是魔鬼。"
到底谁是谁呢？

186 标签怎样用

狗妈妈生了9只狗宝宝。9只狗宝宝长得都很相像，分不出哪只是哪只。有10张带数字的标签，却只有1号到5号的5种。那么，区别9只狗宝宝最少要用几种数字标签？

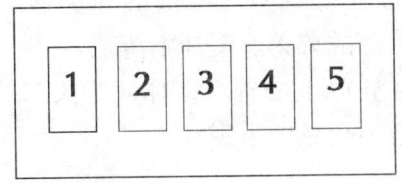

187 兄弟姐妹

老李夫妇有7个子女，老大至老七分别为甲、乙、丙、丁、戊、己、庚。目前我们知道7个人的如下情况：

1. 甲有3个妹妹；
2. 乙有一个哥哥；
3. 丙是女的，她有两个妹妹；
4. 丁有两个弟弟；
5. 戊有两个姐姐；
6. 己也是女的，但她和庚没有妹妹。

根据这些条件，你能推算出谁是男性，谁是女性吗？

188 特殊台桌面

这张椭圆桌面上有一个台球，另一个焦点是一个球洞。球和洞间有障碍物，有没有可能把球打进洞？

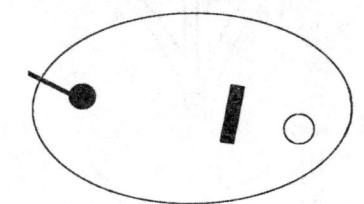

189 比赛排名

张、李、赵、丁、周、方、王、胡与8个人参加了100米竞赛。比赛结果是：1.李、赵、丁三人中李最快，丁最慢，但不是第八名；2.方的名次为张、赵名次的平均数；3.方比周高4个名次；4.王第四名；5.张比赵跑得快。请排出他们的名次。

190 选择建筑师

某国王要修建一座宏伟的宫殿，

打算聘请一位主持设计的建筑师。于是，他召集了全国所有著名的建筑师，叫他们自报候选条件，并推荐第二候选人作为自己的助手。国王耐心地倾听每个建筑师的自我介绍。听完以后，国王稍微考虑了一下，就轻而易举地决定了人选。你认为，被选中的建筑师应该是谁？

191 表盘上的数字

如下图所示，将钟表表盘的数字全部拆开成一位数字，然后相加的和是51。那么，把表盘所有数字拆成一位数字后，全部相乘，乘积是多少呢？

192 男生还是女生

一个班有90个人排成一队去植物园。他们的排列顺序是这样的：男、女、男、男、男、女、男、男、男、女、男、男、男、女、男、男、男、女……那么，最后一个学生是男还是女呢？

193 卸运西瓜

载西瓜的船停在岸边，没有系缆绳就开始卸西瓜了。工人从船尾将西瓜向岸上的人抛去，这样会发生什么事情？

194 寻找冰红茶

有4个瓶子分别装有白酒、啤酒、可乐、冰红茶，但是在装有冰红茶的瓶子上的标签是假的，其他瓶子上的标签是真的。每个瓶子里分别装的是什么东西呢？

甲瓶子上的标签是："乙瓶子里装的是白酒。"乙瓶子的标签是："丙瓶子里装的不是白酒。"丙瓶子上的标签是："丁瓶子里装的全是可乐。"丁瓶子的标签是："这个标签是最后贴上的。"

195 黑点方格

空缺处应该放入选项A～F中的哪一个？

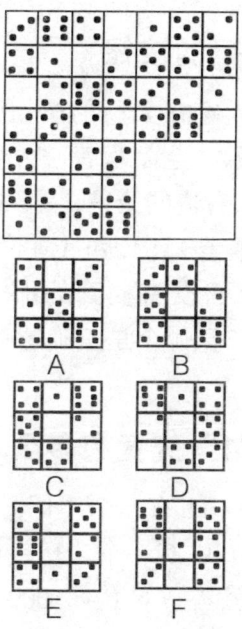

196 照片反影

a、b两女孩的反影照片是属于①~⑥幅中的哪一幅呢？

197 4减4的结果

在算术里，4-4=0，是唯一答案。而在生活中，4减4的结果，却可以不等于0。例如，等于12。当然，这种减法不是算术意义的减法，而是在生活中更广泛意义上的一种减。你能想出个中缘由吗？

198 正确的按钮

一户人家在大门的按钮旁边，贴有一张告示，上面写着："A在B的左边；B是C右边的第三个；C在D的右边；D紧靠着E；E和A中间隔一个按钮。"上面没有提到的那个按钮是正确的。究竟哪个是正确的呢？

199 "1"究竟有多少

从1~11有4个"1"，1中有一个"1"，10中有一个"1"，11中有两个"1"，思考一下1~1000中，有多少个"1"？

200 最大的影子

获过诺贝尔奖的著名法国物理学家居里夫人曾经问她的孩子这样一个问题："世界上最大的影子是什么？"你能回答吗？

201 如何站立

如果有一张不大的报纸，要求你和你的一位朋友同时站在这张报纸上，报纸不能撕开，而且你们彼此也不能碰到对方，你可以做到吗？

202 帽子的颜色

有3顶白帽子和2顶黑帽子。让甲、乙、丙三人同向列成一队，然后分别给他们各戴上一顶白帽子。即丙可以看到乙、甲，乙可以看到甲，甲则看不到乙、丙。如下图。他们3人中，谁可以正确推导出自己头上所戴帽子的颜色？

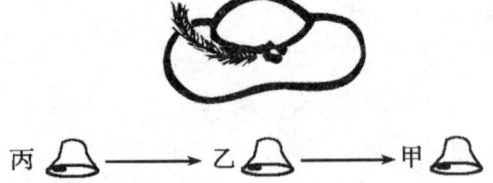

203 假设

所有的物质实体都可以再分，而任何可以再分的东西都是不完美的。

因而，灵魂并非物质实体。以下哪项是使上文结论成立的假设？

A. 所有可以再分的东西都是物质实体。

B. 没有任何不完美的东西是不可再分的（所有完美的东西是不可再分的）。

C. 灵魂是可分的。

D. 灵魂是完美的。

204 拍卖无价

现有一张售价1万元的彩票，是两个人各出5000元买下来的。这两人决定互相拍卖这张彩票。两人各把自己的出价写在纸条上，然后给对方看。出价高的得到这张彩票，但要按对方的出价付给对方钱。如两人的出价相同，则两人平分这张彩票权。究竟什么样的出价最有利？

205 妙手剪纸后的图

把正方形的纸张按虚线折叠，再从三等分处折成三层，然后剪去涂黑的部分。把它展开，应该是选项中的哪一个？

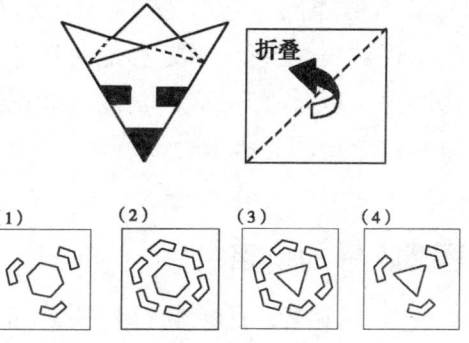

206 牛奶咖啡

有一杯咖啡，一杯牛奶。用一把勺子先从牛奶杯中舀一勺牛奶，倒入咖啡中，搅拌均匀；然后再舀一勺混合的咖啡牛奶倒入牛奶中，再搅拌均匀。现在问：是牛奶杯中的咖啡多，还是咖啡杯中的牛奶多？

207 向左向右

丁丁和冬冬住在同一个院子里，两人又同在一个学校、一个班级上课，是一对好朋友。但是，每天早上一起去上学时，丁丁和冬冬总是一个向左走，一个向右走。这是怎么回事呢？

208 分隔18点

如图1有9个点，现要求用两组平行线把9个点隔开，每格只有一个点，如何分法？又如图2，当遇到分布不均匀的18个点时，要用三组平行线隔成每格一点，该如何分隔呢？

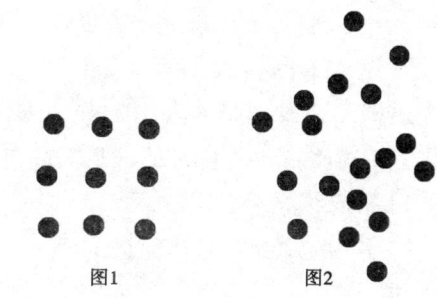

图1　　　图2

209 哪里人

所有的赵庄人穿白衣服；所有的

李庄人穿黑衣服。没有既穿白衣服又穿黑衣服的人。李四穿黑衣服。如果上述是真的，以下哪项一定是真的？

A. 李四是李庄人
B. 李四不是李庄人
C. 李四是赵庄人
D. 李四不是赵庄人

210 哪3人是一家

有3户人家，每家有一个孩子，他们的名字是：小平（女）、小凤（女）、小虎。孩子的爸爸是老赵、老钱和老孙；妈妈是张玉、李玲和王芳。说起这3家人，邻居风趣地说：

（1）老赵家和李玲的孩子都参加了少年女子游泳队；
（2）老钱的女儿不是小凤；
（3）老孙和王芳不是一家。

请问：哪3个人是一家？

211 仓库被盗

甲、乙、丙、丁4人是仓库的保管员。一天仓库被盗，经过侦查，最后发现这4个保管员都有作案的嫌疑。又经过核实，发现是4人中的两个人作的案。在盗窃案发生的那段时间，找到的可靠线索有：

（1）甲、乙两个中有且只有一个人去过仓库；
（2）乙和丁不会同时去仓库；
（3）丙若去仓库，丁必一同去；
（4）丁若没去仓库，则甲也没去。

那么，你可以判断是哪两个人作的案吗？

212 奇怪的生日

有这样一件怪事：有一对孪生姐妹，姐姐出生在2001年，妹妹出生在2000年。你说可能吗？

213 巨款仍在

已到暮年的北极探险家巴斯，过着独居生活。一天，他被暗杀在密室中，放在密室壁内保险柜里的40万美元被盗去。根据这里特有的防范措施，警方认定罪犯并没有将这笔巨款带出住宅，而是藏在宅内某处，等日后伺机取走，于是当局公告拍卖巴斯的私人财产，警长布里和刑事专家伯纳来到了探险家的庄园。博物厅里，拥挤的顾客正在注视着死者一生中5次去北极探险获得的纪念品——两只北极熊标本、1只企鹅标本、3只大龟标本，以及爱斯基摩人的各种服装、器皿和武器。警长预计罪犯会来，因为拍卖时间只有两天，但他担心警署人员不可能周密地注视到每个房间。伯纳说："很关键，罪犯肯定会到这个房间里来取某样东西。"请问：罪犯究竟到这个房间里来取什么呢？

214 书的价格

有一本书，兄弟俩都想买。如果

用哥哥的钱单买要缺 5 元钱, 如果用弟弟的钱买缺 1 角钱, 如果两人把钱和起来只买一本书, 钱仍然不够。那么这本书的价钱是多少呢？

215 最佳位置

在铁路沿线的同一侧有 100 户居民, 根据居民的要求要建一家医院, 并使 100 户居民到医院的距离之和最小。你知道医院的位置应该建在哪里吗？

216 巧牵马

有人把 A, B, C, D 共 4 匹马从 P 村拉到 Q 村。从 P 村到 Q 村, A 要走 1 小时, B 要走 2 小时、C 要走 4 小时, D 要走 5 小时。现准备一次同时牵走 2 匹马, 回来时要骑回来 1 匹马。把 2 匹马牵过去时, 以走得慢的那匹马所需要的时间作为 P 村到 Q 村的时间。据说, 有人花了 12 个小时把 4 匹马拉走了。请问, 他是把这 4 匹马按什么顺序牵到 Q 村的呢？

217 撒谎村来的打工妹

晓庆、许薇、杨英 3 位打工妹在街头相遇。她们中间有一个是撒谎村的人。有人问晓庆："你是撒谎村来的？"她的回答大家都没听清。许薇说："晓庆说'我不是撒谎村来的',我也不是。"杨英接茬儿说："许薇是撒谎村来的, 我不是。"那么, 到底谁是撒谎村来的呢？

218 4 种蔬菜

甘蓝的营养高于菠菜, 绿芥蓝的营养高于莴苣。以下各项不能使甘蓝的营养高于莴苣的是？
A. 甘蓝的营养同于绿芥蓝
B. 菠菜的营养同于莴苣
C. 菠菜的营养高于绿芥蓝
D. 绿芥蓝的营养高于菠菜

219 大象几条腿

请仔细观察图中的奇怪大象, 数数看, 它有几条腿？

220 有钱人

可怜的父亲在一个灾荒之年, 都要面临断炊了, 所以不得不求助于 5 个都已成家立业的儿子。他不知道哪个儿子有钱, 但他知道, 兄弟之间彼此知道底细, 且有钱的说的都是假话, 没钱的才说真话。

老大说："老三说过, 我的 4 个兄弟中, 只有一个有钱。"

老二说："老五说过, 我的 4 个兄

弟中，有两个有钱。"

老三说："老四说过，我们兄弟5个都没有钱。"

老四说："老大和老二都有钱。"

老五说："老三有钱，另外老大承认过他有钱。"

几个儿子中谁有钱？你知道吗？

221 女性解放

大西洋的哈娃哈娃岛是一座实行女性解放的小岛，因此，女人也分君子、小人、凡夫。1001年，刚继位的哈娃哈娃岛女皇忽发奇想，批准了一条非常奇怪的法令：君子必须跟小人通婚，小人必须跟君子通婚，凡夫只准跟凡夫通婚。这么一来，不管是哪一对夫妻，要么双方都是凡夫，要么一方是君子，一方是小人。

某一年的"咖啡节"和"可可节"，哈娃哈娃岛上，发生了两个故事："咖啡节"的故事：舞会上，有一对夫妻：A先生和A夫人。他们站在小舞台上说了如下的两句话：

A先生：我妻子不是凡夫。

A夫人：我丈夫也不是凡夫。

你能断定A先生和A夫人是何种人吗？

"可可节"的故事：有A先生和A夫人，B先生和B夫人4个人，在"可可节"的舞会上，同坐在一张圆桌上喝酒。微醉时，4个人中有3个人说了如下的3句话：

A先生：B先生是君子。

A夫人：我丈夫说得对，B先生是君子。

B夫人：你们说得对极了，我丈夫的确是君子。

你能断定这4个人各是何种人吗？这3句话中，哪几句是真的？

222 小孔的变化

一枚硬币中间钻了一个孔，如果将硬币加热，孔径是变大还是变小？有人说："金属受热后膨胀，就把有孔的地方挤小了。"他说得对吗？

223 判别表针

下面4个钟的时针和分针长短差不多，不仔细看可分辨不出来。你能看出哪根是分针，哪根是时针吗？

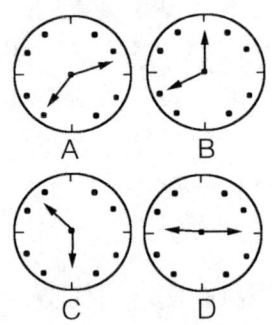

224 不合格的乒乓球

有12个乒乓球，已知其中有一个质量不合格，但不知它的重量比合格的乒乓球是轻还是重。现在要求用一台天平分3次把这个坏乒乓球称出来。应该怎样称取？

225 图形转换

依据第一组图形的转换规律，请判断出第二组图形转换后对应的图形应该是哪一个。

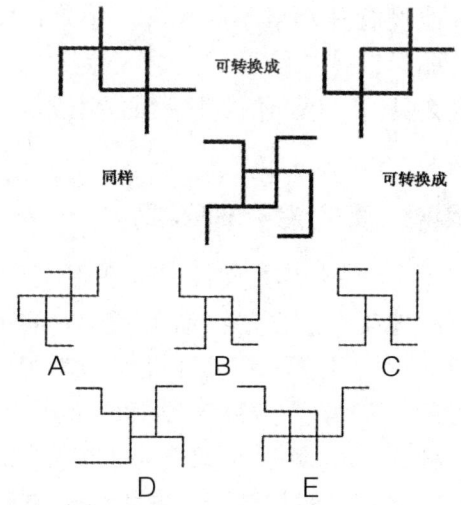

226 预言家

阿尔法、贝塔、伽玛和欧米伽4位欧洲少女正在接受训练，以便将来能当上预言家。实际上，她们之中只有一个后来当了预言家，并在特尔斐城谋得一个职位；其余3个人，一个当了职业舞蹈家，一个当了宫廷侍女，另一个当了竖琴演奏家。

一天，她们4个人在练习讲预言。

阿尔法预言："贝塔无论如何也成不了职业舞蹈家。"

贝塔预言："伽玛终将成为特尔斐城的预言家。"

伽玛预言："欧米伽不会成为竖琴演奏家。"

而欧米伽预言她自己将嫁给一个叫阿特克赛克斯的男人。

可是事实上，她们4个人当中，只有一个人的预言是正确的，而正是这个人后来当上了特尔斐城的预言家。她们4个人各自当了什么？

欧米伽和阿特克赛克斯结婚了吗？

227 露茜要什么

露茜和莉莉去买巧克力，售货员说："白巧克力9角钱，黑巧克力1元钱。"于是，莉莉买了一颗白巧克力，并将1元钱放在柜台上。这时露茜也把1元钱放在柜台上，说："给我一颗巧克力。"售货员给了她一颗黑巧克力。请问，售货员是怎么知道露茜是想要黑巧克力的？

228 旗、杆间距

高10米的两根旗杆叠立着，有一条绳子长15米，绳端系在两根旗杆的杆头上，并在两杆间垂下来，绳子离地最低处是2.5米。请问棋杆间的距离是多少米？

229 赛马

有甲、乙、丙、丁4匹马赛跑，它们共进行了4次比赛。结果是甲快乙2次，乙又快丙2次，丙又快丁3次。很多人会以为丁跑得最慢，但事实上，丁却快甲3次，这看似矛盾的结果可能发生吗？

230 加勒比海盗

10名加勒比海盗抢得了窖藏的100块金子，并打算瓜分这些战胜品。这是一些讲民主的海盗（当然是他们自己特有的民主），他们的习惯是按下面的方式进行分配：最厉害的一名海盗提出分配方案，然后所有的海盗（包括提出方案者本人）就此方案进行表决。如果50%或更多的海盗赞同此方案，此方案就获得通过并据此分配战利品。否则提出方案的海盗将被扔到海里，然后下一个最厉害的海盗又重复上述过程。

所有的海盗都乐于看到他们的一位同伙被扔进海里，不过，如果让他们选择的话，他们还是宁可得一笔现金。他们当然也不愿意自己被扔到海里。所有的海盗都是有理性的，而且知道其他的海盗也是有理性的。此外，没有两名海盗是同等厉害的——这些海盗完全按照由上到下的等级排好了座次，并且每个人都清楚自己和其他所有人的等级。这些金块不能再分，也不允许几名海盗共有金块，因为任何海盗都不相信他的同伙会遵守关于共享金块的安排。

最凶的一名海盗应当提出什么样的分配方案才能使他获得最多的金子呢？

231 找出下一个字母

在下面的字母序列中，接下来的一个字母应该是哪个？

LNQU？

232 百试百灵

算命先生给小李一个信封，并告诉他没有开心事不能打开。小李订婚的那天，打开信封，大吃一惊："怎么这么灵？"请问信封里写的是什么？

233 真的没有时间吗

一个人经常抱怨没有学习时间，有一次他又对朋友说："你知道吗？我的时间太紧张了，以至于我没有学习的时间。你看，我每天要睡8个小时，这样一年的睡眠时间就是122天。我们寒假和暑假加起来又有60天。我们每星期休息2天，那么一年又要休息104天。我每天吃饭还要3个小时，那么一年就需要46天。我每天从学校到家走路共需要2个小时，这些又有30天。你看看，所有的这些加起来有362天了。"他停了一下说："我一年只有4天的时间学习，哪能有什么成绩呢！"你知道这个人错误的地方吗？

234 谁的照片

有一个人看照片。当有人问这个人在看谁的照片时，这个人回答说："照片上的人的丈夫的母亲，是我丈夫的父亲的妻子的女儿，而我丈夫的母亲只生了他一个孩子。"请问：这个人在看谁的照片？

235 考试的结果

有A，B，C，D，E5个人参加考试，都考了相同的5门课。老师评完考卷后，有如下结果（成绩按1、2、3、4、5分评）：

（1）5个人的总分各不相同，而且在同一门考试中，也没有相同分数的人。但无论是谁，都有一门课程成绩是5人中最好的。

（2）按得分总名次排列，A为第一名，其余依次为B，C，E，D。

（3）A总分为18分，B比A少2分。

（4）A历史最好，B语文最好，但B的地理和英语均为第三名。

（5）C的地理为第一，数学为第二，历史为第三。

（6）D的数学为第一，英语为第二。关于E的得分情况，老师什么也没有说。这5个人的各科成绩各是多少？总分又各是多少？

236 巧辨开关

有两间房，一间房里有3盏灯，另一间房有控制这3盏灯的开关（这两间房是分割开的，毫无联系）。现在要你分别进这两间房一次，然后判断出这3盏灯分别是由哪个开关控制，你能想出办法吗（注意：每间房只能进一次）？

237 继续发牌吗

杰瑞和3个朋友一起玩扑克牌。杰瑞发牌，他将第一张牌发给了自己，然后按顺时针顺序将牌分别发给3位朋友。牌发到一半时，杰瑞家的电话铃响了，他放下手中的扑克牌接听电话。可是，当他打完电话重新拿起牌时，却忘记了下一张牌该发给谁。他问3位朋友，可3位朋友都你看看我，我看看你，答不上来。一位朋友笑道："算了，重新开始发牌吧！"另一位朋友急忙说："不行，不行，我们还是数数手中的牌吧！"你判断一下是否需要重新发牌呢？

238 错误多面角

在图中，画了一个六角帐篷，它的几何形状是一个正六棱锥，这顶帐篷有7个角落，6个着地，一个悬空。它的三面角有什么毛病？

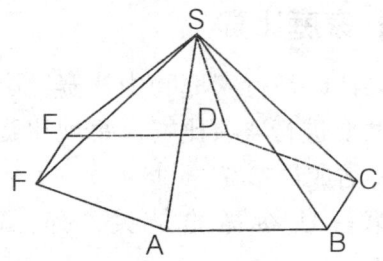

239 判断正误

下面的3个论断中，有一个是正确的，你知道是哪个吗？

（1）这里正确的论断有一个。
（2）这里正确的论断有两个。
（3）这里正确的论断有三个。

同样，下面的三个论断中，也只

有一个正确,请选择出来。

(1)这里错误的论断有一个。

(2)这里错误的论断有两个。

(3)这里错误的论断有三个。

240 最先出现的裂缝

下图显示的是一块泥地,泥地上有很多裂缝,你能够说出这众多裂缝中哪一条是最先出现的吗?

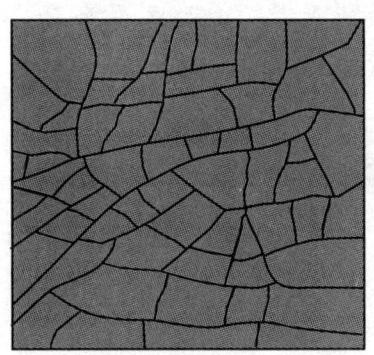

241 家庭比赛

某社区举行家庭智力比赛,决赛前一共要进行4项比赛,每项比赛各家出一名成员参赛。

第一项参赛的是吴、孙、赵、李、王;

第二项参赛的是郑、孙、吴、李、周;

第三项参赛的是赵、张、吴、钱、郑;

第四项参赛的是周、吴、孙、张、王。

另外,刘某因故4项均未参加。

请问,谁和谁是同一个家庭?

242 跳棋游戏

12只棋子排成一个圆圈。每次移动一枚棋子,移动时必须跳过两枚棋子,然后与另一枚棋子叠合。允许移动6次,使棋子两个两个地叠合在一起,并分别做到:(1)奇数的棋子叠放在偶数上;(2)7到12,6只棋子在上,1到6,6只棋子在下。

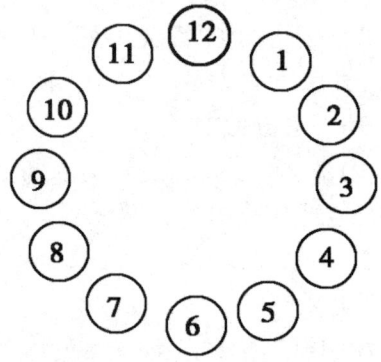

243 乐极生悲

A,B,C和D 4人是中学同学,一次不期而遇,决定一起吃饭,当他们坐在一张正方形桌子边喝酒时,D突然中毒身亡。对于警探的讯问,每人各作了如下的供词:

A:我坐在B的旁边。不是B就是C坐在我的右侧,这个人不可能毒死D。

B:我坐在C的旁边。不是A就是坐在丁的右侧,这个人不可能毒死D。

C:我坐在D的对面。如果我们当中只有一个人撒谎,那人就是毒死D的凶手。

警探在和酒吧的侍者交谈之后,证

实他们中只有一个人撒谎，也确实只有一个人毒死了 D。

请问：到底是谁毒死了 D？

244 配合握手

握手时，右手对右手、左手对左手相握很方便，但右手和左手、左手和右手相握就很别扭。而且，一个人如果要把自己的左手和右手相握也很不顺手，至于两个人这样相握，那就更别扭了。按照一般人的握手习惯，由 5 个人的手适当配合，能不能互相握得很好？

245 找谁算命

有一个人十分迷信，在婚姻的问题上，左右为难，下不了决心，不知道何去何从，于是他想去听听算命先生的意见。街上有两个算命先生甲和乙，甲告诉他："我说的话，有 60% 是正确的。"乙告诉他："我说的话，只有 20% 是正确的。"这个人想了想，选择乙给他算命了。你知道这是为什么吗？

246 养鱼的是谁

在一条街上，并排有 5 座房子，每个房子都喷了不同的颜色。而且，每个房子里面住着不同国籍的人。他们喝不同的饮料，抽不同品牌的香烟，养不同的宠物。根据下面的条件，你能判断出谁养鱼吗？

（1）英国人住红色房子；

（2）瑞典人养狗；

（3）丹麦人喝茶；

（4）绿色房子在白色房子左边；

（5）绿色房子主人喝咖啡；

（6）抽 PallMall 香烟的人养鸟；

（7）黄色房子主人抽 Dunhill 香烟；

（8）住在中间房子的人喝牛奶；

（9）挪威人住第一间房；

（10）抽 Blends 香烟的人住在养猫的人隔壁；

（11）养马的人住抽 Dunhill 香烟的人隔壁；

（12）抽 BlueMaster 的人喝啤酒；

（13）德国人抽 Prince 香烟；

（14）挪威人住蓝色房子的隔壁；

（15）抽 Blends 香烟的人有一个喝矿泉水的邻居。

247 距离更近

有一个人从 A 地骑自行车到 B 地去，而另一个人开车从 B 地驶往 A 地。在路上，他们相遇了，你知道这个时候谁离 A 地更近吗？

248 最后一个字母

英语字母表的第一个字母是 A，那么最后一个字母是什么？

249 安全脱险

迈克和杰克用软梯下到一个深谷，

准备探寻谷底的洞穴。刚走了几米，忽然谷底的泉水大量涌出，不一会儿水位就到了腰部，并不断上涨。他们两人没想到谷底会发大水，既不会游泳，又没带救生用具，只能立刻攀软梯出谷。但他们所用软梯的负重是250公斤，攀下时是一个一个下来的，因为他们的体重都是140公斤左右。如果两人同时攀梯，势必将软梯踩断；若依次先后攀梯而上，水势很急，时间来不及。你能帮助他们想一个办法安全脱险吗？

250 搜查

"所有的三星级饭店都搜查过了，没有发现犯罪嫌疑人的踪迹。"如果上述断定是真的，则在下面4个断定中可确定为假的判断是：

1. 没有三星级饭店被搜查过。
2. 有的三星级饭店被搜查过。
3. 有的三星级饭店没有被搜查过。
4. 犯罪嫌疑人躲藏的三星级饭店已被搜查过。

A. 仅1和2
B. 仅1和3
C. 仅2和3
D. 仅1、3和4
E. 1、2、3、4

251 向哪边倾斜

把3支正在燃烧的蜡烛平衡地放在天平上，3支蜡烛燃烧的速度都一样，最后天平会向哪一边倾斜？

252 风中的蜡烛

点燃着的10支蜡烛，被风吹灭了2支；不一会儿，又被风吹灭了1支。于是主人为了挡风，就把窗子关起来。从此以后一支也没被吹灭。请问，最后还剩下几支？

253 巧切蛋糕

如图所示，有一个正四面体形状的蛋糕，将它从某一平面切开，切口处呈正方形，该怎样切呢？

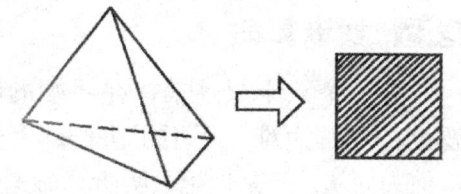

254 福尔摩斯

泰晤士河畔的一座公寓里发生了一起凶杀案。罪犯十分狡猾，当福尔摩斯赶到案发现场时，发现连时钟都被砸碎了。侦探找到了一块碎片，长针和短针正好各指在某一刻度上，长针比短针多1刻度，但看不出具体时间（如图）。福尔摩斯却从中分析出了作案时间。你知道是几时几分吗？

255 无赖和愚蠢

一次,谢里登访友归来时,在伦敦街上迎面碰上了两个皇家公爵,这两个人平时总爱讽刺这位作家出身的议员。他俩假装很亲热地与谢里登打招呼,其中一个拍拍他的肩膀说:"嗨,谢里登,我们正在讨论你这个人是更无赖些还是更愚蠢些呢。""哦,这样啊。"谢里登立即抓住他们两人,说道,"_____。"谢里登的反击巧妙而又辛辣,使这两位公爵无地自容。你知道他是怎么说的吗?

256 互联网狂躁症

英国研究各类精神紧张症的专家发现,越来越多的人在使用互联网之后都会出现不同程度的不适反应。根据一项对1万个经常上网的人的抽样调查,承认上网后感到烦躁和恼火的人数达到了1/3;而20岁以下的网迷则有44%承认上网后感到紧张和烦躁。有关专家认为,确实存在着某种"互联网狂躁症"。根据上述材料,以下哪项最不可能成为导致"互联网狂躁症"的病因?

A. 由于上网者的人数剧增,通道拥挤,如果要访问比较繁忙的网址,有时需要等待很长时间。

B. 上网者经常是在不知道网址的情况下搜寻所需的资料和信息,成功的概率很小,有时花费了工夫也得不到预想的结果。

C. 虽然在有些国家使用互联网是免费的,但在中国实行上网交费制,这对网络用户的上网时间起到了制约作用。

D. 在互联网上能够接触到各种各样的信息,但很多时候信息过量会使人们无所适从,失去自信,个人注意力丧失。

257 完全吻合

下面哪个图与带问号的图组合在一起能够得到一个完整的长方形?

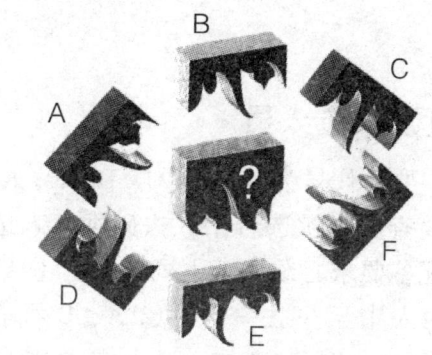

258 燕子李三

燕子李三从贪官A家偷了钱以后,挨家挨户送,最后到B家。他走的是

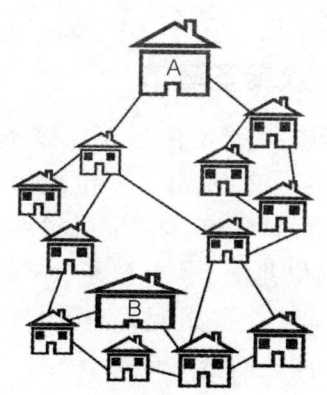

一条道,并只走一遍,不走第二遍(有走不通的路),而且一家不漏。他是按照什么样的路线走过去的呢?

259 缺少的时针

表盘中缺少的时针应指向哪儿?

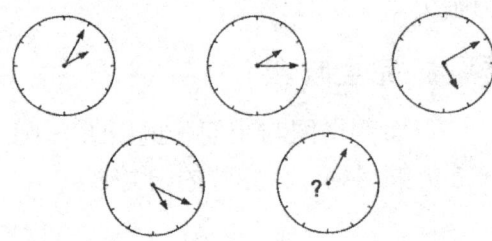

260 挑选人员

要从代号为 A、B、C、D、E、F 6 个侦查员中挑选若干人去破案,人选的配备要求必须注意下列各点:① A、B 两人中至少去一人;② A、D 不能一起去;③ A、E、F 三人中要派两人去;④ B、C 两人都去或都不去;⑤ C、D 两人中去一人;⑥ 若 D 不去,则 E 也不去。那么,你知道都有谁去了吗?

261 欢聚圣诞节

泰森一家人在一起欢聚圣诞节。他们是:一位祖母,一位祖父,两位母亲,两位父亲,一位岳父,一位岳母,一位儿媳,4 个孩子,3 个孙子,1 个哥哥,2 个姐姐,2 个儿子,2 个女儿,问他们最少是几个人?

262 类同变化

从 A 到 B 的变化,类同于从 C 到哪一项的变化?

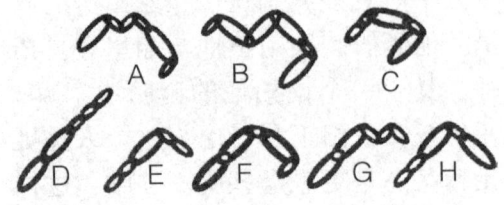

263 加薪

在某办公室听见这样的谈话。甲说:"如果给我加薪的话,也会给乙加薪。"乙说:"如果给我加薪的话,也会给丙加薪。"丙说:"如果给我加薪的话,也会给丁加薪。"结果下来,3 个人的说法都是正确的,但甲、乙、丙、丁 4 个人中只有两个人加了薪,你知道加薪的是谁吗?

264 3 个乒乓球

有一个 2 米深的凹槽,大小只能通过一个乒乓球,现在凹槽的两端各滚来了一个乒乓球 1、2,为了交错通过,凹槽壁上恰好有一块乒乓球大小的凹洞,可是不巧的是,那个洞里居然还有一个乒乓球 3,怎么样让乒乓球 1、2 顺着它原来的方向到达终点呢?

265 抓强盗

从前,有个十分聪明的孩子叫柯南。一次,他和父亲出门,住在一家旅店里。到了半夜的时候，有一个强盗手持钢刀闯进了他们的房间，并用刀逼迫柯南和他的父亲交出财物，否则就要对他们行凶。

这时，打更的梆子声由远而近地传来，心虚的强盗就催促假装在找东西的柯南赶快交出财物。可柯南却告诉强盗，如果着急的话就必须允许自己点亮灯盏来找。于是，就在打更的梆子声在房间的门外响起的时候，柯南点亮了灯盏，并把父亲藏在枕头下面的钱交给了强盗。可就在这个时候，门外的更夫却突然大声地发出了"抓强盗"的喊叫声，很快，人们就冲进了房间，抓住了还来不及跑掉的强盗。

你能想到柯南是怎样为走在门外的更夫做出屋里有强盗的暗示的吗？

266 心灵手巧的少妇

这是一个钳子形状的布片，一个心灵手巧的少妇用剪刀剪了3刀，竟然奇迹般地拼出了一个正方形。她是怎样做到的？

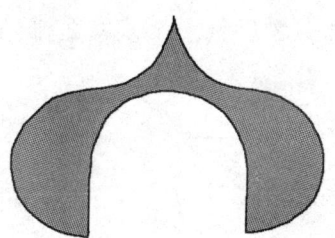

267 顺序

用天平称4个小球，当天平一边

放上甲、乙，另一边放上丙、丁时，两边相等；当将乙和丁互换位置后，甲和丁高于乙和丙；当天平一边放上甲、丙，另一边刚放上乙，天平就压到了乙的一边。这4个小球重量的顺序是什么？

268 远近

下图中的黑点表示支点。如果将A点和B点移近，C点和D点会接近些还是离远些？

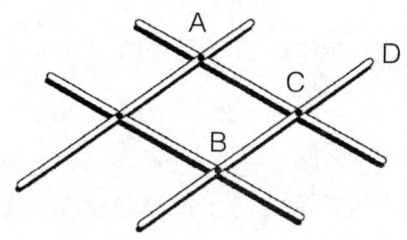

269 美丽的正方体

有一个正方体的每一个面都有美丽的图案装饰着，下图是这个正方体拆开后的各面的图案构成，那么在下面的几个选项中，哪一个不是这个正方体的立体面？

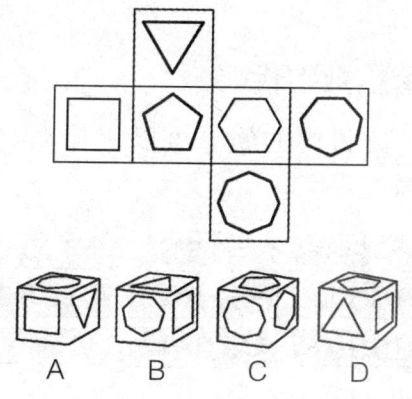

270 几个正方形

如图所示的16点能围成几个正方形?

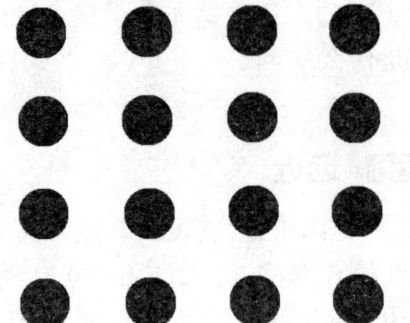

271 概率

某人参加考试。考题是30道三选一的选择题,一题一分,只要答对15题以上就算及格。以概率来说,随便答也可以答对1/3——10题。他有把握答对的题目有6题。此人能及格?

272 雷击

小明放风筝时,突然电闪雷鸣,暴风雨倾盆而下,他不得不躲在屋檐下,但却仍被雷电击中。这是为什么?

273 数字代码

题目中的问号可以用什么数字代替?

7628	5126	3020
9387	6243	1088
8553	2254	?

274 各走各门

一个院子里住了3户人家。这3户人家的关系简直坏透了,不只是互不说话,而且谁也不想看到谁。他们想各走各的门,也就是像图上所画的那样,A走A门、B走B门、C走C门。为了避免相遇,他们走的路也不能交叉,那么,他们该怎样走法才好呢?

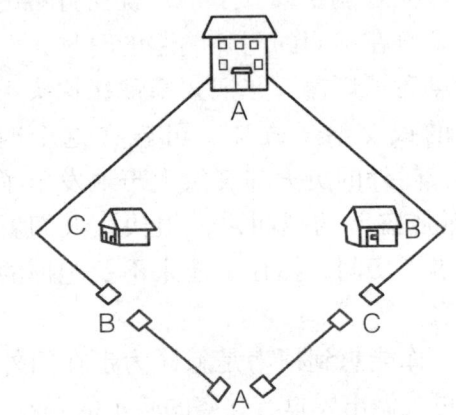

275 兔子难题

直线AA上有3只兔子,直线CC上也有3只兔子,直线BB上有2只兔子。有多少条直线上有3只兔子?有多少条直线上有2只兔子?如果拿走3只兔子,将余下的6只兔子排成3排,且每排有3只兔子,该怎么排列?

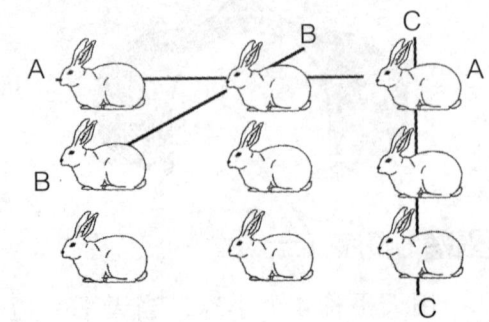

276 错觉

小景从自家的窗户缝里目击到邻居家发生的一起案件。因为嫌犯通过窗户向外窥视了好几次,所以小景清楚地记住了他的长相。小景在向来调查的刑警描述时说嫌犯是一个细长脸的男人,而去自首的罪犯却是圆脸,并非细长脸。难道小景看到的不是嫌犯吗?这里面有着什么样的玄机?

277 丢失的数字

最后的正方形中丢了数字几?

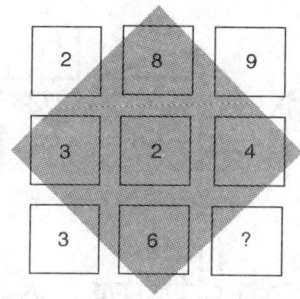

278 巧穿数字

下面是由数字组成的迷宫图,如何从进口处走到出口处?

279 捉老鼠

猫逮住白鼠还是黑鼠?

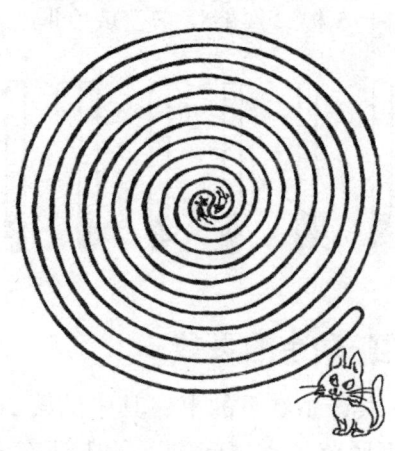

280 建操场

学校要进行改建,操场边堆放着两堆叠放整齐的砖块。如果不一块一块地数,你能看出这两堆砖块各有多少块吗?

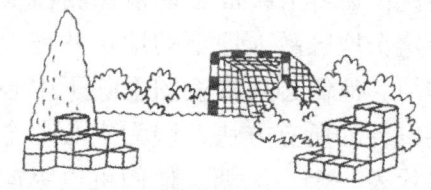

281 衣服的数量

某大学宿舍有4名女生,她们分别是庆庆、元元、英英和新新,在她们4个人当中,新新的衣服比英英的多;庆庆的衣服和元元的衣服数量加在一起,英英的衣服和新新的衣服数量加在一起,恰好是一样多;元元和英英的衣服加在一起比庆庆、新新的加在一起要多,那么,你能判断出谁的衣服最多吗?谁的是第二多?

282 6+5=9

如图所示,有 6 根火柴棍,请问,再加上 5 根,你能将它变成 9 吗?

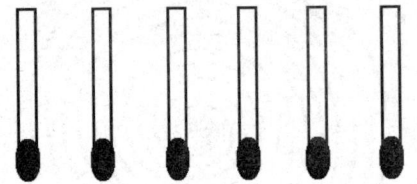

283 剩余的页数

共计 100 页的书,其中的第 20~25 页脱落了,请问剩下的书还有多少页呢?

284 野战地图

一名军官指着一张野战地图对士兵说:"2 名士兵带着地雷探测器来探测这个地区敌人埋下的地雷并把地雷排掉。他们必须检查图上除了中心方块以外的所有方块,因为中心那个方块代表一个小池塘。他们可以纵向或者横向移动,但是不允许斜向移动。此外,禁止重复经过同一个方块。他们一个人从 B 点出发走到 A 点,另外一个从 A 点出发走到 B 点。你们要在图上画出两人的行进路线,要求两人走过的方块数目相同。"你知道怎么画吗?

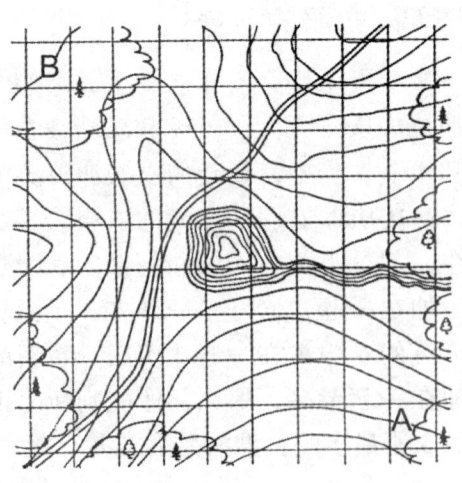

285 添上一条线

如果在 A,B,C,D,E 各图中某处添上一条线(任何形状的线皆可,但线条不能重叠),哪幅图案能够变成左图所示的形态?

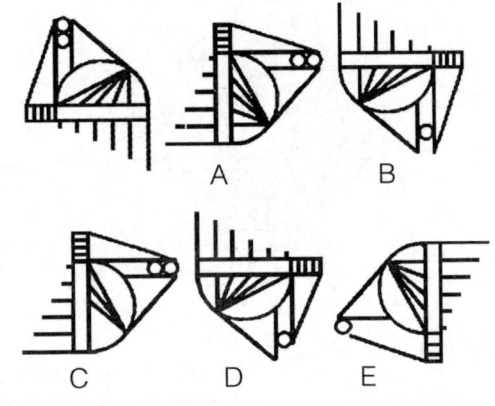

286 爱撒谎的一家人

有一家人特别爱撒谎。这天中午吃饭,爷爷先在圆形的餐桌前坐了下来,问他 4 个人要怎么坐。没想到他们连这个也要说谎。妈妈:"我坐女儿旁边。"爸爸:"我坐儿子旁边。"女儿:"妈妈是在弟弟的左边。"儿子:"那我右边是妈妈或姐姐。"请问:他们一家人到底是怎么坐的?

287 合二为一

如图所示，钟表的长针和短针成为一条线（重合时除外），并且短针正指着整点刻度，这样的情况在一天中是几时（几分）呢？

288 翻跟头的小鸟

下面是一个用10根火柴摆的头朝下的小鸟，你能只移动3根火柴，使小鸟的头能够朝上吗？

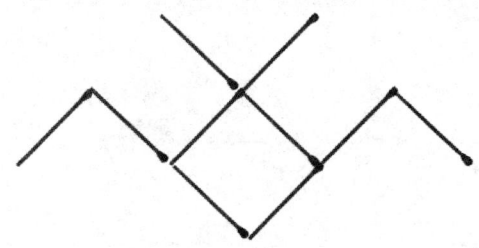

289 移花接木

晶晶死在卧室里，尸体是被来访的记者朋友发现的。他立刻拨打了110，警察和法医以最快的速度赶到了现场。大约过了一个小时。"死因和死亡时间出来了吗？"警察问法医。"是他杀，大概已经死了二十三四个小时了，但现场没有作案的痕迹。"法医回答。"那就奇怪了。"警察忽然注意到桌子上的蜡烛在燃着，他顺手打开日光灯，却发现停电了。猛然，他意识到了什么。"原来这尸体是从别处移过来的。"请问，警察是凭什么做出推理的？

290 上升还是下降

在下面一组齿轮、杠杆和转轮的组合中，黑色的点是固定支点，白色的点是不固定支点。如果如图所示推一下不固定支点，终端的物体A和B会上升还是下降？

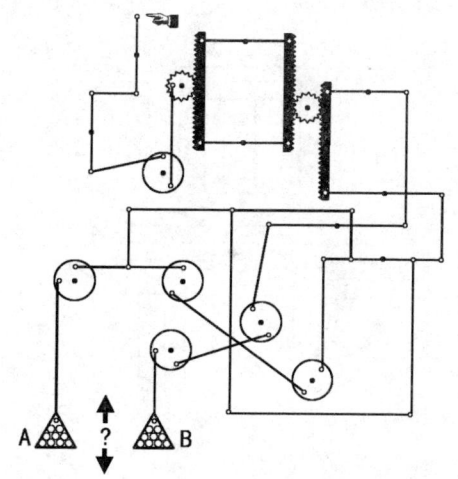

291 成才与独生

一项研究报告表明，在具有高级职称的科技人员中，在兄弟姐妹中排行老大的占48%，排行老二的占33%，排行老三的占15%，其余排行的占2%。由此我们可以得出下列哪一个结论？

A. 排行老大的一般都能成才。

B. "成才"的科技人员多数是独生子女。

C. "成才"的可能性与其在兄弟姐妹中排行次序无关。

D. 在兄弟姐妹中排行越大，"成才"的可能性越大。

292 搭桥

乍一看，这种结构的桥（图中用多米诺骨牌搭出）是搭不出来的，因为还没搭几块，桥就会重心不稳而倒塌。可是，如果脑子里有正确的思路，搭这座桥将是轻而易举的。你知道怎么搭吗？

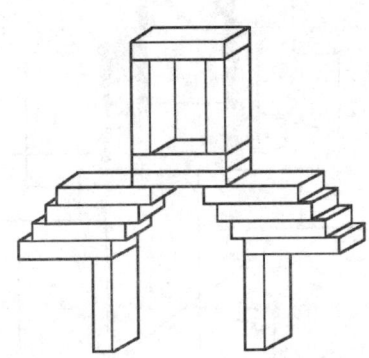

293 语意深长

有位少年向莫扎特请教写交响乐。

莫扎特答道："您写交响乐还太年轻，为什么不从写叙事曲开始呢？"

少年反驳道："可是您开始写交响乐时才10岁呀？""对，"莫扎特回答道，"＿＿。"

莫扎特的回答充满了自信，又语含教育，你知道他是怎么回答的吗？

294 圆心

6个圆点中哪一个是大圆的圆心？

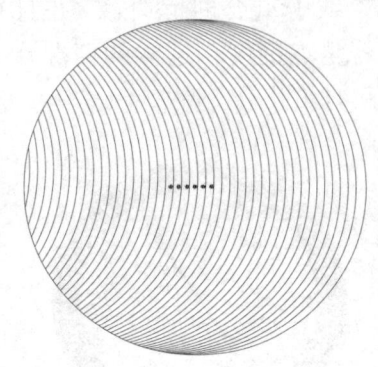

295 看一看

一个正四面体是由4个等边三角形组成的立体图形，有点像金字塔。每一个面都可以被涂上与其他面不同的颜色，在下面5幅图中，4幅是同一四面体从不同顶点的俯视图，一幅不是。你能找出是哪一幅吗？

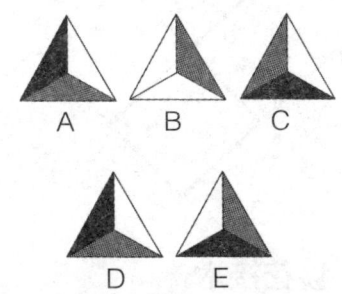

296 挽救熊猫的方法

为了挽救濒临灭绝的大熊猫，一种有效的方法是把它们都捕获到动物园进行人工饲养和繁殖，以下哪项为真时最能对上述结论提出质疑？

A. 近5年在全世界各动物园中出

生的熊猫总数是9只,而在野生自然环境中出生的熊猫的数字,不可能准确地获得。

B. 只有在熊猫生活的自然环境中,才有它们足够吃的嫩竹,而嫩竹几乎是熊猫的唯一食物。

C. 动物学家警告,对野生动物的人工饲养将会改变它们的某些遗传特性。

D. 提出上述观点的是一个动物园主,他的动议带有明显的商业动机。

297 弯曲的眼镜蛇

有一条眼镜蛇,正好是图中所示的那样,躯体围成了一个圆圈。按常理设想,从这条眼镜蛇躯体中心线上任何一点到圆圈中点的距离一定是相等的。但假如这条眼镜蛇的躯体像下图那样,弯弯曲曲的呈曲线状态,其躯体的粗细在忽略不计的条件下,能不能在蛇体外找到一个点,使其到眼镜蛇的躯体上任何一点的距离都相等呢?

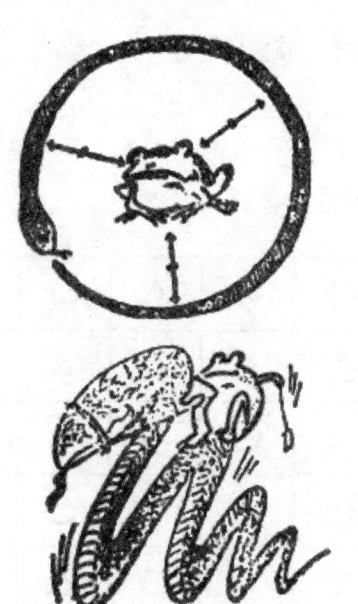

298 封口

羊栏里有36个出口,但只要封住其中一个出口,羊就根本无法跑出去,应封住哪个出口?

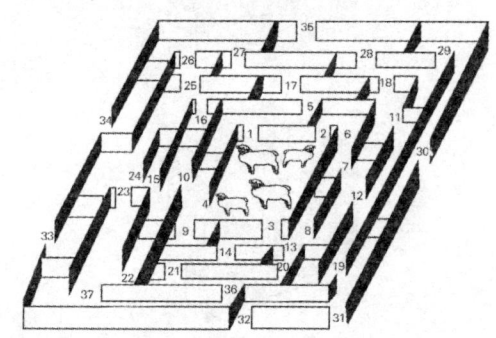

299 蚂蚁回家

找4个立方体纸盒子堆成一个大立方体(如图所示)并标上相应的符号。

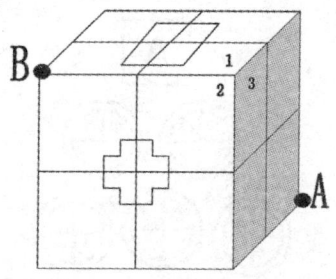

现在有一只蚂蚁在A处找到了食物,它要把食物搬回家(B)。因为食物比较重,小蚂蚁想找一条最近的路线,可是它冥思苦想怎么也想不出,你能帮助小蚂蚁找到这条路线吗?

300 魔方

下图是一个魔方从两个方向看的视图效果，这个魔方的6个面上各写着A～F不同的字母，请问，C的对面是哪个字母？

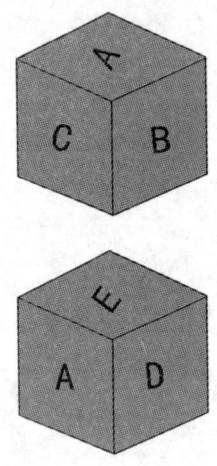

301 渡河

渡过小河唯一的办法就是小心翼翼地踩着一块块石头，一旦踩错了石头，就会掉进河里。从A开始，每一排只能踩一块石头，你会沿着什么顺序走呢？

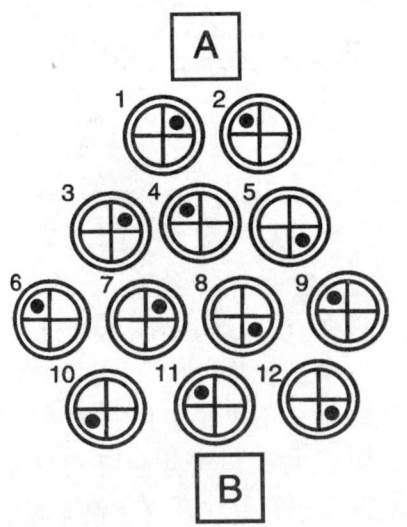

302 一刀两断

下面的图中有4个圈，把其中的1个圈剪开，其他的3个圈就会全部分开，想一下，看看剪哪个圈，才会使其余的3个圈全部分开。

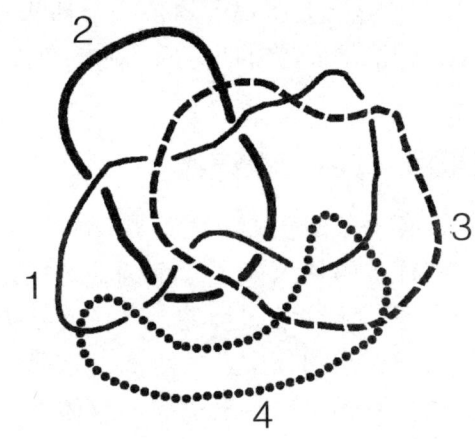

303 推测符号

如图所示，将○、△、×符号填入25个空格中，每格一个。最后一格应该是什么符号？

○	×	△	○	○
△	×	△	×	×
×	○	○	△	△
○	△	×	○	○
?	×	○	△	×

304 图形变身

如果 A 变身为 B 的话，那么 C 应变身为哪个呢？

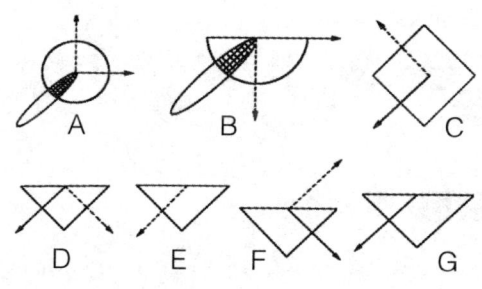

305 鱼儿有几条

下面有几条鱼？

306 明察秋毫

市区的一家银店遭劫。营业员指控欧文是作案者："银店刚开门，欧文就闯进来了。当时我正背对着门，他用枪抵在我背上，命令我不准转过身来，并叫我把壁橱内的所有银器都递给他。我猜他把银器装进了手提包，他逃出店门时，我看见他提着包。"

警长问："这么说，你一直是背对着罪犯的，他逃出店门时又背对着你，你怎么知道他就是欧文呢？"营业员说："我看见了他的影像。我们的银器总是擦得非常亮，在我递给他一个大水果碗时，我见到他映在碗上的头像。"在一旁静听的亨利探长："你别装了，你就是罪犯。"探长为什么断定营业员是罪犯？

307 残缺的纸杯

一个斜切的纸杯，其侧面展开图是什么样的呢？

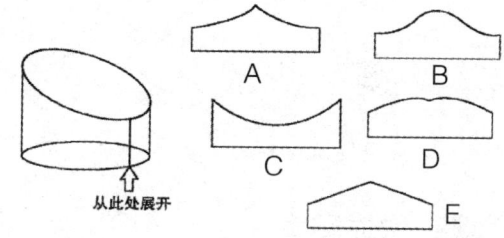

308 可疑旅客

某夜，马尼拉—北京航线的一架班机降落在北京首都机场。海关人员开始检查旅客们的行李。

检查员小刘发现从飞机上下来的 3 个商人打扮的人神色可疑：他们带有一个背包、一个纸箱子和一个帆布箱。小刘查看了他们的护照，他们来京的目的是旅游。当天早上从泰国首都曼谷出发，经过菲律宾首都马尼拉，再经我国广州，然后飞抵北京。

小刘拿着护照看了一会儿，便让来客打开箱子检查，果然在夹层里发现了毒品海洛因。

是什么引起了小刘的怀疑呢？

309 最牢固的门

看下图，A、B、C、D 是 4 扇木制门框，哪一扇门框的结构最牢呢？为什么？

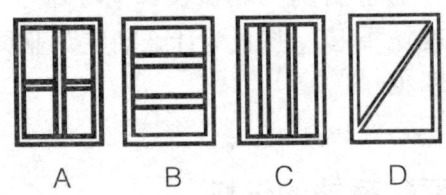

310 不同的图形

哪个图形和其他选项不一样？

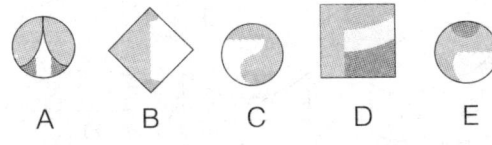

311 构成图案

请问最少需要几种图形才能构成下面 2 种图案？

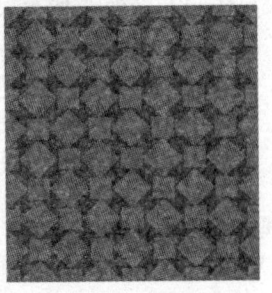

312 缺失的字母

猜一猜，哪个字母可以完成这道谜题？

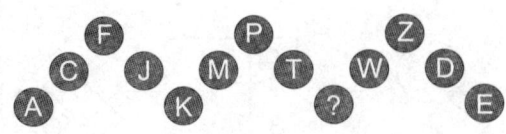

313 哪两个数

仔细算一算，哪些数字可以完成这道谜题？

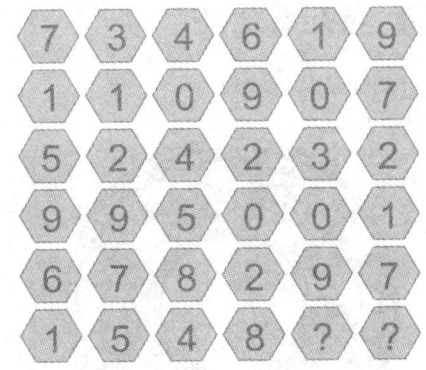

314 条形图

这些由正方形组成的条形是平行的还是弯曲的？

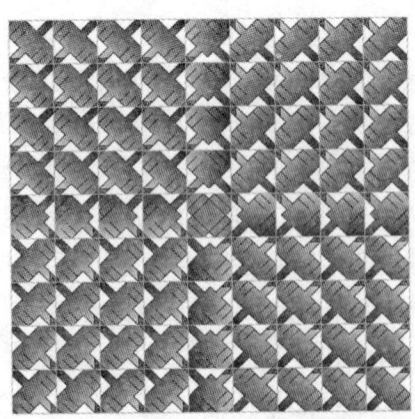

315 图像边缘

图像竖直和水平的边缘是扭曲的还是直的？

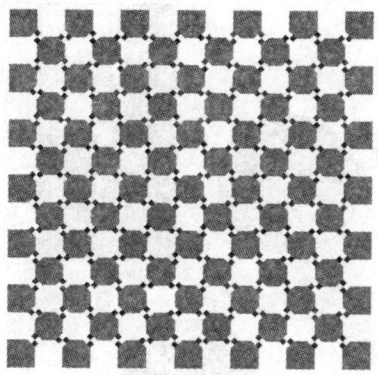

316 星星

选项中哪一颗星星应该放在问号处？

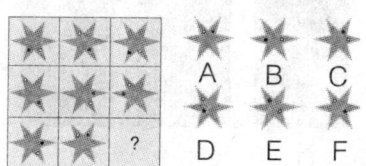

317 方块变形

图中每排或每列的小方块是呈直线排列还是弯曲排列？

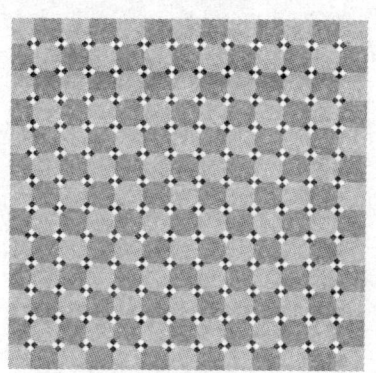

318 水平线

图中的水平线是倾斜的还是彼此平行的？

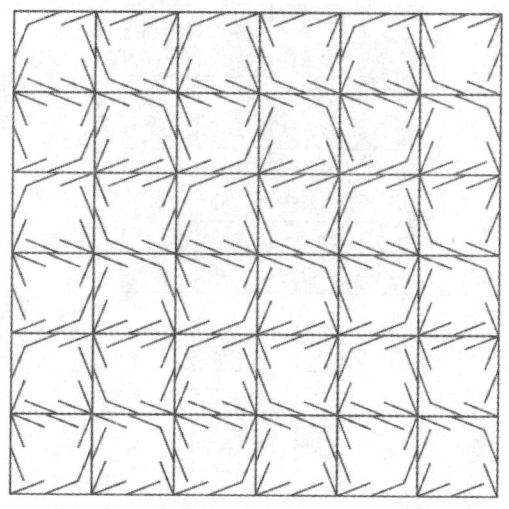

319 三角形中的点

三角形中的圆点在三角形垂线的中点吗？

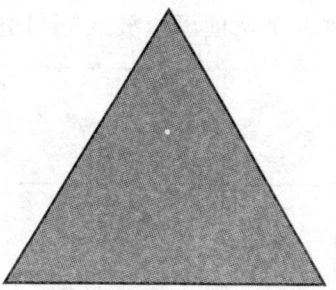

320 拿掉谁

想一想，应该拿掉哪一个数字下面这组数列才能成立？

1, 2, 3, 6, 7, 8, 14, 15, 30

321 与 D1 对应的选项

哪个选项和图中 D1 相对应？

	A	B	C	D	
	A B	A B	D D A	D C A	1
	B A D	A A D	A C D	C B B	2
	B C C	B B A	B C C	A B D	3
	C D D	A C D	C D B	B B C	4

A3 — A
B2 — B
D4 — C
C2 — D
B4 — E
A1 — F

322 图形复位

哪一个选项可以放入问号处？

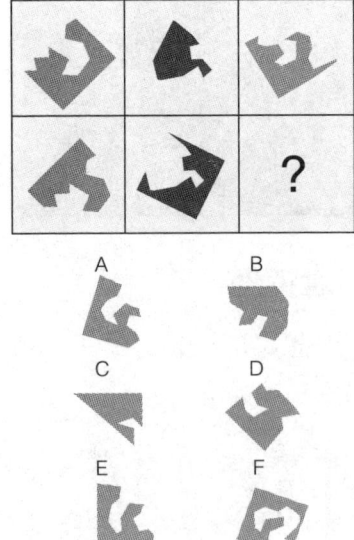

323 关系判断

你能解答这个难题吗？ A 和 B 的关系相当于 C 和哪一个图形的关系？

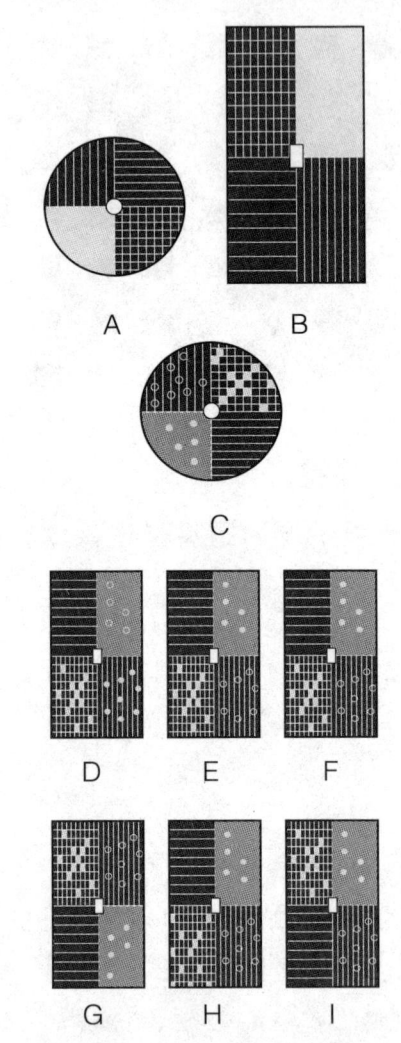

第三章

推理力

324 真实身份

有一个美丽的女孩在河边洗澡，当她洗完后发现放在岸边的衣服被人偷了。关于这件事，受害者、旁观者、目击者和救助者各有说法。她们的说法如果是关于被害者的就是假的，如果是关于其他人的就是真的。请你根据她们的说法判定谁是被害者。

玛亚："凯瑞不是旁观者。"
凯瑞："希尔不是目击者。"
波西："玛亚不是救助者。"
希尔："凯瑞不是目击者。"

325 正确答案

有4道测试题（每个问题都用Y或N来回答），小兰、小朋、小乐3人如下表那样回答的。

这个测试题中，每答对一个问题得1分，3人的分数各不相同。以下陈述中，最低分的人的话是假的。那么请问，怎么答题才能得满分呢？小兰："问题4的正确答案是N。"小朋："小兰只得了1分。"小乐："小朋只得了1分。"

	Q1	Q2	Q3	Q4
小兰	Y	Y	N	N
小朋	N	Y	Y	N
小乐	Y	N	Y	N

326 推断年龄

一个人口调查员已知道妇女家的门牌号码，打电话向一位妇女询问她家3个女儿的年龄。这位妇女说："如果你把3个数相乘，结果是72；如果你把3个数相加，结果正好是我家门牌号。"这位调查员说："我还是没法算出她们的年龄。"那位妇女又说："我最大的女儿喜欢弹钢琴。"

327 五碗巧搬

有5个碗，按次序叠好放在甲盘里，一次一个往丙盘搬（如图），大碗不能压小碗，试试应该怎样搬？

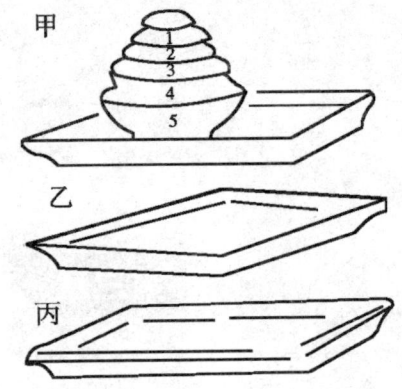

328 分辨姐妹

有姐妹二人一个胖、一个瘦，姐姐上午很老实，一到下午就说假话；妹妹则相反，上午说假话，下午却很老实。有一天，一个人去看她俩，问："哪位小姐是姐姐？"胖小姐回答说："我是。"而瘦小姐回答说："是我呀。"再问一句："现在几点钟了？"胖小姐说："快到中午了。"瘦小姐却说："中午已经过去了。"请问，当时是上午还是下午？哪一个是姐姐呢？

329 小偷被偷

有一个职业小偷。一天,他溜到公交车上去作案,先偷了一位时髦小姐的钱包,等他下车时,又接连偷了一位西装革履的男子和一位白发苍苍的老太太的钱包。他兴高采烈地下了车,躲在角落里清点了一下,发现3个钱包里总共不过200元。接着他又惊叫起来,原来与这3个钱包放在一起的他自己的钱包不翼而飞了,那里面装着700多元呢!他口袋里还有一张纸条,上面写着:"让你这该死的小偷尝尝我的厉害,看看你偷到谁头上来了!"猜猜看,那3个人中,究竟是谁偷了他的钱包呢?

330 中国盒

用4个盒子一盒套一盒做成一个中国盒。里面的3个盒子里各放4块糖,外面的大盒子里放9块糖。把这个盒子作为生日礼物送给你的朋友,并且告诉他(她)必须使每个盒子里的糖果变成偶数时再加1颗之后才可以吃糖。你知道答案吗?

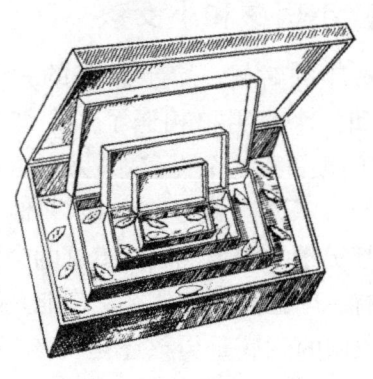

331 英语过级

有一次学校要统计一下英语四级过级的人数。中文专业共有学生32人。经过统计,可以有这么3个判断:中文专业有些学生过了英语四级;中文专业有些学生没有过英语四级;中文专业班长没有过英语四级。如果只有一个判断是正确的,那么你可以判断出什么?

332 环球飞行计划

某航空公司有一个环球飞行计划,但有下列条件:每个飞机只有一个油箱,飞机之间可以相互加油(没有加油机);一箱油可供一架飞机绕地球飞半圈。为使至少一架飞机绕地球一圈回到起飞时的飞机场,至少需要出动几架次飞机(包括绕地球一周的那架在内)?所有飞机从同一机场起飞,而且必须安全返回机场,不允许中途降落,中间没有飞机场,加油时间忽略不计。

333 猫捉老鼠

如果3只猫在3分钟内捉住了3只老鼠,那么请问,多少只猫将在100分钟内捉住100只老鼠?

334 缺页的书

图书馆的书经常因为一些品行不端的人破坏而出现缺页现象。这次,新进的书中有一本关于世界名胜的书，共200页。在经过几次借阅后，管理员发现第11页到第20页被人撕去了，现在书剩下190页。又过了一段时间，这个管理员又发现，第44页到第63页又被人撕去了。那么现在这本书剩下多少页了？

335 钱去哪里了

从前，有3个穷书生进京赶考，途中投宿在一家旅店中。这家旅店的房价是每间四百五十文，3人决定合住一间房间，于是每人向店老板支付了一百五十文钱。后来，老板见3人可怜，又优惠了五十文，让店里的伙计拿着还给3人。伙计心想：五十文钱3个人如何分？于是自己拿走二十文，将剩余的三十文钱还给了3个书生。问题出来了：每个秀才实际上各支付了一百四十文，合计四百二十文。加上店小二私吞的二十文，等于四百四十文。那么，还有十文钱去了哪里？

336 第一百个数字

请连续记自0开始的正整数。如012345 678910111213141516……并倒记：1514131 211109876543210，问距开始和终了的第一百个数字是什么？

337 马虎的校长

吴校长做事特别马虎，这天，他要给4名老师获得的奖品和奖状上写上名字，但是，他把一些人的名字和对应的奖项写错了。当然，他不会在一个奖项下写两个名字的，所以出错也不外乎这样三种可能：正好有三个人写对了；正好有两个人写对了；正好有一个人写错了。那么，他究竟写错了几个人的名字？

338 哪瓶是葡萄酒

如图所示，有4个瓶子分别装入颜色相同的糖水、盐水、白水、葡萄酒，而且每个瓶子上贴了不同的标签。但是在装葡萄酒的瓶子上的标签内容有假，其他的瓶子上的标签内容都是真的。请问，4个瓶子里分别装的是什么？

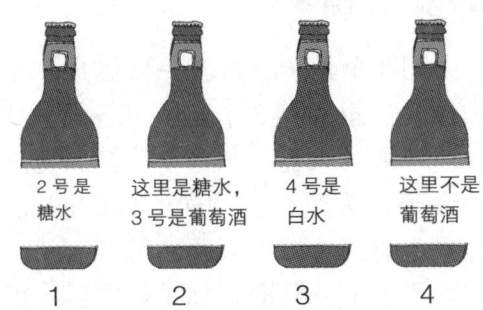

339 小男孩和小女孩

过年的时候，穿上新衣的一个小女孩和一个小男孩相遇了。穿红衣服的孩子说："我是个男孩。"另一个穿蓝衣服的孩子说："我是个女孩。"他们的父母都笑了，因为他们知道这两个孩子至少有一个在撒谎，那么，你能判断出穿红衣服的到底是男孩还是女孩呢？

340 他绝不是自杀

探长被人发现在自己办公室内自杀,他所用的是自己的佩枪。到现场调查的探员,在佩枪上发现了探长的指纹。探长平时习惯用右手握枪,自杀时用的也是右手。因此,现场调查的探员推断他是自杀无疑。但探长的好友卡特却认为探长性格坚强,不可能自杀。他经过观察、分析后,提出有力证据,证明探长是被人谋杀。请你细心观察下图,你能指出卡特提出的证据是什么吗?

341 运动员的年龄

有甲、乙、丙3个运动员,他们分别是排球队员、篮球队员、足球队员;他们的年龄分别是17岁、19岁、21岁。已知:(1)甲比篮球队员大4岁;(2)丙是足球队员。依据上述条件,这3个运动员各自从事什么体育项目,年龄分别是多少?

342 学生会委员

在某校新当选的校学生会的7名委员中,有1个是大连人,2个北方人,1个福州人,2个特长生,3个贫困生。

假设上述介绍涉及了该学生会中的所有委员,则以下各项关于该学生会的断定与题干相矛盾的是:
A. 两个特长生都是贫困生。
B. 贫困生不都是南方人。
C. 特长生都是南方人。
D. 大连人都是特长生。
E. 福州人不是贫困生。

343 烟蒂制烟

有一个烟瘾很大的人,常用3截烟蒂接成一支香烟来吸。在半夜里,他已把整支的香烟吸完,早上烟灰碟里横七竖八地放有7截烟蒂。于是,他像平常一样,把烟蒂收集起来接成整支香烟,又吸完了。请问,早上他能吸到几支香烟?

344 分辨矿石

老师让同学辨认一块矿石。甲同学说:"这不是铁,也不是铜。"乙同学说:"这不是铁而是锡。"丙同学说:"这不是锡而是铁。"老师最后说:"你们之中,有一人两个判断都对;另一个人的两个判断都错;还有一人的判断一对一错。"看看你的判断,这块矿石到底是什么?

345 谁点了牛排

4个好朋友前往一家西餐厅用餐,他们选了个圆桌,依A,B,C,D的顺序坐下,并在看过菜单之后,彼此接续点了主菜、汤及饮料。在主菜方面，李先生点了一份鸡排，连先生点了一份羊排，而坐在B的人则点了一份猪排。点汤方面，萧先生及坐在B处的人都点了玉米浓汤，李先生点了洋葱汤，另一人则点了罗宋汤。至于饮料方面，萧先生点了热红茶，李先生和连先生点了冰咖啡，而另一个人则点了果汁。当大伙儿点完之后，这才发现：邻座的人都点了不一样的东西。如果李先生是坐在A的位置，试问，坐在哪里的先生点了牛排？

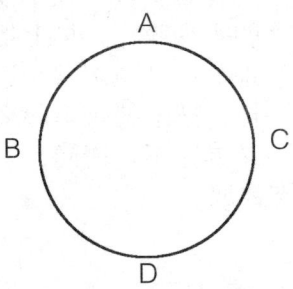

346 局内人

如果你很小，玩捉迷藏时你就能找到一些很棒的地方来藏身。下图中是6个你很熟悉的地方，正常人从来没能从这里面往外看过。你能分辨出每幅图分别是哪里吗？

347 两位老实人

A，B，C，D，E 5个人当中，有两个人是从来不说谎的老实人，但是另外3个人是总说谎的骗子。下面是他们所说的话：

A："B是骗子。"
B："C是骗子。"
C："E是骗子。"
D："A和B都是骗子。"
E："B和C都是老实人。"

根据以上的对话，请找出老实人是哪两位。

348 受过伤的死者

"死者的右手上个月被打断了，一直不能动弹。我们在他裤子的左兜里面发现了一包香烟，在右兜里面发现了一盒火柴。"

探长听了手下的话说："那他肯定是被杀的。"你知道这是为什么吗？

349 纸带的漏洞

右图画的是把一条纸带紧紧地缠在竹竿上的情形。在这幅画中，有明显的漏洞，在哪儿？

350 五色珠

现有红、蓝、黄、白、紫5种颜色的珠子各一颗，都用纸包着，摆在桌上。有甲、乙、丙、丁、戊5个人，猜纸包里的珠子的颜色，每人限猜两包。甲猜："第二包是紫的，第三包是黄的。"乙猜："第二包是蓝的，第四包是红的。"丙猜："第一包是红的，第五包是白的。"丁猜："第三包是蓝的，第四包是白的。"戊猜："第二包是黄的，第五包是紫的"。猜完后打开纸包一看，每人都猜对了一种，并且每包都有一个人猜对。请你也猜一猜，他们各猜中了哪一种颜色的珠子？

351 打破的水晶

波洛侦探的助手报告说："迈克被杀死了，凶手就是他的仆人，但是一直没有找到凶手用的凶器。地上的水晶碎片是凶手离开现场时不小心打破的。"波洛说："不，他是故意打碎的。"你知道凶手为什么这么做吗？

352 提钱诀窍

东东准备和他心仪好久的女孩约会了！他们说好这个月的第二个星期天一起去一家高级俱乐部骑马。偏偏临到约会前一天，东东忽然想到自己存钱的银行在每月的第二个星期六都公休。不得已，他还是前去这家银行碰运气，谁知竟然顺利地提了钱。东东既没有用提款卡或信用卡，也没有向人借钱或上当铺典当，他到底用什么办法领到了这些钱呢？

353 弄巧成拙

这一组漫画讲一个非常幽默的故事。不过图片的顺序被打乱了，你能把它们排好吗？

354 真正的藏宝箱

阿不拉不仅是个专业小偷，更是一名胆大妄为的冒险分子。有一次，他到德国旅行，途中意外拾获一张藏宝图。于是，在藏宝图的指引下，他来到了海德堡，并且如愿闯入一个古老而神秘的地窖中。地窖内有两个奇怪的大箱子，以及一张布满灰尘的字条。

字条上面清楚地写道：我生前所掠夺的宝物都放在其中某个箱子里，但我希望将这些宝贝传给真正有智慧的人——换句话说，阁下若开对箱子，自可满载而归，万一开错了，就得跟我一样，永远长眠于地底之下了。

阿不拉紧接着发现，两个箱子上也分别贴有字条。

甲箱："乙箱的字条属实，而且所有金银财宝都在甲箱内。"

乙箱："甲箱的字条是骗人的，而且所有金银财宝都在甲箱内。"

阿不拉愣在原地，百思不得其解。然而，问题真有想象中那么困难吗？你可否帮阿不拉决定打开哪个箱子呢？

355 高效电梯

一幢办公大楼有8层，不算太高，但每层楼面积却很大。换班的时间到了，人员上下频繁，虽然有多部电梯仍难满足。为了加快电梯运转，电梯管理员把电梯小姐都找来，要求每部电梯除了停底层和顶层外，中间只停某3层（向下和向上都停）。而且一旦定下停哪3层，就在电梯门前贴纸公布，不再更动。

电梯小姐都照办了。但试行一天之后，楼里的工作人员提出了意见。因为有的人从某层到另一层不能找到可以直达电梯。管理员想了一夜，终于想出了一种方案，使随便哪层的人，不论向上或者向下随便要到哪层，都可找到直达电梯。

现在请你排一下，至少要几种停法能符合上述要求？这几种电梯分别停其中哪3层？

356 保守的丈夫

河岸上有3对夫妇，他们都要渡河，可是只有一条能乘两个人的小船。而且，这3个男人都很保守，他们不希望自己的妻子在他本人不在的情况下和别的男人在一起。

请想想，用什么办法把他们都渡过去。当然，船得他（她）们自己划。因此每次渡过河都要有人划回原处，直至全渡过去为止。

357 案发时间

一天晚上，一位女作家被发现死在她的住宅中。从现场看，死者生前似乎正在书桌上写作，她是被重击头部而死的。书桌上放着一个开着的应急灯，台灯是关着的。

警察问物业管理员是否停过电。管理员说："昨晚9点左右曾停了约一小时电。我想她大概是用应急灯照明写作时被害的，她每天很晚才关灯。"

警察又问："停电前后都有谁出现过？"管理员回答："停电前死者的男友来过，停电后他匆忙离开了大厦，我想他一定是凶手。"

"那停电以后还有什么可疑的人出入吗？"警察又问道。管理员想了想说："来电后有一名30岁左右的陌生男子从死者住的那层楼下来，但我不知道他有没有进过死者的房间。"警察听到这里已经知道谁是真凶了。

你知道吗？

358 露出破绽

警官霍金一走进死者阿尔马的办公室，宾格就迎上前说："除了桌子上的电话，我什么也没碰过。我立即就给你打了电话。"

阿尔马的尸体倒在办公桌后面的地毯上，右手旁边有一支法国造手枪。

"快说这是怎么回事！"警官急切地追问。

"阿尔马叫我到这儿来一下，"宾格说，"我来到之后他立即破口大骂他的妻子和我。我告诉他一定是他弄错了。但他在火头上已经变得无法自制。突然，他歇斯底里地大叫：'我非杀了你不可！'说着，他拉开办公桌最上面的抽屉，拿出一支手枪对着我就开了枪，幸好没击中。在万分危急之中我不得已只好自卫。这完全是正当防卫。"

警官将一支铅笔伸进手枪的枪管中，将它从尸体边挑起，然后拉开桌子最上面的抽屉，小心翼翼地将枪放回原处。

当晚，警官对属下说："宾格是一名私人侦探，他的手枪是经注册备案的。我们在桌子对面的墙上发现了一颗法国造手枪弹头，就是宾格所说的首先射向他的那颗。那支枪上虽留有阿尔马的指纹，但他并没有持枪执照，我们无法查出枪的来历。"

现在可以立案指控宾格蓄意谋杀了。你知道宾格在哪儿露出了马脚吗？

359 等鱼上钩

一日，张生投店住宿。半夜，有人用他的刀杀了店主，作案之后又把刀插回原鞘。张生并未察觉，次日清晨就离开了客栈。天亮后，店里人见主人被害，把张生追回，查看佩刀，只见鲜血淋漓。张生瞠目结舌，无法辩白，被送到官府，重刑之下，只好招认店主是自己杀的。主审官员觉得有些可疑，便下令把当夜在店中的15岁以上的人都集中起来，然后又把他们放了，只留下一个老妇人。每天如此，不久，罪犯便自投罗网。

试问，这是什么道理呢？

360 特别的碑文

在一块墓碑上刻着特别的碑文，它曾吸引了无数人前来推测和祭奠。这块墓碑的碑文如下：

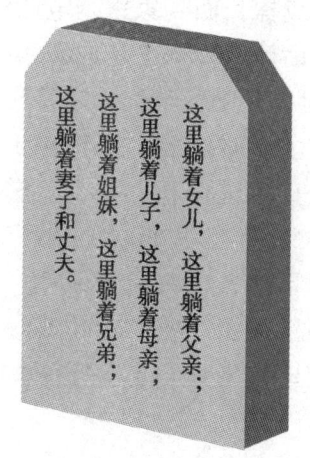

这里躺着女儿，这里躺着父亲；
这里躺着儿子，这里躺着母亲；
这里躺着姐妹，这里躺着兄弟；
这里躺着妻子和丈夫。

如果包括同母异父或同父异母的关系，埋葬在墓地里的最少有几个人？

361 背后的圆牌

A、B、C、D、E等5人，每个人的背后部系着一块白色或黑色的圆牌。每个人都能看到系在别人背后的牌，但唯独看不见自己额上的那一块圆牌。如果某个人系的圆牌是白色的，他所讲的话就是真实的；如果系的圆牌是黑色的，他所讲的话就是假的。他们讲的话如下：

A说："我看见3块白牌和一块黑牌。"

B说："我看见4块黑牌。"

C说："我看见一块白牌和3块黑牌。"

E说："我看见4块白牌。"

根据以上的情况，推出D的背后系的是什么牌。

362 雪夜目击

杰克探长回到家里，电话铃响了，他拿起话筒，传来了一位警察的声音："喂，是探长吧，请你速来警察局。"

半个小时之后，探长来到了警察局，径直走进警长办公室。警长神色忧郁地说："夜里11点，小门街发生了一起事故，也许是谋杀案。一个人从楼顶上栽了下来，有位现场目击者一口咬定死者是自己摔下来的，他周围没有一个人。"

探长点点头，说："我们先去看看现场，见见那位证人。"一会儿，他们来到现场，目击者被找来了，探长请他再叙述一遍他见到的情景。

目击者说："因为天下着大雪，我便在附近的一家餐馆里足足坐了两个半小时，当我离开时，正好是11点，大街上没有一个行人。我急忙跑进自己的车里，就在这时，我看到楼顶上站着一个人，他犹豫片刻，就跳了下来。"

探长紧紧盯住目击者，语调冷冷地说："你不是同伙，就是凶手给了你一大笔钱让你说谎！"目击者一听，顿时脸变得煞白。

探长是怎样识破目击者的谎言的？

363 妙计辨靴

南北朝北齐天统年间，高欢的儿子高谐在并州（今山西省太原一带）任刺史（州长官）。并州有一妇女在河边洗衣服及靴、帽，一个过路骑马的行人趁她不备，换上妇人的新靴，扔下旧靴策马逃走。妇人手拿旧靴报案。高谐想了一个办法，抓到了偷靴的人。

你知道他想的是什么办法吗？

364 可怜的囚犯

5个"囚犯"分别按1～5号在装有100颗绿豆的麻袋里抓绿豆，规定每人至少抓一颗，而抓的最多和最少的人将被处死，他们之间不能交流，但在抓的时候，可以摸出剩下的豆子数。

组织者讲解游戏规则：

（1）100颗不必都分完；

（2）若有重复的情况，则也算最

大或最小，一并处死。

最后，谁能活下来？

365 文字推数

下面 5 个答案中哪一个是最好的类比？"预杉"对于"须杼"相当于 8326 对于：

A. 2368
B. 6283
C. 2683
D. 6328
E. 3628

366 3000 米决赛

世界田径锦标赛 3 000 米决赛中，始终跑在最前面的甲、乙、丙 3 人中，一个是美国选手，一个是德国选手，一个是肯尼亚选手。比赛结束后得知：
（1）甲的成绩比德国选手的成绩好；
（2）肯尼亚选手的成绩比乙的成绩差；
（3）丙称赞肯尼亚选手发挥出色。以下哪一项肯定为真？

A. 甲、乙、丙依次为肯尼亚选手、德国选手和美国选手。
B. 肯尼亚选手是冠军，美国选手是亚军，德国选手是第三名。
C. 甲、乙、丙依次为肯尼亚选手、美国选手和德国选手。
D. 美国选手是冠军，德国选手是亚军，肯尼亚选手是第三名。

367 人和魔鬼

有一个地方的人分为4类：正常人、神志不清的人、正常的魔鬼、神志不清的魔鬼。正常人都说真话，神志不清的人都说假话；对魔鬼来说，正常的都说假话，神志不清的却说真话。

现在要你问一个问题，就确定回答者到底是哪一类人，你能做到吗？

368 一片沉寂

警长罗斯的别墅同哈利的寓所相距不远。一天夜里，突然一声枪响。

罗斯闻声往外跑，正碰上哈利。哈利喊道："托尼被枪杀了！"罗斯边走边听哈利诉说："托尼是我的客人。刚才我俩正看电视，突然电灯全灭了，我正要起身查看原因，前门开了，闯进一个人来，对着托尼开了两枪，没等我反应过来，那人已无影无踪了。"

进入寓所，罗斯发现房间里很黑，用手电照着托尼，他已死去。到车库里把被人拉开的电闸合上，房间里的灯立刻亮了。

第二天，名探洛克听着警长罗斯复述在现场所见，问道："开闸后电灯亮了，这时寓所里还有什么响动？"

罗斯说："一片沉寂。"

洛克说："够了。哈利涉嫌谋杀。"

请问：洛克为什么做出这一判断？

369 有毒的苹果

苏岩吃了苹果后中毒而亡。经医生验证，苹果上有剧毒。不过同时吃了另一半苹果的蒙菲却没事。这是怎么回事呢?

370 放不下的榻榻米

一个日本人在买榻榻米(日本人铺房间的一种草垫子,尺寸大小一般和中国的单人凉席差不多)之前,量了一下房间地面尺寸,正好是铺7张榻榻米的面积(如图,两方格铺一整张榻榻米)。可是,当他买回来后却发现7张榻榻米在他的房间里怎么也铺不下。你知道其中原因吗?

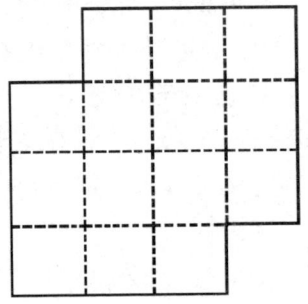

371 循环赛

5个球队进行篮球比赛,每队互赛一场进行循环赛。比赛的结果如下:

甲队:2胜2败
乙队:0胜4败
丙队:1胜3败
丁队:4胜0败

请问:戊队的成绩如何?

372 最有可能的贼

珠宝店一颗贵重的钻石被人偷走了。现场没有任何的指纹,唯一的线索就是小偷用尖利的东西划开了玻璃,从而偷走了里面的钻石。谁最可能偷走钻石?

373 虎毒不食子

有3对母子老虎(所有的3只母老虎都会划船,3只小老虎中只有一只会划船)和一条船(一次只能载两只)。3只母老虎不吃自己的孩子,但只要另外的2只小老虎没有其母亲守护,就会被吃掉。怎样才能让六只老虎安全地过河?

374 破解密码算式

这是一道算式,数字被人用英文密码隐藏了。隐藏了的英文字母是个奇特的式子。请你运用聪明的智慧来想出算式到底是怎样的。

$$\begin{array}{r} \text{VEXATIBN} \\ \times \quad\quad\quad\quad\text{V} \\ \hline \text{EEEEEEEE} \end{array}$$

375 智推车牌号

在一个十字路口,一辆小汽车闯红灯,撞倒了一位过路行人,肇事汽车逃跑了。路过的好心人立刻把行人送进了医院。交警闻讯赶来,向路人了解肇事汽车的情况,好抓住逃跑的司机。一人说,汽车牌号的最后两位数字相同。另一个人说，牌号的前面两位数字也相同。第三个人说，那号码是4位数，是一个完全平方数。尽管没有人可以把牌号确切的数字说出来，但这位聪明的交警很快就根据这些情况，知道了逃跑汽车的牌号。你知道是多少吗？

376 留下的钻石

年事已高的国王想从众多儿子当中挑选继承人。为了考验儿子们的智慧，国王拿出10颗钻石，将这10颗钻石围成一圈，由大家轮流按规则挑选，即任选一颗为起点，接着按照顺时针的方向数，数到17的时候这颗就被淘汰，以此类推，继续数下去，直到最后只剩下一颗，这个人就可以做皇位的继承人。假如你是皇子，你该怎么数才可以做皇位的继承人呢？

377 谁是赢家

杰米、本、戈尔和唐金4人玩一种游戏，轮流从一堆筹码中取走筹码。其中有一个人每盘都赢。（1）这4个人一共玩了50盘，每盘游戏开始时那堆筹码中的筹码数目都是偶数：第一盘开始时是2枚筹码，第二盘开始时是4枚筹码，依此类推，到第五十盘开始时是100枚筹码。（2）在整个50盘游戏中，各人每次所取筹码的数目保持不变：要么一直取1枚筹码，要么一直取2枚筹码。如果取到最后只剩下1枚筹码，而轮到取的那个人是一直取2枚筹码的，他就"弃权"，让给下一个人取。（3）在各盘游戏中，取筹码的顺序也总是保持不变：首先是杰米，其次是本，再次是戈尔，然后是唐金。（4）在每一盘游戏中，规定谁取走最后一枚筹码谁赢。这4个人中谁每盘都赢？

378 悬赏启事

罗蒙德医生的一块祖传怀表丢失了。他吩咐司机路里在当地报纸的广告栏里登了一则寻找怀表的启事。这会儿，罗蒙德正拿着报纸仔细看着启事。

启事登在中缝，标题是"找到怀表者有赏"。全文如下："怀表属祖传遗物，悬赏250美元，有消息望告知，登广告者LMD

361信箱。"

路里正在花园里干活，这时，门铃响了，开门一看，外面站着一位绅士。他恭敬地说道："我叫亨利。我是为那则怀表启事来的。怀表是你的吗？"

罗蒙德想不到这则启事还真管用。他激动地抓住亨利的手说："是的，就是这块表。真是太感谢你了。你是在哪儿捡到的？"

亨利说："这表不是捡到的。是我在车站看见一个小孩兜售这块表，就用5美元买了下来。今天，我从报纸上看了广告，马上就赶来了……"

罗蒙德还没等亨利说完，便和路里将他扭送到了警察局。

试问，亨利在什么地方露出了破绽？

379 谁害了议员

一个议员在寓所遇害，4个嫌疑人受到警方传讯。警方有充足的证据证明，在议员死亡当天，这4个人都单独去过一次议员的寓所。在传讯前，这4个人共同商定，每人向警方做的供词条条都是谎言。这几个人所做的供词是：

A. 我们4个人谁也没有杀害他。我离开议员寓所的时候，他还活着。

B. 我是第二个去议员寓所的。我到达他寓所的时候，他已经死了。

C. 我是第三个去议员寓所的。我离开他寓所的时候，他还活着。

D. 杀手不是在我去议员寓所之后离开的。我到达议员寓所的时候，他已经死了。

你知道这4个人中谁杀害了议员吗？

380 吞蛋送命

王忠准备生吞10枚鸡蛋。他这样表演，是因和朋友打赌引起的，可惜他不知道其中一个朋友赵三对他有谋害之心。

王忠打开第一枚鸡蛋，仰起头猛吞下去，接着又吞下两枚，赢得了全场的掌声。

第四枚鸡蛋被打开，一口吞下时，只见王忠面色一变，吐了一口鲜血，话也说不出来了。

在场的人大惊，忙把他送进医院，经抢救才脱险。

警官接手调查此案，查到鸡蛋是赵三提供的，里面有钢针，于是逮捕了他。

你知道赵三是如何把钢针放入鸡蛋的吗？

381 概率是多少

"投掷两枚硬币，它们全部正面朝上或者全部反面朝上的概率是50%，因为每一个都有两种可能。当你投掷3枚硬币时，它们全部面朝上或者全部面朝下的概率也是50%，因为3枚硬币中至少有两枚朝上的面是一样的，这时另外一枚正面朝上或者反面朝上的概率各是50%，所以3枚同面朝上的概率也是50%。"这种说法正确吗？为什么？

382 罪犯的同伙

昨天监狱里有个犯人被谋杀了。凶手是透过窗户的铁条将犯人射死的。奇怪的是，窗前的蜘蛛网却一点都没有损坏，这是什么原因呢？难道他还有别的同伙吗？

383 大采购

4个同学一起去商场，他们每个人买了一样东西，分别是：一个随身听，一双鞋，一条裤子，一件上衣。这4件商品正好是在一个商场的4层中分别购买的。已经知道：甲去了一楼；随身听在4层出售；乙买了一双鞋；丙在2层购物；甲没有买上衣。那么，你能判断他们分别在几楼买了什么东西吗？

384 抛尸现场

一个星期日的早上，在铁路急转弯处的路基下，有人发现一具年轻女子的尸体。死亡时间推定在头天晚上10点左右，她是被人用领带勒死的。不久，通过侦查发现了嫌疑人。此人居住在距现场约50千米远的K市。警方将其逮捕进行了审讯，但此人说他从星期六晚上8点至星期日白天一直在K市，不具备作案时间，又因为没有搬运尸体的同案犯，所以警方只好将此人释放，案件的侦查陷入迷宫。

但是，当格林探长为寻找线索徒步去K市时，无意中看到了一样东西，当即识破了凶手的诡计，再次将那名嫌疑犯逮捕。嫌疑犯无法抵赖，只好交代了罪行。你知道怎么回事吗？

385 失窃的海洛因

一家综合医院里，深夜，罪犯潜入药房，从药品柜里盗走了一大瓶只贴着化学式标签的海洛因。当时因被保安人员发现，所以罪犯用匕首刺死保安人员后逃走了。

经调查，找出两个嫌疑人：一个是刚来医院不久的实习医生，另一个是前几天才进医院的患者，是个青年农民。后者是在下地干活时遭到老虎袭击负伤住院的。

作案现场的药品柜里摆着许多药瓶子，但罪犯只拿走了装着海洛因的瓶子。试问，罪犯是谁呢？

386 犯罪嫌疑人

某珠宝店被盗，警方已发现如下线索：(1) 甲、乙、丙3人中至少有一个人是犯罪嫌疑人。(2) 如果甲是犯罪嫌疑人，则乙一定是同案犯。(3) 盗窃发生时，乙正在咖啡店喝咖啡。谁是嫌疑人呢？

A. 甲是犯罪嫌疑人。
B. 甲、乙都是犯罪嫌疑人。
C. 甲、乙、丙都是犯罪嫌疑人。
D. 丙是犯罪嫌疑人。

387 商业谈判

在一次商业谈判中，甲方总经理对乙方总经理说："根据以往贵公司履行合同的情况，有的产品不具备合同规定的要求，我公司蒙受了损失，希望以后不再出现类似的情况。"乙方总经理说："在履行合同中出现不符合要求的产品，按合同规定可以退回或要求赔偿，贵公司当时既不退回产品，又不要求赔偿，这究竟是怎么回事？"乙方总经理问句的实质是什么？

388 猜猜主角

亚历克斯·怀特有两个妹妹：贝尔和卡斯；亚历克斯·怀特的女友费伊·布莱克有两个弟弟：迪安和埃兹拉。他们的职业分别是：亚历克斯，舞蹈家；迪安，舞蹈家；怀特家贝尔，舞蹈家；布莱克家埃兹拉，歌唱家；卡斯，歌唱家；费伊，歌唱家。

6人中有一位担任了一部电影的主角；其余5人中有一位是该片的导演。（1）如果主角和导演是亲属，则导演是个歌唱家。（2）如果主角和导演不是亲属，则导演是位男士。（3）如果主角和导演职业相同，则导演是位女士。（4）如果主角和导演职业不同，则导演姓怀特。（5）如果主角和导演性别相同，则导演是个舞蹈家。（6）如果主角和导演性别不同，则导演姓布莱克。谁担任了电影主角？

389 决斗制胜

有A，B，C三人进行决斗，分别站在边长为1米的正三角形的顶点上。每人手里有一把枪，枪里只有一发子弹。每个人都是神枪手，不会失手。如果决斗者A不想死，他要怎么做才能保证存活？

390 波娣娅的宝盒

在莎士比亚的《威尼斯商人》一剧中，波娣娅有3个珠宝盒，一个是金的，一个是银的，一个是铜的。在这3个盒子的某一个中，藏有波娣娅的画像。波娣娅的追求者要在这3个盒子中选择一个。如果他有足够的运气，或者足够的智慧，挑出那个盒子藏有波娣娅的画像，他就能宣布娶波娣娅为妻子。如下图所示，在每个盒子的外面，写有一段话，内容都是有关本盒子是否装有画像。

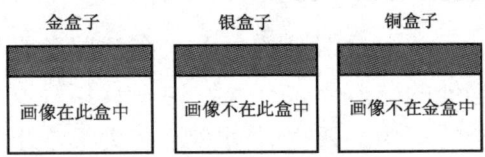

波娣娅告诉追求者，上述3句话中，最多只有一句是真的。这个追求者有可能成为幸运者吗？如果有的话，应该选择哪个盒子呢？

391 猜猜赌资

A，B，C 3人打牌消遣。第一局，A输给了B和C，B和C每人的钱数都翻了一番。第二局，A与B赢了，从而A和B两人手中的钱都翻了倍，最后，C和A赢了第三局，又使C和A的钱翻了一倍。每位局中人都赢了两局而输掉一局，最后三人手中的钱完全相等。A发现自己输掉100元，试问，在打牌开始时，3人手上各有多少钱？

392 火柴搬家

有3堆火柴共48根，现从第一堆里拿出与第二堆根数相同的火柴并入第二堆里；再从第二堆里拿出与第三堆根数相同的火柴并入第三堆里；最后，再从第三堆里拿出与这时第一堆根数相同的火柴并入第一堆里。经过这样的变动后，3堆火柴的根数恰好完全相同。问原来每堆火柴各有几根？

393 名画失窃

侦探卡尔正在书房里翻阅案卷，他的助手拿着一份匿名电报走进来。只见上面写着："蒙特博物馆有幅世界名画被盗，请速来侦破。"卡尔站起身来，看了看表说："现在是晚上11点，不管是真是假，我们去看看！"说完就出门驾车而去。

博物馆展厅里站着一男一女两个管理员。卡尔说："我是卡尔探长，刚才接到通知，说贵馆有幅世界名画被盗了，请带我先查看一下现场。"检查完毕，卡尔觉得不像是外部偷盗，就让那两名管理员讲讲失窃前后的情况。

女管理员说："7点钟下班时，我们一起锁上大门，然后就各自回家了。几分钟前，他通知我说有幅名画被盗，我就赶来了。"男管理员接着说："我回家后想起有本书遗忘在展厅里，就又回来取书，结果发现名画不见了。我马上给她打电话。"

卡尔问："你们7点钟关门时画还在吗？""还在。关门前我还给画掸过灰呢。"男管理员答道。卡尔请女管理员讲讲自己的看法，她说："我对发生的这一切都不知道。依我看，肯定是偷画人给你拍的电报，想故意把水搅浑，这种贼喊捉贼的把戏在众多案件中屡见不鲜。"

"你说得对极了，那幅名画就是你偷的！"卡尔探长说完，让助手给女管理员戴上了手铐。

你知道这是为什么吗？

394 碎瓶的破绽

从前有个诡计多端的商人，他用卑鄙的手段诈骗到一件珍贵的古瓷花瓶。一天，玩赏的时候，他失手将花瓶掉在地上，花瓶碎成好几片，虽然尚能拼复成原样，但已不值钱了。

他有个酷爱古玩的老朋友，最近将60大寿，他想：趁此机会把破瓶送出顺了此人情，不是妙计吗？主意打定，他就把仆人唤来，让仆人把花瓶的碎瓷片捡起来，一点不许遗漏，然后用纸包好，裹上棉花钉入小木箱中，送到邮局寄出去。商人当天还发了一封祝寿信，将古瓷花瓶的来历吹了一通，假称有事不得脱身，只好装箱寄送。

过了两天，他又写了一封信，声称花瓶寄出后总放心不下，虽然包装得很好，但难免会被震坏，当时不应冒失邮寄，现在后悔莫及，盼收到后速回信告之。

信发出后，他非常得意。过了几天，这个商人接到老朋友的回信，朋友在信中把他臭骂了一顿，质问他寄赠破瓷瓶是何居心。

商人想：我安排周到，没什么破

绽,他怎么会知道我寄去的是个破瓷瓶呢?

请问:商人诡计未能得逞的原因何在?

395 数字组合

杰米经营一家皮球商店,每天到他店里提货的人特别多,顾客只要一说出需要多少只皮球,只要数目不太大,他不需要一只只地数,就能立刻从货架上取出几个已包装好的纸箱交给顾客,从来没有出过错。你知道他是怎么把货物装箱的吗?

396 大嘴鲈鱼

大嘴鲈鱼只在有鲦鱼出现的河中长有浮藻的水域里生活。漠亚河中没有大嘴鲈鱼。从上述断定能得出以下哪项结论? 1.鲦鱼只在长有浮藻的河中才能发现。2.漠亚河中既没有浮藻,又发现不了鲦鱼。3.如果在漠亚河中发现了鲦鱼,则其中肯定不会有浮藻。

A. 只有 1
B. 只有 2
C. 只有 3
D. 只有 1 和 2
E. 1、2、3 都不是

397 凶手是谁

花店老板被谋杀了,探长第一时间赶到,现场有 3 人:油店老板一脸诧异,伙计面无血色,老板娘面无表情。地上一串数字:550971051,凶手是谁?

398 计算闯关

A 为 B 设计了一道游戏题,如图所示。要求是由出发点开始,经过每一关时,从 +、-、×、÷ 中选一个符号,对相邻的两个数字进行运算,使到达目的地时,答案恰好是 1。B 想了半天,也不明白该怎么前进。你知道该怎样过关吗?

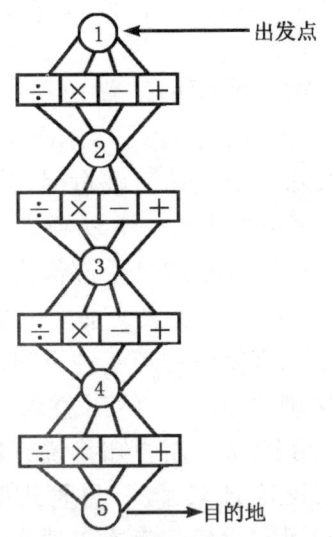

399 狡猾的罪犯

警长抓住了一个特别狡猾的盗窃犯,把他交给了监狱长。监狱长将盗窃犯关在了监狱中最安全的牢房中,从未有人从这个牢房逃脱过。牢房是一条笔直长廊最里端的全封闭部分,外面有5道铁门，它们以不同的频率自动重复开启和关闭：第一道门1分45秒；第二道门1分10秒；第三道门2分55秒；第四道门2分20秒；第五道门35秒。在某个时刻，5道铁门会同时打开，也只有在这时警卫会出现在第五道铁门外，他将通过长廊查看盗窃犯是否在牢房内。如果盗窃犯离开牢房在长廊里待的时间超过2分半钟，警报器就会报警，警卫会闻讯赶来。狡猾的盗窃犯能从牢房中逃脱吗？

400 是银圆，还是红枣

商人外出，把一坛封口的银圆说成是红枣，托邻居保存。商人外出好几年没回来。一天，邻居打开坛子，把银圆拿走了。

听说商人回来，邻居在坛子里装上新红枣，封口后还给商人。商人打开一看，银圆变成了红枣，就问："坛子里的银圆呢？"邻居不承认，两人吵起来，一同去见县官。县官审问那邻居。邻居很有理："他把坛子交给我时说的是红枣呀！"

县官仔细看了看红枣，把桌子一拍，要这邻居快把银圆交出来。这邻居大喊冤枉。县官摆出事实，他才低头认错。邻居乖乖地把一坛子银圆还给商人。你说知道县官是凭什么判断的吗？

401 推算兵力

A国谍报员截获1份B国情报：B国将兵分东西两路进攻A国。从东路进攻的部队人数为"ETWQ"；从西路进攻的部队人数为"PEFQ"，东、西两路总兵力为"AWQQQ"。另外得知东路兵力比西路多，每个字母代表不同的数字，你能马上计算出两支部队的人数吗？

402 天使的钻戒

人间来了4位天使。她们4个人的手上都戴着1枚以上的钻戒，4人的钻戒总数是10枚。她们4个人说的话刚好被魔鬼听见了。其中，有2枚钻戒的人的话是假话，其他人的话是真话。另外，有2枚钻戒的人可能是两人以上。

丽丽："艾艾和拉拉的钻戒总数为5。"

艾艾："拉拉和米米的钻戒总数为5。"

拉拉："米米和丽丽的钻戒总数为5。"

米米："丽丽和艾艾的钻戒总数为4。"

请问：她们每个人的手上各戴有多少枚钻戒？

403 兔子能逃脱吗？

在一个半径为R的圆形湖面上，一只兔子正在划小船，有一只跛脚的狼在岸上恶狠狠地盯住兔子，想抓住兔子吃掉。虽然兔子在岸上奔跑的速度比这只狼快，但在水里划船的速度只有狼在岸上速度的1/4。狼不敢下水，但它可以沿着圆形湖的岸边奔跑，要抓住划船上岸的兔子。兔子能否设法将船划到岸边，登岸逃掉而不致被狼吃掉？

404 休闲的城镇

某国有一个城镇里的人特别爱好休闲。这个城镇只有一家便利店、一家打折商场和一家邮局，每星期中只有一天全部开门营业。

①每星期这三家各开门营业4天。

②三家没有一家连续3天开门营业。

③星期天这三家都停止营业。

④在连续的6天中：第一天，打折商场停止营业；第二天，便利店停止营业；第三天，邮局停止营业；第四天，便利店停止营业；第五天，打折商场停止营业；第六天，邮局停止营业。

有一个人初次来到这个城镇，他想在一天之内去便利店里买东西，又要去打折商场买衣服，还要去邮局寄信。他该选择星期几出门？

405 何时能相聚

新成立的一个俱乐部的3个主持人A，B，C住在同一个城市，他们约定每个月都要聚会一次，讨论俱乐部的活动。

第一次聚会的日子就要到了，可是还有一个问题很麻烦。当时正是夏天，A在雨天不出门，阴天或晴天倒还好说；B性格怪僻，阴天或雨天还可以，天一晴就不愿离开家；C喜欢干脆，讨厌阴天，只有晴天或雨天出门。

他们能聚会吗？怎么聚会（不知道聚会日的天气情况，但假设那天的天气情况一直不变）？

406 凶器消失了

在女性专用的蒸汽浴室里，一个高级俱乐部的女招待被杀。死者一丝不挂，被刺中了腹部。从其伤口判断，凶器很可能是短刀一类的东西，可浴室里除了一个空暖水瓶外，根本找不到其他看似凶器的刀具。

因为案发时还有一名女招待同在浴室里，所以被怀疑为凶手。但是当时在门外的按摩师清楚地看到，此人未带任何东西一丝不挂地从浴室出来，而且直到15分钟后尸体被发现，再没有任何人出入浴室。

试问，凶手究竟用的是什么凶器，又藏在什么地方呢？

407 同步左脚

父亲和儿子一起在散步。父亲的跨步大，儿子走3步才能跟上父亲的2步。如果他们正好都用右脚同时起步，请问儿子走出多少步后，能和父亲同时迈出左脚？

408 反驳名言

"人多力量大""众人拾柴火焰高",这些名言证明了人口增长有利于社会发展。怎样反驳上述推断?

409 沙漠归来

在酒吧,侦探霍恩遇见一个满头金发、面孔黝黑的青年在大谈生意经:"昨天我才从沙漠地带回来,洗尽一身尘垢,刮去长了好几个月的络腮胡子,修剪好蓬乱的头发,美美地睡了一夜。最值得庆幸的是,我的化验分析报告证实,那片沙漠地带有个储量丰富的金矿。假如有谁愿意对这有利可图的项目投资的话,请到210号房间,这儿不便细谈。"霍恩端详着他那古铜色的下巴,讪笑着说:"你若想骗傻瓜的钱,最好把故事编得好一点!"

试问,霍恩为什么会这样讲?

410 移动汽车

如图,这是一座汽车库,实线表示墙,虚线表示车位的划分,车可以自由移动。如果要将车对调一下,即1和5对调,2和6对调……每格只能进一辆车,但如果是空的,车移动几格都行。该怎样移动呢?

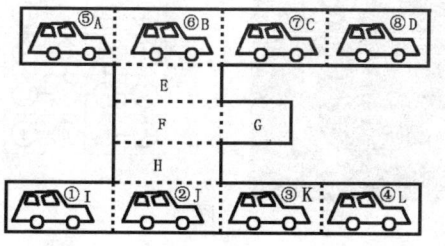

411 扒手

派出所民警讯问公共汽车上的一桩盗窃案的嫌疑人甲、乙、丙、丁,笔录如下:

甲说:"反正不是我干的。"
乙说:"是丁干的。"
丙说:"是乙干的。"
丁说:"乙是诬陷。"

他们当中有3人说真话,扒手只有一个,那么这个扒手是谁呢?

412 百米冠军

田径场上正在进行100米决赛。参加决赛的是A,B,C,D,E,F共6个人。关于谁会得冠军,看台上甲、乙、丙谈了自己的看法:

乙认为冠军不是A就是B。
丙坚信冠军绝不是C。
甲则认为D、E、F都不可能取得冠军。

比赛结束后,人们发现他们3个中只有一个人的看法是正确的,请问谁是100米决赛冠军?

413 分辨雌雄

一棵大松树上住着松鼠一家10口,有雄有雌,雄鼠说假话,雌鼠说真话。一天,一只麻雀与它们攀谈起来:"你们家有几只雄鼠?"第一只松鼠说:"有1只雄鼠。"第二只松鼠说:"有2只雄鼠。"……第十只松鼠说:"有10只雄鼠。"究竟有多少只雄鼠呢?

414 谁是盗贼

一个规模庞大的珠宝展在国际商贸大厅举行，其中最引人注目的是一粒巨大的钻石，价值超过千万元。为了防止这粒钻石被人偷去，珠宝商特邀一家防盗公司设计制作橱柜，上有防盗玻璃，可以抵御重锤乃至子弹袭击，不会破裂。同时在会场中有防盗设施如摄像探头等。在开幕的那天，人山人海，一个男子迅速地走到了玻璃柜前，用一个重锤向柜子一击，玻璃竟然破裂，男子抢去钻石，乘乱逃去。警方事后到现场调查发现，玻璃的确是防盗玻璃，而摄像头则刚好只拍到盗贼的手，看不见他的真面目。那么到底谁是盗贼，又用什么方法打破了防盗玻璃呢？警方根据防盗玻璃的特性，很快捉到了盗贼。你能判断出谁是盗贼吗？为什么？

415 数列

如果数列 1 对应数列 2，那么数列 3 对应的是哪一个选项？

1798206   9602178
　　1　　　　　　2

　　9826017
　　　　3

A 1870962
B 7216098
C 0218796
D 6871920

416 选小偷

报载一位老师，因自己班上丢了东西，又一时查不出是谁偷的，竟荒唐地让全班同学投票"选小偷"。当被"选举"出来的同学问有什么证据时，这位老师竟摇晃着那一叠"选票"说："大家选你，你就是小偷。"

这位老师的推论犯有什么逻辑错误？

417 恶魔魔方

杜勒著名的蚀刻画《忧郁》（图 1 所示）包含了 1 个四阶的魔方，关于这个魔方还有一系列的书。它只是许多四阶魔方中的一个，但是因为它比魔方定义所要求的更加"魔幻"，所以它经常被叫作恶魔魔方。这幅蚀刻画创作的年份——1514，显示在魔方底

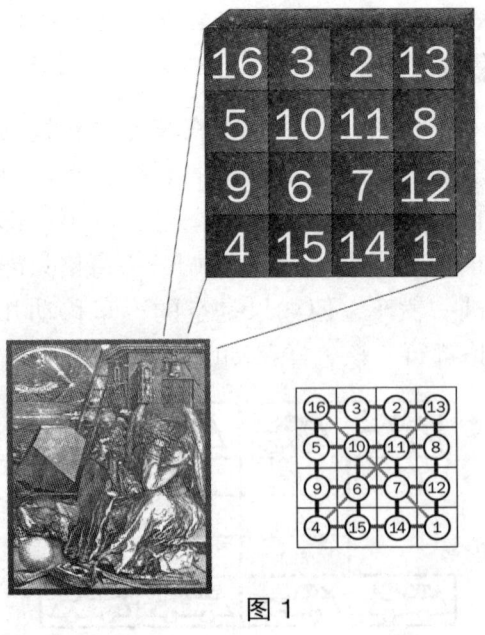

图 1

行中心的 2 个方块中。

除了魔方基本定义中的几组数字模式（每行、每列以及每条对角线上的和相等）之外，你还能在这个恶魔魔方当中找出几组不同的模式，使其和为 34 吗？

418 清理仓库

试试这个日本清理仓库的游戏。在这个游戏中，作为一个"索克板"（日语音译，仓管员），你要把所有的"板条箱"都从出口转移出去。

规则如下：

1.可以横向或纵向推动 1 个板条箱；2.不可以同时推动 2 个板条箱；3.不可以往回拉动板条箱。X 处为起始点。

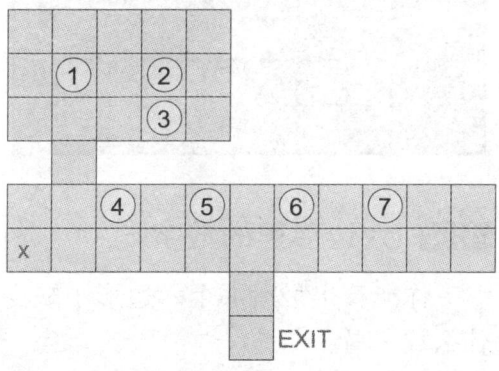

419 分蛋糕

要求把这个顶上和四周都有糖霜装饰的蛋糕分成 5 块体积相等，并且有等量糖霜的小蛋糕。

如果蛋糕上没有糖霜或装饰，这个问题就可以用简单的 4 条平行线解决，但是现在问题有点麻烦，因为那样做将会使 2 块蛋糕上有较多的糖霜。那么，你该怎么做呢？

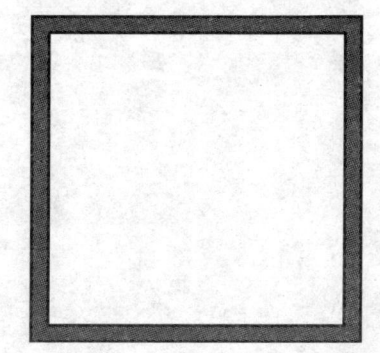

420 西瓜的重量

7 个大西瓜的重量（以整千克计算）是依次递增的，平均重量是 7 千克。最重的西瓜有多少千克？

421 铰链翻动

沿着铰链翻动标有数字的方片会覆盖某些数字并翻出其他数字：每个方片背面的数字是和正面一样的，而在每个方片下面（即第2层魔方）的数字则是该方片原始数字的2倍。

如果要得到一个使得所有水平方向的行、垂直方向的列以及2条对角线上的和分别都等于总魔数的魔方，需要翻动多少方片和哪些方片？

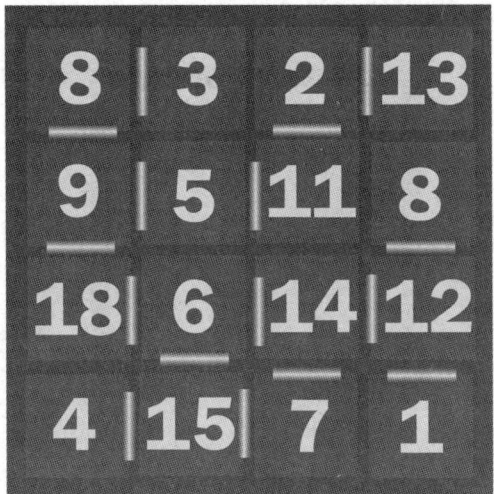

422 鱼的长度

小明上周末捉到一条大鱼。他想量一量这条鱼有多长，可是他发现自己的尺子太短。他先量鱼头，发现鱼头是9厘米。然后又量鱼尾，发现鱼尾的长度是鱼头的长度加上鱼身长度的一半。如果鱼身的长度是鱼头的长度加上鱼尾的长度，那么这条鱼的全长是多少？

423 猫鼠游戏

下边的游戏界面上放了3只猫和2只老鼠，每只猫都看不见老鼠，同样老鼠也都看不见猫（猫和老鼠都只能看见横向、纵向和斜向直线上的物体）。

现在要求再放1只猫和2只老鼠在该游戏界面上，并且使上面的条件仍然成立，你可以做到吗？不能改变游戏界面上原有的猫和老鼠的位置。

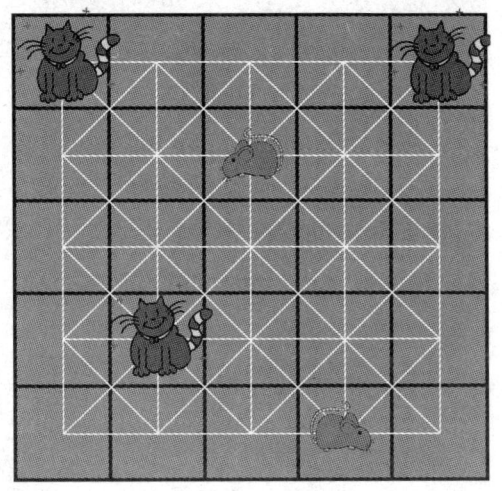

424 六边形里的数字

你能算出最后那个六边形中缺少什么数字吗？

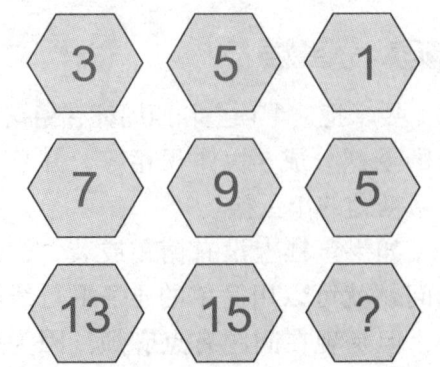

425 手表

所给的 5 个选项中，哪个适合放在图中空白处？

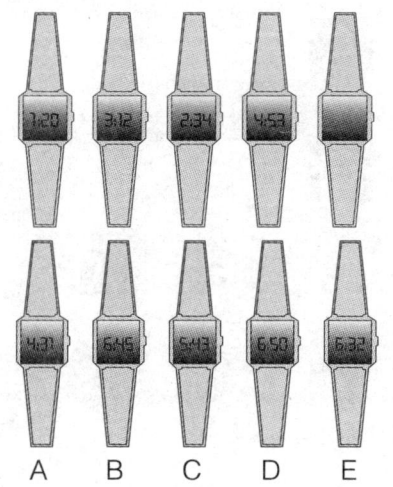

426 发现规律

所给图形是按照一定规律排列的，按照这一规律，接下来应该填入方框中的是 A，B，C，D 中的哪一项？

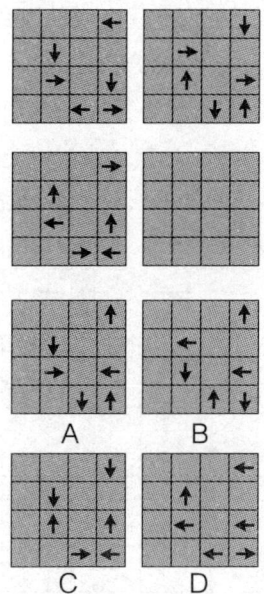

427 箭头的方向

从格栅的左上角开始，每个箭头都是按照一定的逻辑顺序排列的。那么，空格处的箭头应朝哪个方向，同时，这个排列顺序是什么？

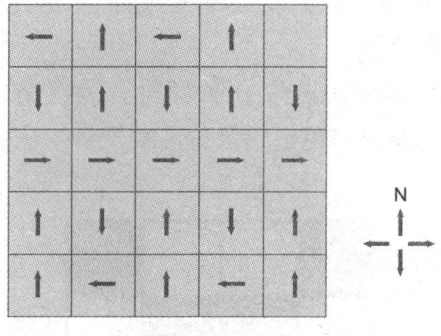

428 正确的选项

根据已给出的数列，请推测问号处应填 A，B，C，D，E，F 哪一项？

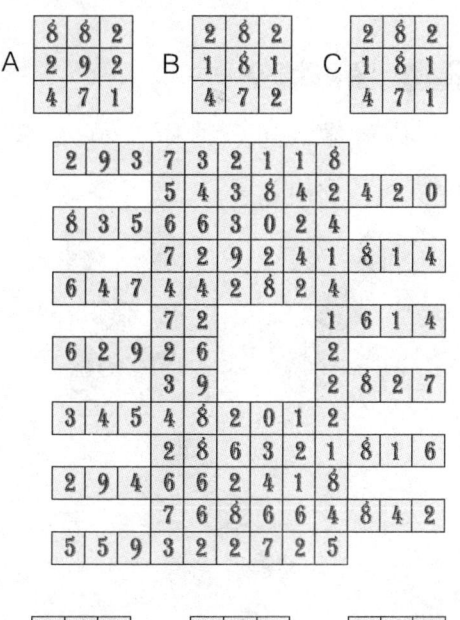

429 黑变白

如下图所示，4×4的正方形分别被涂上了黑色和白色。

你每次可以选择任一横行或者竖行，将该行的所有格子都变色（全部变成黑色格子或全部变成白色格子），不限次数。

请问用这种方法将所有黑色格子全部变成白色格子最少需要变多少次？

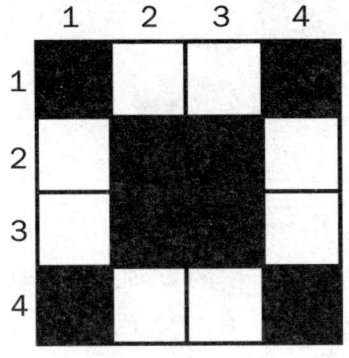

430 图形填空

猜猜看，问号处应该填入哪个选项？

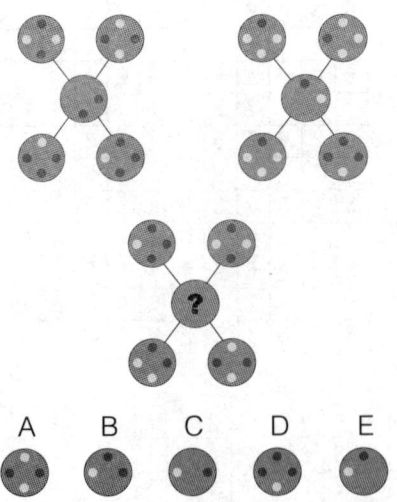

431 折叠

A可以折叠出B，C，D，E，F，G选项中的哪一个？

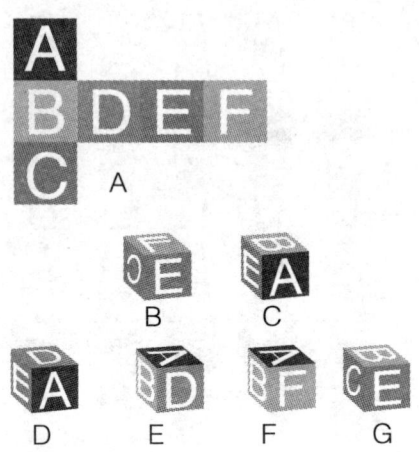

432 隐藏的东西

在每行或每列的旁边有一些数字，它会告诉你在这一行或列中将有几个黑色的方格。

举个例子，2，3，5这几个数字就是告诉你，从左到右（或从上到下）将依次出现1组2格的黑色方格，然后有1组3格的，最后还有1组5格的。

虽然在每组黑色方格的前后可能（或不可能）出现白色方格，但在同一行（或同一列）内，每组黑格与其他组之间最少夹有1个白格。你能看出这道题里所隐藏着的东西吗？

433 数字列

图中标注问号的地方应该填上一列数字，从下列选项中选出合适的填上去。

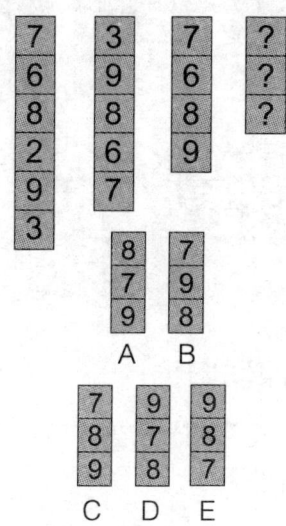

434 逻辑图框

以下图框是按照一定的逻辑排列的，你能找出问号部分应该使用的数字吗？

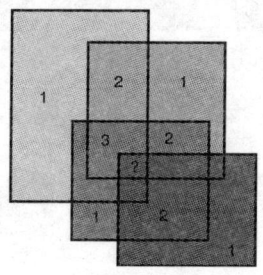

435 逻辑数值

问号处的逻辑数值是多少？

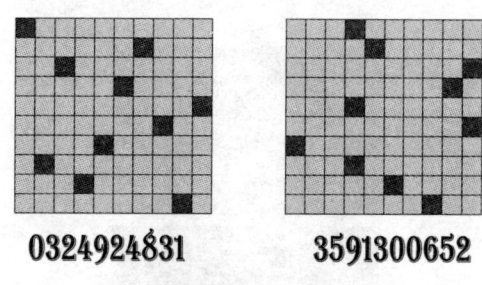

0324924831　　3591300652

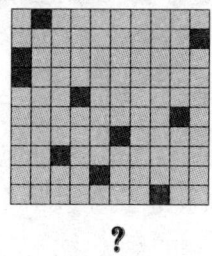

?

436 组合瓷砖

如果按照正确顺序排列，以下瓷砖可以组成1个方形，横向第1排的数字等同于纵向第1列的数字，依次类推。你能成功地组合吗？

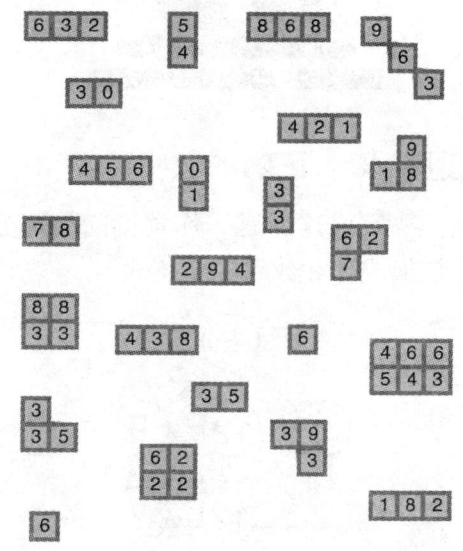

437 画符号

请在空格中画出正确的符号。

438 结果

如图所示,天平右端的盘里装了一条链子,这条链子绕过一个滑轮被固定在天平左端的盘子上。

如果现在把天平左端翘起的空盘往下压,会出现什么情况?

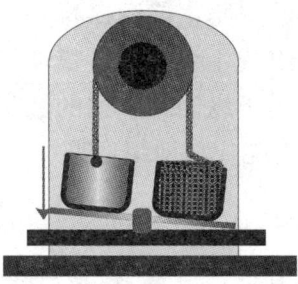

439 填入正确的数字

要完成这道题,你觉得问号部分应该换成什么数字?

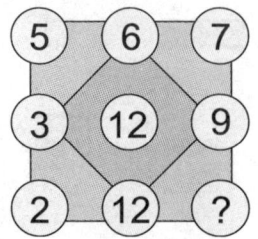

440 密码

我的电脑桌旁边的一面墙上有一些小的木柜子,平时可以放一些小东西,我就把自己的收藏分别放在这些柜子里。放的时候我按照了英文字母的排列顺序,如下图所示,这个顺序能够提示我记住密码。

你能猜出我的密码是什么吗?

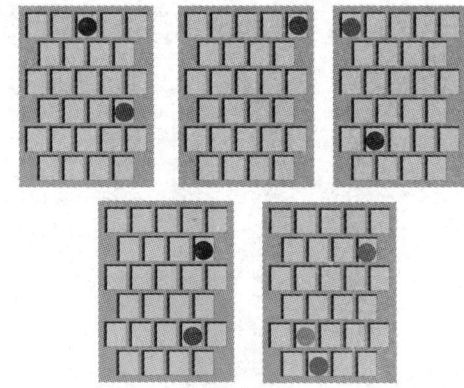

441 原图归位

图中标注问号的地方应该填入选项中的哪个图形?

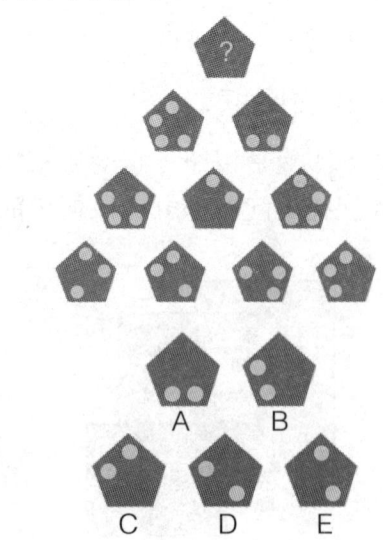

442 应显示时间

根据规律，找出下图第4个钟上应该显示的时间。

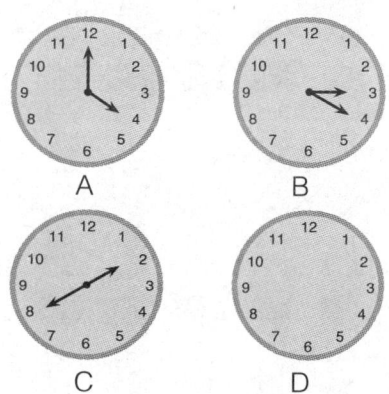

443 表格分解

将这个表格分成4个相同的形状，并保证每部分中的数字之和为50。

8	8	3	6	5	5
8	4	4	7	7	4
5	2	2	8	3	5
9	8	3	4	7	3
7	5	9	3	5	8
6	4	4	8	3	4

444 "6"的样子

猜一猜，6号的图应该是什么样子的？

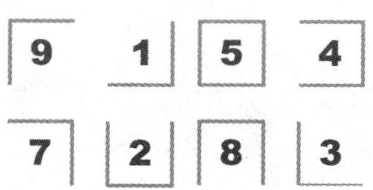

445 正确的八边形

哪一个八边形可以继续这个序列？

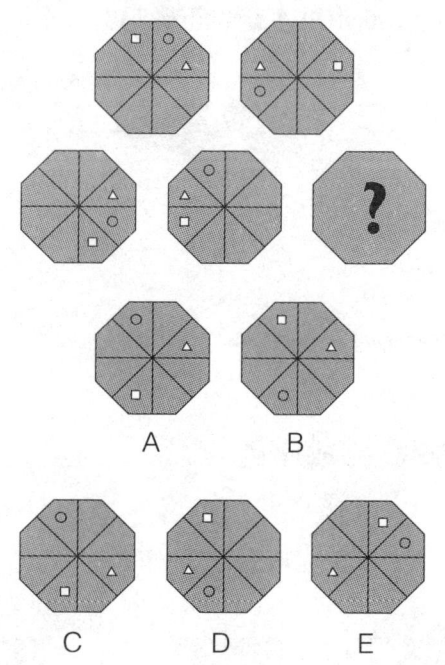

446 三阶反魔方

在三阶反魔方中，每行、每列以及每条对角线上的和全都不一样。

三阶反魔方可能存在吗？

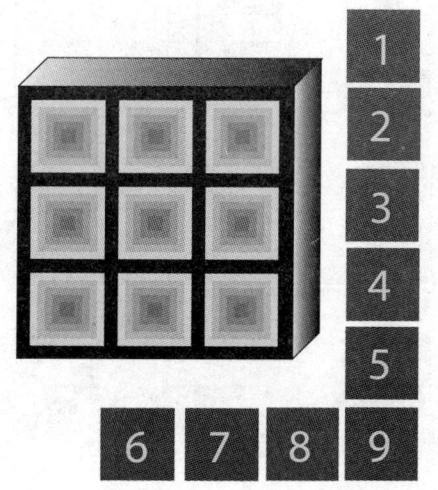

447 洪水警告

根据安装在漂浮物上的这组齿轮，你能推断出洪水警告正确吗？

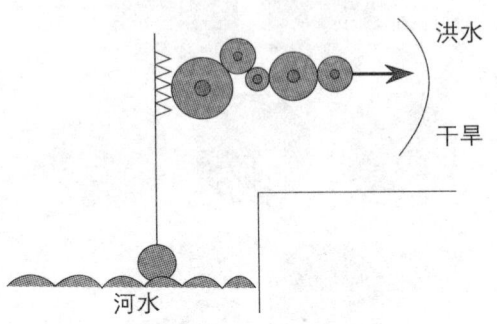

448 完成序列

A，B，C，D，E，F选项中，哪一个可以完成这组序列图？

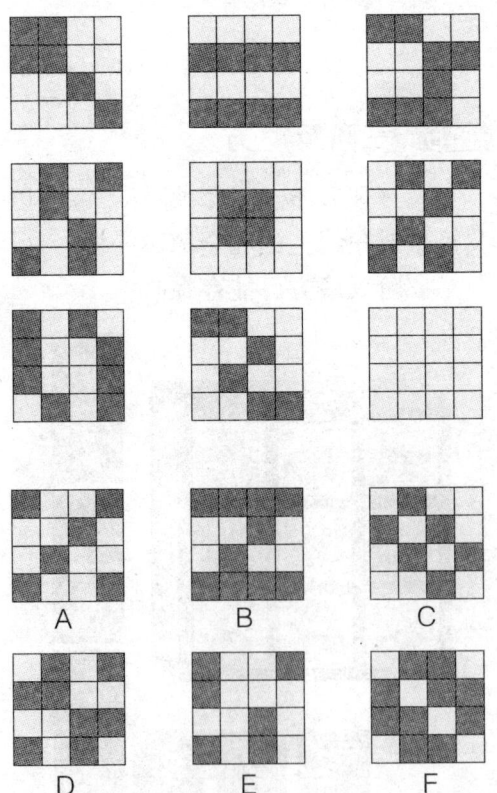

449 手表的显示时间

最后那块手表应该显示几点？

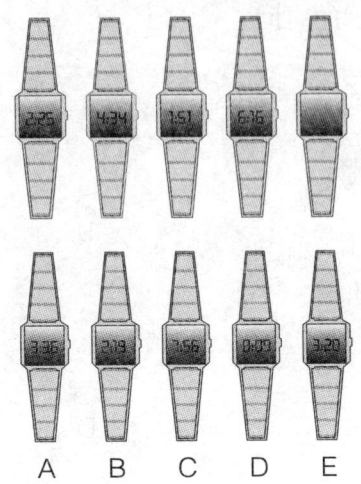

450 字母游戏

图中标注问号的地方应该填上什么字母？

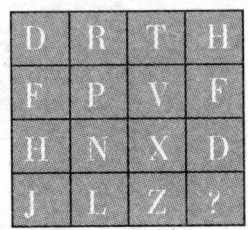

451 下一幅

如图所示，各个图形是按一定顺序排列的，按照这一顺序，接下来的一幅图应该是A，B，C，D，E中的哪一个？

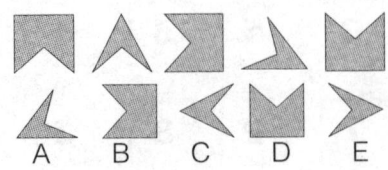

452 规律填空

请找出该题的规律,并计算出问号处的数字。

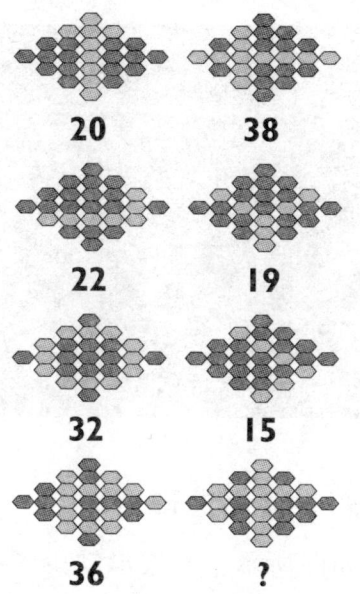

453 对号入座

仔细观察一下,问号的地方应该填入哪个图形?

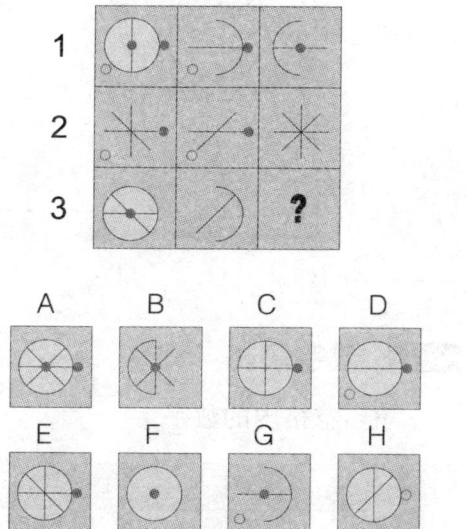

454 取代

选项中的哪个正方形可以取代空着的正方形?

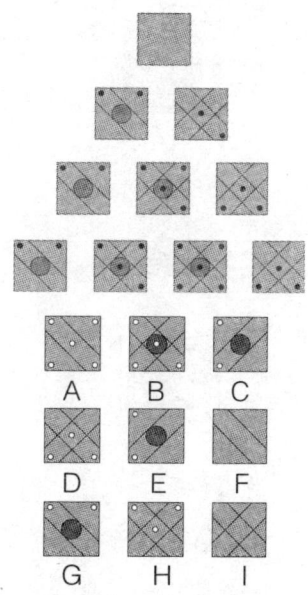

455 图形归位

6个选项中哪一个可以完成这个问题?

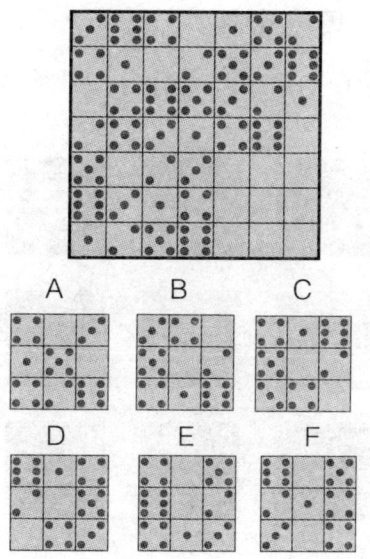

456 彼此对应

如果图形 1 对应图形 2，那么图形 3 对应哪一个图形？

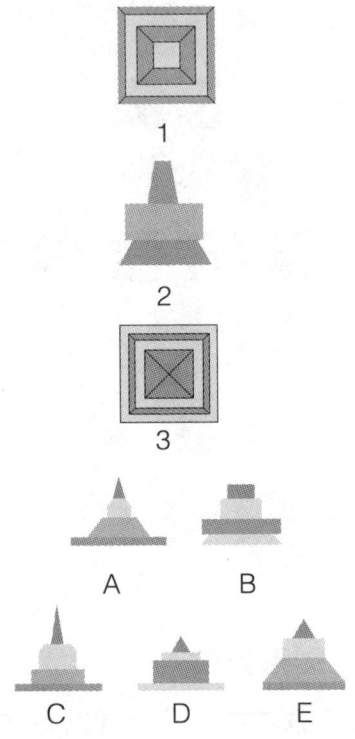

457 填充空格

请在空格中画出适当的图形。

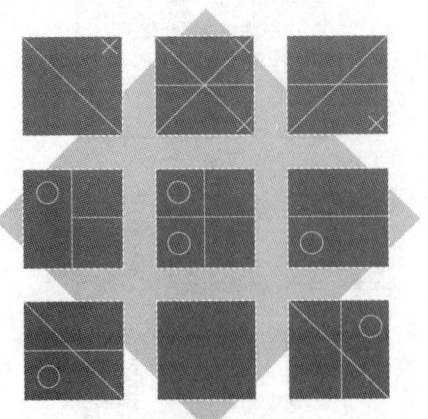

458 数字取代符号

要完成这道题，最后那个正方形中，问号处应该换成什么数字？

3	23	6	7
	41		28
7	8	2	13
4	19	14	3
	45		47
17	5	11	?

459 补全多边形

如图所示，多边形缺少了一角。从 A，B，C，D，E 中找出正确的答案把它补充完整。

460 数字填格

填出空格内的数字。

461 规律填数

按照规律，找出问号部分应该使用的数字。

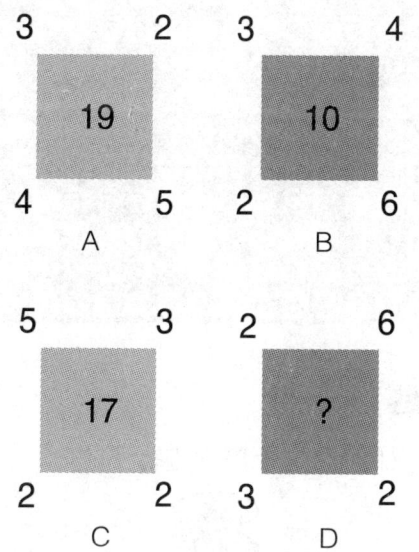

462 图形推数

问号处的数字是多少？

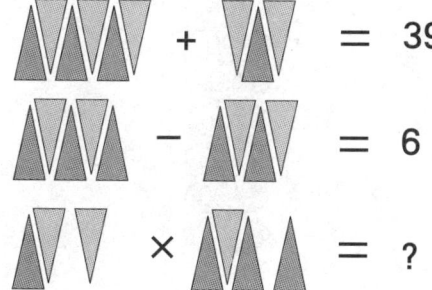

463 数字盾牌

在问号处填上恰当的数字。

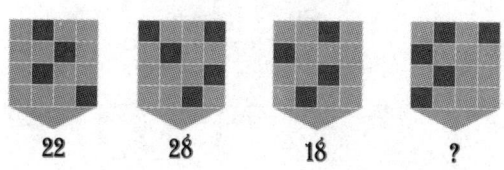

464 下一个图案

下一个图案是什么？

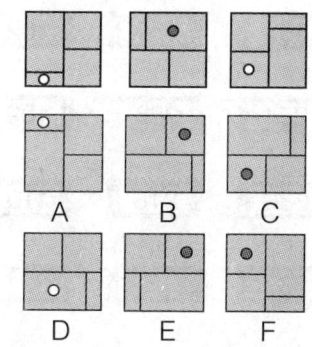

465 显示时间

这些钟上的指针排列是有一定规律的，请问第4个钟上应该显示什么时间？

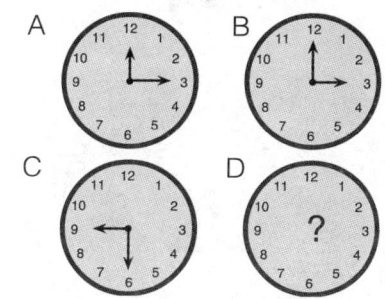

466 缺少的方块

找一找，缺少的是哪个方块呢？

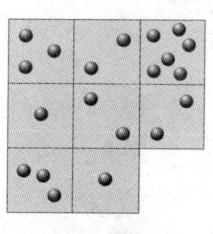
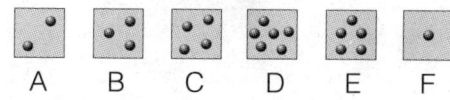

467 推理数字

在问号处填上一个正确的数字。

353	150	102
254	286	109
380	218	110
987	?	321

468 选择箭头

图中空白处应该填入哪个箭头？

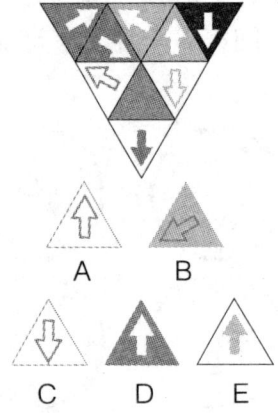

469 树形序列

你能完成这个序列吗？

470 取代问号

问号处应该换成哪个数字？

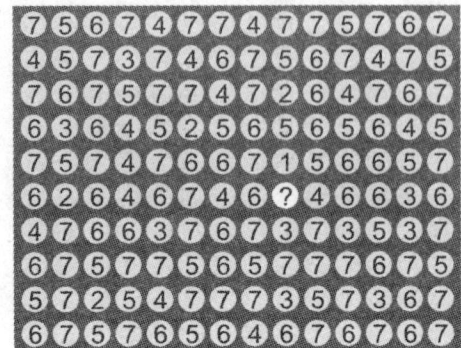

471 下一个

如何让这个序列进行下去？

472 顶端数字

你能填入缺少的数字吗？

第四章

想象力

473 一笔成等

5+5+5=550，这是一条不成立的等式，在式子中加一笔，使等式成立。

474 四人头像

把下面6块图形剪下来，可以拼出4个人物头像，你能做到吗？

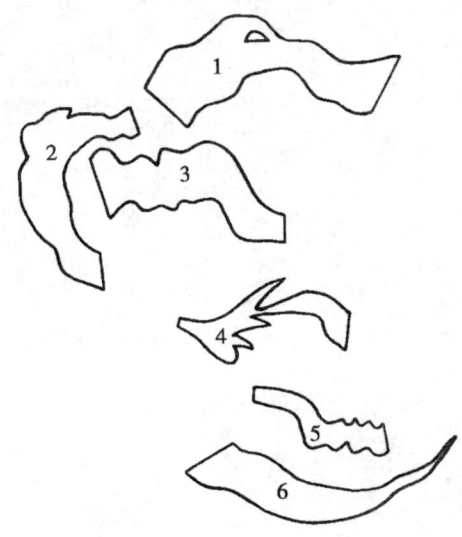

475 等边三角形

发挥你的想象力，仔细数一数，下面图形中到底有多少个大小不同的等边三角形？

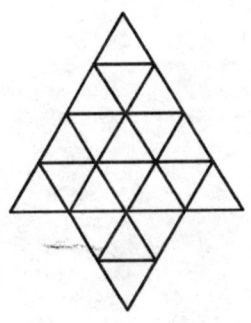

476 找出真凶

凯莉发现梅思和汤米死在了地板上，感到十分伤心。在尸体旁边有一些碎玻璃，地毯湿乎乎的，两个都没有穿衣服。你知道凶手是谁吗？

477 被圈住的蟑螂

只画4条直线分割这个圆，你能否将11只蟑螂分到11个单独的小部分中？

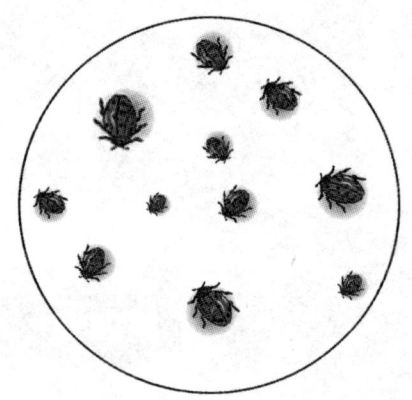

478 花儿变风车

现在只要移动下图花儿中的4根火柴，就可以变出一个大风车来，怎么移呢？

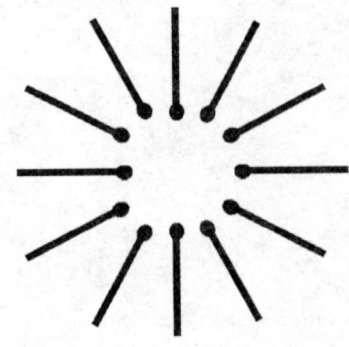

479 他们是双胞胎吗

有2个男孩上了同一所学校：他们的相貌一模一样，出生年月日及父母亲的名字也相同。但当人们问他们是否是双胞胎时，他们回答说："不是。"这是怎么回事？

480 地牢奇事

有一天，一群绑匪绑架了一家公司的董事长，并把这位董事长一人关在地牢里。地牢的进口只有一处，而且周围彻夜有人防守，没有一点漏洞。可第二天一看，里边却多出一个男的。请问，这个男的是怎么进去的呢？

481 奇怪的线

在西天取经的路上，机灵的悟空常捉弄八戒。一次，他对八戒说："我在几秒钟内画出一条线，你要花几天才能走完，信不信？"八戒不信。悟空画出一条线，八戒果然走了好几天，才算走完。你知道这到底是怎么回事吗？

482 太空人

在一次宇宙旅行中，太空人来到了一个奇怪的星球，上面只有一种气体——氢气。由于光线太暗，太空人想点燃打火机照明，可有人阻止了他。如果他点燃打火机后，是带来光明还是引起爆炸？

483 奇特的算式

什么情况下 7+8=3？

484 形状想象

用两条宽度和长度相同的纸带做了2个圆圈。把这2个圆圈在P处相互粘在一起，然后沿虚线剪下来（如图所示）。请问剪下来的形状是什么样子？

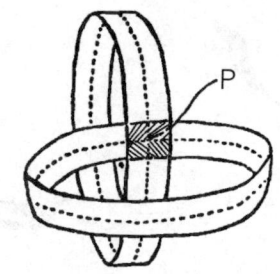

485 游来游去

移动3根火柴棒，就能让金鱼掉头，你知道怎么移吗？

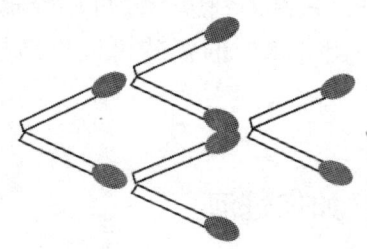

486 过桥

一辆货车满载着6吨的钢索前进，但在行进中遇到了一座桥梁。桥头的标志牌上写着：最大载重量7吨。然而，光货车车身就重2吨，再加上钢索，明显超过了桥的载重量。你能想办法帮司机通过这座桥吗？

487 兔子和萝卜

如果3只兔子在6分钟内吃掉3个胡萝卜,那么一只半的兔子吃掉一个半的胡萝卜需要多长时间?

488 三鸟拼母鸡

将飞翔中的大、中、小3只鸟儿,组合成一只母鸡。

489 五边形瓷砖

新建的波尔多城堡大厅要铺地砖,可是,主管部门要求只准铺五边形的地砖,且每个五边形瓷砖大小、形状要一样,只有铺到边上才可用碎瓷砖。那么,用五边形的瓷砖可以把地板铺得没有缝隙吗?

490 如何过河

有个人要乘船把一只狼、一只羊和一篮青菜带到河的对岸。然而,他所搭的船只能容纳一个人、一只狼,或一个人、一只羊,或一个人、一篮青菜。假若没有人看守狼和羊,羊马上就会被狼吃掉。倘使没有人看守青菜和羊,青菜旋即会被羊吃光。请问如果你是这个人,怎样才能把这三样带过河去呢?

491 六角变花

这是一个由18根火柴组成的六角星,你能不能移动其中的6根火柴,把它变成6个菱形组成的图案?

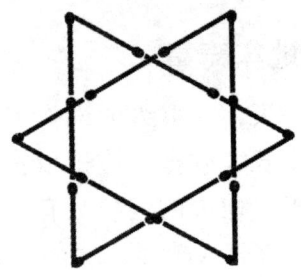

492 积木空缺

卡娅一个人在家玩积木,她用A、B、C、D、E、F、G七块积木搭成一个三角体(如图1所示)。图中每刻度都为1厘米,可以看出底边是8厘米,高是11厘米。但当卡娅用同样7块积木搭成图2的形状时,虽然底边与高的长度不变,正中却有一个2×1厘米的空缺。这是怎么回事?

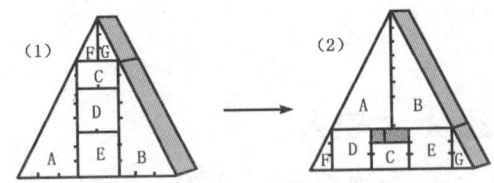

493 扑克暗示

数学家葛教授出差,住在一家星级酒店里。一天深夜,人们发现他昏迷在酒店的一间包房内,而随身带的钱包却不见了踪影。罪犯在现场没有留下任何痕迹，只是教授的手里握着一张扑克牌"K"。然而，这间酒店的房门号都是三位数，如果说这张牌代表"013"号房间，酒店又恰好没有这个房间号。但聪明的探长还是一下就明白了，很快便抓到了罪犯。你能想出来吗？

494 移动三角

用18根火柴组成了下面这幅图形，其中共包括8个三角形。现在如果移走其中的2根火柴，可以使三角形的数量减为6个；移动其中的2根火柴呢，也可以使图中的三角形变成6个。想想看，都该怎么移？

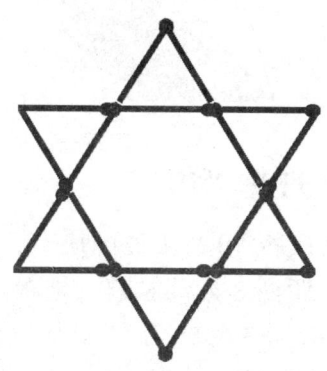

495 钟表异事

从窗子向外看，汤姆能看到城镇的大钟。每天他都会按照城镇大钟上的时间来核对一下他家壁炉架上的钟表，两者的时间基本上吻合。但是有一天早晨，发生了一件奇怪的事情。汤姆家壁炉架上的钟表显示的时间是8：55。1分钟后显示的时间是8：56；又过了2分钟显示的时间依旧是8：56；又过了1分钟，显示的时间是8：55。当到了9点钟时，汤姆突然意识到问题出在哪里了。你能解释其中的原因吗？

496 开几枪

沙漠上有7棵大小不同的仙人掌竖立在那里，有一个射手，准备开枪打掉4棵仙人掌的头部和3棵仙人掌的根部。请问：他至少需要打几枪？

497 聪明的家丁

如图所示，这是一座从正上方俯视时呈正方形的城堡，堡主在每面都派了3个家丁日夜巡逻，自己在堡内每天都通过四面的窗口视察一下，看他们是否忠于职守。这差使如此辛苦，12个家丁叫苦不迭。他们想了一个办法，既节省了人力，又让堡主视察时看到的仍是每面3人。他们是怎样做的？

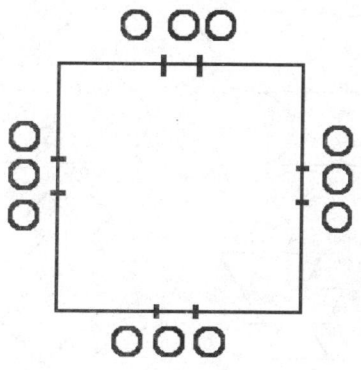

498 空间三角形

把3根火柴的头连起来，很容易连成一个等边三角形（如图）。现在用同样的方法，如何把9根火柴连成7个等边三角形呢？

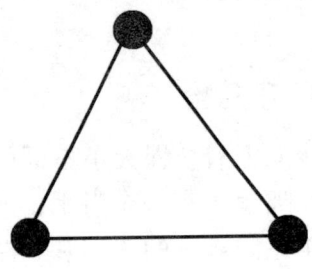

499 无桥河

有两个人想过同一条河，但找来找去却没有发现桥，只在岸边找到一条一次只能乘载一人的小船。这两个人高兴地打了声招呼，就都顺利地用这条船渡过了河。他俩是怎样渡过这条河的？

500 双胞离体

将下面5种图形分别分成形状、大小都相同的双胞图形。

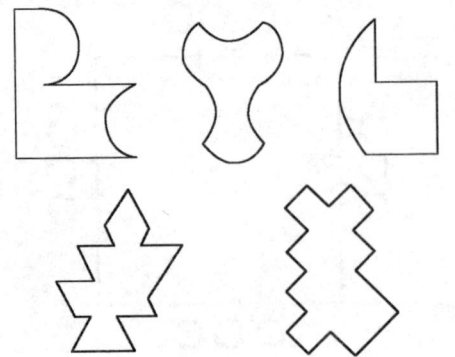

501 入睡妙招

一个人躺在旅馆的床上翻来覆去无法入睡，他起身给隔壁房间打了个电话，什么也没说，然后挂了电话就睡着了，这是怎么回事？

502 俯视

4张布篷安在这个支架上。从它的正上方俯视，将看到什么图案？

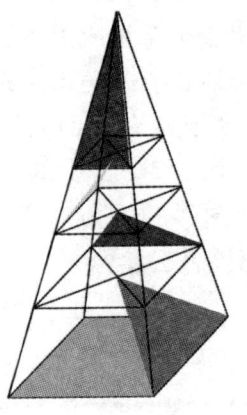

503 灯笼"101"

为庆祝10月1日国庆节，东东、南南、西西3人动脑筋，把板灯锯成4块，分为3盏灯笼，3盏灯笼合起来还能成"101"。怎样分？

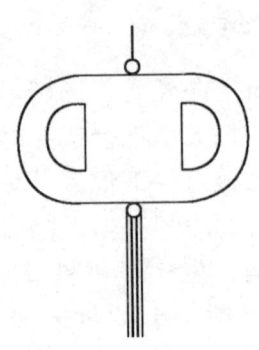

504 直线画三角

用7条直线最多可能画出几个不重叠的三角形？

505 理发

在一个小镇上,只有两个理发师,他们各开有一个理发店。一天,有个外地人路过此地,想理个发,但他又不知道这两个理发师谁的技术好一些。于是他便走进第一个理发店,发现这个理发师的头发七长八短。于是他又走进第二个理发店,发现这个理发师的头发整整齐齐。

这个外地人最终选择了哪位理发师？

506 箱子不见了

阿弟要和妈妈出远门。走之前,妈妈从家门口数了30步,挖个坑,把木箱埋了下去。阿弟从家门口数了10步,把自己的小木箱也埋到了地下。第二天妈妈带着阿弟走了。

过了4年,他们又回到了家。房子还在。妈妈数了30步,挖出了大木箱。阿弟数了10步,挖呀挖呀,怎么也挖不到小木箱,他着急了！他换了个地方挖下去,一下子就挖出了小木箱。为什么？

507 公元前出生的人

一个人在公元前10年出生,在公元10年的生日前一天死去。请问:这个人去世时是多少岁？

508 最优方案

英国政府为在英吉利海峡下挖一条隧道而举行招标,预算达数百万英镑。可是有一家商行只要一万英镑。建筑委员会主席问:"考虑到设备和成本,1万英镑的预算远远不够,请问,你打算怎么进行这项工程？"承包商答道:"这很简单。我的合作人拿一把铁锹,在法国那边动手挖掘；我拿另一把铁锹从英国这边动手挖掘,一直挖到我们俩汇合在一起,你就会得到一条隧道了！""如果你们不能汇合呢？"主席又问。

猜猜承包商会怎样回答。

509 特殊的时钟

哪个时钟显示的时间特殊？

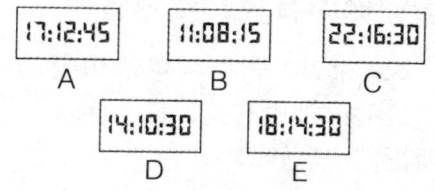

510 穿越六边形

画一条直线让它穿过正六边形全部的六条边。

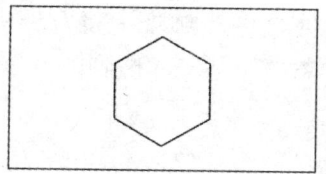

511 差距

在一个无风的天气,从甲地乘摩托车到乙地,车速每小时30公里,途中并无坡道,只有一处需要轮渡,过轮渡时并没有等待,车一到就上船过渡了,共用了80分钟。回来时仍是原来的路线,在轮渡处也正好赶上班次,车速也一样。可是到了目的地一看表,却走了一个小时又20分钟,这是怎么一回事?

512 罗马数字变身

下面是一个罗马数字运算题,"7-2=2"显然是错误的,现移动2两根火柴,使运算题成立。

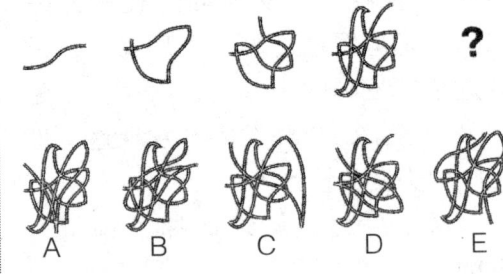

513 你中有我,我中有你

220和284是一对相亲相爱的数字,表示:"你中有我,我中有你。"你能看出其中奥妙吗?

514 完整的方糖

可可在他的咖啡中加了一块方糖,然后被叫去接电话。当他10分钟后回来时,他直接从咖啡中将方糖完整地取了出来,他是怎样做到的?

515 共有几堆

5元钱一堆香蕉,3元钱一堆苹果,2元钱一堆橘子,合在一起,问共有几堆?

516 绳结

一条绳子按以下规律变化,那么问号处应填入哪一个?

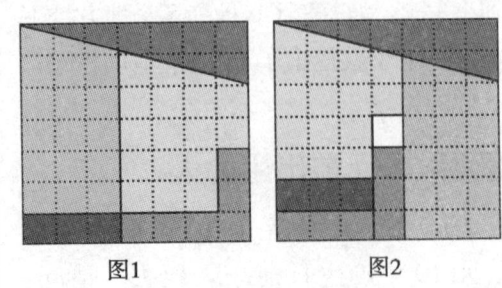

517 缺失的方块

有这样一个奇怪的现象:一个正方形被分割成几小块后,重新组合成一个同样大小的正方形时,它的中间却有个洞。把一张方格纸贴在纸板上,按图1画上正方形,然后沿图示的直线切成5小块。当照图2的样子把这些小块拼成正方形的时候,中间真的出现了一个洞!图1的正方形是由49个正方形组成的,图2的正方形却只有

图1　　　图2

48个小正方形。究竟出了什么问题？那一个小正方形到底到哪儿去了？

518 奇怪的回答

A问B："我要泡咖啡。你是喝热的还是冷的？"B的回答是一串绕口令似的数字："147536912369874123580。"B的回答是什么意思？

519 铁路工人的反常举动

2名铁路工人正在检修路轨，这时一辆特快列车向他们迎面高速驶来。火车司机没有注意到他们正在路轨上工作，因此来不及减速了。这2名工人沿着特快列车所在的铁轨朝列车迎面跑去。这是为什么？

520 奇怪的大小比较

有一个问题很奇怪，那就是：5比0强，2又比5强，但0却又比2强。这到底是怎么一回事？

521 增添杯子

图中有3只杯子，加一笔再增加2个杯子。你能做到吗？

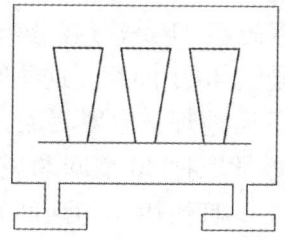

522 巧妙连线

请你沿着图中的格子线，把圆圈中的数字两个两个地连起来，使两者之和为10。注意：连接线之间不能交叉或重复。

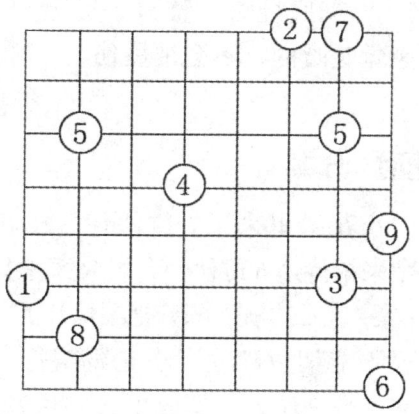

523 果皮形状

苹果是人们常吃的水果，削苹果几乎人人都会，假如把苹果皮按一定宽度连续削下来（中间不能断）。平放在桌面上，应该是什么形状呢？

524 直角拓展

3根火柴可以形成5个直角（如图所示），如果让用3根火柴形成12个直角，你认为可能吗？

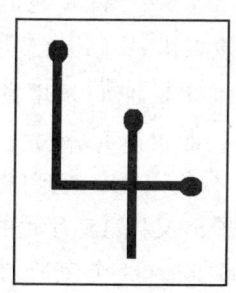

525 感觉

如果将手放入100℃滚烫的热水中，即使只有3秒钟的时间，也会被严重烫伤。那么，如果将手放入150℃的空气中，停留5秒左右，这只手会怎样呢？A.彻底烧烂，整只手完全报废。B.感觉暖暖的，不会被烫伤。

526 分梨

小花家里来了6位伙伴。小花想用梨来招待这6位伙伴，可是家里只有5个梨，怎么办呢？只好把梨切开了，可是又不能切成碎块，小花希望每个梨最多切成3块。这就成了又一道题目：给6个伙伴平均分配5个梨，每个梨都不许切成3块以上，小花该怎么做？

527 为什么

小李在藏书丰富的上海图书馆里，怎么也找不到宋版《康熙字典》。这是为什么？

528 房产买卖

有一个家庭花了12万元买了套房子，住了2个月之后，他们因工作关系要离开该城市，遂以13万元卖出房子。过了半年，他们又重新回到这座城市工作。他再次把房子买回来花了14万元。不久以后，他们想买一套更大点的房子，又以15万元的价格把房子卖出。请问，这个家庭在房子买卖过程中赚了还是赔了，或者是不赔不赚？如果是赚了或赔了，具体金额又是多少？

529 组合转换

观察图形，找出变化规律，选出转换后的图形。

530 一句话答全

一位善辩的哲学家来到某市，他问道："你们这里学识最渊博的人是哪位？"人们告诉他："是艾丁。"于是，他去访问艾丁："艾丁阁下，我有40个问题，你能否用一句话给我回答全？"艾丁不假思索地对他说："让我瞧瞧你的那些问题。"于是，这位哲学家一一提出了他的40个问题。这些问题上至天文，下至地理，包罗万象，无奇不有。当哲学家把40个问题说完以后，就催着艾丁赶快用一句话回答。艾丁笑了笑,轻轻地说了一句,这句话的确答全了40个问题。你知道艾丁说的是一句什么话吗?

531 硬币钻洞

在一张纸上,做一个大小正好相当于一角硬币的圆孔。请问,要是不把纸弄破,让1元硬币从这孔通过去,怎么办?

532 抛硬币

有一枚普通的硬币,可可一共抛了15次,每次都是正面朝上。现在可可想再抛一次,你知道正面朝上的概率是多少吗?

533 未卜先知

一位盲相士街边摆摊算命。这天一位富绅来看相,相士听了富绅的生辰八字,再为他摸骨,之后忽然面色大变。他压低了嗓音告诉富绅:"太可怕了,我看到你将会被谋杀。"一个穿风衣的男人,会在你背后开枪,看来你劫数难逃了。"

富绅不屑一顾,连相金都没留下就走了。

第二天,富绅在街上被人从背后开枪击毙,警方追捕时此人坠楼身亡,他身穿风衣,手里拿着枪。

情形和盲相士所说几乎一模一样,相士为何算得如此准确呢?你能猜出其中缘由吗?

534 交叉魔术

怎样才能将左手完全放进自己的右裤兜内,右手完全放进左裤兜内,且两手不能交叉?

535 自由下落

你拿一个生鸡蛋,让它自由下落。在地上没有任何铺垫物的情况下,你能够使鸡蛋下落1米而不破吗?

536 硬币正方形

把20个5分钱的硬币,摆在正方形的四条边上,使每边都有4角5分钱,怎么摆呢?

537 巧摆瓶子

有4个完全一样的啤酒瓶,你能把它们摆得使4个瓶口之间的距离个个相等吗?

538 飞机的影子

日落时分，一架即将飞离地面的飞机和离地面100米平行飞行的飞机，试问，哪一架在地面上投下的影子比较大？

A. 一样大。
B. 即将飞离地面的飞机。
C. 离地面100米平行飞行的飞机。

539 公安局长

有个公安局长在公园与人下棋。这时，跑来一个孩子，着急地说："你爸爸和我爸爸吵起来了。"这时，旁人问这个公安局长："这是你的什么人？"公安局长回答说："是我的儿子。"

请问吵架的两个人与这个公安局长分别是什么关系？

540 招生计划

有一所三年制高中学校，每年级为300人，共900名学生。该校制订了一个比现有900名学生翻一番的扩大招生计划，决定从明年新生入学开始，每年招生要比前一年多100人。请问几年后才能完成这个扩大招生计划呢（当然每年的毕业生一个也不能少）？

541 天上掉番茄汁

在澳大利亚的一个农场里，有一个马虎先生，他家里自制了很多番茄汁。有一天，他的儿子里根站在窗下，可是淘气的哥哥杰克却把番茄汁朝弟弟的头上倒下去了。番茄汁正好成一条线，落到里根的头上。马虎先生急忙赶到窗户边一看，真奇怪！里根的头上一滴番茄汁也没有，地上也没有撒下去的痕迹。请问，这是为什么？

542 12的一半

你能证明12的一半是7吗？

$$7 + 7 = 12?$$

543 数字巧妙推

充分发挥你的想象力，推算出下一行的数字是什么？

1
11
21
121
111221
312211
13112221
1113213211

544 致命弱点

鳄鱼凶猛异常，但是它也有致命的弱点，它最害怕见到：

A. 绿色　　　　　B. 蓝色
C. 紫色　　　　　D. 黄色

545 奇怪的家庭

一个家庭有5个孩子，其中一半是女孩，这是怎么回事？

546 轨迹想象

（1）把轮子放在一个平面上，轮上边缘有一个黑点（如图示），使轮子在平面上滚动，画出黑点在轮子滚动时留下的轨迹。

（2）让轮子在大铁圈内侧滚动（如图示），画出黑点在轮子滚动时留下的轨迹。

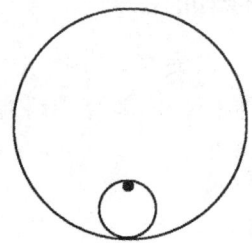

547 分图陷阱

如果把图（a）分成大小相等、形状相同的4份，可以照图（b）的方法来分。如果要把图（a）分成大小相等、形状相同的3份，该怎么分呢？

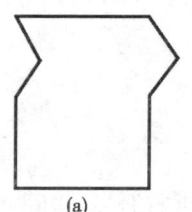 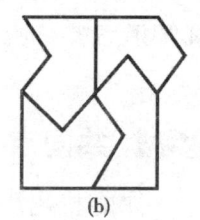
(a) (b)

548 剪刀魔法

用剪刀将2只啄木鸟变成一只猫头鹰，将下面的荷花、荷叶变成比翼双飞的鸳鸯。

549 椅子倒了

图中这把椅子翻倒了，谁能把它扶起来？很简单，移动2根火柴，就能把它正过来。

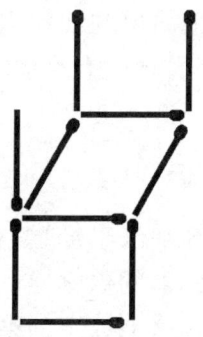

550 过河

有个小学生想跳过两米宽的一条河，试了几次都失败了。可是后来，他什么工具也没用就达到了目的。你知道他用的是什么好办法吗？

551 火柴组图形

请你用8根火柴摆成2个正方形、4个三角形，但是不能把火柴弄断或弄弯。

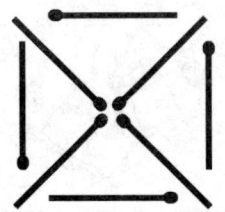

552 高难度动作

动物园里，有一只猴子专爱模仿人的动作。人们逗它，它的姿势、手势简直像一面镜子，立刻模仿得毫无半点差错。一个人走到猴子跟前，右手抚摸自己的下巴，猴子就用左手抚摸下巴；人闭上左眼，猴子闭上右眼；人再睁开左眼，猴子也立刻照办。

可是，有人却说："猴子再有本事，有时一件很简单的动作它却永远不会模仿。"请问，到底什么动作那么难呢？

553 路标

某乘客乘汽车经过一个地方，看到一个路标上的数字是：15951，他觉得很有趣。这个数字的第一个数和第五个数相同，第二个数和第四个数相同。汽车行驶了2个小时，该乘客又看到另一个路标上的数字，仍然是第一个数和第五个相同，第二个数和第四个相同。汽车两个小时一共行驶了多少公里？另一个路标的数字是多少？

554 添数字

按照下列顺序，下一个数目应该是多少？ 2，3，5，7，？

555 单只通过

一只蚂蚁在地下通道里爬行，对面又来了一只。由于通道非常狭窄，只能单只通过。幸好，通道一侧有个凹处，刚好能容得下一只蚂蚁，可不巧的是，里面有一个小沙粒，把它移出来后又把通道堵住了，还是无法通行。两只蚂蚁应该怎么做才能都顺利通过呢？

556 一扫而空

满满一大壶水，足有十斤重，一口只能喝半杯，你能在10秒内让水壶一下子变空吗？

557 辨真伪

制笔厂发出10箱铱金笔，其中有一箱是用不锈钢材料做的替代的。10个箱子外形和颜色都一样，只是重量上有差别：铱金笔每支重100克，不锈钢替代品每支重90克。要求用一个天平只称一次把这箱替代品检查出来。你知道怎样称吗？

558 共同点

你能找出下列东西有什么共同点

吗？齿轮、牙齿、锯、梳子和拉链。

559 猜猜数字

有一个数字，去掉2变成5，去掉5变成20，去掉10变成15。请问哪个数字？

560 蜡烛

小张家里经常停电，每停一次，就要用去1支蜡烛，每5个蜡烛头又可再做成1支蜡烛。现在他家里只剩下40个蜡烛头了，用这些蜡烛头再做成蜡烛，可以供几个停电的晚上使用？

561 卡片转换

在如图所示的板盒里放有印着〇和×记号的卡片各3张。卡片的形状和大小完全一样。板盒当中空出一张卡片的位置，卡片可在此空位上，上下左右自由滑动。请问，你能否将6张卡片的位置完全对调5下呢？注意，对调中不许把卡片从盒内取出，也不许把卡片拿起跳过中央的位置，放到对方的位置。

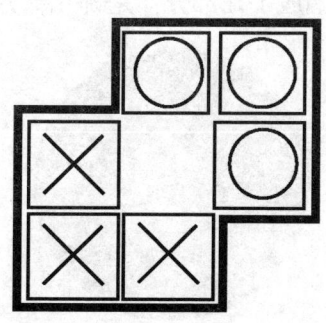

562 熊的颜色

一只熊向南走一里，又向东走了一里，然后再向北走一里，又回到了起点。这只熊是什么颜色的？

563 画

名画家塞尚在家里装了一个特制的"画框"，可到了第二天，画框内的风景虽没变化，但原来画上的一对男女却不见了，而这张画并没有被换掉。这是为什么？

564 切割方形孔

一块中间有方孔的圆形图片上，对称地做了些标志符号。现需要将它切割成大小、形状相同的4块，使每块都恰好带有一个小圆圈和一个三角形。怎样切割才符合要求？

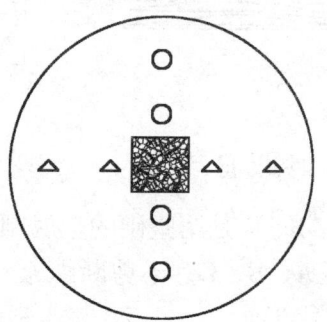

565 蒂多公主

在很久以前，欧洲某个王国被另一个国家灭亡了。国王和王后、王子都被侵略者杀死了，只有小公主蒂多带领一些武士突出包围，逃到了非洲的海岸。蒂多公主带了一些金币登上海岸，拜访了酋长："我们都是失去祖国的逃难人，请允许我们在您神圣的领土上买一块土地生活吧。"酋长见蒂多公主只有几枚金币，便轻蔑地说："才这么一点金币就想买我们的土地？那你只能买下用一张牛皮所圈出的土地。"大家听了都很沮丧，可是蒂多公主却说："大家不必丧气，我有办法用牛皮圈出一块面积很大的土地。"蒂多公主真的做到了。你知道她是怎么办到的吗？

566 木板比较

下图是2块木板的素描图，若说"B木板"与"A木板"一样长，其道理何在？

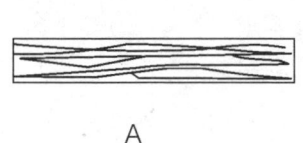

567 妙取B字

A、B、C是用坚硬的金属制成的。不损坏A、B、C，不剪断绳索。怎样取下B字形？

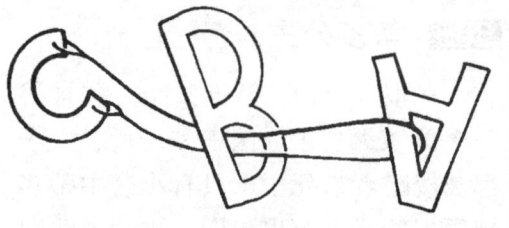

568 重拼长方形

你能将右边正方形分割成的6个图形碎片重新拼成1个长方形吗？

569 骰子

图中并排放着3粒骰子，有7面是可见的，那么其他11面的点数和是多少呢？

570 分割球体

假设1个四面体的4个顶点都在1个球体的内部（顶点不接触球体的边）。这个球体被沿着四面体4个面的平面分割成了几部分？是哪几部分呢？

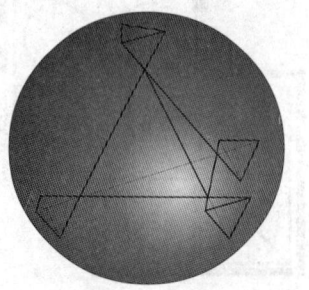

571 男孩与凸面镜

男孩看左边的凸面镜发现自己是上下颠倒的。然后将镜子翻转90°，即右边的凸面镜。这时候男孩看到的自己是什么样子的呢？

572 拼接六边形

如果将直线部分连接起来的话，能形成1个完美的六边形吗？

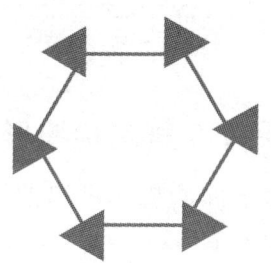

573 将硬币放入玻璃杯

用4根火柴组成1个头朝下的玻璃杯，并且在旁边放1枚硬币。你能够只移2根火柴就把硬币放在玻璃杯内吗？

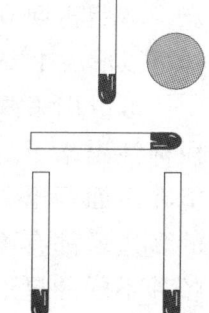

574 不重复的符号

你能发现圣乔治的肖像和他与恶龙大战的场景吗？

575 对应立体图形

B，C，D，E中哪一个可以由图形A折叠而成？

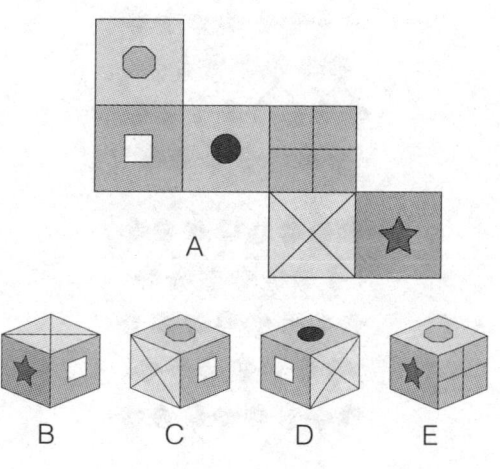

576 拼接整圆

下图中只有 2 幅能够恰好拼成 1 个整圆，是哪 2 幅呢？

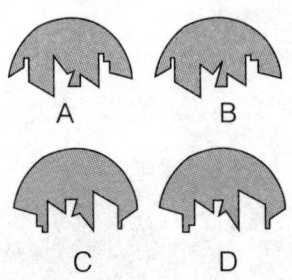

577 胶片

假设下面 3 幅图都是电影胶片，那么你能不能想象一下，把这 3 张胶片重叠起来会得到什么样的图形？

578 全等图形

有 37 种不同的方法可以把 1 个 6×6 的正方形分成 4 个全等的部分（旋转和镜像不可以看作是新方法）。你能把它们都找出来吗？

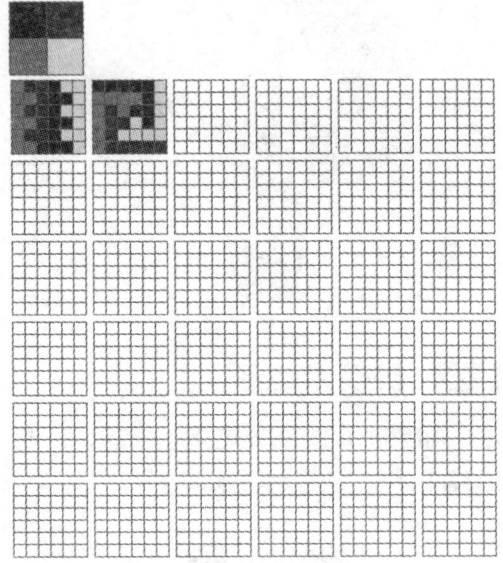

579 另外 2 种对称星形

按照下面的规律可以把多边形变成不规则的星形：

从多边形的任何一个顶点出发，将这个顶点与另外任一顶点相连，再与下一个顶点相连，直到包括所有的顶点，然后再回到出发的那个顶点，这样可以形成 1 个对称的图形。

可以用来画星形的线段用红色线段标注出来了。三角形是唯一一个不能在里面画出星形的多边形；而其他的多边形都有可能按照这一规律画出各种不同的星形。比如，正方形就有

2 种画法，而五边形的画法就更多。

不考虑图形的旋转和映像。

问：按照上面所讲的这一规律，正五边形可以形成多少个对称的星形？

提示：正五边形一共有 3 种画法，下图已经画出了其中 1 种，请问你能否画出另外 2 种？

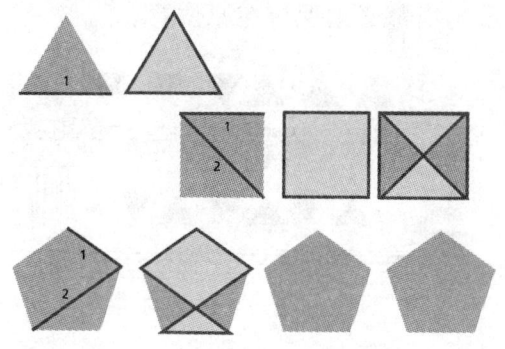

580 画出 9 种对称星形

正六边形一共可以形成 10 种对称的星形，下图已经给出了其中 1 种，请问你能画出另外 9 种吗？

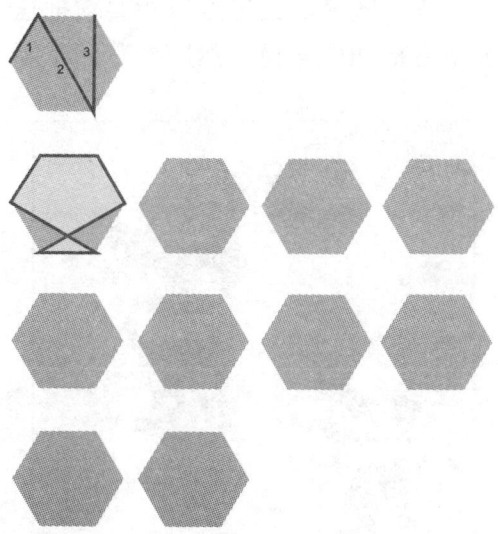

581 对称星形

正七边形一共可以形成 23 种对称的星形，下面已经给出了 1 种，请你至少再画出 14 种。

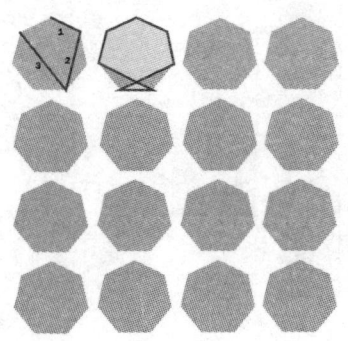

582 阶梯

这样排列的阶梯在现实中可能存在吗？

583 立体图形

即使你无法看到这个不规则立体图形的全貌，你也依然能够在心中精确地勾画出它的外观。如果从不同方向进行观察，A，B，C，D 剖面哪一个是不可能出现的呢？

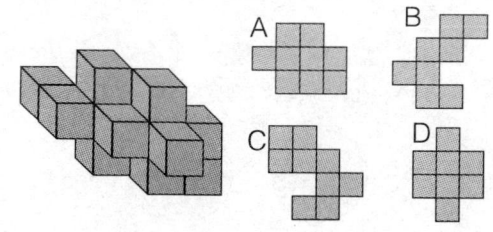

584 样板

B，C，D，E，F 哪一个是由样板A折叠成的？

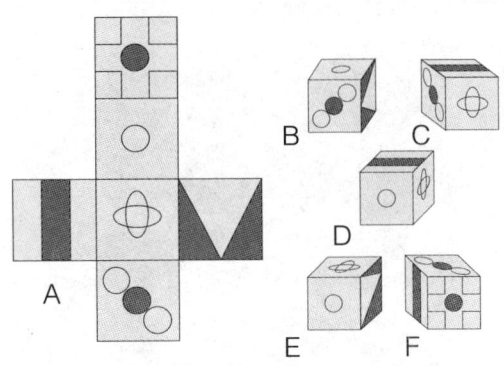

585 相同的立方体

以下立方体中，哪两面上的数字相同？

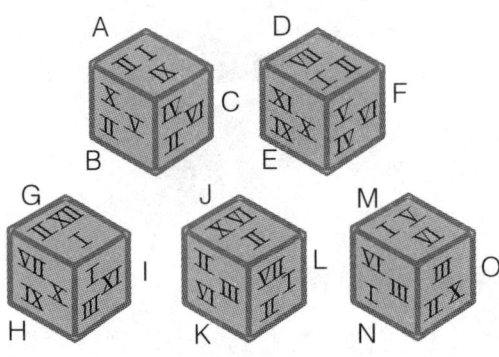

586 正确的数字

前4个圆中遵循了相同的规则，你能完成第5个圆吗？

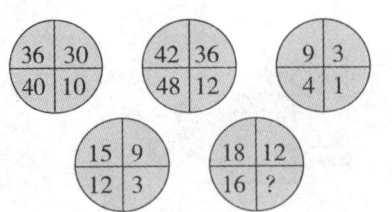

587 金字塔

这个古老而珍贵的问题来自尼罗河谷。上图祭坛上的图示中有6个金字塔，问题是把它们重新排列，使它们摆成祭坛下面的样子。排列的规则如下：你只能用3步完成；每一步都要使金字塔两端的位置颠倒；每一个金字塔都必须保持在原位置。

588 圣诞老人

这个很棒的思维游戏你可以等到下次圣诞派对时再使用。上图的正方形里有2个圣诞老人，把这个正方形打印12份，然后交给你的客人。告诉他们这个圣诞老人思维游戏要求把这个正方形切成4份，然后把它们重新

拼成 2 个独立的正方形,而且每个正方形里各包括一个完整的圣诞老人。你能解决这个问题吗?

589 画像

回顾历史,我们会找到世界上第一个伟大的思维游戏大师——斯塔姆尤莫斯特二世。他创作了全新的题,名叫"斯芬克司第二个思维游戏",并用它来为难他的朝臣。答题人必须将上图中抽象的斯芬克司画像分成形状相同的 4 部分。同时,这 4 部分必须与原图形状相同。

590 皮带

在皮带传送作业机上皮带被安在 3 个圆柱形的滚轴上,工作时由最顶上的滚轴带动工作,如图所示。

请问这个皮带是个简单的圆环,或是麦比乌斯圈,或者其他什么形状?

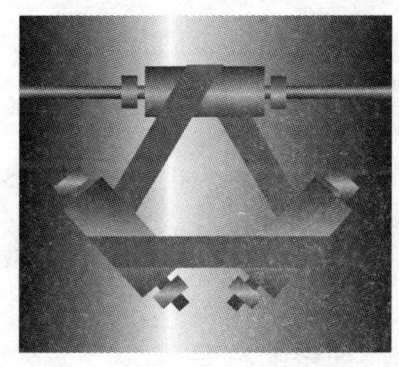

591 多面体环

8 个正八面体可以组成 1 个多面体的环,如图 1 所示。

请问其他的几种正多面体用同样的方法能否组成这样的多面体环?

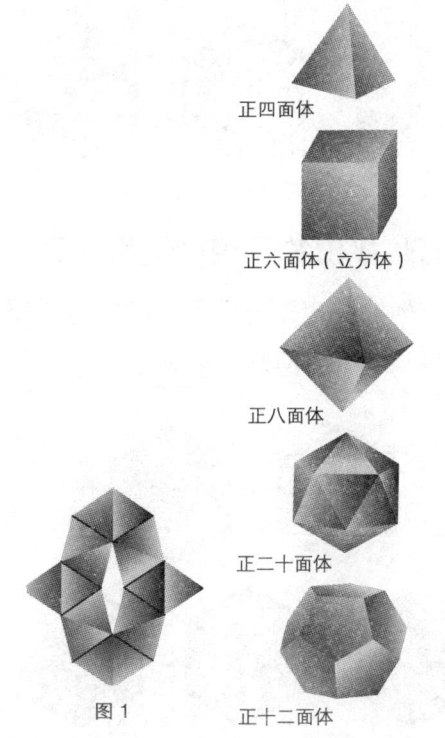

图 1

正四面体

正六面体(立方体)

正八面体

正二十面体

正十二面体

592 折叠正方形

哪个立方体不能由 A 图折成？

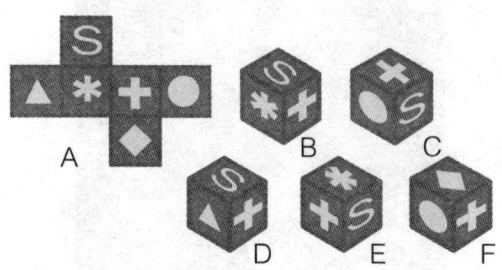

593 神奇的符号

你能在以下立方体中找到含有相同符号的两个面吗？

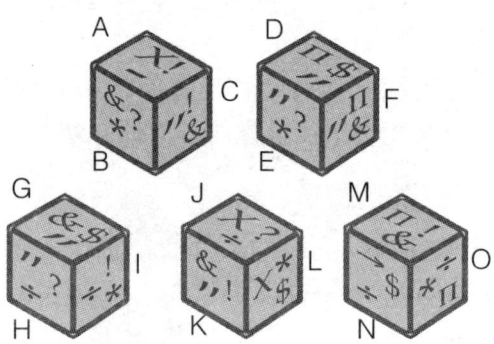

594 找出符号相同的两个面

你能在以下立方体中找到含有相同符号的两个面吗？

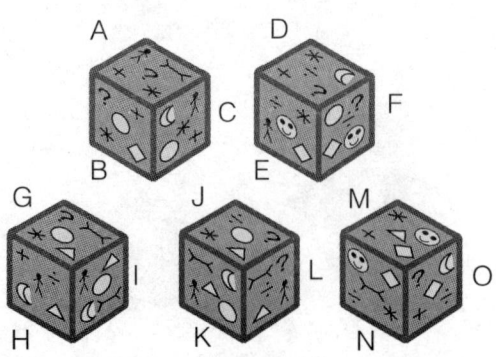

595 折叠立方体

把 A 折成立方体，得到的是 B，C，D，E，F 中哪两个？

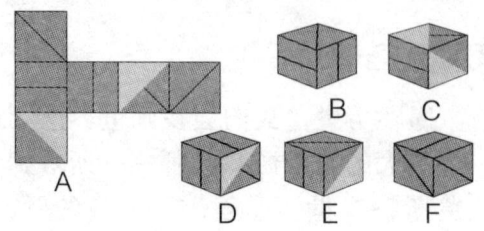

596 符号相同的两个面

你能在以下立方体中找到含有相同符号的两个面吗？

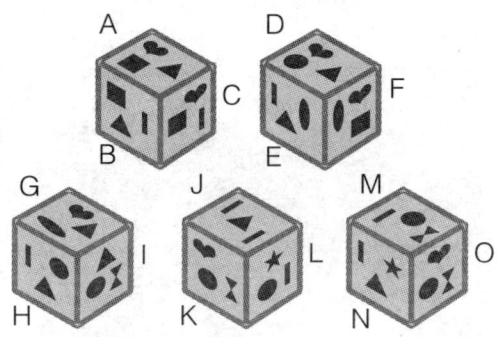

597 升序降序

你能在游戏板上的 9 个竖栏中放置 1～9 这 9 个数字，使它们形成 3 个

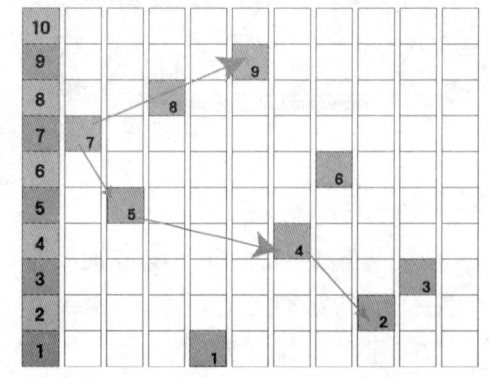

数字的降列排序或升列排序吗？

注意：排列中包含或者不包含相邻的数字均可，如图1所示的排列中，连续3个的升序排列符合规则，但是连续4个降序排列就是错的。

598 折不出的立方体

B，C，D，E，F 哪个选项不能由 A 图折成？

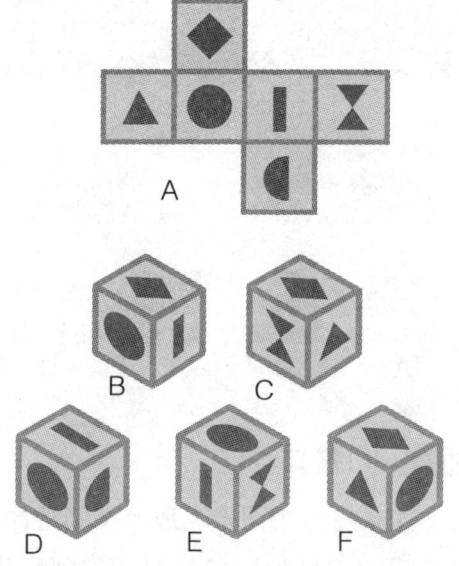

599 折不出的图形

用可折叠的平面图不能折成哪个立方体？

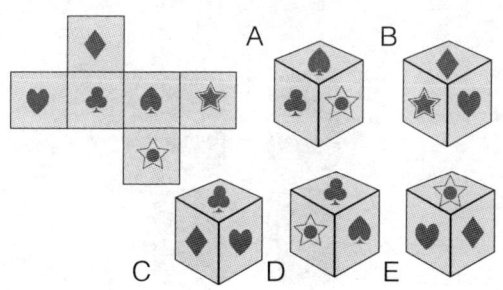

600 两个正确的

在把A折成立方体时，B，C，D，E，F 中能折出的立方体是哪两个？

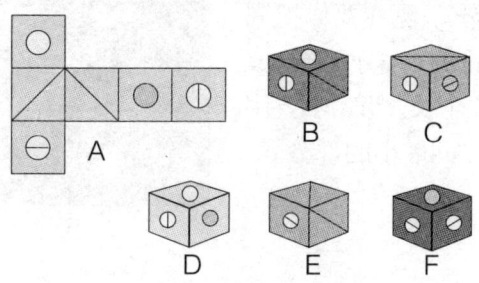

601 画图

这5个圆圈有着相同的直径，穿过点A画条线将它们分成面积相同的两部分。

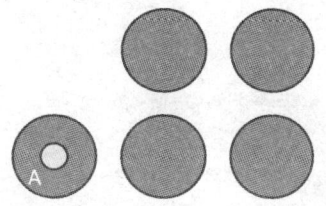

602 鸠尾结合

请问你能将左图这个看上去不可能得到的鸠尾接合分开吗？

与普通的鸠尾接合不同，这个模型四面都是一样的。

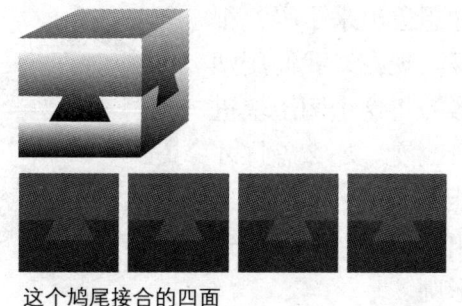

这个鸠尾接合的四面

603 重组长方形

把下面的图形复制并剪成5个部分。现在要你把周围的4部分重新拼成1个长方形，不要用中间最小的部分。

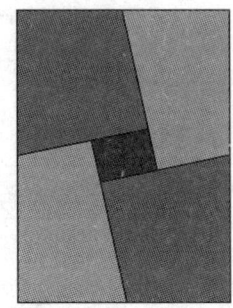

604 折一折

如果沿内线折叠A，最终叠出的将是B，C，D，E，F，G中的哪一个图形呢？

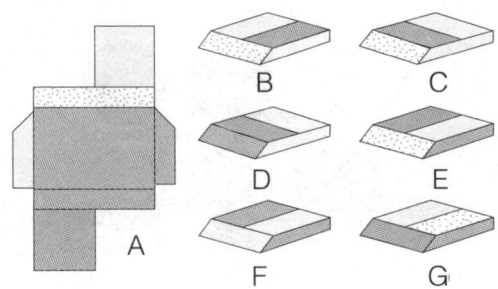

605 一刀切出六边形

你能想象出三维空间的样子吗？如果可以的话，那就试着想象出一块被制成正立方体形状的坚固陶土块。你想象出来了吗？很好。现在，我们用塑形刀将这个陶土块进行改变。那么怎样才能只切一刀就制造出如图所示的六边形呢？

606 剪线

将一张正方形的纸进行折叠，然后如图所示，在完成折叠的最后一个步骤之后，用剪刀剪下所折成图形的一角。如果将纸张打开，所得到的正方形将会与哪一个选项相类似呢？

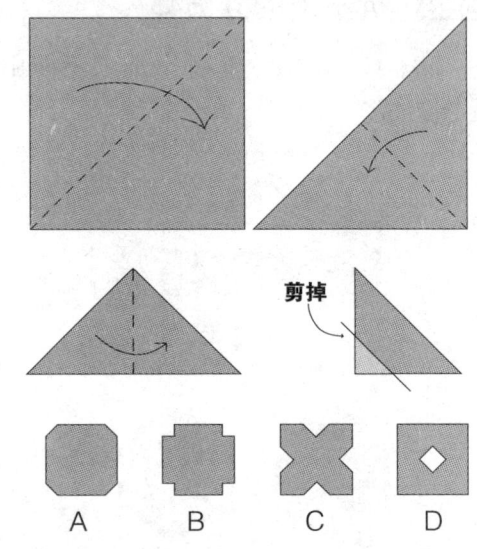

607 圆柱体

如果将这个图形卷成一个圆柱体，那么哪一个选项将会是与这个圆柱相像的呢？

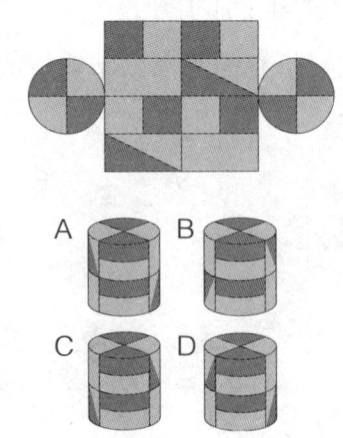

608 打孔游戏

观察下面这张纸的折叠步骤，最后一个步骤是要在折好的纸上穿透打孔。现在打开这张纸，哪个图案才是与之相像的呢？

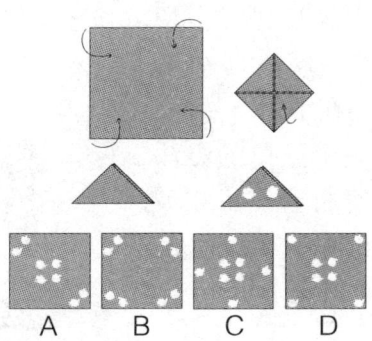

609 邮票

这是一个很好的"邮票难题"。上图有6张来自世界各国的不同邮票，问题是如何将这些邮票摆成一个十字型。但是，要保证十字架的每条线都有4张邮票。

提示：1张邮票可以同时在十字架的2条线上。

610 箭头

有一种办法可以只通过移动位置就能将这4支印第安箭头变成5支。你有什么好办法来解决这个难题，请想一想。

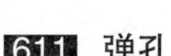

611 弹孔

按照过去的西部观念，卡特尔·凯特称得上是位高人。她使用6发装左轮手枪的本领堪称传奇，这里我们看到的是她如何打赌取胜的。她说她可以在扭转头的同时往墙上射12颗子弹，这12个弹孔排列成7行，每行4个弹孔；当然，某些弹孔将同时存在于多个行列。钢琴师萨姆一点儿也不担心。那么，你认为弹孔在墙上是如何排列的呢？

612 胶合板

杂务工人海勒姆·鲍尔皮尼刚刚参加完木匠学院的聚会回来,而在聚会上他新创作的胶合板思维游戏把每个人都给难住了。他向大家展示了一块由5个大小相同的正方形组成的木板。首先,你要沿直线在木板上切两下,将它分成3块,然后,把这几块儿木板拼在一起组成一个正方形。那么,海勒姆是怎么做到的呢?

613 立方体

"皮特里,这有一个柏拉图立方体。别人都说那个立方体不存在,可是我们坚持到底,现在付出终于有了回报。柏拉图说,中间的那个大型立方体是由许多小的大理石立方体组成的,而立方体是由许多小的大理石立方体构成的。广场上的小立方体个数与大立方体中的小立方体个数相同。"

"很好,霍金斯,我们只有一次达成一致。另外,你看,如果正方形广场的边长的2倍,那么,它就是柏拉图的题了。如果不去测量这个广场,那么你能计算出建造这个广场和大立方体一共用了多少块儿小立方体吗?尽管这个题的答案有好几个,我们只要找出那个最小能够满足所有条件的数。"

614 瓶塞

"玻璃杯"题中所使用的瓶塞现在又掉进斯迈德维奇女士的玻璃杯里。一般情况下,瓶塞是不会停留在杯内水的中央,相反,它会慢慢漂到玻璃杯的一侧,并且停在那里。然而,却有一个简单的方法可以使瓶塞停留在玻璃杯的中央(使水旋转不算答案)。

615 长方形

古特罗克斯先生正在琢磨一个著名的长方形思维游戏。下图均匀地分布着12个黑色圆点,它们之间有间隔。如果利用任意4个圆点作为长方形的顶点(角),那么,你能否计算出有多少个长方形呢?记住,正方形也看作是长方形。

616 货物箱

这里我们看到的是赫尔曼·贾泽尔,他正驾驶他那引人注目的贾泽尔管式电车穿过纽约有 100 年历史的河流,在水涨上来之前希望他可以穿过那里。当人们把他的电车用船从他在欧立斯康尼的工厂运出来时,大家就造了一个特殊的盒子把它装了起来。这个盒子有 14 个角、21 个边。那么,你能否计算出这个盒子有多少个面呢?

617 鸡蛋

当你下次参加派对时,就可以用这个"巨蛋"游戏为难你的朋友。由于这个游戏可能会把周围弄脏,所以最好在厨房进行。挑战在场的所有人,跟他们进行鸡蛋平衡比赛。在桌子上放 1 个鸡蛋、2 把叉子、1 个瓶塞和 1 个拐杖。你事先声明自己可以

用 2 把叉子和 1 个瓶塞把鸡蛋稳放在拐杖的末端。先让他们来尝试。在清理干净他们遗留的痕迹之后,你再来展示这个过程——但是,你得先下一个适当的赌注。

618 太妃糖

那个莫尔博斯太太代售各种好吃的东西,也包括糖果。近来,她的生意肯定不错。她在上面为你准备的是一个有关糖果的题。如果你想免费品尝太妃糖,你需要把 21 块儿糖排成 9 条直线,每条直线上有 5 块儿。当然,每块儿糖不止在一条直线上。

619 形状

事情发生在 1877 年,雷诺德教授的展示引起了轰动。其中之一就是幻灯片思维游戏,他是借助自己一个著名的发明——实用镜来完成展示的。他正在这里表演这个称作"迷惑人的形状"。下图屏幕中显示的上下两个形状分别是一个实心木块儿的正面图和侧面图。通过对这两幅图的研究,

你能推断出这个物体的形状吗？请你仔细观察这两个图形。

620 蜘蛛

你不能被这个问题难倒。右图的那个玻璃圆柱体高4厘米、周长为6厘米。圆柱体外面有一只蜘蛛，距离圆柱底部1厘米；里面有一只苍蝇，距离圆柱顶部1厘米。蜘蛛看到苍蝇后，找出了到圆柱最近的路线，然后猛扑向苍蝇。那么，蜘蛛的行走路线是什么？同时，它走的路程有几厘米呢？

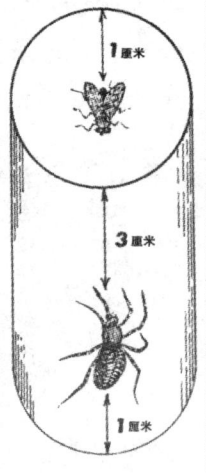

621 钟

为了把你难住，牧师斯皮尔在做最后一次尝试。好像牧师为自己的教堂买了一口新钟，不知为何，他叫多朗格·基德来帮忙。这口钟的重量和基德的体重相同。当基德开始拽绳子时，令人吃惊的事情发生了。那么，

请你猜猜看：
（1）如果基德保持原地不动，钟会不会升上去呢？
（2）如果钟保持原地不动，基德会不会升上去呢？
（3）基德和钟会不会一起升上去呢？

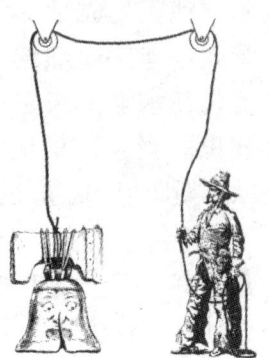

622 考古

霍金斯和皮特里这两位刚毅的考古学家又挖掘出一个古代文物。我们来听听他们说了什么：

"皮特里，我们终于发现了举世闻名的'斯芬克司思维游戏'墓碑，它都有3500年的历史了！"

"我们？什么意思，"皮特里语无伦次地说，"别把我也扯进去！我不相信造金字塔的思维游戏大师会把它写下来！"

这个墓碑当然是假的，但是这个思维游戏的确很好。看看你能不能在他们向别人打听之前把它解答出来。

第五章

创造力

623 创意植树

将 13 棵树栽成 12 行，每行 3 棵，应该以怎样的排列栽培呢？

624 不变的星星

有 7 颗星星，现在拿走 4 颗，然后又想加进 3 颗，凑成 7 颗，究竟要怎么样做才好呢？

625 这可能吗？

用 6 个"3"和 6 个"·"组成几个数，使它们的和尽量接近自然数"10"。这是否可能？

626 魔法变数

在不能折叠纸的前提下，若仅用一根线，将如图的罗马数字［IX］变成 6，请问要怎么做？

IX

627 不向左转

吉姆和汤米在一条马路上走着，眼见前面的马路就要向左拐弯了，汤米便考吉姆说："你能不往左转，就把这条马路走完吗？"吉姆笑道："这还不容易？"说罢，便快步向转弯处走去。没多一会，他果然没有向左转弯，就走完了这条向左转弯的路。你知道他是怎么做到的呢？

628 只剩一点

有 17 个如图中所画的点。从任何一点画一条比点粗的直线连接其他的点，最后应可让每一个点至少都能与另一点连接起来。但是，某人做这项工作，虽然连接了所有的点，最后却还是剩下一点。有这种可能吗？

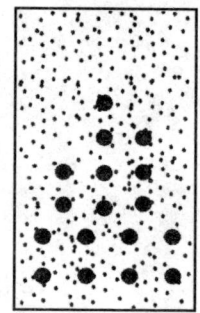

629 智擒盗贼

华盛顿小时候就聪明过人，在他家乡威斯特摩兰至今还流传着他智捉盗马贼的故事。有一天，村里的一个孤老爷爷的马被人偷走了。村民们帮忙四处寻找，终于在牲口市场上找到了那匹马。可是，盗马贼死活不承认这是偷来的马。由于马的主人这时又拿不出有力的证据来，盗马贼反咬一口，说村民们诬陷他，说着骑上马就想溜。这时，华盛顿赶来了。他用双手分别蒙住马的眼睛，紧接着问了盗马贼几个问题，很快就诱使盗马贼在众人面前原形毕露，只好承认自己的丑行。那么你知道他问了什么问题吗？

630 麦秸提瓶

给你一根麦秸，你能将一个是它几百倍重的酒瓶提起来吗？

631 戒指放盒里

一只盒子上面放着一枚钻石戒指，你能否在一分钟内把它放到盒内去？

632 让正方形最多

如图所示，这里有12根长度相同的火柴棒。如果不折断火柴，最多可以排出几个大小相同的正方形？

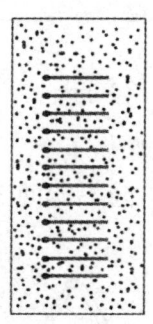

633 巧搬巨石

古时候，某城的城墙在雨中山脚崩塌，塌下来一块巨石挡在道当中。正巧，第二天，皇上要到城里的寺庙去上香，必须使道路畅通无阻。官员们四处寻找力工，要他们把石头搬走，但因下大雨，场地泥泞，石头怎么也搬不走。时间眼看就要到了，要是皇帝怪罪下来怎么办呢？正在这时，有人想出了一个办法，解决了这个问题。你知道他们用什么办法解决了这个问题吗？

634 两个瓶子

在没有量杯的情况下，如何用最简单的方法尽快知道两个瓶子中哪个瓶子的容积更大？

635 买肉

有个人去买肉，问了好几家都没买到，最后问到王屠夫。王屠夫笑嘻嘻地问他要买什么肉？他说要买："皮抖皮，皮打皮，精肉不挨骨，肥肉不挨皮，皮肉还有两层皮。"王屠夫二话没话就割好了肉，一称斤两，共计3元5角。这个人高高兴兴地掏出5元钱，说："多余的算是奖赏，全给你啦！"你知道王屠夫给的是什么肉吗？

636 永不消失的字

舒克家的隔壁在盖房子，因为隔壁的人在建筑地以外的地方竖立起一块很厚的木板，算是违法建筑。舒克看到这种情况后非常生气，就用墨汁在纸上写着大大的"违法建筑"四个字，贴在木板上，可是到了第二天，这四个字不见了。于是，舒克又想了一个办法，不管他们再怎么擦，或是用其他办法覆盖，或者挖掉，都没能让字从木板上消失。请问舒克用了什么办法？

637 画师与财主

有个财主的寿辰快到了，他便请了一位画师为自己画一幅画像，好在寿宴上炫耀一番。画像画好后，财主想占便宜，借口说画得不像，把价钱压得很低。画师和财主辩了半天的理，财主也不加一文钱。画师想了想，拿着画走了。但是第二天，财主却主动找到画师，并且出了很高的价钱把画买了下来。请问，画师用什么办法，迫使财主出高价买了他的画呢？

638 聪明的匪徒

一群匪徒在沙漠中遇到困难了，必须扔下一个，于是狡猾的头目命19名匪徒排成一行，说："因为食物、饮水不足，所以在天黑前，凡点到第七名的人可以留在车上，数到最后第七名的那个人就必须留在沙漠中。"说完头目自己站到第六名匪徒后面（图中倒置的火柴是头目）。有个聪明的匪徒负责点数，他想让其他弟兄离开沙漠而让头目留在沙漠中。那么，他该如何点数呢？

639 一笔成字

有些文字是无法用一笔直画所能完成的，例如，"K""力""王"即为鲜明的例子。但若你有心完成，还是有办法把这些字一笔带过的（下笔之后，笔头不再离开），请问到底应该怎么写呢？

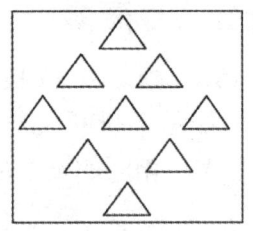

640 三角分隔术

你能否只用4个圆，把图中9个三角形一一分隔开？

641 让三角消失

用9根火柴做了3个三角形。动其中两根火柴，能不能使3个三角形都不存在？

642 剪绳子

约翰很小的时候就表现出超常的智慧，常常想出绝妙的办法来解决生活中的问题，得到了老师和同学的称赞。

有一次，约翰的爷爷买回了几个

拼装的玩具飞机,约翰和几个兄弟都想得到它。但是爷爷说:"我这里有一条绳子,你们谁能从绳子的中间剪开,让绳子还是一条绳子,我就把玩具飞机给他!"

兄弟几个都冥思苦想,最后还是约翰做到了。你知道他是怎么做到的吗?

643 多点相连

用6条直线(一笔)将16个点连接起来,怎么连呢?

· · · ·
· · · ·
· · · ·
· · · ·

644 叶公好龙

叶公好龙,说的是叶公非常喜好龙,因此,他家里的房梁上、门柱上都刻着龙。真龙听说这事以后,很受感动,就从天而降,来到叶公的家里。叶公见到真龙,立刻被吓得面如土色。请你根据叶公的表现,猜一动物。

645 创意过河

兄弟二人到冰天雪地的北极探险,被一条冰河挡住了去路。他们想游过去,但冰河很宽,水又很凉,很可能会被冻死;他们想绕过去,可是沿着河沿走了半天,也绕不过去。"要是

有树就好了。"哥哥说,"我们有斧子、铁棍等工具,可以造一只木船。"可是,这里到处是厚厚的冰雪,上哪里去找树呢?后来,还是弟弟聪明,他想了一个办法过了河,而且他们的身体没有被河水沾湿,请问他们是用什么办法过河的?

646 脑力体操

根据南昌起义、武器、莱克星顿,你能猜出什么?(1个字)

647 切割菱形

下面的图是一个菱形,里面有几个数字,你能想办法在上面画1条直线,使各个区域的数字总和相等吗?

648 等距画点

下图是一张形状不规则的纸,要求你在纸的同一面上画4个点,4个点都要保持较大的距离。在不用任何东西测量的情况下,你能使其中有2点的距离与另2点的距离完全相等吗?

649 陆游与美酒

陆游年轻的时候曾经从军，可是长期得不到朝廷的重用，后来陆游来到四川后居住在梓州。梓州是个山清水秀的好地方，文人们常常在这里饮酒作乐，以诗会友。一天，有一位朋友带了一坛美酒来拜访他，陆游非常高兴，准备和好友痛饮一番。可是来访的朋友却说："如果你能不取出酒坛子上的软木塞，不打破酒坛，也不在酒坛上钻孔而能倒美酒，那今天的这一坛酒就由你痛饮；如果不能的话，那就对不起，酒我就抱回去了。"陆游听了朋友的"刁难"，手捻胡须思索着，最后终于想出来了打开酒坛的办法。那么你知道陆游是怎么倒出美酒的？

650 平平捉鸟

平平在捕鸟时，发现一只小鸟飞进一个小洞里躲了起来。小洞很狭窄，手伸不进去，如果用树枝戳的话，又怕会伤害小鸟。你能帮平平想一个简便的办法，把小鸟从洞里捉出来吗？

651 转动的齿轮

一对椭圆齿轮可以很好地啮合转动（一对圆齿轮也可以啮合转动得很好）。但如用一个椭圆和一个圆齿轮配合，能不能很好啮合转动呢？当然这两个齿轮的轴是固定在一定位置上的。

652 大白菜

主持人将一棵白菜放在桌子上，要求猜谜者做一动作，猜一历史名人。大家都在默默地思考着。忽然丁丁拿起白菜，不分青红皂白，劈下许多菜帮子扔在桌子上，然后拿着白菜心前去领奖。有的同学对丁丁的所作所为不满，认为开玩笑也应讲究场合。但没想到，丁丁这个"玩笑"正好猜中谜底。你知道谜底是什么吗？

653 抢30

有一种叫"抢30"的游戏。游戏规则很简单：两个人轮流报数，第一个人从1开始，按顺序报数，他可以只报1，也可以报1、2。第二个人接着第一个人报的数再报下去，但最多也只能报两个数，而且不能一个数都不报。例如，第一个人报的是1，第二个人可报2，也可报2、3；若第一个人报了1、2，则第二个人可报3，也可报3、4。接下来仍由第一个人接着报，如此轮流下去，谁先报到30谁胜。甲很大度，每次都让乙先报，但每次都是甲胜。乙觉得其中肯定有猫儿腻，于是坚持要甲先报，结果几乎每次还是甲胜。你知道甲必胜的策略是什么吗？

654 得分

花花在9次测验中的平均分是17分，如果第十次测验后，她十次的平均分为18分,问最后一次测验他得多少分?

655 错变对

62-63=1是个错误的等式,能不能移动一个数字使得等式成立?移动一个符号让等式成立又应该怎样移呢?

$$62-63=1$$

656 9个空格

将1至9几个数字分别填入9个空格里(每个数只用一次),使得每一行的3个数字组成一个三位数。如果要使第二行的三位数是第一行的2倍,第三行的三位数是第一行的3倍,问应该怎样填?

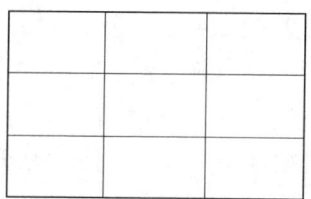

657 一笔两线

用一支铅笔在一张纸上画线,请问,用什么方法可以一次就同时画出两条线?

658 香槟的分法

7个满杯的香槟、7个半杯的香槟和7个空杯,平均分给3个人,该怎么分?

659 面包夹火腿

将面包切成10片,在每片面包里夹一片火腿,如果两片面包里仅能夹一片火腿的话,请问最多可以夹几片火腿?

660 驯犬

住在伦敦的名流A夫人,特地从美国买回来一只长毛牧羊犬的幼犬,为了使这只狗变成世界第一的名犬,她便送它到以训练动物闻名的德国哈根别克大学。一年后,长毛牧羊犬学成后返回夫人身边,没想到它连坐、举手等基本动作都没有学会。根据训练师信中所写,这只狗能够做出主人所下达的命令和动作。夫人为此百思不得其解,请问这是怎么回事?

661 奇怪的选择

有一个人想过河,便大声问渡船上的船夫:"你们中间哪位会游泳的?"话音刚落,马上就有许多船夫应声围上来,只有一个人没有走近来。那个人就问:"喂,你水性好吗?""对不起,我不会游泳。""好,我就坐你的船过河!"请问:那个人为什么要坐这条船过河呢?

662 切去一个角

一个正方形是4个角,切去一个角,

还剩几个角？

663 直线连点

用直线连接三角形的三个端点，只有一种方法，如图1所示。用直线连接正方形的四个端点，有两种不同的方法，如图2和图3所示。图4不是一种新的方法，只是从不同的方向看图3。用直线连接正五边形的五个端点，有4种不同的方法，如图5、图6、图7和图8所示。用直线连接正六边形的六个端点，可能有点出乎你的意料，共有12种不同的方法。你能发现它们吗？注意，从选择的某个端点出发，每个端点必须经过一次，并且只能经过一次，最后仍回到起点。

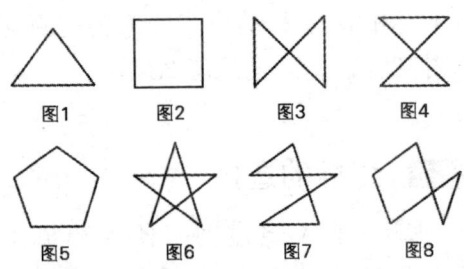

图1　图2　图3　图4
图5　图6　图7　图8

664 心念猜数

甲指着一块手表的表面对乙说："请你在表面上表示小时的12个数字中默认一个数字。现在我手中有一支铅笔，当我的铅笔指着表面上的一个数字，你就在心中默念一个数。我将用铅笔指点表面上的一系列不同的数，你跟随我在心中默念一系列数。注意，你必须从比你默念的数字大1的那个数字默念起，例如，如果你默认的数字是5，你就从6开始念，然后按自然数顺序朝下念，我指表面上的数，你默念心里的数，我显然不知道你心里默念的是什么数，当你念到20时，就喊'停'，这时我手中的铅笔，一定正指着你最初默认的数。"乙认为这是不可能的，因为甲并不能知道自己从哪个数字开始默念。但出乎意料的是，当他按甲所说的操作一遍的时候，甲手中的铅笔正指着他心中默念的那个数字！想想看，甲是如何做到这一点的？

665 药水挥发

一种挥水性药水，原来有一整瓶，第二天挥发后变为原来的1/2瓶；第三天变为第二天的2/3瓶，第四天变为第三天的3/4瓶。问：第几天时药水还剩下1/30瓶？

A. 5天　　　　B. 12天
C. 30天　　　D. 100天。

666 移出乒乓球

乒乓球掉进一个干燥光滑的水杯里，你能想到一个办法，在不接触乒乓球、不碰撞杯子、不用其他任何工具的情况下，就把乒乓球移出来吗？

667 房子变球门

用14根火柴可搭成一间由3个四

边形和2个正三角形组成的房子。现在给你9根火柴,让你改建一个球门,应该怎样做呢?

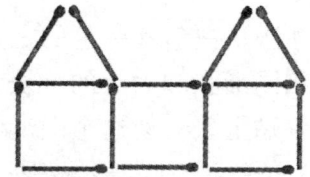

668 完全相同的试卷

考生在绝对不能作弊的考场中进行测验,居然出现了两张完全一样的答卷。如果这不是一种偶然现象,那么你认为在什么情况下会出现这种现象?

669 数字矩阵

观察这个矩阵。你能填上未给出的数字吗?

1	1	1	1
1	3	5	7
1	5	13	25
1	7	25	?

670 站立

两个人一个面向南一个面向北站立着,不允许回头,不允许走动,也不允许照镜子,她们怎样才能看到对方的脸?

671 不变的数字

用8根火柴可排成数字10,其实,用9根火柴也可排成10。仔细想一想其中的奥妙吧。

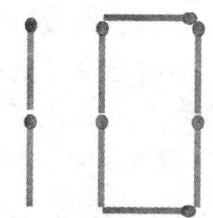

672 哪一个不一样

下面几个图片中,哪一个与其他的不一样?

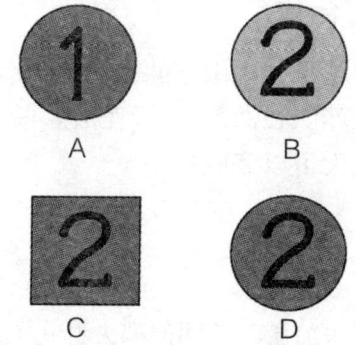

673 少数民族

我国是一个众多民族团结的大家庭,其中人口最多的少数民族是:
A. 朝鲜族 B. 回族 C. 蒙古族 D. 壮族

674 自助就餐

牛牛在自助餐店就餐,他准备挑选3种肉类中的1种肉类,4种蔬菜中的2种不同蔬菜,以及四种点心中的一种点心。若不考虑食物的挑选次序，则他可以有多少种不同选择方法？

675 阮小二吹牛

在黄河的渡口，既没有桥，也没有船。阮小二对时迁说："别看水面这么宽，我上午一气儿横渡了5次呢！"时迁说："游完你就回家了？"阮小二说："那当然了！"时迁说："你吹牛！"阮小二是梁山有名的水中好汉，时迁不是不知道，可是他为什么不相信阮小二呢？

676 合作

一项工程，山东队独做需15天完成，江苏队独做需10天完成。两队合作，几天可以完成？

677 旅游

甲去旅游，乙问他都去哪儿了，他说："海上绿洲，风平浪静；银河渡口，巨轮启动；不冷不热的地方，四季花红。"开始，乙有些摸不着头脑，不知道甲究竟到过哪里。经甲的启发，乙终于猜出了甲到过的6座城市。猜猜看，这是哪6座城市呢？

678 无重力地带

在这地球上，究竟有没有完全无重力的地带呢？倘使有的话，你能明确指出它在什么地方吗？

679 两只小鱼

想办法从白色和黑色的三角形中各剪下相同形状和大小的一块，相互交换位置贴上去，使这个图形看上去真的像两条鱼。应该怎么做呢？

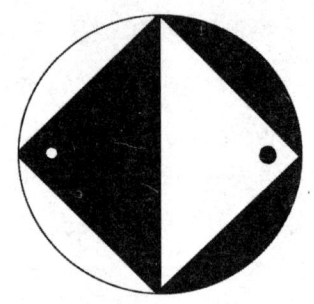

680 变大的正方形

在图中，有相同大小的正方形纸9枚，全部排列成一个大正方形。现在想再加一枚小正方形纸片，以便和原先的9张一同做出一个更大的正方形。纸张可视需要自由裁剪，只是不能有多出来或重叠的部分。你准备怎样做呢？

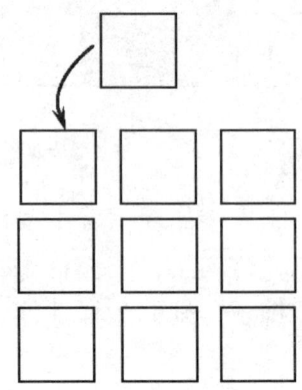

681 菱形叠加

下面是由火柴棒组成的菱形图案,你能每移动2根火柴增加一个菱形,连续5次直到使它变成8个菱形吗?

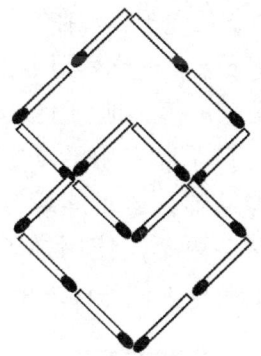

682 只动一点点

如图,请加上一支火柴棒,使两边的式子成立。

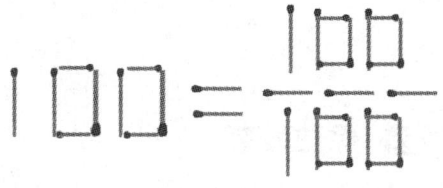

683 推迟鸡叫

诸葛亮小时候拜水镜先生为师,由于学习刻苦用功,又有礼貌,深受先生的喜欢。当时没有时钟,为了掌握时间,水镜先生训练了一只大公鸡,每天按时鸡叫。只要鸡一叫,水镜先生就准时上课、下课。诸葛亮很喜欢听老师讲课。可是每次上课正听得入迷,鸡就叫"下课了"。为了学到更多的东西,诸葛亮想出一个"鬼点子"推迟了鸡叫的时间。诸葛亮是用什么办法让公鸡晚叫一会儿的呢?

684 国际会议

在一次国际会议上,人们发现与会代表中有10人是东欧人,有6人是亚太地区的,会说汉语的有6人。欧美地区的代表占了与会代表总数的2/3以上,而东欧代表占了欧美代表的2/3以上。由此可见,与会代表人数可能是多少?

A.22人 B.21人 C.19人 D.18人。

685 无人乐队

在中国,"卡拉OK"已经成了家喻户晓的娱乐形式,它的原意是"无人乐队"。你知道它最早起源于哪个国家吗?

A.美国 B.意大利 C.韩国 D.日本

686 智取

有个姓陈的穷人有一片果树,树木茂盛,果实满枝。一个财主看中了这片果木,便想把它夺过来。这个财主跑到县衙告了姓陈的穷人一状,并贿赂了县太爷。于是,县太爷派人传讯姓陈的穷人,这人觉得自己肯定要吃亏,心里很着急。当他走到县衙门口,官差盘问他姓名时,他忽然心生一计……

官差通报后,开始审案。县太爷

喊了财主的姓名之后，紧接着又喊："传陈旧上堂！"县太爷一喊，财主竟吓得偷偷地溜走了。这是为什么呢？

687 酒鬼

5个空瓶可以换1瓶啤酒，一个酒鬼一星期内喝了161瓶啤酒，其中有一些是用喝剩下来的空瓶换的。请问：他至少买了多少瓶啤酒？

688 铜锣

这名罗马士兵不幸落入敌人手中。如果他无法解开这个铜锣的秘密，那么，他将成为太阳神的祭品。那么，你能否在铜锣上直切两下，把它分成至少5块儿吗？但是，在切第二下时，不可以把一块儿放在另一块儿上。

689 神通广大

某人头上有一个伤痕，所以他终年戴着顶帽子，而且很少在别人面前把帽子摘下来，但是，每当他去见一个人的时候，他总是乖乖地摘下帽子，你知道谁有这么神通广大吗？

690 空中解绳

如图所示，在高高的天花板挂钩上拴了两条长绳子，现在需要把两条绳子全都解下来。请你攀绳上去，解开绳子，再安全地落到地面上。在攀登时，因只有一只手能自由活动，仅能解开绳，不能结绳，也不能攀缘屋顶和墙壁，当然，更不能使用梯子、棍棒和其他的工具等。你怎样才能下来？

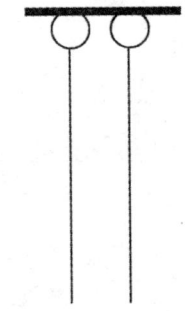

691 保住脑袋

"卖脑袋，卖脑袋！"有个人在街上叫喊。一武将听到十分奇怪，向这个人招了招手，问道："脑袋卖多少钱？"这个人回答说："卖一两。"武将又说："这倒是便宜，我买了。"于是，武将就把他领到后院练功的地方，解下腰刀，吭唷一声，用力砍去。卖头的人立即从屠刀下跳开，随手把一只纸糊的脑袋丢到武将面前。武将说道："我买的是你的脑袋。"那个人回答了一句话就保住了自己的脑袋。你知道他是怎么回答的吗？

692 创意拼音

你能用 17 块面积相同的正方形黑纸块在一张白纸上拼出一个正方形的"口"字吗（纸块不能重叠）？

693 如此坐监

国王视察监狱。他问一名犯人被判处何种徒刑。"终身监禁，陛下！""典狱长！传我的命令，判处他一半终身监禁。"天哪！没有一个人知道应该怎样执行国王的命令。后来有一个聪明的狱吏，想出了一个绝妙的办法。解决了这个难题。你知道这个狱吏是怎样解决的吗？

694 最大的数字

请用一根铁丝，在不折断的条件下，尽可能做出大的数字。

695 东京路标

在阿根廷帕雷尔莫公园内的路标是为世界各地的游客而专门设置的。路标上标有通往世界各主要城市的方向，游客一眼看去就知道自己国家的方向。可是，怎么也找不到标有 TOKYO（东京）的路牌。于是，某日本游客有点抗议似的去询问公园的管理员，但管理员却笑一笑，指了一下路标的柱杆。请问，这是什么意思呢？

696 你让谁上车

在一个暴风雨的深夜，有个小伙子开车路过一个公交车站，看到有 3 个人正在等公共汽车。其中一个是患重病的老人，急需到医院进行救治；一个是医生，曾经救过小伙子的命，小伙子做梦都想报答他；一个是小伙子心仪已久的姑娘，错过此次接触的机会，也许再无机会。但此时车上只能搭载一个人。小伙子该怎么办？

697 灭绝的动物

你是否相信有一种动物已经灭绝了，它所有的后代子孙也已经被杀死了，但这种动物在两年之内又可以重新出现？

698 特制工具

请你设计一个能紧密地穿过厚木板的 3 个小孔（如图所示）的工具。

699 分牛

一个人，把一群牛分给他的儿子

们。给长子的是 1 头牛又牛群余数的 1/7，给次子的是 2 头牛又牛群余数的 1/7，给第三个儿子的是 3 头牛又牛群余数的 1/7，给第四个儿子的是 4 头牛又牛群余数的 1/7，如此类推。他就这样，把整个牛群一头不剩地分配给了他的儿子们。他有几个儿子？有多少头牛？

700 一杯水

用手把装满水的杯子倒转过来，一直拿着，杯中的水也不会洒下来。当然，杯子上没有加盖子，而杯中一定是液态的水，而非冰或水蒸气。请问用什么方法呢？

701 直尺曲线

要画一条如图所示的曲线，不用曲线板，也不用圆规，只用三角板、直尺和铅笔，该如何画呢？

702 得分趣事

50 名同学参加考试，其中一道 12 分的题，全答对的反而没得满分，未全答对的却得了满分（老师阅卷时并未出差错），这是为什么？

703 符号

用 3 根火柴摆出一个符号，要大于 3，小于 4。应该怎么摆？

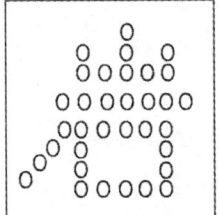

704 三角板画平行线

有一块没有洞的三角板，还有一支铅笔，若用这些工具画平行线，请问该如何画？三角板的使用方式不限，不过三角板一旦摆定位置，不可以再移动。另外，铅笔一次只能画一条线。

705 变小变小

有人用石头排出了下图中的"岩"字。您能不能只拿走其中两个，让它变小呢？

706 一层变双层

如图所示。有一栋一层楼的家，如果要建造成二层楼的家，至少要动到几根火柴？

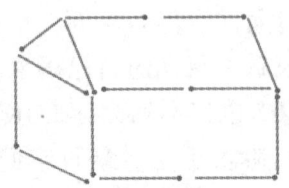

707 棋盘与骑士

将图中的国际象棋棋盘分成4个部分，每个部分的格子数相等，并且使每个部分包含一个骑士。

708 栩栩如生的鹰蛋

在《一千零一夜》的书中有一个故事叫水手辛巴达。一天他被一只老鹰抓到窝里，看到许多老鹰蛋。据说该书中这一故事的插图，是由一位画家画的。那些鹰蛋是只用圆规一次一个画出来的，画得很逼真。请问，他是怎样画出来的呢？

709 巧变"88"

这是用18根火柴组成的图形，请你移动其中的2根火柴，使它变成"88"。

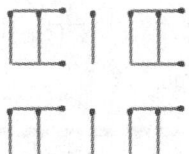

710 特异功能

一天晚上，有个人正在读一本书。此时，突然停电了，房间里漆黑一团。但是这人仍然读得津津有味。这个人有夜视的特异功能？

711 多少块砖

如果下面这个建筑四面都很完整，那么它总共用了多少块砖呢？

712 蜡烛

小张家里经常停电，每停一次，就要用去1支蜡烛，每5个蜡烛头又可再做成1支蜡烛。现在他家里只剩下40个蜡烛头了，用这些蜡烛头再做成蜡烛，可以供几个停电的晚上使用？

713 瓶底的饮料

满满一瓶饮料，怎样才能先喝到瓶底的饮料呢？

714 幻化三角形

准备火柴棒6根，制作成有如高脚杯的形状（如图所示）。然后，请移动3根火柴，使其构成8个三角形，你能办到吗？

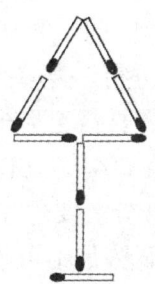

715 让水上升

下图有两个容积都是 10 升的桶，里面各装了 9 升水。现在给你一个盛满了水的水勺（形状如图），勺里的水是 1 升。在不移动水桶的情况下，你能使两桶水都上升到桶口处吗？

716 割据

画 3 条直线将方框分成 6 个部分，要求每部分都含有每种符号各 2 个。

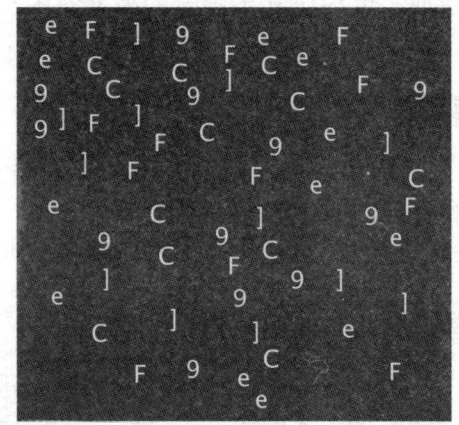

717 另类制胜

在某次篮球比赛中，A 组的甲队与乙队正在进行一场关键性比赛。对甲队来说，需要赢乙队 6 分，才能在小组出线。现在离终场只有 6 秒钟了，但甲队只赢了 2 分。要想在 6 秒钟内再赢乙队 4 分，显然是不可能的了。这时如果你是教练，你肯定不会甘心认输，如果允许你有一次叫停机会，你将给场上的队员出个什么主意，才有可能赢乙队 6 分？

718 滑行路线

1 个男孩为了考验自己的滑冰技巧，滑完所有的白色方块共走了 17 条直线（有些方块重复，但最多只在某处方块上重复了 4 次），没有经过任何黑色方块。请你画出他的滑行路线，起点是黑点，终点在右下角。

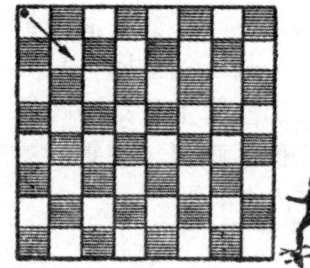

719 镜子迷宫

下图镜子迷宫里的红线条都是双面镜。

通过哪个缺口能指引一束激光穿过这个镜子迷宫？

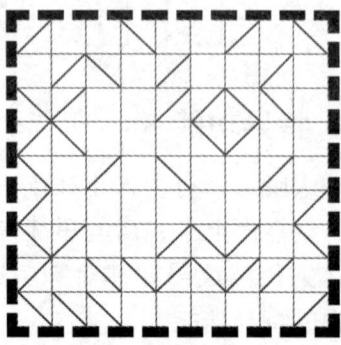

720 上色正方形

如图所示，1个正方形被分成相等的8个区。

如果正方形8个区中的2个区被涂上了颜色，我们称该正方形为"1/4上色正方形"。

如果正方形8个区中的4个区被涂上了颜色，我们称之为"1/2上色正方形"。

请问：

1. 你能够画出6种不同的"1/4上色正方形"吗？

2. 你能够画出13种不同的"1/2上色正方形"吗？

图形的映像和旋转不算作新的图形。

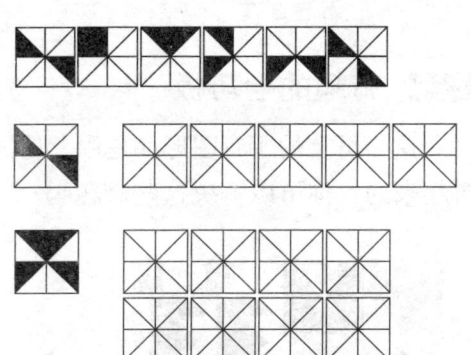

721 七巧板拼多边形

中国两个数学家王甫和熊川证明了用七巧板图片只能拼出13个不同的凸多边形：1个三角形、6个四边形、2个五边形，还有4个六边形。

这13个凸多边形的轮廓在下面已经给出了。

正方形已经拼好，你能用七巧板图片拼出另外12个图形吗？

722 4个三角形

16根火柴组成了8个相同的三角形。你能拿掉4根火柴，使这些三角形只剩下4个吗？注意，不允许有2个三角形共用1条边的情况出现。

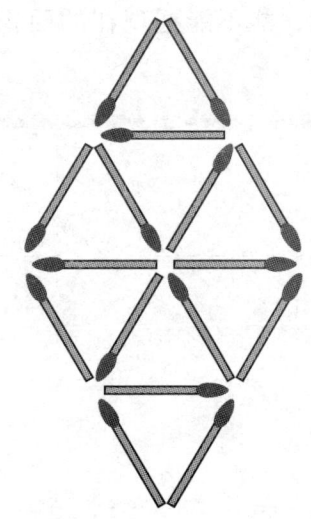

723 燃烧映像

想象这 3 个房间的墙上（包括地板和房顶）都铺满了镜子。房间里一片漆黑。

某个人在最上面的房间里划了一根火柴。那么，右边房间里抽烟斗的人能看到火柴燃烧的映像吗？

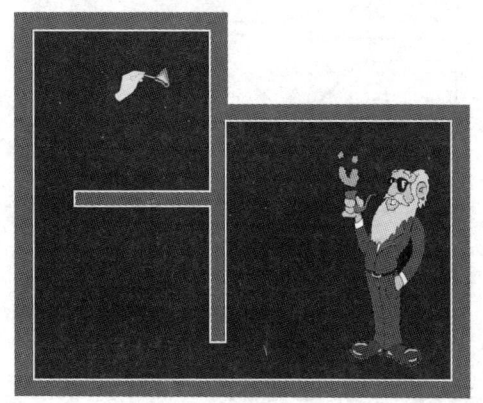

724 面积减少一半

这是 1 个 4×3 的图形，用 12 根火柴确定了 1 个三角形，这个三角形占用了一半的面积。试一试，只移动 4 根火柴，能不能把现在的面积减少一半。

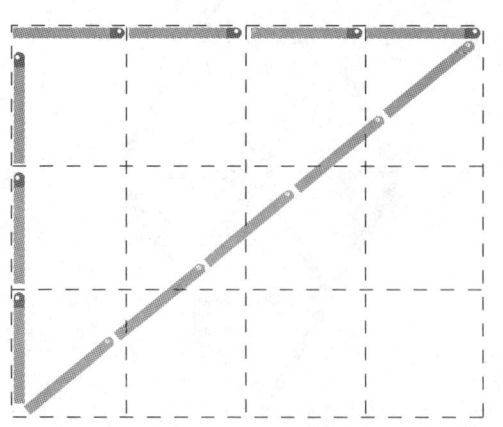

725 八角形迷宫

从起点到终点，你只能沿箭头所指的方向前进。能够带你穿越这座八角形迷宫的路线一共有多少条呢？

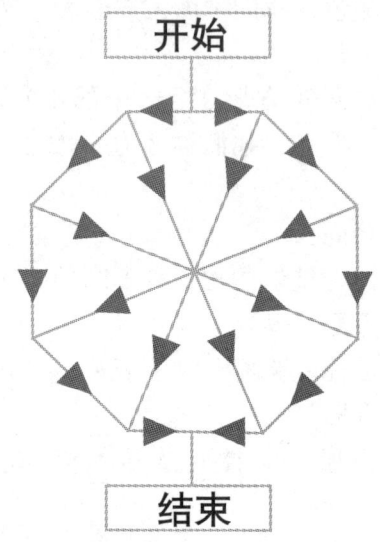

726 有趣的七巧板

这一页上的所有图形都是用七巧板拼起来的。你可以解决这些难题吗？

727 农场

农场主给儿子出了一道题目：在下面的一片大的牧场上对称地竖立起 8 道笔直的栅栏，把它分割成 5 块小的牧场，使每块牧场都畜养 2 头牛、3 头猪和 4 只羊。农场主的儿子应该怎样做呢？

728 三角形拼图

把 1 个正三角形分割成 6 个三角形，它们的角度分别是 30°，60°，90°。我们就得到 1 组图形，它们可以被拼成大量的图形。

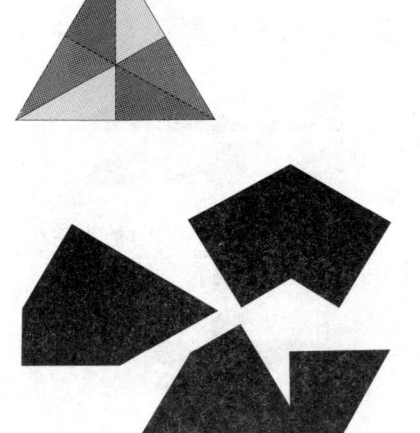

你可以拼出右边这 3 个图形吗？

729 线段连图

在如图所示的各个正方形上分别标注了 1 个起点和 1 个终点，同时在图 1 中一共给出了 13 条不同长度和方向的线段。我们这个游戏的目标就是选择图 1 中的线段把正方形里的起点和终点连接起来，要求用上尽可能多的线段，而且各线段之间不能相交。

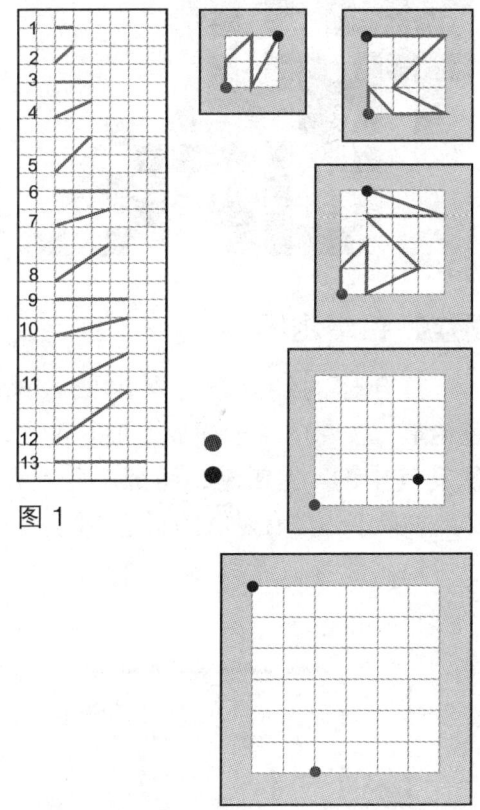

图 1

对于边长为 2，3，4 的正方形，答案已经给出了。现在请你找出边长为 5 和 6 的正方形的最佳答案（也就是用上最多的线段）。

730 拼字母

你能把图 1 正确地分割成碎片并拼出这些英文字母吗?

图 1

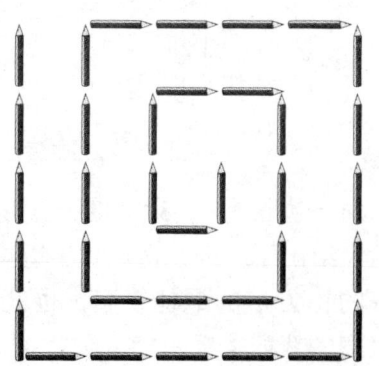

731 铅笔组图

打开你的绘画盒,拿出 35 支彩色铅笔,按图中所示摆成回形。现在,移动其中的 4 支铅笔,组成 3 个正方形。如果手边没有足够的彩色铅笔,你也可以用牙签或者其他一些合适的物体代替。

732 奇怪的电梯

一栋 19 层的大厦,只安装了一部奇怪的电梯,上面只有"上楼"和"下楼"两个按钮。"上楼"按钮可以把乘梯者带上 8 个楼层(如果上面不够 8 个楼层则原地不动),"下楼"的按钮可以把乘梯者带下 11 个楼层(如果下面不够 11 个楼层则原地不动)。用这样的电梯能够走遍所有的楼层吗?

从 1 楼开始,你需要按多少次按钮才能走完所有的楼层呢?你走完这些楼层的顺序又是什么呢?

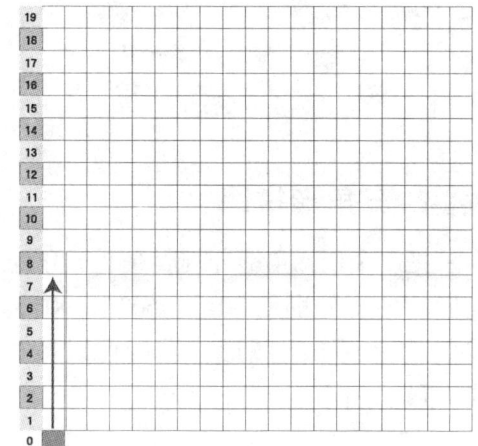

733 拼出五角星

你能用上面的 6 个直角三角形拼出下面的五角星吗?

734 大小梯形

你能把这个梯形剪成更小的形状相同的4个梯形吗?

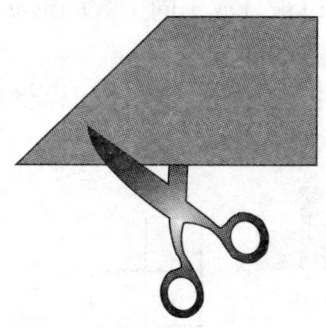

735 组合六角星

你能用这6个三角形拼出1个六角星吗(类似旋转的风车)?

736 心形七巧板

用9片心形七巧板图片拼出这两个黑色剪影。完成题目后,试着继续发明一些图形和题目。

737 闭合多边形

请用6条线画1个闭合的多边形,使多边形的每一条边都跟另一条边相交(交点不是顶点)。右图是1种解法,你还能找到另外的解法吗?

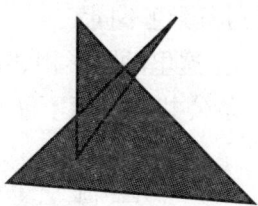

738 构建多边形

请用7条线在白框内画1个闭合的多边形,使多边形的每条边都相交。

739 分割正方形

迪克·赫斯提出了这个问题:你可以用几种方法把1个正方形分割成6个相似的等腰直角三角形?

他找到了27种不同的答案,其中的一些已经列在上面了。你还能找到其他的吗?

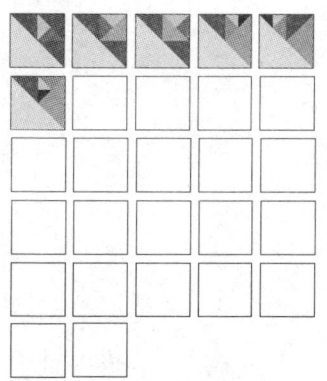

740 上色

现在要给这两个图形分别上色,问至少需要几种颜色才能使相邻的两个图形颜色不同?

这里的图形相邻指两个图形必须有1条公共边,而不能只有1个公共点。

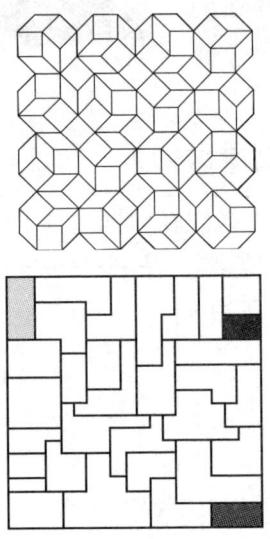

741 4点连出正方形

通过将4个点进行连接,在右边的图形中你总共能制造出多少个正方形呢?(注意:正方形的角必须位于点上。)

742 分割L形

1990年福瑞斯·高波尔提出了这个问题:由3个小正方形组成的L形结构可以被分成不同份数的形状相同、面积相等的部分吗?

依据给出的数字,你可以将它平均分成与数字相等的份数吗?

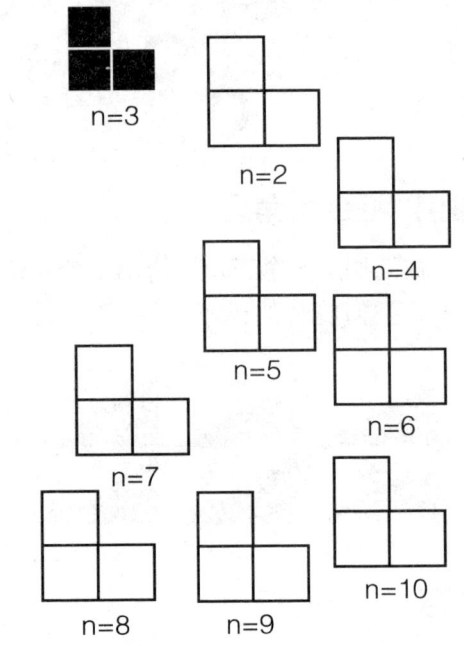

743 填涂图案

用3种不同的颜色填涂这个图案,规则是任意两个相邻区域的颜色不可以相同。

744 建造桥梁

这是风靡日本的游戏之一——建造桥梁。在这个游戏中,每个含有数字的圆圈代表一个小岛。你需要用纵向或横向的桥梁连接每个小岛,形成一条连接所有小岛的通道。桥的数量必须和岛内的数字相等。在两座小岛之间,可能会有两座桥梁连接,但这些桥梁不能横穿小岛或者与其他的桥相交。

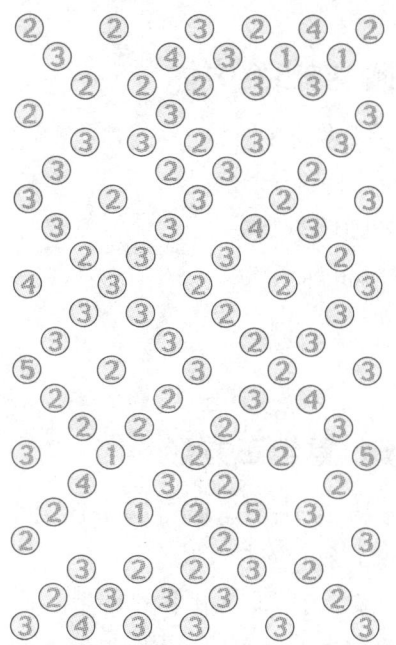

745 复制图案

爱德华·富兰克林的细胞自动机是最早的自动复制的机器之一。被复制的图案的原型如图1。在图1的基础上每一步将按照下面的规则添加或减少格子:

如果格子横向或纵向相邻的红色格子数是偶数,那么该格子下一步为黄色;

如果格子横向或纵向相邻的红色格子数是奇数,那么该格子下一步是红色(下面的图中直观地展现了这一规则)。

请问要使原来的图形被复制至少需要几步?

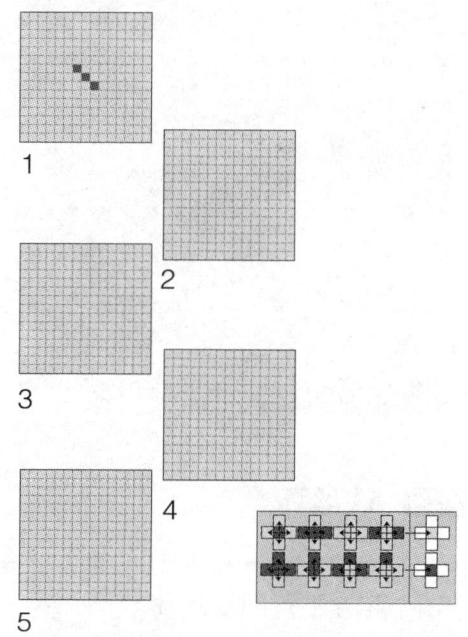

746 增加正方形

下图中的3个正方形分别被分割成4,6,8个较小的正方形,一共18个。

你能加4条直线,使分割所得的正方形达到27个吗?

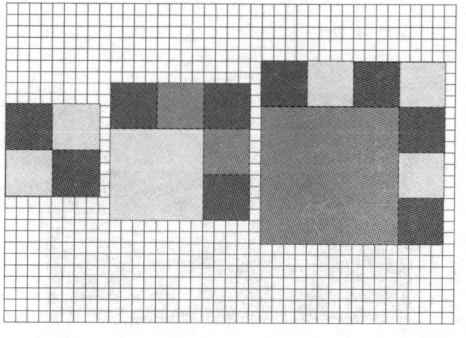

747 直线分符号

画3条直线将右图分成6个部分，每部分都包含6个符号——每种符号各2个。

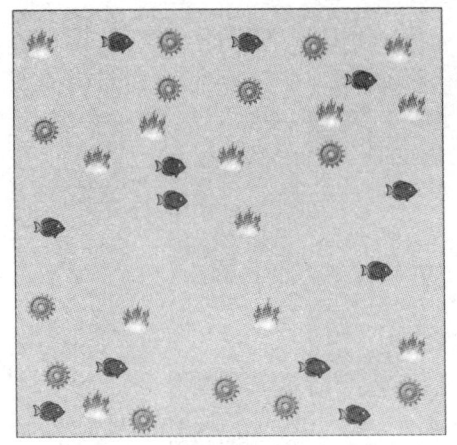

748 铁丝环

如图所示，一根垂直的铁丝上绑了两个相互平行的铁丝环。

请问：如果将这个结构放进肥皂水中，附着在这个结构上的肥皂膜的最小表面积的表面是什么样子的？

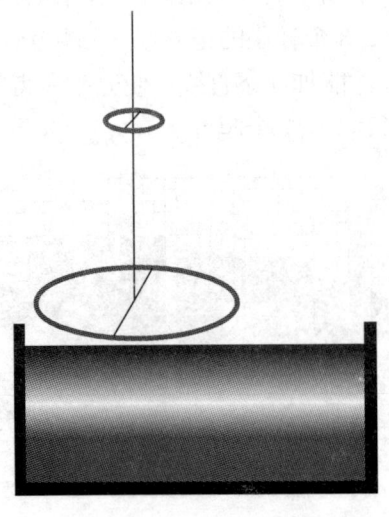

749 覆盖网格

用1×2的长方形多米诺骨牌，你能完全覆盖住下图的网格吗？

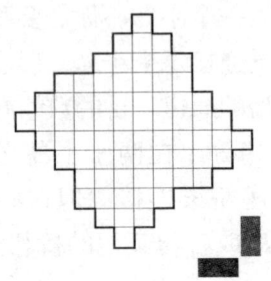

750 变出立方体

只移动3根火柴，将这个图案变成由3个菱形组成的1个立方体。

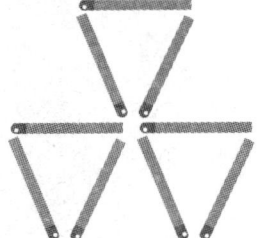

751 重组正方形

从28块多米诺骨牌中选出18块，创造1个六阶拉丁方。

要求在每一水平的行上和每一垂直的列上有6种不同的颜色（图中一共给出7种颜色）。

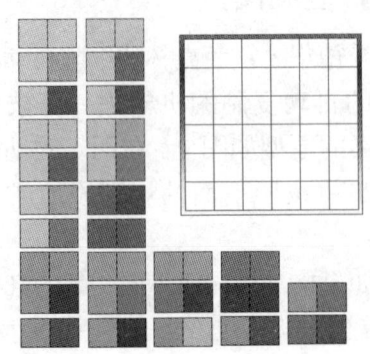

752 埋伏地点

8个士兵必须埋伏在森林中，并且他们每个人都不能看到其他的人。

如图，每个人都可以埋伏在网格中的白色小圆处，通过夜视镜只能看到横向、竖向或斜向直线上的东西。

请你在图中把这8个士兵的埋伏地点标出来。

753 绳子

古埃及的土地勘测员用一条长度为12个单位的绳子构造出了面积为6个单位并有1个直角的三角形，这条绳子被结点分成12个相等的部分。

你可以用这样的绳子做出面积为4个单位的多边形吗？可以把绳子拉开，形成1个有直边的多边形吗？图示已经给出一种解法。你能找到其他的吗？

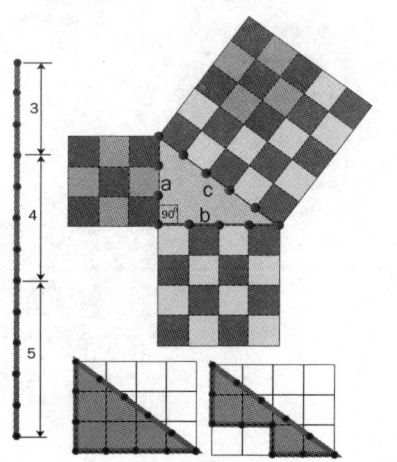

754 移到中心位置

谜题大师约翰·P·库比克为了对自己的能力加以证明，他向人们展示了一张正方形的纸板，在纸板上偏离中心的位置上有一个洞。"通过将这张纸板剪成两半，而且只有两半，并且将这两部分重新拼接，我就能把这个洞移到正方形中心的位置上。"你能想出他是怎么做的吗？

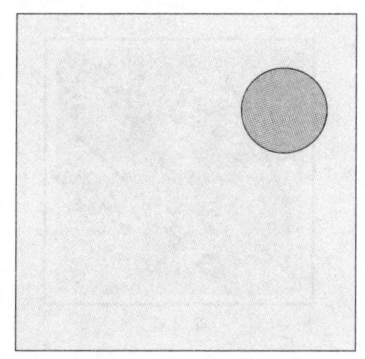

755 小钉板

小钉板可以帮助我们学习和理解多边形的面积关系，在板上用线把各个钉子连起来可以得到不同的多边形。

这里要求在正方形的小钉板上用线连成1个闭合的，并且每两条边都不在同一条直线上的多边形。多边形的每个顶点都必须在板上的钉子上，并且每个钉子只能使用1次。

1. 如图所示的是在1个4×4的小钉板上连成的有9个顶点的多边形，请问你能否在这个板上用线连成1个有16个顶点的多边形，即板上的每个钉子都使用1次，并且满足上面所讲的要求？

2. 请你在从2×2到5×5的小钉板上，用上尽可能多的钉子连成符合要求的多边形。

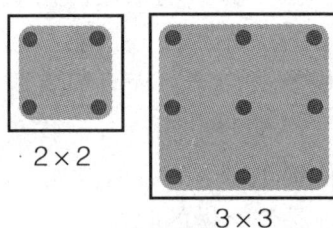

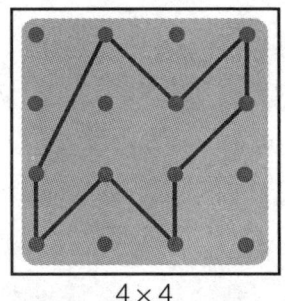

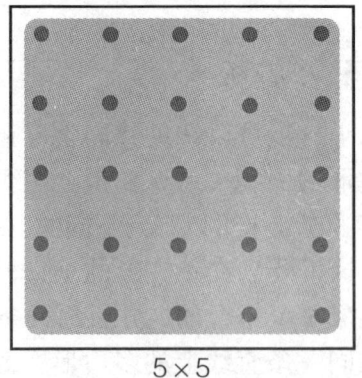

756 三角形钉板

请问你能否在这些三角形的小钉板上，用上尽可能多的钉子，连成1个闭合的，且每个顶点都在钉子上的多边形（每个钉子只能使用1次）？

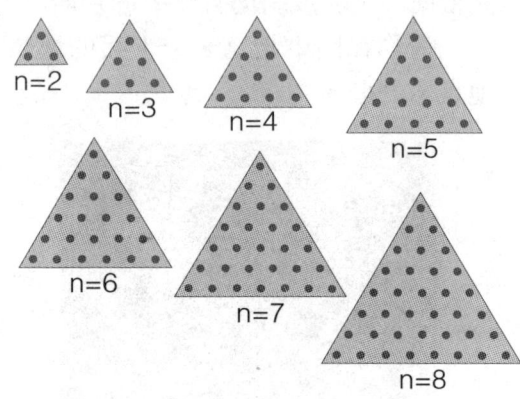

757 正六边形钉板

请问你能否在这些正六边形的小钉板上，用上尽可能多的钉子，连成符合496题要求的多边形？

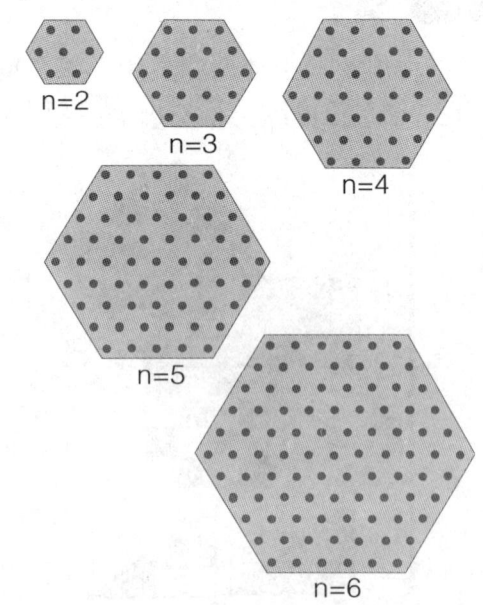

758 折叠纸片

将这幅图复印或者临摹下来,沿着虚线折叠,要求数字按正确顺序排列(即1, 2, 3, 4, 5, 6, 7, 8),一个压着一个,"1"排最前,"8"排最后。数字朝上、朝下或在纸的下面都可以。

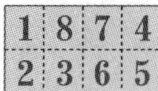

759 分割

用3条直线将这个正方形分成5部分,使得每部分所包含的总值都等于60。

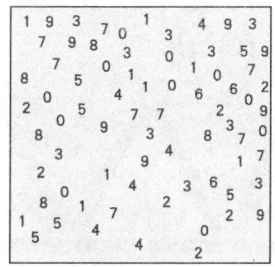

760 连接数字

你能够把上面1~18用曲线从头到尾连接起来吗?曲线之间不能相交。

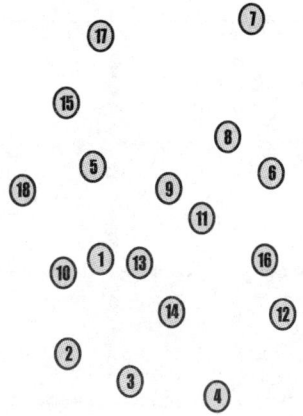

761 连接四边形

在3×3的小钉板上连成四边形,至少有16种连法,你能画出来吗?

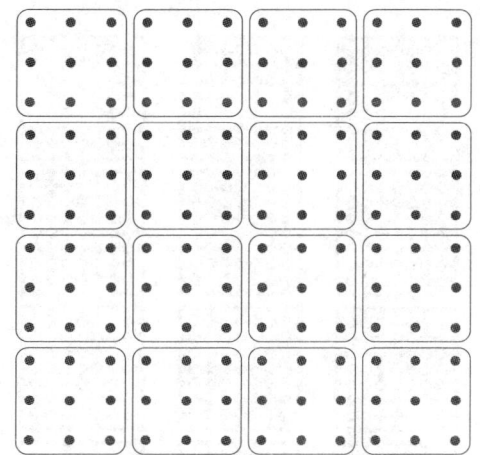

762 4等分钉板

把3×3的小钉板分成面积相等的4块,请你至少找出10种分法。图像的旋转和镜像不算做新的分法。

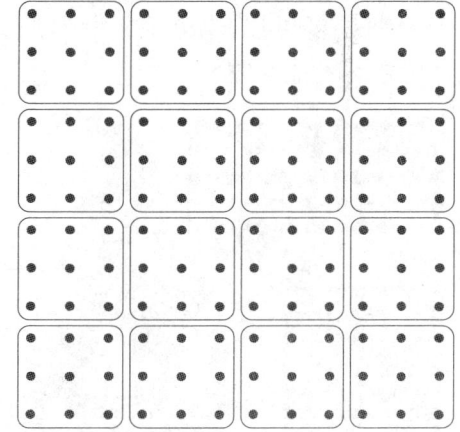

763 摆放皇后

在棋盘上摆放8个皇后,而且这些皇后不能相互攻击,即这8个皇后中的任意两个不能在同一行、同一列或同一对角线上，请问应该如何摆放？

一共有12种不同的摆放方法。你能找出几种？

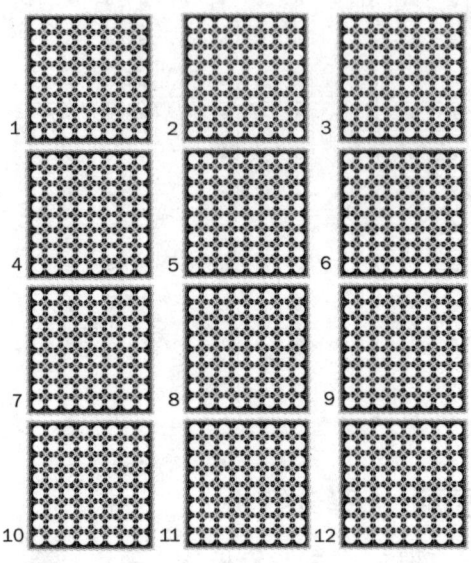

764 多少个皇后

如图所示，在这4种规格的棋盘上，分别最多可以摆放多少个皇后，使皇后之间不能互吃？

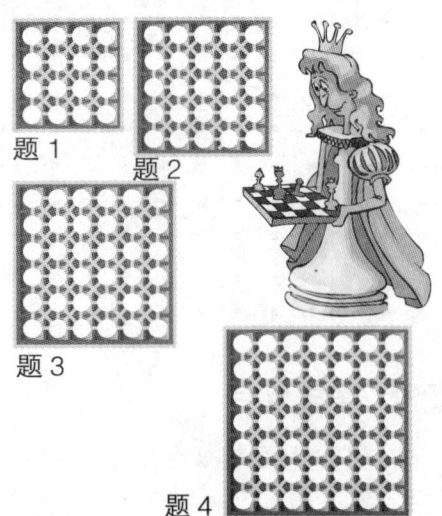

765 画三角形

画1个三角形根本不成问题，但是，A，B和C必须落在每条边的中间。记住规则了吗？

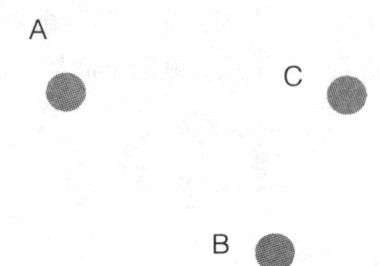

766 图形大变身

只移动2根火柴，拼出4个三角形和3个平行四边形。

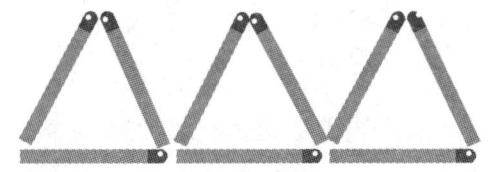

767 奇妙的火柴游戏

你能不能移走6根火柴使得最后只剩下3个正方形呢？

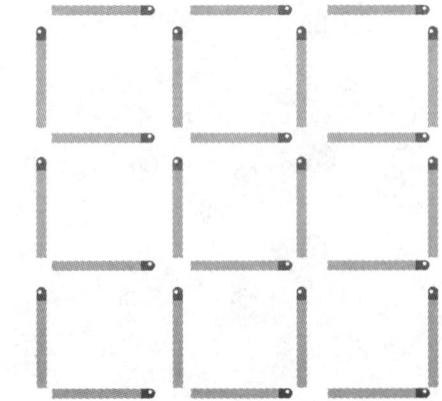

768 分割矩阵

你能沿着这些线条把这个矩阵分成4个部分,每部分里都必须包含1个三角形和1个五角星吗?每部分的形状和尺寸都必须相同,但三角形和五角星的位置可以不同。

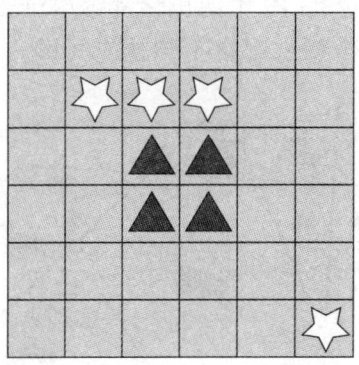

769 国王

如图所示,棋盘上摆放了9个国王,使国王能够进入棋盘上所有剩下的空格,且国王之间不能互吃。

如果把条件变动一下,使国王能够进入棋盘上的所有格子,并且每个国王都会被另外某个国王吃掉,那么最少需要在棋盘上摆放多少个国王?

770 走出棋盘

如果要让皇后走遍棋盘上的所有格子,且每个格子只能进入1次,那么皇后最少要走几步?起点和终点如图,分别为A1和H1。

771 巡游路线

如果要让皇后进行1次回到起点的巡游,且每个格子可以被进入多次,那么皇后最少需要走多少步?起点如图所示。

772 走出迷宫的捷径

从中央的数字"4"开始,按你喜欢的方向走4步,横走、竖走或对角走。到达1个标有数字的方框后,再次按照你喜欢的方向，根据方框内数字所指示的步数走。通过这种方式，你可以找到走出迷宫的路。但是，最后1次移动时，你只能走1步离开迷宫。你的任务就是找到只移动3次就可以走出迷宫的捷径。

774 瓢虫

一共有19个不同大小的瓢虫，其中17个已经被分别放入了上面的图形中，每个瓢虫均在不同的空间里。

现在要求你改变一下图形的摆放方式，使整个图中多出两个空间，从而能够把19个瓢虫全部都放进去，并且每个瓢虫都在不同的空间里。

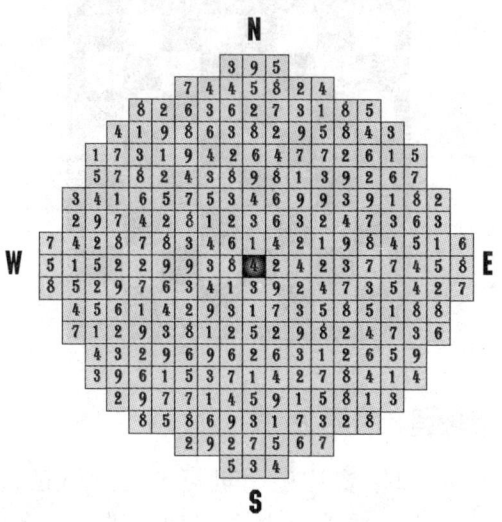

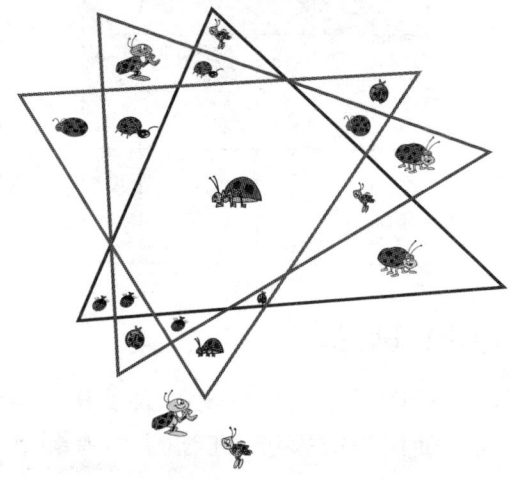

773 皇后巡游

你能否做到让皇后进行1次回到起点的巡游，且棋盘上每个格子只能进入1次，并且巡游的路线所组成的图形有4个对称轴？

775 象巡游

在国际象棋中，象只能斜走，而且只能走1种颜色的格子。

因此如果象的起点是在黑格上，那么它就只能走黑格，只能斜走，格数不限。但即使格数不限，它也不可能不重复进入就走遍所有的黑格。

题1：如果棋盘上任一黑格只能进入1次，那么象进行1次巡游最多能进入多少个格子？图1的路线有6个黑格没有进入，你能做得更好吗？

题2：如果棋盘上的格子允许多

次进入,那么象最少需要几步才能进入所有的黑格?

图 1

776 摆象

在棋盘上最多可以摆放多少个象,使任意 2 个象之间都不能互吃?

右边的棋盘上摆放了 12 个象,请问你还能摆放更多的象吗?

777 正确的等式

如你所见,由火柴拼出的每行内容都是个错误的等式。现在你所面临的挑战就是在每行里只挪动 1 根火柴,使得原来错误的等式变成正确的。

778 车的巡游

车的巡游是指车走遍棋盘上所有的格子,但每个格子只能进入 1 次。

车可以横走和竖走,格数不限,不能斜走。

在下面的这几种情况下请问车最少走几步或最多走几步才能完成巡游?

题 1 和题 2:图中从 A1 到 H7 车走了 30 步。请问最少走几步和最多走几步才能完成这次巡游?

题 3 和题 4:图中从 A1 到 A8 车

题 1 和题 2

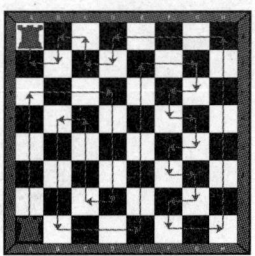

题 3 和题 4

走了 31 步。请问最少走几步和最多走几步才能完成这次巡游？

题 5 和题 6：图中车用 20 步完成了 1 次回到起点的巡游。请问最少走几步和最多走几步才能完成这次巡游？

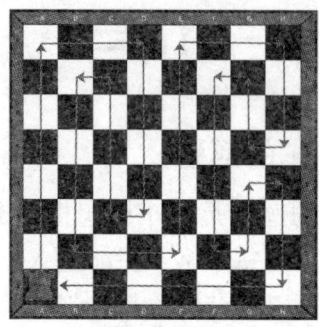

题 5 和题 6

779 不可比的长方形

在数学上，2 个有整数边的长方形，如果它们互相都不能被放进另一个里面（它们的边是平行的），那么我们称它们为不可比的长方形。

下面 7 个长方形互相不可比，而且可以被拼进 1 个最小的长方形。

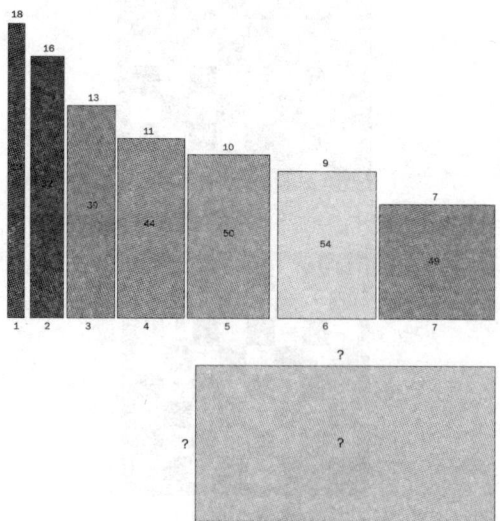

1. 你能确定这个可以由 7 个不可比的长方形拼成的长方形边的比例吗？
2. 你能找到这类的图样吗？

780 连接圆点

只利用 6 条直线，将下边的 16 个点全部连接起来。

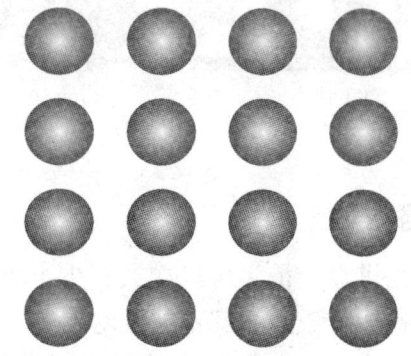

781 8 个三角形

拿一张纸，在上面描绘出这个八边形。然后想一想怎样将这个图形分成 8 个相同的三角形，同时这些三角形还必须能组成 1 个星形。组成的星形要有 8 个尖，中间还有 1 个八角形的孔。

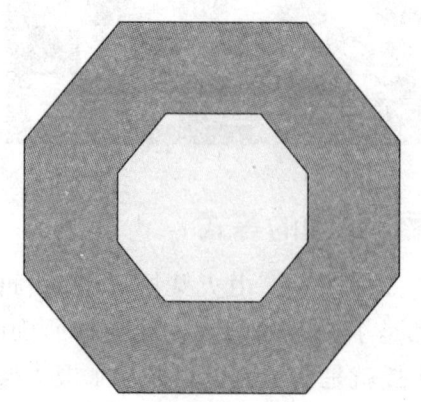

782 切巧克力

要把这块巧克力分成64块相同的部分，你最少需要切几次？

注意：你可以把已经切好的部分放在没有切的巧克力上面。

783 有闭合曲线的十二边形

将下图复制并剪下来，分成15个部分，把它们重新排列拼成1个十二边形，使十二边形表面上形成1条闭合的、曲折的线。

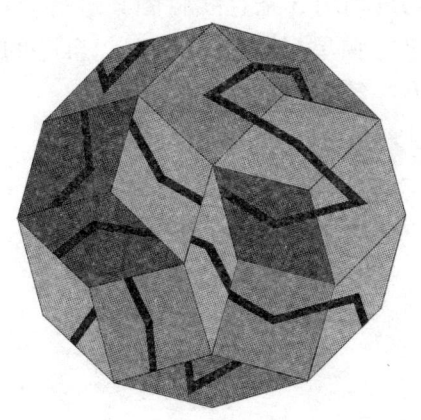

784 构建三角形围栏

用这9块木板做成1个等边三角形的围栏，它们的长度用米表示。（9块木板都必须用上。）

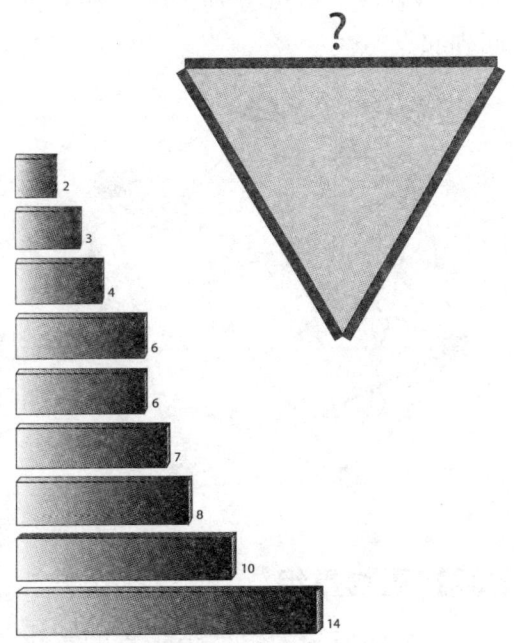

785 哈密尔顿循环

在完全有向的图里每2个顶点之间都有连线，且每条线段都有1个箭头。

对于完全有向的图有个著名的定理，即完全有向图各线段的箭头不论怎么加，总有1条路线——从某个顶点出发，沿着箭头方向通过每个顶点，且每个顶点只经过1次。这样的路线被称为哈密尔敦路线。而如果这条路线能够正好回到起点，那么这条路线就被称为哈密尔敦循环。

根据完全有向定理，哈密尔敦路线在任意完全有向图上都是一定存在

第五章 创造力 | 159

的，而哈密尔敦循环则不一定。

下面是1个有7个顶点的完全有向图。你能够在它里面找到1个哈密尔顿循环吗？也就是说，从起点开始，到达其他每个顶点分别1次，然后再回到起点？

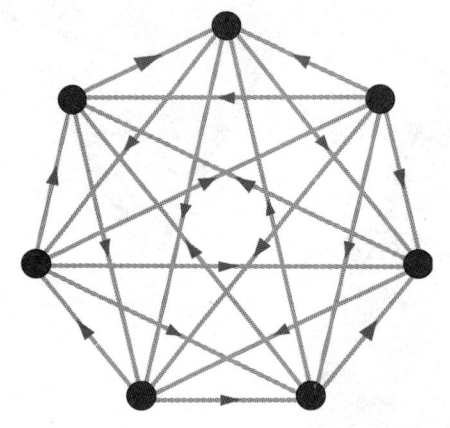

786 重物重组

给如图所示的单位为千克的重物分组，把它们分成3组，使它们的总重量尽可能相等。

如果是3个2千克重的物体和2个3千克重的物体，答案就简单了。但是有9个物体，问题就麻烦了。你可以完成吗？

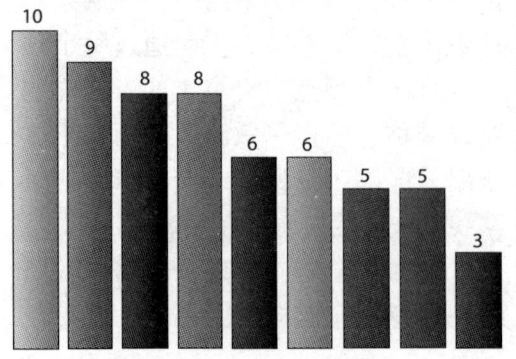

787 分割图表

将图表分成4个相同的形状，并且每部分所包含的数字之和要等于134。

5	7	8	15	4	7	5	6
11	6	9	8	16	12	10	10
7	12	10	12	3	11	6	8
6	7	2	5	7	15	10	
12	15	10	8	5	12	8	7
6	7	11	13	9	6	9	6
9	8	10	6	8	8	1	2
3	6	4	10	10	10	15	15

788 一笔画图

如果有的话，在右边的图形中，哪个不需要横穿或者重复其他线条，一笔就能在纸上画出来。

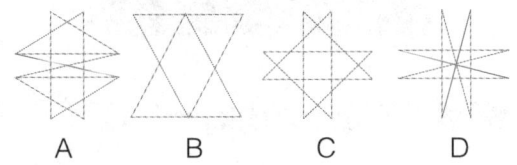

A　　B　　C　　D

789 自己的空间

图中显示了11颗星的分布位置。你能只利用5条直线将图案进行分割，使得每颗星星都有属于它们自己的空间吗？各部分空间不必相等。

790 变少的正方形

试着从下图中拿走4根火柴,留下8个小正方形。

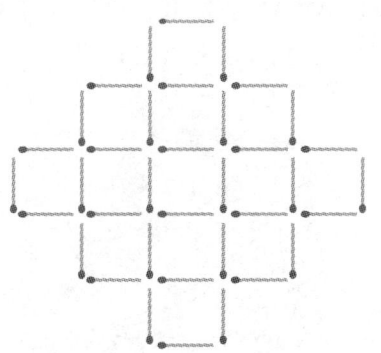

791 火柴游戏

你能否任意移动4根火柴棒,使剩下的火柴棒在顶部、底部两行及左、右两列的总数依旧是9吗?

第2种方法不限制移动火柴的数目,但只有最会曲折思考的横向思维者才能完成。你能吗?

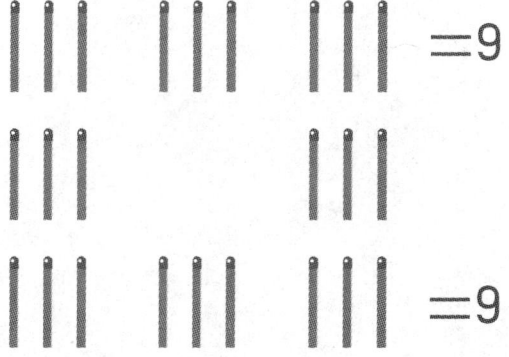

792 等分网格

唉,游乐场关门了。过山车的列车部分已经被卖掉了,现在剩下的只是这一段轨道和护挡框架了。要想把它们移走,必须将右边的图形分成相同的两部分。你能做得到吗?

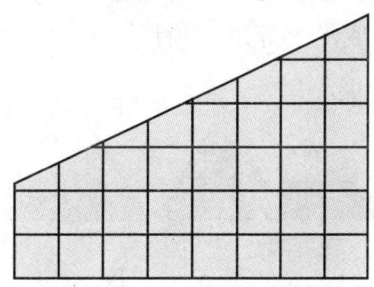

793 作图

根据爱因斯坦的理论,在某些地方,两点之间最短的距离并不是直线!思考一下这样的场景:在太空中,巨大物体的重力场具有相当的强度,而且达到了足以使得这片空间变得歪曲的程度。在这种空间维度已经变得弯曲的环境中,原本由直线所表现出的概念也会发生变化,转而去适应这扭曲空间的框架结构。那么你的思维也随之转向了吗?

右边的图形由一张纸构成,纸上没有哪部分进行过移动或是重新被贴回到适当的位置。你能用剪刀剪几下就做出这个图形来吗?你会找到乐趣的!

794 组成三角形

哪个图形能组成等边三角形呢？在一张纸上复制3个该图形，将它们组合成1个等边三角形。

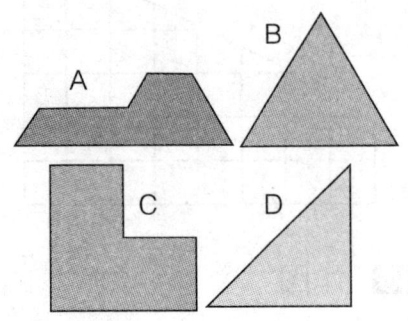

795 LOVE 立方体

这道题的目标是让所有4种颜色（以任何排列顺序）出现在最终的长方棱柱体的每一面上，并且在所有4个面上都拼出"LOVE"这个单词。

复制并裁下制作4个LOVE立方块所需要的图式，解决这道难题。

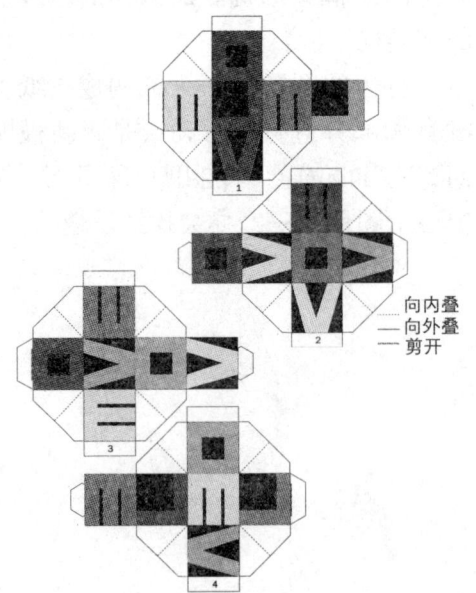

796 组合正方形

下边的图形中有3个组合在一起正好组成1个正方形，是哪3个？

1. A B C　　2. B D E　　3. B C D
4. A D E　　5. A C D

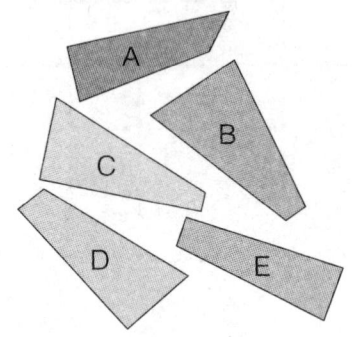

797 滑动链接谜题

在滑动链接谜题中，你需要从纵向或横向连接相邻的点，形成1个独立的没有交叉或分支的环。每个数字代表围绕它的线段数量，没有标数字的点可以被任意几条线段围绕。

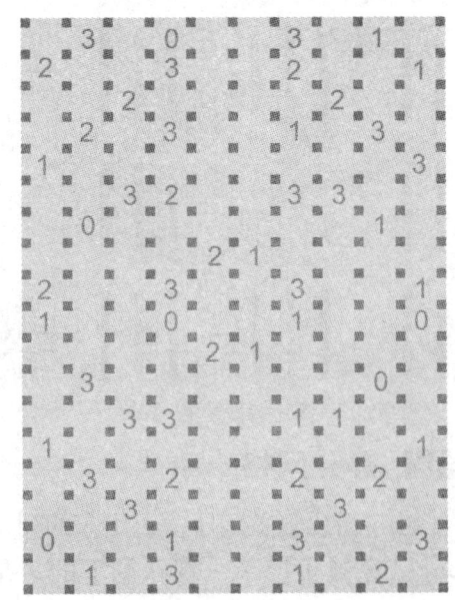

798 有始有终

如图2和图3所示，在2个正方形上分别给出了1个起点和1个终点，图1的方框里一共给出了13条不同长度和方向的线段。

我们这个游戏的目标就是选择图1中的线段把图2和图3中正方形里的起点和终点连接起来，要求用上尽可能多的线段，而且各线段之间不能相交。

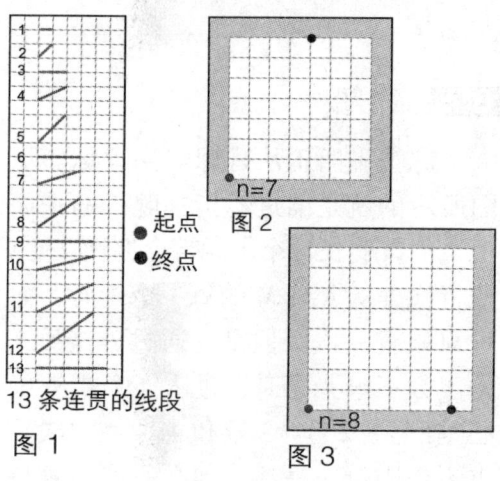

799 正方形里的半圆

把6个半圆拼进正方形边框中。这6个半圆必须在白色区域内。

800 水族馆

如图所示，水族馆里的16个鱼缸按4×4排列，这些鱼缸里一共有4种鱼，每种鱼有4种不同的颜色。现在水族馆的老板想把这些鱼缸摆放得更为美观，使每横行和每竖行分别为4条不同颜色且不同种类的鱼。请问应该怎样摆放？

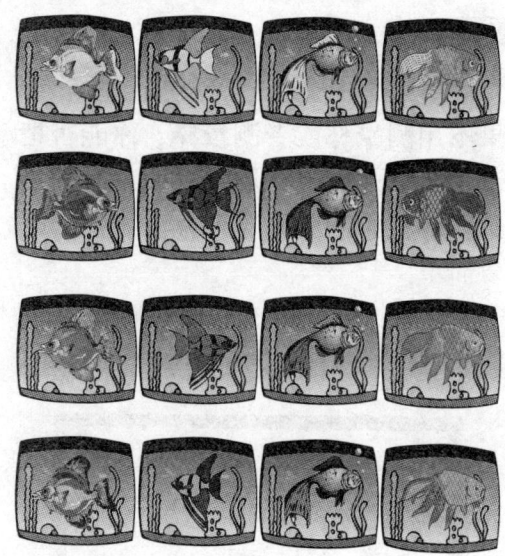

801 数学符号

在下图中每两个数字之间填入数学符号"+、-、×、÷"，使最后的计算结果等于11。

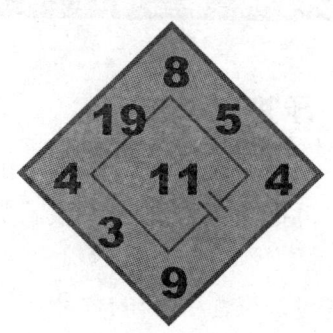

802 麦秆提苏打瓶

这里有一个考验你技术的难题。你必须把一个空苏打水瓶从桌子上拎起来，但是你只能用一只手和一个麦秆。做游戏时，要遵守以下两个规则：不能把麦秆系成结；麦秆不能和瓶子外的任何部分接触。

803 鱼缸

下图中的鱼缸已经注满了水。如果不用测量杯或者测量棒，你能否把水从鱼缸中倒出并使水平面正好处于鱼缸的正中间呢？这个办法比你想得要简单！

注意：这个游戏也可以用一个玻璃杯来进行，这样溅出来的水会比较少。

804 牙签

将8根牙签按照图中所示的样子摆放。再把一个纽扣当作眼睛放在方框内。

这时，突然我们的"牙签"金枪鱼看见了一条鲨鱼！它必须转身逃命。你能否将3根牙签和纽扣移动一下位置，使金枪鱼转到左边呢？

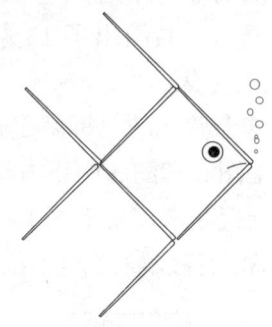

805 飞船

这艘飞船正从月球飞回地球。下图所示的就是前进舱指挥舰板的平面图。伯肯舰长每个小时都会巡视飞船。他将检查从A到M的每一个走廊，而且只检查一次。但是，通过外走廊N的次数不限。同时，进入4个指挥中心（1号、2号、3号和4号）的次数也不受限制。最后，他总是在1号指挥中心结束他的检查。请你把舰长的检查路线展示出来（起点可以从任一指挥中心开始）。

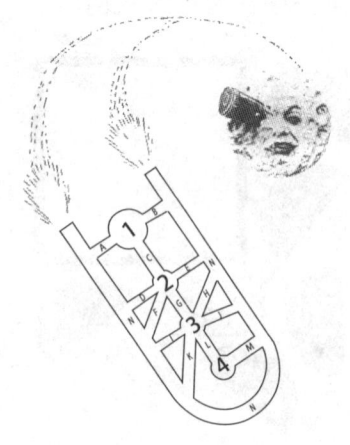

806 杯垫

按照图中的样子在桌子上放 6 个圆形的饮料杯垫。这几个杯垫必须相互紧挨。现在,你必须把它们重新排列,形成一个"完整的"圆,但是你只能移动其中的 3 个杯垫,并且每个杯垫只能移动一次。

807 圆圈

如果你想找出一个圆圈的中心点,那么你只需要一支铅笔以及一张比这个圆圈大的正方形纸板。如何操作呢?这个做起来要比看起来简单!你有 5 分钟的时间寻找解决方法。

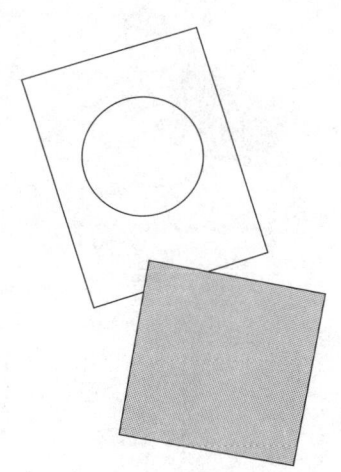

808 X 射线

你先转过身,然后任意请 1 个人把 1 枚硬币正面朝上放在桌子上。接着,让他将一张空白的纸放在硬币上。现在,转回身,并宣称你要运用你的超能力看穿这张不透明的纸,然后读出这枚硬币上面的日期。这枚硬币自始至终都是完全被遮盖的。如果想使游戏更有趣,你可以建议进行下面所介绍的赌注:如果你可以正确读出日期,那么,你将得到这枚硬币;如果你失败的话,那么,对方将得到这枚硬币。

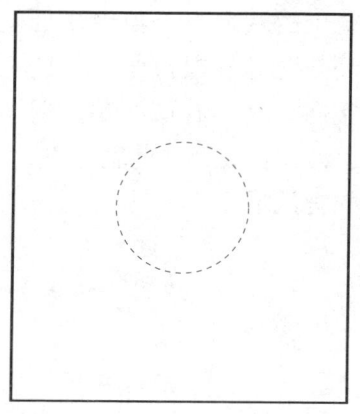

809 警察

在世纪之交,奥拉夫·安德森成为一名小城市的警察。他的任务是巡逻这个城市的 6 个正方形街区。作为一个尽职尽责的警察,他希望在巡逻时找出一条可以一次把所有街区都巡视完的路线。答案中已经给出了他所制定的路线,我们认为那可能是最好的路线。但是,或许也有一条更便捷的路线,所以在查看答案之前请你来试一试。

810 钉子

这个游戏来自一位老木匠。你必须重新排列这6根钉子,并使它们彼此相接触。这个看似简单,但是要注意:也许你在放弃之前就已经"结束"自己的尝试了。

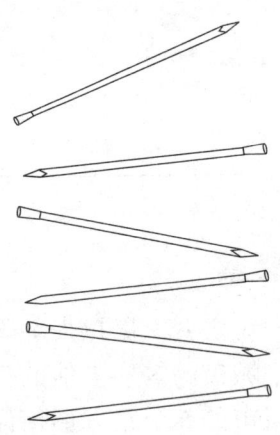

811 徽章

思维游戏起源于3000多年前的尼罗河流域。这里,我们关注的是那些石匠们正在抛光的智慧之神斯塔姆尤莫斯特的头像。他的头盔上的徽章就是有记载的最早的直线思维游戏。要解决这个题,你必须用一笔把这个装饰有宝石的徽章画下来。在画的过程中,你既不可以把铅笔从纸上抬起来,也不可以使线条交叉在一起。

812 盘子

图中所示的那个人正是19世纪90年代著名的盘子旋转大师约翰·马斯基林。他可以同时使6个盘子和1个

脸盆旋转 5 分多钟。现在，他有一个关于盘子的游戏等着你。他向你提出挑战：看谁能将盘子的中心点稳稳当当地放在针尖上，而这根针插在瓶口的瓶塞上。你可以利用 4 个叉子和 2 个瓶塞来完成这个看似不可能完成的表演。如果你能够正确使用，你就可以与马斯基林先生不相上下。把盘子平稳地放在针尖上后，就可以开始旋转这个盘子了。

813 火柴

阿布丝诺·隆戈兹是这个游戏的改进者，现在他又开始玩这个游戏了。那么，你是否可以在可怜的贝提伯尔尼先生掏钱包之前完成这个很难的思维游戏呢？

"午餐真是好极了，贝提伯尔尼先生。那么，我们来打个赌看谁付账，好吗？我敢打赌你不可能在桌子上把 15 根火柴摆成 8 个大小完全相同的正方形。所有的火柴都不可以重叠或者折断，同时，正方形里面不允许存在别的正方形。"

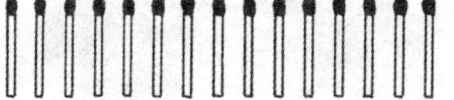

814 国际象棋

下图中的米莉·赛克斯是谦逊主教国际象棋俱乐部的女服务员。她正在思考昨晚那个把所有人都难住的思维游戏。把皇后放在正方形棋盘上的一个角（如上图所示），你能否只走 4 步就可以使它经过棋盘左上角的全部 9 个方格呢？在你移动每一步棋时，你可以穿过任意多个方格，但是只能朝着一个方向移动。现在，试试看你能否在 5 分钟内把这个难题解答出来。

815 置换

罗索姆·乔治虽然努力解题但仍无法得到答案，我们来帮帮他吧。将 2 枚 1 分硬币放在 1 号和 2 号位置，然后把 2 枚 1 角硬币放在 8 号和 10 号位置。我们只能通过 18 步把这 4 枚硬币交换位置。在移动硬币时，要遵循下面的规则：你一次可以将一枚硬币移动到任意一条直线上的任何一个带数字的圆圈之内；相同的硬币不能在某条直线上移动2次；不允许1分硬币和1角硬币同时停止在同一条直线上。以上就是规则。你有15分钟的时间来解答这个题。

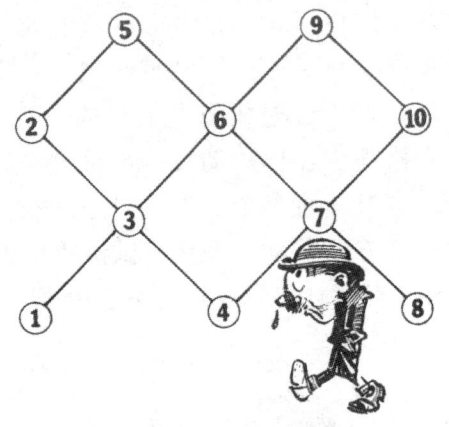

816 蜂箱

下图中的蜜蜂正在设法将蜂箱中从1到14这几个数字重新排列。它们要使相邻的两个蜂房内的数字彼此不连续；同时，排列完之后，任意一个数字都不能与可以整除它的数字相邻（数字1排除在外）。

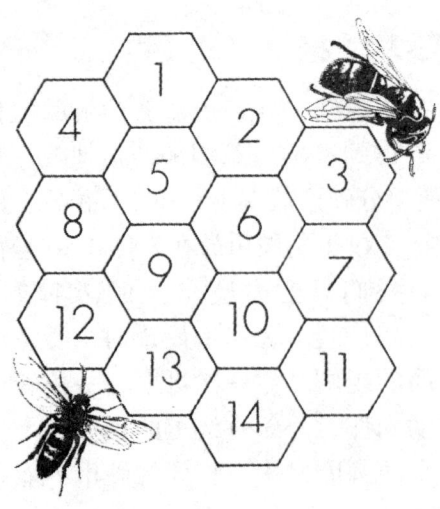

817 城堡

下图是山上城堡的布局图。城堡各个岗哨都用字母标注出来了，从图中可以看出所有的岗哨都与通道相连接。如果警察想一次检查完所有的岗哨并且最终回到出发点的话，那么，应该走什么路线呢？

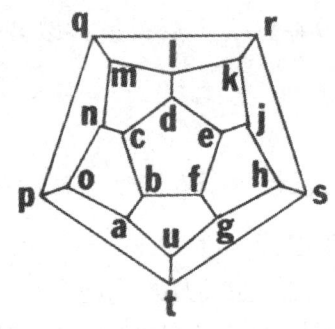

818 纸片

在电视机还没有出现前，晚上当人们围坐在餐桌前闲聊时，思维游戏就成了甜点之后最流行的娱乐方式。这里所说的就是"剪刀手"赛明顿向人们炫耀的三角题。他手里拿着一张等边三角形的纸，然后将它剪成5块；他随后把这些小块组成4个小的等边三角形（并不是所有的纸块儿在组成三角形时都会用上）。所有5个纸块儿都是三角形。你知道他是怎么剪的吗？

第六章

分析力

819 安全的名画

有一座专门收藏世界名画的美术馆，替每张画都投了巨额保险以防万一失窃，但是只有一幅画完全没有投盗窃险。那是非常有名的画家所画的一幅画，也是美术馆数一数二的热门展示品，为什么没有投保呢？

820 一剪成形

复制下面图形制成游戏卡，准备一把剪刀，对原图形剪两刀，拼成一个正方形。

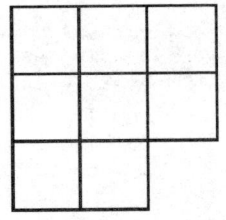

821 花坛有多大

花坛可以划分为边长 1 米的方块。阴影部分郁金香绽放，试求其面积。

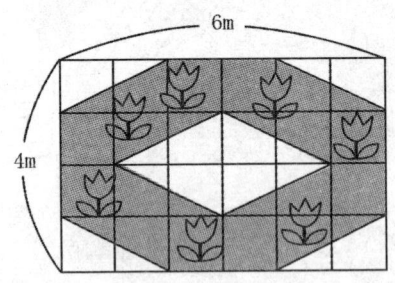

822 不被承认的彩票

詹姆斯因为严重的心脏病被送进了医院。在收詹姆斯入院的时候，负责照顾他的护士发现他口袋里有几张赌马的彩票。护士认为，詹姆斯康复之前不应该接触彩票，就代他保管起来。因为她认为，彩票会产生一种心理压力，不利于詹姆斯的身体恢复。詹姆斯做完手术休息了两周后，护士给他送来了日报以及他的彩票和钱包。对照着报纸和第一张彩票，詹姆斯发现他押的第一匹马以 50∶1 赢了，而他在这匹马上押了 50 美元。离开医院后，他马上就打电话，要拿到自己赢得的 2500 美元奖金。但是，对方拒绝支付这笔奖金。你知道为什么吗？

823 字母变小

如图所示，排列火柴棒组成英文字"E"。有人说加一根火柴棒可以把"E"变小，他是如何做到的？

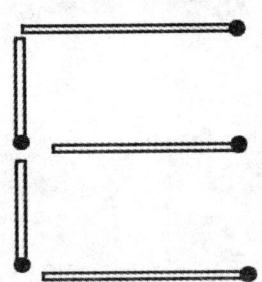

824 妙招

北方某航道管理局小王提出一个提前通航的计划。领导说："河道被冰封住，如何提前通航？难道要造艘破冰船？"小王说："我这个计划靠太阳光！"想一想，小王提出什么办法能使河道提早通航？

825 六角迷宫

托米要去森林采草莓,你能帮他穿过六角森林吗?

826 一笔画五环

你可以用一笔画出五环奥运会标吗?

827 五棵松

请你移动4根火柴,把它拼成5棵大小相同的松树。

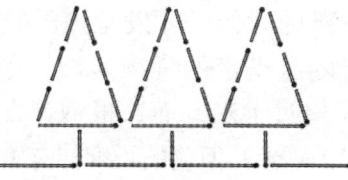

828 出征

据说,古希腊哲学家泰勒斯曾经做过吕底亚王克劳苏部下的一名士兵。一次,吕底亚王率部出征,来到一条河边。由于河水较深且湍急,又没有桥梁与渡船,吕底亚王无可奈何地望河兴叹。正当吕底亚王无奈之际,泰勒斯献了一条计策,使大部队在一无桥梁、二无渡船的情况下,顺利地渡过了河。泰勒斯献了一条什么计策?

829 穿越山谷

站在左侧悬崖上的牛仔要想越过山谷到对面的悬崖上,需要怎么做?

830 遗嘱纠纷

有个人临终时立下遗嘱,死后家产平分给两个儿子。其人死后,舅舅按遗嘱平分家产。兄弟二人都疑心舅舅偏心,使对方分得家产比较多,因而吵嚷至官府。县官听了二人的申诉后,沉思了一会便圆满地解决了这场纠纷,同时还使兄弟二人心悦诚服。这位县官是如何解决这场纠纷的?

831 变化无穷

用18根火柴组成9个全等的三角形，如果分别拿掉1、2……5根，就会依次变成8、7……4个全等的三角形。开动你的大脑，发挥你的想象，你肯定能做到！

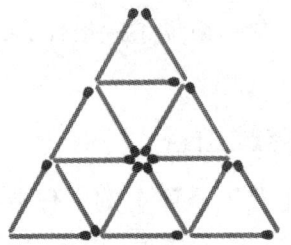

832 酒鬼有几个

一群酒徒聚在一起要比酒量。先上一瓶，各人平分。这酒真厉害，一瓶喝下来，当场就倒了几个。于是再来一瓶，在余下的人中平分，结果又有人倒下。现在能坚持的人虽已很少，但总要决出个雌雄来。于是又来一瓶，还是平分。这下总算有了结果，全倒了。只听见最后倒下的酒徒中有人咕哝道："嗨，我正好喝了一瓶。"你知道一共有多少个酒徒在一起比酒量吗？

833 按时归队

有3个士兵请假出去玩，但按规定他们必须在晚上11点赶回去。他们玩得太高兴了以至于忘记了时间。当发现的时候，已经是10点过8分。他们离兵营有10公里的距离。如果跑着回去需要1小时30分，如果骑自行车回去要30分钟。但他们只有一辆自行车，并且自行车只能带上一个人，所以必须有一个人要跑。那么，他们能及时赶回去吗？

834 错误在哪里

做事情不认真，不负责任，就会弄出很多错误。有人说，这一问题上就有4处错误。请问，错误在什么地方呢？

835 视图

下图是一个立方体从三个方向看的视图效果，请问黑面的对面是什么样子的？

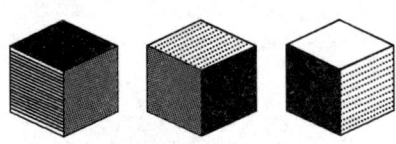

836 妙运钢管

一次，一位工程师到国外去考察，回国时随身带了一根由特殊工艺制成的钢管，因为它正是国内的研究和试验所必需的东西。可直到工程师即将登上飞机的时候，才发觉该国航空公司规定随身携带的货物其长、宽、高都不准超过1米，而这根钢管直径虽然只有2厘米，但它的长度却有1.7米，是不允许被带到飞机上的物品。这可怎么办呢？工程师着急了。眼看着飞机就要起飞了，工程师突然想到了一条妙计,并很快顺利地把这根钢管带到飞机上,而且既没有损坏钢管,又没有违反航空公司的有关规定。这位工程师想到了一条什么样的妙计呢?

837 巧挪硬币

把 8 枚硬币排放在桌子上,横的 5 枚,竖的 4 枚,如图所示。如果只允许移动一枚,看怎样使横着和竖着的都是 5 枚。

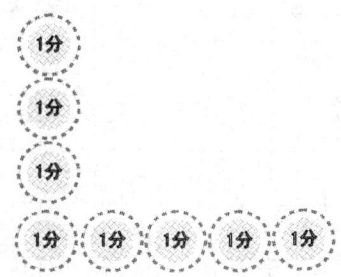

838 不同的耗油量

有一个英国人喜欢收集汽车,他被邀请到美国的一次车展上展览他其中的一辆车。他发现在美国每加仑汽油跑的英里数要比在英国少。你能解释其中的原因吗?注:汽油来自同一家石油公司,无论是长途还是短途他都试过车,这种问题和道路上的斜坡没有关系,这种问题和空气的湿度没有关系。

839 聪明搬动

这是一座小型公寓的平面图,里面放着不少家具:办公室、钢琴、床、沙发和书橱。只有 2 号房间暂时没有放家具。租用这座公寓的房客想把钢琴和书橱对调一下位置,但房子太小了,任何一个房间都不能同时容纳两件家具。幸亏有工人帮忙,可以把家具从一个房间移到另一个房间,这样依次移动下去,最后总能解决这个难题的。但是,怎样做才能用最少的搬动次数来达到钢琴和书橱互相换位的目的呢?

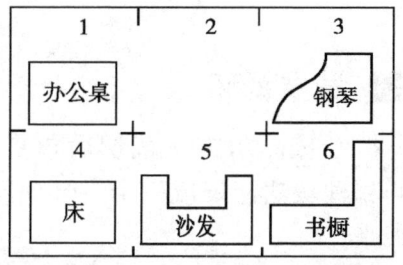

840 产量

某工厂 6 月份比上月增产 10%,七月份比上月却减产 10%。请问,7 月份的产量比 5 月份的产量多还是少?

841 中间的绳子

如图所示,地面并排立着白色和黑色的木杆。有个人用一条细绳拴住两根白木杆,那条绳子却不会碰到黑木杆,也不会松脱。到底为什么呢?

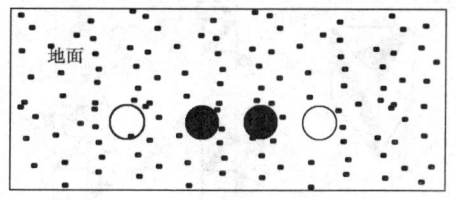

842 是否相等

在一次数学课上，张老师问同学："有两条汽船，往返于甲、乙两地，假如船的速度一样，那么在静水中往返一次所费的时间和在有流速的水中往返一次所费的时间是否相等？"有的同学说一定相等，因为有流速的水中，顺水的速度和逆水的速度刚好抵消了，所以等于静水的速度；有的同学说不相等。试问，到底相不相等？

843 裁展纸环

把纸按图示方法裁切后再展开。请问哪种裁法能展成一个大环而不浪费纸张？

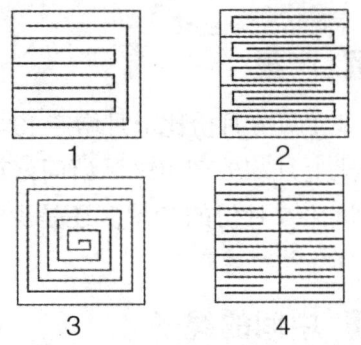

844 三棱柱

下面4个图中哪一个图形是图的展开图。

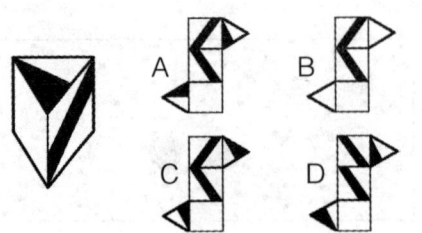

845 财主分田

从前有一位地主有4块土地，地上种有5种不同的庄稼，现在他要把土地平均分给4个儿子，为了公平他要把4块地分成形状一样并都种有这5种庄稼，他该怎么分配呢？

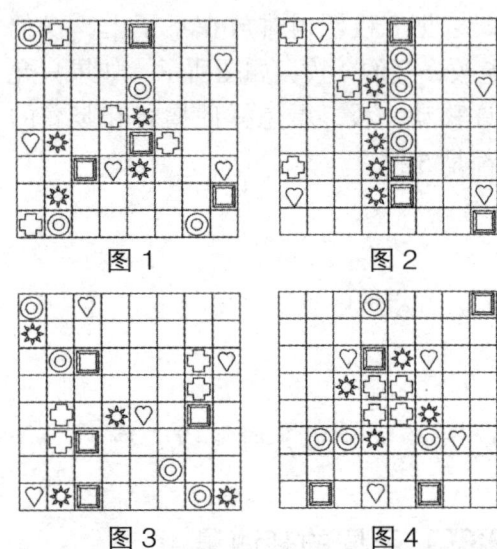

图1　　　图2

图3　　　图4

846 死里逃生

如图，两个人质的手腕连在一起。他们剪不断绳子，也解不开绳结，但他们却逃了出来，他们是怎么办到的？

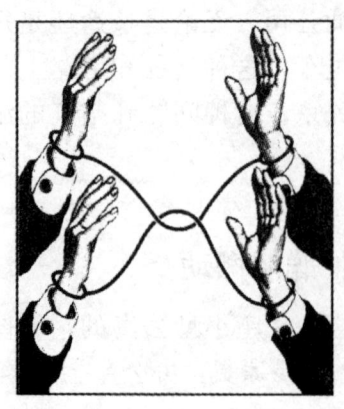

847 心愿难了

现在住在美国的日本移民，尽管家族有那样的愿望，但是也不能埋葬在美国的土地上。为什么？

848 方格挪球

在一场智力竞赛中，王亮和刘光在前几轮的比赛中得分一样高。但冠军的奖品只有一份，他们两人中只能有一个人夺冠。于是在最后的一道题面前，两个人都暗暗下决心胜过对方。最后一题是这样的：在一个方格里有4个小球，要求在这4个球的横、竖、斜3个方向上不能同时有两个球。如下图所示，图中的球因为在点线所示的斜线上有两个球，不能算是合格。王亮一看题，急得满头大汗也想不出来。刘光却保持冷静，最终想出了办法，拿到了冠军。你知道刘光用的是什么方法吗？

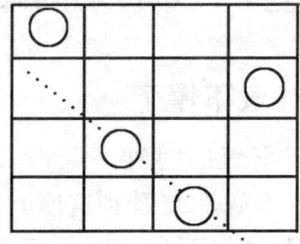

849 问路

一位行人问寓言作家伊索："请问，到最近的村子还得走多长时间？"

伊索说："你就走吧！"

行人说："我知道走，但请你告诉我需要多长时间？"

伊索说："你就走吧！"

行人想，这个人可能是个疯子，于是继续向前赶路。

过了一会儿，伊索大声对他喊道："再过一小时你就到了！"

行人回头大声问："为什么刚才你不告诉我呢？"

是呀，伊索为什么刚才不告诉他，而要过一会儿才告诉他呢？

你知道这是为什么吗？

850 哪边的灯亮

甲和乙在讨论一幅图，甲说左边的路灯亮着，乙则说右边的路灯亮着，你说到底是哪边的路灯亮着？

851 杯中取币

有一次，国王把一块金币和一块稍大的银币放在葡萄酒中（如图所示），对囚犯说："你们谁能不用手或其他工具，从杯中取出金币，我就给谁自由。"请想想，有什么好办法没有？

852 星球

机器猫说："在一个星球上，当你扔出一块石头后，它只在空中飞一小段距离后就停顿在半空中，再向你的方向飞回来，当然它绝不是碰到了什么东西被弹回来。"你知道机器猫说的是哪个星球吗？

853 切割马蹄

你能否只用2刀就将这个马蹄形切成6块？

854 降妖魔圈

有一天，唐僧师徒四人来到十魔山，被眼前的10个妖怪挡住了去路，孙悟空、沙僧和猪八戒奋力拼杀，最后还是以失败而告终。这时，土地公公告诉孙悟空，只要你能用金箍棒在大圆圈中画出三个一样大的圆圈，这

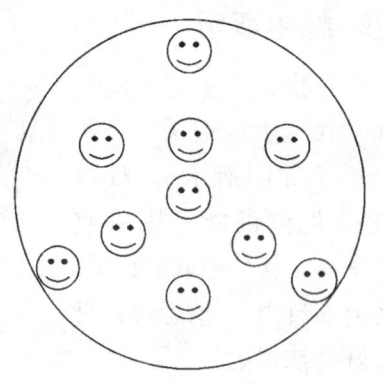

三个圆圈要把他们10个妖怪一个一个地分开，你就可以打败他们了。孙悟空聪明一世糊涂一时，抓破了头皮也没有想出办法来，你有办法吗？

855 图形数字

请观察各图形与它下面各数间的关系，然后在问号处填上一个适当的数。

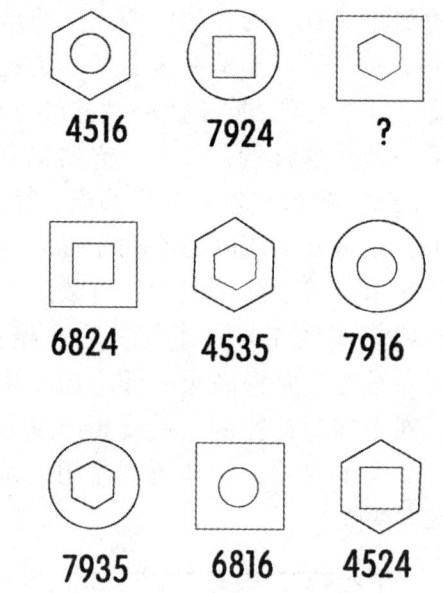

856 钟表不慢了

索妮家里的时钟一天慢一小时。有一天，索妮朋友看到这座时钟，他说："从现在起不会再慢了。"索妮在这段时间并没有去碰这座时钟，这是怎么一回事？

857 枪战胜算

3个人面临着一场决斗。他们站

着的位置正好构成了一个三角形。其中枪神百发百中；枪圣3枪命中2枪；只有小猎手枪法最差，只能保证3枪命中1枪。现在3人要轮流射击，小猎手先开枪，枪神最后开枪。如果你是小猎手，怎样做才能胜算最大呢？

858 拍照

外出旅游时，A先生特意买了一架照相机。可照相他是外行，只得托朋友按照中午晴天无云的条件对好光圈。奇怪的是，在一个晴朗的中午所拍的照片，却颜色灰暗，好像黄昏时分的颜色。这是为什么？

859 巧套纸靴

如图，一个方框和一双连在一起的纸靴以及一个小圆环。圆环的内径比方框的边宽略大一些，而连接纸靴的纸条长度超过方框边宽的2倍。想想看，怎样才能把纸靴和圆环套到方框上去（不能把纸靴折细后由圆环内径穿过再套上去）？

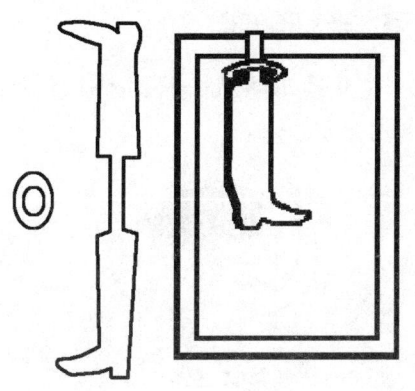

860 谁对

接在电路上的整根铁丝已经热了。这时冷水滴在铁丝的左端，那么，铁丝右端的温度和刚才

相比，会有什么变化？甲说："右端的比刚才要冷！"乙说："哪里的话，右端比刚才更热！"丙说："右端温度始终不变。"你认为谁说得对呢？

861 筷子搭桥

3根竹筷3个碗，每两个碗之间的距离都大于筷子的长度，3个碗之间怎样才能用筷子连起来？

862 书虫啃书

书架上并排放着2本线装古书，这两本书的厚度都是2.5厘米，封面和封底的厚度也都是1.5毫米。有一只书虫钻进了书中，它从上册的封面开始啃书，一直啃到下册的封底。你能计算出这只书虫啃了多少厚度的书吗？

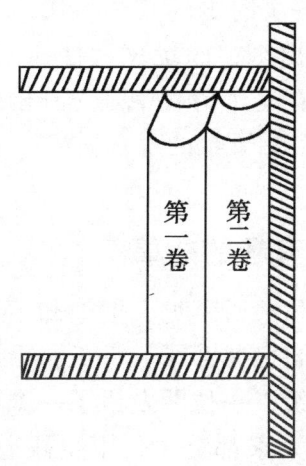

863 房间分配

有一家旅店，共有12个房间，依次为1号、2号、3号……12号。一天，来了13位客人，要求各自单独住一间房间。旅店老板思索了一番，想出一个满足大家要求的办法：他先让两个客人暂时住进1号房间里，然后把其余的客人按顺序依次分配。于是1号房间住进了2个人；3号客人住在2号房间；4号客人住在3号房间；5号客人住在4号房间……12号客人住在11号房间。最后，再把最先安排的13号客人从1号房间转到还空着的12号房间里。于是皆大欢喜，13位客人都满意地单独住进了12个房间里了。这样的安排可能吗？

864 谁更有利

一场真枪实弹的决斗。首先在可以放6颗子弹的左轮手枪弹匣中，放进一颗子弹，放在哪个位置则不得而知，然后两个人开始轮流朝自己的头开枪。6次射击的其中一次，实弹会被发射出来，而玩家就性命不保了。请问：在这个游戏中是先开枪的人有利，还是后开枪的人有利？

865 有趣的故事

甲耳朵听不见，但他却不愿让别人知道自己是聋子。一天，甲请几位朋友吃饭，一位朋友讲了一个有趣的故事，大家都笑了，甲也跟着大笑，并说这真是一个有趣的笑话。然后甲又郑重地宣布说："我也要给你们讲一个更有趣的故事……"果然，当甲把故事讲完，大家的确笑得更厉害了。你知道甲讲的是一个什么故事吗？

866 看台

下图是一座看台，观察后可知上面可以站6个人，但是现在有7个人，你能替多出来的那个人找个地方吗？

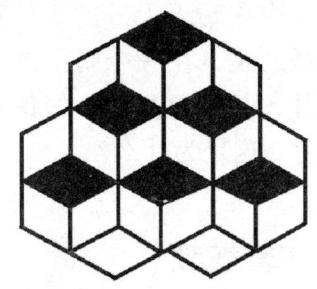

867 规律勾勒

下面3幅图是按一定规律排列的，请你绘出第四幅图来。

868 半杯咖啡

你知道如何从一杯到杯口的咖啡里倒出半杯吗？

869 房子的位置

地球上有一所房子，当你在房子周围走一圈，确定4个方向时，会发现四周的方向都一样。这所房子到底在哪里？

870 蚯蚓

某人钓鱼时用蚯蚓当鱼饵，他共抓了5条蚯蚓，后来分鱼饵时把2条蚯蚓切成2段，当时，此人还有几条活蚯蚓？

871 走入一端

U型的玻璃管中，灌入水和两个乒乓球，如甲图所示。你能使两个乒乓球走到U型玻璃管的一端吗？

872 货车卸运

一辆货车将货物A运到B处，将货物B运到A处，但不能让它们穿越公路，最后将货车返回到原先的位置。怎样解决这个问题呢？

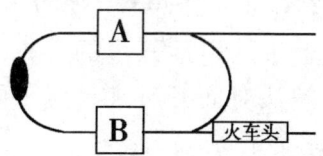

873 南来北往

一条河上有一座独木桥，只能容一个人通过。有两人来到桥头，一个南来的，一个是北往的，想要同时过桥，如何过法？

874 十字变方

图中所示的一张十字标志图，若让你另剪一刀，并把它拼成一个正方形，应该怎么做？

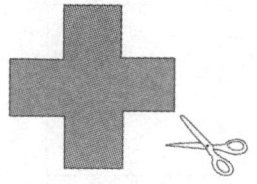

875 比面积

如图所示，有两块大小差不多、用同一块铁皮切割而成的不规则铁皮板。如用尺度量各自的面积有困难。采用什么方法可以比较出它们面积的大小呢？

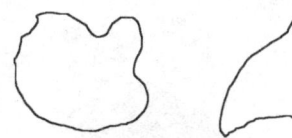

876 当水缸满溢

院子里有一口大缸，下雨的时候，水缸可以在2小时内落满雨水。如果这天雨的大小并没有改变，只是雨是倾斜着落下来的，那么，要盛满这口缸需要的时间是长了还是短了。

877 扔球

如果你手里有一只球,用力把球扔出去,不许往墙上扔,也不许在球上捆什么东西,而要使球又回到你的身边来,有什么办法吗?

878 动手钻纸

有一张纸,大小如下图所示。有什么巧妙的方法能够使人从这张纸中钻来钻去呢?

879 行星"赤道"

宇航员降落在一个正十二面体的小行星上。他想象沿赤道环绕地球那样,找一条最短的路径绕小行星一周。假设宇航员位于展开图的 A 点,他是否应该只穿过各正五边形的中心点?

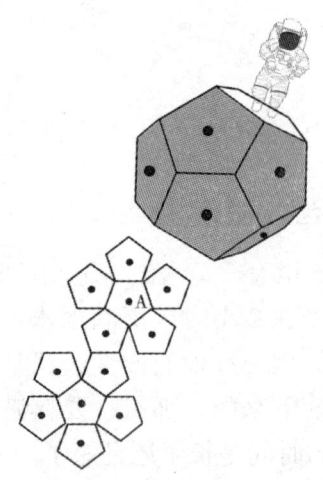

880 巧做十字标

将下面的木板做成一个十字标志,应该怎样做呢?

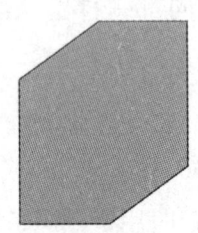

881 条条大道通罗马

小张、小李、小龙、小王的家在不同的地方,同时他们在不同的地方上班,请大家为他们分别设计一条能回到家又不相互交错的路线。

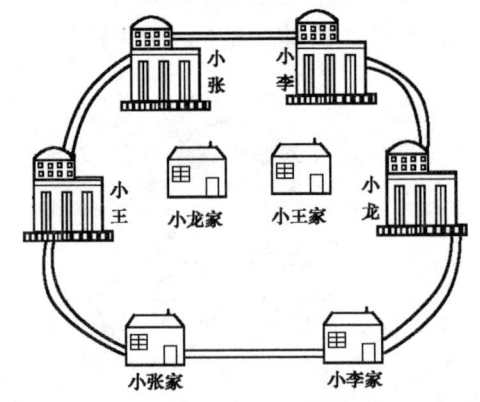

882 客轮

每天上午,有一艘客轮从甲地出发开往乙地,在同一时间,都会有属于同一个公司的一艘客轮从乙地开往甲地。客轮走一个单程需要7天7夜。请问:上午从甲地开出的客轮,将会遇到几艘从对面开过来且属于同一个公司的客轮?

883 小管妙用

某城的水管皆用直径为5厘米的金属制管制成，但市内的送水，1分钟可输送10吨以上，其道理何在？

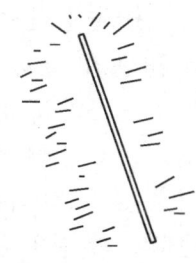

884 售票员的警觉

一名警察和他的妻子到一个滑雪胜地去度假。警察的妻子被发现摔死在了悬崖下面。在度假胜地工作的售票员与当地警方取得了联系，这名丈夫以谋杀罪被逮捕。售票员怎么知道这是一起故意杀人案？售票员从来没有见过警察和他的妻子，而雪橇留下的轨迹显示不出这是一起故意杀人案。

885 你快乐吗

有个人在路上捡到800元钱，有人问他："你快乐吗？"他说："我不快乐。"5分钟之后，他又捡到100元钱，于是再问他："你快乐吗？"这次他回答："我很快乐！"这是怎么一回事？当然，他捡到的钱都是真的。

886 停止不动

王先生怕赶不上公司的会议，从车站一直跑到了公司。但不知为什么，他突然站住不动。目的地会议室就快要到了，他为什么不跑了呢？他的身体没什么毛病，会议也照常进行没有中止。

887 失踪的小鸭

有一只母鸭带着一群小鸭去河边，在河滩上，母鸭数了一遍，是12只小鸭。它又数了一遍，却变成了10只，在这个过程中，没有别的人或者动物来把小鸭带走，也没有小鸭跳到水中去游泳，那么，这是怎么一回事呢？

888 回到原点

一个孩子刚学了关于角度的知识，感到非常兴奋，他带了一个大的量角器，从一个点出发，向前走了1米，然后就向左转15度；再向前走1米，然后再向左转15度……他这样走下去，可以回到他的出发点吗？如果可以的话，他一共走了多少路程？

889 周游世界

一个正十二面体，有20个顶点，每个顶点有3处棱相聚，如下图。从其中某个点出发，沿着正十二面体的棱，寻找一条路径，恰好经过每个点一次，最后返回出发地。这样的路径能找到吗？

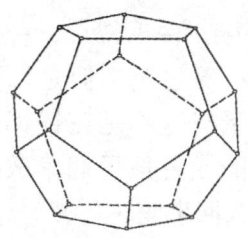

890 方格寻宝

在表格的每一行、每一列中，隐藏了若干珠宝，表格边的数字揭示其数量。此外，在某些方格中标记了箭头的符号，意思是：在箭头的方向藏有珠宝，数量可能不止一个。换句话说：每个箭头所指处，至少能找到一个珠宝。请在表格中标出你认为有珠宝的表格，看你能找到多少个？

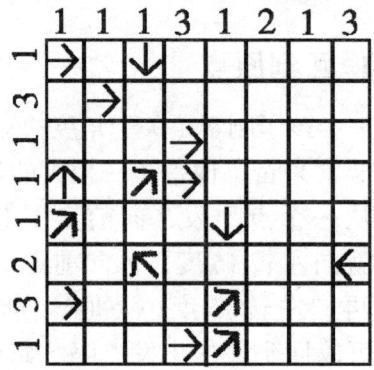

891 奥斯卡

美国的"奥斯卡"电影奖是世界上历史最长、影响最大的国际电影奖，"奥斯卡"原来是：

A. 地名　　　　B. 人名
C. 电影片名　　D. 学院名

892 哪来的蛋

俗话说："种瓜得瓜，种豆得豆。"董老太没有养过鸡，但是每天早上总是吃两个蛋，这不是花钱买的，也不是别人送的或者孩子们孝敬的。你知道这是怎么回事吗？

893 奇效

杨先生是一个很怀旧的人，这天，他和现在的女朋友在一起吃饭的时候，一不小心把口袋中的东西全掏了出来，有一些酒吧的打火机、体育彩票、便条和旧情人的照片。他在慌乱之际，要用手去挡住一些东西，这样可以避免和女朋友之间的不愉快。那么，他用双手挡住的最有效的东西是什么呢？

894 没收钱币

某个地方有这样一个规定：商人带着商品每经过一个关口，就要被没收一半的钱币，再退还一个。有一个商人，在经过10个关口之后，只剩下2个钱币了，你知道这个商人最初共有多少个钱币吗？

895 几枚邮票

6角的邮票每打有12枚，那么1.2元的邮票每打应有几枚？

896 智采草莓

东东帮邻居老奶奶去采草莓。正赶上老爷爷外出，老爷爷在走之前将一条狗拴在圆形田地中央的木桩上，用以看护草莓。圆形田地的半径为5米，因而狗刚好能跑到整块地边缘。狗不认识东东，所以东东不敢贸然去采。怎样才能采到草莓呢？

897 一笔方圆

一笔画出下面的图形。

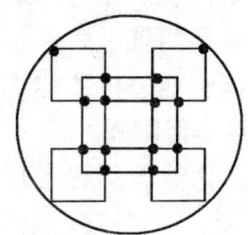

898 贪玩的蜗牛

一只蜗牛掉进了棋盒,它想走完所有的格子回到原点,但它每次只能"上下"或"左右"移动一格,不能跳动。它要怎样走呢?

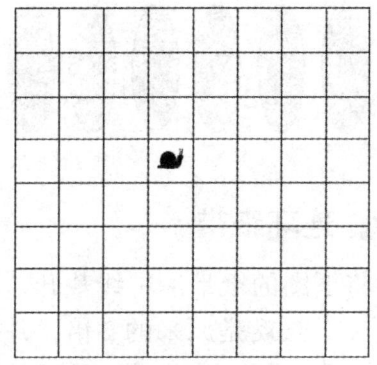

899 拼剪三角

如下图,有一家地毯店接到预约,客户预约的是一张铺在三角形房间的地毯。但是,店家裁制时竟不小心将布翻成反面来裁剪,而且形状为不等边三角形,请问怎么办?

900 单摆

图中是一个单摆,绳子一头系着一个小球,当球摆动到最高点的一刹那,绳子突然断了,请问球将如何落下?

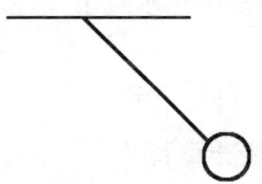

901 圣诞聚会

5个好朋友约好周末参加一次圣诞聚会。他们都不是在同一个时间到达约会地点的:A不是第一个到达约会地点;B紧跟在A的后面到达约会地点;C既不是第一个也不是最后一个到达约会地点;D不是第二个到达约会地点;E在D之后第二个到达约会地点。你知道他们到达约会地点的先后顺序吗?

902 有眼睛的正方形

下图是由许多大小正方形排成的图形,上面画有两只眼睛。不论正方形的大小如何,请问含有眼睛的正方形一共有几个?

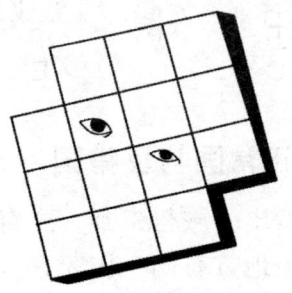

903 溢水加水

有一个茶壶平放在桌子上,王斌拿起热水瓶往壶里加水,直到壶里的水开始往外溢时才停止。这时,你还有办法再加一点水进去而使水丝毫不溢出吗?

904 设计桌面

下图是一块边角料,小花想把它做成一张方形桌面,请你帮她设计一下,怎样剪拼,才能完成呢?

905 形单影只

下列图形中哪一个是与众不同的?

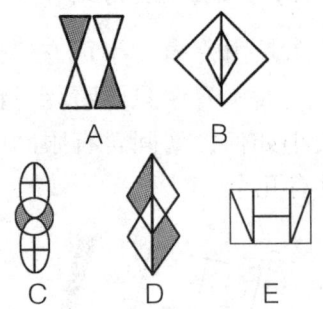

906 正常国与反常国

智者出去旅行来到一个奇怪的地方,这个地方有两个国家,一个是正常国,一个是反常国。正常国没有什么,反常国却大不相同,他们只用点头或摇头来回答。而且外地人要问他们一件事必须给钱。智者很想知道他所在是何国?他怎样才能提一个问题便判断出这是何国呢?

请问,你能想到智者是怎样来判断的吗?

907 字母散步

从某个字母向左走2步,再向右走3步,再向左走2步,再向右走3步,正好停在字母E上。这个字母是什么?

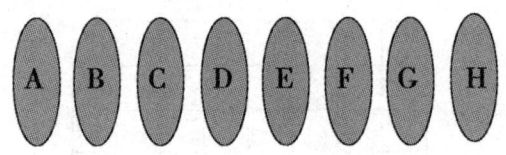

908 连环纸带

将下图的纸带沿中线裁开,就会得到一个长度是原来的2倍,并扭了2次的环。那么,如果在其宽度1/3处把纸带裁开,情况又会如何呢?

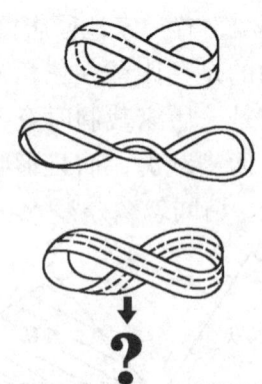

909 孰对孰错

汤姆和杰瑞在一块儿看一本漫画书，汤姆指着书的页码说："我们现在看的这页，左右两页页码的和是 132。"而杰瑞说："你错了，左右两页页码的和是 133。"请你仔细想一想，他们俩谁说得对呢？

910 平均分配

有两只大小、形状、重量相等的油桶，一桶装有多半桶油，一桶无油。在无任何称量工具的情况下，如何均分这些油？

911 勾画六边形

有一个边长 10 厘米的正立方体，在它的表面上画出一些切割线，沿切割线将正立方体分割成两半，切割面要求是正六边形，要怎么做？注：可以使用直尺（刻度标准为 1 厘米）和铅笔。

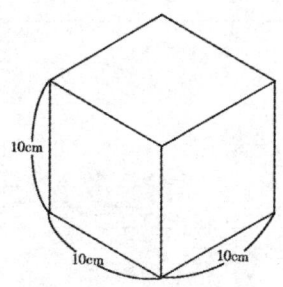

912 模糊数字

请问下面是指什么呢？ 2 的时候是 34 的时候是 15 的时候是 09 的时候是 4……

913 快速续图

卡片上有如下 4 组图案，每组都画出了一部分，请在最短的时间继续画完。

图案（1）

图案（2）

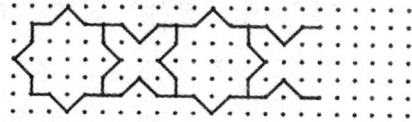

图案（3）

图案（4）

914 更大的正方形

你能不能将这 3 个正方形分割成最少的图形碎片重新组成 1 个更大的正方形？

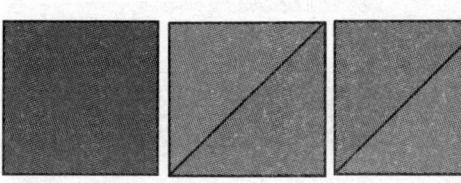

915 对应

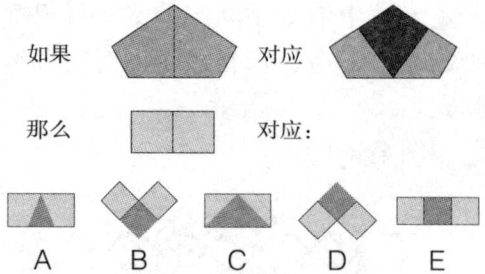

916 与其他不同的图

下面哪幅图和其他各幅都不同？

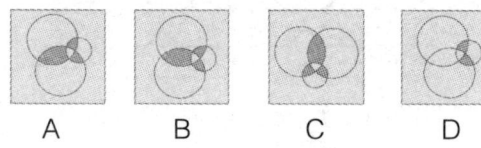

917 未完的序列

想一想，哪个图形可以完成这组序列图？

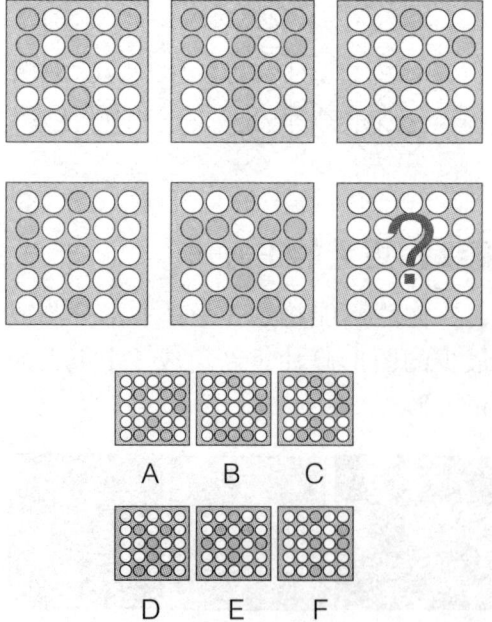

918 男孩女孩

5个人排成1行，5个人中有男孩也有女孩，但是男孩和女孩各自的人数不确定，问有多少种排列方法可以使每个女孩旁边至少有1个女孩？

919 数字狭条

你能不能把这个图案分成85条由4个不同数字组成的狭条，使得每个狭条上的魔数都等于34？

用数字1～16组成和为34的四数组合共有86种。左边的网格图中只出现了85条。你能把缺失的那条找出来吗？

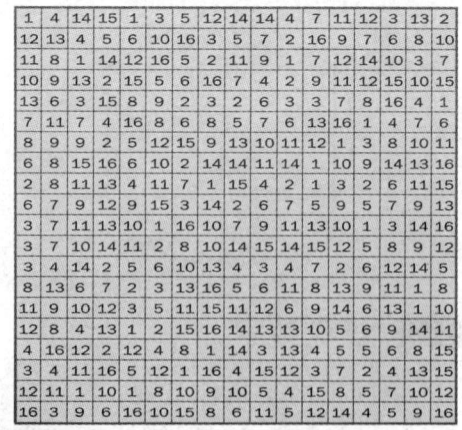

920 恰当的数字

猜猜看，问号处应该填上什么数字？

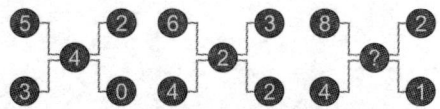

921 移动的数字

从左上角的圆圈开始顺时针移动，求出标注问号的圆圈里应该填上的数字。

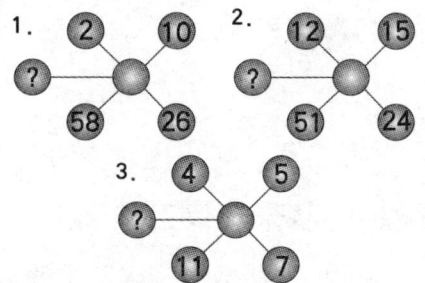

922 合适的长方形

问号所在位置应该填入选项中的哪个长方形？

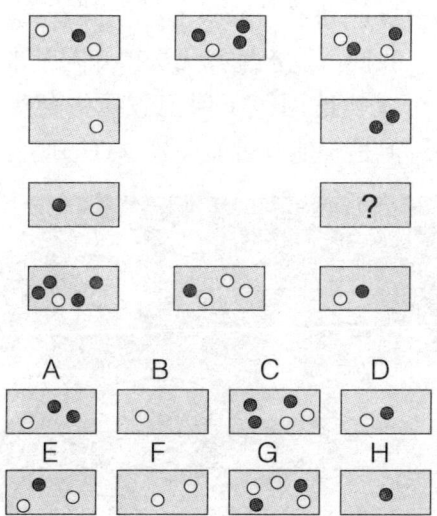

923 数字游戏板

如图所示，把数字1~4、1~9、1~16、1~25分别放进4个游戏板中，使每个圆中的数字都大于其右侧与正下方相邻的数字，你能做到吗？

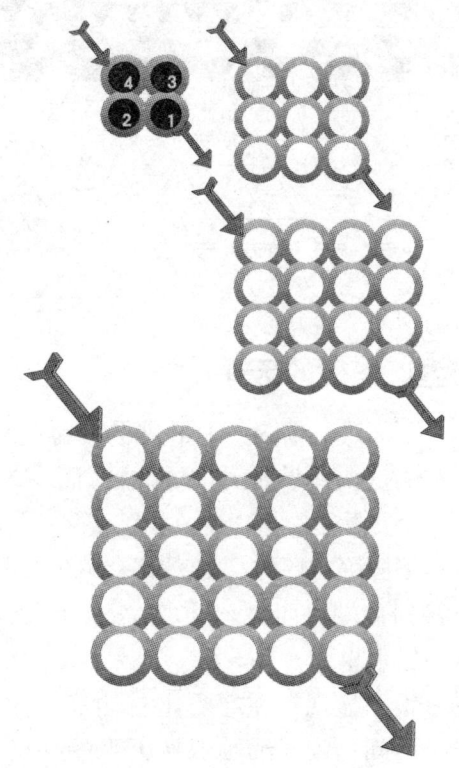

924 六边形上色

正六边形的对角线将其划分为8个部分，用黑白两种颜色给这些部分上色，一共有64种上色方法。

上面已经画出了其中的32种情况。

你能够画出另外的32种吗？（同一图形的旋转被认为是不同的情况。）

我们这里的六边形问题的原型来源于《易经》，它成书于公元前8世纪，是历史上最早的研究排列和分割问题的书，现在全世界仍然有很多人致力于这本书的研究。

925 失衡的天平

下面第一幅图：天平是平衡的。天平左端是一个装满水的容器，而右端是一个重物。

下面第二幅图：重物从天平的右端被移到左端，而且该重物完全浸入容器中的水里面。

很明显现在左端要比右端重。

请问：为了继续保持天平的平衡，现在天平的右端应该放上多重的物体？

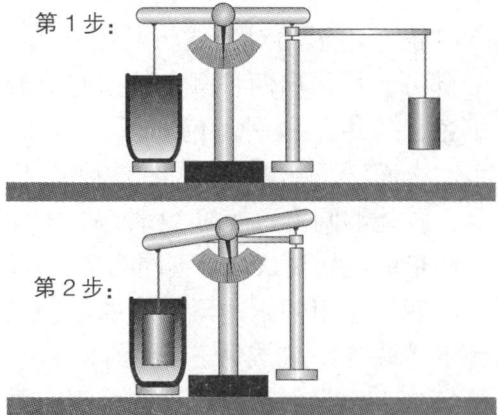

926 三角形里正确的数字

想一想，问号处应该填上什么数字？

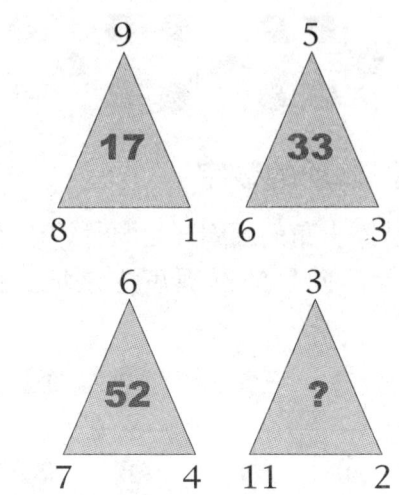

927 阿基米德保卫叙利亚

伟大的希腊数学家阿基米德富于想象力地将镜子用于许多创造发明中。根据古代著作，他最杰出的功绩就是在公元前214年罗马舰队围攻西西里岛城市叙拉古时，他用镜子将太阳光集中反射到罗马船只上并使其着火。

我们可能永远都无法得知阿基米德是否成功地用镜子保卫叙拉古免受侵略。但是，他有可能办到这件事吗？

928 排列规律

A，B，C，D中哪一项符合这些图形的排列规律？

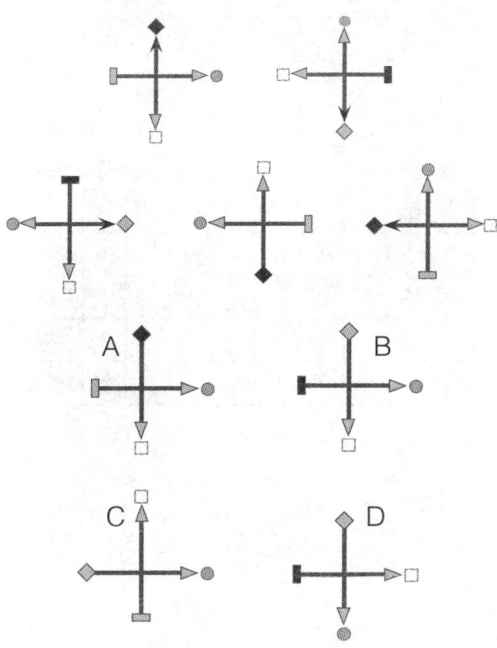

929 旗子

如果最下面的齿轮按逆时针方向旋转，那么最上方的旗子是会上升还是会下降呢？

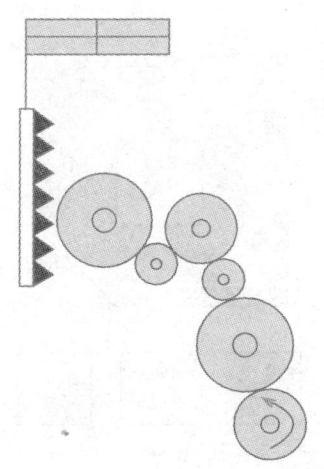

930 不一样的时间

找出和其他不同的一项？

931 镜子成像

一个男孩分别从一面平面镜和两面以90°角相接的镜子中观察自己。

男孩的脸在两种镜子中所成的像是一样的吗？

932 坐座位

有3对夫妻围坐在圆桌边，他们的座位顺序需满足下面的条件：

1. 男人必须和女人坐在一起；
2. 每个男人都不能跟自己的妻子坐在一起。

请问满足上面条件的座位方法一共有多少种？

933 猜图

猜猜看，缺掉的图形是哪一块呢？

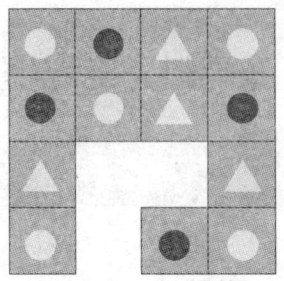

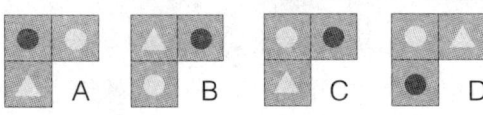

934 骑士

让8个骑士围坐在圆桌边，每个人每次都不能有两个相同的邻桌，满足这一条件的座位顺序一共有21种。上面已经给出了1种，8个骑士分别用1~8标注。请你在图中画出其他的20种座位顺序。

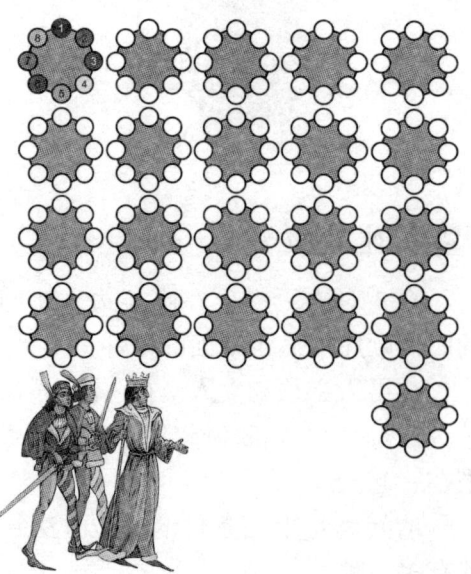

935 填图补白

哪一个选项可以放在空白处？

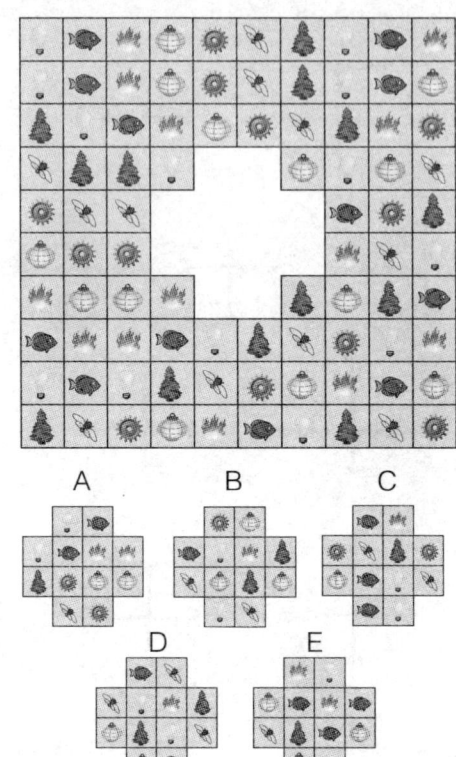

936 地板

图中缺少的那块地板应该是哪种样子？

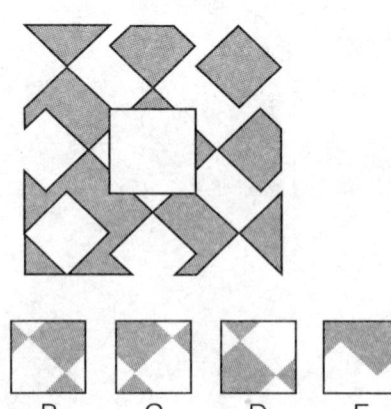

937 蛋卷冰激凌

现在有1个3层的蛋卷冰激凌,这3层的口味分别是草莓、香草和柠檬。请问你拿到这个冰激凌从上到下的口味排列正好是你最喜欢的顺序的概率是多少?

938 通话

图中的两个小孩之间离得很远,而且他们中间还隔着一堵厚厚的墙。他们试着通过两根长长的管子来通话,如图所示。请问在哪种情况下他们能够通过管子听到对方讲话?

939 关系

你能发现各个三角形中的数字之间的相互关系吗?然后找出问号部分应该填入的数字。

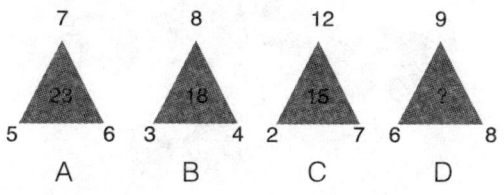

940 扑克牌

想一想,哪张扑克牌替代问号后可以完成这道难题?

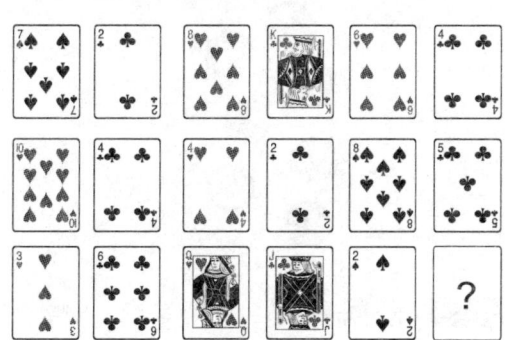

941 合适的图形

在标注问号的方框中填入合适的图形。

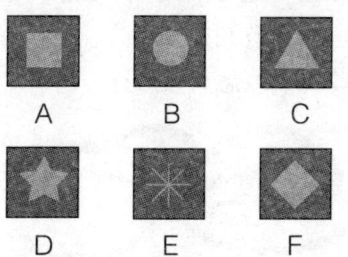

942 特别的数字

你能找出这组数字中不同的数字吗?

943 破解密码

每个地方的间谍需要2个密码数字来与指挥部联系。缺少的密码数字是多少?

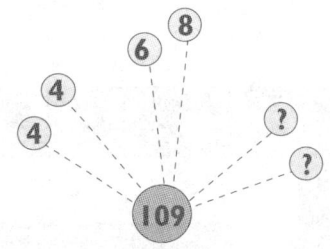

944 图形转变

这两个图形是拓扑等价的吗?

也就是说,假想这两个图形是用橡皮做成的,你可以任意地弯曲或拉伸,但是不能够将曲面撕裂或割破,那么可以将左边的图形变成右边的图形吗?这个问题看起来似乎不可能,但是事实上是可以做到的。

那么应该怎样变呢?

945 保持平衡

根据规律,找出可以使第3个天平保持平衡的图形。

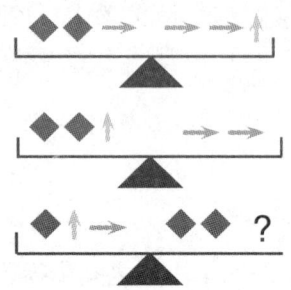

946 蜂巢六边形魔方

要创造出满足以下条件的二阶蜂巢六边形魔方是不可能的:将数字1~7排列到右边的蜂巢中,使得每一直行的和相等。

你能证明它为什么不可能存在吗?

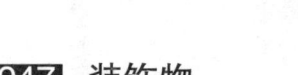

947 装饰物

这个风铃重144克(假设绳子和棒

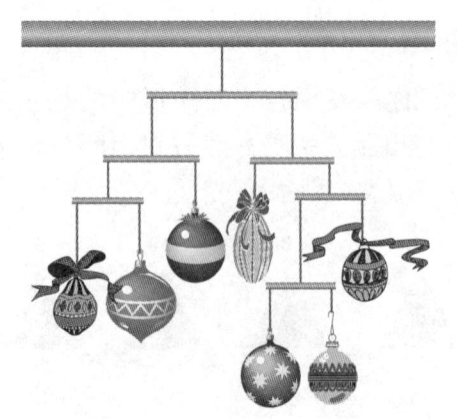

子的重量为0)。

你能计算出每个装饰物的重量吗？

948 称重量

海·哈特·路易是纽约唐人街著名的老茶商，他正站在那里想如何用一个简易秤将20千克的茶分放在10个2千克的袋子里。他在店里只找到两个砝码，一个是5千克，另一个是9千克。他知道称9次就可以完成，但是他却忘记怎么称了。那么，你能否在顾客光临之前帮助海·哈特把这个难题解决呢？

949 排序

如下图的排列顺序，接下来的应该是选项中的哪一项？

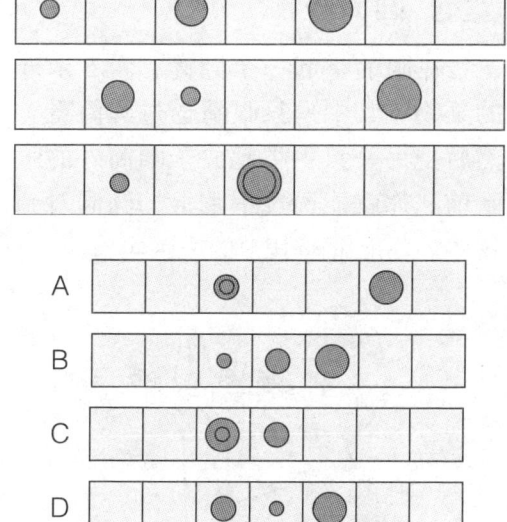

950 称重

你有3个形状相同、重量不同的盒子。用一架天平称它们的重量，你需要称几次就可以把它们由轻到重排列？

951 去电影院

现在让我们抛开那些谜题休息一下，看场电影吧。下面的地图显示的是从你家（H点）到电影院（M点）的各种路线。如果你只能向北、东或东北方向行进，那么从你家到电影院有多少种可能的路线呢？

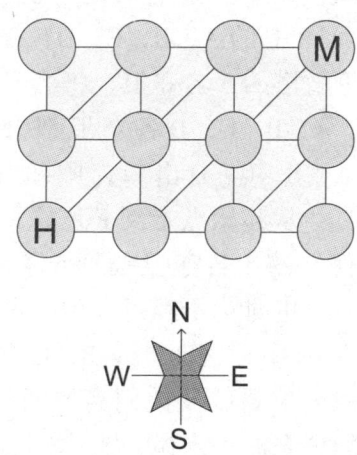

952 神奇的环

在滑动链接谜题中，你需要从纵向或者横向连接相邻的圆点，形成一个独立的没有交叉或分支的环。每个数字代表围绕它的线段的数量，没有标数字的点可以被任意几条线段围绕。

走之后，这道题其实很简单。

汤米的第2个问题比第1个更好。

每到午夜，1名守卫就会从图中的W入口处进入塔内，然后迈着庄严的行军步伐走遍所有的64个房间，最后走到图中的黄色格子处。由于有长期的经验，守卫们都知道如何在尽可能少拐弯的情况下走完所有的房间，并且不重复经过任何房间。你能找到这条路线吗？

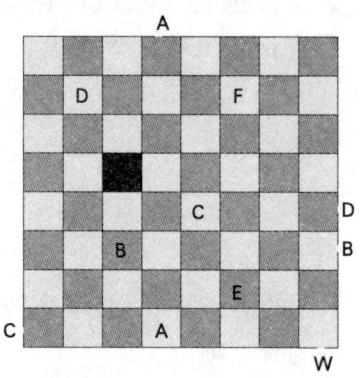

954 圆筒观物

在眼前举起一个圆筒，看5米外的某物（其中一只眼睛透过圆筒看）。然后把另一只手举起放于圆筒外的眼睛前。你就能透过手掌上的圆洞看到物体。你能解释其中的原因吗？

953 守卫

汤米·莱德斯给谜题国的国王帕泽尔佩特出了一道著名的"伦敦塔"问题。图中的A，B，C，D，E分别代表伦敦塔的5名守卫。每当日落的时候，A，B，C，D各守卫都会迅即走出A，B，C，D出口，鸣枪示意，唯有E会从起始点走到F位置。问题是如何给这5名守卫找到5条路线，让他们行走时均不经过其他人所走的路线。图中已标出A，B，C，D，E各守卫的位置以及他们需要通过的4道门的位置。汤米说，当你知道怎么

955 2条变3条

使脸与图平面成直角,两眼一起看这两条线,过一会儿,纸张上似乎出现了第3条线。这是怎样产生的?

956 中间位置

你能推算出,在中间的圆中应该填上什么数字吗?

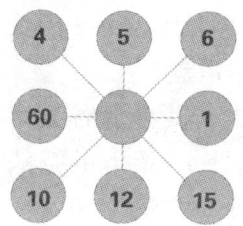

957 最后的星星

在最后那个星星上填上合适的数字,就可以解开这道题,算算看是哪个数字?

958 派对

家庭生日派对在过去很流行。当然,他们会做很多游戏。下图就是旧时的一个有名的派对游戏。在桌子上放12个盘子,然后在每个盘子里放1枚硬币。接着,将一个盘子里的硬币拿走,按逆时针方向移动,并跳过2枚硬币,然后放在下一个只放1枚硬币的盘子里。重复这个动作,并按逆时针方向从任意一个只放1枚硬币的盘子开始游戏。你所跳过的2枚硬币是在1个盘子里还是在2个盘子里都无关紧要。移动6次之后,桌子上必须有6个空盘子以及6个各有2枚硬币的盘子。同时,在6次之后,你要回到你刚开始的盘子边。这个游戏的目的是找出绕行桌子的最少圈数。

959 三维的剑

你怎样看才会觉得这幅图里的剑是三维的,且是垂直向外指出来的?

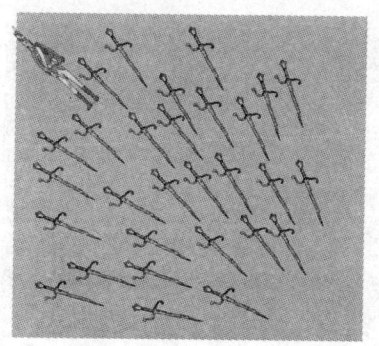

960 平衡天平

算一算,问号的地方放几千克的砝码可以使天平平衡?

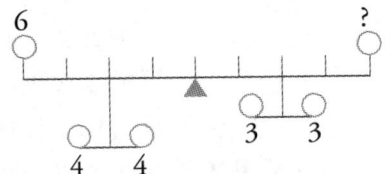

961 圣诞节长袜

现在,大家可以发现我们今年为孩子们准备了两种尺寸的长袜。一种是"我很棒",另一种是"我非常的棒"!哦,我的天哪!我注意到一个思维游戏。那只大的长袜里的玩具数和小的长袜里一样,都是由相同的数字组成的。同时,两个数的差是两个数相加的和的 $\frac{2}{3}$。

那么,每只长袜里各有多少个玩具呢?

962 发射炮弹

如果这3门大炮在同一时间开火。最上方的大炮沿着地平线在同一高度平行发射,左下方的大炮与地平线成45°角发射,右下方的大炮与地平线成90°角发射。

哪一个炮弹最先接触到地面?剩下的将以什么顺序降落?

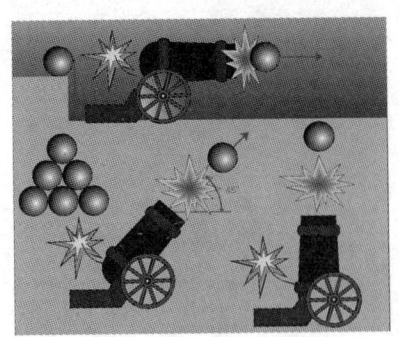

963 较重的盒子

你有21个相同的盒子,它们中的一个比其他的稍微重一点。用一架天平,你需要称几次就可以找出那个比较重的盒子?

964 骨牌覆盖棋盘

多米诺谜题中有一组经典题是用标准多米诺骨牌(1×2的长方形)覆盖国际象棋棋盘。

图中3个棋盘上各抽走2个方块(图中黑色处),留下的空缺无法用标准多米诺骨牌填充。

你能找出这3个棋盘中哪一个能用31块多米诺骨牌覆盖完吗?

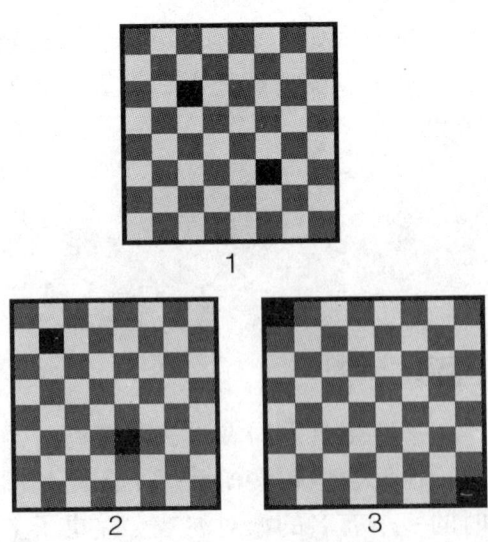

965 最近距离

我有 10 个朋友住在同一条街上，如图所示。现在我想在这条街上找出某个地点，使这一点到 10 个朋友家的距离最近。请问这个点应该在哪里呢？

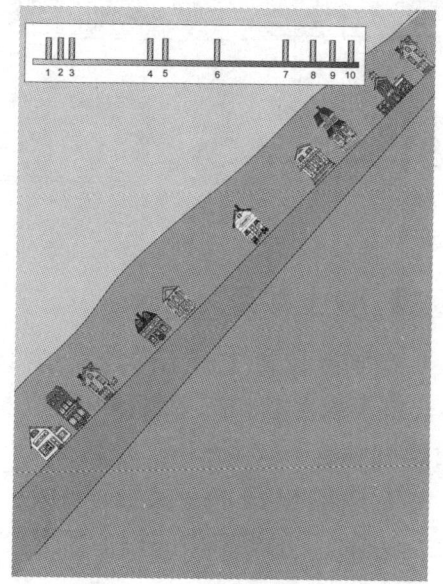

966 左撇子，右撇子

一个班级里的学生有左撇子、右撇子，还有既不是左撇子也不是右撇子的学生。在这道题目里，我们把那些既不是左撇子也不是右撇子的学生看作既是左撇子又是右撇子。

班上 1/7 的左撇子同时也是右撇子，而 1/9 的右撇子同时也是左撇子。问班上是不是有一半以上的人都是右撇子？

967 空白

在图中空白处填上恰当的选项。

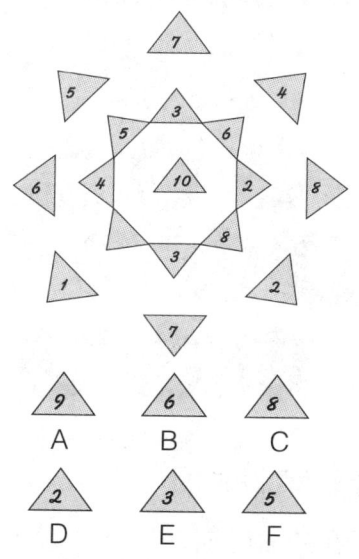

968 桌球

台球击中了球台边的缓冲橡皮垫，即图中箭头所标示的点位。如果这枚台球仍有动力继续滚动，那么最后它将落入哪个球袋呢？

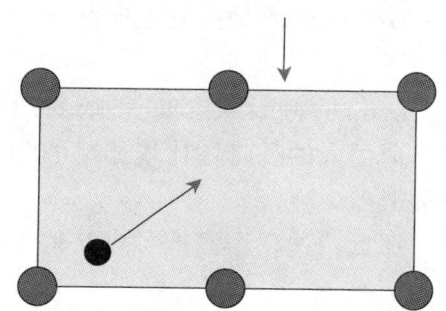

969 踩着石头过河

这次,你要到丛林里执行任务。当你路过一条河时,你必须小心翼翼地踩着这些石头才能到达河对面,如踩错了石头你就会跌进河里,要知道河里到处都是鳄鱼。

从1开始,每排里只能踩一个石头,你会选择踩哪些石头呢?

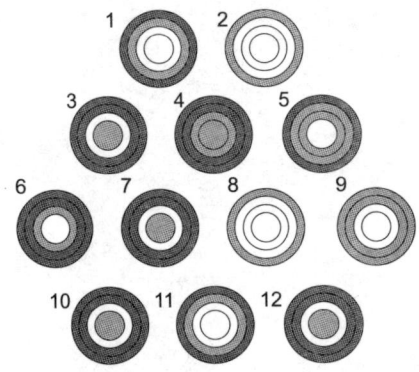

970 禁酒时期

在禁酒时期,斯威夫特·奥布莱恩是芝加哥北部最聪明的烈酒走私者。现在我们看到斯威夫特正把班尼最好的20箱烈酒送到他选出的4个客户那里。他是这样分配的:

汉拉迪的酒吧获得的酒比荷兰人的咖啡厅多2箱。

埃德娜的海德威酒吧比萨尔的酒吧少6箱。

萨尔的酒吧比汉拉迪的酒吧多2箱。

荷兰人的咖啡厅比埃德娜的海德威酒吧多2箱。

那么,这几个酒吧各自获得几箱酒呢?

971 箱子的重量

这个天平是平衡的。请问问号处箱子(杠杆作用忽略不计)的重量为多少?

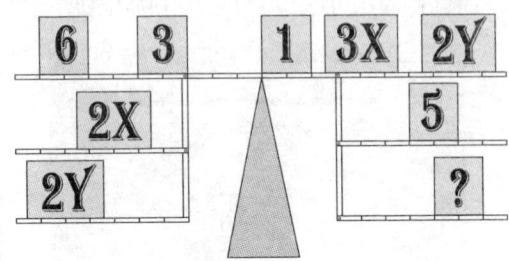

972 骑士数量

在国际象棋中骑士的走法是每步棋先横走或直走1格,然后再斜走1格,而且可以越子。

右边的棋盘中一共放了10个骑士,这样32个黑格中的每个都至少能够被1个骑士进入。

如果减少棋盘上的骑士数,还能达到同样的效果吗?最少需要几个骑士?

973 海市蜃楼之碗

你可能见过用两面凹面镜组成的"海市蜃楼之碗"。

放在"碗"的底部的 1 枚硬币或者其他小物体会被反射,并且如图所示被观察到在顶部漂浮。

这个令人难忘的视错觉是由反射产生的,那么有几次反射呢?

974 瀑布

仔细观察图片,瀑布能如图那样流动吗?

975 下一个字母

接下来的字母应是哪个呢?

A F H ?
E K M V T
A B C D E

976 F 在哪里

在这幅图中,每个数字代表一个字母。如果 A 只能和 B, C 和 D 相连, C 只能与 A, E 相连, 那么 F 应该放在哪里?

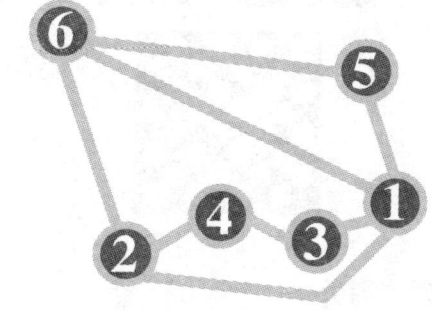

977 特殊的数

想一想,哪个数字是特殊的?

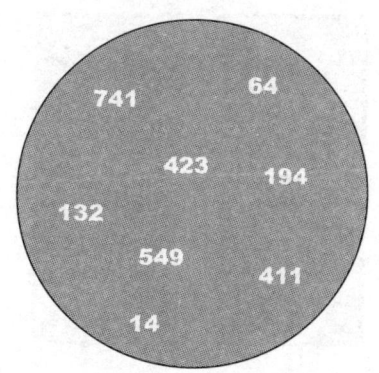

978 吃掉骑士

如下图，棋盘上的12个骑士有的会被其他骑士吃掉，有的不会。

通过仔细观察你能看出，其中只有4个骑士会被吃掉。

现在请问你棋盘上至少需要多少个骑士，才能使每个骑士都会被其他骑士吃掉？

979 例外

除了一幅图以外，其余图片都是按照一定的逻辑排列的。你能找出哪幅图是例外吗？

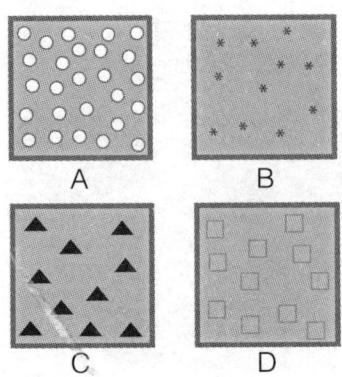

980 过桥

一座桥将在17分钟内崩塌。4个徒步旅行者必须在黑夜里穿过这座桥。他们只有一把手电筒，一次最多两人可以穿越此桥，但是必须把手电筒带回来。

每个旅行者走路速度不同，第1位只要1分钟，第2位2分钟，第3位5分钟，第4位要花10分钟。任何一对旅行者穿越此桥，必须以最慢的那位速度来计算举例来说，第1位旅行者与第3位同时过桥则需要5分钟。

你能找到解决方案吗？

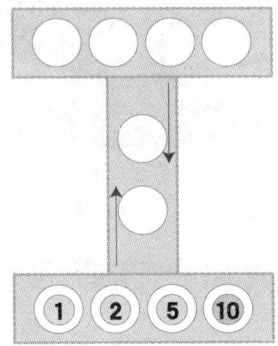

981 添图配平

前两组天平是平衡的。为了使第3个天平也平衡，应当再加上什么图案呢？

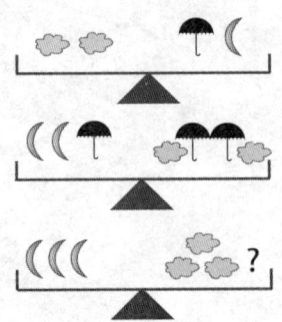

982 不同

哪一项与其他项都不同？

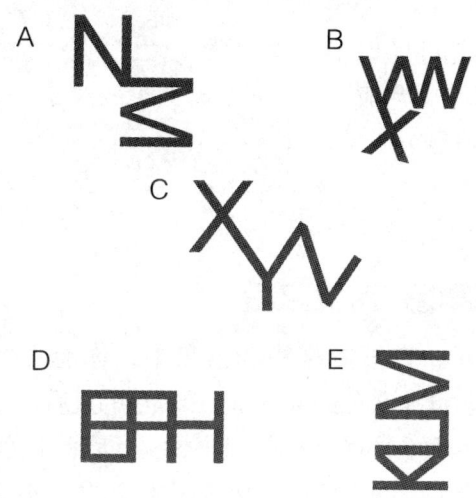

983 正透镜

凸透镜和会聚透镜都被称为正透镜，因为它们都能把平行的光线会聚于焦点。那么如果让平行的光线通过两个厚度不同的正透镜，如图所示，结果与只通过1个正透镜是相同的吗？如果不同，结果又应该是怎样的呢？

984 白纸着火

如下图所示，平行的太阳光分别通过4个不同的透镜射到一张白纸上。

请问哪个透镜下的白纸会着火？哪个透镜下面的火着得更厉害？

985 反射

我们来研究光的反射现象。如果把两种不同的透镜正面相贴地放在一起，那么可能反射光线的表面一共有4个，如图所示。

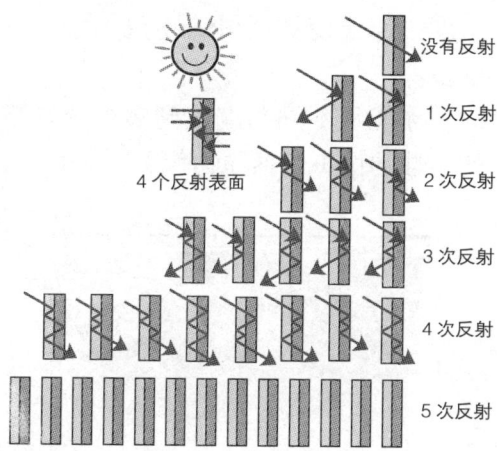

如果光线没有经过反射，它会直接穿过去。

如果光线经过 1 次反射，可能有 2 种不同的情况。

如果光线经过 2 次反射，可能有 3 种不同的情况。

不同的反射次数所出现的情况的种数分别为：1，2，3，5，8，13，21，…这是一个斐波纳契数列，即数列中后一个数字等于前两个数字之和。

那么你能够画出光线经过 5 次反射的 13 种情况吗？

986 蜡烛的像

假设有两面以铰链衔接的平面镜，以成对的彩线所成的角度摆放。

这个铰链衔接的镜子有几个值得注意的效果。

首先，惯常的左右互换现象消失了。

其次，你只需要一个很小的东西就能制造出一个万花筒。

最后，通过改变两面镜子之间的角度，你能使被反射的物象加倍并且增多。

你能从不同角度找到多少个燃烧的蜡烛的像（包括原物像）？

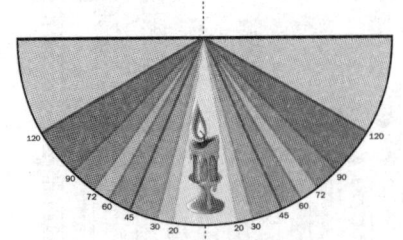

987 恰当的字母

猜一猜，哪个字母替代问号以后可以完成这道题？

13	INC	2
6	QRG	7
4	DOM	8
7	SUI	7
8	AD?	2

988 两类皇后

在下图规格的棋盘中，你能否摆放 4 个灰色的皇后和 6 个黑色的皇后，使两种颜色的皇后之间不能互吃？也就是说，两种颜色的皇后中任意两个不能在同一行、同一列或是同一对角线上。

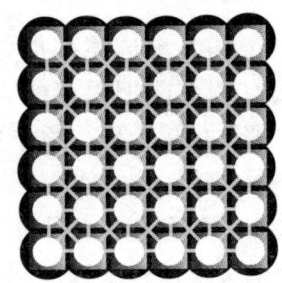

989 齿轮

假设 A 齿轮和 D 齿轮都各有 60 个齿，B 齿轮有 30 个齿，而 C 齿轮有 10 个齿。如果 B 齿轮每分钟进行 20 次完整的转动，那么哪一个齿轮的旋转会快一些呢，是 A 齿轮还是 D 齿轮？

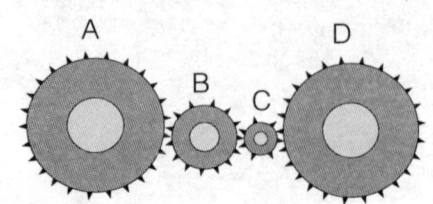

990 路线

从最顶端的数字开始,找出一条向下到达底部数字的路线,每次只能移一步。

1. 你能找出一条路线,使路线上所有数字之和为 130 吗?
2. 你能找出两条分开的路线,使路线上的数字之和为 131 吗?
3. 路线上可能的最大值是多少,你走的是哪条/些路线?
4. 路线上可能的最小值是多少,你走的是哪条/些路线?
5. 有多少种方式可以使值为 136,你走的是哪条/些路线?

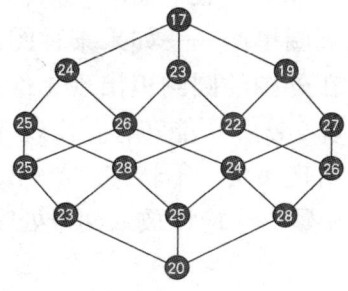

991 保持平衡

找出规律,判断应当在第 2 个天平中放入几个太阳才能使其保持平衡。

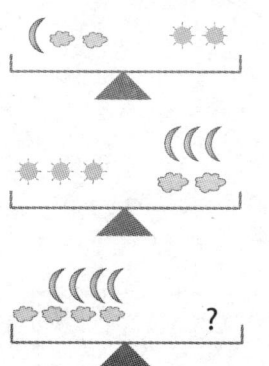

992 最短接线长度

每个小方格的边长为 1 厘米,两个相邻小方格中心点的距离等于 3 厘米。每当电线改变方向时,必须在小方格的角上绕一圈,而这道工序需要耗费 2 厘米的电线。不准沿对角线进行连接。假设 B 点与最近的小方格中心点连接时要耗用 2 厘米电线,你能不能算出始于 B 点,通过所有 64 个小方格的中心点,最后接到 A 点的电线的最短接线长度。

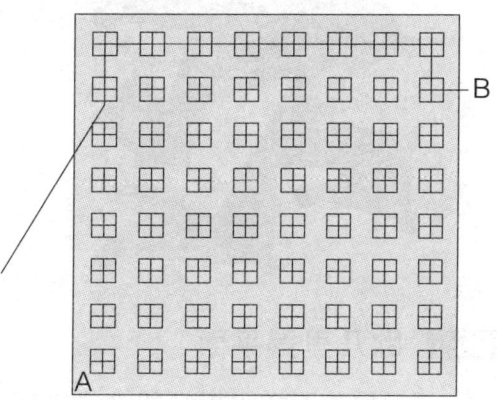

993 与众不同

找找看,所给的选项中哪一个不同于其他?

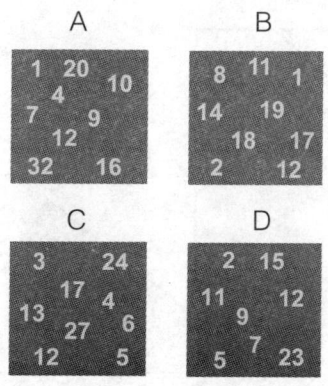

994 监视器

这个形状奇怪的美术馆里一共有24堵墙,在美术馆里的任何一个角落都可以安放监视器。在右图中,一共安放了11台监视器。

但是,监视器的安装和维护都非常昂贵,因此美术馆希望安放最少的监视器,同时它们的监视范围必须覆盖到美术馆的每一个角落。问最少需要安放几台?

995 欧几里得平面

请问你能不能用折纸的方式来证明欧几里得平面里的三角形内角和等于180°?

有没有这样的平面,在该平面上的三角形的内角和大于或是小于180°?

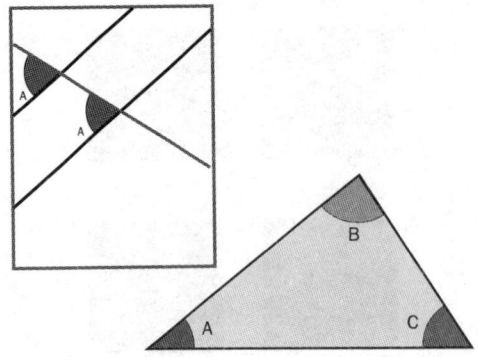

996 代替问号

动动脑筋,什么数字可以替代问号?

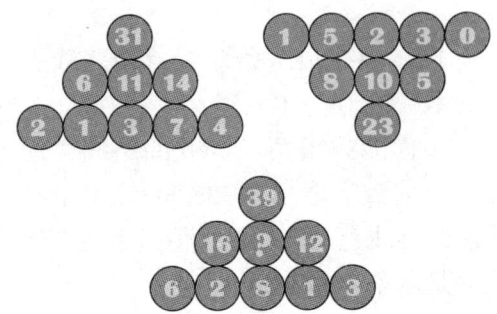

997 转移

图中外围圆圈里出现的每个图形和符号,都将按照下面的规则转移到中间的圆圈里面——如果某种图形或是符号在外围的圆圈里出现1次:转移;出现2次:可能转移;出现3次:转移;出现4次:不转移。A,B,C,D和E中哪一个应该放入问号处呢?

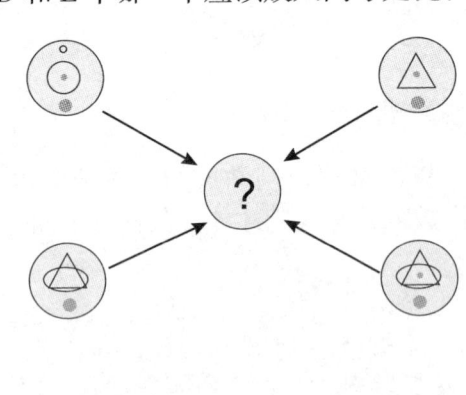

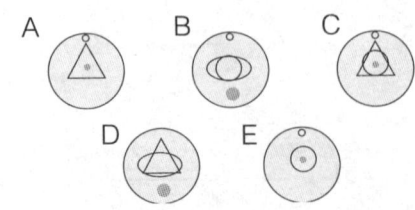

998 多少个象

如果要求棋盘上的每个格子都被进入1次,且每两个象之间不能互吃,一共需要8个象,如图所示。

其他条件不变,如果要求每个象都会被另外某个象吃掉,那么棋盘上需要摆放多少个象?

999 7张纸条

准备7张纸条,写下数字1~7,按照如图所示排列。现在,将其中的6张每张剪一下,重新排列时,还是7行7列,且每行、每列和每条对角线上的数字总和为同一个数。很难哦!

1000 配平

要使天平C平衡,右边需要放什么图形?应该放几个呢?

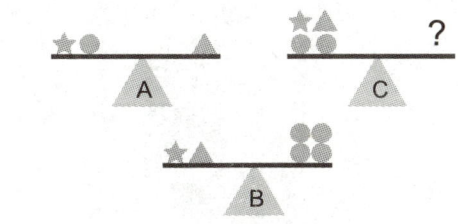

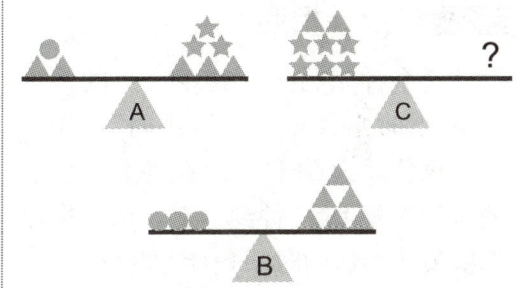

1001 几根绳子

请问这个结构里面一共用了多少根绳子?

1002 角度

这个立方体有两面已经画出了对角线。请问对角线 AB 和 AC 之间的角的度数。

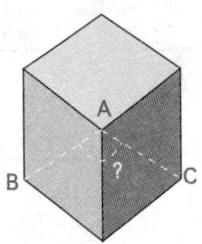

1003 指针相遇

这个钟是为某个行星设计的，它每 16 小时自转 1 次。每小时为 64 分钟，每分钟为 64 秒。现在钟上所显示的时间为差 15 分钟到 8 点。请问指针下次最快相遇的时间是什么时候？

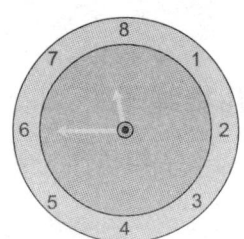

1004 百分比

下图中黑色的部分约占整个正方形总面积的百分之几？

1005 约会地点

有 7 个好朋友住在 7 个不同的地方（以圆点为标志）。他们准备聚在一起喝咖啡，为了最大限度地减少各自的行走路程，他们应该在哪个地方见面呢？

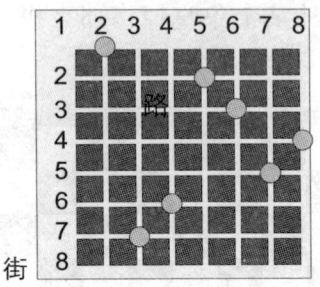

1006 找标志

图中每个标志都代表了 1 个数值。你认为在最后那个天平上应当再加入什么标志才能使其保持平衡？

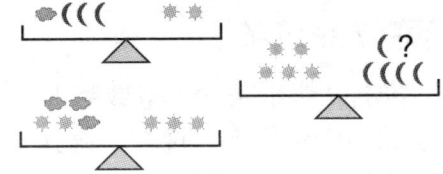

1007 凹陷的原因

在下面一幅照片中，建筑物外墙上的立方体看起来是凸起的。假如在下图中的这一侧看这些立方体，你会觉得他们是凹陷的。这是为什么呢？

1008 从 A 到 B

某些城市比如曼哈顿、纽约都会在两条主路——A 路和 B 路之间建起居民区，如左图方格所示。请问有多少种不同的路线可以到达 B 处？

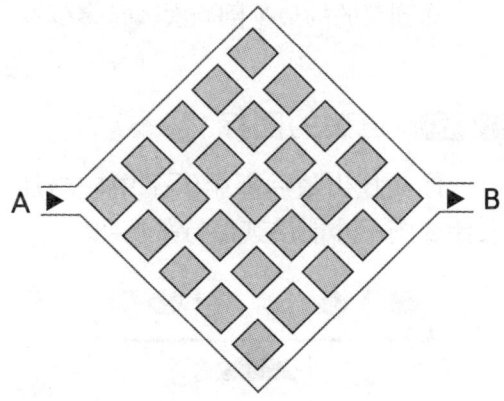

1009 影像结构

这个三角形是不可能的，但是在图中的影像却是正常的。这是怎样形成的呢？

1010 图形配平

你认为在最后那个天平上应当再加入什么图形才能使其保持平衡？

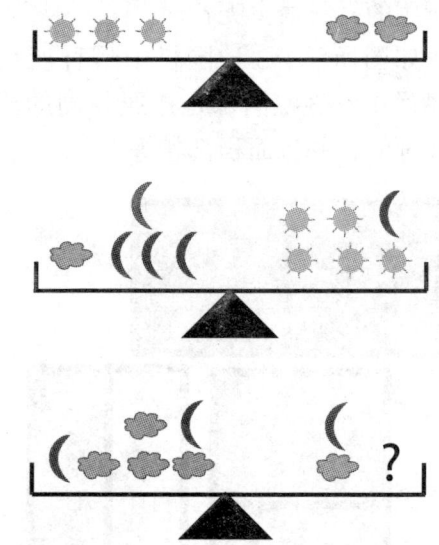

1011 杂技演员

右下角的小丑正在拉绳子。对于挂在绳子上的 7 个杂技演员来说，会发生什么事？他们当中哪些会上升，哪些会下降？

1012 用材料最少的围栏

2个矩形围栏全等,并且有1条边重合,这种情况下怎样才能使制造围栏所用的材料最少呢?

如图所示,3种围栏中哪种所用材料最少?3幅图都是按照相同的比例尺画的,并且面积都相等。

1013 倒酒

最开始的时候,9升罐是满的,5升,4升和2升罐都是空的。

游戏目的是将红酒平均分成3份(这将使最小的罐留空)。

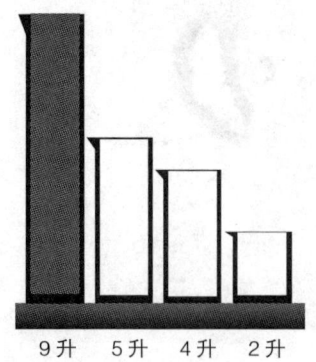

因为这些罐都没有标明计量刻度,倒酒只能以如下方式进行:使1个罐完全留空或者完全注满。如果我们将红酒从1个罐倒入2个较小的罐中,或者从2个罐倒入第3个罐,这两种方式的每种都算做2次倒酒。

达到目的的最少倒酒次数是多少?

1014 正确的图标

你能找出最后那个天平中应当加入什么图标才能使其保持平衡吗?

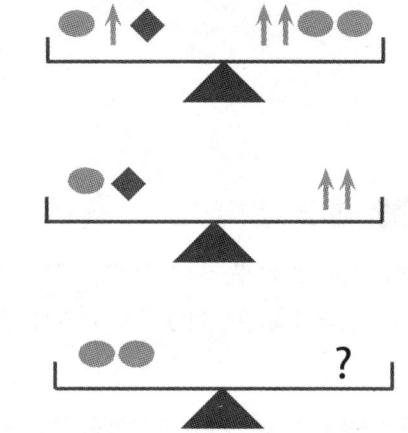

1015 平分红酒

最开始的时候,9升罐是满的,7升,4升和2升罐都是空的。

游戏目的是将红酒平均分成3份(这将使最小的罐留空)。

因为这些罐都没有标明计量刻度,倒酒只能以如下方式进行:使1个罐完全留空或者完全注满。如果我们将红酒从1个罐倒入2个较小的罐中,或者从2个罐倒入第3个罐,这两种方式的每一种都算做 2 次倒酒。

达到目的的最少倒酒次数是多少？

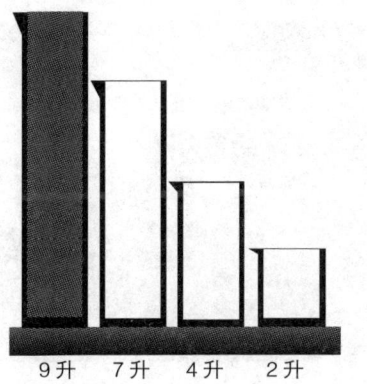

9升　7升　4升　2升

1016 分配方法

假设所有碟子颜色都一样——没有标签，也没有办法分辨哪个碟子是哪个。

你能用几种方法将 3 个不同颜色的物体分配到 3 个没有标签的碟子上？

1017 接通电路

哪个部件能将这个电路连通？

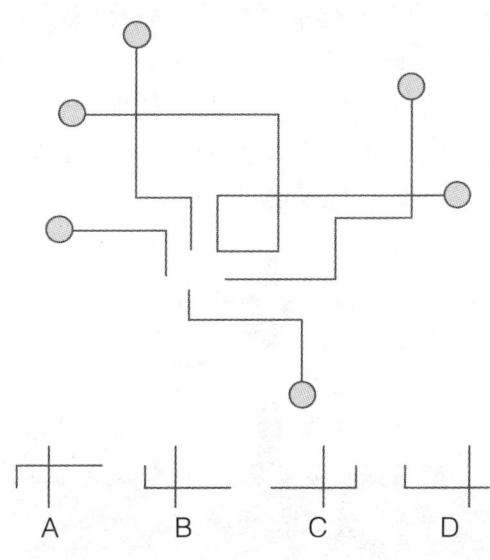

A　B　C　D

1018 变形

图中变形的脑袋如何看能恢复正常呢？

1019 辨别假币

一共有8个金币，其中1个是假币。其余的7个重量都相等，只有假币比其他的都要轻。

请问用天平最少几步能够把假币找出来？称重量的时候只能使用这8个金币，不能使用其他砝码。

1020 彩虹

彩虹是最美丽的。这是一幅实际拍摄的照片，摄影师如何抓拍到古希腊帕台农神庙上的彩虹呢？仅仅是因为幸运吗？是否有别的原因？

1021 太阳光

太阳光是聚焦的吗？

1022 平行四边形

下图是3个任意四边形。

把图1中的四边形的四条边的中点连接起来，形成1个平行四边形。

且这个平行四边形的边分别与原四边形的2条对角线平行。

问这个平行四边形与原四边形的面积之间存在什么关系？平行四边形的周长与原四边形的对角线长度又有什么关系？

其他的任意四边形四边的中点相连也会得到1个平行四边形吗？你可以在所给的另外2个任意四边形上试试。

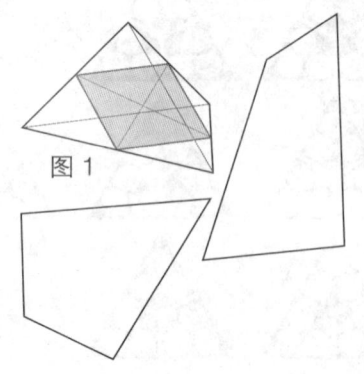

图1

1023 几何级数

下图是下面这个几何级数前 10 项的直观图：

$1 + 1/2 + 1/4 + 1/8 + 1/16 + 1/32 + 1/64 + 1/128 + 1/256 + 1/512 + \cdots + 1/2$ 的 n 次方 $+ \cdots$

请问随着 n 的无限增大，这个级数和的极限是多大？

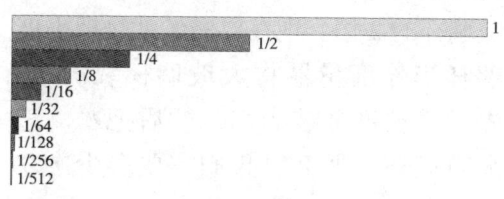

1024 天平

每个图形代表 1 个值。天平 1 和天平 2 已达到平衡。那么，天平 3 上需要多少个圆形才能达到平衡呢？

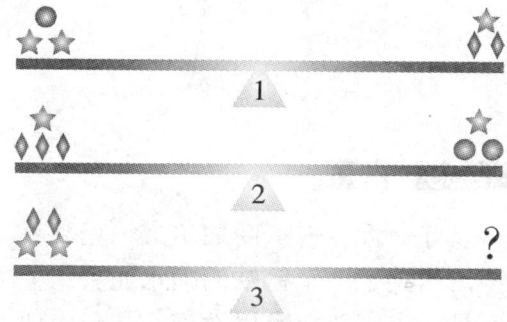

1025 泰迪玩具熊

下图中的 3 个女人在最近的教堂节日期间共同投资经营一家泰迪玩具熊店。在开业的当天上午，她们先将相同数量的玩具以 10 元出售；下午的时候，她们更改了玩具熊的数量，但仍以 10 元出售。有趣的是，一天结束的时候，她们虽然卖了不同数量的玩具熊，但是赚的钱数却相同。那么，你能知道这是怎么回事吗？

1026 翡翠乐大厦

如果从某一边看纽约的翡翠乐大厦，阳台似乎向上倾斜；如果从另一边看，同样的阳台却向下倾斜。这是什么原因造成的呢？

1027 钞票

右手拿着1元的钞票,并与胸口平行。另一个人用拇指和食指夹在钞票的中间部位,并与钞票的距离保持在2厘米左右,他的手不能接触钱币。然后,告诉他如果你放手的话,钞票会从他的两个手指之间掉下去,而且他肯定抓不住。这个听起来是不是很简单呢?

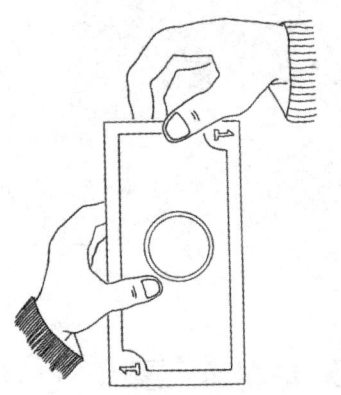

1028 十字路口

假设拿破仑正站在十字路口。一天晚上,一个十字路口的路标被供给马车破坏了。拿破仑军中没有人能把路标放好并使它指向正确的方向。拿破仑沉思片刻之后,发布了命令并把路标放回到了原处。但是,拿破仑以前不曾到过这个十字路口,那么,他是如何做到的呢?

1029 细长玻璃杯

下图中有两个细长玻璃杯。大玻璃杯的杯口直径和杯身高度正好是小玻璃杯的2倍。现在要做的就是把小玻璃杯当作度量器将大玻璃杯装满水。先把小玻璃杯装满水,然后把水倒进大玻璃杯。那么,我们需要多少次才能把大玻璃杯装满水?

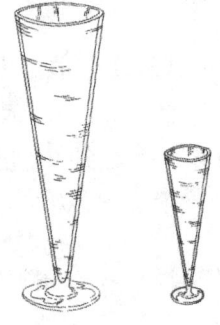

1030 古董

有一天,古董商加尔文·克莱克特伯尔买了一个铸铁的喷水龙头:上面是一支鳄鱼,嘴里吞着一条鱼。他为这件绝妙的艺术品支付了90%的"账面"价值。第二天,一个收藏家看见后,说愿意支付高出他25%的费用将其买下。加尔文毫不犹豫地答应了,这样,他就从这笔交易中赚了105元。那么,你能否根据这些实际情况推算出这件诱人的古玩的账面价值吗?

1031 钱包

有一天,威拉德·古特罗克斯先生急匆匆地跑进警察局,大喊自己的钱包被盗了。

"现在要镇静,古特罗克斯先生,"安德森警察说,"有人刚刚交还了一个钱包,也许是你丢的,你能把里面的东西描述一下吗?"

"好的,"威拉德回答说,"里面有一张菲尔兹的照片以及电话卡。哦,对了,还有320元,共8张钞票,而且没有10元的钞票。"

"完全吻合,古特罗克斯先生。给,这是你的钱包。"

那么,你知道他钱包里有哪8张钞票相加之后正好是320元吗?

1032 家庭

爷爷汤森曾经讲过这个故事。好像是在他的一次生日宴会上,当时有10位家庭成员,此外还有许多客人。其中,有1个祖父和1个外祖父、1个祖母和1个外祖母、3个父亲和3个母亲、3个儿子和3个女儿、1个婆婆和1个岳母、1个公公和1个岳父、1个女婿、1个儿媳、2个弟兄、2个姐妹。

那么,你能否判断出参加祖父生日宴会的家庭成员的家庭关系吗?

1033 圣诞节

以前过圣诞节是多么美好!妈妈和孩子们围在圣诞树周围,爸爸在他喜爱的椅子上打盹儿,而对其中的3个孩子来说,这一天不同寻常,因为圣诞节是他们的生日。我们来看看你能否判断出他们的年龄。今天巴顿的年龄是温德尔和苏珊年龄相加的总和。去年圣诞节时,温德尔的年龄是苏珊的2倍。如果从现在算,那么两年后,巴顿的年龄将是苏珊的2倍。

那么,你能否在火鸡和菜肴摆在桌子上之前猜出他们的年龄呢?

1034 纸牌

在很多年以前的棒球联赛赛场上,有这样一个做法,选手在参加完每场比赛之后都会得到报酬。而在早上的不多的时间里则会进行很多纸牌游戏,场面十分火爆。其中有一场有关来自海湾秃鹰队的4名选手的游戏。在一场棒球比赛中,这4个人——马尔文、哈维、布鲁斯以及罗洛要分享233元。比赛结束了,马尔文分得的钱比哈维多20元,比布鲁斯多53元,比罗洛多71元。请问这4名选手在那天早晨分别获得多少钱?

马尔文　哈维

布鲁斯　罗洛

1035 葡萄酒

这个思维游戏为老巴克斯所独创。你若想参加他的派对，你就必须计算出这两个酒桶中各有多少酒。这两个酒桶分别贴有字母 A 和 B，而 A 桶的酒比 B 桶的酒多。

首先，将 A 桶中的酒倒入 B 桶，倒入的酒量与 B 桶的酒相等。然后，将 B 桶中的酒倒回 A 桶，倒入的酒与 A 桶中现有的酒相等。最后，再将 A 桶中的酒倒回 B 桶，倒入的酒与 B 桶中现有的酒相等。

这个时候，两个桶内都有 48 升的葡萄酒。那么，两个酒桶原来各有多少葡萄酒呢？

1036 牌点

这是为数不多的多米诺骨牌思维游戏中的一个，而且你完全可以把它做出来。上图是 4 个空白的多米诺骨牌。你要做的就是按照下面的规则将 18 个点放在多米诺骨牌上：

4 个多米诺骨牌的上半部分的点的总个数等于下半部分的个数。同时，第一个多米诺骨牌上的点数要等于最后一个牌的 2 倍。另外两个中的一个只有一个点，而另一个则有两个点（上下两部分各有一个）。有 3 个多米诺骨牌的上半部分的点数相同，有两个多米诺骨牌的下半部分的点数相同。

这听起来让人很迷惑，但是，我赌你用不了 15 分钟就可以解答这个题。

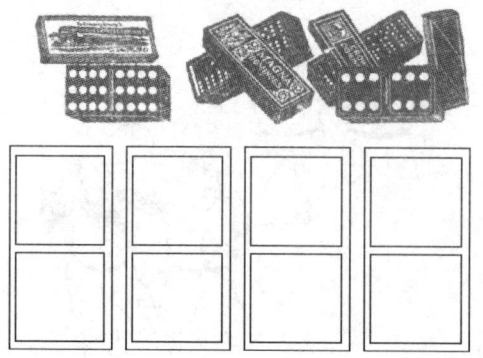

1037 铁匠

时间要回到 1776 年，约克人蒂莫西是波士顿最好的铁匠。每次他做完一件酒杯，都会去路南边的布拉迪·马林·格罗格商店为这家店的老板解决高难度的思维游戏。后面长凳上放着一大块儿铁皮，蒂莫西把它切成 5 小块儿后组成了一个正方形。那么，你能否推断出他是如何做到的吗？

第七章

计算力

1038 喝茶

客人来到一家茶厅，要了一杯茶，当喝到一半时又兑满开水；又喝去一半时，再次兑满开水；又经过同样的两次重复过程，最终喝完了。请计算这位客人一共喝了多少杯茶？

1039 猜猜年龄

4人围桌而坐，他们的年龄两两相加的和分别是45、56、60、71、82，其中，有2个人没有相加过。由此，你能算出他们的年龄分别是多少吗？

1040 布鞋与皮鞋

2双布鞋和3双皮鞋的价格是116元，2双皮鞋和5双布鞋的价格是103元，问：皮鞋、布鞋的单价各是多少？

1041 她几岁了

梅琳过生日时说："自我出生后，每年都有一个生日蛋糕呢，上面插着等于我年龄数的蜡烛，迄今为止，我已经吹熄了231根蜡烛了，你能算出她现在多少岁了吗？"

1042 薪酬

A和B两个公司的招聘广告上只有以下两点不同，其他的条件完全相同，从收入多少来考虑，选择哪一个公司有利？

A公司：年薪100万元 每年提薪一次加20万元

B公司：半年薪50万日元 每半年提薪一次加5万元

1043 分马

有个老人临终时留下一份遗嘱，让把自己的全部财产按比例分给3个儿子。大儿子得全部财产的1/2，二儿子得全部财产的1/3，三儿子得全部财产的1/9。但当这三个儿子后来按遗嘱分遗产时，才注意到全部财产是17匹马，无论如何无法按遗嘱分。三个儿子各执一端，谁也不想少分一点，而把一匹马杀了分又有悖孝道。于是他们只好请一位邻居老人解决这场纠纷。那位老人不但顺利地解决了问题，而且使3个儿子都比原来要多分了一点，使三人皆大欢喜。这位老人是如何按遗嘱分这17匹马的呢？

1044 数字和密码

下面是数字和相应密码的对应表。你能确定它们之间的关系并找出最后一行的数字是什么吗？

数字	密码
589	521
724	386
1346	9764
?	485

1045 走楼梯

某人要到10层大楼的第8层办事,不巧停电,电梯停开。如从1层楼梯走到4层需要48秒。请问以同样的速度往上走到8层,还需要多少秒才能到达?

1046 一串字符

请准备一个计算器。"请从1~9中选一个你喜欢的数字输入进去。""好的,5。""请按乘号键,再输入15873。""好的,1-5-8-7-3。""再按一下等号键。""79365。""好!再乘以7。""哎呀——"你猜会出现什么情况?

1047 养鸽

有个人想把50只鸽子分别装进10个鸽子笼里放养。他计划让这10个鸽子笼中所放养的鸽子数完全不同。他能实现这个计划吗?

1048 三人买马

唐都长安,有3个商人都要买一匹好马,这匹马的价钱是十七两金子。可是这3个商人手头的金子谁都不够。于是甲对乙和丙说,把你们的钱每人借我1/2,我就能买这匹马了。乙对丙和甲说,把你们的钱借给我1/3,我就可以付买马的钱了。最后丙对乙和甲说,把你们的钱借我1/4,我也能买这匹马。你们说这3个商人各自带了多少金子?

1049 鸡和蛋

5只鸡5天生了5个蛋。100天内要100个蛋,需要多少只鸡?

1050 胜算最大的赌博

大家都知道,骰子的6个面上分别为1到6点,如果使用两颗骰子,把它们掷出去,以两个骰子朝上的点数之和作为赌博的内容。那么,赌注下在多少点上胜算最大?

1051 求值

求下列算式的值,要求越快越好。
（9871+9872+9873+9874+9875+9876+9877+9878+9879）/9

1052 几只鸟

3棵树上共停了36只鸟,如果从第一棵树上飞6只到第二棵树上,然后从第二棵树上飞4只鸟到第三棵树上,那么3棵树上的鸟数相等。请问:原来每棵树上停了多少只鸟?

1053 狡猾的狐狸

森林之王老虎知道狐狸狐假虎威的欺人伎俩之后,咆哮着要找狐狸算账。狐狸眼看无路可逃,便把胸脯一挺,对老虎说:"你不要轻举妄动哦!我可是有法力的。我能猜得出你心里想的任何数字。"老虎不信,狐狸便说："你用 5 乘你心里想的那个数，再乘 15，再除以 3，再乘 4，把得数告诉我。"老虎半信半疑地说："1400。"狐狸说："你心里想的数是 14，对吧？"老虎一听，大惊失色，吓得一溜烟跑了。你知道狐狸是怎么猜出来的吗？

1054 比大小

用最简单的方法，用 4 个 "1" 组成分别不同的 4 个数，使之一个比一个大；用 3 个 "9" 组成分别不同的 4 个数，使之一个比一个小。用 5 个 "5" 再加上一些普通的数学符号，组成一个数，并使这个数等于 1。是否可以？

1055 井有多深

有几个孩子想测量一口枯井的深度，他们找来一根绳子，把它折成相等的 4 段放下去，下端碰到井底时，上端露出井口 3 尺；把绳子折成相等的 5 段放下去，当下端碰到井底时，上端还露出井口 1 尺。问这口枯井到底有多深？

1056 下车

一批乘客坐车去上班，第一站下了所有乘客的 1/6，第二站下了剩下乘客的 1/5，随后的几站分别下了余下乘客的 1/2、3/4 和 2/3，最后还剩 3 个乘客。这中间没人上车，问开始有几个乘客？每站各下了几人？

1057 各自的硬币

有 3 个人，他们摸了摸衣兜，把兜中的钱全部掏出来，共是 320 元。其中 100 元的两张，50 元的两张，10 元的两张。据了解，每个人所带的纸币没有一个是相同的。而且，没带 100 元纸币的人也没带 10 元的纸币，没带 50 元纸币的人也没带 100 元的纸币。你能不能弄清楚 3 个人原来各自带了多少和什么样的纸币吗？

1058 看图填数字

如图的七角星中有 15 个小圆圈。请把 1~15 这 15 个数分别填入圆中，使每一个菱形的 4 个数的总和都为 30。快试一试吧！

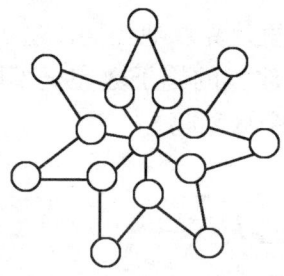

1059 补充表格

仔细看表格，然后说出表格中的问号该填什么数？

2	9	6	24
6	7	5	47
5	6	3	33
3	7	5	?

1060 鸡蛋的价钱

"我买鸡蛋时,付给杂货店老板12美分,"一位妇女说道,"但是由于嫌它们太小,我又叫他无偿添加了2只鸡蛋给我。这样一来,每打(12只)鸡蛋的价钱就比当初的要价降低了1美分。"想想妇女一共买了多少只鸡蛋?

1061 中央五角星

哪个数字填在最后一个五角星的中央能完成谜题?

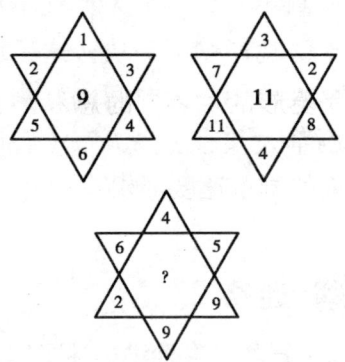

1062 韩信点兵

韩信点兵又称为中国剩余定理,相传汉高祖刘邦问大将军韩信统御兵士多少,韩信答说,兵不满一万,每5人一列、9人一列、13人一列、17人一列都剩3人。刘邦茫然而不知其数。请考虑,兵有多少?

1063 □代表几

有这样一道数学题:□□□+□□+□+□+□=500。你知道□代表数字几吗?

1064 粗心的人

甲去离家1600米的公园同他的女朋友约会,约会时间是下午1点20分。甲正好1:00时出门,以每分钟80米的速度向公园前进,但是1:05的时候,乙发现了甲忘记带钱包,于是乙以每分钟100米的速度追了出去。

另一方面,甲在1:10时也发现忘带东西,然后不慌不忙地还是以每分钟80米的速度折返。

终于两人碰面了。甲从乙那拿到了钱包,再向公园前进,仍然以每分钟80米的速度前进。

那么,甲会迟到几分几秒呢?两人交接钱包的时间忽略不计。

1065 数字是1

在下面的数字中挑选出5个数字进行运算,得出的答案为1。请你找出这5个数,并说明按什么顺序运算。
+190×12-999×4-87+29×9-576-94+65×22-435×7×8+17+117。

1066 出生日期

1993年的一天,有一个男子曾说:"今年我的生日已经过了,我发现我现在的年龄正好是我出生年份的4个数之和。"你能推算出这个男子是哪一年出生的吗？

1067 数字通缉令

这个数很奇妙。它加上1，得数是一个数的平方（如49是7的平方）。若它的一半加上1，又是另一个数的平方（如25是5的平方）。具有这种性质的数有无限多个。请你找出3个这样有趣的数，越小越好。

1068 分糖果

3个小男孩一共有770颗糖果，他们打算如往常那样，根据他们年龄的大小按比例进行分配。以往，当老二拿4颗糖果时，老大拿3颗；而每当老二得到6颗时，老三可以拿7颗。你知道每个男孩可以分到多少颗糖果吗？

1069 失落的数字

仔细思考，请将竖式中失落的数字找回来。

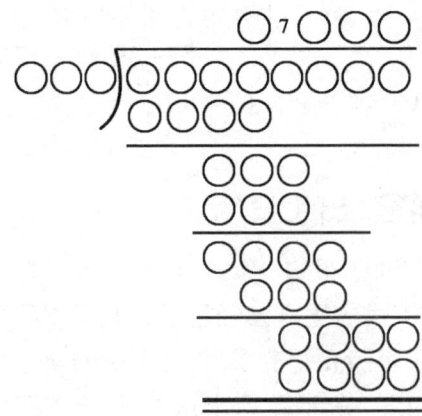

1070 黑白棋子

黑、白两种棋子堆成一堆，黑棋子是白棋子的2倍。现从这堆棋子中每次取黑棋子4个、白棋子3个，若干次后，白棋子取尽，而黑棋子还有16个。黑棋子、白棋子各有多少个？

1071 几人割草

一组割草人要把两块草地的草割完。大的一块比小的一块大一倍，上午全部人都在大的一块草地割草。下午一半人仍留在大草地上，到傍晚时把草割完。另一半人去割小草地的草，到傍晚还剩下一块，这一块由一个割草人再用一天时间刚好割完。问这组割草人共有多少人？（假设每个割草人的割草速度都相同。）

1072 迷路

9个冒险者在沙漠中迷了路。早晨起来一看，所带的饮用水只够喝5天了。次日，他们发现了一些足印，知道还有一些人也在沙漠中，于是寻踪追去。追上以后，发现他们已经没有水喝了，两批人合用这些水，只够喝3天。你知道第二批人共有几个人吗？

1073 齐头并进

在一个圆形赛马场的起跑线上，有3匹马一同出发。已知1号马每分钟跑2圈，2号马每分钟跑3圈，3号马每分钟跑 4 圈。这 3 匹马起跑后经过多长时间,就又并排在起跑线上?

1074 罗盘推数

罗盘中"?"代表什么数字?

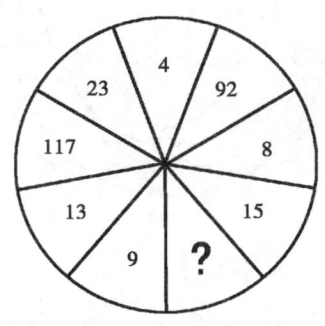

1075 蚂蚁搬面包

一只蚂蚁外出觅食,发现一大块面包。它立刻回洞唤来 10 个伙伴,可是搬不动。每个蚂蚁回去各找来 10 只蚂蚁,大家再搬,还是不行。于是每只蚂蚁又马上回去搬兵,每只蚂蚁又叫来 10 个兵,但仍然抬不动。蚂蚁们再回去,每只蚂蚁又叫来 10 个伙伴。这次,终于把大面包抬回洞里。你知道抬这块面包的蚂蚁一共有多少只吗?

1076 奥赛试题

"奥赛"试题共 20 道,按评分标准,答对一题得 5 分,答错一题倒扣 1 分,如果小明在竞赛中把题都完了,但只得了 70 分,请你算一算,他一共答对了多少道题?

1077 蜡烛燃烧了多久

房间里电灯突然熄灭——保险丝烧断了。本恩点燃了备用的两支蜡烛,在烛光下继续看书,直到爸爸把保险丝换好。第二天,需要确定昨晚断电共有多长时间。本恩当时没有注意断电开始的时间,也没有注意是什么时候来的电,也不知道蜡烛原来的长度。他只记得两支蜡烛是一样长短的,但粗细不同,其中粗的一支能用 5 个小时(全用完),细的一支 4 个小时用完。两支蜡烛都是经他点燃的新烛。他没找到蜡烛的剩余部分,爸爸把它扔掉了。"残烛几乎都烧光了,已不值得保留。"爸爸这样回答。"你能记得残余部分有多长吗?""两支蜡烛不一样,一支残烛的长度等于另一支残烛的 4 倍。"本恩根据以上资料,算出了蜡烛的燃烧时间。你能算出来吗?

1078 商人卖牛

一位商人卖出两头奶牛,得款 210 美元。他在一头奶牛上赚进了 10%,而在另一头奶牛上亏掉了 10%。总起来算,他还是赚了 5%。试问:每头奶牛原来的进价各为多少?

1079 桃子有多少

著名美籍物理学家李政道教授来华讲学时,给中国科技大学少年班同学出了一道题:"有 5 只猴子,分一堆桃子，可是怎么也平分不了。于是大家同意先去睡觉，明天再说。夜里一只猴子偷偷起来，把一个桃子扔到山下后，正好可以分成五份，它就把自己的一份藏起来，又睡觉去了。第二只猴子爬起来也扔了一个桃子，刚好分成5份，也把自己那一份收起来了。第三、第四、第五只猴子都是这样，扔了一个也刚好可以分成5份，也把自己那一份收起来了。问一共有多少个桃子？"如果降低难度增加一个条件，最后剩下1020个桃子，看你能否算出来。

1080 多才多艺

某大学的一间学生宿舍里居住着8名大学生，已知其中有6人会游泳，有5人会滑冰，有4人会打乒乓球。该宿舍内这三种运动都会的最多能有几人？

1081 补充数字

在数字圆圈里填什么数？

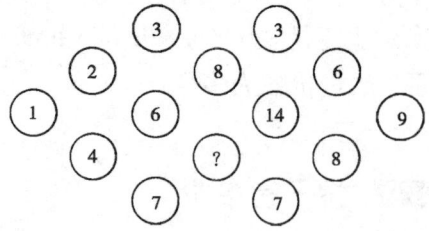

1082 奇妙六圆阵

图中有6个圆，圆上有9个交点。把1～9九个自然数分别填入小圈内，使每个大、小圆周上4个数字之和都等于20。

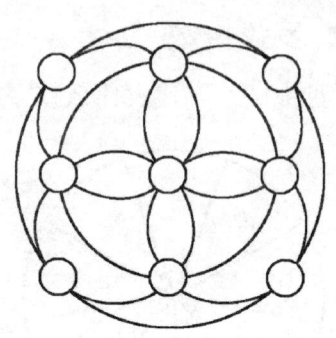

1083 数字运算

请在以下空格内填入1~9的正确数字，以符合各行各列的运算式。（1）共计6个运算式，而每个空格均代表一个1~9的独立数字，切莫重复使用。（2）在数学运算过程中，当然要记得先乘除后加减。

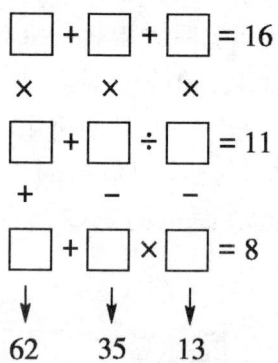

1084 善良的老奶奶

刘奶奶每天上午要去菜市场买菜，她总是在口袋中放一些硬币，在路上如果遇到了乞丐就会施舍给他们。这天，她遇到第一个乞丐时，把身上的一半硬币又加上 1 枚硬币给了他；当遇到第二个乞丐时，她把身上剩下的硬币的一半外加两个硬币给了他；当遇到第三个乞丐时，她把身上剩下硬币的一半再加上三个硬币给了她。这时，王奶奶的口袋中只剩下 1 枚硬币了。你知道刘奶奶刚开始口袋中有多少硬币吗？

1085 手指数数

大拇指为 1，食指为 2，中指为 3，无名指为 4，小指为 5；然后换向，无名指为 6，中指为 7，食指为 8，大拇指为 9；再换向，食指为 10……数到 50 还没有停下。（如图）

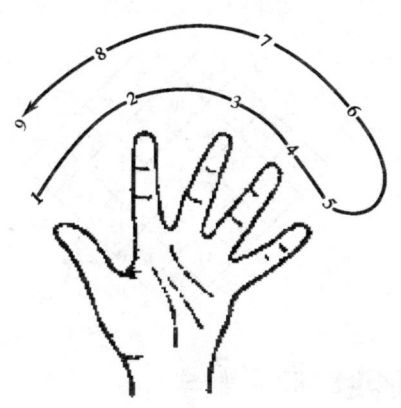

1086 完成算式

假设下列算式中的字符均为 0 到 9 之间的整数，请给出完整的算式。

```
   9 × ×
 -   × 4 6
   ─────
     5 8 1
```

1087 巧算线段

15 个点均匀地分布在圆周上，任意两点间都有线段相连，你知道其中共有多少条线段吗？

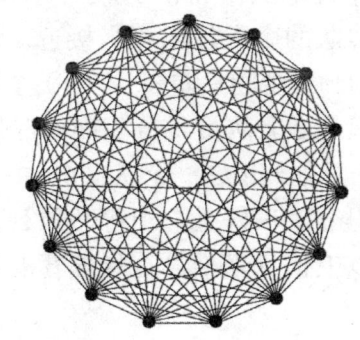

1088 魔方

如图所示，有一个魔术方阵，其纵向、横向、斜向相加之和，均等于 15。现在要求做一个纵向、横向、斜向相加之和均等于 16 的魔术方阵，而且方阵中的数字也全不相同。请问应该怎样设计？

2	7	6
9	5	1
4	3	8

1089 推算生日

巴伦病故于 1945 年 8 月 31 日，他的出生年份恰好是他在世时某年年龄的平方，问：他哪年出生？

1090 得分

一场精彩的篮球赛刚刚结束，球

迷们便议论纷纷：（1）选手们体力真棒，比赛中双方都没有换过人；（2）双方技术都很高，得分最多的一个队员独得30分；有3名队员得分不满20分，并且他们所得的分数各不相同；（3）客队的个人技术相当接近，得分最多的和最少的只差3分；（4）全场比赛中只有3名队员得分相同，都是22分，而且他们不在一个队；（5）主队的个人得分，正好是一组等差数列。请根据以上信息来推算这场球赛的具体结果。

1091 固定的数

叮当对大雄说："你用一个个、十、百位全部相同的3位数，除以这3个数字之和，我可以知道它的答案是多少。"大雄随口说3个数字，发现叮当的回答果然不错，其实答案是一个固定的数，你知道这个固定的数是多少吗？

1092 创意算式

下面有4个数字"5"，你能写出4个数字5组成的得数是1～6的算式吗？注：加减乘除和括号均可以用。

1=5 5 5 5　　　2=5 5 5 5
3=5 5 5 5　　　4=5 5 5 5
5=5 5 5 5　　　6=5 5 5 5

1093 半张唱片

小南说："你那些爵士乐唱片还在吗？"小熊："没有了。我已经把一半唱片和一张唱片的一半送给了小吴。然后我又把剩下的一半唱片和一张唱片的一半送给了小海。我现在只剩下一张唱片了，假如你能说出我原来有几张摇滚乐唱片，那么这一张就送你。"

你知道小熊原来有几张唱片吗？

1094 寻找最大和

下图中，每格里都有一个数字，假设下端是入口，上端是出口，一步只能走一格，不允许重复，也不允许向下走，思考一下怎样才能使你走过的格里的数字之和最大？

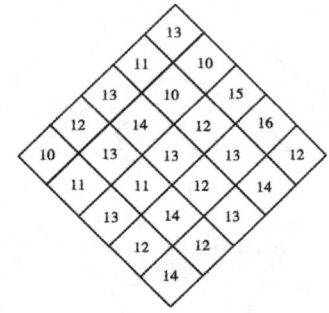

1095 同一数字

如图示，如果3个空格里是同一个数（一位数）的话，该是哪个数和呢？

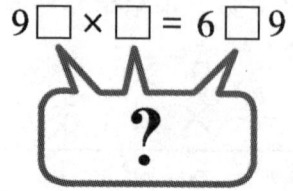

1096 几人能脱险

一艘客轮触礁,只有一艘救援船,这艘船只能装下5个人,离这里最近的岛有4分钟的路程,20分钟后客轮就会沉掉,客轮上共有25人,到底多少人能生还呢?

1097 多少人

在公园里,有一群学生正围坐在一个圆桌旁准备就餐。从学生甲开始,按逆时针方向数,数到学生乙为第七个,学生甲与学生乙又正好面对面。这群学生一共有多少人?

1098 圆花周长

圆花饰是一种由许多通过一点的圆所组成的文饰。由半径为1的圆组成的圆花饰,其周长和半径为2的圆组成的圆满化饰的周长哪个大?下面的图示或许有帮助。

1099 龟兔赛跑

有一次乌龟和兔子又要比赛谁跑得快。乌龟对兔子说:"你的速度是我的10倍,每秒跑10米。如果我在你前面10米远的地方,当你跑了10米时,我就向前跑了1米;你追我1米,我又向前跑了0.1米;你再追0.1米,我又向前跑了0.01米……以此类推,你永远要落后一点儿点儿,所以你别想追上我了。"乌龟说得对吗?

1100 遗嘱执行

数学家的妻子正怀着第一胎小孩,数学家的遗嘱是这样写的:"如果我的妻子生的是儿子,我的儿子将继承2/3遗产,我的妻子继承1/3遗产;如果我的妻子生的是女儿,我的女儿将继承1/3遗产,我的妻子将继承2/3遗产。"在孩子出生之前,这位数学家就因病去世了!他的妻子生下了一对龙凤胎。如何遵照数学家的遗嘱,将遗产分给他的妻子、儿子和女儿呢?

1101 连撕日历

连着撕9张日历,日期数相加是54。请问:撕的第一张是几号?最后一张是几号?

1102 赔了还是赚了

有个人收购了两枚古钱币,后来又以每枚60元的价格出售了这两枚古钱币。其中的一枚赚了20%，而另一枚赔了20%。与当初他收购这两枚古钱币相比，这个人是赚了，赔了，还是持平？

1103 交换

妻子交给丈夫100元钱的话，两人手里有同样多的钱，丈夫交给妻子100元钱的话，妻子拥有的钱是丈夫的2倍，请问，他们原来各有多少钱？

1104 趣味金字塔

观察金字塔中数字的摆放规律，推算出A、B、C的值。

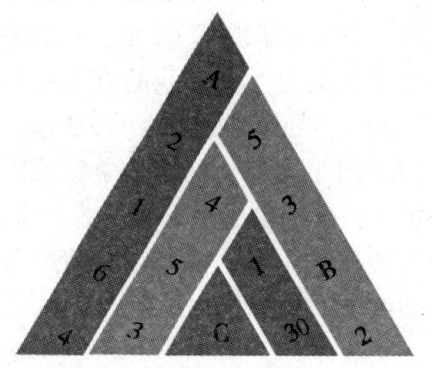

1105 跳台阶

甲乙在玩跳台阶的游戏，甲每一步跳2个台阶，最后剩下1个台阶；乙每一步跳3个台阶，最后剩下2个台阶。甲计算了一下，如果每步跳6个台阶，最后剩5个台阶；如果每步跳7个台阶时，正好一个不剩。你知道台阶到底有多少个吗？

1106 迅速过桥

漆黑的夜晚，4位旅行者走到一座狭窄而且没有护栏的桥边。如果没有手电筒照路的话，大家是无论如何也不敢过桥的。但很不巧，4个人一共只带了一只手电筒，而桥窄得只够让两个人同时通过。如果各自单独过桥的话，4人所需要的时间分别是3、4、6、9分钟；而如果两人同时过桥，所需要的时间就是走得比较慢的那个人单独行走时所需的时间。你能设计一个方案，让这4人用最短的时间过桥吗？

1107 快速计算

求下列算式：$1×2×3×10×15×30=?$ 怎样计算能又快又准确呢？

1108 猜出新号码

迈克又换了新号码，迈克发现，有3个特点使新的电话号码很好记：首先，原来的号码和新换的号码都是4个数字；其次，新号码正好是原来号码的4倍；再次，原来的号码从后面倒着写正好是新的号码。所以，他不费劲就会记住新号码，新号码究竟是多少？

1109 卖水

有一个用大皮囊装着25升水的水商，行经沙漠时，碰到一位要买19升水的客人和一个要买12升水的客人。商人的水不够卖给二人，只能卖给某一方，而且他希望在这酷热的沙漠中，尽快结束交易。假设水商从皮囊中倒出1升的水需要10秒，那么他会卖给哪位客人呢？

1110 网球赛

某网球比赛，共有1045人报名参加。比赛采取淘汰制。首先用抽签的方法抽出522对进行522场比赛，获胜的522人，连同轮空的那1个人，可以进入第二轮比赛。第二轮比赛也用同样的抽签方法决定谁与谁比赛。这样比赛下去，假如没有人弃权，最少要打多少场才可以决出冠军？

1111 规律推数

根据圆圈图案的规律，？处应该填哪个数字？

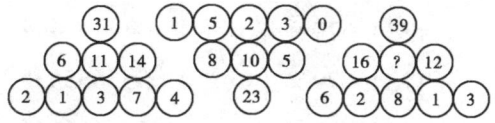

1112 删数字

如下图所示，欲使直列和横列的数字总和等于70，只需删掉4个数字即可。试问，应除去哪4个数字？

21	28	21	21
42	14	14	14
21	14	14	35
7	28	35	35

1113 分割圆环

最后一个被分割的圆环里应该填什么数？

 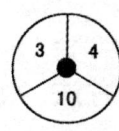 

1114 三只桶的称量

有一个商人用一个大桶装了12千克油到市场上去卖，恰巧市场上两个人分别带了5千克和9千克的两个小桶，但他们要买走6千克的油，而且一个买1千克，一个买5千克，这个商人要怎样称给他们呢？

1115 两数之差

请大家在图中的8个圆圈里填上1~8这八个数字，规定由线段联系的两相邻圆圈中两数之差不能为1。例如，顶上一圈填了5，那么4与6都不能放在第二行的某圆圈内。

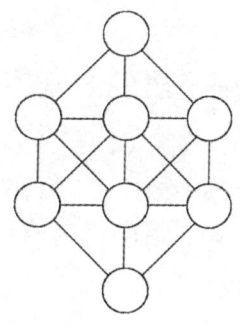

1116 李白买酒

李白无事街上走，提壶去买酒。遇

店加一倍，见花喝一斗。三遇店与花，喝光壶中酒。试问壶中原有多少酒。试用一种简便的方法计算出原来壶中有多少酒？

1117 统筹方法

有一次，小明的妈妈安排小明给客人烧水沏茶。洗开水壶并冲水要2分钟，烧开水要用12分钟，洗茶壶要用2分钟，洗茶杯要用3分钟，拿茶叶要用2分钟。小明估算了一下，要完成这些工作需花21分钟。为了让客人早点喝上茶，按最合理的安排，多少分钟就能沏茶？

1118 相撞的导弹

两枚导弹相距41620千米，处于同一路线上彼此相向而行。其中一枚以每小时38000千米的速度行驶，另一枚以每小时22000千米的速度行驶。请问：它们在碰撞前的1分钟时相距多远？

1119 镜子里的游戏

有4个数字（两组）在镜子里面看数字的顺序相反，它们两者之间的差均等于63。请问：这两组数字分别是什么？

1120 双环填数

把1～8这8个数填入双环中的各个小圆中，如果填得正确，可使双环的每个环中的小圆圈里的数字相加之和都为21，如下图所示。那么，你能否把从7～14这8个数填入双环中的圆圈里，使每一环数圆圈里的数字相加之和为51？你还能不能把13～20这8个数填入圆圈里，使每一圆环的5个圆圈中的数字相加为81？

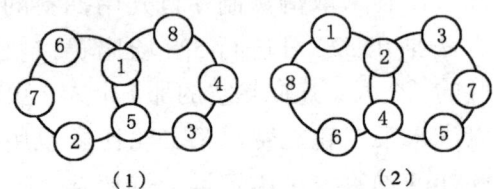

（1） （2）

1121 稀奇的算式

如果12345679×（9）=111111111；那么，你能不用计算就在下面的括号中填入合适的两位数使等式成立吗？

12345679×（ ）=222222222
12345679×（ ）=333333333
12345679×（ ）=444444444
12345679×（ ）=555555555
12345679×（ ）=666666666
12345679×（ ）=777777777
12345679×（ ）=888888888
12345679×（ ）=999999999

1122 青蛙爬井

一只青蛙掉进了一口18米深的井。每天白天它向上爬6米，晚上向下滑3米。按照这一速度，多少天它能爬出井口？

1123 数字六边形

请把 1~24 共 24 个数,分别填进小圆圈里,使每个六边形 6 数之和皆为 75。你能填吗?

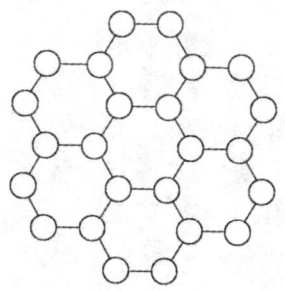

1124 购票

购票须知:门票每张 5 元,50 人以上的团体票可享受 8 折优惠。可现在全班 45 人加上王老师总人数才 46 人,享受不了 8 折优惠。那么,能不能想办法省钱呢?

1125 魔法公式

魔术师有一个魔法公式,这个式子通常会把人的出生月日和年龄泄露出去,式子如下:(出生月日)×10+20×10+165+(你的年龄)=?把你的出生月日和年龄对号入座地填入上面这个式子(千万不要给魔术师看到),然后将最后的数字告诉给魔术师,他就知道你的年龄是多少。你知道秘诀在哪里吗?

1126 如何表示 100

如果让你用 6 个 9 来表示 100,你应该怎样表示呢?

1127 数独魔方

在 9×9 的大九宫格里,已经给出了若干个数字,其他的空格留白,你能根据逻辑原则推断出剩下的空格中要填入什么数字吗?要求每一行、每一列中都有 1 到 9 的数字,且每个小九宫格中也要有 1 到 9 的数字,每一行、每一列、每一小九宫格的每个数字只能出现一次不能重复或缺少。

		7	4				5	
						1	9	
	2	8	3	1	7			
2	8		6			9		
6				9				2
		9			1		6	8
			9	5	4	6	9	
8	6							
5					6	2		

1128 百羊趣题

甲赶了一群羊在草地上走,乙牵了 1 只肥羊紧跟在甲的后面。乙问甲:"你这群羊有 100 只吗?"甲说:"如果再有这么一群,再加上半群,又加上 1/4 群,再把你的 1 只凑进来,才满 100 只。"甲原来赶的羊一共有多少只?

1129 实际损失

顾客拿了一张百元钞票到商店买

了25元的商品,老板由于手头没有零钱,便拿这张百元钞票到朋友那里换了100元零钱,并找了顾客75元零钱。顾客拿着25元的商品和75元零钱走了。过了一会儿,朋友找到商店老板,说他刚才拿来换零钱的百元钞票是假钞。商店老板仔细一看,果然是假钞,只好又拿了一张真的百元钞票给朋友。你知道,在整个过程中,商店老板一共损失了多少财物吗?注:商品以出售价格计算。

1130 古柏树的年龄

有株古柏树,树上挂着一块牌子,牌子上写着:要问我今年多少岁,100比我小,1000比我大,从左往右每位数字增加2,各位数字之和是21。那么你知道它几岁吗?

1131 棋子

将编号从1~9的棋子按一定的方式填入右图中的9个小格中,使得每一行、每一列以及每条对角线上的和都分别相等。

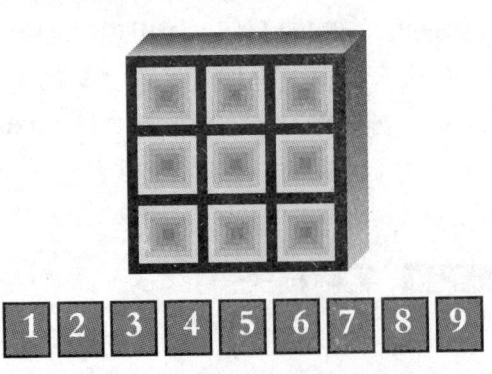

1132 算一算

仔细算一算,空着的小正方形中应该填上哪些数字?

1133 四阶魔方

四阶魔方:将这些编号从1~16的棋子填入游戏纸板的16个方格内,使得每一行、列以及2条对角线上的和相等,且和(即魔数)为34。

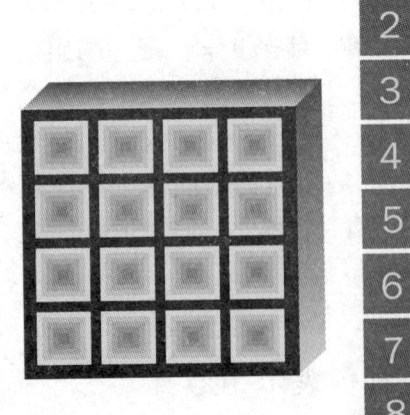

1134 菱形亮度

图中所有菱形的亮度一样吗?

1135 构建等式

将数字 1 ~ 9 放进数字路线中,使各等式成立。

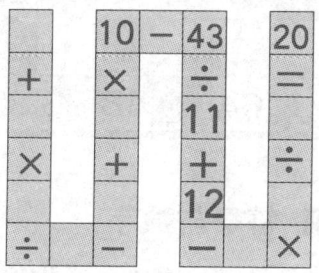

1136 砖头重量

要掉在砌砖工头上的砖有多重?假设它的重量是 1 千克再加上半块砖的重量。

1137 归位

你能将数字 1 ~ 13 填入下面图中的灰色圆圈中,使得每组围绕彩色方块的 6 个圆圈之和相等吗?

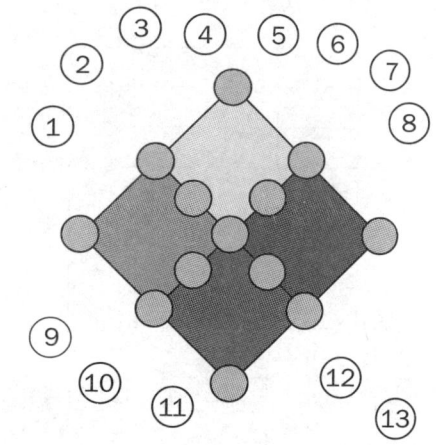

1138 格子屋

你能否将上面的格子图划分成 8 组,每组由 3 个小正方形组成,并且每组中 3 个数字的和相等?

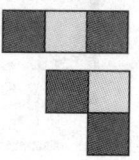

1139 位置对应

将所提供的几排数字插入格子中适当的位置，使方格中每横排、纵列和对角线上数字相加的结果为175。例如：将（C）放入位置（a）。

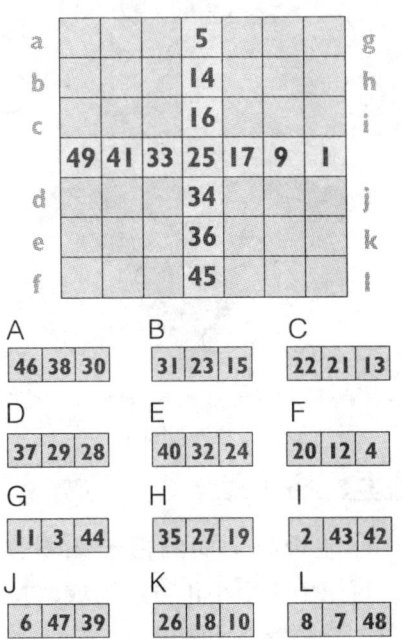

1140 6数之和

用数字1~36填入缺失数字的方格中，使得每行、每列及每条对角线上的6个数之和分别都等于111。

1141 八阶魔方

本杰明·富兰克林的八阶魔方诞生于1750年，包含了从1~64的所有数字，并以每行、每列的和为260的方式进行排列。

你能填出缺失的数字吗？

52		4	20		36		
14	3	62	51	46	35	30	19
53		5	21		37		
11	6	59	54	43	38	27	22
55		7	23		39		
9	8	57	56	41	40	25	24
50		2	18		34		
16	1	64	49	48	33	32	17

1142 符号与数字

如果叶子的值是6，你能计算出其他符号的值吗？

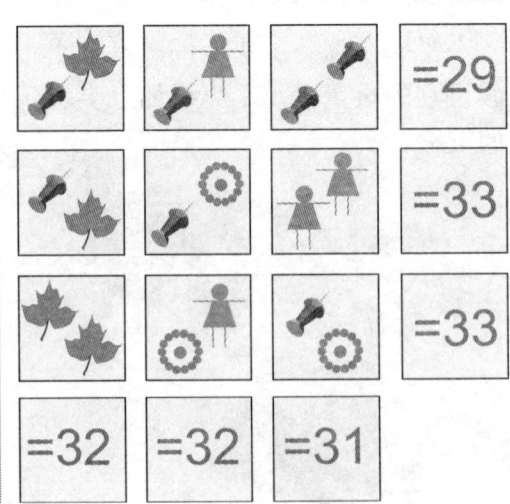

1143 多米诺骨牌墙

有人在砌一堵墙。你能替他完成这项工作,把剩下的7张多米诺骨牌插入相应的位置吗?但是要记住,每行中要包括6组不同的点数,而且这些点数相加的和要与每行右侧的数值相等;每列也要包括3组不同的点数,且这些点数相加的和也要与底部的数值相等。

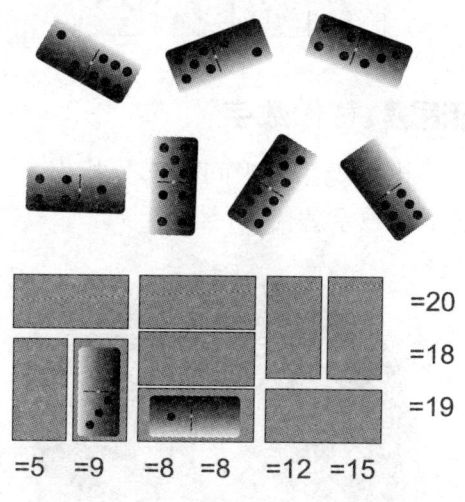

1144 大圆与小圆

利用0～5这6个数字,在每个小圆上各填1个数字,使围绕每个大圆的数值加起来都等于10。

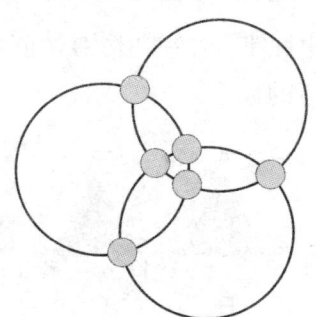

1145 算数

你能算出最后那个图形中缺少什么数字吗?

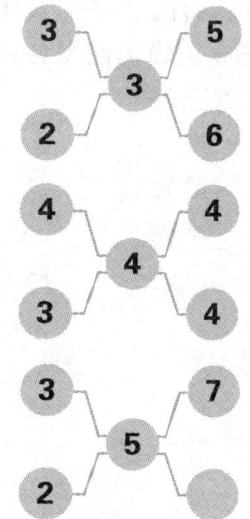

1146 博彩游戏

在一种博彩游戏中,买彩票者需要在1～54这些数字中间选出6个数字,这6个数字的顺序不重要。

请问有多少种选择?

第七章 计算力 | 233

1147 五星数字谜题

在这道谜题中,你必须运用从1~12的数字,每个圆圈中只能放入1个数字,而且所有的数字都要用上。将数字全部安放正确,使得各行4个数字的总和都等于26。

1149 数字谜题

在问号的位置上填上合适的数字就可以完成这道谜题。

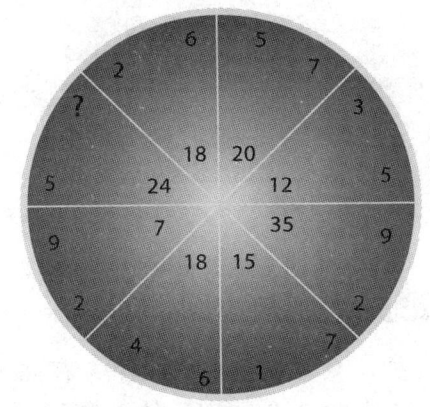

1150 替代数字

找出规律,为问号部分找出一个合适的数字替代。

1148 数独

这是流行于日本的一种游戏——数独。它的规则比较简单:从1~9这些数字中选择1个,放入每个空格中,使每一横排、纵列和3×3的格子中都包含了1~9这些数字。

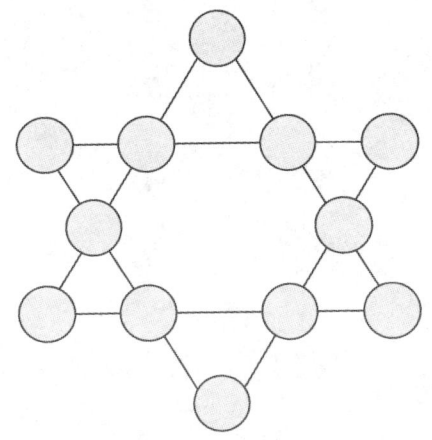

1151 完美六边形

找出规律,在三角形D的问号部分填上合适的数字。

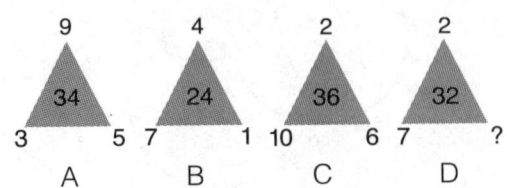

1152 哪个数

图中标注问号的地方应该填上什么数字?

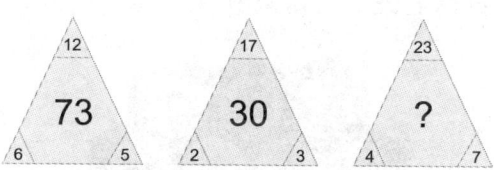

1153 活塞

下图是液压机的一个模型,从中我们可以清楚地看到它的机械利益(一台机器产生的输出力和应用的投入力之间的比率)。这个液压机有两个汽缸,每个汽缸有一个活塞。

这个模型中:

小活塞的面积是 3 平方厘米;大活塞的面积是 21 平方厘米;机械利益为 $21 \div 3 = 7$。

请问小活塞上面需要加上多少力,才能将大活塞向上举起 1 个单位的距离?

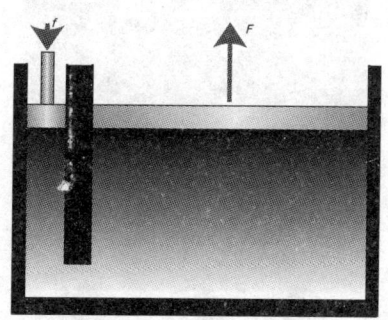

1154 送货

传送带和滚轴上的货物需要运到 20 个单位距离的地方。如果每个滚轴的周长为 0.8 个单位长度,那么它们需要转多少圈才能将货物运到指定的地点?

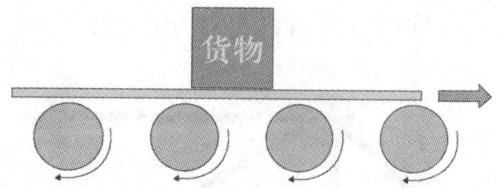

1155 结果是 12

结果是 12。你能想出为什么吗?

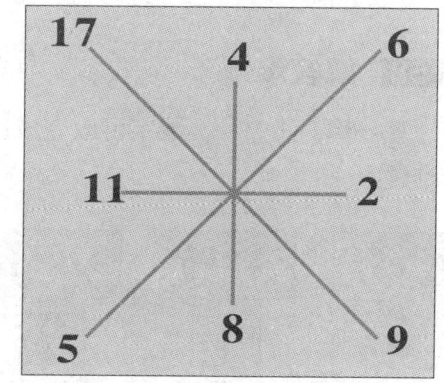

1156 完成等式

在空格中填入正确的数字,使所有上下、左右方向的运算等式均成立。

	+		=	6
−		×		+
	+	4	=	
=		=		=
3	+		=	

1157 合力

这 4 个力是作用在同一个点上的（蓝点）。力的大小以千克为单位。

你可以算出它们合力的大小吗？

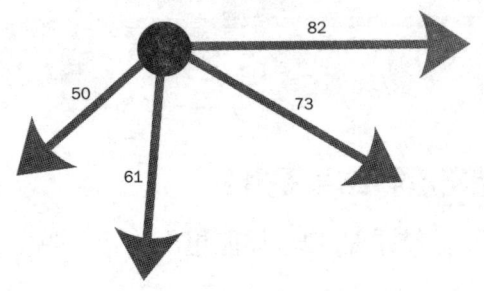

1158 解答难题

算一算，添上什么数字可以完成这道难题？

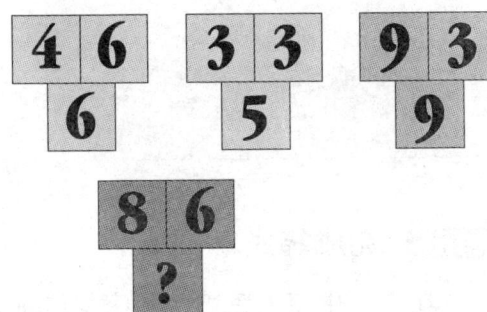

1159 问号里的数字

图中标注问号的地方应该填上什么数字？

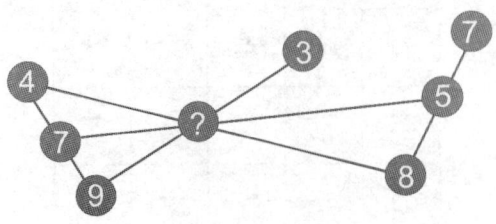

1160 蜂巢

你能否将数字 1 ~ 19 填入下边的蜂巢里，并且使每一相连的蜂巢室的直行上数字之和为 38？

1161 最大的和

如图所示，沿着相邻的数字从图形的左上角到右上角可以走出多种路线。把每条路线上的数字分别相加得到多个和，找出这些和中的最大的一个。

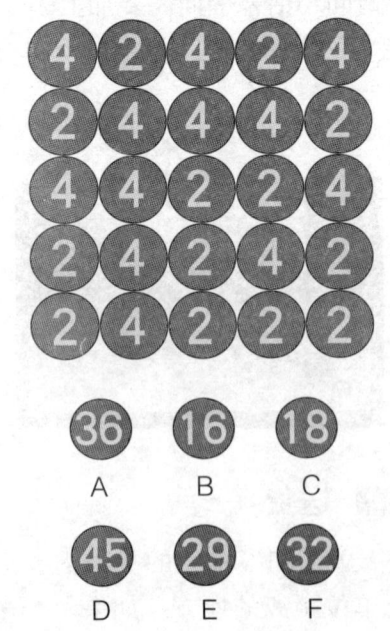

1162 填数完形

图中标注问号的地方应该填上什么数字?

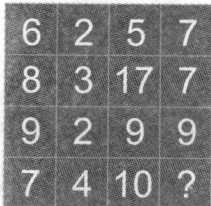

A.24 B.30 C.18 D.12 E.26

1163 倍数难题

将数字 1～9 填入下图的圆圈里,使得与某一个六边形相邻的所有六边形上的数字之和为该六边形上的数字的一个倍数。你能做到吗?

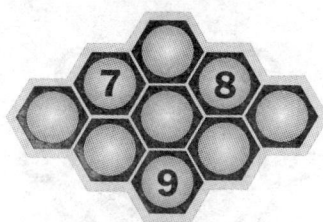

1164 五星填数

你能将数字 1～12（除去 7 和 11）填入五角星上的 10 个圆圈上,并使任何一条直线上的数字之和等于 24 吗?

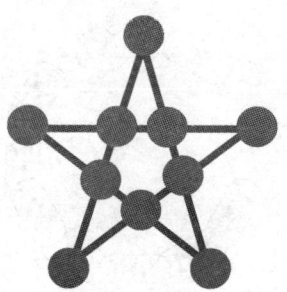

1165 填空

你能在问号处填上正确的数字吗?

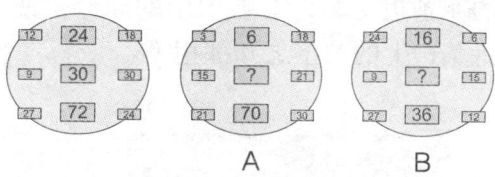

A   B

1166 三角形面积

图中正方形的边长为 6 个长度单位,已知三角形覆盖了正方形 1/2 的面积,正方形覆盖了三角形 3/4 的面积。请问三角形的面积是多少?

1167 填数

你能将数字 1～12 填入六角星的圆圈中,使得任何一条直线上的数字之和为 26 吗?

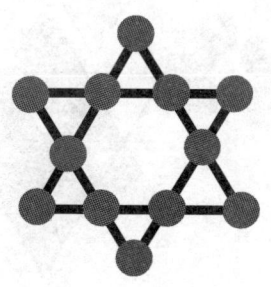

1168 相等的数字之和

把所有列示的数字都放到正方形的4条边上，以替换图中的问号，使每条边上的数字之和都相等。

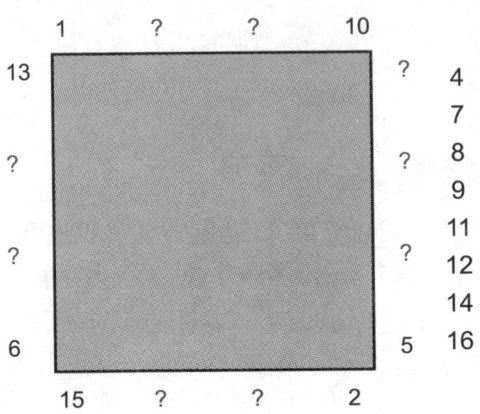

1169 三角形组

你能否将数字1~12填入多边形的12个三角形中，使得多边形中的6行（由5个三角形组成的三角形组）中，每行（每组）的和均为33？

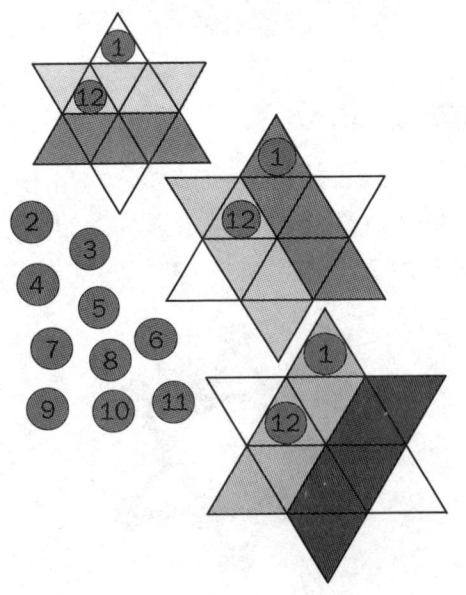

1170 七角星

你能将数字1~14填入右图的七角星圆圈内，使得每条直线上数字之和为30吗？

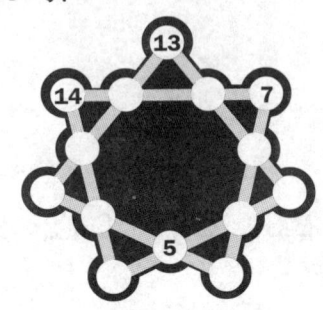

1171 八角星

你能将数字1~16填入左边的八角星圆圈内，使得每条直线上数字之和为34吗？

1172 完成链形图

算一算，这个链形图中缺少什么数字？

1173 路径

从顶部的数字 2 出发，得出一个算式，使算式最后的得数仍然是 2，不可以连续经过同一排的两个数字或运算符号，也不可以两次经过同一条路线。

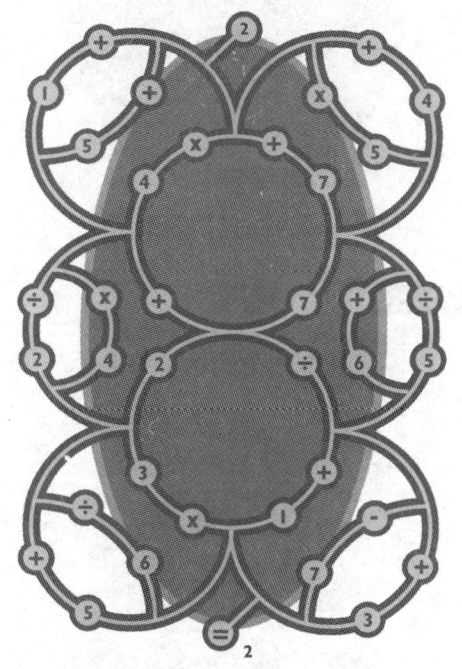

1174 代数

要完成这道题，问号的位置应该换成什么数字？

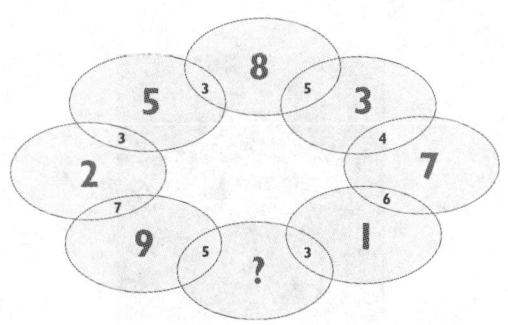

1175 完成谜题

算一算，在问号处填上什么数字可以完成这道题？

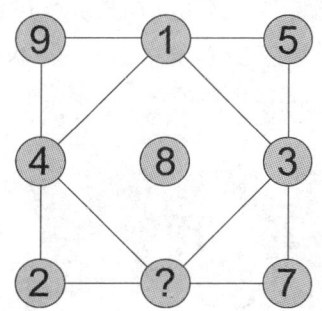

1176 墨迹

哎呀！墨迹遮盖了一些数字。此题中，从 1~9 每个数字各使用了一次。你能重新写出这个加法算式吗？

1177 房顶上的数

你能找出房顶处所缺的数值为多少吗？门窗上的那些数字只能使用 1 次，并且不能颠倒。

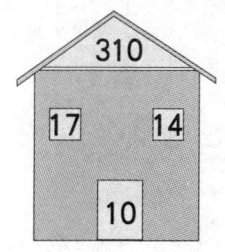
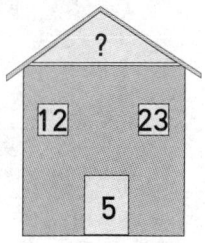

1178 迷宫算式

从右下方的数字 7 出发,穿过迷宫并得出一个算式,使算式最后的得数仍然是 7。不可以连续经过同一排的 2 个数字或运算符号,也不可以两次经过同一条路线。

1180 数字补白

算算看,图中空白处应该是什么数字?

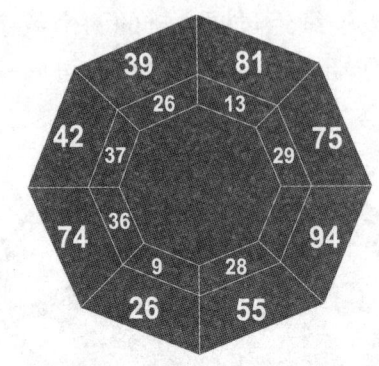

1181 数字完形

你能算出问号处应是什么数字吗?

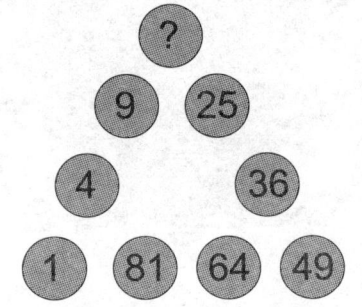

1179 算算看

你能算出缺失的数字吗?

1182 数字填空

图中标注问号的地方应该填上一个什么数字?

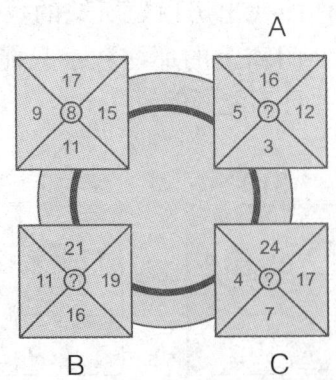

1183 标志

方格中的每种标志代表1个数字，你能算出问号所在处的数字吗？

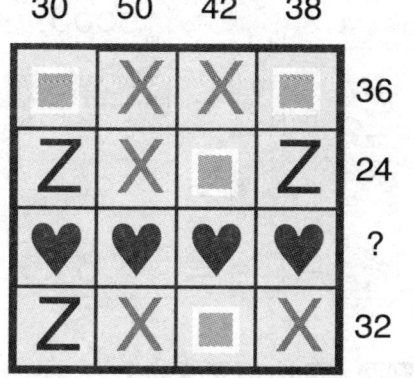

1184 替换问号

要完成这道题，你觉得问号部分应该替换成什么数字？

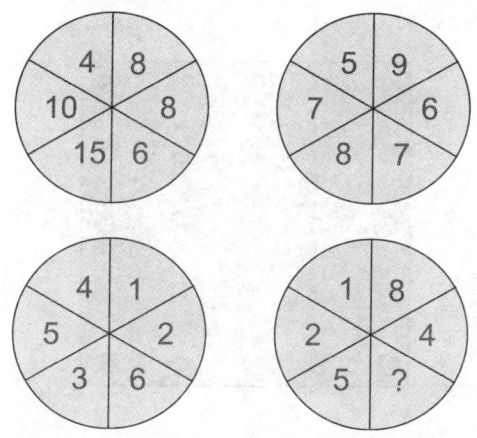

1185 小狗菲多

小狗菲多被人用一条长绳拴在了树上。拴它的绳子可以到达距离树10米远的地方。

它的骨头离它所在的地方有22米。当它饿了，就可以轻松地吃到骨头。它是怎么做到的？

1186 几个白色小圆

方框中标注问号的地方应该填上几个白色小圆？

$\boxed{\star} \div \boxed{n} = \boxed{\circ}$

$2(\boxed{\star} \times \boxed{2n}) = \boxed{\circ\circ\circ\circ \atop \circ\circ\circ\circ}$

$2(\boxed{\star\star} - \boxed{2n}) = \boxed{\circ\circ\circ}$

$\boxed{\star} + \boxed{6n} = \boxed{?}$

1187 剩余面积

如图所示，4个小正六边形和中心的大正六边形部分重叠。

问：除去重叠的部分，4个小正六边形和大正六边形哪个剩余面积更大？已知大正六边形的边长是小正六边形边长的2倍。

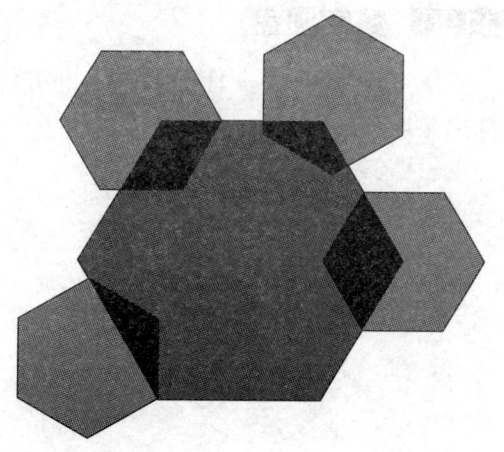

1188 数字难题

要完成这道题，问号处应该填上什么数字？

1191 白色小圆

方框中标注问号的地方应该填上几个白色小圆？

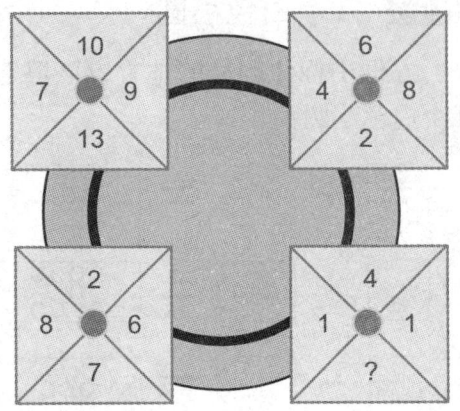

1189 缺少的数字

你能填充这两个缺少的数字吗？

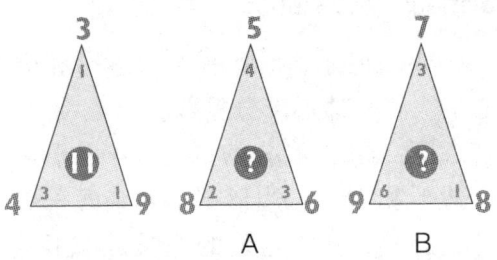

1190 数字圆盘

第3个圆中缺少什么数字，你能算出来吗？

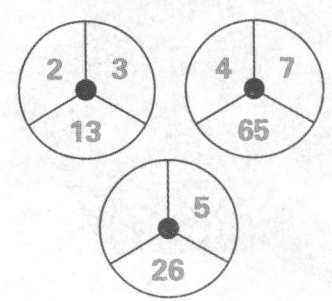

1192 四边形面积

如图所示，用1根橡皮筋在下边的小钉板上围出1个红色的四边形，假设图中每一个小正方形的边长为1个单位，你能算出这个红色的四边形的面积吗？

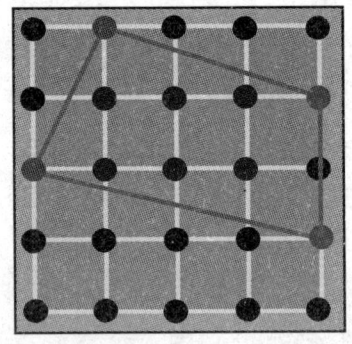

1193 总值

白色、灰色和黑色圆圈各代表不同的数值。最后那排的总值为多少？

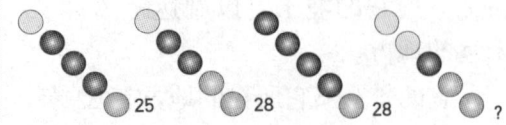

1194 求面积

如图所示，假设每个小正方形的边长为1个单位，你能够算出下边4个图形的面积吗？

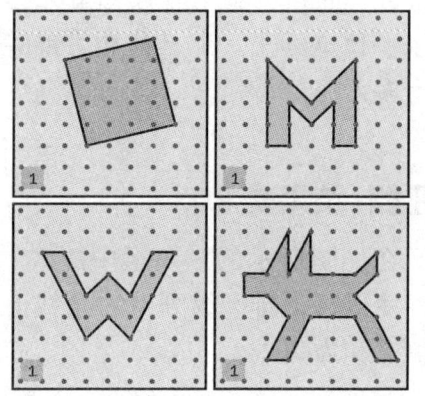

1195 数字

问号处的数字应是多少？

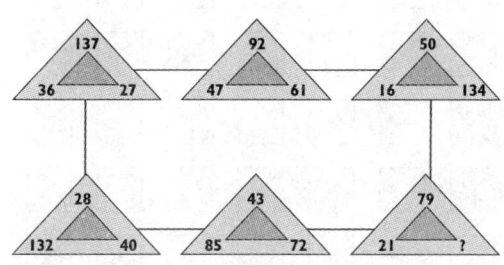

1196 最小正方形边长

可以放入7个等边三角形（边长为1个单位长度）的最小正方形的边长是多少？

1197 正方形边长

可以放入8个等边三角形（边长为1个单位长度）的最小正方形的边长是多少？

1198 金字塔上的问号

金字塔每一格中的数字都是下面两格中的数字之和。用哪一个数字来替换问号呢？

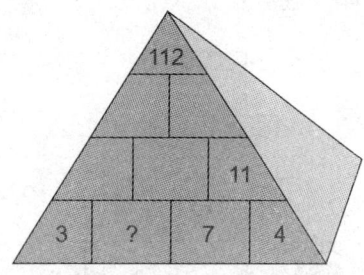

1199 最后的格子

动动脑筋，最后那格中需要填上什么数字？

4	1	6	2
16	10	20	6
3	9	11	4

3	8	1	7
6	13	14	6	13
6	2	3	1

(注：第二表第二行似为 3 8 1 7 / 13 14 6 13 / 6 2 3 1)

12	8	3	0
7	10	17	6
4	2	17	6

9	11	2	5
9	14	4	8
3	4	2	?

1200 符号与数值

格子中的每种符号都代表1个数值，你能算出它们分别代表的数值以及问号部分应当填入的数字吗？

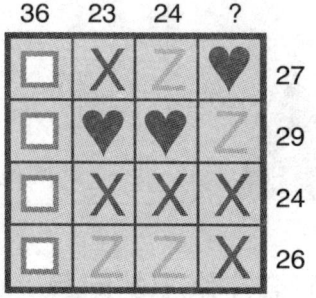

1201 数字台阶

要完成这道题，你觉得问号部分应该换成什么数字？

1202 面积比值

已知图中的两块浅灰色区域面积相等，请问其他两块区域的面积比值是多少？

A　1/3
B　1/2
C　1
D　3/2

1203 年龄

据说，曾有一位希腊人，孩童时期占据了他生命中 1/4 的时间，青年时期占据了 1/5，在生命中 1/3 的时间里他是成人，而在生命的最后 13 年里，他成了一位老绅士。那么他在去世时年纪有多大呢？

1204 结果是203

在如图所示的三角形中放入1个数，使得每横排、纵列及对角线上的数值之和为203。

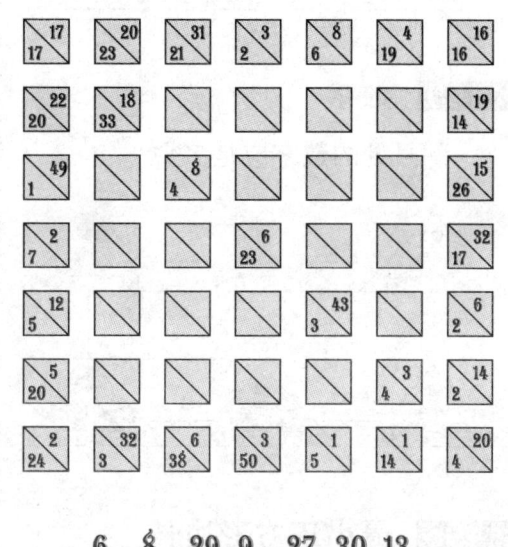

第八章

语言力

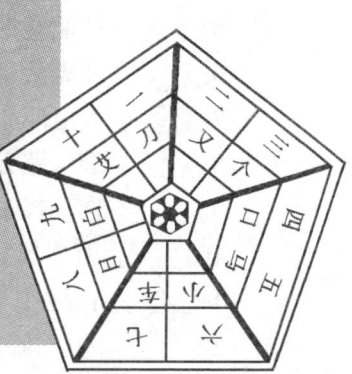

1205 拼汉字

想象一下，5根横排的火柴和3根竖排的火柴能拼几个汉字？

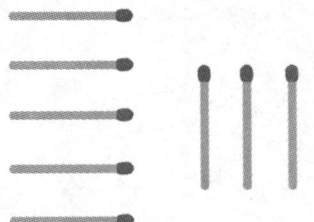

1206 诗词填数

准确地填出下面诗词选句中的第一个字，你会发现它们是一组很有趣的数词。

1._____ 年好景君须记（苏轼）
2._____ 月巴陵日日风（陈与义）
3._____ 月残花落更开（王令）
4._____ 月清和雨乍晴（司马光）
5._____ 月榴花照眼明（朱熹）
6._____ 月天兵征腐恶（毛泽东）
7._____ 百里驱十五日（毛泽东）
8._____ 千里路云和月（岳飞）
9._____ 雏鸣凤乱啾啾（李颀）
10._____ 万里风鹏正举（李清照）
11._____ 亩庭中半是苔（刘禹锡）
12._____ 里莺啼绿映红（杜牧）
13._____ 紫千红总是春（朱熹）

1207 纵横交错

横向

1.国际足联的一个奖项，2004年被小罗纳尔多夺得。2.我国一个大型电信运营商。3.清末农民起义军建立的政权。4.比喻事情极容易做。5.《碧血剑》中的一个人物。6.形容极多。7.教学上对物理、化学、数学、生物等学科的总称。8.法国作家福楼拜的代表作。9.由政府执行或托管的保险计划，用来向失业者、老人或残疾人提供经济援助。10.我国一个著名的软件公司。11.由社会承办的赡养老人的机构。12.用于称他人的女儿，有尊贵之意。

纵向

一、"WTO"的中文意思。二、严格执行法律，一点不动摇。三、在其中引发并控制裂变材料链式反应的装置。四、对观看球赛有狂热爱好的人。五、古时对男子的尊称。六、皮皮的一篇以婚恋为题材的长篇小说。七、一个生物群落及其系统之中，各种对立因素相互制约而达到相对稳定。八、我国哲学、社会科学研究的最高学术机构和综合研究中心。九、联合国的永久性保护和平机构。十、雅典

奥运会女子万米冠军。十一、投资者协助具有专门科技知识而缺乏资金的人创业，并承担失败风险的资金。

1208 三国演义

有个秀才正翻看《三国演义》时，厨师进来对他说："老爷，不瞒你说，《三国演义》是我天天必读之书。就拿今天来说吧，我炒菜缺了四样作料，全在这书里面，所以我来看看！"秀才听了半信半疑，他只知道《三国演义》里写的是曹操、刘备和孙权，还没听说过写有做菜用的作料呢。厨师说："有，老爷你听着——刘备求计问孔明，徐庶无事进曹营，赵云难勒白龙马，孙权上阵乱点兵。"秀才想了想便猜了出来。那么，你能猜出厨师缺哪4样作料吗？

1209 疑惑的小书童

明朝有一个著名的文学家，叫冯梦龙。有一年夏天，冯梦龙起床后，发现后院的桃花盛开了，正在这时，有一位姓李的朋友来拜会。冯梦龙便开玩笑说："桃李杏春风一家，既然您来了，我们就到后院去，一面喝酒，一面赏看您本家吧！"他们来到后院，冯梦龙忽然想起忘了一样东西，就对书童说："你快去拿一件东西，送到后院来！"书童问："是什么东西呢？"冯梦龙随口就造了一个谜："有面无口，有脚无手，又好吃肉，又好吃酒。"书童愣在那儿，猜不出应该去拿什么。你能帮帮这个书童吗？

1210 文学想象

七律、11、火箭、万水千山。与这四种提示有关事物或概念是什么？请用2个字来描述。

1211 成语十字格

请在下图的空格里填上适当的字，使其横竖读起来都是成语。

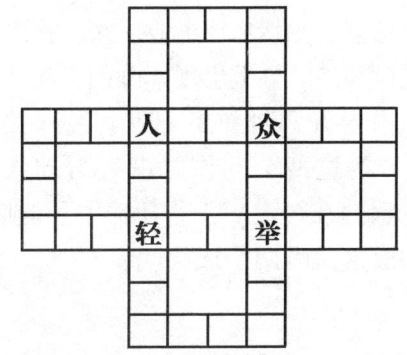

1212 一笔变新字

汉字结构有趣又奇怪，一笔之差就有不同含义。你能将下面图形中的字填上一笔变成另一个字吗？

1213 看图猜字

请你根据下图画着的内容猜一个字。

1214 一台彩电

桌子上放着一台彩电。A 说："以这台彩电为道具，谁能连做两个简单的动作，打两个成语？"大家都在静静地思索。忽然，B 走上前来，将彩电开关打开，屏幕上出现了画面，有了声音。没过几秒钟，B 又把电视开关关了。B 的这两个动作并没有引起人们的注意。谁料，A 竟说 B 猜中了谜底。你知道这是哪两个成语吗？

1215 成语猜谜

楚人求剑（打一美术作品类别名）。

1216 几家欢喜几家愁

项羽和刘邦当年争夺天下的时候水火不容，三国时期的刘备和关羽是结义兄弟，如果刘邦听了大笑，刘备听了大哭，这是为什么？请用一个字来回答。

1217 快乐联想

提示一：五行　　提示二：朝代
提示三：撤兵　　提示四：星星
与这 4 种提示有关的事物或概念是什么？

1218 成语接龙

下面的成语，前一个成语的最后一个字，是它后面那个成语的第一个字，这在修辞上叫"顶真"。请在它们之间的空白处填上一个字，使每组成语连接起来。

今是昨（　）同小（　）望不可（　）
以其人之道，还治其人之（　）体力（　）
若无（　）在人（　）所欲（　）富不（　）
至义（　）心竭（　）不胜（　）重道
走高（　）沙走（　）破天（　）天动（　）
利人（　）睦相（　）心积虑

醉生梦（　）去活（　）去自（　）
花似（　）树临（　）调雨（　）手牵（　）
肠小（　）听途（　）长道（　）兵相（　）
二连（　）言两（　）重心（　）驱直（　）
不敷（　）其不（　）气风（　）扬光（　）
材小（　）兵如（　）采飞（　）眉吐（　）
象万（　）军万（　）到成（　）败垂（　）
千上（　）古长（　）红皂（　）日作（　）
寐以（　）同存（　）想天（　）天辟地

1219 学三部曲

（1）巴金爱情三部曲：
（2）巴金激流三部曲：
（3）高尔基自传体三部曲：
（4）托尔斯泰《苦难历程》三部曲：
（5）茅盾《蚀》三部曲：

（6）郭沫若《漂流》三部曲：

1220 象棋成语

下图是一个象棋棋盘，请你在每格空白棋子上填入一个适当的字，使横竖相邻的4个棋子能够组成一个成语。

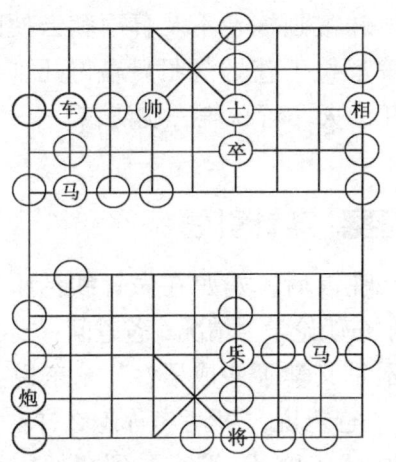

1221 组合猜字

如图数字方格，每个数字都代表一个文字，两格相加，又可以合成一个字，你能依照下面的暗示猜出此文字来吗？

① 1加2等于日落的意思。
② 2加3等于日出的意思。
③ 3加4等于欺侮的意思。
④ 4加5等于瞄准出击的意思。
⑤ 2加6等于光亮的意思。
⑥ 6加7等于丰满的意思。

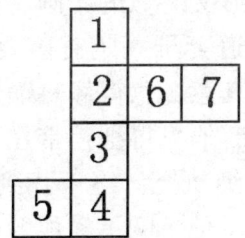

1222 串门

一天，王秀才到朋友家去串门。一进门，他双拳一抱，随即念了一首字谜诗："寺字门前一头牛，二人抬个哑木头，未曾进门先开口，闺宫女子紧盖头。"朋友稍一思忖，就领会了其中的意思，便也以诗相答："言对青山不是青，二人土上在谈心，三人骑头无角牛，草木丛中站一人。"王秀才一听，朋友所说的与自己说的完全吻合。双方哈哈大笑起来。请你猜一猜，这两首字谜诗的谜底是什么？

1223 乌龟信

一位目不识丁的农妇惦记在外做工的丈夫，于是托人捎去一封信。她的丈夫拆开一看，一页全都画着排列整齐的乌龟，最后却是一只竖着的大乌龟。丈夫立刻明白了，收拾起铺盖卷儿，回家去了。

你能从信中看出它的意思来吗？

1224 拜访

齐白石是中国著名画家，有很多学画的人，有的要拜他做老师，有的拿了画来向他请教，也有的学生作品获奖了，来向他表示感谢。

有一天，几个学生拜见老师，他们刚想敲门，却看见门上写着一个"心"字。他们觉得奇怪，只见过门上写"福"字的，写"心"字是什么意思呢？这时有一个学生忽然说："我明白啦！"说着，拉着同伴就离开了。第二天，他们又来到齐白石门前，只看见门上换了一个"木"字，大家高兴极了，马上敲门进去，拜见了齐白石。你知道这是为什么吗？

1225 成语与算式

下图两盏数字灯，用适当的数字巧填空。使它直行为成语，横行为数学等式。

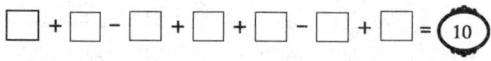
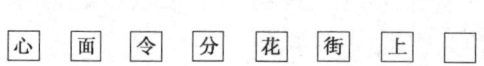
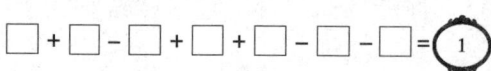
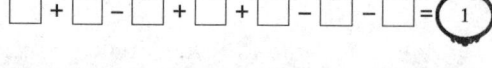

1226 长联句读

请你给下面一副长联加上标点：

五百里滇池奔来眼底披襟岸帻喜茫茫空阔无边看东骧神骏西翥灵仪北走蜿蜒南翔缟素高人韵士何妨选胜登临趁蟹屿螺洲梳裹就风鬟雾鬓更苹天苇地点缀些翠羽丹霞莫辜负四围香稻万顷晴沙九夏芙蓉三春杨柳

数千年往事注到心头把酒凌虚叹滚滚英雄谁在想汉习楼船唐标铁柱宋挥玉斧元跨革囊伟烈丰功费尽移山心力尽珠帘画栋卷不及暮雨朝云便断碣残碑都付于苍烟落照只赢得几许疏钟半江渔火两行秋雁一枕清霜

1227 穿针引线

晚饭后，妈妈在做针线活，爸爸和东东谈论学习情况。爸爸问："你最近是不是又学了些成语？"东东说："是的。"爸爸说："我考考你怎么样？"东东说："好啊。"爸爸看到妈妈一手拿针，一手拿线，正要穿针引线，就对东东说："儿子，你能用一句成语把你妈这个动作说出来吗？"你也跟东东一起猜猜吧！

1228 一封怪信

某人被公派驻外地，半年后他突然接到农村不识字的妻子寄来的一封信。打开一看，上面并没有字，只有一连串象形文字似的图画。丈夫接到此信，知道妻子一定有事要告诉他，但又不解其意，急得像热锅上的蚂蚁一样。最后他只得把信带在身上，一有空就仔细研究，终于找到了答案。比如A表示他（圈）和他的已怀孕的妻子（同心圆圈），那么下面的5个图又表示什么呢？

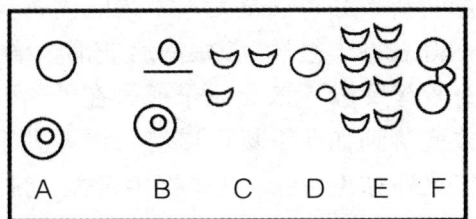

1229 秀才贵姓

从前，一大户人家的老太太过六十大寿，八方宾朋济济一堂。一位秀才进京赶考，路过这里，想求一口饭吃。老太太热情地款待了他。席间，老太太问秀才："贵人尊姓大名？"秀才回答："今天不是老太太的生日宴吗？巧得很，我的姓氏与生日宴很有缘。如果把生日宴三个字作为谜面，打一字，谜底即是。"你知道这位秀才姓什么吗？

1230 成语加减

将下面的成语运用加减法使其完整。

1. 成语加法

（　）龙戏珠＋（　）鸣惊人＝（　）令五申

（　）敲碎打＋（　）来二去＝（　）事无成

（　）生有幸＋（　）呼百应＝（　）海升平

（　）步之才＋（　）举成名＝（　）面威风

2. 成语减法

（　）全十美－（　）发千钧＝（　）霄云外

（　）方呼应－（　）网打尽＝（　）零八落

（　）亲不认－（　）无所知＝（　）花八门

（　）管齐下－（　）孔之见＝（　）落千丈

1231 "山东"唐诗

山				东		
	山				东	
		山			东	
			山			东
		山				东
			山		东	
		山				东
			山			东

1232 雪中送炭

有一个姓蔡的县官，和郑板桥是好朋友，他受了郑板桥的影响，很同情老百姓的疾苦，他俩经常一起到民间走访，了解民情。有一年春节，他俩一起到大街上去散步，访贫问苦。忽然，他们看到一户人家的门上有一副奇怪的对联。

只见那对联的上联是"二三四五"，下联是"六七八九"。蔡县官正感到纳闷，转身一看，郑板桥不见了。等了好一会儿，只见郑板桥扛了一袋大米、几包衣服，急匆匆地赶来。他们敲开了门，原来那是一个穷书生，正又冷又饿地在发愁。郑板桥把东西送给了主人，蔡县官问郑板桥："是谁告诉你他需要衣服和粮食呢？"郑板桥得意地说："是对联谜呀！"你知道为什么吗？

1233 汉字拼凑

下图五角形图案外围有一至十10个数字，内围有十个汉字，请将数字与汉字相互拼凑起来，拼成30个新汉字。

1234 真实的谎言

有一次，马克·吐温与一位夫人对坐聊天。马克·吐温对这位夫人说："你真漂亮。"夫人高傲地回答："可惜我实在无法同样地称赞你。"对于夫人的傲慢无礼，马克·吐温毫不介意地笑笑说："没关系，_____。"

马克·吐温用一句话就委婉地否定了自己刚才的话。你知道他是怎么说的吗？

1235 老父读信

有位背井离乡在外谋职的书生，逢年过节，便遥寄家书向爹娘报平安。这年，他的信是这样写的："父母大人拜上新年好晦气全无人丁兴旺读书少不得五谷丰登"。爹娘阅后老泪纵横，直咬牙跺脚不该让儿子孤身在外，以致流落到如此下场。遂匆匆派人去千里之外寻儿归乡。儿子好生奇怪，说："我在信中不是已向父母禀告生活平安、万事如意了吗？怎么老父还不放心？"家丁便把老父的信从怀中掏出展开，书生只见老父在自己的信上加了几个标点："父母大人拜上：新年好晦气，全无人丁兴旺。读书少，不得五谷丰登。"书生读罢，恍然大悟，遂重新卷袖挥毫，在原有的信上重又添了标点，让家丁带回。读者朋友，你知道书生是怎样添加标点的吗？

1236 诗词影片名

有些电影片名是从古诗词中择取的。请你为下面诗词填出电影片名。

（1）何当共剪西窗烛，却话_____时。

——李商隐《夜雨寄北》

（2）山重水复疑无路，_____又一村。

——陆游《游山西村》

（3）无可奈何花落去，似曾相识_____。

——晏殊《浣溪沙》

（4）三十功名尘与土，_____。

——岳飞《满江红》

（5）问君能有几多愁？恰似_____
_____。

——李煜《虞美人》

（6）_____其修远兮，吾将上下而求索。

——屈原《离骚》

（7）_____，处处闻啼鸟。

——孟浩然《春晓》

（8）当时明月在，曾照_____。

——晏几道《临江仙》

（9）_____路，孤舟几月程。

——贾岛《送耿处士》

（10）岂有豪情似旧时，_____两由之。

——鲁迅《悼杨铨》

1237 断肠谜

相传朱淑贞曾以断肠之情巧制《断肠谜》一则，字里行间充满着一片怨恨决绝之情，此谜制得确是巧妙："下楼来金钱卜落，问苍天人在何方；恨王孙一直去了，詈冤家言去难留；悔当初吾错失口，有上交无下交；皂白何须问，分开不用刀；从今莫把仇人靠，千里相思一撇消。"

谜面由10个句子组合，每句各打一字，你知道是什么吗？

1238 巧读同音联

有一次，乾隆和纪晓岚对对联，乾隆说出了上联："两碟豆。"纪晓岚对曰："一瓯油。"乾隆皇帝听后，狡黠一笑说："朕说的是'林间两蝶逗'。"纪晓岚聪明过人，早已料到乾隆的对联暗含玄机，于是不慌不忙地应道：乾隆听后连夸对得好。请问纪晓岚对的是什么？

1239 趣味课程表

下图是张课程表，请在空格填上字，使其成为成语，但不能重复。

1		生	物
2		化	学
3		美		术
4		外	语
5		科	学
6		哲	学
7		数	学
8		物	理
9		心	理
10		天	文
11		音	乐
12		地	理
13		生	物
14		农		科
15		政	治
16		体		育
17		经	济
18		法		律
19		语	文
20	历		史

1240 是否别字

有一次，张作霖应邀参加一个酒会。席间有个日本名流拿出笔墨请张作霖赏一幅字画，因为他听说张作霖大字不识几个，想当众让其出丑。不料，张作霖胸有成竹，挥笔写了个大大的"虎"字，然后落款"张作霖手黑"。众人见此一阵拍手称好。这时，秘书一看，凑近他，小声提醒说："大帅，您写的'墨'字少了一个'土'，成了'手黑'了。"张作霖却把眼一瞪，掷笔而起，朗声说了一句话，语惊四座。你知道他说了什么吗？

1241 屏开雀选

在图中的空白圆圈内填入一个适当的汉字，使其与左右的字都能组成一个新的字。

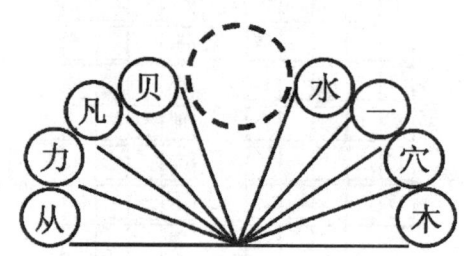

1242 快来猜一猜

1. 中国革命伟大的先行者。
2. Taxi 的中文名。
3. 金庸小说《射雕英雄传》中黄蓉的父亲。
4. 中国古代四大名著之一。
5. 秦文君著的描写当代中学生的日常生活的小说。
6. 日本著名漫画家鸟山明的得意作品。
7. 一种涂着蜡质材料供复写的纸。
8. 天文学上的距离单位，约等于94605千米。
9. 一种内容通俗、词句诙谐的旧体诗。
10. 指时机难得，必需抓紧的成语。
11. 锌跟稀盐酸或稀硫酸反应生成的气体。
12. 韩寒的成名之作。
13. 四川的美称。
14. 中国的第二大岛。
15. "老骥伏枥"的下句。
16. 一种可以帮助学习英语的机器。
17. 四川出版的一本中学生杂志。
18. 形容见不到一点光明的成语。
19. 安徽省的地方剧种。
20. 碳酸钠的俗名。
21. 陈寿写的一本史书。
22. 诸葛亮北伐时，给皇帝的一份奏章。
23. 一种每句有七个字的古诗体例。
24. 成语，形容来往车马很多、连续不断的热闹情景。
25. 计量海洋上距离的长度单位。
26. 成语，形容妇女服饰华贵富丽，闪耀着珍宝的光色。
27. 《史记》的体裁。
28. 糖尿病人缺少的东西。

1243 环形情诗

电视剧《鹊桥仙》中，苏小妹给新郎秦少游出了3道考题，全部答出方能入洞房。其中有一道题要求将环形的14个字断分成4句七言诗，每句首尾几个字可重叠。你能把苏小妹的诗准确地读出来吗？

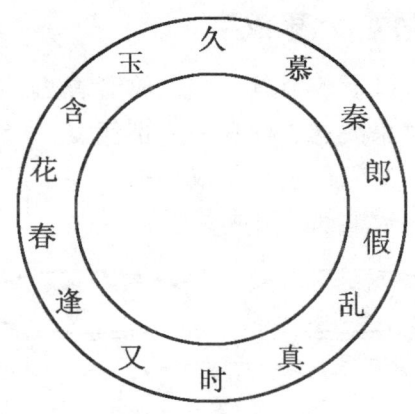

1244 组字透诗意

下面有禾、青、九、十等4个字，请你在中间的空白格内填上一个字，使它分别与这4个字拼成另外4个字，而且使拼成的字又符合下边诗句的寓意。

禾稳扬花菊开月，青天无云不飞雪。

九九艳阳东升起，十足干劲迎晨曦。

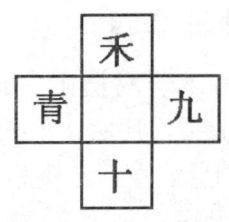

1245 多维提示

用3个字来描述与下列词语有关的事物。广告、荧光粉、维多利亚女王、哨兵。

1246 几读连环诗

下面是一首连环诗，请你发挥你的想象力，说说能读出几种读法来吗？

1247 树木字谜

猜一个字：砍去左边是树，砍去右边是树，砍去中间是树；只有不砍不是树。

（打一字）

1248 什么关系

根据提示，想想与提示有关的事物或概念是什么？提示：公鸡、帚、灰尘、竹棒。

1249 难解之谜

有一次，在美国洛杉矶举行的中美作家联谊酒会上，美国著名诗人金斯伯格请中国作家蒋子龙猜个谜语，把一只2.5千克重的鸡装进一个只能装0.5千克水的瓶子里，用什么方法把它拿出来。蒋子龙立刻答道："＿＿＿。"

金斯伯格哈哈大笑，伸出大拇指说："你是第一个猜出这个谜语的人。"

你知道蒋子龙是怎么回答的吗？

你知道这个谜底是个什么字吗？

1250 孪生成语

把右页图中的方框填满，组成像双胞胎一样的成语。

□波□□，□波□□
□夫□□，□夫□□
□年□□，□年□□
□可□□，□可□□
□事□□，□事□□
□为□□，□为□□
□不□□，□不□□
□则□□，□则□□
□高□□，□高□□
□者□□，□者□□

1251 文静的姑娘

一位精明的老板为了招揽生意，将一件一寸高的玉雕仕女摆在陈列台上，旁边附有说明："本店愿以谜会友。用这一个寸人作谜面，打一字，猜中者，此玉雕仕女便是赠品。"这一招真灵，店内天天顾客盈门。只是一连几天没有谁能猜中。这一天，老板正拿着"一寸人"向顾客夸耀时，一位文静的姑娘从老板手中抢过玉雕，转身便走。保安人员正要前去阻拦，老板说话了："她猜中了。"

1252 水果汉字

以下 5 个盘子中，放着香蕉、梨和苹果。这 3 种水果分别代表一个汉字。请问代表什么汉字时，每个盘子中的水果都能组成一个新字？

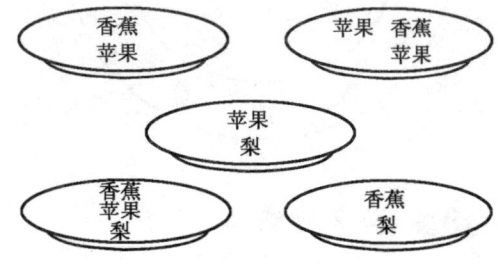

1253 拆字猜谜

以"客"为谜面，用拆字法打三食品名。

1254 运动会

个个参加运动会。（打一字）

1255 张三李四

张三好不容易攒了三百两银子，放哪儿都怕丢。最后，他把银子埋在后院，在上面立了一块板，上面写着"此地无银三百两"。李四把银子偷走，怕张三知道，便在原地又立一块板，上面写着"隔壁李四不曾偷"。结果，张三将李四告上了公堂。这个故事说明了什么呢？请你用一句成语来回答。

1256 添字组字

在括号中填一字，使这个字与括号外面的字分别组成一个字：古（　）巴。

1257 郑板桥劝学

有一天，郑板桥路过一座学堂，听到里面传来嘻嘻哈哈的声音，走过去一看，原来是一群调皮的学生正在课堂上打闹呢。"你们太不像话了，赶快好好读书吧！"郑板桥生气地说。有个学生看他穿着布衣草鞋，还以为是个老农民，就没理会，郑板桥见状说："出一道谜题，猜不对，你们就好好读书！"他看到学堂旁边是厨房，里面有一样东西，就当场吟了一首咏物诗："嘴尖肚大个不高，放在火上受煎熬。量小不能容万物，二三寸水起波涛。"学生们猜了半天，谁都猜不出来，只好老老实实地去读书了。郑板桥咏的是什么东西呢？

1258 字画藏唐诗

下面每一幅图片都是由一句唐诗组成的，分别写出来。

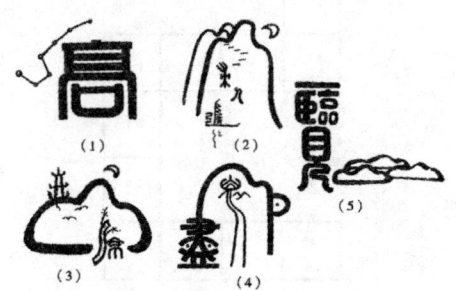

1259 聪明的长生

古时候，有个叫长生的人在一财主家打工。一天，财主想难为他，出了这样一条谜语："坐也坐，卧也坐，立也坐，走也坐。打一动物。"长生不假思索地对财主说："我也给你出一条谜语：坐也卧，卧也卧，立也卧，走也卧。打一动物。"财主猜不出来，长生说："我的谜底能吃你的谜底。"你知道这两个谜底分别是什么吗？

1260 大树不得砍

中国古代有个叫徐孺子的小孩，他聪明好学，能说会道。一天，父亲带他到一个朋友家做客。敲了几下门，不见主人来迎接。徐孺子从门缝朝里一看，只见主人正在院子里挥着斧子砍树呢。徐孺子大声呼喊，主人才听到，忙开门迎接客人。

徐孺子见大树枝繁叶茂，便问："大伯，这么好的树，为什么要砍呀？"主人说："院子方方正正像口字，树就是木，口中加木就是困，不吉利！"

徐孺子听了，觉得好笑。为了保住这棵大树，他暗暗想了个主意，忽然说："大伯，你要砍了这棵树，更加不吉利！"

父亲生气地说："小孩子，不要胡说！"徐孺子对着主人耳朵劝说了一番。主人听了，连声说："对，大树不能砍！"你猜徐孺子说了些什么？

1261 数字藏成语

3.5；2+3；333 和 555；9 寸 +1 寸 =1 尺；1256789；12345609。上述数字或数式均暗苦恼了一个成语，你知道是什么吗？

1262 答非所问

甲：能告诉我你姓啥吗？
乙：没心思。
甲：能告诉我你爱吃啥吗？
乙：青春美丽豆。
甲：能告诉我你爱喝啥吗？
乙：值得一笑。

以上看似所答非所问，实际上乙回答的正是甲所问的问题。你知道乙都回答了什么吗？

1263 心连心

请在圈中填上适当的字，使它们组成相关的 6 条成语（3 个圈内已有 3 个"心"字，要求"心"字在成语中的位置：第一个到第四个至少有一个）。

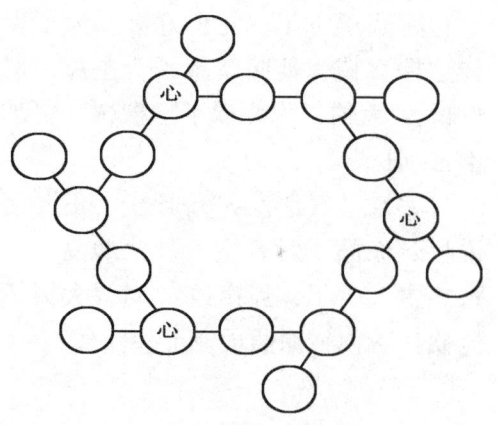

1264 蜻蜓点水

小雅被一幅蜻蜓点水图吸引住了。小杨说："这幅画其实就是一条字谜。猜一个字。"小雅百思不得其解。你知道谜底是什么吗？

1265 人名变成语

下列表格中有 14 个人名，要求在人名前后的空格里填上适当的字，使之成为成语。

①		关	羽		⑧		马	忠
②		张	飞		⑨		张	松
③		马	超		⑩		乐	进
④		黄	忠		⑪		李	通
⑤		赵	云		⑫		黄	盖
⑥		孔	明		⑬		孙	权
⑦		马	良		⑭		丁	奉

1266 "5"字中的成语

请你把不、开、百、以、花、为、然、争、齐、道、岸、家、锣、放、貌、鸣 16 个字，填在下面的"5"字形格子里，使横竖读起来都是成语。

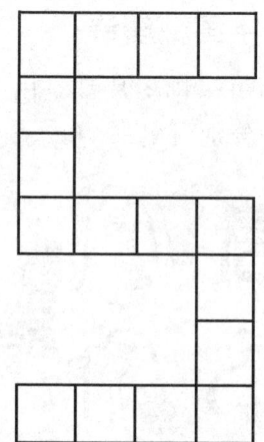

1267 三谜同底

有一次，苏东坡到妹妹家里做客，三位猜谜高手在一起，当然少不了又要猜谜啦！一直到吃午饭的时候，他们还在一个劲地猜呢。苏小妹看到饭桌上有鲤鱼，就出了一个字谜："我有一物生得巧，半边鳞甲半边毛，半边离水难活命，半边入水命难逃。"苏小妹的丈夫秦少游说："我也出个字谜：我有一物分两旁，一边好吃一边香，一旁眉山去吃草，一旁岷江把身藏。"苏东坡笑着说："那我也出个谜吧：我有一物长得奇，半身生双翅，半身长四蹄，长蹄的跑不快，有翅的飞不起。"刚说完，三人你看看我，我看看他，都哈哈大笑起来。他们3个人的答案原来是同一个字，你能猜出是哪个字吗？

1268 回文成语

在图中填上适当的字，使每则回文组成8条成语，要求前句中的最后一字是下句中的第一个字。

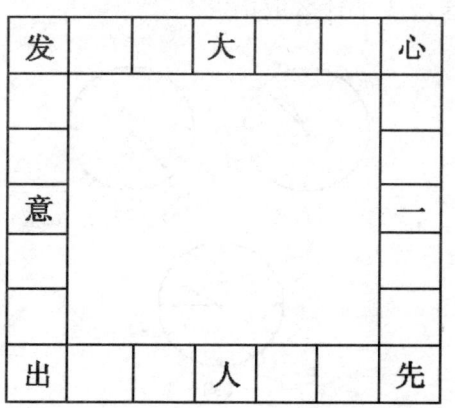

1269 图片猜成语

仔细观察每一幅图片，猜一个成语。

1270 一环扣一环

请在下页图中空格里填上适当的汉字（部首边旁字不宜填入），使上下左右每两个汉字相扣、相连起来，拼成新汉字。你能将它全部填拼成功吗？

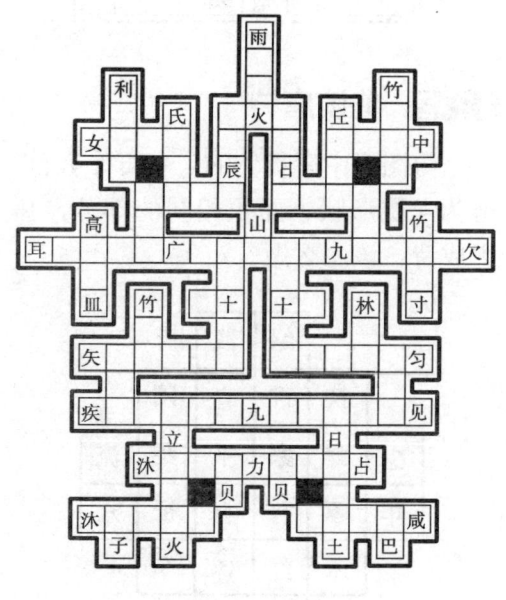

1271 省市组唐诗

图中包含有4市16省的名称，将空格填充完整，使之成为通顺的唐诗，并将唐诗作者之名答出。

1272 剪读唐诗

将图形中唐贯休的《春野作五首》剪为4块形状、面积相同的部分，拼组成诗，该怎么做？

1273 三个举人

古时候，一年春天，三个赴京赶考的举人途中相遇，结伴而行。走累了，大家坐在大树下歇息。四川举人心头一动，拱手笑道："二位才子，你我今日幸会，实为难得，眼下已近中午，大家肚内皆饥，小弟请问二位仁兄：何谓天下第一味？"

浙江举人笑道："这还用问，天下百味，自然是糖醋肉排最佳！"广东举人说："不对不对，蛇肉之香，与众不同，味道更美。"那四川举人笑道："二位仁兄皆未道中。其实，小弟刚才是给二位出了一道谜语呀，其实'天下第一味'本身就是一道菜！"接着他说出一道菜，并解释了一番。

那两个举人一听，拍手叫绝，连说："妙，妙！"你知道这"天下第一味"是什么菜吗？

1274 钟表成语

图中每个钟面上指针所指示的时间都能构成一个成语。请你猜一猜，这是3个什么成语？

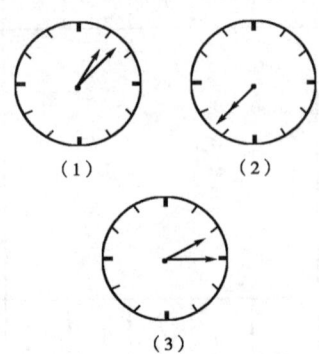

1275 迷宫成语

下图是一座成语迷宫，其中有10条成语首尾相接。请从成语的首字开始，用一条不重复的线把它们串起来。

天	经	天	冲	飞	一	鸣	惊
人	地	义	走	沙	鬼	神	人
不	义	达	石	破	天	共	灾
容	辞	不	道	乐	惊	怒	苦
久	治	长	安	贫	天	心	良
安	国	天	久	地	动	用	天
居	乐	手	勤	工	以	致	涯
事	业	精	于	俭	学	海	无

1276 博杂填字

横向：1. 首都是地拉那的国家。2. 普希金的一部诗体长篇小说。3. 元曲里一词上句，下句是"花无百日红"。4. 演唱《样样好》的歌手。5. 产于美洲的一种名贵补品。6. 希腊神话中狮身人面像的名字。7. 一成语，指骗人的话。8. 江西赣州市一景。9. 19世纪丹麦著名童话作家。10. 一位著名的国际级足球运动员，粤语译音。11. 唐代钱起《省试湘灵鼓瑟》诗中的一名句。12. 前国家乒乓球队的著名女运动员。13. 电视剧《新江山美人》片尾曲。14. 一成语，指不是空有虚名。15. 西藏、新疆之间的一山脉。16. 孟郊《游终南山》里的一诗句。17. 一种花。18. 一种城市地下交通工具。19. 一种破坏力极强的自然现象。20. 意大利一重要港口。21. 形容气势宏大。22. 机动车比赛的一种。23. 琼瑶一部小说。24. 实施高等教育的学校之一。25. 甘肃的一木结构的古迹。26. 北冰洋中的一个海。27. 从事文艺创作有成就者。28. 人迹罕至、偏僻的山林。29. 书画家为人作字画所题对方的名字。30. 有葛洪炼丹井的江西一跨地区古迹。31. 指晚上出来游玩。32. 林忆莲唱的一支歌。33. 指比赛中处于不利地位。34. 通称王母娘娘的神话中女神。35. 第一个统一中国的帝王。36. 以产方竹闻名的安徽一面人工湖。37. 林依伦唱的一支歌。38. 也叫"大西洋中脊"的海底山脉。39. 一部反映第二次国内革命战争时期的长篇小说。40. 苏轼《念奴娇》中的名句，下句是"一樽还酹江月"。41. 北周瘐信《寒园即日》诗中的一句，下句是"隐士一床书"。42. 形容漠然无情，不为外界所动。43. 在影片《龙云与蒋介石》饰主角而获奖的演员。44. 圆明园一处古迹。45. 中国一座自治区城市。46. 比喻有所偏执的成语。47. 关于诗歌本体的一种主张。48. 周治平唱的一首歌。49. 白天做梦的略语。

纵向：一、一名到过月球的美国宇航员。二、小说《生命中不能承受之轻》的作家。三、夜来香的别称。四、张也唱的一支歌。五、曾流放圣赫勒拿岛的法国皇帝。六、形容努力争先进再先进的成语。七、以色列前任总理。八、摩托车运动比赛项目之一。九、杭州一处著名旅游景点。十、一种玩物，象征吉祥，多用玉石制作。十一、一种文体。十二、美国一位著名舞台剧演员。十三、东晋一父子书法家名称。十四、孙悦郭峰对唱的一首歌。十五、也门共和国重要城市和港口。十六、片尾曲是《真爱的方式》的电视剧。十七、以陵墓为主的园林。十八、即母亲之爱。十九、哈萨克族民间弹拨的一种乐器。二十、别名叫番麻的花。二十一、刘嘉玲唱的一支歌。二十二、也门共和国首都。二十三、香港一名女歌手。二十四、托拉里森作的一支冰岛歌曲。二十五、美国一轿车品牌。

二十六、屠梅华唱的一首歌。二十七、广州出版的一杂志。二十八、陕西民歌中一类曲调的总称。二十九、那英唱的一支歌。三十、美国民意抽样调查的最早组织者。三十一、一称太乙山的游览胜地。三十二、除本国文字以外的文字。三十三、居庸关侧畔一景。三十四、杜甫一首诗,头句是"绝代有佳人"。三十五、被称为"现代艺术之父"的法国画家。三十六、形容谦虚好学的成语。三十七、各占一半。三十八、日本国花。三十九、首都是维也纳的国家。四十、《论语》中"不尤人"的上句。四十一、犹言大作家、大专家或众人的意思。四十二、旁观,不介入。四十三、有自己的见解。四十四、研究地球内部热能和应用的科学。四十五、西洋的各种绘画的总称。四十六、与"镜中花"相对应。四十七、也叫黄花苜蓿的2年生草本植物。四十八、一支曾在中国流行过的南斯拉夫歌曲。四十九、用年、月、日计算时间的方法。五十、河南灵宝市郊外一风景胜地。五十一、常用来形容女人心事难以捉摸。五十二、指美好的事情。五十三、一种名贵滋补品。五十四、指名不副实的成语。五十五、演唱《同桌的你》的歌手。五十六、陕西境内一段褶皱的断块之地。五十七、寓言《农夫和蛇》的作者,法国寓言诗人。五十八、欺负和欺骗生人。五十九、广东一位知名作家。六十、铁道枕木。六十一、善扮各种不同类型人物的电影术语。六十二、山西长治县内一规模较大的道观。六十三、即封建王朝。六十四、路遥一部中篇小说。六十五、纯清洁白。六十六、首都是惠灵顿的国家。六十七、指名师门下人才辈出的成语。六十八、中医用于作强壮、收敛剂的一种石头。六十九、范晓萱唱的一支歌。七十、原名叫歌台的安徽一古代演戏建筑。七十一、红花葱兰的一个别名。七十二、范琳琳唱的一首歌。

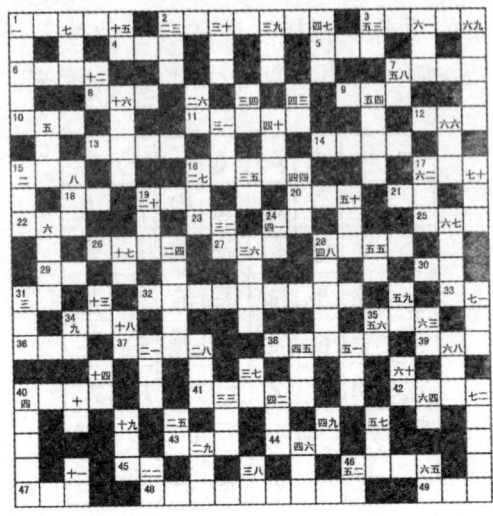

1277 诗句重排

唐代诗人赵嘏写的一首《登楼》诗:
独上江楼思悄然,月光如水水如天。
同来玩月人何在?风景依旧似去年。

有人认为这首诗的结尾平平,意境不深。于是他便将此诗做了一番调整,调整后的结尾果然情调韵味大不相同,把怀念友人的那种苍凉心境很好地渲染出来了。请问,此人是如何将原诗重作安排的?

1278 幽默的夫妻

夫妻俩下班回来,每人买了一样东西。丈夫问:"你买的是什么好东西呀?"妻子说:"我买的东西,名字是两个字。从左往右念,喝在心里甜;从右往左瞧,会飞不是鸟。"丈夫说:"我买的东西,名字也是两个字。从左往右读,喝它营养最丰富;从右往左看,走路特别慢。"

请你猜一猜,他们各买的是什么东西?

1279 成语之最

根据图片中的文字提示,快速写出这一系列的"最"相对应的成语。

最长的一天	最尖的针
最难做的饭	最重的话
最宽的视野	最大的差别
最高的人	最快的速度
最大的容量	最怪的动物
最大的变化	最宝贵的话
最大的手术	

1280 巧拼省名

用23根火柴摆成下面的图案。请你移动其中的4根,将其变成两个汉字,并使它们连起来是中国的一个省名。动动脑筋,怎样移才能成功呢?

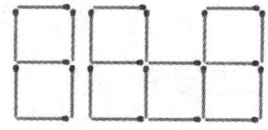

1281 以谜和谜

宋代史学家司马光和文人黄庭坚聊天,随口念了两句诗:"荷花露面才相识,梧桐落叶又离别。"他让黄庭坚猜一猜诗里说的是什么。黄庭坚马上挥笔写了一首诗:"有户人家没有墙,英雄豪杰内中藏,有人看他像关公,有人说是楚霸王。"司马光一看,连声说好。你能猜出这两则谜语的答案是什么吗?

1282 意外收获

某店一个微型山水盆景上,放着一只玩具虎。要求猜谜者用动作猜两条成语,奖品就是这只玩具虎。一位小朋友想了半天也没猜出来。但又非常想要这只老虎,最后他好奇地拿起玩具虎摆弄了一会儿,然后又将它放回原处。奇怪的是工作人员竟将玩具虎递给了小朋友,说:"这孩子猜对了。"你能根据小朋友的动作说出这两条成语吗?

1283 藏头成语

在下面的空格里填上适当的字,使每一竖行组成一个四字成语。填上的字就是谜面,请你猜一地名。

经	衣	碑	落	衣	积	月	感	言	源
地	无	立	归	使	月	如	交	巧	节
义	缝	传	根	者	累	梭	集	语	流

1284 指路

夫妻二人来到一个岔路口前,他们不知道该朝哪个方向走。丈夫去问路边的老人："大爷，去县城怎么走？"老人说："要女的走开。"丈夫让妻子离得远一点，然后说道："大爷，请您告诉我，去县城怎么走？"老大爷还是那句话："要女的走开。"丈夫说："我妻子已经走开了。"老大爷笑了笑说："我已经告诉你了。"丈夫先是一愣，继而明白了老大爷的用意。二人按照老人所指的方向又继续赶路了。你知道他们是朝哪个方向走的吗？

1285 百鹅题诗

清乾隆皇帝得到一幅《百鹅图》，便召集大臣们为图题诗，群臣害怕不合皇帝的意思，都不敢轻易落笔。只有纪晓岚毫无顾忌，挥笔写道：鹅鹅鹅鹅鹅鹅鹅，一鹅一鹅又一鹅。刚写下两句，群臣便窃窃私语，纪晓岚不动声色，继续写下了后两句。乾隆皇帝看了题诗，不禁拍掌，连连说好。你能想出后两句如何表达吗？

1286 画师

山东有个著名的画师，慈禧太后为了修建颐和园时，传旨把他召到京城，要他画一个大屏风，放在仁寿殿里，好为她歌功颂德。画师心里恨死了慈禧，可是又不能违抗，只好答应了。

他把自己关在屋子里，没日没夜地画画。献画的那一天到了，慈禧带了文武百官来看画，只见屏风上画了一个胖小孩，跪在午门前，手里托着一个大寿桃，后面飘着各种国旗，排列着各国军队。官员们都拍马屁说："这是仙童祝寿，万国来朝！"慈禧开始还很得意，突然，她想到了什么，大声骂道："他好大的胆子，竟敢用谐音来骂我！"她马上派人抓画师，但他却早已经逃走了。

请问，这是为什么？

1287 魔法字条

有个名叫弗莱德的美国青年去求职，可当他到达报考地点时，那里已有 20 位求职者排在自己的前面。

怎样才能引起老板的特别注意而赢得唯一的职位呢？弗莱德沉思良久，终于想出了一个主意，他拿出一张纸，在上面写了几行字，然后请人转交给老板。

老板看了弗莱德的字条，大笑起来。最后，弗莱德凭借出众的创新能力，从众多求职者中脱颖而出，如愿以偿地得到了这份工作。

你知道，弗莱德字条上写的是什么吗？

1288 二王相争

王安石很喜欢出谜语让别人猜。有一次，王安石的好朋友王吉甫来访，王安石随即出了一谜："画时圆，写时方，冬时短，夏时长。"王吉甫稍加思考就知道了答案，但是他没有说出来，而是说："我也出个谜语你猜猜。东海有条鱼，无头亦无尾，去掉脊梁骨，便是你的谜。"王安石听后，微微一笑，原来他俩的谜语是一个答案。你知道答案是什么吗？

1289 拆字对联

林则徐小时候随父亲到闽江边观景，父亲随口吟出一句上联：鸿是江边鸟。林则徐一时对不上来，二人经过一户农户小舍，见一农妇正在喂蚕，顿生灵感，随即对出了下联。你知道他是怎样对的吗？

1290 智改电文

就在解放战争即将结束的1949年，蒋介石秘密命令大特务沈醉在昆明逮捕了近百位爱国民主人士，而且打算将他们全部处死。云南省主席卢汉得知此事后，立刻致电蒋介石为他们说情。可主意已定的蒋介石却只在回电中写了8个字：情有可原，罪无可恕。

无奈的卢汉只好求助于一向善于谋略的李根源先生。李根源在反复地看了蒋介石的回电后，很快就找到了一个既很简单、又可以让那些爱国民主人士免于受到迫害的方法。

你能想到那到底是一个什么样的办法吗？

1291 唐伯虎填诗

相传，唐伯虎在桥头，见栏杆上有一首填空诗：（ ）看（ ）（ ）色，（ ）听（ ）（ ）声，（ ）去（ ）（ ）在，（ ）来（ ）（ ）惊。便饶有兴趣地玩味起来，并填成一首完整的诗："远看山有色，近听水无声，春去花还在，人来鸟不惊。"众人无不拍手叫好。唐伯虎说："这不仅是一首诗，也是一条谜语，打一物。"你知道这是什么物吗？

1292 接头暗语

老罗接到上级指示，去某酒馆与打入敌人内部的地下工作者接头。由于两人不相识，老罗需要手提一样东西做标志。当时，为了保守秘密，上级的指示用的是暗语，非常简单，只有一个"口"字。这个字既代表约会的时间，又规定了老罗手提的东西。老罗严格执行上级规定，顺利地完成了任务。你知道老罗是哪一天去酒馆、手提的是什么东西吗？

1293 神童解缙

明朝时有个人叫解缙，七八岁能吟诗答对，当地老百姓称他为"神童"。一年仲秋，知府大人来到吉水。他亲自召见解缙，面试其聪慧。知府见解缙稚气未脱，便先笑问："小孩儿，你父亲以什么维持生计？"解缙答道："慈父肩挑日月。"知府大人又问："那你母亲呢？"解缙又答："家母手转乾坤。"知府一听，高兴地说："果然名不虚传！"当即命随从赏了解缙五两银子。你能猜出解缙父母的职业吗？

第八章 语言力 | 265

1294 骑士传说

欢迎踏上中世纪的单词寻宝之旅。在这个图形中，隐藏着关于骑士传说的24个单词。请你沿着上、下、左、右和对角线的方向仔细搜寻。在完成任务之后，把剩下的单词从左到右、从上到下拼起来。你将会发现一件很有趣的事情。

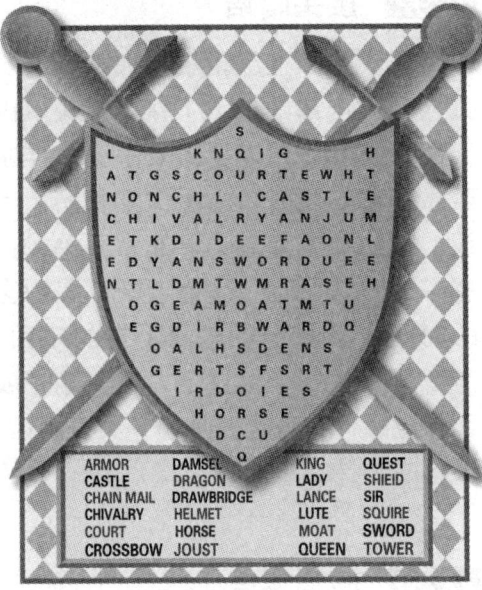

1295 棋盘成语

看棋盘，猜两条成语。

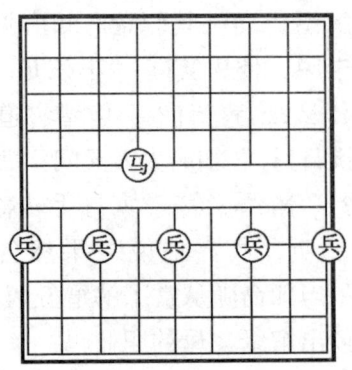

1296 快乐猜想

提示一：数学。提示二：空间。提示三：笛卡儿。提示四：多少。想一想与这4种提示有关的两个字是什么？

1297 识图猜字

下面这4幅画，每幅画可猜一个字，请你猜猜看。

① _____ ② _____ ③ _____ ④ _____

1298 猜谜招亲

有个丞相的女儿，到了婚嫁的年龄，前来提亲的人，把丞相府的门槛都踏破了。丞相却认为，那些有钱人家的公子全都是没本事的花花公子，女儿怎么能嫁给这种人呢？有一次，丞相听说一个叫孙义的人比较有才华，于是，他马上让人把孙义请来，想进一步考考他。丞相说："我请教您一个字：一字九横六竖，问遍天下不知，有人去问孔子，孔子想了三天。"孙义等丞相说完，马上说出这个字。丞相高兴得合不拢嘴，把孙义留下来重用，又把女儿嫁给了他。你知道这是什么字吗？

1299 各国风情

你知道这些纪念品来自哪个国家吗？想一想，填在上面的标签上。第一行写国家的名称，第二行是纪念品的名称。第一个标签已经填好了。

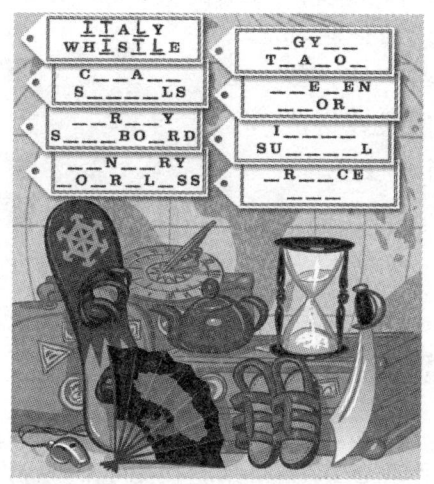

1300 开国君主

在下列秦、汉、唐、宋、元、明、清7个朝代绘图中，按朝代填写开国君主，看谁能填得又快又准。

1301 猜一猜

什么字，一滴水？什么字，两滴水？什么字，三滴水？什么字，四滴水？什么字，六滴水？什么字，十滴水？什么字，十一滴水？

1302 虎字成语

请你填一填。

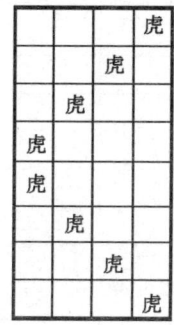

1303 成双成对

提示一：春节。提示二：成双成对。提示三：门。提示四：徐渭。猜一猜，与这4种提示有关的事物是什么？请用2个字来描述。

1304 和珅求匾

一次，和珅求纪晓岚为自己新建的庭园大门题写横匾。纪晓岚欣然应允，提笔写了"竹苞"两个苍劲大字。和珅以为纪大学士取的是"竹苞松茂"这一成语来盛赞他园林中青翠欲滴的竹丛美色，得意非常。一天，恰逢乾隆帝莅临，不觉大笑曰："纪晓岚在捉弄你呢！"和珅不解。乾隆帝解释后，只把和珅气得嗷嗷直叫，忙叫人将匾取下砸碎。你知道纪晓岚是采用了修辞格隐语中的哪一种拆字隐语吗？

1305 更正片名填成语

图表的错误片名中，每部影片名都有一个错字，请更正片名后，根据意思填出一句成语（见下图）。

	错误片名	更正片名	猜填成语
例	陈奂中上城	陈奂生上城	无中生有
（1）	小二白结婚		
（2）	张二嫂改嫁		
（3）	煤店旧主人		
（4）	二十次列卒		
（5）	但愿己长久		
（6）	伪是烦死人		
（7）	激战无实川		
（8）	长虹号起生		
（9）	最聪暗的人		
（10）	英雄坦克病		

1306 书生猜字

某酒店老板喜欢与文人打交道，一天来了一位书生，老板便笑着说："我出个字谜，你若猜中，今日酒钱分文不取；若猜不中，则加倍收款。"说罢吟道："唐虞有，尧舜无；商周有，汤武无。"书生一沉吟，拱手笑道："我将你的谜底也制成一谜，你看对不对：跳者有，走者无；高者有，矮者无。"酒店老板雅兴大发，又出一谜："善者有，恶者无；智者有，蠢者无。"书生又接着说："右边有，左边无；凉天有，热天无。"酒店老板拍手叫好，又道："哭者有，笑者无；活者有，死者无。"书生接着说："哑巴有，麻子无；和尚有，道士无。"酒店老板哈哈大笑，摆出丰盛酒菜，请书生开怀畅饮。你猜出是个什么字了吗？

1307 拼单词

下面是一些分散的色块，每个色块都分别有1个顶点将色块钉在白纸上，请你转动这些色块，使它们最终拼成1个英文单词。

1308 寻找作家

在下边的格子中隐藏着18位著名作家的名字。你能找出他们吗？你可以横向、纵向或者斜向地往前、往后排列寻找。

Austen　　Chaucer　　Chekhov
Dickens　　Flaubert　　Goethe
Hemingway　Huxley　　Ibsen
Kafka　　　Kipling　　Lawrence
Mickener　Orwell　　　Proust
Tolstoy　　Twain　　　Zola

```
CWCOALMKWOEACKLGOZAN
LHEMINGWAYNEIYLMOXAE
LEECMOXKWAXFEXANBKOS
CFAKKENZAEXLAEBLPEFB
AYELHMZNOEXIAIFHRKLI
MOQVTOATEUIWEHTEOGMO
UETWEVLAVCHAEMNOLEUA
FSIATAMQLSDICKENSSTA
ALSTVEMWMNOEIACHTACT
FOOXWABEALLEITAWWACG
GTOXEAKFAKILAASTAWN
ONFBCHJKWLLTJIIEXGHI
ENOLFMGOZXVAKREBECWL
RVOLFIGAEZIUIEJCCKTP
EWUVECUOPTEGBPNHTSEI
CSEWXHLHJALECEKLTUZK
UATAEECKUWPQURAEPAZ
AUSTENXATAQWALETAWVE
HAPEXEABCBACAEWWEXLE
CWAORWELLKMNOPPELTU
```

第九章

反应力

1309 山羊和卷心菜

请用3条直线将图中的山羊和卷心菜分开。

1310 五色环

奥运会的五色环是奥林匹克运动的代表性标志，分别用蓝、黑、红、黄、绿5种颜色的环代表五大洲，天蓝色代表的是：

A. 欧洲　　B. 澳洲
C. 美洲　　D. 非洲

1311 "√"何处来

"√"这个符号是老师批改学生作业时写的，表示内容正确。做学生的最熟悉了。但"√"的使用是哪国先行开始的却不大为人所知。试问你能答出它的来历吗？

1312 细菌分裂

有一种细菌，经过1分钟，分裂成2个，再过1分钟，又发生分裂，变成4个。这样，把一个细菌放在瓶子里到充满为止，用了1个小时。如果一开始时，将2个这种细菌放入瓶子里，那么，到充满瓶子需要多长时间？

1313 体重

"我最重的时候是85千克，可是我最轻的时候却只有3千克。"当杰克向别人说这件事情的时候，别人都不相信。你想一想，这可能吗？

1314 一个回答

有一个问题，不论你问到任何人，答案都是"没有"，请问那是什么问题？

1315 圣诞礼物

圣诞夜，圣诞老人首先放进袜子的是什么东西？

1316 奇特等式

1+1什么时候等于1？

1317 奇特的车祸

车祸发生不久，第一批警察就赶到了现场，他们发现司机完好无损，翻覆的车子内外血迹斑斑，却没有见到死者和伤者，而这里是荒郊野外，并无人烟，这是怎么回事？

1318 冒险航海

哥伦布冒险航海绕地球时，最先

到达的地方是现在的哪里？

A. 非洲好望角　B. 中美洲群岛

C. 美国东北部　D. 巴西

E. 不知道

1319　越来越大

什么东西愈生气，它便愈大？

1320　立起来的鸡蛋

一次聚会时，其中一位同学出了一道难题来考其他同学。这位同学拿出一个鸡蛋说："谁能把这个鸡蛋立在桌子上？"其他同学左立右立，怎么也立不起来，只好向这个同学请教。而他轻而易举地就把鸡蛋立起来了。你知道怎样才能做到吗？

1321　兔毛产地

什么地方盛产安哥拉兔毛？

1322　不乘电梯

有一位老大爷住12楼，可为什么他从不乘电梯？

1323　绳结

有一根绳子悬挂在船的一侧，绳子正好触及水面。这根绳子每20厘米就有一个绳结。在涨潮的时候，水位是以每10分钟上升10厘米的速度上涨的，那么，40分钟后，绳子将有几个绳结在水下面？

1324　三角形与正方形

请用8根火柴做2个正方形，4个三角形，但是不能使火柴弯曲或断裂。

1325　外星人到月球

有没有外星人到过月球？

1326　看谁跑得慢

一场骑马比赛正在进行，哪匹马走得慢就是胜利者。于是，两匹马慢得几乎"停滞不前"，这样进行下去，比赛什么时候可以结束呢？骑手也犹豫、担心和不安起来了。多亏来了个聪明人，他想出了一个办法，使这场比赛很快结束了。聪明人想的是什么办法？

1327　照镜子

一个人站在两块相对摆放的镜子之间，可以照出无数影像。如果有一间屋子前后、左右、上下都是镜子，没有缝隙，你站在这间屋子中能看见什么？

1328　在哪里

一列火车由保定开到北京需要一个半小时，行驶30分钟后，这列火车应该在哪里？

1329 舰艇沉没

大海上有一艘很大的舰艇，它本来的定员是60人，结果，在上到第59人的时候，它居然就沉进海里了！这是为什么（船内没有怀孕以及体重过重的人存在，也没有重物上船）？

1330 跳过两天

星期二过去是星期三，星期三过去是星期四，星期四过去却是星期天，这究竟是怎么回事？

1331 骨科医生

我们去找牙科大夫，骨科医生却从里边出来了，这是怎么一回事？

1332 美梦成真

想把梦变成现实，第一步应该干什么？

1333 耳朵有两只

人为什么要长两只耳朵？

1334 寸步难行

什么车子寸步难行？

1335 奇怪的字

什么字一写写半月？什么字永远写不好？

1336 国内盛产

中国国内盛产什么？

1337 巧妙反驳

从前，有位母亲对想趁着乱世称雄的儿子这么说："如果你正直的话，就会被大众所背叛；但如果你不正直，就会被神遗弃。反正都没有好下场，你就别强出头了。"这位坚强的儿子不但不放弃，还利用这番话中的盲点说服了他母亲。你知道他是如何反驳的吗？

1338 寄钥匙

王先生因公离家出差在外。一天，他接到妻子从家打来的电话，问他是不是把家里信箱的钥匙带走了。他一找，发现确实是那样。第二天他赶紧把钥匙放在信里寄回家了。可他妻子又打来电话，说还是打不开信箱（此时信已到），这是怎么回事呢？

1339 熊猫的愿望

熊猫一生最想实现的两个愿望是什么？

1340 专利

爱迪生是伟大的发明家，他一生中发明了数以千计的适用于人民生活的产品，他的第一项专利是：

A. 电灯　　　　　B. 激光手术刀

C. 投票记录机　　D. 留声机

1341 吝啬的姨夫

明代艺术家徐文长到姨夫家做客，姨夫半晌才端出一盘菜，却只有一个鸡蛋。姨夫说："文长啊，真是不好意思，你来得真不巧，要是晚来三个月。这个鸡蛋就是一碗鲜鸡汤了。"徐文长笑道："啊，真是难为你了。"一日，徐文长复请姨夫，半晌，端出一盘竹片，对姨夫说："姨夫啊，真是不好意思，你来得真不巧，＿＿＿＿＿。"请问，徐文长是怎样回击吝啬的姨夫的？

1342 紧急时刻

有一个聋子看到一个男孩在一座危墙下玩耍，墙就快要倒下来了，过去抱开那个男孩已经来不及了，他该怎么告诉那个男孩并让他跑开呢？

1343 红十字

取一张红色的正方形纸，用剪刀把纸剪成5块，然后做成一个十字架。想想你该如何剪？

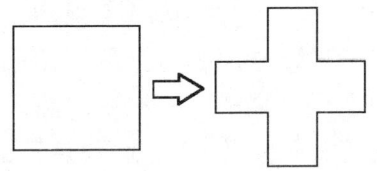

1344 掉落的小鸟

一只小鸟飞进了迪斯科舞厅，突然掉了下来，请问发生了什么事？

1345 两堵墙

一堵墙对另外一堵墙说了一句话，并很快应验了，你知道是什么吗？

1346 无法修改

什么东西尺寸做大了就改不了？

1347 停在哪里

地球是围着太阳自转的。假如有一架直升机在广场中间起飞，停在空中不动，过4小时后降下来，直升机应落在哪里？为什么？

1348 锅盖

有3个姐妹，买了3个同样的饭锅。但老大用的是铝锅盖，老二用的是木锅盖，老三用秫秸锅盖。问：在同样条件下，谁做的饭先熟？

1349 选举

选举是指享有选举权的人，按照一定的程序活动方式，选定代议机关的代表和某些国家公职人员的行为。具体办法通常由国家法律加以规定，其常见的方式有投票、举手、起立、鼓掌、口头表达等，它区别于世袭、任命等。请你判断下列方式属于选举的是：

A. 张龙参加公务员资格考试，被

录用到财政局当秘书。

B.省委组织部任命赵伟为市委副书记。

C.县人大代表选举莫斐等10名代表参加省人大。

D.按照约定，由李复夫接任村小学理事会的工作。

1350 折痕

有人想把一张窄长的纸条折叠成两半，结果两次都没折准，第一次有一半比另一半长出1厘米；第二次正好相反，这一半又短了1厘米。请问：两道折痕之间有多宽？

1351 他去买什么

小王去商店买东西，可是柜台里空空的，小王却买到了他要的东西。小王买到了什么？

1352 点火柴

聪明人每秒钟能点着3根火柴，笨人3秒钟才能点着1根火柴，他们各拿一盒60根的火柴同时开始点，当笨人点完60根火柴，聪明人点了多少根火柴？

1353 杯中的鱼

天平两端各放一只杯子，一只装有水，一只既有水又有鱼，这时天平正好平衡。请问，如果把杯中的鱼取出来仍然放在同一端的托盘上，天平还会平衡吗？

1354 赛跑

两只狗赛跑，甲狗跑得快，乙狗跑得慢，跑到终点时，哪只狗流汗多？

1355 最长的手指

擅长弹钢琴的人令人羡慕，这不是因为他们的手指有什么特别的缘故，除拇指外，其他4个手指长度各有不同，其中最短的还是小指。不过，有人说最长的是无名指，而不是中指，这种说法对吗？

1356 遗书

在旧金山的一家宾馆内，有位客人服毒自杀，名探劳伦接报后前往现场调查。死者是一位中年绅士，从表面迹象看，他是因中毒而死。"这个英国人两天前就住在这里，桌上还留有遗书。"旅馆负责人指着桌上的一封信说。劳伦小心翼翼地拿起遗书细看，内文是用打字机打出来的，只有签名及日期是用笔写上的。劳伦凝视着信上的日期——3.15.89，然后像是得到答案似的说："若死者是英国人，则这封遗书肯定是假的。相信这是一宗谋杀案，凶手可能是美国人。"究竟劳伦凭什么这么说呢？

1357 喝酒划拳
男人在一起喝酒时，为什么非要划拳不可？

1358 空中射弹
飞机在天空飞行，向前、向后射出子弹，或者垂直丢下子弹，哪个先到达地面？

1359 不同的答案
张三一天问李四5次同样的问题，李四回答了5个不同的答案，而且每个都是对的。那么张三问的是什么呢？

1360 花圃
城中的庭院里有开着红花的花圃和开着蓝花的花圃。然而公主却不满意地表示："真无趣。这个国家里竟只有红、蓝两色的花圃而已。难道没有其他颜色的花圃吗？"家臣听后回答："交给老臣好了，明天我就想办法改善，但请公主从城堡上的窗口眺望好吗？"家臣自然不会在花朵上面着色，但他打算怎么做呢？

1361 袜子的毛病
为什么新买的袜子有两个洞？

1362 越小越旧
年纪越轻则越旧的东西是什么？

1363 不可能变可能
怎样才能最快地使不可能变成可能呢？

1364 将来式
老师叫小王把"我哥哥去学校"这句话改为将来式，你猜，小王是怎样改的？

1365 小狗变大
小狗怎么才能一下子变大呢？

1366 死掉的蚯蚓
老师说蚯蚓切成两段仍能再生，小东照老师的话去做，为什么蚯蚓却死了？

1367 挖洞
工人在山腰挖了一个大洞，洞深10米，宽1.5米，高2米。请问：洞里面有多少立方米的土？

1368 问题
有一位探险家来到一个猛兽经常出没的村庄里，村里住着老实族和骗子族。探险家想知道今天有没有猛兽出没，就去问一个村民，聪明的探险家问了一个问题就知道今天有没有猛兽出没。请问：他问了一个什么问题？

1369 好听的字母
什么英文字母很多人喜欢听？

1370 给蠢货让路
一次，德国著名文学家歌德在公园里散步，在一条仅能让一个人通行的小路上和一位批评家相遇了。"我从来不给蠢货让路。"批评家说。"＿＿＿。"歌德说完，笑着退到了路边。请问，歌德是怎样回敬这位批评家的？

1371 冰变水
你能以最快速度把冰变成水吗？

1372 魔法符号
在数字3和4之间加入什么数学符号，使组成的数字大于3而且小于4？

1373 滑轮比赛
一个大力士和一个小孩，在定滑轮上举行爬高比赛，他们哪一个会先到达顶点？

1374 智过界桥
AB两国以河为界。河上有一座桥，桥中间的瞭望哨上有一个哨兵。哨兵的任务是阻止行人过桥。如果有人从南往北走，哨兵就把他送回南岸；如果有人从北往南走，哨兵就把他送回北岸。哨兵每次离开岗位的时间最多不超过8分钟。但是，要通过这座桥，最快的速度也得10分钟。有一个人要通过这座桥，用什么方法能从桥上走过去？

1375 倒向何方
这棵被砍的树要倒向何方？

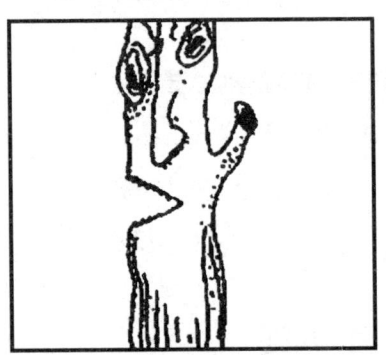

1376 高尔夫球
在一次高尔夫球比赛中，有个选手接连打出不少好球。就在他胜利在望，准备最后一击时，突然发现，高尔夫球滚进了一个纸口袋中。此时不能用手触球，用高尔夫球杆击打纸口袋也算一次击球。你能有一个什么办法来解决这个问题吗？

1377 称职的士兵
小王是一名优秀的士兵，一天他在站岗值勤时，明明看到有敌人悄悄向他摸过来，为什么他却睁一只眼闭一只眼？

1378 过生日

上次汤姆过生日时7岁，下次他过生日是9岁，这是怎么回事？

1379 谐音巧问

问你的朋友这个问题，尽管非常简单，却很少有人能答出来：一个农夫买了一头牛，这头牛有两只耳朵、四条腿，还有一条尾巴，请问喂（为）什么？只照着上面表述就行了，不要做过多的解释。

1380 巧取袜子

抽屉里有10只灰短袜，20只蓝短袜。天黑了。你看不清颜色，但需找一对同色的袜子穿，你需要取出多少只袜子才可以找到一对同色的？

1381 谁先升天

一位高僧与屠夫同时去世，为什么屠夫比高僧先升天？

1382 照片顺序

某人到郊外去钓鱼，他钓鱼的方法非常特别，将一只雨靴钓在渔竿上，放入河中。然后，过一段时间把雨靴扯起来。这种奇怪的钓鱼方法，引起了一位摄影爱好者的好奇心，于是他就把整个过程都拍摄下来了。不过，后来却把照片的顺序弄乱了。你能把正确的顺序说出来吗？

1383 解铃与系铃

老虎、狮子等猛兽脖子上系的铃，在不伤害到它们的情况下，要如何才能将铃解下来？

1384 作案人

某珠宝商店失窃，甲、乙、丙、丁4人涉嫌被拘审。4人的口供如下，甲：案犯是丙。乙：丁是案犯。丙：如果我作案，那么丁是主犯。丁：作案的不是我。4个口供中只有一个假的。

那么你知道谁说假话，作案的是谁吗？

1385 迅速灭火

把火熄灭最快的方法是什么？

1386 雪后脚印

一处悬崖峭壁，屹立在惊涛骇浪的海岸上。大雪纷飞。不一会儿，山顶上就积满了白茫茫的一层白雪。大雪过后，在积雪中清清楚楚地留下了一串男人的脚印，由远处的村庄走到了绝壁跟前……再也找不到别的脚印了，是不是村里有人跳海自杀了？经过调查了解，得知并没有人跳海自杀。请想想，这可能是怎么回事呢？

1387 特殊的月份

一年里，有些月份像1月份有31天的，也有些月份像6月份有30天的，请问，有28天的总共有哪几个月份呢？

1388 狡猾的商人

一个狡猾的商人在路旁卖彩伞，身后有一横幅"保不褪色"，这吸引了很多人来购买。一星期后，便有人怒气冲冲找到商人说："你不是说保不褪色吗？你看这伞，颜色怎么掉净了？快给我退货，我不买了。"狡猾的商人只用一句话就把那人打发走了。请问他是怎么说的？

1389 游泳比赛

一只狗和一只青蛙比赛游泳，平常都是青蛙游得快，为什么这次比赛中狗赢了？

1390 不走的时钟

时钟什么时候不会走？

1391 巧分蛋糕

盒子里有4块蛋糕，4个小朋友每人都分到一块，但盒子里还留下一块蛋糕，为什么？

1392 天敌

燃着的火柴和灭火器的关系，类同于灰尘和哪一项的关系？

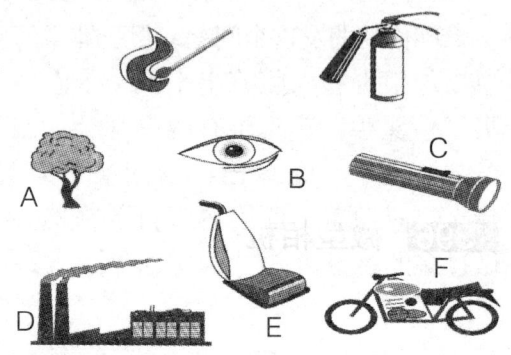

1393 取胜

桌上放有9枚硬币，双方轮流从中取走1枚、3枚或4枚硬币。谁取走最后一枚硬币谁就赢了。请问：应该怎样才能制胜？

1394 迟钝的士兵

如果打仗时拿破仑高喊："冲啊！"为什么他的士兵肯定会原地不动？

1395 奖赏

有一位老人救了一个国王，国王问老人要什么时，老人拿出一个画有64个方格的图表说："第一个方格要一粒麦子，第二个方格增加一倍，以后以此类推，直至所有的64个方格全部按要求奖给我麦子。"国王以为这没有什么，便让属下按老人的要求给他麦子。不料属下一计算，大吃一惊。这个要求是永远也无法满足的。因为按老人的要求，有以下算式：$1+2+2^2+2^3+2^4+2^5+2^6+\cdots+2^{63}=18446744073709551615$，如果将这些麦粒换算成体积，就将有12000亿立方米。这真是一个天文数字。国王一下惊呆了。如果你是国王，你该怎么办？

1396 微型相机

这一组漫画讲一个非常幽默的故事，不过图片的顺序被打乱了，你能把它们排好吗？

1397 倒粮食

在一个袋子里先装小米，用绳子扎紧袋子后，再装进大米。在没有任何容器，也不能将它们倒在地上或其他地方的情况下，你能先把小米倒入另一个袋子中吗？

1398 如此作画

这一组漫画讲了一个非常幽默的故事，不过图片的顺序被打乱了。你能把它们排好吗？

1399 奇怪的鸟

森林中有10只鸟，小明开枪打死了1只，其他9只却都没有飞走，为什么？

1400 找对手

A，B，C，D、E中有一个能和左图拼出一个菱形来，想一想是哪个？

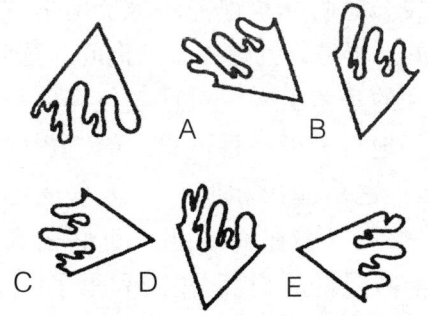

1401 真假之辨

某天清晨,在一堵围墙外的大树下发现一具尸体。死者赤着脚,脚底板有几条从脚趾到脚跟的纵向的伤痕,而且还有血迹,旁边有一双拖鞋。"死者是想爬树翻入围墙,但不小心摔死了。他可能是想行窃。"有人这样推断。但是老练的警长却说:"不,这个人不是从树上摔下来的,而是被人谋杀后放在这里的,凶手是想伪装成被害者不慎摔死的假象。"试问:警长为什么这样说呢?

1402 半篮鸡蛋

往一只篮子里放鸡蛋,假定篮里的鸡蛋数目每分钟增加一倍,一小时后,篮子满了。请问在什么时候是半篮鸡蛋?

1403 巧租公寓

有一家人决定搬进城里,于是去找房子。全家三口,夫妻两个和一个5岁的孩子。他们跑了一天,直到傍晚,好不容易才看到一张公寓出租的广告。他们赶紧跑去,房子出乎意料的好。于是,就前去敲门询问。这时,温和的房东出来,对这三位客人从上到下地打量了一番。丈夫鼓起勇气问道:"这房屋出租吗?"房东遗憾地说:"啊,实在对不起,我们公寓不招有孩子的住户。"丈夫和妻子听了,一时不知如何是好,于是,他们默默地走开了。那5岁的孩子,把事情的经过从头至尾都看在眼里。他决定再次去敲房东的大门。这时,丈夫和妻子已走出很远,都回头望着。门开了,房东又出来了。这孩子精神抖擞地说"＿＿＿＿＿＿＿。"

房东听了之后,高声笑了起来,决定把房子租给他们住。请问:这位5岁的小孩子说了什么话,终于说服了房东?

1404 如何出场

保龄球队一共有6个队员,队长需要从这6个人中选出4个人来打比赛,并且还要决定他们4个人的出场顺序。

请问有多少种排列方法?

1405 链形图

在这个链形图中,空白的一环应该填上哪一个数字?

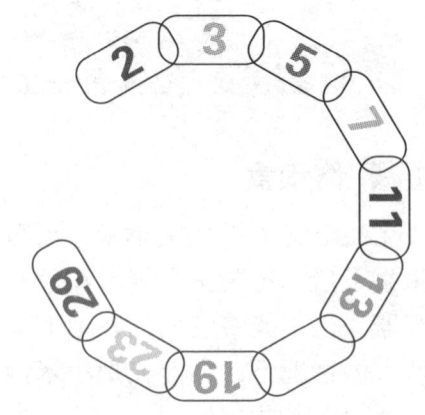

1406 演员金字塔

现在我们想象一下,这个金字塔最下面的一排由 20 个杂技演员组成。

不用计算,你能用最简单的方法求出这个金字塔演员的总人数吗?

1407 T

请把这 4 个图片拼成 1 个完整的大写字母 T。

1408 拼合图形

你能用左边的 4 张图片拼成如下图所示的这些图形吗?

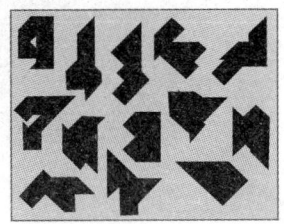

1409 七巧板

我们熟知的最古老的分割问题是七巧板。经典的七巧板是世界上最美妙的难题之一。

把中间方框里的彩色七巧板图片复制并剪下来,你能拼出外框的所有图吗?

当你解决了这里给出的问题,请试着自己发明一些图样。

1410 拼拼七巧板

用七巧板拼出图中所示的数字,速度越快越好。

1411 篱笆

老园丁林肯去世的时候,留给每个孙子19个玫瑰花丛。这些孙子,Agnes（A）、Billy（B）、Catriona（C）和Derek（D）彼此憎恨,因此准备如图所示在各自的玫瑰丛外围上篱笆。那么,谁的篱笆周长将是最长的呢?

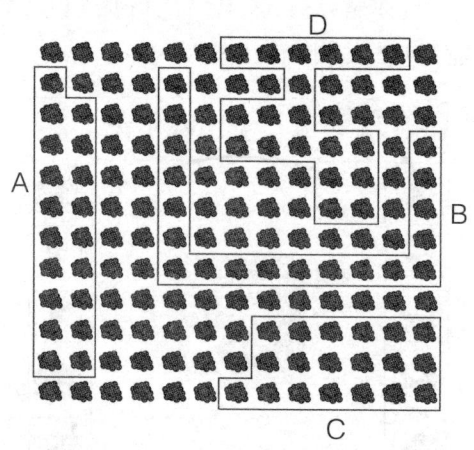

1412 铅球

如图所示,水池的边上有一个铅球,这个铅球有可能直接掉到水池里,也有可能掉到水池中的汽船里。

问掉到水池里和掉到汽船里哪一种情况下水池的水面会上升得更高一些?

1413 七巧板拼数字

不知你注意没有,图中所给出的数字缺少8和0。试着用七巧板将它们拼出来。

1414 点菜

点餐时从下面3份菜单中各选出1道菜,即一共要选出3道菜,请问一共有多少种选择?

1415 "解放"棍子

木棍摆成如下图案，按怎样的顺序将它们拿开才能最终"解放"第 12 根棍子？记住：每根木棍被拿掉时上面不能压着别的木棍。

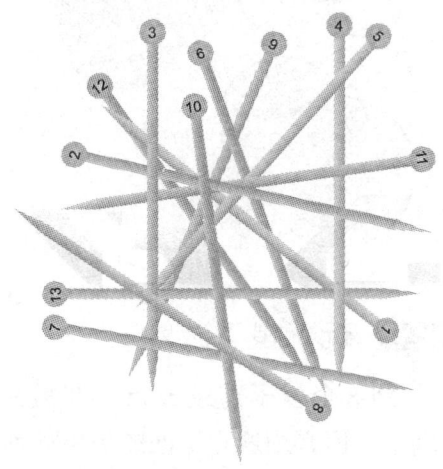

1416 动物组合

如图，这个转盘的外环有 11 种动物。请在转盘的内环也分别填上这 11 种动物，使这个转盘能满足下面的条件：无论转盘怎么转动，只可能有 1 条直线上出现 1 对相同的动物，而其他的直线上全部是不同的动物。问满足这种条件的排序一共有多少种？

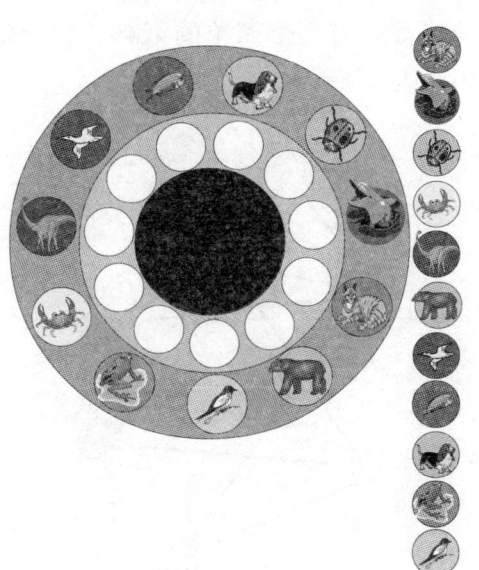

1417 曲线半径

哪条线的曲线半径最大？

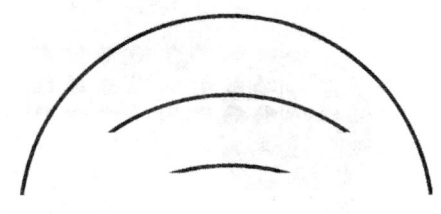

1418 对角线路径

在 10×14 长方形中，对角线穿过了几个小正方形？

你可以概括这个问题，并且总结出对于任何长方形都成立的规则吗？

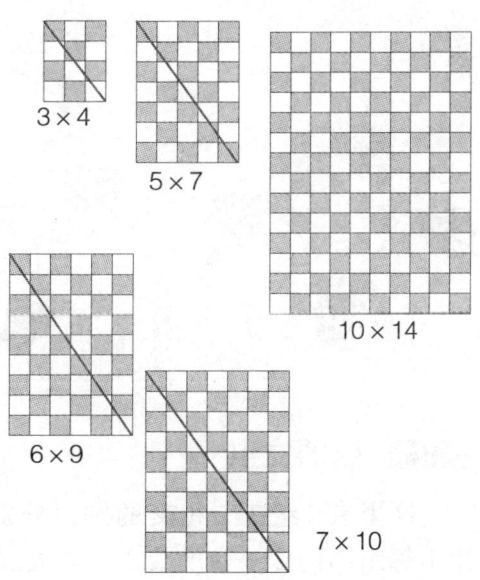

1419 拓扑游戏

把这7个灰色的字母分别放入3个圆圈中,使每个圆圈内的字母都满足某个拓扑学的规则。

另外,每个圆圈内均有1个不符合规则的字母,请把它找出来。

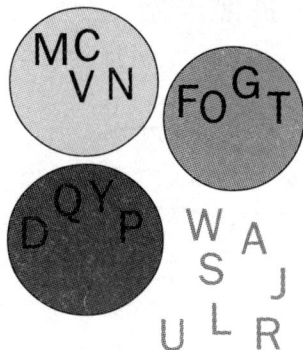

1420 多出的图形

除了1块图片,所有其他图片如果正确摆放,它们将组成1个正方形。你能找出这块多出来的图片吗?

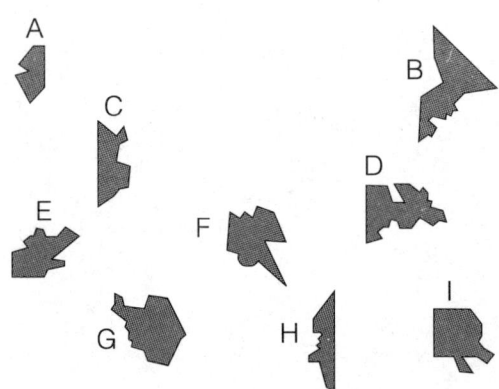

1421 弦的交点

这里有3组3个相交的圆,分别找出每组圆的3条弦的交点,再把这些交点连接起来,看看会组成1个什么样的多边形?

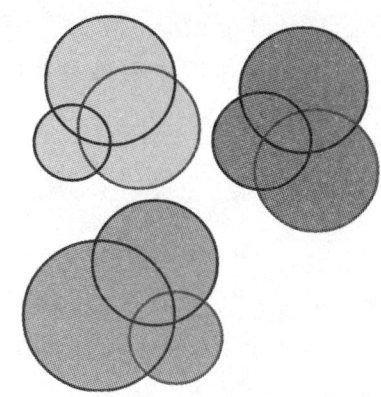

1422 玩玩棋子游戏

将8个棋子连续放入游戏板的8个圆中,但必须遵守下面的简单规则:

每个棋子必须放入空着的圆中,从那里沿着与圆相连的直线滑动到相邻的另一个空位上,那里就是它的定居点,不再移动,直到游戏结束。

无论你从哪里开始,要完成这个游戏都会有一个简单的策略。你能想出来吗?

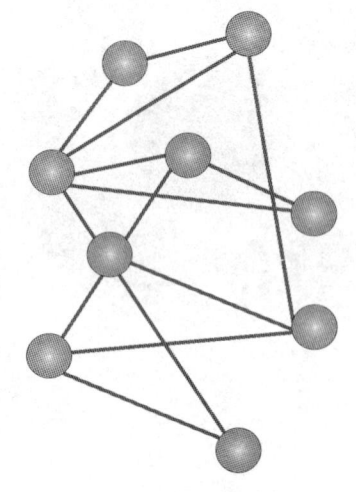

1423 拇指结

拇指结一共只有3个相交之处，是最简单的结（如图1所示），也是其他很多种复杂的结的基础。

在我们的题目中，拇指结的末端在绳子上再次绕了2下（如图2所示）。请问：现在拉一下绳子的末端，这个结会被打开吗？

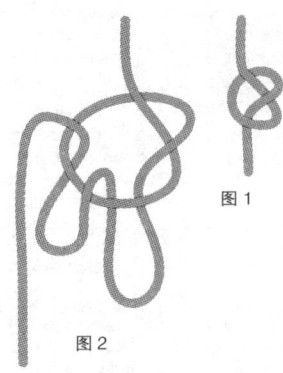

图1

图2

1424 穿越地球

如果你从北极打一个洞一直通到南极，然后让一个很重的球从这个洞里落下去，会发生什么（忽视摩擦力和空气阻力）？

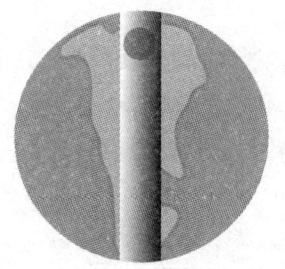

1425 平分小圆点

假设这个白色的圆里面有200万个非常小的点，但是仅仅靠肉眼是看不到的，需要借助放大镜来看。

请问可不可以在这个圆内画一条线，使线的两边分别正好有100万个点？

你能够想个办法来解决这个问题吗？

1426 数量

图中一共有多少个立方体？

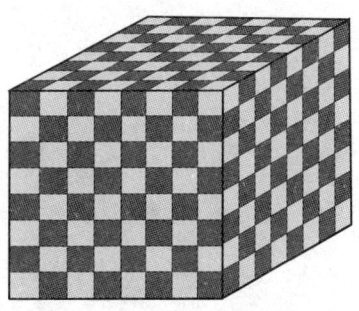

1427 小狗吃饼干

有条小狗长得真快。在它被收养的前5天，这条狗就吃掉了100块狗饼干。如果它每天比前一天多吃6块狗饼干，那么这条小狗第1天共吃掉多少块饼干呢？

1428 剪纸

如果剪掉正方形角上 1/4 的部分，你能在剩下的部分剪出 4 个大小形状完全相同的图形吗？

1429 路线图

是否有一条路线能够走遍正十二面体上所有 20 个点，而且不重复经过任一条边，最后回到起始点。注意，某些边可以不用经过。你能够找到几种解答方法？

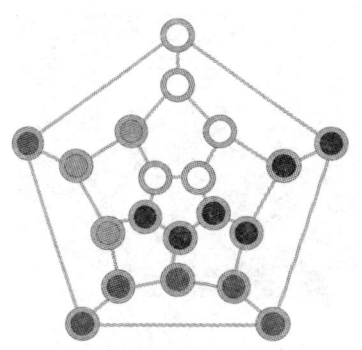

1430 走出迷宫

从顶端的入口进入迷宫，然后按顺序从 A 到 F 走一遍。每走到 1 个字母时，你所经过的数字相加必须正好等于 10（不可以相减）。从离开字母 F 到走出迷宫时，所经过的数字的和也要等于 10。请问怎么走？

1431 棋子游戏

将 16 枚棋子放入游戏板中，使水平、竖直和斜向上均没有 3 枚棋子能连成直线，你能做到吗？

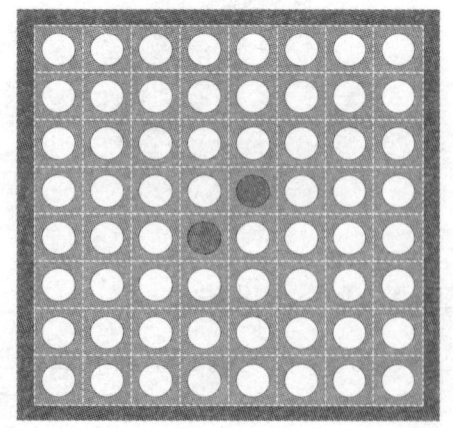

1432 管道与绳子

一条管道坐落于一段奇特的绳圈的中央。假设从开放的两端拉动这条绳子,那么这条绳子究竟是会和管道彻底分离,还是会和管道连在一起呢?

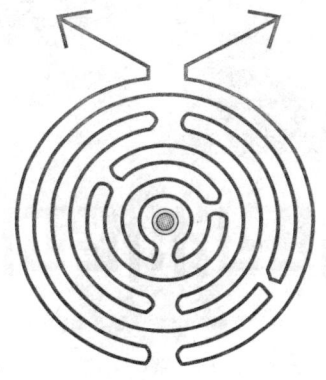

1433 吞吃蛇

这些饥饿的蛇正在互相吞食着对方。由于它们采用了这种怪异的进餐方式,它们所组成的圆环正在逐渐缩小。如果它们仍旧继续吞食对方的话,最后这个由蛇构成的圆环会出现什么情况呢?

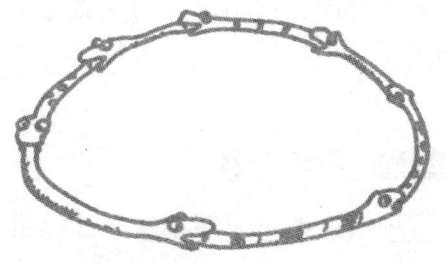

1434 重新拼入

如图 1 所示,将 5 个边长为 1 个单位的正方形拼入一个正方形,此正方形的边长是 2.828 个单位。你可以把这 5 个小正方形重新拼入一个如图 2 所示的小一点的正方形内吗?

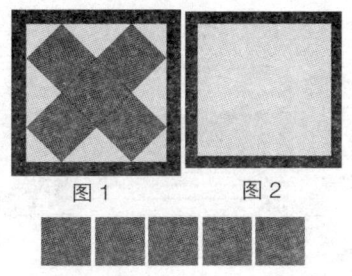

1435 方向

火车正沿着 AB 方向前行。一位乘客在火车车厢的一侧沿着 AC 方向往前走。以地面为参照物,这位乘客正沿着哪个方向往前走呢:1,2,3 还是 4?

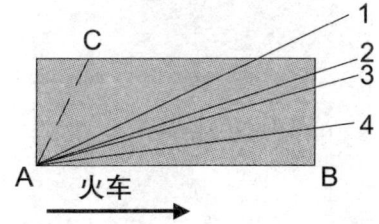

1436 金鱼的位置

你从鱼缸的上面向下看,所看到的金鱼位置和金鱼在鱼缸里的实际位置是一致的吗?

1437 线段长度

两幢房子向远处延伸。线段 AB 与 CD 谁更长?

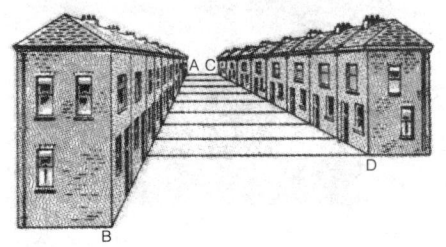

1438 小人

除了右下角那个小人之外,这幅图看上去再自然不过了。那么,这个小人与后面的那个人谁大?

1439 变更硬币位置

将 8 枚硬币按图中所示摆放。你能只变更 1 枚硬币的位置,使得每个方向上的每一排都有 5 枚硬币吗?

1440 三角形个数

这 6 幅图中分别有多少个三角形?

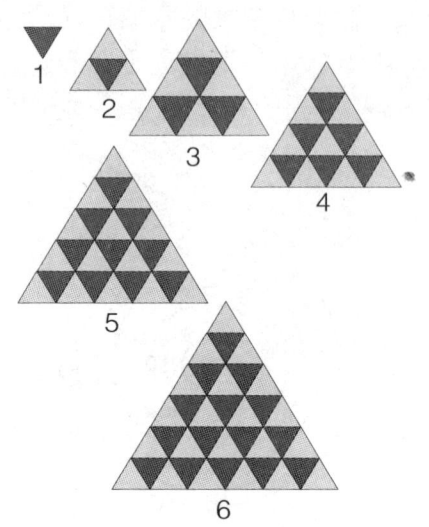

1441 大厦

街道上的大厦从 1 开始按顺序编号,直到街尾,然后从对面街上的大厦开始往回继续编号,到编号为 1 的大厦对面结束。每栋大厦都与对面的大厦恰好相对。

若编号为 121 的大厦在编号为 294 的大厦对面,这条街两边共有多少栋大厦?

1442 重组连续

用给出的数字组成 1 个连续数序列。你只需使用 10 个数字中的 9 个。

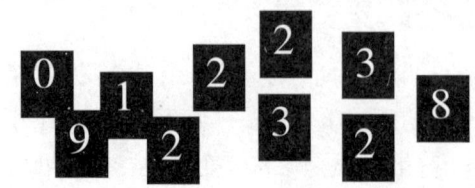

1443 加法运算

图中简单的加法运算有时会让人迷惑！你大声地把这组数字连加起来，答案是什么？给你的朋友试试，看看会不会有五花八门的结果。

```
    1000
      20
      30
    1000
    1030
    1000
+     20
———————
```

1444 数字之和

如果第1组2个数字之和为9825，那么第2组2个数字之和为多少？

6128 + 9091

8159 + 1912

1445 内接正方形

在等腰直角三角形的内接正方形中，面积最大的是多少？最大面积的内接正方形在该等腰直角三角形中的摆放位置有几种？

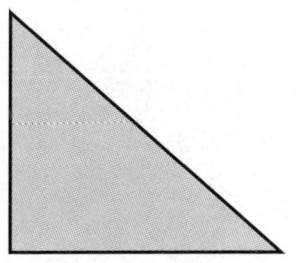

1446 围栏

这3个围栏的面积相同，请问制作哪个围栏所用的材料最少？

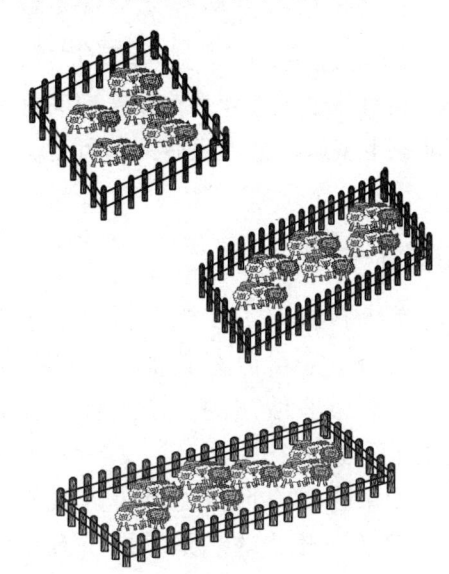

1447 有趣的跳棋游戏

这个游戏规则是这样的：除了中间的那个小洞（编号17），其他的所有小洞上都插有钉子。

玩家的任务是通过一系列跳跃，拔掉板上所有的钉子，最后只剩下1个钉子，这个钉子的最终位置必须是板的

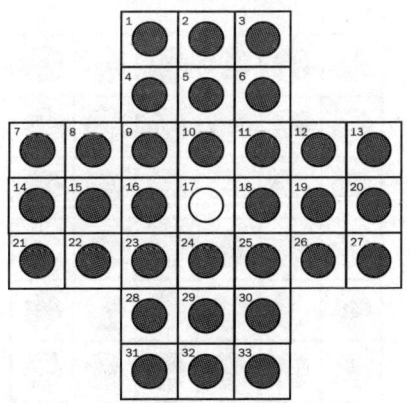

中心（编号17）。

跳跃的规则是这样的：1个钉子跳过相邻的钉子到达1个没有钉子的小洞，同时拔掉跳过的钉子。每次跳只能是横向或竖向，不能斜向。可以连跳。

你玩这个棋需要多少跳？或者你最多能够走多远，直到最后无路可走了？

1448 跳棋

单人跳棋除了在标准棋盘上可以进行之外，还可以在其他形状的棋盘上进行。俄亥俄州的一个工程师就此提出了下面这个问题：

如果在正方形板上玩单人跳棋游戏，怎样从开始的满板（即所有小洞上都有钉子，只留下1个没有钉子的小洞，这个小洞可以在板上的任意一个地方）通过一系列的跳跃使最后板上只剩下1个钉子，而这个钉子所在的位置正好是游戏开始时上面没有钉子的小洞？

无数试验证明只有在边长为3的倍数的正方形上进行这个游戏才是有解的，而3×3的正方形除外。因此最小的游戏板也就应该是6×6的正方形，这可不是一件容易的事。

在下面这个6×6的正方形棋盘上，你需要多少步才能达到要求？如图所示，开始时15号的小洞是没有钉子的。

1449 变换心情

他们有的快乐，有的忧郁，你能使他们变换下心情吗？

1450 一笔描画

你能仅仅利用一根连续的线就把下边的图形整个描画下来吗？将你的铅笔放置于图形的任意一点，然后描画出整个图形，铅笔不得离开纸面。

注意：这条线既不能自行交叉也不能重复路线中的任何部分。

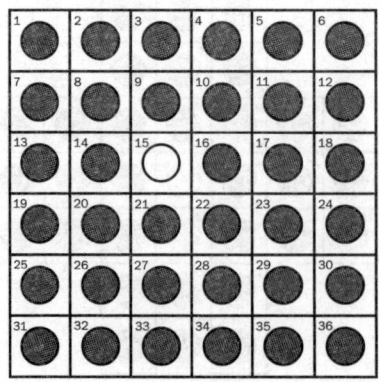

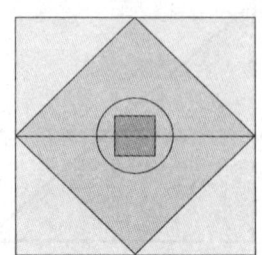

1451 六边形

下列图形中有多少个六边形？

1452 神奇的运算

题1：有多少个两位的阿拉伯数字，它们的十位和个位上的数字不是连续数字？

题2：有多少个两位的阿拉伯数字，它们的十位和个位上的数字不相同？

题3：举个例子，一个有连续数字的三位数，如234，把它倒过来得到的数字是432，用它减去原来的数字得到198。这对于符合同样规律的三位数都成立。

把上面的一组四位数按照同样的程序运算，并制出一个表格，你需要多长时间？

1453 多少个菱形

在这个图形中，你能找出多少个菱形？

1454 油漆窗户

一个商店窗户的高和宽都是2米。这个商店的油漆工想把它的一半面积漆成蓝色，而同时要留出一个无漆的正方形。那么，他是怎么做的呢？

1455 1角硬币

这还有一个让你看起来"不可能"解决的思维游戏。首先，在铺好桌布的桌子上放1枚1角硬币；然后，在这枚硬币的两边各放1枚1元硬币，再将1个倒置的玻璃杯放在这2枚硬币的中间位置上。玻璃杯放好之后的样子要和上图一致。好了，现在做游戏！你必须把那枚1角硬币从玻璃杯底下移出来，但是不能移动玻璃杯或者那2枚1元硬币。而且，你也不能借助其他东西将1角硬币从玻璃杯下面推出来。该怎么做呢？

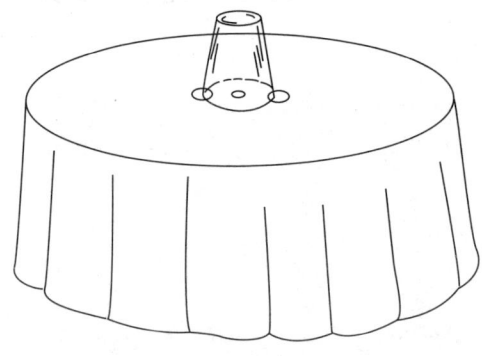

1456 奶牛喝什么

你可以和你的朋友试试。方法如下：让你的朋友不断大声重复地说"白色"，至少10次。然后你突然问："奶牛喝什么？"看看他回答的是什么。

1457 喇叭

葛鲁丘·马克斯有一年买了一个喇叭作为弟弟哈波的生日礼物。包装好之后，他把它带到邮局邮寄。

"对不起，马克斯先生，"邮局的职员说，"您的这个包装实在是太长了。邮局规定，任何包装都不能超过1.2米，而这个包裹却长1.5米。"

无奈之下葛鲁丘把这个喇叭带回商店。店员把喇叭上的橡胶球拆掉了，可是即便如此，这个喇叭仍然长1.35米。这时，葛鲁丘想出来一个主意。他让他们用另一种方法把喇叭重新包装。当他再次到邮局时，喇叭的包装得到了认可，因为现在的包装符合要求。那么，他是怎么做的呢？请记住，这个喇叭既没有被截断也没有弯曲。

1458 扑克筹码

了不起的龚德尔斐魔镜可以看到一切、知道一切、可以说明一切……只要花25元买一张票。当他表演时，龚德尔斐在屏幕上展示了他在全世界搜集来的著名思维游戏题。这一次他所放映的正是恶名昭彰的、置人于困境的拉斯维加斯扑克筹码。人们为了解答这道难题花费了许多钱。这个题是指将5个扑克筹码排成两行，其中一行有3个筹码，而另一行要有4个筹码。这个题最难的地方就是你只有60秒的时间来解决这个问题。

第十章

记忆力

1459 回忆填图

仔细观察第一组图，然后将图遮住，根据记忆选出第二组图中缺失的图形。

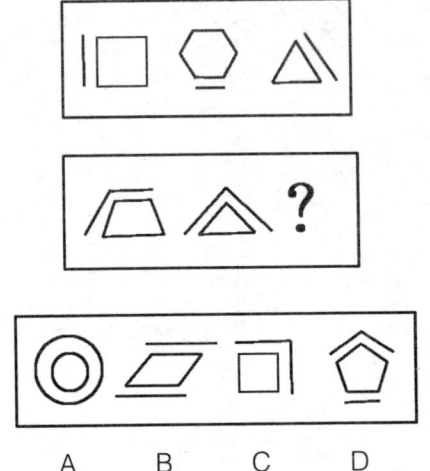

1460 寻找底片

观察图片1分钟，然后盖上图片，说出这张瓷瓶照片的底片是①~⑦中的哪一张？

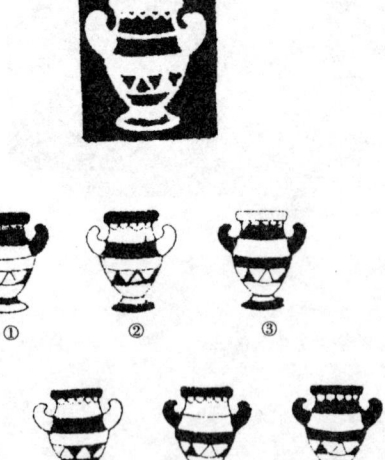

1461 回忆手势

两人一组，A认真看B做5个手势。A在B做时不能跟着做，只能认真看。在A把5个手势做完后，让B按顺序重复做出来。手势1：双手各伸出中指和食指。手势2：双手各伸出1个小指。手势3：双手各伸出5个手指。手势4：双手各伸出1个大拇指。手势5：双手握拳。第一遍做完后，可以再把手势的顺序倒着做一遍，即第5个手势变成第1个，第1个手势变成第5个。看谁的记忆力更好，做得又快又准确。

1462 图形再现

观察2分钟，请你在方框中找出你从方框上面看过的图形并画"√"。

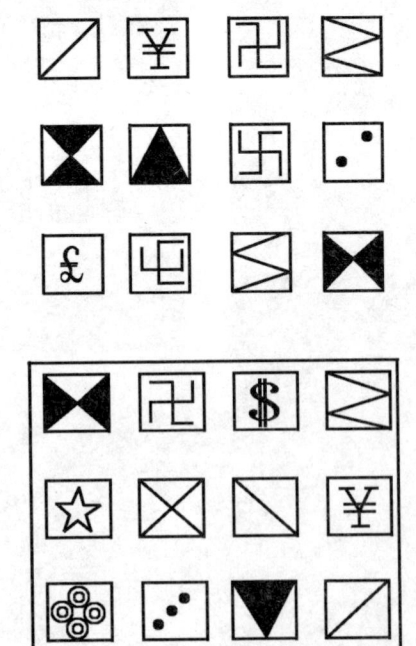

1463 补充图案

仔细观察下面的图形,根据记忆选择合适的答案将空白补上。

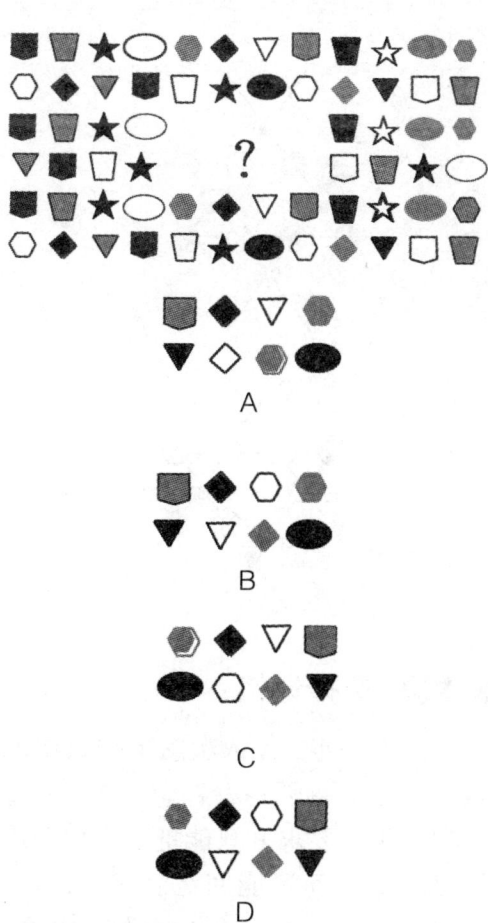

1464 减少信息

在桌上摆放一列物品,手表、铅笔、水杯、糖块、火柴棒、书、剪刀、积木、钥匙、报纸,让你的同伴看1分钟后说出每个物品的名称。1分钟后,遮住同伴的眼睛,拿走铅笔、糖块、剪刀,然后让他看一看,说出少了哪些物品。

1465 记忆历史事件

汉代的农民起义较大规模的有3次:一是公元17年发生的绿林起义;二是公元18年发生的赤眉起义;三是公元184年发生的黄巾起义。前两次发生在西汉,后一次发生在东汉。如何更好地记全这些历史事件?

1466 记忆涂格

图1是一个边长为5个单位的大正方形,内分成25个小正方形,请仔细观察一分钟,并记住这些正方形的颜色。

一分钟时间一到,组织者把图1收起来,让大家根据回忆在自己的游戏卡上相应的位置填色。

图1

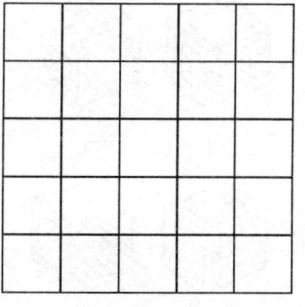

图2

1467 规律推图

仔细观察下面 4 幅图形，从 A，B，C，D 这 4 个选项中选出规律相同的第五幅图形。

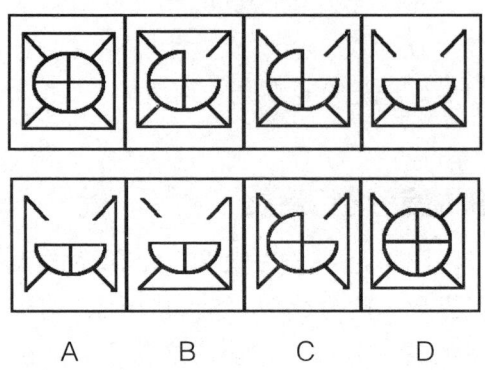

1468 面面俱到

下面的 6 个正方形可以合成为一个正方体，那么你知道哪一个是正确的吗？

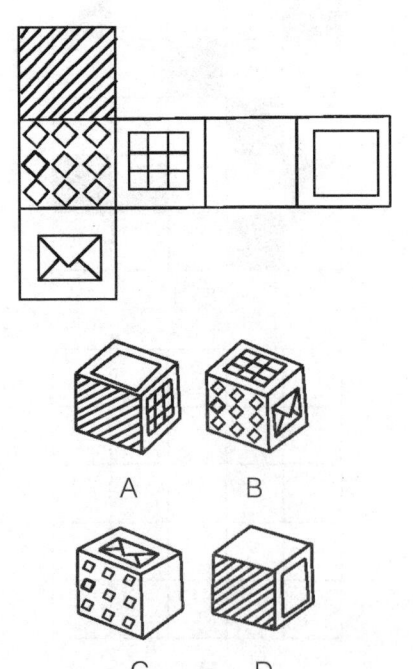

1469 消失的标记

请用 10 秒钟观察 A 图，然后盖住图，说出 A 图中哪些标记从 B 图中消失了。

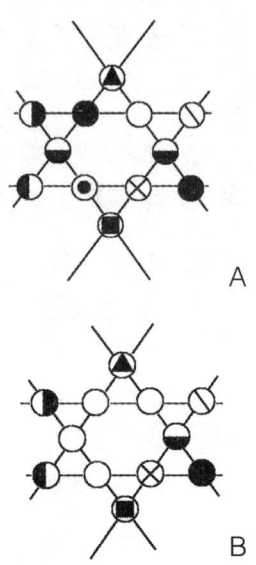

1470 选择记忆

两人一组，A 依次念下列每组的数字汉字，每隔一秒钟念一个。A 每念完一组，要求 B 只能把数字按顺序回忆出来，而不能回忆汉字。例如，A 念："家—4—水—3—风"，B 念："4—3"。

第一组：家—4—水—3—风。

第二组：快—走—7—军。

第三组：开—8—寸—5—电—6。

第四组：表—2—多—5—饮—3。

第五组：好—3—坏—9—东—6—手—2。

第六组：嘴—2—书—1—笔—4—飞—9。

1471 判断图形

仔细观察下面两组图形，依据第一组图形组合的规律，哪一项能将第二组图形补齐？

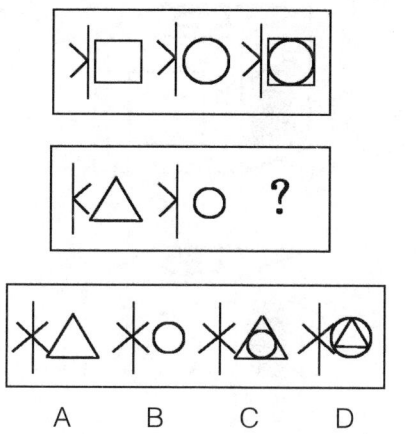

1472 记住词义

你是如何记住一个词和它的词义的？你可以用反复背诵的方法记住它，但我们都知道，这个方法枯燥又耗时。其实，你不妨用想象的方法，把它变成生动影像。

以"consternation"（大为惊骇）一词为例，记住它其实有一些科学的记忆步骤。该词表示极惊讶、惊慌或使人诧异的恐慌。我们如何将它变成图像？它有哪些音节？大声重复。"con-ster-na-tion"或者"con-sternation"。第一音节"con"，可以使你想象一个convict（罪犯）；对第二音节，你可以有个汤匙在碗中stir（搅拌）的图像，或stern（船尾）的图像。"na-tion"就比较伤脑筋，它可以代表联合国、一本地图集或一个地球仪。因此，你或许可以想象，有个罪犯正坐在船尾，要去某个国家。

用同样的方法步骤，记住以下各词的意思。

英文	音标	中文
Bookkeeping	【buk'i'pi】	簿记
Precede	【pri'sid】	先行提出
Liaison	【li'eizn】	暧昧关系
Receivable	【risi'vbl】	可接收的
Census	【sens's】	人口调查
Questionnaire	【kwest'ne（r）】	问卷
Pneumonia	【nju'munj】	肺炎
Subtle	【'sΛtl】	微妙的
Macabre	【m'kabr】	骇人的
Wreckage	【'rekid】	残骸

1473 谐音法记忆

如何记住下列一次绝对值不等式的解集？

$|X| > a$ $X > a$ 或 $X < -a$
$|X| < a$ $-a < X < a$

1474 识图记忆

请仔细观察下列6幅图，研究图像代表的人物、名字和工作，然后用纸盖住图像下的名字和工作，由自己重新写出来，看看自己是不是"过目不忘"。

Tricy 老师   Tom 警察

Lucy 学生　　Susan 护士

San 厨师　　Anna 演员

1475 图形选择

观察第一组图形，依据记忆中的规律选出第二组图形中缺少的图形。

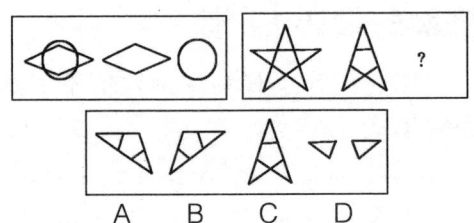

A　B　C　D

1476 回忆选图

仔细观察图形后，压上图形，回忆思考一下并选出？处应出现的图形。

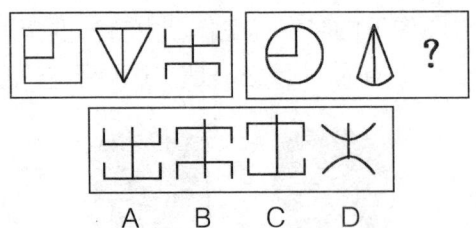

A　B　C　D

1477 底部的图案

以下3个图形是同一个立方体由于3种不同的放置所呈现出来的3种不同的视面。

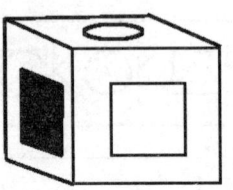

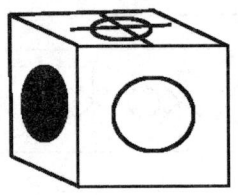

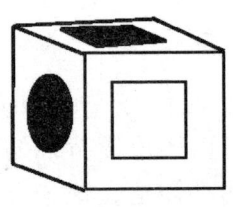

从图中可以看到，有以下5种图案分别出现在立方体的各个侧面：立方体的6个侧面都有图案，而出现在立方体的各个侧面上的图案，总共只有这5种，也就是说，有一种图案出现了2次。如果我们进一步知道，上述3种视面中，位于底部的图案都不是出现2次的图案，那么，哪个图案出现了2次？

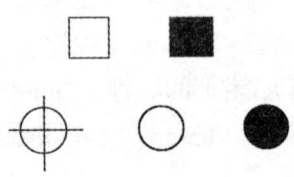

1478 倒扣的扑克

如下图，随意抽去 9 张扑克牌，如图 1 所示摆好，请大家仔细观察，记住扑克牌的花色和点数。规定时间一到，组织者把扑克牌翻过来（如图 2 所示），让大家回忆每张扑克牌的点数和花色。

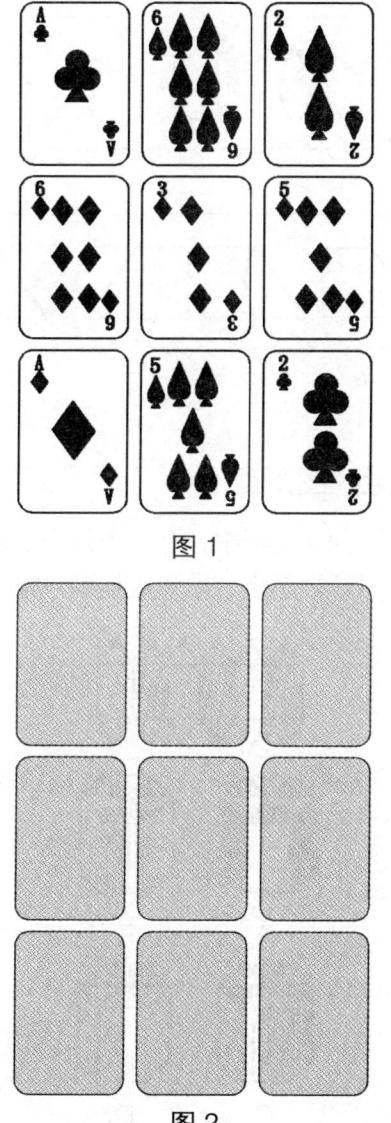

图 1

图 2

1479 超级联想

下面有一组词，请用心看两分钟，尽量记忆。

帽子　信封　房屋　纽扣　猫
书　钱币　铅笔　袜子　电话机
鳗鱼　上衣　木夹　车灯　仙人掌
点心　花边　米饭　钓钩　办公桌

1480 破译数字密码

仔细观察下图，然后把图片遮起来，你能回忆起与数字相对应的图片吗？

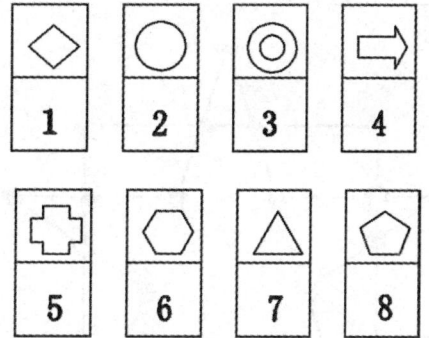

1481 记忆填箭头

下面所示的图形中缺了两个箭头，请你用最快的速度补出来。

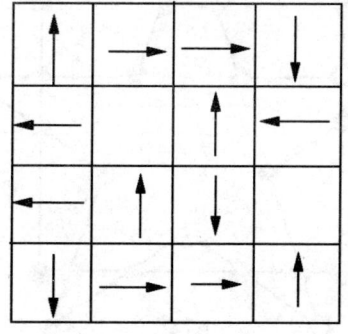

1482 过程描述

依次进行下列活动，请认真观察，然后把活动过程按顺序详细描述出来。（1）洗干净茶杯。（2）往茶杯里放茶倒水，盖上杯盖。（3）往茶杯里放糖搅拌，盖上杯盖。（4）压住杯盖倒茶水。（5）倒掉茶叶。

1483 慧眼识星

仔细观察图1，从图2中迅速地找出图形发生了什么变化，并用彩笔把它改正过来。

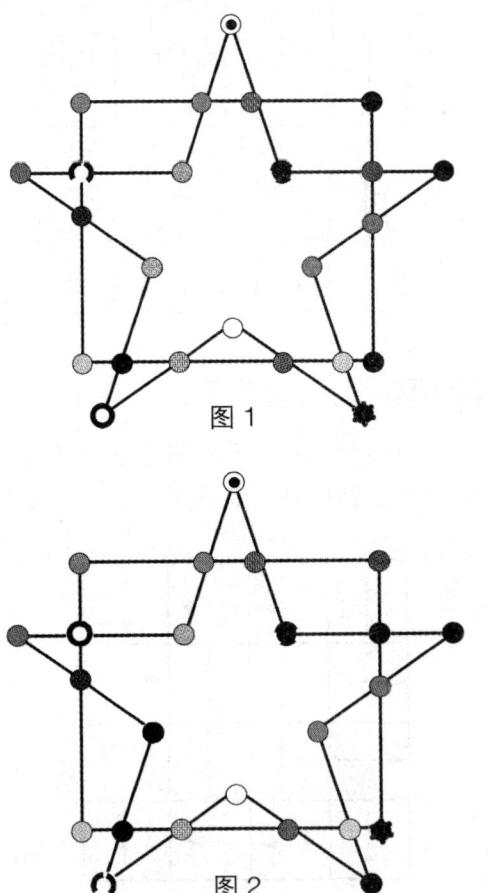

1484 记忆推图

仔细观察下面第一组图，依据记忆将第二组图补齐。

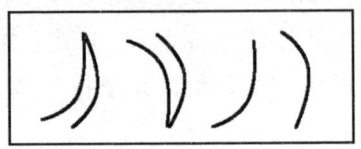

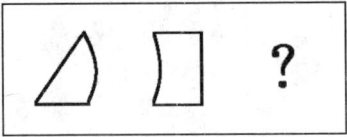

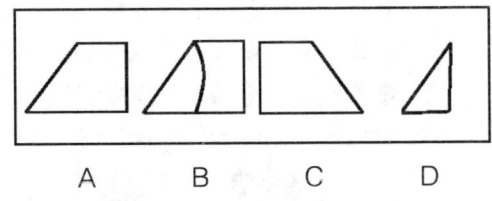

1485 图形组合

下面4选项中，有一个是由上面的平面图折叠而成，你知道是哪一幅吗？

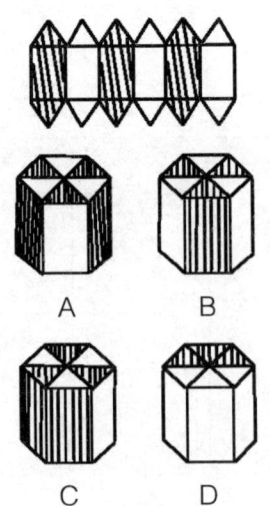

1486 拼凑瓷砖

问号处应是A，B，C，D中的哪一块瓷砖？

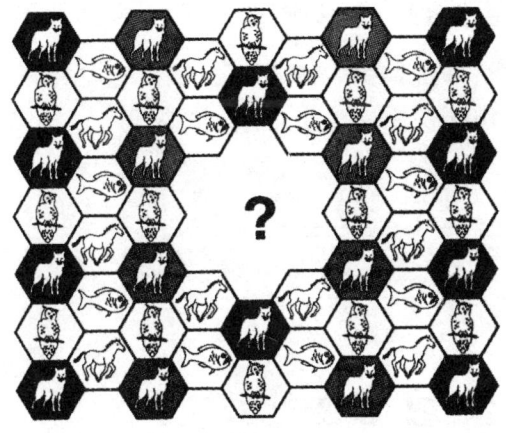

A

B

C

D

1487 细节比较

下页图中，仔细观察A，盖上A，通过回忆找出B中15处与A不同的地方。

1488 动物公共汽车

两人一组，A把下面的题目念给B听，然后让B回答问题。题目：一辆动物公共汽车从始发站开出时车上有一头大象、两条蛇和一头河马。

第一站：下一头大象，上一头老虎。

第二站：下一头河马，上一匹马。

第三站：下两条蛇和一头老虎，上两只老鼠。

第四站：下一匹马，上一只兔子。

第五站：下一只老鼠，上一只鸡。

第六站：下一只老鼠，上一条狗。
(1) 开车时车上有几种什么动物？
(2) 大象在哪一站下的车？
(3) 题目中一共出现过几种动物？
(4) 汽车一共经过了几站？
(5) 两只老鼠都下车了吗？

1489 巧记圆周率

快速记住圆周率小数点后60位。
3.141592653589793238462643383279502884197169399375105820974944

1490 图符相对

仔细观察下图，然后把图片遮起来。将图片中的字母填在图形下面。要求从左到右按顺序填写，不能跳跃性地填写。

1491 巧记书名

在规定时间内记住中国十大名书：1.《三国演义》，2.《好逑传》，3.《玉娇梨》，4.《平山冷燕》，5.《水浒全传》，6.《西游记》，7.《琵琶记》，8.《白圭志》，9.《平鬼传》，10.《绿云缘》。要求按次序记忆，不能颠倒顺序。

1492 与椅子有关的东西

请回忆出与"椅子"有关的东西，时间为3分钟。(1) 椅子有什么用？(2) 椅子是什么造的？(3) 椅子上有什么？(4) 椅子怎样到家里来的？

1493 图形推理

观察第一组图形，依据记忆中的规律选出第二组中缺少的图形。

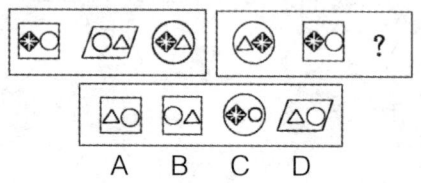

1494 超级记忆

准备好笔，看一遍下面的词，设法记住全部。看完后盖上它们，按照它们出现的次序写出来，然后对照书进行核对。

1. 花　　　　8. 电脑　　　15. 书
2. 电灯开关　9. 猫　　　　16. 糖果
3. 大门　　　10. 桌子　　　17. 杂志
4. 汽车　　　11. 拖鞋　　　18. 篮球
5. 手套　　　12. 鸡蛋　　　19. 游泳池
6. 枪　　　　13. 熊猫　　　20. 香烟
7. 手机　　　14. 戒指

1495 正方形个数

图中一共有多少个正方形？

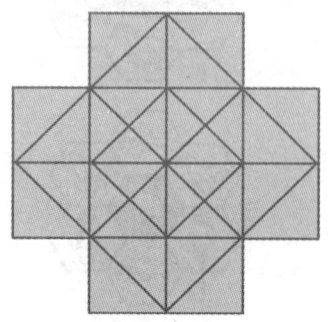

1496 记忆分辨

观察 A 图一分钟后,盖上 A,找出 B 图中与 A 图 12 处不同的地方。

1497 众里挑一

仔细观察图 A。从图 B 中迅速地找出刚才见过的图形,并用彩笔把它圈出来。

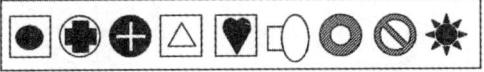

图 A

图 B

1498 停车次数

一辆载着 16 名乘客的公共汽车驶进车站,这时有 4 人下车,又上来 4 人;在下一站上来 10 人,下去 4 人;在下一站下去 11 人,上来 6 人;在下一站,下去 4 人,只上来 4 人;在下站又下去 8 人,上来 15 人。

请你接着计算:公共汽车继续往前开,到了下一站下去 6 人,上来 7 人;在下一站下去 5 人,没有人上来;在下一站只下去 1 人,又上来 8 人。好了,合上书回答问题,这辆车共停了几站?

1499 猫窝的门

图 1 中浅灰色和深灰色的部分分别是两个猫窝的门,迅速地看一眼这两个图形,然后把图形蒙住,在下面的浅灰色和深灰色的图形中分别找出你刚刚所看到的图形,考考你的直觉。

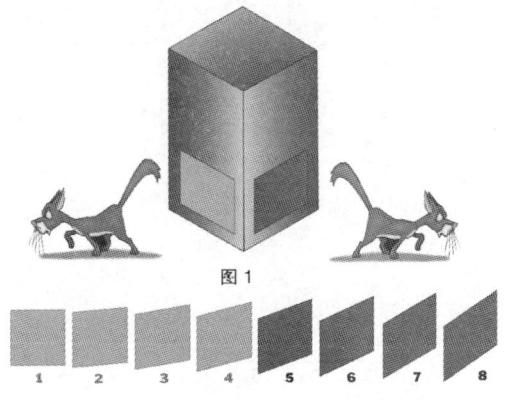

1500 渐变

图中的一系列头像在逐渐变化,从

男人的头变成了跪着的女人。从最左边的男人的头开始，依次观察每个头像，决定在哪个点你的感知发生了质的变化，即开始感觉到了跪着的女人；然后反过来，从跪着的女人开始，看看在哪里发生了质的变化，即看到了男人的头。

答案

第一章 观察力

001 添加六边形

如图：

002 四分均等

如图：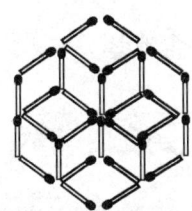

003 选出正确的图

C。

004 美丽的花瓶

A：6，7，8，1；B：2，3，4，5；C：12，11，10，9。

005 不同的箭头

A。除A外，其余的两两成对。

006 规律线段

D。

007 巧分月牙

如图：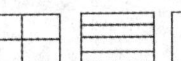

008 让a相等

如图（空格为划掉的"a"）：

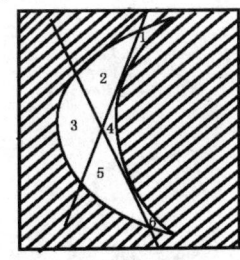

| 009 | 找出第五幅图

B。

| 010 | 神秘单词

如果你数一数各个字母出现的次数，就会发现，字母"D"出现1次，"I"2次，"S"3次，"C"4次，"O"5次，"V"6次，"E"7次，"R"8次。按这个顺序排列字母，就能得到单词"discover"（发现）。

| 011 | 圆中圆

共25个圆圈。

| 012 | 观察正方形

D。这3个正方形组成了4个三角形。

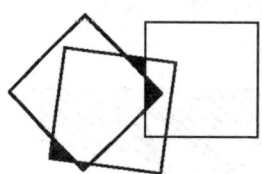

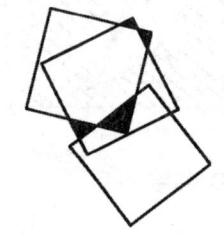

| 013 | 给鱼配配对

A和F，B和C，D和E。

| 014 | 补缺拼圆

C。

| 015 | 手势与影子

如图：

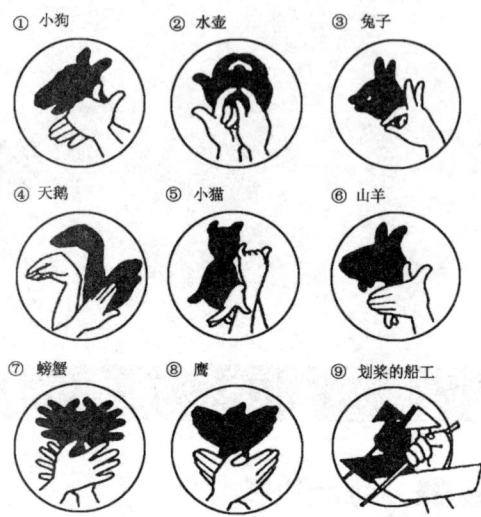

| 016 | 2个金字塔

| 017 | 困惑

B。

| 018 | 巧分花瓶

能。

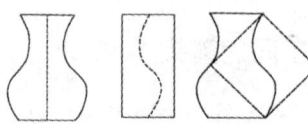

019 新增房间

如图：

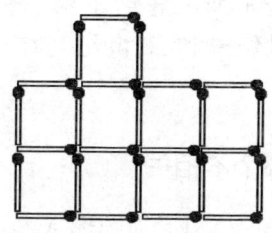

020 巧分"工"字

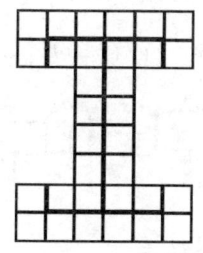

021 找出异己

F。其余四个字母都具有对称性，或上下对称，或左右对称。

022 三维路径

如果你无法解决这道题，可能是因为通常很难想象一个立体物隐藏的边和角。画一个与立体物在拓扑结构上相同的二维图形可能会有帮助。这样一幅图

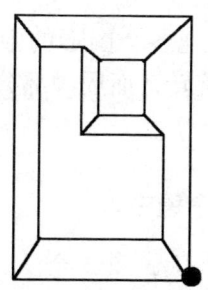

使得每条边和每个角都能看见，并且你能够看见它们之间的关系。

023 鸭子变公鸡

如图，则变成 COCK（公鸡）

024 有趣的脸谱

A。先在脸上添画一种元素，再加画一根头发、脸上添画一种元素，接着加画一根头发，然后加画一根头发、脸上添画一种元素。此后，按照这个顺序添加。

025 找兄弟

4 和 9。

026 相同画面

完全相同画面的格子是 b1，j3，d5。

027 两鸡相斗

添一个圆圈围住其中一只鸡，示意一面镜子。

028 玻璃上的弹孔

左边的是先射的。右边枪孔周围裂痕扩散受限制，故可做出判断。

029 直线分饼

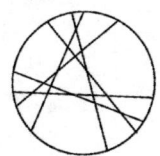

030 自制时针

有。

031 是冬还是夏

左图是夏天。因为夏天11点钟时太阳处于屋顶上方,照射进屋里的光线面积小。右图是冬天。

032 儿童溜冰

只有图中最下方中间的那个儿童与上面的儿童溜冰姿势图相同。

033 翻身

D。

034 折叠魔方

如图:
C。

035 找出相同图案

036 不平衡的天平

至少要移动5根木棒。

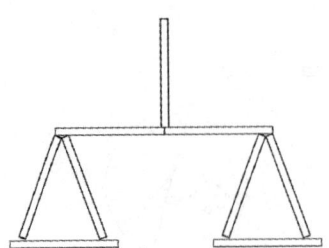

037 同心圆

会产生车轮转动的感觉。该同心圆错觉由查尔斯·寇伯尔德创作于1881年,19世纪末和20世纪初在许多广告中出现。

038 哪个不相关

D。B、C图形为图形A每次逆时针旋转90°所得。

039 微调等式

变成35+52+7+5=99。如图所示:

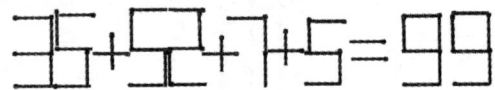

040 划分数字

如图:

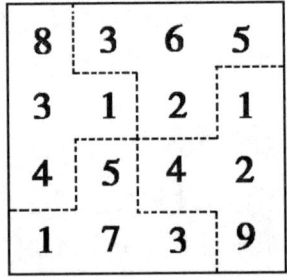

041 图形识别

C,其他各个图形的中心部分是逆时针方向旋转,而周围部分是顺时针方向旋转。

042 几个镜中人

①3个人,②5个人,③3个人。

镜面反射的原理是入射角＝反射角。即射入镜子的光，将以同样的角度射向相反方向，再反射进入人眼，人就能看见。

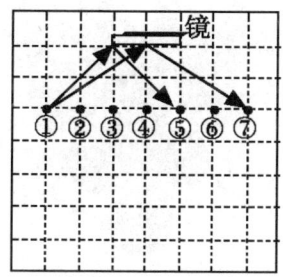

043 道路线

从李小明和王小平住的街道图不难看出，李小明从 A 出发，首先有 3 条路可走，就是 AD、AE、AB。

当他由 A 到达 D 时，又有 3 条通向 F 的路，即从 D 经过 E 到 F；从 D 经过 E 到 B 再到 F；从 D 经过 E 到 B 再到 C，最后到 F。

当他由 A 到达 E 时，又有 3 条通向 F 的路，即从 E 到 F；从 E 经过 B 再到 F；从 E 到 B 再到 C，最后到 F。

当他由 A 到 B 时，又有 3 条通向 F 的路，即从 B 到 F；从 B 到 C 再到 F；从 B 到 E 再到 F。

由此得出，李小明从 A 出发到王小平家 F，共有 3×3=9 种不同的走法。

044 想一想

如图：

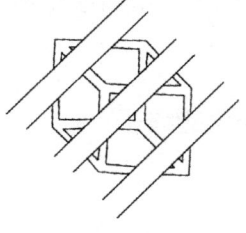

045 消防设备

消防设备应该放在仓库 1 和仓库 6。

046 老师出的谜题

A。正三角形。其他的都既是左右对称也是中心对称，只有正三角形不是中心对称。

047 重新排列

如图：

2	5	4	3	1
5	4	3	1	2
4	1	5	2	3
1	3	2	5	4
3	2	1	4	5

048 巧妙喂鱼

如图：

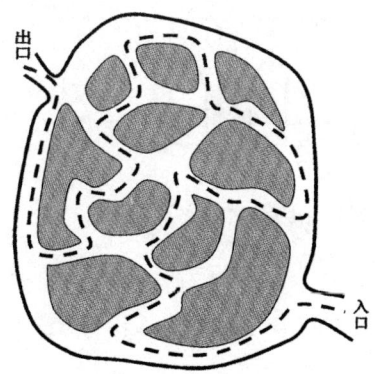

049 工具平面图

工具有锯子、榔头（铁锤）、镰刀、电筒、显微镜、刀、电喇叭。

050 清点三角形

共有 15 个相同的等边三角形。如果把重叠的部分也记作三角形，那么共有 28 个三角形。

051 敬酒

如图：

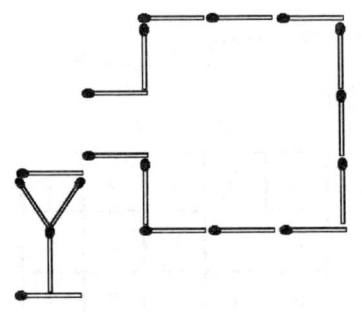

052 三只大象

如图：

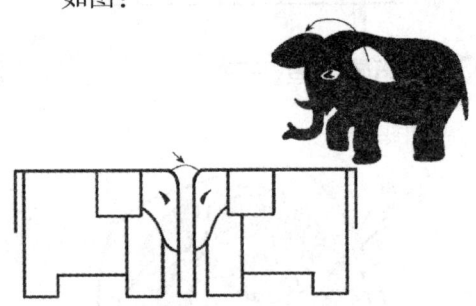

053 错在哪里

（1）夏天没有雪人；（2）树叶、烟运动方向不一致；（3）猫不抓蝴蝶；（4）蝙蝠白天不飞翔。

054 最长的线

虽然我们看起来这些线段是有差别的，但所有的线段的长度都是相等的。

055 上下颠倒

如图：

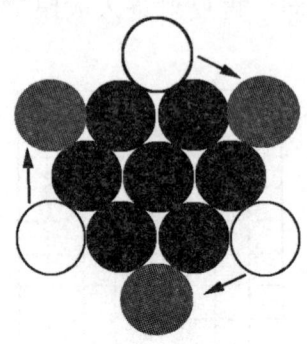

056 巧锯正方形

如图：

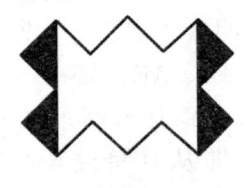

057 填数字

3。每个图形上面三个数字之和与下面两个数字之和相等。

058 让圆点消失

人眼存在视觉盲点，仅用左眼盯住×，改变眼睛与纸面的距离，●就会突然消失。

059 神奇的绳子

B。

060 黑白图

略。

061 多了一把伞

依箭头指示,即可多变出一把伞。

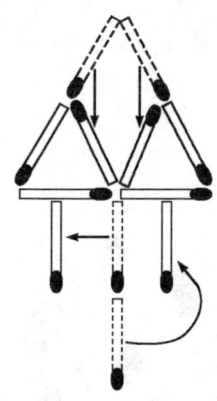

062 巧送牛奶

如图:

063 变幻三角形

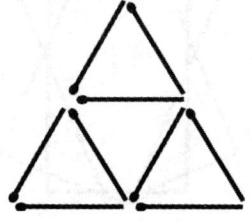

064 小猫找尾巴

①H, ②D, ③C, ④G, ⑤B, ⑥F, ⑦E, ⑧A。

065 火柴图形变幻

如图:

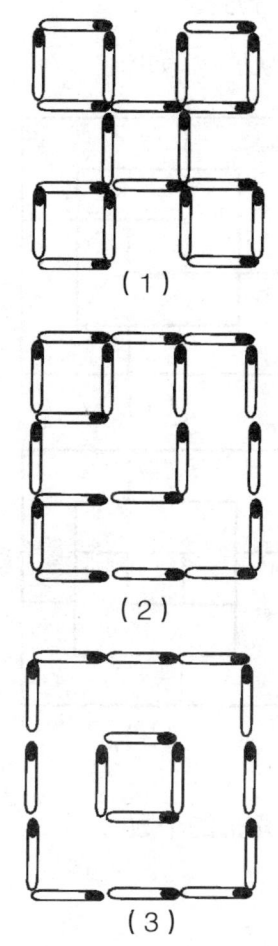

066 不同的方框

B。除B外,方框的个数均是奇数。

067 鲸鱼图案

依次与画面中的3,7,4相同。

068 给卓别林找道具

　　帽子在前门上方，领节在屋前花丛中，胸花在后门上方，拐杖在树上，靴子在后门墙上倒放着。

069 等分方孔图

　　有两种方法，如图：

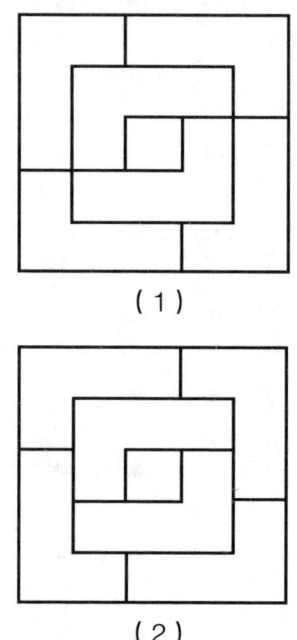

（1）

（2）

070 三角形的个数

　　74个。

071 破损的宝塔

　　10与16相同。此题考察观察的灵敏度、记忆能力、分析能力。

072 省份分组

　　江苏、江西、浙江、山东。

073 小舟变形

　　如图：

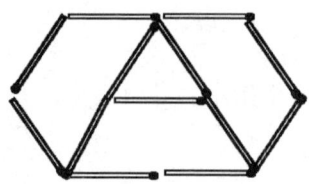

074 分割场地

　　如图：

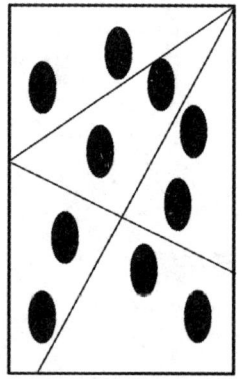

075 灰黑相间

　　灰色部分的面积比黑色部分面积的1.3倍还多一点。视力错觉会让你觉得黑色部分的面积大。

076 重叠的长方形

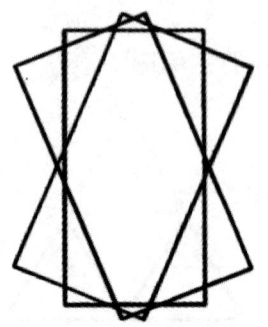

077 查缺补漏

每一行中的黑楔形都可以构成一个完整的正方形。

078 群鸟展翅

10 只。

079 双板拼图

如图所示,共有 3 种拼法。

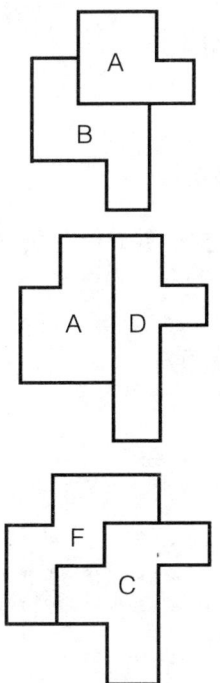

080 女子画像

略。

081 套环

绳子套着 3 个三角环、3 个圆圈环、1 个方块环。

082 谁先到达

两条小路的路程相同。如图,线路一的各分段距离之和,正好等于线路二的距离。

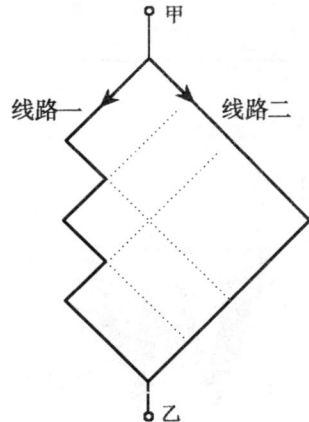

083 数字整队

如图:

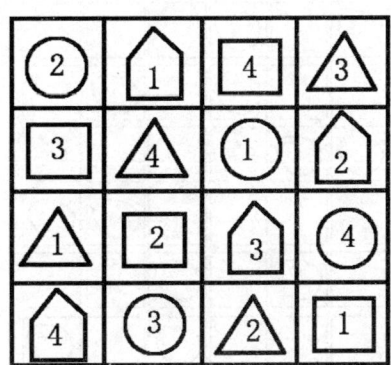

084 万字花拼图

如图：

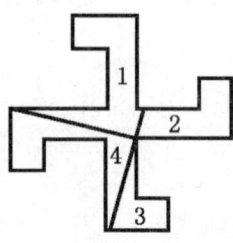

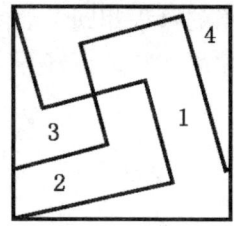

085 W 变三角

如图：

086 母鸡下蛋

母鸡能在格子里下 12 只蛋。

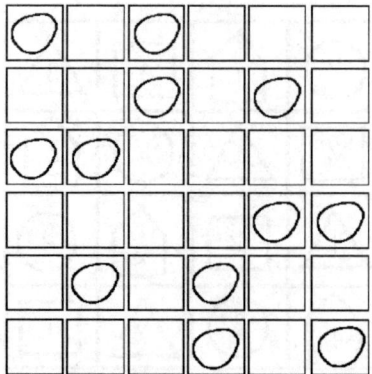

087 按图索骥

（1）b。

（2）a 和 2，b 和 3，c 和 4，d 和 5，e 和 6。

（3）c。

088 相切的圆

需要 6 个圆。如图：

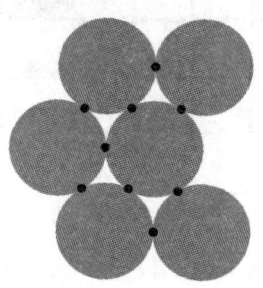

089 找袜子

1。

090 补缺口

E。

091 头像剪影

A（4，5），B（1，8），C（3，6），D（2，7）。

092 连点画方

如图：

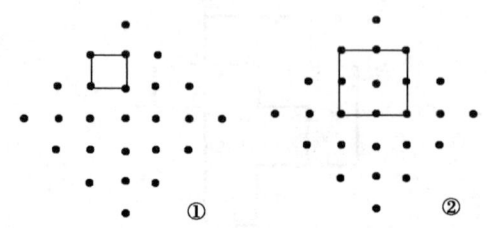

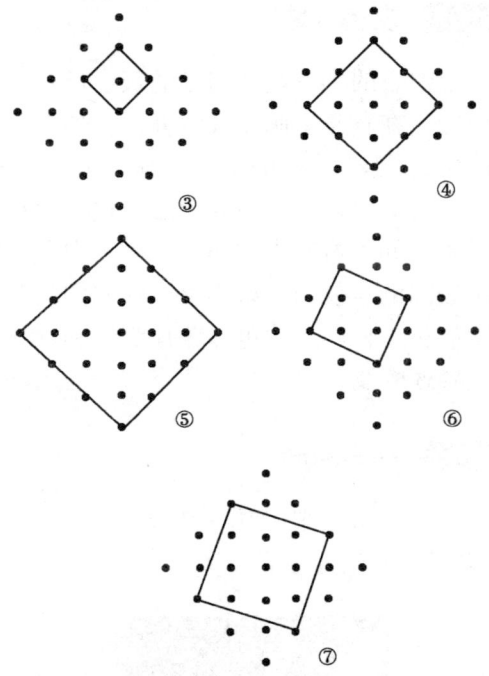

093 找不同

脸谱4与众不同。其他脸谱都有3个是一模一样的，只有脸谱4、6、11大致一样，但脸谱4的嘴形略有不同。

094 照明灯

图中打×处，就是无法被光照到的地方。虽然只是一个很单纯的照明问题，事实上，照在墙壁上光线的明暗度却有差异，差异大约可分成5种程度，亮度顺序由大而小是1、2、3、4，不过如果灯罩的内侧不是可以折射材质的话，4的部分应该也无法照到。

095 未来时光

要回答这个问题，对日历的形式必然熟悉，日历通常把每月的日期写成5行，看24/31添加栏的月份，1号将是星期五或星期六。已经知道24日是黑体字，说明这天不是休息日。因此，1号排除了星期五的可能，必然是星期六。请参照下面的日历。

日	一	二	三	四	五	六
						1
2	3	4	5	6	7	8
9	10	11	12	13	14	15
16	17	18	19	20	21	22
23/30	24/31	25	26	27	28	29

096 巧分农庄

如图：

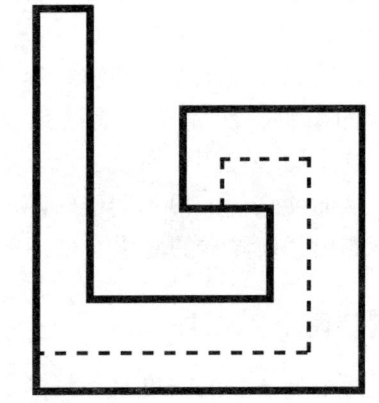

097 找出4

如图：

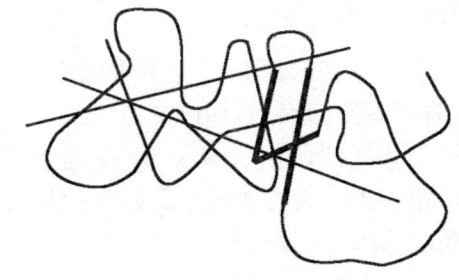

098 灰度值

整个水平横条的颜色一致。

你可以盖住横条周围的部分来检验。这是因为背景的灰度值会影响你对水平横条灰度的感知——在暗灰色环境对比下，横条会显得更亮一些。

099 延伸序列

A。前5个符号是数字1~5颠倒后的映像。符号A是数字6颠倒后的映像。

100 表情

那个生气的面具在第2行右边倒数第2个。

人的感知系统总是能够很容易察觉异常的事物，而完全不需要系统的查找。这个原理被用于飞机、汽车等系统里，从而使它们的显示器能够随时随地地探测出任何异常的变化。

101 两个竖条纹

两个竖条纹的灰度是一样的。由于局部同时对比，产生了令人惊讶的效果——被白色环境包围的灰色条纹看起来要比被黑色环境包围的灰色条纹亮。

102 名画

蒙德里安的原画是左下方的那幅，这幅画是蒙德里安于1917年创作的，该画原名为《线段的合成》。而在这个实验中很多人认为这4幅中最好看的是右上角的那幅。

103 灰色区域

中心的小方块和周围的灰度值是一样的。在背景上画黑线纹样，会使背景感觉偏黑。同样的颜色，画上白色纹样，感觉就偏白。因此中心方块（黑色线条之间）看起来比周围方块（白色线条之间的）要暗。事实上，整幅图的灰度值是一样的。你可以盖住黑线和白线交界处的线条来检查。

104 基本图形

这6幅图中只用了1种基本图形，如图所示。

每种图案都是由这种基本图形合成的，该图形通过旋转可以有4种方向。

100年前，皮尔·多米尼克·多纳特引入了这个概念：由1个最基本的图形单元通过不同的排列以及对称可以形成各种不同的图案。

1922年，安德烈亚斯·施派泽出版了《有限组合的理论》，在书中他分析了古代的装饰物。他说，这些装饰物的图案完全不能用某个数学公式来计算它们的复杂性。在这种意义上甚至可以说不是数学产生了艺术，而是艺术产生了数学。施派泽通过单个图形单元的对称、变形、旋转和镜像得到了许多复杂的图案。

105 迷惑

较亮的对角区域与它们所在的菱形具有相同的亮度。也就是说，如果用光度计测量同心条纹，你会发现任一条纹上的所有点反射的光是一样多的，当然也包括沿着对角线的、看起来比较亮的点。

106 剪出图形

在纸上沿平行方向剪3刀。其中2刀要剪在纸的一边，而另一刀则应该剪在纸另一侧的中间（如下图所示）。然后将纸弯折，使得纸的"底面"组成上表面的一半。

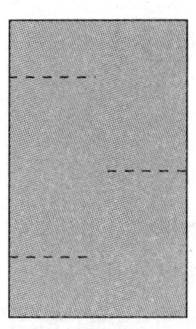
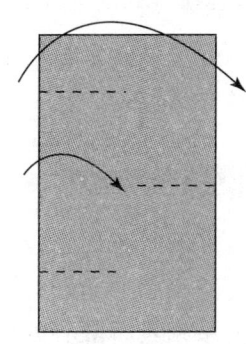

107 棋盘格

阴影里浅色的方格与阴影外暗色的方格的灰度值是一样的。你可以覆盖其他方格来验证。图中，阴影中浅色的方格被暗色的方格包围，因此，即使物理指标表明方格是暗的，当与周围方格对比时它仍然是亮的。与此相反，阴影外暗色的方格，虽然也被浅色的方格包围，对比条件下看起来仍然是暗的。

108 明暗度

1和2的亮度是一样的。

109 求同存异

9。它是唯一一个里面图形的边数比外面图形边数多的图例。

110 比亮度

具有相同的亮度。

111 圆圈与背景

圆圈和背景的亮度是一样的。一系列射线从一个客观上并不存在的圆圈发散出来会造成一种强烈的亮度对比，让人感觉这些圆圈比背景亮。

112 不存在的灰点

在赫尔曼栅格中，交叉处的四边都是亮的，而白条只有两侧是亮的，所以注视交叉处的视网膜区域比注视白条的区域受到了更多的侧抑制，这样交叉处显得比其他区域暗一些，在交叉处就能看到灰点。

113 另类

E，其他各个图形都有与之相同的图形。A和F相同，B和D相同，C和G相同。

114 鱼目混珠

9。其余项都可以在方块中找到投影。

115 特立独行

题1. B。其他4项图形相同，只是

图形经过旋转后，所处的位置不同。

题 2。D。其他 4 项图形相同，只是图形经过旋转后，所处的位置不同。

116　闪烁栅格

当转动眼球观察图片时，虚幻的黑点在白点中间产生或消失；注视圆心时，白点就会消失。美国视觉科学家迈克尔·莱文和詹森·麦卡纳尼于 2002 年发现了这个闪烁栅格的奇异变化。

117　找出不一样的图形

C。

118　视觉反应

在这个例子中，视觉系统对中心和背景的反应时间可能存在微小的差异。对中心的反应更快、持续时间更短，这引起了交叉点闪烁。环顾图片时，视觉系统对白色交叉点做出反应，发出强烈的白色信号，但是如果凝视任何交叉点，随即信号就会变弱，背景的侧抑制发生了，视觉系统感知到的就是交叉点变暗了。

119　塔顶

C。

120　不存在的黑点

日本视觉科学家和艺术家秋吉北冈于 2002 年创作了这个闪烁栅格错觉的变形。

121　移动图片

如果上下移动图片，就能看到方块左右晃动；如果左右移动图片，就能看到方块上下移动。

122　忽明忽暗

在这幅图中，存在许多可能存在的圆。当眼睛扫过这幅图，你的视觉系统不断寻求最佳解释；但另一方面又有新的解释不断产生。

123　找不同

1C。

124　"弯曲"的直线

这些线条实际上是笔直而且平行的，然而给人的感觉是弯曲的。

125　墙壁

水平线实际是平行的，楔形只是一种错觉。

126　动动脑

你所看到的好像是个螺旋，但其实它是一系列完好的同心圆！这个螺旋由一系列具有圆心的、逐渐缩小的、相互交叠的弧线组成。

在这幅图中，每个小圆的"缠绕感"通过大圆传递出去产生了螺旋效应。

127　考考你

该图由一系列同心圆组成。

128　奇怪的圆圈

同心圆。

129 与众不同的图形

6。其他每个图形都可以通过轻微旋转得到。

130 高脚杯

如果将卡片颠倒过来，你就可以看到杯子两边各有一个侧面像。

131 两个单词

"Figure"外围较暗边缘形成"Ground"。

132 音符

选项 G 是其他音符的镜像，其他所有的音符都可以通过旋转另外的音符而得到。

133 游泳的鱼

它们有的向左游，有的向右游。

134 萨拉和内德

黑色的部分呈现的是吹萨克斯的男人，男子旁边的白色及部分黑色构成女人的轮廓。

135 隐藏的老鼠

在猫的眼睛下面，有老鼠的面孔。

136 墓前的拿破仑

拿破仑就藏在两棵树之间。两棵树的内侧枝干勾勒出了站立的拿破仑。

137 拿破仑家庭

在左上侧的紫罗兰花下是拿破仑妻子的轮廓；右上边的大叶子下是拿破仑的轮廓；最下面一朵紫罗兰花上面是他们儿子的轮廓。

138 骷髅头

女子的头和镜中的头组成了头骨的两个眼睛，梳妆台上的饰品、化妆品和桌布组成了牙齿和下巴。

139 体形

两个老太太的大小和形状都一样。由于服饰的色彩和线条的亮度差别，可能会影响你的判断力。

140 蜈蚣

所有这些横线都是等长的。

141 更长的线段

两条线段长短完全一样。当箭头向外时，造成了对线段长度的低估；当箭头向内时，引起对长度的高估。

142 利润

C 公司。

143 比比哪个长

两条线段一样长。

144 帽子

帽子的高度和宽度是一样的。

145 线段

所有的竖线都是同样的长度。

146 中间的圆

两个圆大小一样。当一个物体被比它大的物体所环绕包围时,它看上去要比实际小;而当被比它小的物体所环绕包围时,它看上去要比实际大。

147 与众不同的星星

只有这个图形是单独的,其他星形都是成对出现的。

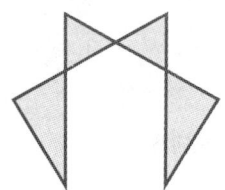

148 弧线

红色的圆弧。

149 凸凹变化

这些既可以看作是凹进去的,也可以看作是凸出来的。由于视觉的变化,这些图会发生由凸出→凹进,或凹进→凸出的转变。

150 球的深度

不一致。通过注视,左右眼中的球融合后会出现分层,网格上的球也随之会产生不同的深度。

151 相交的直线

由里向外第4条线。

152 雪花

左右眼分别看图,产生融合现象,就能看到雪花从右边降落。此外,灰色的圆圈好像有两种亮度,而实际上它们的亮度是一样的。

153 波浪

这是高对比度线条产生强烈相对运动错觉的一个例子。你会感到一种强烈的立体错觉,一种波浪此起彼伏的感觉。

154 火柴人

G。在火柴人上加入2条线,拿走1条;加上3条线,拿走2条;加上4条线,拿走3条。

155 与众不同的三角形

B。每个三角形中圆圈的数量与围绕着的多边形边数相同。

第二章 判断力

156 谁是罪犯

丙。

157 真正的出路

走第三条路。这个题的前提是相信第三条路口上的话是真实的。

如果第一条路写的是真话，那么，它就是迷宫的出口，如果说第二条路上的话也是正确的，这和只有一句话是真话相矛盾。如果说，第一条路上的话是假的，第二条路上的话是真的，它们都不是通往迷宫出口的路，所以真正的路就是第三条。

158 抢钱的破绽

如果真是歹徒抢钱，是不会把钱一捆一捆地拿出来，给出纳员留下一个空包的。

159 奇特的生日

姐姐在2月29日夜里将近零时诞生，而妹妹是在3月1日凌晨零时过后诞生。两人生日虽然只差一天，但2月29日，要4年才有一次。

160 巧移冬青

如图：

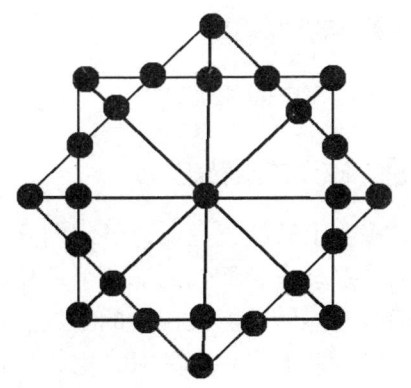

161 猜猜是谁

将第一次猜的结果做一个比较，就会发现甲的判断和丙的判断是矛盾的，则其中必然有一真、有一假。如果甲的判断真，那么乙的判断也真，这样就与老师所说的"只有一个人说对了"相矛盾了。所以甲的判断必假。这样丙的判断就是真的了。于是，其余三个人的判断就都是假的了。这样，乙的判断就与事实相反，所以纸条上就一定写着的是乙的名字。

162 判断公车驶向

公车的左右都有门，如果是右侧通行的国家，司机门在左，乘客门在右，否则相反。驶往A车站和驶往B车站都有可能。所以，若是在中国，这辆车将开往A站。

163 间谍之死

双重间谍R出身罗马在题中被特别强调出来。

一提到"出身罗马"，就要想到X不仅只是一个字母，而且又是一个罗马数字的10。那么R肯定是要写XII，但没写完就断了气。XII是12号，杀死R的人肯定是A间谍。

164 特殊数字

6218，圆中其他数字都有与其对应的数字，例：7432与168（7×4×3×2=168）；6198与432；4378与672；9431与108。

165 4只小狗

甲：2岁。乙：4岁。丙：3岁。丁：1岁。

如果丙小狗说的话是假的话，丙就比甲年龄小，而且甲就是1岁，这是不可能的。所以丙小狗的发言是真实的，就是甲不是1岁，丙比甲年龄要大。如果甲的发言是真的话，就是乙3岁，甲要比乙年龄大就是4岁，这与上面的分析是矛盾的。所以，甲的话是假的，乙也不是3岁，甲比乙年龄要小。根据以上分析，乙是4岁，丙是3岁，甲是2岁，剩下的丁就是1岁。

166 黑色还是白色

Z应该是黑色。因为所有的黑色字母都能一笔写完，白色的字母就不能。

167 周长比较

周长相等。

168 外星来客

假设菲尔德撒谎，从奥尼尔和卡思的发言来看，卡思和菲尔德是同一星球的，进一步从韦伯的发言来看，卡思和奥尼尔是不同星球的，结果菲尔德的发言反而不是谎言，与前面的假设相矛盾。所以，阿波罗的发言是真实的。

假设撒谎的是卡思或奥尼尔，或是卡思或是韦伯都是一样，他们的发言都是真实的。所以奥尼尔撒了谎，从而可知卡思和韦伯都是水星人。因此可推断，奥尼尔、杰森是火星人，菲尔德、卡思、韦伯是水星人。

169 面积有多大

4∶1。把小三角形颠倒过来，就能立刻看出大三角形是小三角形的4倍。

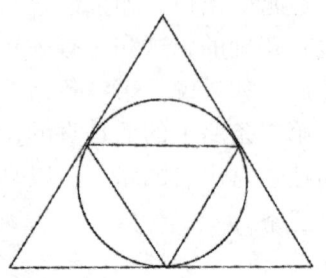

170 残缺的迷宫

C。

171 聪明的海盗

第一轮中被扔下船的人为1，3，5，…，599，在第二轮中，被扔下船的就是原来报2，6，10，…，598的人，以此类推，最后得出512。其实，只要选择小于600的最大的2的n次方即可得到答案。这种类型的题，不论题中给出的总数是多少，小于等于总数的2的n次方的最大值就是最后剩下的数。

172 钥匙在哪里

钥匙在中间抽屉里。

173 狡诈的走私犯

霍普走私的正是他每月定期开过海关的高级轿车，而他的那3个神秘的行李箱是迷惑转移海关视线的工具。当海关人员为此而头昏脑涨时，也就忽视了走私的轿车，他采用了障眼法。

174 足球的破绽

波特平静地说："球星中有英国人、

德国人、巴西人、意大利人，怎么都用英文签名呢？"

175 识破伪证

人在划小船的时候，船行驶的方向和划船人的面部方向是相反的。所以向着桥急速划来的那个男人，是背向着桥身的，他不可能看见桥上发生的事情。

176 推断纸牌

编号为3的纸牌为A，其余的位置如下图：

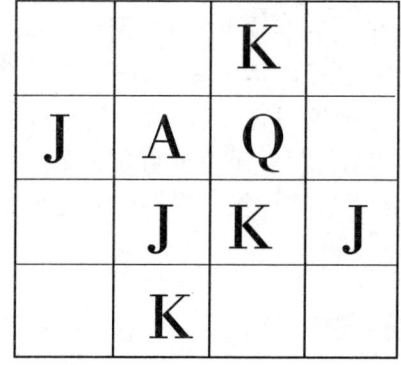

177 生死有别

纪晓岚是按属相来算的，比如说今年是鼠（子）年，不论生多少人，都只能是属鼠；可是不论死多少人，都离不开这十二属相，这就是一年生一人，死十二人。

178 多余的线

什么样的图形才能一笔画呢？有一个条件是图形必须是连通的。图形上线段的端点可以分成两类：奇点和偶点。一个点，以它为端点的线段数目是奇数的话，就为奇点，如下图中的C、B、E、F；一个点，以它为端点的线段数目是偶数的话，就称为偶点。一个连通的图形，如果它的奇点的个数是0或者2，这个图形一定能一笔画。本题图形上的F、I、J和C都是奇点，I和J之间有线段相连，只要把这条线段擦掉，I和J将变成偶点，于是只剩下F和C两个奇点，任选其中一点作起点，就可以一笔画。

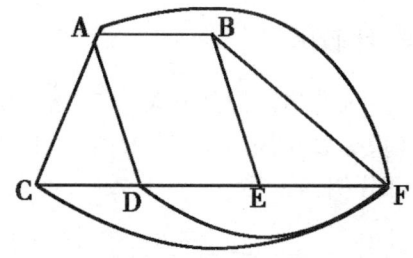

179 公路设计图

图中的e、f、g、h四条道可以去掉。从a穿过C，使用e，确定距离最短，但是，不使用e，也可由a→I→k→j→C，最终也穿过C。f、g、h也是同样道理。所有换向可以在中间的四叶形通道里进行，而e、f、g、h是为向左换向设计的最短距离的路面。

180 妙用砝码

使用1克和3克两个砝码，就可以测量出4克的重量，也可以测量出2克的重量。依据这个道理，所选择的砝码必须互相利用。计算周全后，即可得出需要的4个砝码：1克、3克、9克以及27克的砝码。它们加起来正好是40克。可是其他重量的物体怎样称呢？就要像前面举的例子互相配合利用。比如，称20克时，右秤盘放上1克和9克的砝码，左秤盘放上3克和27克的砝码就行了。照此方法，一直可以称到40克。

181 狂人日记

（2）。这句话是歧义错误，如果《狂人日记》指的是鲁迅著作中的其中的一篇，那么一天可以读完，如果是指整本集子，则不可以短期内读完。

182 比较黑白

（1）不相等。黑部分大。（2）黑白两部分相等。（3）黑白两部分相等。（4）黑白两部分相等。

183 血型辨凶手

凶手不是弟弟。AB型和O型血液的人结婚，子女不会有AB型血。

184 谎言的破绽

谎言再圆满也会有疏漏，通过严密推理，人们可以看穿诸多骗局。老罗的谎言也不例外，且不说一个人的当天都可能安排得这么满满当当，何况两星期后的事。通常，人们是不会提前那么多天就预订好葬礼日期的。

185 三位美女

首先，黑发美女不是天使，因为天使只说真话，如果她是天使，她就不能说自己"不是天使"。并且，黑发也不是魔鬼，否则她说的"我不是天使"就成了真话，而魔鬼总是说假话的。所以，黑发只能是常人。接下来，再看茶发美女。她不可能是常人（因为前面已经确定黑发美女是常人），她也不可能是魔鬼，否则"我不是常人"就成了真话，而魔鬼是不说真话的。所以，茶发美女是天使。两个已经确定了，那余下的金发美女，就只能是魔鬼了。

186 标签怎样用

正确答案是一种。当然用9个数字标签也可以轻易地区分出狗宝宝，但是，即使只有一种卡片也是可以把狗宝宝区分开的。只要把方向和贴的部位区分开，不要说是9只，就是再多的狗宝宝也可以清楚地区分开。举个例子，比如我们有写有"1"的卡片，就可以在第一只肚子上横着贴，第二只背上竖着贴，以此类推……除此之外还有很多方法。

187 兄弟姐妹

甲、乙、戊、庚为男性；丁、丙、己为女性。

188 特殊台桌面

无论如何击放在一个焦点上的球，它都会落进放在另一个焦点的洞里（当然别撞到障碍物）。另一方面，如果球放在两焦点之间，那无论如何击球，都不会落进放在另一焦点的洞。椭圆的这种反射特性被利用在一种叫作"回声长廊"的建筑中。这是一间椭圆房间，在一焦点发出的任何微弱声音都可以在另一焦点被清楚地听见。

189 比赛排名

名次顺序为：张、李、方、王、赵、丁、周、胡。

190 选择建筑师

提名最多的第二候选人。

191 表盘上的数字

在 10 点的地方，有一个 0。如果你能注意到这一点的话，那就好办了。无论多少个数字相乘，如果其中有一个数字是 0 的话，其结果都是 0。

192 男生还是女生

最后一个学生是女生。

193 卸运西瓜

船会离岸移开。当人在船尾向岸上抛西瓜的时候，人将受到方向相反的反作用力，使船向船头方向前进。

194 寻找冰红茶

甲瓶子：可乐。乙瓶子：白酒。丙瓶子：冰红茶。丁瓶子：啤酒。

195 黑点方格

D。每一行或列小方格中的黑点数目都不同。

196 照片反影

A：③；b：④。

197 4 减 4 的结果

吃粽子的时候，顺次在它的 4 个角上各咬一小口，每咬一口，在粽子上留下一个三角形截面，咬 4 口以后，留下 4 个三角形截面，粽子剩余部分，共有 12 个角。

198 正确的按钮

正确门铃的按钮是从左边数第五个。如果 F 表示该按钮，则 6 个按钮自左至右的位置依次是 DECAFB。

199 "1"究竟有多少

301 个。将从 0 到 999 的所有数字补足 3 位，变成从 000 到 999。一共有 1000 个数字，包含数的个数为 3×1000=3000 个。显然 0，1，…9 的个数是相同的，因此在 000～999 之间含"1"的个数为 3000÷10=300 个，加上 1000 所含的 1 个，"1"的个数为 301 个。

200 最大的影子

夜晚地球的影子，是世界上最大的影子。

201 如何站立

在打开的一扇门下放这张报纸，你站在门这边的报纸上，你的朋友站在门另一边的报纸上，你们就可以不碰到对方了。

202 帽子的颜色

甲可以正确地推导出自己头上所戴帽子的颜色。

203 假设

D。

204 拍卖无价

任何事都有得失两面，出价高或低都可能损失自己的利益，要反复思考，包括对方的出价对自己的影响。

出价5 001元最有利。如你出价5 002元，对方出价5 001元，你不得不付给他5 001元，这样一来你买这张1万元的彩票就花了10 001元，即多花了1元钱。也就是说出价超过5 001元不利。反过来出价少于5 000元也不利。你如果出价4 999元，在对方出价高于你的情况下，你就亏了1元。

205 妙手剪纸后的图

（选2），如图：

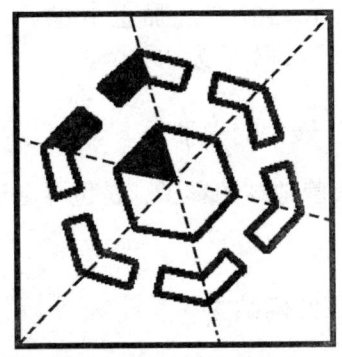

206 牛奶咖啡

这样搅和之后，各杯的总容积没有变，加进的咖啡必然排去同样容积的牛奶，因此，咖啡杯中的牛奶容量恰好等于牛奶杯中的咖啡容量。

207 向左向右

丁丁和冬冬住对门。

208 分隔18点

如图所示：

（1）
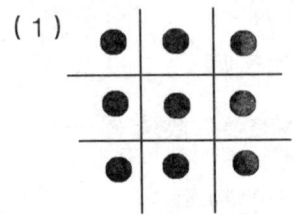

（2）
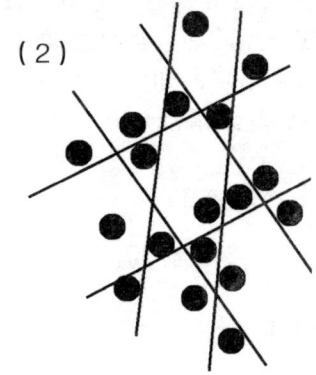

209 哪里人

D。

210 哪3人是一家

从（1）和（2）就知道李玲、老钱和小平是一家人。从（3）知道，王芳和老赵是一家，从（1）知道他家有1个女儿，并且一定是小凤。最后，还有3个人张玉、老孙和小虎，自然是一家人。

211 仓库被盗

甲和丁。

212 奇怪的生日

姐姐是在2001年1月1日出生在一

艘由西向东将过日界线的客轮上，而妹妹则是在客轮过了日界线后才出生的。那时的时间还是处在2000年12月31日。所以，按年月日计算，妹妹要比姐姐早1年出生。

213　巨款仍在

伯纳注意到在纪念品中有一件鱼目混珠的物品，即那个企鹅标本，它是罪犯留下的而不是老探险家的，因为企鹅仅生活在南极。

214　书的价格

书的价钱是5元，哥哥没钱，弟弟有4.9元。

215　最佳位置

因为这些用户沿着铁路排列，可以看成是一条直线。医院应在最中间用户间的任意一点。

216　巧牵马

考虑此题时重要的有两点：一是A、B与C、D要同时走，因为以走得慢的马所需时间计算，只有这样才能有利于节约时间；二是回来时要骑跑得快的马。C和D绝对不行，A最好。以此为原则：最佳顺序是：

（1）把A和B牵到Q村（2小时）。
（2）骑上A，回到P村（1小时）。
（3）把C和D牵到Q村（5小时）。
（4）骑上B，回到P村（2小时）。
（5）最后把A和B牵到Q村（2小时）。
或者把第2步和第4步调换过来也可以。

217　撒谎村来的打工妹

关键在于晓庆那句没人听清的回答。如果晓庆是撒谎村来的，她会说："我不是撒谎村来的。"如果她不是撒谎村来的，她还是会这么说。因此，许薇照原样复述了晓庆的话。这说明许薇不是撒谎村来的。而杨英咬定许薇是撒谎村来的，这说明杨英是撒谎村来的。由于只有1个人来自撒谎村，所以，晓庆也不是撒谎村来的。

218　4种蔬菜

先按题干排序：
甘蓝＞菠菜，绿芥蓝＞莴苣
A：甘蓝＝绿芥蓝＞莴苣
B：甘蓝＞菠菜＝莴苣
C：甘蓝＞菠菜＞绿芥蓝＞莴苣
D：不能得出结论

219　大象几条腿

如果目光停留在大象的身体，或许觉得从它的浑圆躯干往下长出四条立柱体的粗腿，外表正常，并无异样。但是，将视线迅速移到画面下端，注意观察象脚，数一数，共计有几只脚，然后将视线缓慢向上移动，看看脚怎样连着腿，腿怎样连着身体，就能发现这头大象的非凡之处。

220　有钱人

老大、老四和老五有钱，说假话；老二和老三没钱，说真话。

221 女性解放

第一个故事：A先生不可能是小人，因为，如果那样的话，他妻子该是君子，不是凡夫，这样，A先生的话反倒会成了真的。同样，A夫人也不可能是小人。所以，他俩也都不是君子（否则其配偶理应是小人），可见他俩都是凡夫，同时又都是在撒谎。

第二个故事：原来这四个人都是凡夫，三句话全都是谎话。首先，B夫人必定是凡夫。这是因为，假使她是君子，她丈夫应该是小人，既然她是君子，就不会谎称自己的丈夫是君子。假使她是小人，她丈夫该是君子，这时她也是不肯道破真情的。所以，B夫人是凡夫。因此，B先生也是凡夫。这意味着A先生和夫人都在撒谎。所以，他俩都不是君子，也不可能都是小人，因此都是凡夫。

222 小孔的变化

说得不对。加热后孔将变大。这是因为，孔外面的金属可以看成是由一个条形的材料弯成的圈。加热的时候，金属条伸长，所以原来的孔变大了。轮子加热后套入轴，就是利用这个道理。

223 判别表针

A：左下是时针，右上是分针；B：左边是时针，上面是分针；C：左上是时针，下面是分针；D：左边是时针，右边是分针。

224 不合格的乒乓球

将12个乒乓球分为A、B、C三组，每组4个。第一秤：天平两端各放A、B两组4个乒乓球。如果天平呈平衡状态，则坏球必定在C组的4个乒乓球中。第二秤：在天平一端余A组三个好乒乓球（A1、A2、A3），然后将C组4个中任意取3个（C1、C2、C3）放在天平的另一端。此时，如果天平继续呈平衡状态，则坏球必定是C组所剩下的那个乒乓球（C4）。第三秤：从已知是好球的11个乒乓球中任取一个，将其与那只坏球（C4）分别放在天平两端称一下，那只坏球是轻是重便一目了然。

225 图形转换

B。

226 预言家

阿尔法当上了特尔斐城的预言家；贝塔当了宫廷侍女；伽玛当了职业舞蹈家；欧米伽当了竖琴演奏家，但没和阿特克赛克斯结婚。

227 露茜要什么

露茜知道价格，并且把1元钱放在柜台上，这1元钱是一张五角钱，两张2角钱，一张1角钱。如果她想要的是白巧克力的话，她应该就不会再把那1角钱放在柜台上。

228 旗、杆间距

两根旗杆没有间隙，并排而立。

229 赛马

这样的结果是可以发生的：
第一次：甲、乙、丙、丁
第二次：乙、丙、丁、甲

第三次：丙、丁、甲、乙
第四次：丁、乙、甲、丙

230 加勒比海盗

为方便起见，我们按照这些海盗的怯懦程度来给他们编号。最怯懦的海盗为 1 号海盗，次怯懦的海盗为 2 号海盗，如此类推。这样最厉害的海盗就应当得到最大的编号 10 号。10 号海盗提出的方案是 96 块金子归他所有，其他编号为偶数的海盗各得 1 块金子，而编号为奇数的海盗则什么也得不到。

231 找出下一个字母

Z。按照 26 个英文字母顺序，字母之间相继跳过 1、2、3、4 个字母。

232 百试百灵

信封里写的是"今天有开心事"。

233 真的没有时间吗

这个人在计算时间的时候重复计算了很多的时间，比如说假期中的睡眠时间和吃饭时间，星期中的睡眠和吃饭时间，以及很多上学时走路的时间。

234 谁的照片

这个人在看她丈夫的继母的外孙媳妇的照片。

235 考试的结果

如表所示：

	历史	语文	地理	英语	数学	总分
A	5	4	4	2	3	18
B	4	5	3	3	1	16
C	3	2	5	1	4	15
D	1	1	1	4	5	12
E	2	3	2	5	3	14

236 巧辨开关

先走进有开关的房间，将三个开关编号为 A、B 和 C。将开关 A 打开 10 分钟，然后关闭 A；再打开 B，然后马上走到有灯的房间，此房间内正在亮着的灯由开关 B 控制。用手去摸一摸另外两盏灯，发热的由开关 A 控制，凉的由开关 C 控制。

237 继续发牌吗

一副扑克牌一共有 54 张牌。最后一张牌应该发给杰瑞左手邻座。所以，杰瑞只要把未发完的牌从最后一张开始由下往上发，第一张先发给他的左手邻座，然后按逆时针顺序把牌发完即可。

238 错误多面角

设图中的帐篷形状是正六棱锥，那么棱锥底面是正六边形，每个内角等于 120°。

如果侧面是正三角形，那么侧面的每个底角都是 60°。

这时在棱锥底面任一顶点处的三面角中，三个面角将是 60°、60°、120°，不满足"任意两个面角之和大于第三个面角"。

所以这样的三面角不存在。

239 判断正误

第一个题目中，正确的是（1）；第

二个题目中正确的是（2）。

240 最先出现的裂缝

最先出现的那条裂缝是图中间横向的一条，从正方形左边的中间向右延伸到右边离右上角1/3的地方。

通常要判断两个裂缝中哪个更早出现并不难：更早出现的裂缝会完全穿过这两个裂缝的交点。

241 家庭比赛

吴参赛四次，刘某因故没有参赛，可以知道吴与刘是同一个家庭；孙和钱是一家人；赵和周是一家人；李和张是一家人；王和郑是一家人。

242 跳棋游戏

首先要往3和4的位置上叠放上棋子，否则以后就跳不过来了。另外不能等到最后才向1和6叠放棋子，因会遇到只跳过一个棋子的情况，也跳不过来。

（1）1→4，5→8，9→12，3→6，7→10，11→2

（2）12→3，7→4，10→6，8→1，11→2，9→5

243 乐极生悲

经过推断，他们4人正确的坐法是：是C把D毒死了。

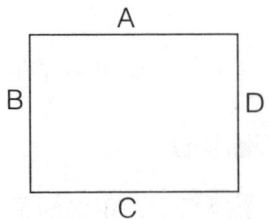

244 配合握手

由5个人的手配合相握，感觉好像能握好，不妨先做一个假设，两组右手和两组左手都能握得很好，但剩下的一只右手和一只左手怎么握不好了。

245 找谁算命

因为乙的错误可能达到80%，如果按照乙的意见的相反方向去办，正确率比甲的要高。

246 养鱼的是谁

德国人养鱼。据题可以判断的情况如下，从左向右排列：挪威人住黄房子，抽Dunhill香烟，喝矿泉水，养猫；丹麦人住蓝房子，抽Blends香烟，喝茶，养马；英国人住红房子，抽PallMall香烟，喝牛奶，养鸟；德国人住绿房子，抽Prince香烟，喝咖啡，养鱼；瑞典人住白房子，抽BlueMaster香烟，喝啤酒，养狗。

247 距离更近

他们离A地的距离是一样的。因为他们相遇时是在同一个位置。

248 最后一个字母

正确答案应该是T。因为alphabet（字母表）的第一个字母是A，最后一个字母是T。

249 安全脱险

一个人先攀上软梯，另一个人待水齐到颈部时开始攀升。攀升速度与水涨的速度相等，使水的高度始终在人的颈部。借助水的浮力，软梯就可以负担两个人的重量了。

250 搜查

B。

251 向哪边倾斜

天平平衡。因为燃烧的速度一样，耗蜡也一样。

252 风中的蜡烛

3支。如果是多数人在竞猜这道题，一定会有3种答案，7支、1支不剩和3支。说7支的人显然没有看清楚问题，回答1支不剩的人已经在进一步思考这个问题了。但不够全面。未被风吹灭、一直点燃着的7支蜡烛，最后自然要烧尽，可是被风吹灭的3支蜡烛一定会剩下的。

253 巧切蛋糕

如图所示，从各边中心点连成的平面切开即可。

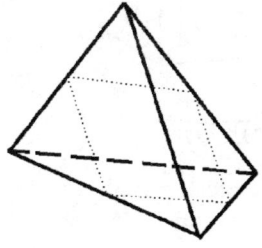

254 福尔摩斯

作案时间是2时12分。短针走一刻度相当于长针的12分钟，故当短针正指着某一刻度时，长针必有0分、12分、24分、36分、48分等几个位置。研究两针的位置之后便可得出答案。

255 无赖和愚蠢

我相信我正处于这两者之间。

256 互联网狂躁症

选项C从时间上弱化了论据。无因无果，所以最不可能成为导致"互联网狂躁症"的病因。

257 完全吻合

C。如图：

258 燕子李三

如图：

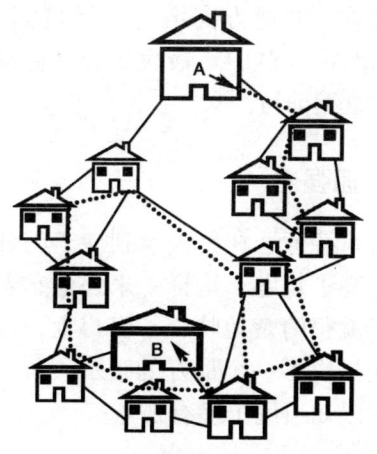

259 缺少的时针

指向10。从左上方开始，沿顺时针方向进行，每个钟上时针与分针所指向的数字之和从3开始，每次加2。

260 挑选人员

挑了A、B、C、F四人去。

261 欢聚圣诞节

7个人。

262 类同变化

F。大的部分变小，小的部分变大。

263 加薪

加薪的是丙和丁。

264 3个乒乓球

这要借助一根细长的棍，先将乒乓球3从洞里挑出，顺着1的方向向前滑行，然后1进入洞中。再将2和3一同顺着3的方向滑行，越过洞口。然后1可以出来继续按照原来的方向滚动。2和3沿着3的逆方向滑行，经过洞口，让3仍然进入洞中。最后2沿着它原来的方向继续前行。

265 抓强盗

柯南特意选在更夫走到屋子门外的时候点亮了灯盏，这样一来强盗拿着刀的影子就很清楚地映在了窗户上，这就给更夫提供了一个最好的暗示，所以更夫才得以知道屋子里有强盗。

266 心灵手巧的少妇

如图：

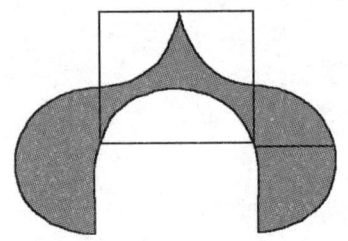

267 顺序

按题干条件：
（1）甲、乙＝丙、丁；
（2）甲、丁＞乙、丙（隐含：丁＞乙，甲＞丙）；
（3）乙＞甲、丙。

按此排序：丁＞乙＞甲＞丙。

268 远近

离远一些。

269 美丽的正方体

A：

270 几个正方形

20个。如图。

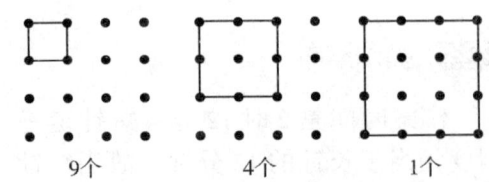

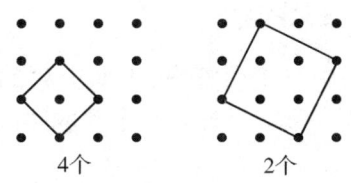

4个　　　　2个

271　概率

不对。随便答而答对的概率有 1/3，这 1/3 是对扣除了他有把握答对的 6 题剩余的 24 题而言。所以就概率上来说，他答对的题目共有 14 题，如此一来，他没办法及格。

272　雷击

因为小明的手上还拉着风筝。

273　数字代码

0108。前一个数字中的外面两位数相乘，乘积就是下一个数字中的外面两位数。前一个数字中里面的两位数相乘，乘积就是下一个数字中的中间两位数。

274　各走各门

走道的设计如下图。既然关系不好，

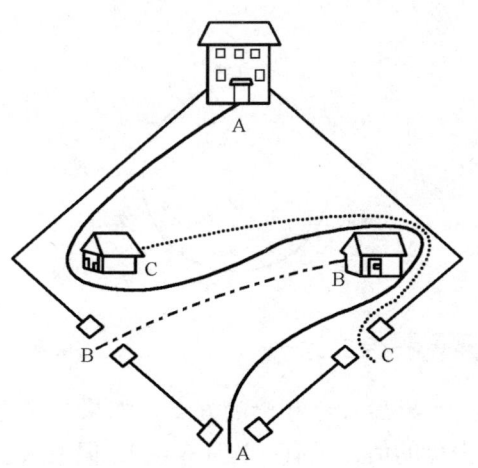

不想见面，走路就别怕绕路。用铅笔画画，就能找到答案，由于 A 直行必然与 B、C 相遇，只好让他躲开一点，绕过 B、C。与此图中的路线大同小异，也可以让 C 直行，A、B 去绕行，方法是相同的。

275　兔子难题

有 8 条直线上有 3 只兔子；有 28 条直线上有 2 只兔子；6 只兔子排成 3 排且每排 3 只，可以如下图排列：

276　错觉

小景看到的人就是凶手。凶手是个圆脸的人。由于小景在窗户的细长的缝隙中看到他迅速地走来走去，这样看到的就是细长的脸而不是圆脸，这只是错觉。

277　丢失的数字

1。把每一行都看作一个三位数，由上至下，依次为 17，18，19 的平方。

278　巧穿数字

如图。

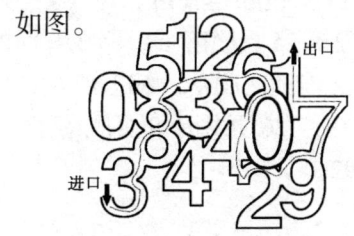

279　捉老鼠

黑鼠。

280　建操场

左边15块，右边26块。

281　衣服的数量

元元的衣服最多，新新的衣服第二多。

282　6+5=9

如图所示，由原来的6根火柴加上后来的5根共11根拼成了英文nine（9）。提到9，我们容易想到阿拉伯数字9或汉字九，英文虽然早已进入了我们的生活，但未能形成惯性思维，容易被忽略。根据火柴棍的特点，nine的摆法仔细思考是可以想到的。

283　剩余的页数

92页。从第20～25页共有6页，那么从100里减去6就是94页……那就错了。纸是有正反两面的，所以不可能只脱落其中的一面。既然第20页脱落了，那么第19页也必定脱落。

同理第25页脱落了，那么背面的第26页也必然随之脱落。综上所述，应该是从第19～26页共计8页脱落了。即：100-8=92。

284　野战地图

图中是1种答案：1个士兵的路线用实线表示，另外一个士兵的路线用虚线表示。

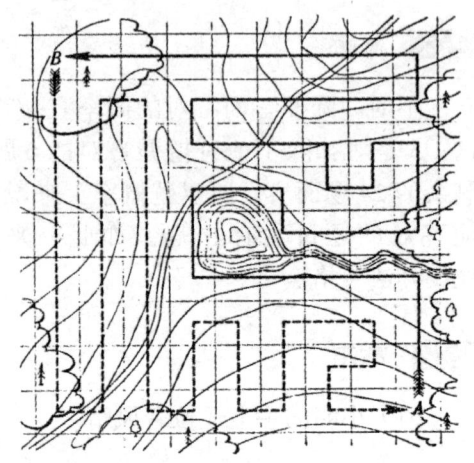

285　添上一条线

B。只要再加一个小圆就可以和左图相同。A完全与图相同，其他几个相差太大。

286　爱撒谎的一家人

如图所示，从爷爷的右边开始，依次是儿子、女儿、爸爸、妈妈。

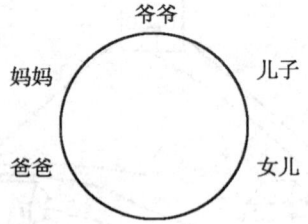

287　合二为一

早晨6点和傍晚6点。如果只考虑表盘的话，只有一次（6点），但一天有

24小时，所以有早晨和傍晚两次。

288 翻跟头的小鸟

如图所示：

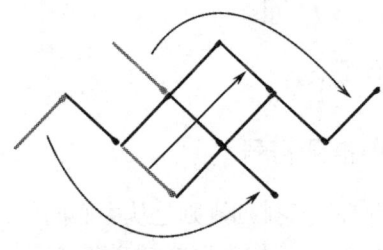

289 移花接木

警察看到蜡烛后产生了怀疑，再加上停电，蜡烛一直没有熄灭。假如晶晶是在自己屋里被杀，过了24小时，蜡烛早就燃尽了，一定是有人夜里把尸体弄来，走时忘了灭蜡烛。

290 上升还是下降

A会上升，B会下降。如图：

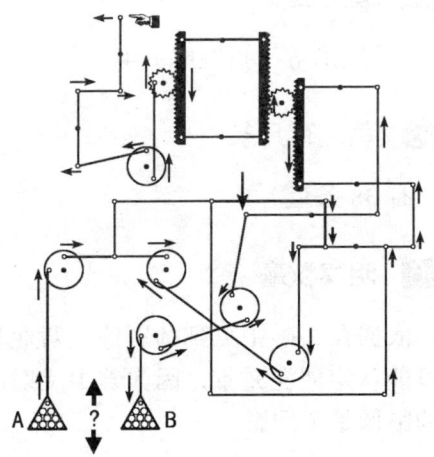

291 成才与独生

D。

292 搭桥

关键在于一开始多放两块作桥墩，如下图所示。当搭了足够多的骨牌后，桥的构架也就完全稳定了，这时可以把多余的桥墩取走。

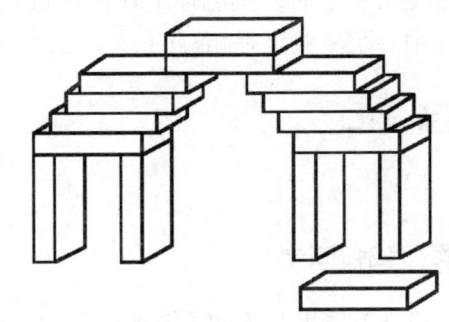

293 语意深长

可那时候我没有问过谁交响乐该怎样写。

294 圆心

从左数第4个点是该大圆的圆心。

295 看一看

E不是。

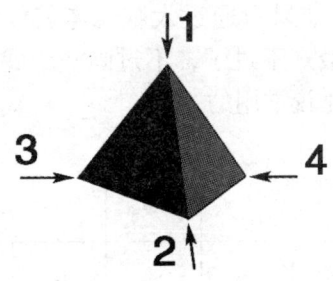

296 挽救熊猫的方法

B。

297 弯曲的眼镜蛇

开动脑筋思考问题不能离开实际,这道题看似没有办法,实际上,不管眼镜蛇躯体怎样弯曲,若躯体粗细不计,就有可能。当眼镜蛇爬在一种球形笼子或者圆石头上时,则躯体上任何一点到圆球中心距离应该是相等的。

298 封口

12。

299 蚂蚁回家

将立方体展开(如下图所示),A 和 B 的连线就是最短的路线。

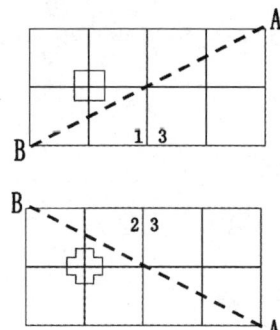

300 魔方

D。如果只通过大脑思考就能解决的话是最好不过了,不过画一个展开图来看是比较常用的方法。

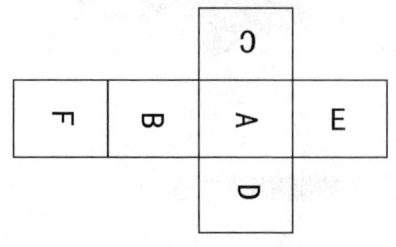

301 渡河

2、3、8 和 10,每一排的圆圈都是沿着顺时针方向旋转 90°。

302 一刀两断

第 3 个。

303 推测符号

填△。其排列规则是从中心向外,按照○、△、× 的次序旋转着填充。

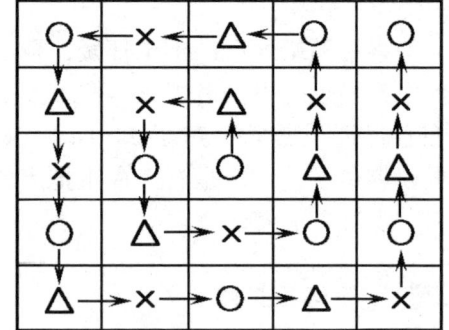

304 图形变身

E。图形等于折叠成一半。

305 鱼儿有几条

有 38 条鱼。

306 明察秋毫

依据在银碗中见到的影像,营业员不可能认定罪犯是谁,因为碗中反射出来的影像是个倒影。

307 残缺的纸杯

答案:B。

308 可疑旅客

从曼谷有直达北京的航班,没有必要绕这么个大圈子。即使是旅游,哪有一天之内飞经那么多地方的?另外,作长途旅行,行李却非常简单,违背常理。

309 最牢固的门

D。因为三角形的3条边长确定后,它的形状不易改变,而D是由2个三角形组成的。

310 不同的图形

E。所有图形都可以分为4个部分。在前4个图形中,都有2个部分可以接触到其他3个部分,另外2个部分只可以接触其他2个部分。而在第5个图形中,有1个部分可以接触到另外3个部分,2个部分可以接触到另外2个部分,最后1个部分只能接触到其中1个部分。

311 构成图案

尽管看上去似乎至少需要2种图形,而事实上只要1种就够了。比如在第1幅图中,你把黄色部分看作背景,那么

其余的部分就全部是由上图所示的紫色图形构成的。

312 缺失的字母

U。从左边开始,沿着这条曲线向右进行,这些字母按照字母表顺序排列,每次前移1位、2位、3位,然后是4位,以此顺序重复进行。

313 哪两个数

8,1。如果你把每行数字都当作是3个独立的两位数,中间的这个两位数等于左右两边两位数的平均值。

314 条形图

这些条形是平行的。

315 图像边缘

图像的边缘都是直的。

316 星星

E。从左上角的方框开始,按照逆时针方向以螺旋形向中心移动。白色圆圈在两个相对应的尖角之间交替,同时,黑色圆圈按逆时针方向每次移动1步。

317 方块变形

所有小方块都呈直线排列。

318 水平线

这些水平线是彼此平行的。

319 三角形中的点

看起来红点位于三角形垂线的上

半部分，其实它恰好位于三角形垂线的正中间。这是倒 T 字错觉的一种变化。在倒 T 字错觉中，竖直线看起来比等长的水平线长。

320 拿掉谁

8。这组数列的偶数位遵循这样的公式，把前面的数字乘以 2，然后再加 1，就等于后面的数字，依此类推。

321 与 D1 对应的选项

E。

322 图形复位

A。下面每个方框中的图形与其上面的图形加在一起可以形成 1 个正方形。

323 关系判断

F。

第三章　推理力

324 真实身份

假设玛亚是受害者，那么波西的话虽然是关于受害者的，却是真的，所以，玛亚不可能是受害者。

假设凯瑞是受害者，那么玛亚和希尔的发言虽然是对被害者说的却又是真的。所以，凯瑞不可能是受害者。

假设希尔是受害者，那么凯瑞的话是对受害者说的却又是真的，所以希尔不可能是受害者。

综上可知，波西就是受害者。

325 正确答案

因为不存在同样分数的情况，所以小兰和小朋不可能都得 1 分，所以，小朋或者小乐有一个人撒谎了。假设小乐得了最低分的话，根据小朋的话（真实），小兰只得了 1 分，小乐比他还要低就是 0 分。就是说，4 个问题的正确答案应该是与小乐的答案相反，即 "NYNN"，如此小兰则得了 3 分，这是相互矛盾的。所以，最低分的是小朋，根据小乐的话（真实），小朋应该得了 1 分。根据小兰的话（真实），小朋答对的题只有第四题。所以可知，正确答案就是 "YNNN"。

326 推断年龄

72 可以分解成 3 个数字的乘积

$72×1×1$，$36×2×1$，$18×4×1$，$9×8×1$，$12×6×1$，$9×4×2$，$18×2×2$，$6×4×36×6×2$，$8×3×3$。

3 个数字的和（可能的门牌号码）

$72+1+1=74$，$36+2+1=39$，$18+4+1=23$，$9+8+1=18$，$12+6+1=19$，$9+4+2=15$，$18+2+2=22$，$6+4+3=13$，$6+6+2=14$，$8+3+3=14$。

下边一列中，我们发现 14 出现了两次，而调查员在知道门牌号码的情况下,仍然推算不出3个女儿的年龄,可见门牌定是14(其组合不唯一),又因为妇女说自己有最大的女儿,那么只能是8、3、3组合了(否则6、6、2组合就不会有"最大"的女儿了)。

327 五碗巧搬

1入丙;2入乙;1入乙;3入丙;1入甲;2入丙;1入丙;4入乙;1入乙;1入甲;1入丙;1入乙;3入丙;2入乙;1入乙;5入丙;1入甲;2入丙;1入乙;3入甲;1入乙;2入丙;1入甲;4入丙;1入丙;2入乙;1入乙;3入丙;1入甲;2入丙;1入丙。

328 分辨姐妹

假设当时是下午,可下午姐姐是说假话的,那么姐姐(虽然还不清楚哪一个是)理应说出:"我不是姐姐。"但没有得到这个回答,因此,显然是上午。只要把上午的时间定下来,那么说真话的就是姐姐,由此可知胖小姐就是姐姐。

329 小偷被偷

时髦小姐。因为如果是另两个人的话,他们应该连那位小姐的钱包一块儿偷走才对,就算他们不全偷,也不知究竟哪个钱包是职业小偷的。

330 中国盒

从外面的大盒子里拿出1块糖,放到里面最小的盒子里就可以了。这样,最小的盒子里就有了5块糖(两对加1块)。将这5块糖算进第2个小盒子的糖果数目中,第2个小盒子中的糖果数现在是5+4=9块(4对加1块)。第3个小盒子中现在有了9+4=13块糖果(6对加1块)。最外面的大盒子中有13+8=21块(10对加1块)。

331 英语过级

中文专业所有人都过了英语四级。

332 环球飞行计划

假设3架飞机分别为A、B、C。3架飞机同时起飞,飞行至1/8处,其中一架(A)分油后,安全返航;剩余两架(B、C)飞行到1/4处时,其中一架(B)分油后,安全返航;A降落后加完油,在B返回后马上起飞,逆向接应C;同样B降落后加完油,也立即逆向起飞,接应AC;两架(A、C)在逆向1/4处相遇,分油后,同飞行;3架(A、B、C)飞机在逆向1/8处相遇,分油后继续飞行,这样就可以完成任务了。所以,3架飞机飞5次就可以完成任务。

333 猫捉老鼠

如果3只猫用3分钟捉住了3只老鼠,那么它们必须用1分钟捉住1只老鼠。于是,如果捉1只老鼠要花去它们1分钟时间,那么同样的3只猫在100分钟内将会捉住100只老鼠。

334 缺页的书

现在这本书还剩下168页。因为撕下第44页到第63页,等于撕下了第43页到第64页。所以第二次被撕了22页。

335 钱去哪里了

钱并没有丢，只是计算的方法错误。店小二拿去的二十文钱就是3个秀才总共支付的四百四十文钱中的一部分。四百四十文减去二十文等于四百二十文，正好是旅店入账的金额。四百二十文加上退回的三十文钱，正好是四百五十文，这才是3个人一开始支付的房钱总数。

336 第一百个数字

距开始的第一百个数字是4，距终了者为5。

337 马虎的校长

他写对的是2个人，那么他写错的也是2个人。3种可能中，第一种和第三种是一样的，并且绝对是不可能发生的。

338 哪瓶是葡萄酒

1号瓶子：白水。2号瓶子：糖水。3号瓶子：葡萄酒。4号瓶子：盐水。

339 小男孩和小女孩

两个孩子都在说谎，所以穿红衣服的孩子是女孩。

340 他绝不是自杀

探长的伤口在左侧太阳穴。

341 运动员的年龄

甲是排球队员，21岁；乙是篮球队员，17岁；丙是足球队员，19岁。

342 学生会委员

按不同的划分标准画两个图：

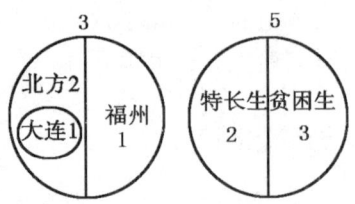

如果2个特长生都是贫困生，那么题中介绍便只涉及6个人，与题干矛盾；其他选项均不矛盾。正确选项是A。

343 烟蒂制烟

在7截烟蒂中，先用其中6截接成两支烟，还剩下一截，再加上这两支吸剩下的烟蒂，又可接成一支烟吸，他正好吸了3支。这一问题之所以迷惑人，原因在于3支烟蒂接起来制成一支烟，这支烟吸后又有一烟蒂，即"烟蒂的烟蒂"重复出现，这是一种物象的复现现象。这是人们心理上的僵化点，好像为禁止张贴而贴的纸条就不算张贴了。

344 分辨矿石

这块矿石是铁。可采用假设的方法推理出来。如假设甲同学两个判断都对，那么乙、丙同学的判断都有一个是正确的。与老师的结论矛盾。所以，甲同学的判断不对。依此类推，最后就会得出结论，丙同学的判断都对，这块矿石是铁。

345 谁点了牛排

坐在C处的萧先生点了牛排。破解

此题的主要关键在于"邻座的人都点了不一样的东西",因此,只要顺利排出各人所点的东西,并且填入他们的主菜,如此一来,主菜栏空白者便是点了牛排。李先生坐在 A 座,则连先生一定不是 B、C 座,那么确定 D 座是连先生,而坐在 B 的人点了一份猪排,那么萧先生肯定坐 C 座,而且 A、D 两人前文交代又点了鸡排和羊排,所以可以判定 C 座萧先生点的是牛排。

座位	人物	主菜	汤	饮料
A	李先生	鸡排	洋葱汤	冰咖啡
B	?	猪排	玉米浓汤	果汁
C	萧先生	?	玉米浓汤	热红茶
D	连先生	羊排	罗宋汤	冰咖啡

346 局内人

1. 盐瓶
2. 鸟舍
3. 烤面包机
4. 洗衣机
5. 高尔夫球洞
6. 橙汁饮料盒

347 两位老实人

A 和 C。先假设 B 是老实人,那么,把 C 说的话颠倒过来,E 就成了老实人。接着,A 跟 D 也是老实人,这样就超过只有两个人的限制了。那假设 D 是老实人的话,把 A 说的话颠倒过来,B 就成了老实人。但是照 D 的说法,B 应该是个骗子,这样就产生矛盾了。再假设 E 是老实人试试看,加上 A 和 B,老实人变成了三位,所以也行不通。看看剩下的 A 和 C 所说的话,就跟题目的条件相吻合。

348 受过伤的死者

一个右手不能动弹的人是不会把东西放在右边的兜里面的,除非是有人给他放进去的。

349 纸带的漏洞

缠纸要想缠得很紧,显然不是图中的样子,一条纸带如果按画中角度缠在竹竿上,纸带的间距就要很宽,宽到当中还可缠 4 条纸带,这就是画的漏洞。参见下图:

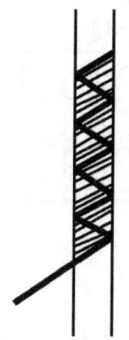

350 五色珠

第一包只有丙一人猜是红的,所以肯定是对的。丙猜第一包是红的对了,那他猜第五包是白的就错了;此外,只有戊猜第五包是紫的,所以这也是对的。因为戊猜中了第五包,所以他猜的第二包一定是错的,而第二包又不可能也是紫的,因此只能是乙猜对了,是蓝的。这样,很容易推理出第三包是甲猜对了，是黄的；第四包是丁猜对了，是白的。

351 打破的水晶

凶手用的凶器是一把用水晶做成的小刀，他把水晶故意打碎，然后把刀扔到水晶碎片里面以混淆人们的注意力。

352 提钱诀窍

如图。因为这个月的第一天是星期天，所以第二个星期天的前一天是第一个星期六，而非第二个，因此该银行仍正常营业。

日	一	二	三	四	五	六
1	2	3	4	5	6	7
8	9	10	11	12	13	14
15	16	17	18	19	20	21
22	23	24	25	26	27	28
29	30	31				

353 弄巧成拙

正确的顺序是：5，3，4，1，6，2。

354 真正的藏宝箱

金银财宝藏在乙箱内。推理步骤如下：（1）如果甲箱的字条属实，那么"乙箱的字条属实，而且所有金银财宝都在甲箱内"的两个陈述也都是真的。（2）若乙箱的字条属实，那么"甲箱的字条是骗人的，而且所有金银财宝都在甲箱内"的前一个陈述，也就是"甲箱的字条是骗人的"这个陈述显然违反了之前的假设，所以不能成立。（3）由此可进一步推论，甲箱的字条是假的，即其中至少有一个陈述并不属实（可能是前面的句子，也可能是后面的句子）。若"乙箱的字条是骗人的"，则表示甲箱的字条是真的，但这个理论又已经证明不成立了。因此，所有的金银财宝一定都藏在乙箱内！

355 高效电梯

一共要6种不同停法。6种电梯停层的情况如图所示，其中的圆圈表示此层要停，箭头表示此层不停。

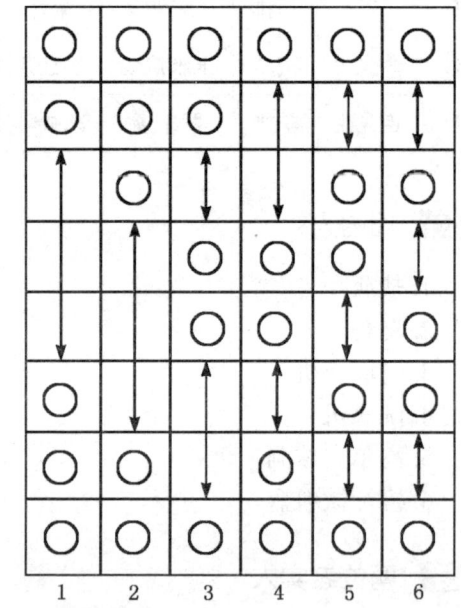

356 保守的丈夫

渡法如下。船来去的情况用箭头表示。人用字母代表，大写的英文字母代表丈夫，小写的英文字母代表妻子。这道题的关键是在第6至第7次之间，又把Bb夫妇渡回来了。想到这一点，问题基本解决了。

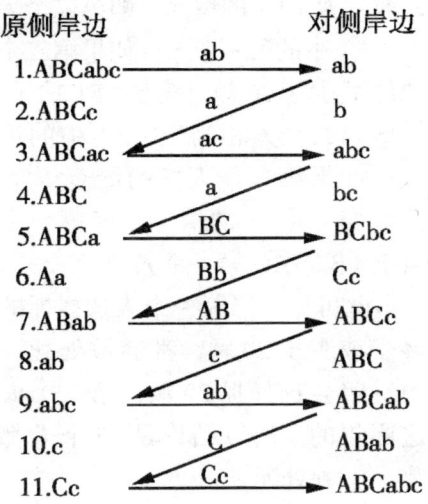

357 案发时间

后来出现的那个男子是凶手。在停电期间,没有人会关上台灯的开关,而是在等着电力恢复。现在台灯关着,而应急灯开着,是被人故意布置成死者在停电期间被杀的假象。不想弄巧成拙,露出了破绽。

358 露出破绽

宾格声称他除了电话什么也没碰过,并且说阿尔马冲动地拉开抽屉,拿出手枪抢先向他射击。但是,即使是一个最稳重细致的人,在这种情形之下也不会先关上抽屉再开枪,警官不是发现抽屉是关着的吗?

359 等鱼上钩

到了天黑,官员把老妇人放走,命令手下人秘密跟踪,看谁与这老妇人说话。这样反复三天,发现都有同一个人找老妇人。于是,官员又把有关的人都召集起来,从中找出与老妇人说话的人,并对他严加审讯,那人供认,因与店主的妻子通奸,乘机用张生的刀杀死了店主。因他作案心虚,见每天都留下老妇一人,就急忙打听虚实,正好中了主审官的圈套。

360 特别的碑文

3个人。

361 背后的圆牌

白色圆牌。

362 雪夜目击

当时下着大雪,目击者的车在外面整整停了两个半小时,目击者上车前并没有把车窗上的雪擦掉,所以他不可能看见那人摔下来。

363 妙计辨靴

高谐马上把城中老太太都集中起来,把旧靴拿给她们辨认,并说:"刚才一个骑马的人在路上被强盗抢劫杀害,遗下这双靴子,你们之中有他的亲属吗?"一个老太太见了靴子捶胸大哭道:"我儿子昨天穿着这双靴子到他妻子娘家去了啊!"按此线索,很快抓获了那个骑马换靴的男人。

364 可怜的囚犯

(1)假设第一个人抓的绿豆多于20颗,则第二个人只需比第一个人少抓一颗,这样剩下的绿豆少于60颗,分给3个人，必然有一个人的绿豆少于20颗，则第二个人的绿豆处于中间，不会被处死。第三个人会选择前面两个人的平均数，此时平均数不是整数，大于20舍去尾数，和第二个人的一样，不会被处死。第四个人会选择前面三个人的平均数，此时平均数不是整数，大于20舍去尾数，和第二个人的一样，不会被处死。第五个人会选择前面四个人的平均数，但平均数大于20时，此时剩下的绿豆少于20颗，他和第一个人将被处死。

（2）假设第一个人抓的绿豆少于20颗，则第二个人只需比第一个人多抓一颗，这样剩下的绿豆多于60颗，分给3个人，由于绿豆不必全部分完，不一定有一个人的绿豆多于20颗，则第二个人可能被处死。第三个人会选择前面两个人的平均数，此时平均数不是整数，小于20进一位，和第二个人的一样。第四个人会选择前面三个人的平均数，此时平均数不是整数，小于20进一位，和第二个人的一样。第五个人会选择前面四个人的平均数，此时平均数不是整数，小于20进一位，和第二个人的一样。由第四条"若有重复的情况，则也算最大或最小，一并处死"，五个人一起死。也许你会想，既然是一起死，为什么要这么抓呢？"他们的原则是先求保命，再去多杀人"，如果他不这样抓，别人选择最好的方法，那么被处死的将会是自己。如果他这样抓，即使别人选择最好的方法，也是一起死，符合先保命，再多杀人的原则。

（3）假设第一个人抓的绿豆等于20颗，此时演变为4个人抓80颗绿豆的情况，如果第二个人抓的绿豆多于20颗，演变为（1）的情况，即第二个人相当于（1）中的第一个人；如果第二个人抓的绿豆少于20颗，演变为（2）的情况，即第二个人相当于（2）中的第一个人；如果第二个人抓的绿豆等于20颗，演变为（3）的情况，即第二个人相当于（3）中的第一个人。

由此可见，当第一个人选择抓的绿豆多于或少于20颗，都会被处死，所以他一定会选择抓20颗；第二个人也是这样想的。所以结论是：5个人都抓20颗，一并处死。

365 文字推数

D。予：8，页：3，木：2，彡：6

366 3000米决赛

按条件②和③，肯尼亚选手不是乙也不是丙，一定是甲。开始匹配：（美）>肯>德乙甲（丙）正确选项是C。

367 人和魔鬼

问"你的神志正常吗？"便可区别答话者是人还是魔鬼。

368 一片沉寂

如果确如哈利所说是在看电视时突然停电，同时发生了谋杀案，那么当电闸合上后，电灯亮了，电视也应有节目，寓所里不会是"一片沉寂"。

369 有毒的苹果

凶手只在刀子的一面涂上毒药，所

以切开苹果的时候，一半就沾有剧毒，而另一半却没有。

370 放不下的榻榻米

老头的房间确实是 7 张榻榻米面积，但该房的形状是不能整铺 7 张榻榻米的，而是铺 6 张整的和两个半张的。

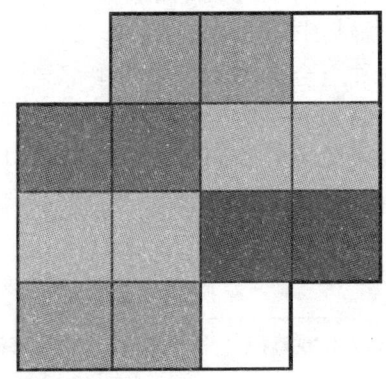

371 循环赛

3 胜 1 败。全部共有 10 场比赛，各队都必须跟其他 4 队对打一场，4×5=20（场），但是每场有两队出赛，所以 20÷2=10（场）。也就是说，总共应该会有 10 胜。甲至丁合计共有 7 胜，那么剩下的 3 胜便是戊队的了，并可以马上算出戊队有一败。

372 最有可能的贼

小偷可能是店里的售货员，他偷走了钻石，并用钻石划开了玻璃。这样做的目的就是为了转移别人的视线，让人认为是外面的人做的。

373 虎毒不食子

假设大老虎为 A、B、C，相应的小老虎为 a、b、c，其中 c 会划船。（1）ac 过河，c 回来（a 小老虎已过河）。（2）bc 过河，c 回来（ab 小老虎已过河）。（3）BA 过河，Bb 回来（Aa 母子已过河）。（4）Cc 过河，Aa 回来（Cc 母子已过河）。（5）AB 过河，c 回来（A、B、C 三个大老虎已过河）。（6）ca 过河，c 回来（ABCa 已过河）。（7）cb 过河，大功告成！

374 破解密码算式

如图：

$$\begin{array}{r} 987654321 \\ \times\quad\quad 9 \\ \hline 8888888888 \end{array}$$

375 智推车牌号

设肇事汽车的牌号是 x，这个 x 的前两位数字是 a，后两位数字是 b，则：x=1100a+11b=11（100a+b）（1）由于 x 是个完全平方数，因此 x 中必含有因数 112，也就是说（100a+b）能被 11 整除。可以将（100a+b）变形得：100a+b=99a+（a+b）（2）因此（a+b）也是 11 的倍数。又因为 b 是从 0 到 9 的整数，a 是从 1 到 9 的整数，所以 1 ≤ a+b ≤ 18 结合（a+b）是 11 的倍数，所以 a+b=11。将 a+b=11 代入（2）式，再将结果代入（1）式中得：x=11（99a+11）=112（9a+1）为了使 x 是完全平方数，上式中的（9a+1）也必须是完全平方数。又因为 x 是完全平方数，它的末尾数字 b 只可能是 0、1、4、5、6、9，而由于 a+b=11，a ≤ 9，所以 b ≤ 2。由此可以推出，b 只能是 4、5、6、9，相应的 a 只能是 7、6、5、2。当 a 是 2、5、6 时，（9a+1）的值分别是 19、46、55，都是不完全平方数。当 a=7 时，9a+1=63+1=64=8²，是完全平方数。所以车牌号是 7744=88²。

376 留下的钻石

无论从哪一颗钻石开始数起，每次拿走第 17 颗，依此进行，最后剩下来的，必然是最初开始数的第 3 颗钻石。

377 谁是赢家

根据（2），把这 4 个人的从一堆筹码中所取筹码的枚数组合起来，一共有 16 种可能，列于下表。

根据（1），设先是 2 枚筹码一堆，然后 4 枚筹码一堆，再后 6 枚筹码，8 枚筹码，10 枚筹码。运用（3）和（4），记下每一种组合在各种枚数下的赢家。如果出现了不同的赢家，就不必再记下去。赢家记在相应组合的右侧。

注意其中第九种组合：1，2，2，1。只有这种组合在每一盘游戏中都导致了同一个赢家——唐金。不但如此，对于其他的偶数枚筹码的情况，在这种组合下，唐金也总是赢家。

	杰米	本	戈尔	唐金	2 枚筹码	4 枚筹码	6 枚筹码	8 枚筹码	10 枚筹码
1.	1	1	1	1	本	唐金	—	—	—
2.	2	1	1	1	杰米	戈尔	—	—	—
3.	1	2	1	1	卡尔	戈尔	杰米	—	—
4.	1	1	2	1	本	戈尔	—	—	—
5.	1	1	1	2	本	杰米	—	—	—
6.	2	2	1	1	杰米	本	—	—	—
7.	2	1	2	1	杰米	唐金	—	—	—
8.	2	1	1	2	杰米	戈尔	—	—	—
9.	1	2	2	1	唐金	唐金	唐金	唐金	唐金
10.	1	2	1	2	戈尔	戈尔	唐金	—	—
11.	1	1	2	2	本	戈尔	—	—	—
12.	1	2	2	2	杰米	杰米	杰米	杰米	本
13.	2	1	2	2	杰米	本	—	—	—
14.	2	2	1	2	杰米	本	—	—	—
15.	2	2	2	2	杰米	本	—	—	—

378 悬赏启事

亨利是偷表人。因为司机路里并没有把罗蒙德医生的住址写进启事中，启事里只有邮政信箱的号码。如果亨利光看启事的话，他是不可能知道当事人的住址的。

379 谁害了议员

A。

380 吞蛋送命

赵三把鸡蛋浸在酸中一段时间，然后，将小钢针慢慢刺入蛋里。这时，蛋壳的石灰质被酸浸解，变得软而略带韧性。钢针刺进时，蛋壳不会爆裂。待钢针完全刺入蛋内，蛋壳便自动封口，再将蛋拿出来，让酸挥发掉，鸡蛋就和平常一样了。

381 概率是多少

这种说法是错误的，因为每个硬币在投掷时朝上或者朝下都是独立的，和别的硬币没有关系。在有3个硬币的情况下，同面朝上的概率只有25%。

382 罪犯的同伙

凶手从窗口把箭射进去杀死犯人后，又将几只蜘蛛放到窗台上。其中一只蜘蛛在天亮时结了一张网，于是就造成不是从窗户射击的假象。

383 大采购

甲在一楼买了一条裤子，乙在三楼买了一双鞋；丙在二楼买了一件上衣；丁在四楼买了一个随身听。

384 抛尸现场

探长在K市看到，铁路线上有座跨铁路的天桥，便由此断定，凶手是在夜深时，将尸体从桥上扔到正从桥下通过的货车车厢顶上的。后来，列车通过那段急转弯处时，由于列车倾斜，尸体便从车厢上甩下来落在路基下。

385 失窃的海洛因

罪犯是实习医生。被盗的药瓶写有海洛因化学式的标签。一看到这个化学式就知道它是海洛因的人，只能是实习医生。

386 犯罪嫌疑人

正确答案是D。

387 商业谈判

从甲乙两方的对话看，乙方以反问句的形式，指出甲方在谈判中无中生有，故意指责乙方，以便在本次谈判中讨价还价。

388 猜猜主角

根据陈述中的假设，（1）和（2）中只有一个能适用于实际情况。同样，（3）和（4），（5）和（6），也是两个陈述中只有一个能适用于实际情况。根据陈述中的结论，（1）和（5）不可能都适用于实际情况。同样，（2）和（3），（4）和（6），也是两个陈述不可能都适用于实际情况。因此，要么（1）、（3）

和（6）组合在一起适用于实际情况，要么（2）、（4）和（5）组合在一起适用于实际情况。

如果（1）、（3）和（6）适用于实际情况，则根据这些陈述的结论，导演是费伊，一位布莱克家的女歌唱家。于是，根据陈述中的假设，担任电影主角的是埃兹拉，一位布莱克家的男歌唱家。

如果（2）、（4）和（5）适用于实际情况，则根据陈述中的结论，导演是亚历克斯，一位怀特家的男舞蹈家。于是，根据陈述中的假设，担任电影主角的是埃兹拉，一位布莱克家的男歌唱家。

因此，无论是哪一种情况，担任电影主角的是埃兹拉。

389 决斗制胜

A 把枪丢到 A 和 B 之间，且枪离自己 0.7 米，离 B 0.3 米。这时 C 会比 B 先开枪，因为 C 为了防止 B 射杀自己，再捡枪射杀 A（因为 A 的枪离 B 较近，所以 B 完全会这么做），所以只好射杀 B。此时，A 再捡回自己的枪（因为 A 离枪 0.7 米，而 C 离枪大于 1 米），这样就可以保命。

390 波娣娅的宝盒

金盒子上的话和铜盒子上的话是矛盾的，所以两句话必有一真。又三句话中至多只有一句是真话，所以银盒子上的是假话。因此，画像在银盒中。

391 猜猜赌资

开始时，A 有 260 元，B 有 80 元，C 有 140 元。

392 火柴搬家

从后面推算上去：

	第一堆	第二堆	第三堆
	16	16	16
拿动后第三次	16−8	16	16+8
拿动前	=8		=24
第二次	8	16+12	24−12
拿动前		=28	=12
第一次	8+14	28−14	12
拿动前	=22	=14	

所以，原来第一堆有 22 根火柴，第二堆有 14 根火柴，第三堆有 12 根火柴。

393 名画失窃

卡尔探长只字未提匿名电报之事，女管理员却自己先说了出来，可见她偷了画，又拍了电报。

394 碎瓶的破绽

原来仆人在包装时，是先将古瓷花瓶的碎片分别用纸包起来，再装进箱内的。

395 数字组合

杰米分别以每箱 1、2、4、6、16、32、64、128 个皮球来装箱。当顾客报出需要多少只皮球时，例如 145 只，他只要选装有 128 个皮球、16 个皮球和 1 个皮球的箱子交给顾客就行了。

396 大嘴鲈鱼

E。

397 凶手是谁

凶手是油店老板，把数字写在纸上，然后倒过来当英文看，就是 is oil Boss。

398 计算闯关

如图：

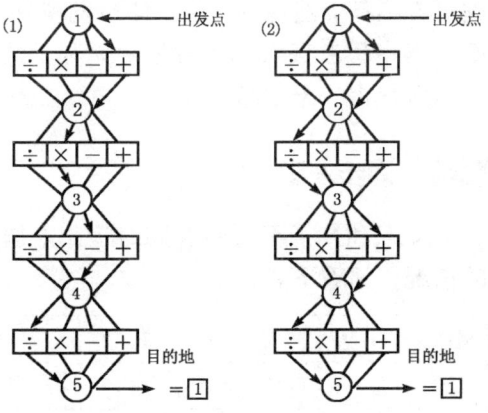

399 狡猾的罪犯

设35秒为一个时间单位。5道门两次开启的时间分别是3、2、5、4、1个时间单位，所以5道门同时开启的时间间隔是60个时间单位，即1、2、3、4和5的最小公倍数。盗窃犯穿过5道门的时间最多只允许有4个时间单位（2分20秒），否则会惊动警报器。只有在一种情况下盗窃犯才有可能逃脱，就是从第一道门开启算起，按顺序每两道相邻的门之间开启的间隔是一个时间单位。在警卫两次相邻出现的时间间隔内，即0和60个时间单位之间，5道门按顺序间隔一个时间单位连续开启的情况只在第33、34、35、36、37个时间单位内会出现，它们分别是3、2、5、4和1的倍数。所以，盗窃犯只要在警卫离开的第33个时间单位后穿过第一道门，以后每个时间单位穿过一道门，就能在第37个时间单位时逃脱。

400 是银圆，还是红枣

经过几年，红枣早该霉烂。新红枣显然是邻居换进去的。

401 推算兵力

$$\begin{array}{r} ETWQ \\ +FEFQ \\ \hline AWQQQ \end{array}$$

Q加Q的个位数是Q，所以Q=0所以可以推断出：W+F=10，T+E+1=10，E+F+1=10+W，所以可得下列3个式子：（1）W+F=10；（2）T+E=9；（3）E+F=9+W。可以推出2W=E+1，所以E是奇数。另外E+F>9，且E>F（因为东路兵力多），则可推出E=7或E=9。如果E=7，可得：T=2，F=6，W=4。如果E=9，可得T=0，F=5，W=5，F、W同为5，与题意不符。所以，东路部队人数为7240，西路部队人数为6760。

402 天使的钻戒

她们各自手上戴的钻戒数具体如下：丽丽：2个；艾艾：2个；拉拉：2个；米米：4个。

403 兔子能逃脱吗？

当兔子处在湖的圆心，而狼处在岸

答案 | 349

边某点时，兔子如果直接划向岸边，它最好向狼所在岸边的对称点划去，因为这一点离狼的距离最远。这时兔子划行的距离为R，而狼要绕着湖边跑半个圆周在岸边截住兔子。半个圆周距离是3.14R，由于狼的速度是兔子划船速度的4倍，所以狼能够在兔子划到岸边之前赶到兔子的登岸处，在那里等着抓兔子。看来，用这种方法兔子是无法逃离的。

实际上，兔子是有巧妙策略可先到湖岸边某点的。它可以先把船划到以湖心为圆心，以0.24R为半径的圆周的某一点上，沿着这个半径的圆周作逆时针（或顺时针）划行，由于圆周的半径小于R的0.25，所以这个小圆周的周长也不及湖岸周长的1/4。兔子绕小圆圈划船的角速度要比狼沿湖边跑的角速度大一些，所以即使一开始狼处于最靠近兔子的大岸边，兔子这样绕圆周划下去，狼沿岸边跑，也会慢慢地落后于兔子，总有一个时刻狼会处于离兔子最远的岸边，就是这时兔子与狼处在一条直径的左右两侧，这时兔子离湖岸的最近点距离为0.76R，而狼要跑到那一点，则要跑半个湖的圆周，距离为3.14R。由于3.14R>4×0.76R，所以狼不可能在兔子划到岸边前赶到那里，兔子就可以先登上岸，安然逃脱了。

404 休闲的城镇

他应该选择星期五出门。

405 何时能相聚

三种天气，三个人，每一种天气都有不愿意出门的人，看来聚会不可能了。但谁也没规定"聚会必须出门"，在某一人家里也可以聚会。下雨天，B和C到A家；阴天，A和B到C家；晴天，A和C到B家。

406 凶器消失了

凶器是用冰块做成的锋利的短刀，对着柔软的腹部，用冰做的短刀杀人是完全可能的。凶手为了不使冰融化，将其放入暖水瓶，再装入干冰带进浴室，趁对方不备突然行刺。待尸体被发现时，由于浴室里有蒸汽，冰做的短刀和干冰自然融化得一干二净。

407 同步左脚

父亲和儿子不可能有同时迈出左脚的情况，请看下表：

父亲	右	左		右	左		右	左	
儿子	右	左	右	左	右	左	右	左	右

408 反驳名言

要想反驳，就必须指出名言并非都是真理，不能由名言简单证明上述结论。

409 沙漠归来

青年人声称他昨天刚刚刮去长了几个月的络腮胡子，但他面孔黝黑、下巴呈古铜色。如果他真的在阳光下待了数月而未刮胡子，那长胡子的地方就应显得白净些。

410 移动汽车

照如下顺序移动即可。

1.6 → G   2.2 → B   3.1 → E
4.3 → H   5.4 → I   6.3 → L
7.6 → K   8.4 → G   9.1 → I
10.2 → J   11.5 → H   12.4 → A
13.7 → F   14.8 → E   15.4 → D
16.8 → C   17.7 → A   18.8 → G
19.5 → C   20.2 → B   21.1 → E
22.8 → I   23.1 → G   24.2 → J
25.7 → H   26.1 → A   27.7 → G
28.2 → B   29.6 → E   30.3 → H
31.8 → L   32.3 → I   33.7 → K
34.3 → G   35.6 → I   36.2 → J
37.5 → H   38.3 → C   39.5 → G
40.2 → B   41.6 → E   42.5 → I
43.6 → J

411 扒手

扒手是乙。

412 百米冠军

C。

413 分辨雌雄

答案：一共有9只雄鼠，1只雌鼠，第9只是雌鼠。假设第1只松鼠是雄鼠，则它回答的那句"有1只雄鼠"为假，那就肯定不止1只雄鼠；如果第1只松鼠是雌鼠，则回答为真，那么有9只雌鼠，这样其余的9只雌鼠回答都应真，这样每1只的回答显然产生冲突。因此，第1只松鼠应是雄鼠。依此理推论下去，可得答案。

414 谁是盗贼

防盗玻璃整体是难以毁坏的，但如果玻璃上有个小小的缺陷，被人用锤在那里一击，防盗玻璃一定会破碎，知道这个破绽的人，只有设计制造防盗玻璃柜的那个。

415 数列

B。

416 选小偷

犯有"以人为据"的"推不出"的逻辑错误。因此，某次"丢东西"只是一次独立的事件，就算某个人以往有过"偷东西"的经历，但他以往的经历与这一次"丢东西"之间却没有必然的联系。经验中的因果联系充其量只是一种"可能"，但这种"诉诸公众"的"以人为据"显然把本不必然的"可能"联系当作"确凿的证据"，从而将毫不相关的两件事情扯在了一起。

417 恶魔魔方

第404页的示意图阐明了挑选出魔数为34的几组可能性。以第1行的5幅图表为例：

①每行和每列之和为34；
②每个2×2的方块中数字之和为34；
③每个风筝形图案上的4个数字和为34；
④3×3的正方形4个角之和为34；
⑤4个不同的长方形的4个角之和为34。

看看你能否推出其他示意图的原理。

418 清理仓库

这里以"3R4"表示"把3号板条箱往右推4格"。同理,"L"表示向左,"U"表示向上,"D"表示向下。

首先,1R1,然后4L1和U3。现在我们需要通过7R1、6R1和5L1来腾出一些空间。先4D4然后R4,4号板条箱就移出去了。用同样的方法移出3号、1号和2号板条箱。5L2,U3,D4,然后L4,5号就被推出去了。6号和7号也用同样的方法推出去。

419 分蛋糕

你所要做的是把周长分成相等的5份(或"n"份,这个"n"是你所要得到的蛋糕块数)。

然后从中心按照一般切法把蛋糕

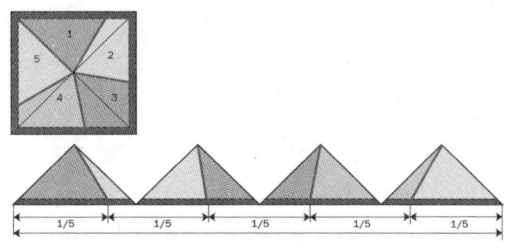

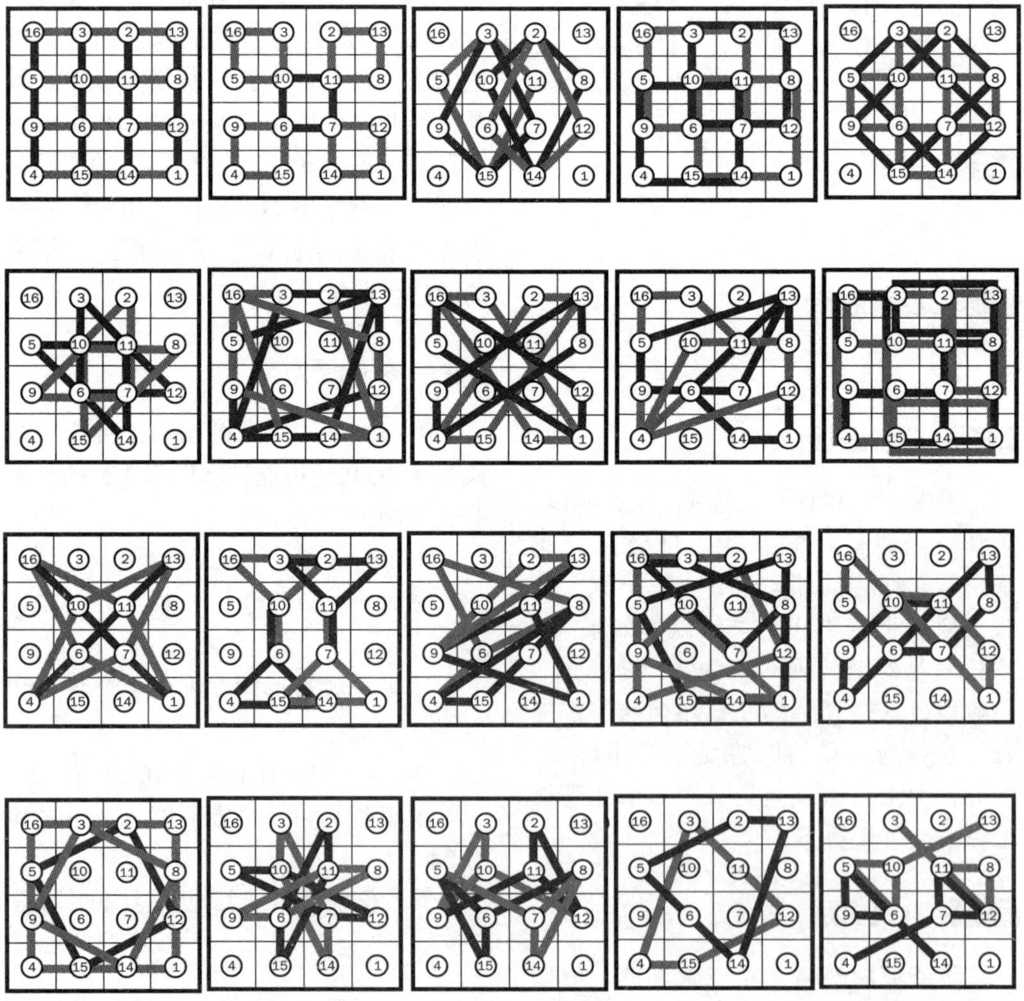

切开。

诺曼·尼尔森和佛瑞斯特·菲舍在1973年提供了证明，证明如上。

420 西瓜的重量

? ? ? 7 ? ? ?
1 3 5 7 9 11 13

最重的西瓜是13千克。

421 铰链翻动

4个方片需要按以下顺序沿着铰链翻动：

①方片7向上；
②方片9向下；
③方片8向下；
④方片5向左；

然后我们就得到了著名的魔数为34的杜勒幻方。

422 鱼的长度

72厘米。

423 猫鼠游戏

不可能做到。

424 六边形里的数字

11。在图中按纵列进行计算，把上面的数字加上4，就得到中间的数字。把中间的数字加上6，就是下面的数字。

425 手表

B。从左向右进行，把每块表上的数字加上1，再把这些数字的最前一位移至最后一位。

426 发现规律

B。每个小方框里的箭头每次逆时针旋转90°。

427 箭头的方向

空格中的箭头应该朝西。排列的顺序是：西、南、东、北。在第1列，此顺序由上而下排列；第2列，由下而上排列；第3列，再次由上而下排列，往后依此类推。

428 正确的选项

C。数字排列的规则是：每行第1个和第2个数字之积构成该行最后2个数字；第3个和第4个数字之积构成该行第6个和第7个数字；第6个和第7个数字构成的两位数与第8个和第9个数字构成的两位数的差等于该行第5个数字。

429 黑变白

如图所示，至少要变4次，分别是第1行、第4行、第2列和第3列。

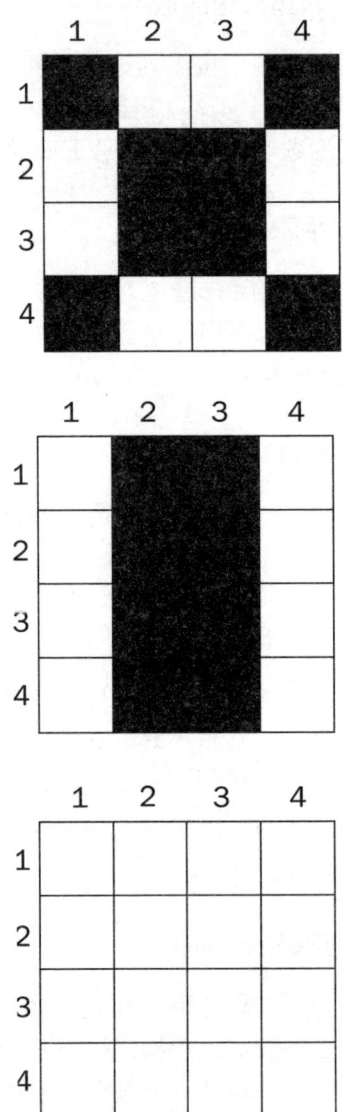

431 折叠

E。

432 隐藏的东西

图中显示的是一台电视机。

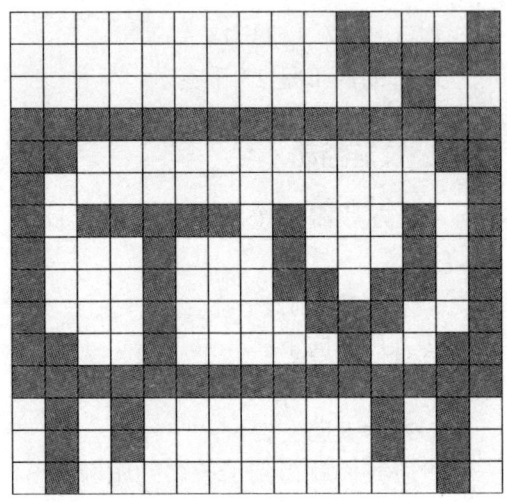

433 数字列

E。每一竖行里的数字每次将被颠倒顺序，竖行里最小的数字将被去掉。

434 逻辑图框

4。不同数字代表叠加在一起的四边形的个数。

435 逻辑数值

1009315742。表格第1行黑色方格前面的灰色方格个数对应数列的第1个数，第2行黑色方格后面的灰色方格个数对应数列的第2个数；第3行要计算黑色方格前面灰色方格的数量；第4行则要计算黑色方格后面灰色方格的数量，往后依此类推。

430 图形填空

B。只要把在周围四个圈中同一个位置出现3次的点移动到中间的圈里即可。

436 组合瓷砖

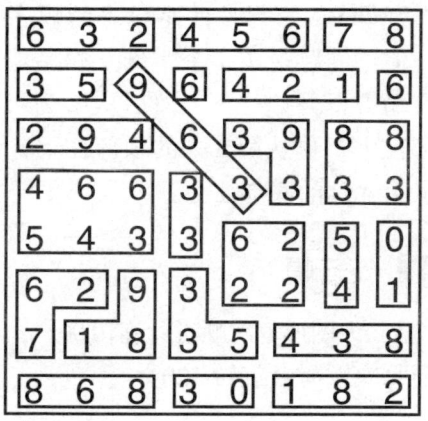

437 画符号

从左向右横向进行，把前2个图形叠加在一起，就可以得到第3个图形。

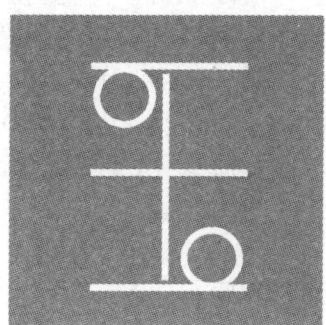

438 结果

链条会开始向空盘的这一端滑动，直到左端的"臂"要比右端更长。

439 填入正确的数字

4。按行计算，从中间一行开始，把左右两边的数字相加，结果填在中间的位置上。上下两行也按同样方法进行，但是把所得的和填在对面的中间位置上。

440 密码

密码是CREATIVITY。

441 原图归位

C。每个五边形里的图形是由它下面的2个五边形里的图形叠加而成的，而当2个五边形里有相同的符号时，这一符号将被去掉。

442 应显示时间

1：00。分针朝前走20分，时针朝后走1个小时。

443 表格分解

444 "6"的样子

445 正确的八边形

B。正方形按照顺时针方向每步移动2个部分，圆圈按照逆时针方向每步移动3个部分，同时，三角形在2个相对应的部分交替移动。

446 三阶反魔方

三阶反魔方存在，而且可以有其他答案。

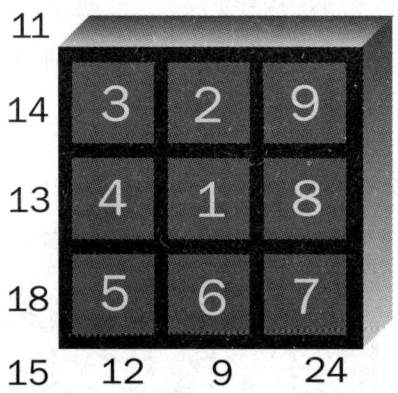

447 洪水警告

不正确，随着水平面上升，指示标指向"干旱"。

448 完成序列

F。横向进行，把左边和中间的图形相加，可以组成右边的图形。如果红色的正方形出现重合现象，就在第3个图中把它变成黄色的。

449 手表的显示时间

A。在每块手表中，有两个显示时间的数字是相同的。

450 字母游戏

字母B。字母按照字母表的顺序排列，但中间跳过了1个字母。顺序是从左上角方框开始往下，然后从第2列的底部往上，再从第3列的顶部往下，最后从第4列的底部往上。

451 下一幅

A。大图形每次顺时针旋转90°，小图形每次顺时针旋转120°。

452 规律填空

35。紫色六边形不代表数值，而每个绿色六边形在各行中代表的数值分别为：1，2，3，4，3，2，1。图形底部的数字等于各行绿色六边形的总值之和。比如，第1幅图的总和计算如下：(1×1) + (3×2) + (1×3) + (1×4) + (1×3) + (1×2) + (1×1) = 1 + 6 + 3 + 4 + 3 + 2 + 1 = 20。

453 对号入座

B。第1排和第2排叠加得到第3排，相同的图形叠加不显示。

454 取代

F。每一个模块包含的都是它下面两个图形中共同出现过的图案。

455 图形归位

D。每个多米诺骨牌数字（包括空白）在每行、每列中出现1次。

456 彼此对应

C。

457 填充空格

横向进行，把左右两边的图形添加在一起，就可以得到中间的图形。缺失部分如图所示。

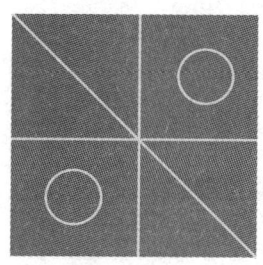

458 数字取代符号

19。把这个图形水平、垂直分成4部分，形成4个3×3的正方形。在每个正方形中，把外面的4个数字相加，所得的和就是中间的数字。

459 补全多边形

E。多边形中对角的三角形图案相同。

460 数字填格

425。计算的规则是：由顶部数字颠倒排列顺序后组成的四位数减去由中间数字组成的四位数，所得结果再被由底部数字组成的四位数减去，这时所得的结果就是3个方格内的数字。

461 规律填数

8。灰色正方形中，在4个数字和的基础上再加上5；而黑色正方形中，在4个数字和的基础上再减去5，便分别得到中间的数值。

462 图形推数

252。黑色三角形代表的值是6，灰色三角形代表的值是3，所以（6＋3＋3）×（6＋3＋6＋6）＝12×21＝252。

463 数字盾牌

20。每个图形的值通过深灰色方格来计算：
第1列代表的值是2；
第2列代表的值是4；
第3列代表的值是6；
第4列代表的值是8。
将所有列中深灰色方格所代表的值相加就是底部的数值。

464 下一个图案

B。每个图案都比上一个顺时针旋转了90°。圆圈每次都会沿顺时针方向移动到下一个方格里，颜色也会发生变化，白色和粉色交替出现。

465 显示时间

6:45。分针分别朝后走15、30、45分，时针分别朝前走3、6、9个小时。

466 缺少的方块

B。横排前面2个方框中的圆圈数相乘得到第3个框中的圆圈数，竖排相除。

467 推理数字

654。每列的前3个数字相加，最

答案 | 357

后一列将显示为987654321。

468 选择箭头

A。横行决定箭头的特征：空白，有边缘。

左斜线方向决定了箭头的指示方向。右斜线方向决定了箭头的颜色。

469 树形序列

48。这6个数字都可以用于飞镖记分。60（20的3倍），57（19的3倍），54（18的3倍），51（17的3倍），50（靶心）及48（16的3倍）。

470 取代问号

5。这个方框包括：

1个1 1（1×1）
4个2 2的平方（2×2）
9个3 3的平方（3×3）
16个4 4的平方（4×4）
25个5 5的平方（5×5）
36个6 6的平方（6×6）
49个7 7的平方（7×7）

471 下一个

1535。这是一个24小时钟表显示的时间，每步向前走75分钟。

472 顶端数字

168。每个方框里的数字都是它正下方2个方框中数字的乘积。

第四章　想象力

473 一笔成等

只要在+的左上方加一撇，自然就可以了。545+5=550 或者 5+545=550。

474 四人头像

如图：

475 等边三角形

35个。

476 找出真凶

是猫。梅思和汤米是两条金鱼，猫将鱼缸打碎了。

477 被圈住的蟑螂

如图。

478 花儿变风车

如图：

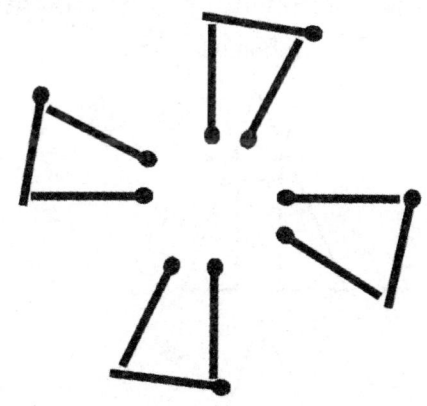

479 他们是双胞胎吗

他们是三胞胎（或三胞胎以上）中的 2 个人。

480 地牢奇事

这位董事长是女的，她在地牢里生了一个男孩。

481 奇怪的线

其实根本不是什么法术。悟空在八戒的鞋底上画了一条线，八戒走了几天才能磨完。

482 太空人

既不会带来光明，也不会引起爆炸。因为没有氧气。

483 奇特的算式

在时间上，上午 7 点钟再加上 8 个小时是下午 3 点钟。

484 形状想象

形状如图所示，是一个正方形。

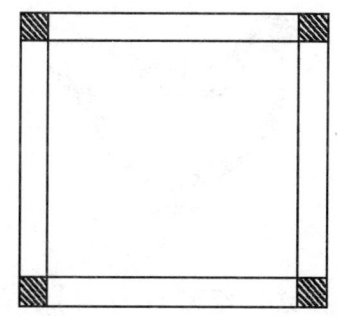

485 游来游去

如图：

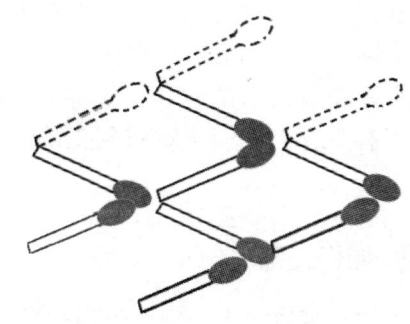

486 过桥

钢索的总重量虽然很大，但是整个重量是分布在全部长度上的。所以，可以把钢索放在地上，由货车拖着过桥，使分摊在桥上的重量不超过桥的载重量，便可以顺利通过大桥。等过了桥，再把钢索装到车上。

487 兔子和萝卜

9 分钟。一只兔子吃掉一个萝卜需要 6 分钟，所以，吃掉一个半的萝卜需要 9 分钟。半只兔子是不会吃东西的。

488 三鸟拼母鸡

如图：

489 五边形瓷砖

可以做到，不过，不能用正五边形瓷砖。只有使用一些设计巧妙的五边形瓷砖才可以达到要求。除了下图中的2种形状，你还可自行设计一些五边形瓷砖。实际上，说到五边形瓷砖，我们很容易误入正五边形的圈套。如果一直停留在固有观念上，就很难找到正确的解题法了。

490 如何过河

先把羊带过河去。把羊带到对岸后，猎人自己回来，再把青菜带过去。接着，把青菜留在对岸，同时务必要把羊牵进船里带回来。然后，把羊丢在原先的岸上，把狼带过河去。最后，将狼和青菜留在一起，自己再回来把羊接过去。

491 六角变花

如图：

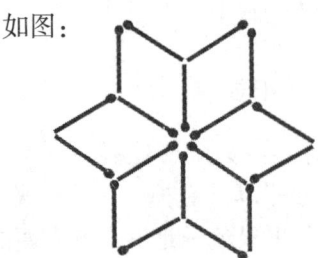

492 积木空缺

这个三角体其实并不是完全标准的三角体，如图所示，下图中标有斜线的部分，就是空缺部分的体积。

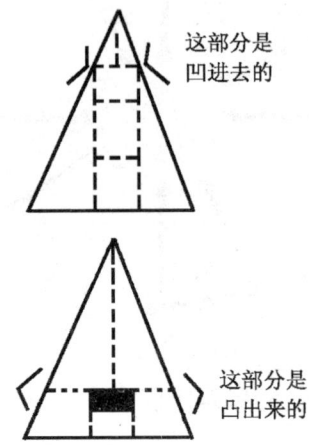

493 扑克暗示

"牌"与"π"谐音，"K"旋转一下，形状也类似于"π"。π即圆周率3.1415926……一般取3.14计算。数学家用π的数值提醒人们，罪犯是住在这间酒店314号房间的人。

494 移动三角

如图：

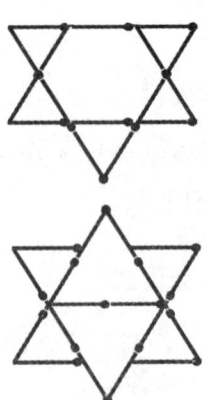

495 钟表异事

汤姆忘记指出他的钟表是数字钟表。组成数字的线段中有一段不起作用了。

496 开几枪

至少需要打一枪。因为仙人掌高高低低排成一条直线，子弹可同时穿过低仙人掌的头部和高仙人掌的根部。

497 聪明的家丁

如图：

(1)

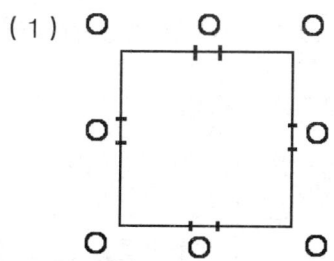

(2)

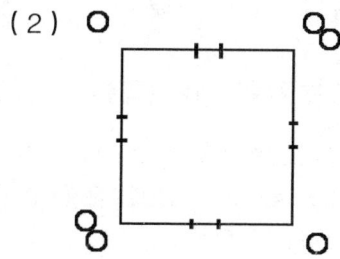

498 空间三角形

解这道题，不能局限在一个平面上，譬如说，不能把7个三角形都放在桌面上。必须"向空间发展"，搭成带公共底的两个棱锥体。

499 无桥河

两个人分别处于河的两岸，因此，只要岸边有船的这个人先行渡过河，将船交给对岸的另一个人，对岸的那个人也就顺利地渡过河了。

500 双胞离体

沿虚线剪开。

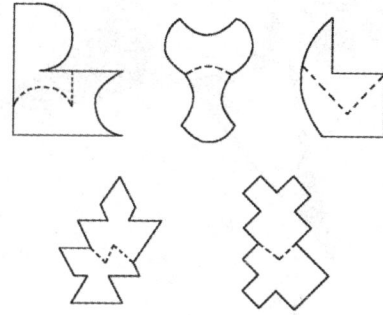

501 入睡妙招

他住在旅馆里，不能入睡是因为隔壁房间的人鼾声如雷。他的电话吵醒了打鼾的人，所以他就能入睡了。

502 俯视

如图。

503 灯笼"101"

如图：

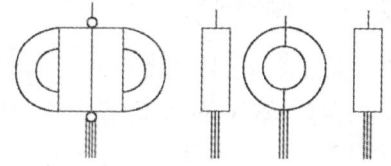

504 直线画三角

可画出 11 个三角形。

505 理发

选择了第一个头发七长八短的理发师。

506 箱子不见了

4 年后他长大了，步子也大了。只要小步走 10 步就挖到了。

507 公元前出生的人

这个人去世时 18 岁。因为年号里没有称为 0 年的年，而生日前一天或者后一天之差，在年龄上就差一岁。

508 最优方案

承包商说："那你就能得到两条隧道！"

509 特殊的时钟

E。其他各组中"分、秒"的数字约为"小时"数字的 0.75 倍。如，17：12：45 12.45÷17 ≈ 0.73。

510 穿越六边形

像图中那样把画着正六边形的纸卷起来，然后再画一条线就可以了。

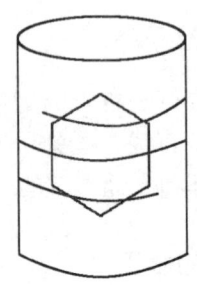

511 差距

80 分钟和一小时又 20 分钟一样长。

512 罗马数字变身

如图：

VII — V = II

513 你中有我，我中有你

220 的全部约数是：1、2、4、5、10、11、20、44、55、110，它们的和是 284；而 284 的全部约数是：1、2、4、71、142，它们的和是 220。由此表示"你中有我，我中有你"。

514 完整的方糖

这是速溶咖啡，他只放了咖啡粉末，还未向咖啡里倒水。

515 共有几堆

合在一起变成一堆了。

516 绳结

B。其规律总是接下来画两个向内的弧线。

517 缺失的方块

5小块图形中最大的两块对换了一下位置之后，被那条对角线切开的每个小正方形都变得高比宽大了一点点，而且这个大正方形都变得高比宽大了一点点。这意味着这个大正方形不再是严格的正方形。它的高增加了，从而使得面积增加，所增加的面积恰好等于那个方洞的面积。

518 奇怪的回答

B想喝热咖啡。把他所说的数字代入电话键盘，就成为如图所示的"HOT"。

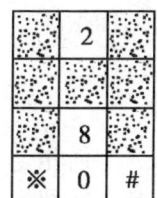 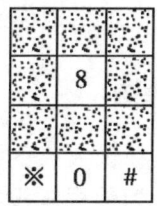 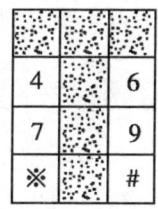

519 铁路工人的反常举动

他们正在一座很长的桥上工作，并且路轨旁边没有多余的空间。火车到来时，他们离大桥的一端已经很近了。所以他们可以跑到大桥的一端，然后跳到一边去。

520 奇怪的大小比较

它是"石头、剪刀、布"的猜拳游戏。

521 增添杯子

像图中那样画一条线就得到了5个杯子。

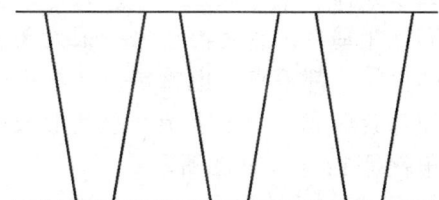

522 巧妙连线

连接如图。

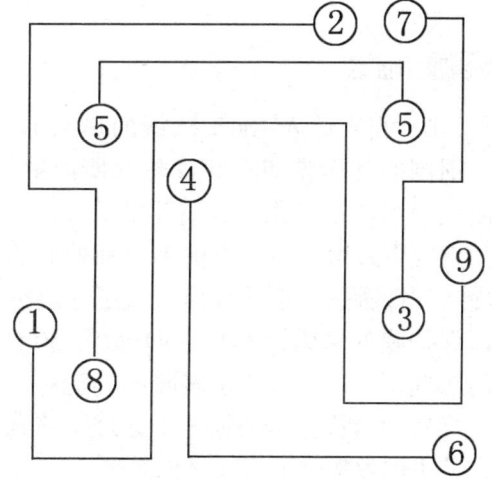

523 果皮形状

如图所示：

524 直角拓展

这5个直角是一个平面上形成的,为了得到更多的直角,只有向空间拓展,那么就先在一个平面摆上2根火柴,使它们互相垂直,然后再让另一根火柴和这两根火柴都垂直,也就是每两根火柴之间都会形成一个十字架,总共形成的直角就是12个。如图所示:

525 感觉

B。当手放入100℃滚烫的热水中,手周围的气体膜即瞬间被热水所溶解,因此会被严重烫伤。若将手放入150℃的空气中,由于在这之前手曾和外面的冷空气接触过,手的表面形成了一层类似保护膜的薄膜,不会立即感到150℃的热气,所以只会产生暖暖的感觉——干燥器和烤箱就是根据这个原理,使我们伸手取食物时不会被烫伤。

526 分梨

梨是这样分的:把3个梨各切成两半,把这6个半边梨分给每人1块。另2个梨每个切成3等份,这6个1/3梨也分给每人1块。于是,每个孩子都得到了一个半边梨和一个1/3梨。

527 为什么

因为《康熙字典》清朝才出版。

528 房产买卖

赚了2万。

529 组合转换

B。图中的直线在同一位置变成了曲线,曲线则变成了直线。

530 一句话答全

艾丁说的是:"我全不知道!"

531 硬币钻洞

把纸折弯,两边拉引,使孔成椭圆形,那么,1元钱硬币就很容易过去了。

532 抛硬币

毫无疑问是1/2。无论谁来抛,也无论抛多少次,这个概率是不会变的。千万不要让惯性思维把你带入陷阱。

533 未卜先知

凶手就是穿长大衣的人。为何相士算得准确?因为他根本没有盲,在"推算"他时看到富绅背后有个身穿长大衣的人持着枪不怀好意,便暗示给富绅听。可惜富绅不信"命",毫无防备。

534 交叉魔术

将裤子反穿。

535 自由下落

可以。只要将生鸡蛋的高度拿到1米以上,然后让鸡蛋自由下落,当它下落了1米的时候,并没有碰到地面,当然不会破。

536 硬币正方形

其中一种摆法是：四个角分别把4个5分钱的硬币摞在一起，再在四条边上分别摆一个5分钱的硬币。

537 巧摆瓶子

如图：

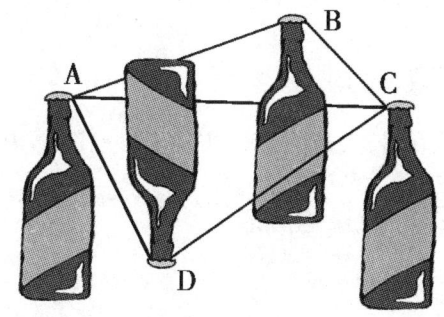

538 飞机的影子

A。地球到太阳的距离十分遥远，因此，从太阳发射出来的光，到达地球表面时已然形成平行线。既然是平行的光亮，那么无论物体位于何处，它的影子其实都是一样大的。

539 公安局长

吵架的两个人分别是公安局长的父亲和丈夫。

540 招生计划

要用4年，乍一想，每年增加100人，好像是需要9年时间才能完成扩大招生计划，这完全是错觉。实际上扩大招生后的第一年的新生入学数是400人，第二年是500人，第三年是600人。第四年的新生是700人。而在第四年，二年级学生为600人，三年级学生为500人，共计1800人，增加了900人。

541 天上掉番茄汁

里根朝上张开大嘴，把流下的番茄汁全部喝进去了。

542 12的一半

把罗马数字12（XII）拦腰切成两半，就成了两个罗马数字7（VII）

543 数字巧妙推

每一行数字就是对其上面一行数字的描述。最下一行应该是31131211131221

544 致命弱点

D。

545 奇怪的家庭

另一半也是女孩。也就是说，5个孩子全都是女孩。

546 轨迹想象

（1）

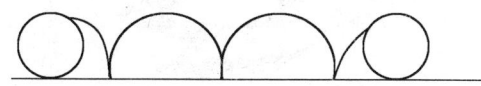

（2）

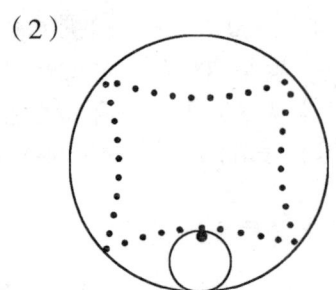

547 分图陷阱

如图：

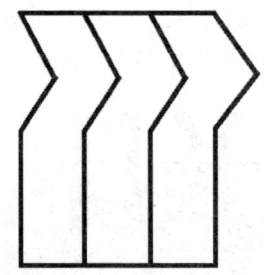

548 剪刀魔法

如图：

549 椅子倒了

如图：

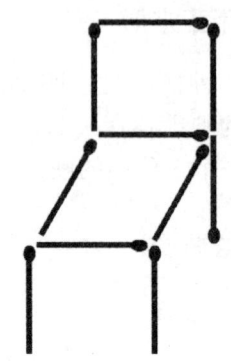

550 过河

他长大成人后，实现了自己的愿望。

551 火柴组图形

如图所示。

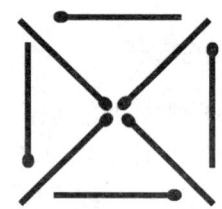

552 高难度动作

闭眼再睁眼，人紧闭两眼，猴子也两眼紧闭。可是，人什么时候睁开眼睛，猴子是永远不知道的。

553 路标

汽车2个小时一共行驶了110公里，另一个路标的数字是：16061。

554 添数字

11，质数数列。

555 单只通过

由一只蚂蚁把沙粒拉出凹处,放在通道里;然后另一只蚂蚁进入凹处;再由那只蚂蚁推着沙粒过凹处后暂停;然后另一只蚂蚁爬出凹处,沿通道爬走;最后那只蚂蚁将沙粒拖回凹处,自己走开。

556 一扫而空

随便你怎么做都可以,比如,把水一下子泼在地上。看好了,题目并没有限制这样做。

557 辨真伪

先将10个箱子编上序号,然后从第1箱取出1支,从第2箱取出2支,从第三箱取3支……从第10箱取出10支,一共55支笔。如果全是铱金笔,其总重量是5500克。因此,如果称出的结果比5500克少10克,就说明55支笔中只有一支是替代品,拿出一支的第一箱就是替代笔;如果少20克,就有两支替代品,第二箱就是替代笔……依此类推,最终便可以区分出哪一箱是替代品了。

558 共同点

它们都是齿状物。

559 猜猜数字

25

560 蜡烛

可供9个晚上使用。因为40个蜡烛头可以做成8支蜡烛,8支用完后又可做成1支。

561 卡片转换

首先想想移动好的卡片与现在有什么联系,寻找一下解决问题的可能性,移动卡片其实是不可能做到的,起初的想象就会提醒你,那就是连盒在一起转换180度即可。

562 熊的颜色

只有在北极,才能往南走一里,东走一里,北走一里,又回到起点。而北极只有北极熊,北极熊的颜色也只有白色一种。所以那只熊是北极熊,是白色的。

563 画

画家将窗框当作"画框",画框中的"画",指的是窗外实际的风景。

564 切割方形孔

圆中的孔为正方形,将板材切割成4块,每块应占有正方形的一个边,围绕这个中心思考,才能找到途径。可按下图中虚线所示进行切割。

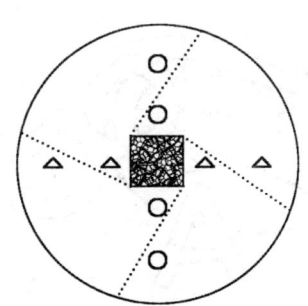

565 蒂多公主

蒂多和大家上岸后，向酋长买来一张野牛皮，用小刀把它割成细细的牛皮条，然后把这些牛皮条一个个都连接起来。接着，在平直的海岸上选好一个点作圆心，以海岸线作直径，在陆上用牛皮绳圈起了一个半圆来。酋长一看，大吃一惊，自己部落的一半领土都被蒂多圈起来了。

566 木板比较

实际状况如下图所示：

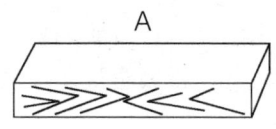

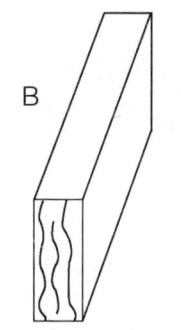

567 妙取B字

如图：

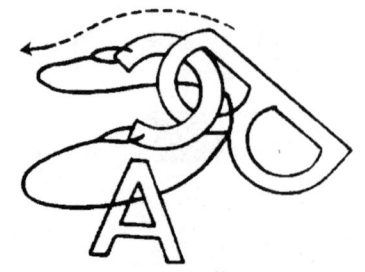

568 重拼长方形

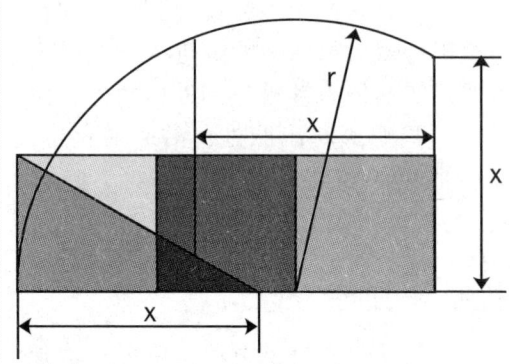

569 骰子

40。每个骰子都有21个点。我们能看见23个点，所以还有63-23=40个点是看不见的。

570 分割球体

15部分：四面体的4个顶点上有4部分；四面体的6条边上有6部分；四面体的4个面上有4部分；四面体本身。

这个数字是三维空间被4个平面分割时能得到的最大数字。

571 男孩与凸面镜

男孩看到自己是右边凸起的。

572 拼接六边形

线条如果连接，会形成一个完美的六边形。它们相连的点被三角形掩蔽。当线条在物体后面消失时，视觉系统会延伸线的长度。就如本例中的情况，每根线条的终点好像都在三角形的中心，这导致定线错误。

573 将硬币放入玻璃杯

把中间水平方向上的火柴向右移动自身长度的 1/2，把左下角的火柴移动到右上角。

574 不重复的符号

观察圣乔治的头发，你就能看到战争的场景。圣乔治是西方中世纪传说中的英雄，他杀死了代表邪恶的龙，解救了一个深受其害的小镇，并使其皈依。大量油画和雕塑都描绘了圣乔治杀掉恶龙的英雄事迹。

575 对应立体图形

D。

576 拼接整圆

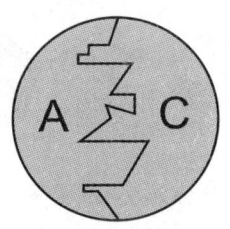

577 胶片

所得到的图形如下图所示。

578 全等图形

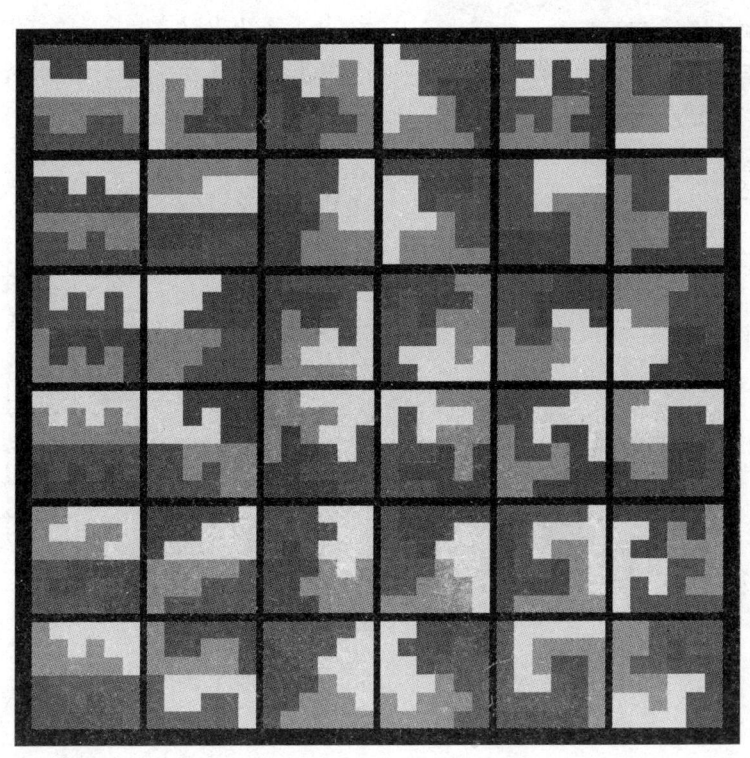

579 另外 2 种对称星形

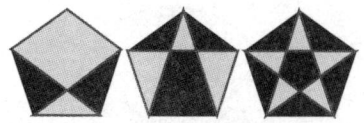

580 画出 9 种对称星形

581 对称星形

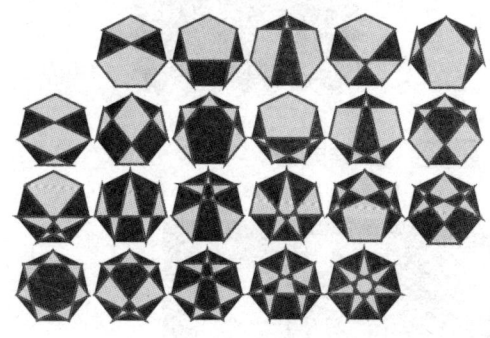

582 阶梯

不可能。

583 立体图形

C。

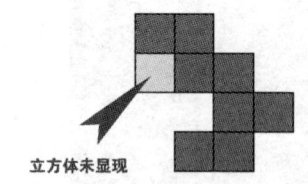

立方体未显现

584 样板

F。

585 相同的立方体

D 和 L。

586 正确的数字

4。从左上部的数字开始。按顺时针方向移动，减去 6 得到第 2 个数字，这个数字除以 3 得到第 3 个数字，最后再乘以 4 得到第 4 个数字。

587 金字塔

首先，把 2 号、3 号金字塔颠倒放；然后，把 3 号、4 号金字塔颠倒；最后，把 4 号、5 号金字塔颠倒。

588 圣诞老人

拿起笔和尺子，将正方形画成 25 个小正方形（如图 1 所示）。再将正方形切成 4 块儿（沿着深色线切），把这 4 块儿标成 1 至 4 部分。如果你按照图 2 和图 3 将这 4 部分重新拼的话，那么，你会拼成 2 个正方形，而每个正方形都各有一个完整的圣诞老人。

589 画像

答案如下图所示：

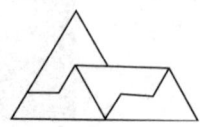

590 皮带

普通的纸环只能套在2个圆柱形的滚轴中间,而麦比乌斯圈能够套在3个滚轴中间,就如我们在该题中所看到的。

591 多面体环

所有相同大小的正多面体都可以组成1个多面体环,除了正四面体。

592 折叠正方形

D。

593 神奇的符号

C 和 K。

594 找出符号相同的两个面

I 和 K。

595 折叠立方体

B 和 C。

596 符号相同的两个面

K 和 O。

597 升序降序

598 折不出的立方体

E。

599 折不出的图形

E。

600 两个正确的

C 和 F。

601 画图

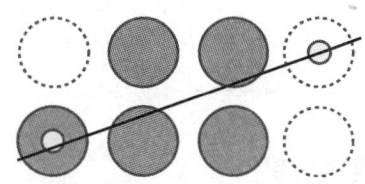

602 鸠尾结合

这两块是如图所示接合而成的,因此只要斜向滑动就能将这两块分开。

603 重组长方形

604 折一折

E。

605 一刀切出六边形

切的动作必须要以如图所示的方法将立方体对切成两半。这样暴露出来的内表面才是六边形。

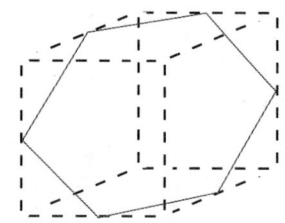

606 剪线

C。

607 圆柱体

D。

608 打孔游戏

D。

609 邮票

将2枚邮票叠放在一起,放在中间的位置上。这样,在十字架的每条线上就都有4枚邮票。

610 箭头

按照下图的样子放置箭头,你就会"发现"在中间的位置上出现第五个箭头的轮廓。

611 弹孔

答案如下图:

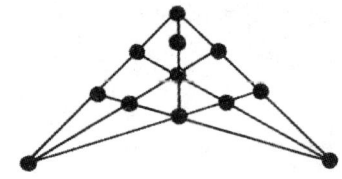

612 胶合板

沿图1虚线切木板,然后按图2中的样子排列。

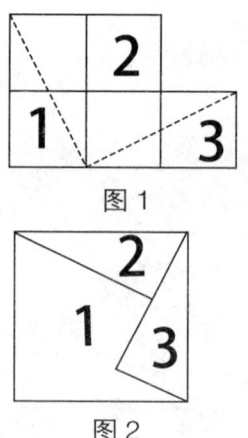

613 立方体

所需要的最少的石块数是 128。立方体的每条边上有 4 个石块（4×4×4 = 64 个石块）。广场的每条边有 8 个石块（8×8 = 64）。这样一来，广场边长是立方体边长的两倍的条件就可以满足了。

614 瓶塞

将水缓缓倒入玻璃杯，直到水平面几乎超出杯口。如果你小心操作的话，液体的表面张力会使水稍稍凸起。这样，瓶塞便会向上"漂"直到杯子的中央并停留在那里。

615 长方形

题中的 12 个黑色圆点可以画出 20 个长方形。大家可能漏掉的 2 个长方形已经在下图中画出。

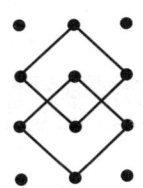

616 货物箱

因为固体表面很平，上面并没有洞，所以盒子的面和角的总数要比边多 2 个。因此，货物箱有 9 个面（如下图所示）。

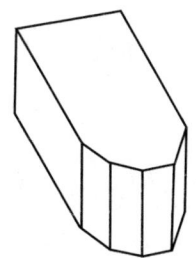

617 鸡蛋

将两把叉子插在瓶塞上，使它们与瓶塞保持 60°（如图所示）。然后，把瓶塞底部挖空，使它能够紧贴在鸡蛋大头那边。现在，把插有叉子的瓶塞放在鸡蛋上面；然后把鸡蛋放在拐杖的末端。稍微调整之后，你就可以把鸡蛋完好地放在上面。

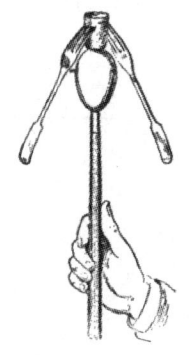

618 太妃糖

答案如图所示：

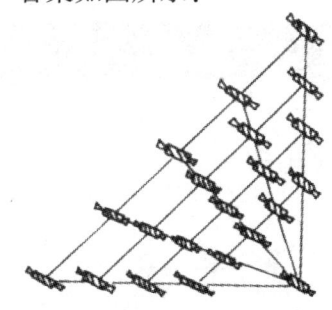

619 形状

这个物体是一个带有凹槽的木制矮圆柱体。

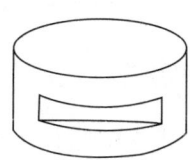

620 蜘蛛

解决这个题之前，先把这个圆柱体想象成一个展开的平面（如下图所示）。苍蝇的位置在F点，蜘蛛的位置在S点。将左边的线段延长1厘米至B点，线段BS与图中顶端线段相交于A点，而这个点就是蜘蛛应该从圆柱体边上经过的地方。蜘蛛行走的路线就是一个直角三角形的斜边，这个三角形底边长4

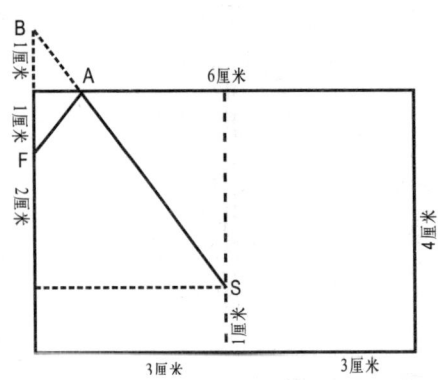

厘米、高3厘米。这样，斜边长为5厘米，这是蜘蛛所能走的最短路线。

621 钟

当多朗格·基德开始拽绳子时，他会发现自己也升在空中而且距离地面的高度与钟相同。当钟距离地面1米时，基德也是1米。无论他拽绳子有多快或者慢，他距离地面的高度与钟相同。两者会一起到达塔的上面，而这也是牧师想要做的。

622 考古

这个题的答案与题本身一样，都有很长的历史了……即：人。当人是婴儿的时候，人四肢着地；壮年时，人用两条腿走路；年老时，人走路就需要拐杖帮忙了。

第五章　创造力

623 创意植树

如图：

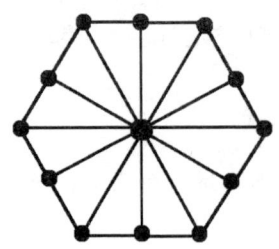

624 不变的星星

先把拿走的4颗放在一起，然后再将3颗放进去就行了。

625 这可能吗？

可以。3.3+3.3+3.3 ≈ 10。

626 魔法变数

如图中的2例都是正确答案。

SIX   **IX6**

英文的"6"   算式所得的"6"

627 不向左转

他走的路线如图虚线所示：

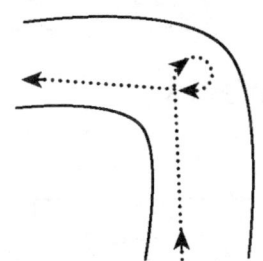

628 只剩一点

有可能。那个人像图中所显示的一样画直线，所以留下一个"点"的简体字。

629 智擒盗贼

华盛顿用双手分别蒙住马的眼睛，问盗马贼："你说这马是你的，那你说这匹马哪只眼睛是瞎的？"盗马贼愣住了，他可没有注意马的眼睛呀，他只好瞎猜："是左眼。"华盛顿马上放开左手，马的左眼亮闪闪的，一点也不瞎。盗马贼一看，马上改口说："我记错了，是右眼。"华盛顿又把右手放开，马的右眼同样也是亮闪闪的，根本也不瞎。盗马贼无话可说了，只得低头认罪。

630 麦秸提瓶

这也是一个突破思维定式的题目。麦秸虽然细，但足够长，如果你从一头折叠，折叠的宽度是瓶口的直径稍长一点，然后将麦秸放进瓶里，此时，折叠的部分就会散开，撑在瓶子的四壁上，这样你就可以将这个啤酒瓶提起来了。

631 戒指放盒里

添 3 根直线。

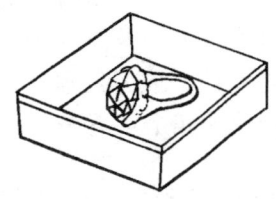

632 让正方形最多

把火柴棒按照如图所示排列，就可以排出 25 个正方形。

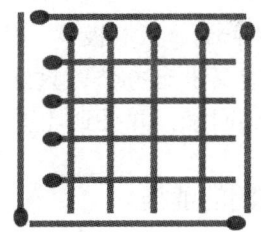

633 巧搬巨石

在石头前挖个大坑，把石头埋起来就可以啦。谁说一定要把它搬到不挡道的地方，埋起来不一样可以不挡道吗？

634 两个瓶子

将其中的一个瓶子装满水，然后再倒入另一个瓶子中。如果装不满，则另一个瓶子容积大；如果装不下，则另一个瓶子容积小；如果正好装满，则两个瓶子的容积相等。

635 买肉

猪尾巴、猪耳、猪腰子、猪板油、猪肚子。

636 永不消失的字

舒克从自己家中，用幻灯机里的强光把"违法建筑"四个字打到隔壁家的木板上，这么一来，只要这个木板不拿走，不管是用擦，或者是覆盖，或者挖掉，都不会让这四个字消失。

637 画师与财主

画师用笔在财主画像的脖子上添了一个枷锁，并大书一个"贼"，然后拿到大街上去卖。街上的人看到这幅画后，都认出是财主。于是一传十，十传百，大家都纷纷围着画看，开心极了。财主知道后很气愤，但又没有办法，只好出很高的价钱把画买回家，并丢到灶里烧了。

638 聪明的匪徒

这位聪明的匪徒是从头目前两名开始数起的。当他点到第一个第七名时，一名弟兄就得救。再往下数，数到第二个第七名，又一名弟兄得救。依次点下去，弟兄们全部得救留在车上，最后一个第七名正好轮到狡猾的头目。

639 一笔成字

如图所示，采取二重书写法，并取其空白部分。

640 三角分隔术

如图：

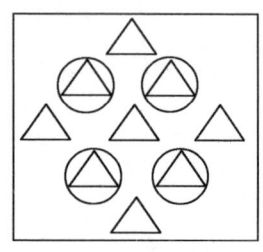

641 让三角消失

你可能想每个三角形移动出一根火柴后，3个三角形就完全不完整了。但本题要求是只动其中两根火柴，寻常的办法是行不通的。但有更巧妙的方法，如下图所示：

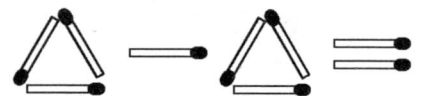

642 剪绳子

约翰把绳子接成一个圈，最后从中剪开，还是一条绳子。

643 多点相连

如图：

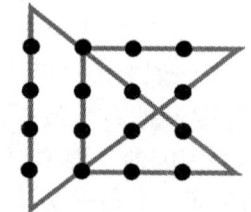

644 叶公好龙

恐龙。

645 创意过河

弟弟建议用冰造一条船,兄弟俩乘冰船过了河。因为冰比水轻,所以冰船是可以浮在水面上的。

646 脑力体操

枪。

647 切割菱形

把 18 切成两个"1"和两个"0"。

648 等距画点

把纸卷起来(如图),然后在纸的边缘上点 2 个点,使每一点都落在两层纸上。打开纸后,就见到 4 个点,其中有 2 个点与另 2 个点的距离相等。

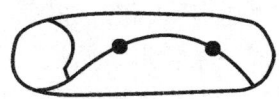

649 陆游与美酒

将软木塞压入坛内,可以轻松地倒出美酒。

650 平平捉鸟

可以用沙子慢慢地把洞灌满,这样,小鸟就会随着沙子的增多而回到洞口。

651 转动的齿轮

向"不可能"的事情挑战,再把"不可能"变为可能,这就是人类不断进步的原因,思考这道题时,要尽可能多画一画,试一试,找出多方面的可能性,结果你会发现,题中的问题,可以解决。如图所示,使圆齿轮的周长等于椭圆齿轮周长的一半,并将小圆齿轮的中轴偏心放置,就可以转动。

652 大白菜

刘邦("留帮"的谐音)

653 抢 30

甲的策略其实很简单:他总是报到 3 的倍数为止。如果乙先报,根据游戏规定,他或报 1,或报 1、2。若乙报 1,则甲就报 2、3;若乙报 1、2,甲就报 3。接下来,乙从 4 开始报,而甲视乙的情况,总是报到 6 为止。依此类推,甲总能使自己报到 3 的倍数为止。由于 30 是 3 的倍数,所以甲总能报到 30。

654 得分

解法一:设前九次测验的总分为 x 分,最后一次测验得 y 分,列方程得:
$x/9=17$
$(x+y)/10=18$
解得 $x=153$,$y=27$
解法二:前 9 次测验的总分为 $17 \times 9 =$

153 分，10 次测验的总分共为 18×10= 180 分，则最后一次得分为 180−153= 27 分。

655 错变对

（1）把 62 移动成 2 的 6 次方。$2^6-63=1$

（2）把后面等于号上的"−"移动到前面的减号上，使等式成为 62=63−1。

656 9个空格

1	9	2
3	8	4
5	7	6

图甲

2	1	9
4	3	8
6	5	7

图乙

2	7	3
5	4	6
8	1	9

图丙

3	2	7
6	5	4
9	8	1

图丁

657 一笔两线

如图所示，有两种方法可以用一支铅笔一次画出两条线。第一种是把铅笔削成如图 1 的模样，就可以画出有间隔的两条线；第二种是如图 2 一样，用两端削尖的铅笔，在左右两端的纸上同时画一条线。

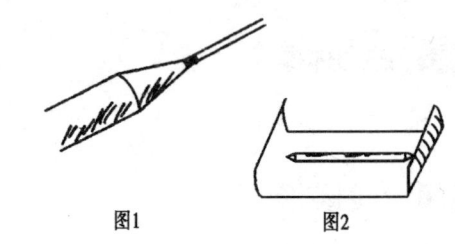

图1　　　　图2

658 香槟的分法

把 4 个半杯的倒成 2 杯满香槟，这样，满杯的有 9 个，半杯的有 3 个，空杯子的有 9 个，3 个人就容易平分了。

659 面包夹火腿

可以夹 10 片火腿。如图，把 10 片面包组合成一个轮形，然后，在每两片面包之间各夹一片火腿就可以了。

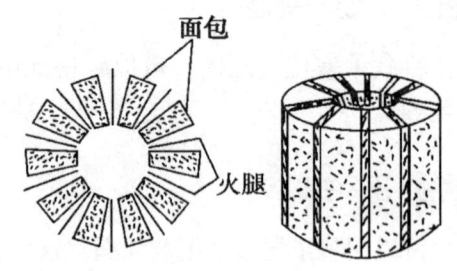

660 驯犬

因为这只狗受的是德语教育，它听不懂夫人所说的英文。

661 奇怪的选择

因为这个船夫自己不会游泳,所以必然小心行船,比较安全。

662 切去一个角

一个正方形切去一个角,会出现3种情况:(1)切去一个角,得到5个角;(2)切线通过正方形的两个对边,则得到4个角;(3)切线通过另外两个角,只剩3个角。

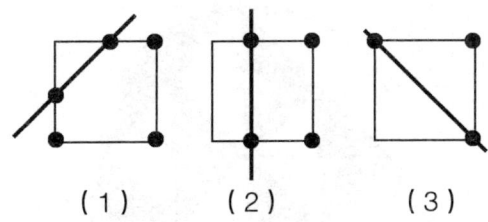

663 直线连点

如图。

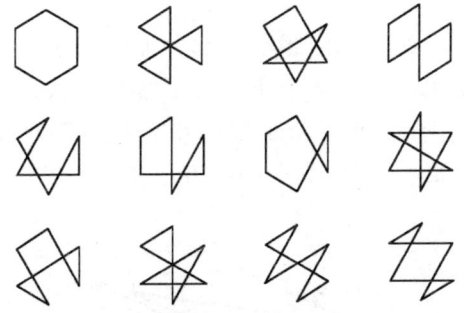

664 心念猜数

起先,甲假装深思熟虑,而实际上是随意点了七个数字,但他点的第八个数字必定是12,第九个数字必定是11,第十个数字必定是10,以此沿逆时针方向按顺序点下去,当乙念到20并喊停时,甲点的必定正好是乙最初默认的数字。

665 药水挥发

注意力转移,转移到第三天是原来的多少,$1/2 \times 2/3 = 2/6 = 1/3$。第四天是原来的多少:$1/3 \times 3/4 = 3/12 = 1/4$。科学归纳类推:第n天时还剩$1/n$瓶。直觉:计算完第三天就直接抓住本质,第n天时还剩下$1/n$瓶。不再计算。故:正确选项是C。

666 移出乒乓球

由于乒乓球很轻,可以用嘴对着杯子使劲吹一口气,乒乓球就能跳出来。

667 房子变球门

如图:

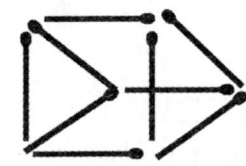

668 完全相同的试卷

他们都交了白卷。

669 数字矩阵

每个数字是它正方对角线的左右两个数字之和,根据这条规则,未给出的数字是63。

670 站立

"一个面向南一个面向北站立着",如果你认为两个人是背对背而立,那就得不到答案了。两个面对对方站立的人,也同样可以一个面向南，一个面向北站立啊。

671 不变的数字

如图：

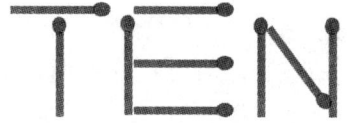

672 哪一个不一样

B图的符号和其他符号不一样，因为它是浅灰色的，而其他是深灰色的。A图的符号和其他的不一样，因为它是1，而其他是2。C图的符号也不一样，因为它是正方形而其他符号是圆形。因此，D图的符号才是真正不一样的，因为它没有"不一样"的地方。

673 少数民族

壮族是我国人口最多的少数民族。

674 自助就餐

72种。

675 阮小二吹牛

因为在横渡5次黄河之后，人应该在河的对岸，不可能立即回家。

676 合作

山东队每天做工程的1/15，江苏队每天做工程的1/10，则两队合作，每天做工作的1/10+1/15=1/6，故两队合作完成全部工程需要1÷1/6=6天。

677 旅游

青岛、宁波、天津、上海、温州、长春

678 无重力地带

有。地球的中心应当就是无重力地带。

679 两只小鱼

如图：

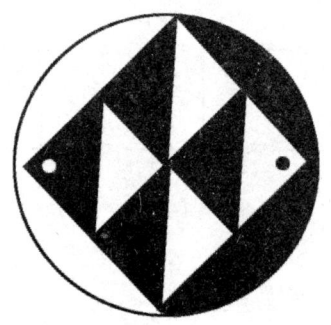

680 变大的正方形

如图，依照实线部分加以切割组合即可。中央4个小正方形维持原状，四周的12个片断刚好可组合成6个小正方形，合计10个小正方形。

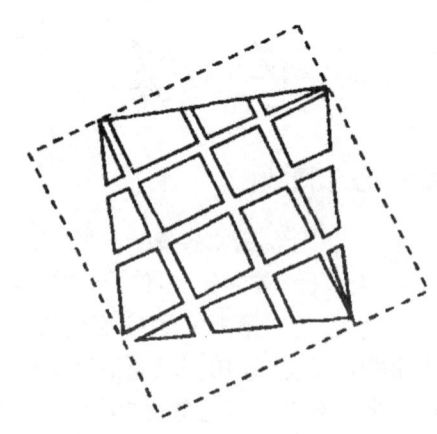

681 菱形叠加

如图：

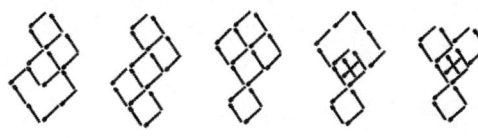

682 只动一点点

如图所示（把火柴棒竖起来当作小数点）。还可以将一根火柴棒放在等号上，变成"不等于"。

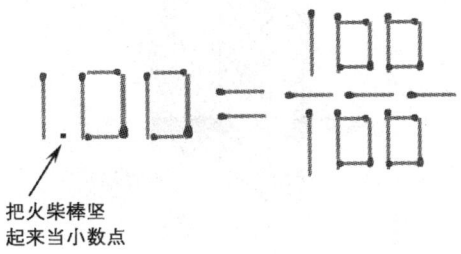

把火柴棒竖起来当小数点

683 推迟鸡叫

原来，他上学的时候，用口袋装了一些米，他估计鸡快叫的时候，就偷偷把米撒给公鸡吃，公鸡只顾吃米而忘了鸣叫。等公鸡吃完一口袋米再叫时，先生已经多讲了一阵子。

684 国际会议

A。

685 无人乐队

D。

686 智取

姓陈的穷人自称"陈旧"，县官也喊"陈旧"，财主听了却是"臣舅"，以为他们是亲戚，所以吓跑了。

687 酒鬼

先买161瓶啤酒，喝完以后用这161个空瓶还可以换回32瓶（161÷5=32……1）啤酒，然后再把这32瓶啤酒退掉，这样一算，就发现实际上只需要买161-32=129瓶啤酒。可以检验一下：先买129瓶，喝完后用其中125个空瓶（还剩4个空瓶）去换25瓶啤酒，喝完后用25个空瓶可以换5瓶啤酒，再喝完后用5个空瓶去换1瓶啤酒，最后用这个空瓶和最开始剩下的4个空瓶去再换一瓶啤酒，这样总共喝了：129+25+5+1+1=161瓶啤酒。

688 铜锣

沿图中的切线可以将铜锣切成5部分。

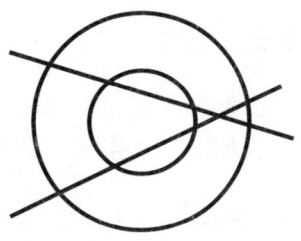

689 神通广大

理发师。

690 空中解绳

攀登前，首先把两条绳的下端连起来。解开绳结一端的绳子，不是取下来，而是拉长挂在吊钩上，你可以转移到不打结的两股挂在吊钩的绳上,解开另一个绳结,然后再下到地面。

691 保住脑袋

他回答的是:"我的脑袋是样品。"

692 创意拼音

如图。每边有5块纸块,中间再放上一块这就形成了一个白色的"口"字。

693 如此坐监

这个狱吏向典狱长说:"遵照国王陛下的命令,这个犯人应该坐一天牢,释放回家一天,然后再坐一天,释放一天,如此下去,直到他死。"

694 最大的数字

如果把铁丝变成"8"字形,再旋转90度,就成了"无限大"的符号。

695 东京路标

你知道东京和布宜诺斯艾利斯在地理位置上有什么关系吗?东京和布宜诺斯艾利斯正好处在地球相反的两端。管理员幽默地指指柱杆,意思就是如图所示。

696 你让谁上车

将车交给自己的救命恩人,让他开车送重病人到医院,自己则留下来陪心仪已久的姑娘等公共汽车。

697 灭绝的动物

任何杂交的动物,比如驴骡、马骡等。

698 特制工具

如图:

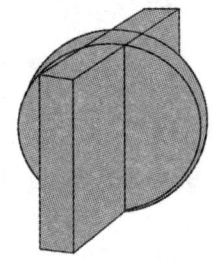

699 分牛

用算术的方法(即不使用方程式)解答这道题目,要从末尾开始。

最小儿子得到的牛数,应等于儿子的人数;牛群余数的1/7对他来说是没有份的,因为在他之后,已经没有剩余的牛了。

接着,老人的一个儿子得到的牛数,要比儿子人数少1,并加上牛群余数的1/7。这就是说,最小儿子得到的是这个余数的6/7。

从而可知,最小儿子所得牛数应能被6除尽。

假设最小儿子得到了6头牛,那就是说,他是第六个儿子,那人一共有6个儿子。第五个儿子应得5头牛加7头牛的1/7,即应得6头牛。现在,第五、第六两个儿子共得6+6=12头牛,那么第四个儿子分得4头牛后牛群的余数是12/(6/7)=14头牛,第四个儿子得4+14/7 =6头牛。

现在计算第三个儿子分得牛后牛群的余数:6+6+6=18,是这个余数的6/7,因此,全余数应是18/(6/7)=21。第三个儿子应得 3+21/7=6 头牛。

用同样方法可知,长子、次子各得牛 6 头。

我们的假设得到了证实,答案是共有 6 个儿子,每人分得 6 头牛,牛群共由 36 头牛组成。有没有别的答案呢?假设儿子的人数不是 6,而是 6 的倍数 12。但是,这个假设行不通。6 的下一个倍数 18 也行不通。再往下就不必费脑筋了。

700 一杯水

只要在一个盛满水的盆中将装满水的杯子倒转过来即可。

701 直尺曲线

首先作一个正方形,在此正方形两个相邻的边上,分成等距离的一个一个的小段,如图所示,然后将其一点儿一点儿的连起来,就会显出一条完美的曲线,不过这条曲线,只是问题中所要求的一半,把两个这样的曲线对接,即形成题所要求的曲线。

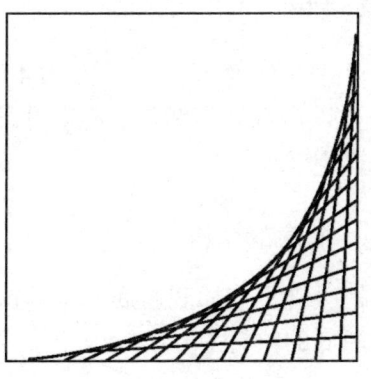

702 得分趣事

这是一道包含有"对""错"的判断题。

703 符号

如图所示:

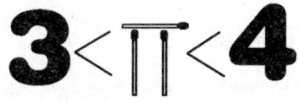

704 三角板画平行线

按图的方式,把三角板竖立起来,然后在两侧各画一条线。也就是将三角板的厚度当成平行线之间的宽度。

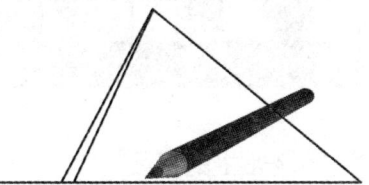

705 变小变小

如图一样,变成"小石",不就变小了。

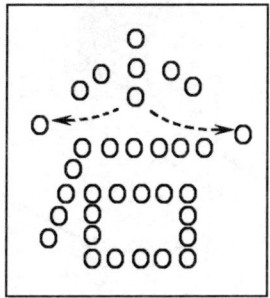

706 一层变双层

0根。如图所示，将房子变个方向就是两层楼的家了。

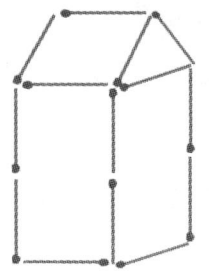

707 棋盘与骑士

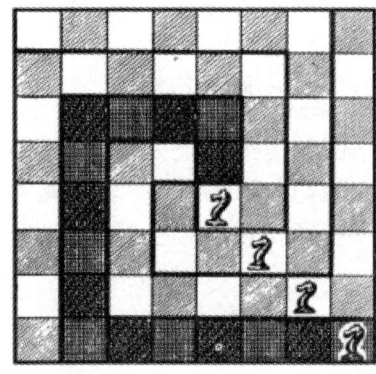

708 栩栩如生的鹰蛋

如图所示。在瓶子或圆柱杯子的曲面上卷一张纸，使一头翘起来，然后用两脚规像画普通圆那样，在上面转一圈，就能画出一个卵圆状的圆形。

709 巧变"88"

把图竖起来，移动两根火柴，即成为"88"的汉语拼音：BA、BA。如图：

710 特异功能

这个人是一个盲人，他正在用手"读"一本盲文书。

711 多少块砖

60块砖。你不需要将所有的砖块清点一遍，只需要数出最上面一层砖块的数量（12块）并将其与层数（5层）相乘，这样你就可以得出砖块的总数60块了。

712 蜡烛

可供9个晚上使用。因为40个蜡烛头可以做成8支蜡烛，8支用完后又可做成1支。

713 瓶底的饮料

把吸管直接插到瓶底，这样就能先喝到瓶底的饮料了。

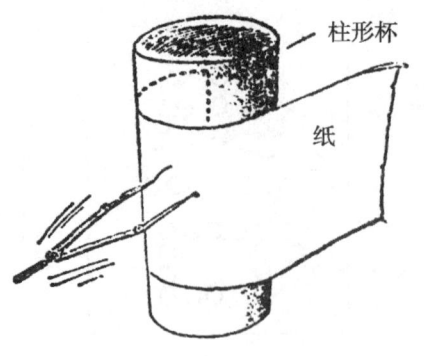

714 幻化三角形

正确结果如下：

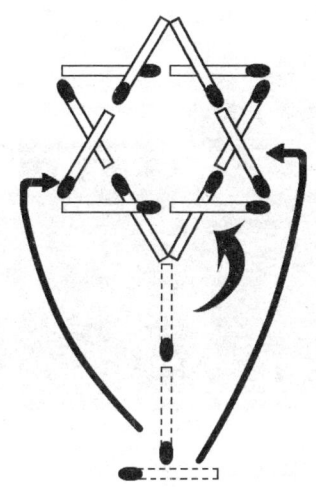

715 让水上升

把水勺里的水全倒进其中一个桶里，这样，这个桶的水就正好是10升了，即刚好到达桶口处。然后，让水勺的口向上，底向下，垂直地把水勺慢慢插进另一桶水里，直到桶里的水升到桶口处。这样，两桶水就都上升到桶口处了。

716 割据

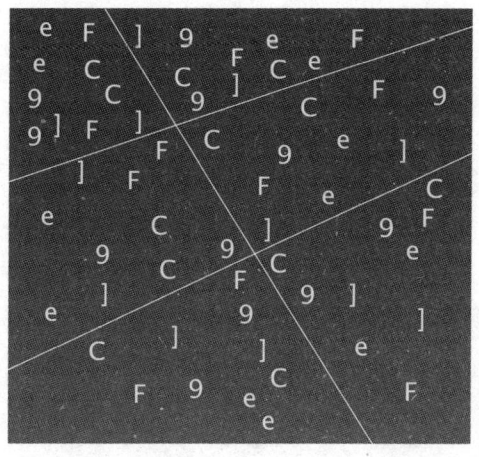

717 另类制胜

让本队的队员往自己篮筐投一个2分球，结果打成平局。根据篮球比赛规则，在规定比赛时间内，如果双方打成平局，则可以加赛5分钟。这样，甲队就有可能利用这5分钟，来赢取宝贵的4分。

718 滑行路线

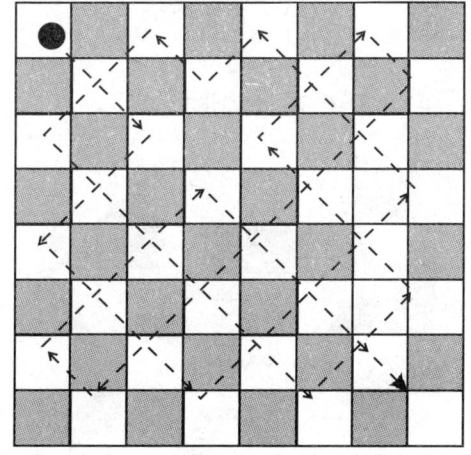

719 镜子迷宫

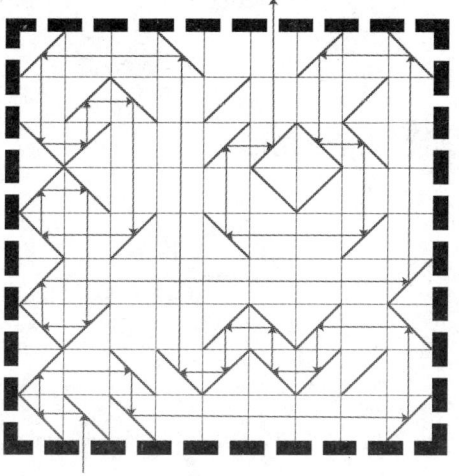

720 上色正方形

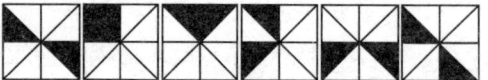

1/4 上色正方形

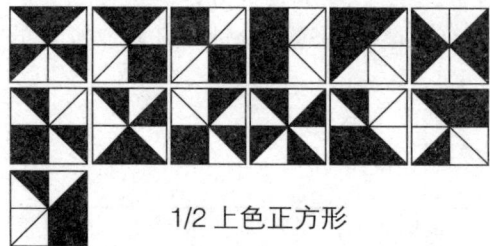

1/2 上色正方形

721 七巧板拼多边形

722 4个三角形

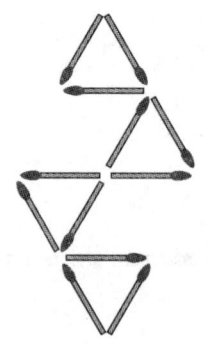

723 燃烧映像

可以，抽烟斗的人能看到经过镜墙反射出来的火柴光。

724 面积减少一半

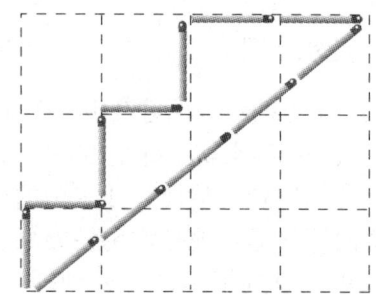

725 八角形迷宫

18条路线。不过你无须一一描绘出每条路线。解决这道谜题最简单的方

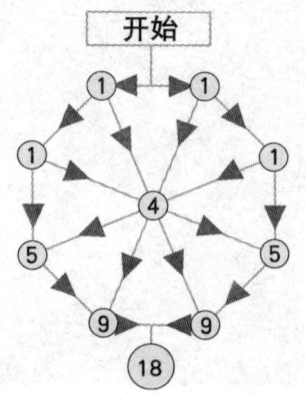

法，就是从起点处开始，然后确定出能够带你到达一处交叉点的路线的数目。到达每个连续交叉点的路线的数目等于与之"相连"的路线的数目的总和。

726 有趣的七巧板

727 农场

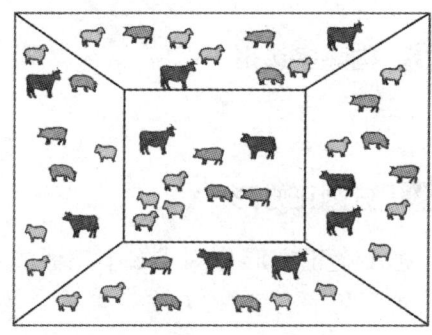

728 三角形拼图

729 线段连图

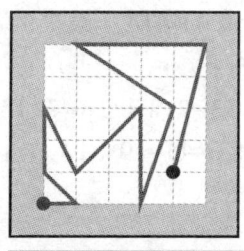

n=5,10 条

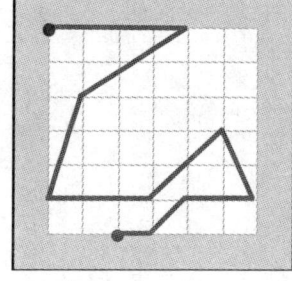

n=6,9 条

730 拼字母

731 铅笔组图

732 奇怪的电梯

可以走遍所有的楼层。最少的步骤是 19 步，顺序如下：

0-8-16-5-13-2-10-18-7-15-4-12-1-9-17-6-14-3-11-19（12"上"，7"下"）

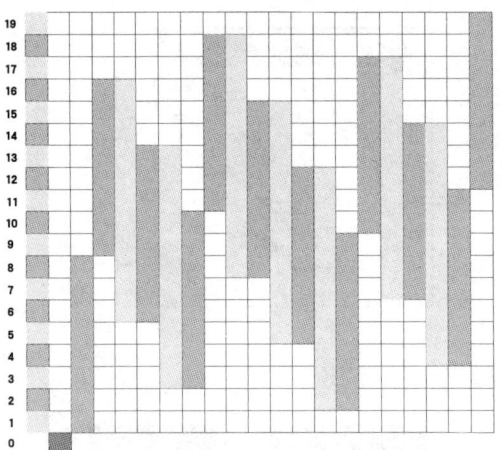

733 拼出五角星

734 大小梯形

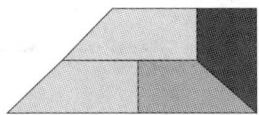

735 组合六角星

736 心形七巧板

737 闭合多边形

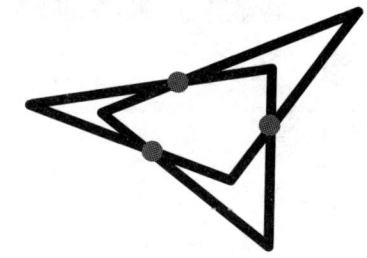

738 构建多边形

无解。

739 分割正方形

把 1 个正方形分割成 6 个相似的等腰直角三角形有 27 种方法：

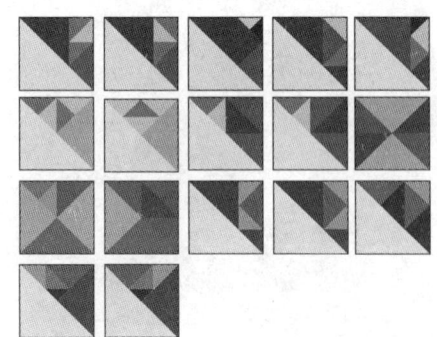

740 上色

这两个图形都只需要用 3 种颜色上色，如下图所示。

741 4 点连出正方形

11 个正方形。

5 个小正方形

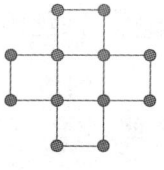

4 个中等的正方形

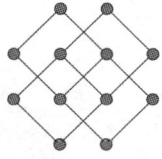

2 个大正方形

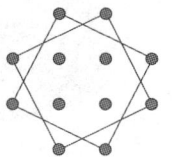

742 分割 L 形

显然 L 形结构可以被分割成任何 3 的倍数。对于 n=4 的答案是一个经典的难题，这时被分割成的部分是和原来一样的 L 形结构。这种图形被称作"两栖图形"，因为每个这种图形都可以被继续分割成 4 个部分。

对于 n = 2 的答案是另外一种图形（同 n = 8, 32, 128, 512, … 的答案类似）。

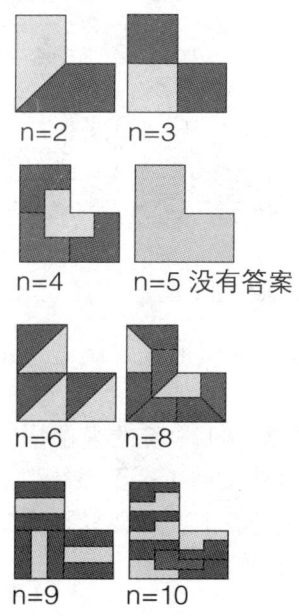

743 填涂图案

这是答案之一：

744 建造桥梁

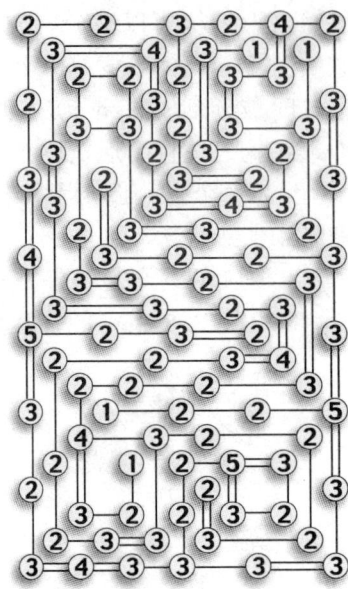

745 复制图案

原来的图形被复制需要4步，如图所示。

麻省理工学院的爱德华·富兰克林于1960年发明了这个系统。最初的图形经过一定的步数后会复制为原来图形的4倍、16倍、64倍。

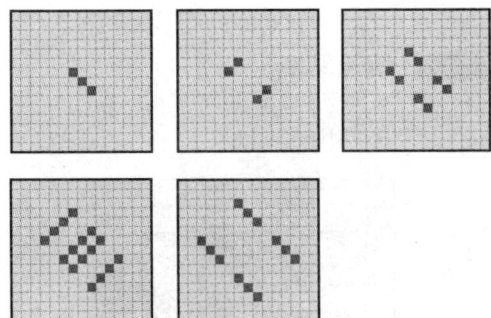

746 增加正方形

将正方形总数上升到27个的4条直线如下图中的蓝线条所示。

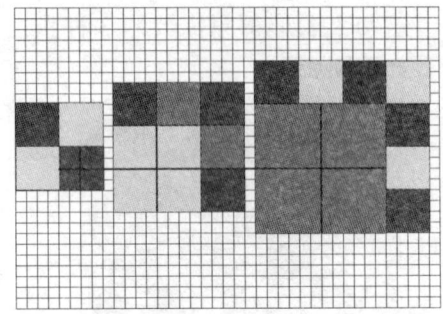

747 直线分符号

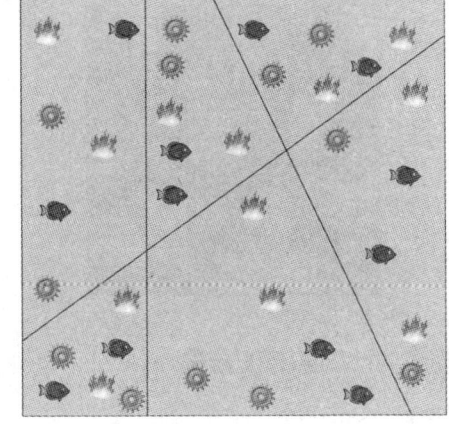

748 铁丝环

如图所示，这个曲面被称为悬链曲面。

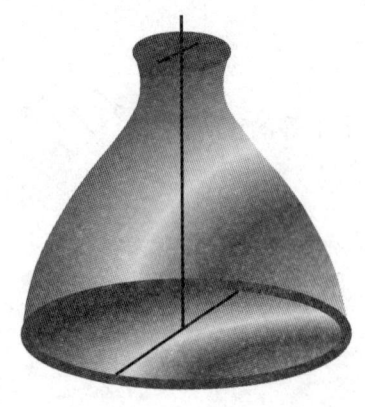

749 覆盖网格

750 变出立方体

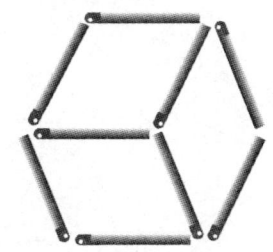

751 重组正方形

752 埋伏地点

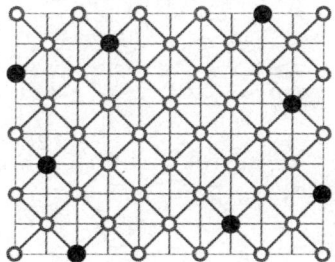

753 绳子

用埃及绳可以做出大量不同的面积为 4 个单位的多边形。

一些方法如图所示。

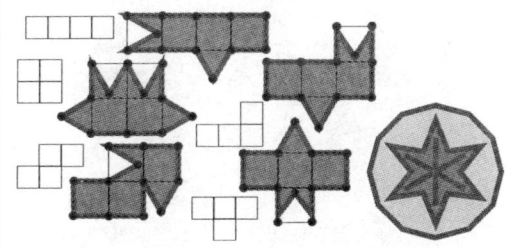

754 移到中心位置

沿 L 形的方向剪下正方形的一部分，然后将其向对角翻转，令有洞的部分居于纸张中心。

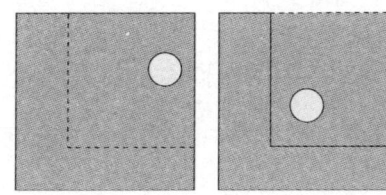

755 小钉板

在 3×3 的小钉板上不论你怎么连，最终总是会剩下 2 个钉子；而在 5×5 的小钉板上则总是会剩下 1 个钉子；在

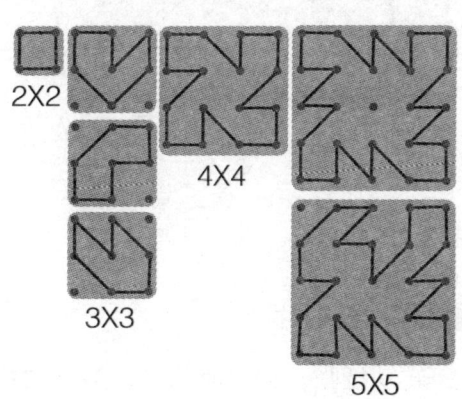

4×4的板上可以把16个钉子全部用上，1个也不剩。如图所示。

756 三角形钉板

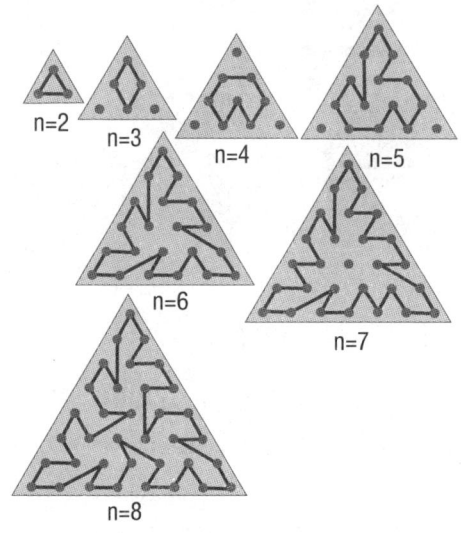

757 正六边形钉板

答案如图所示。当然还有其他的可能性。

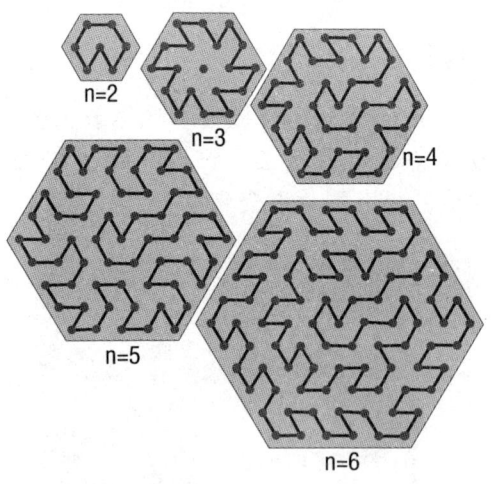

758 折叠纸片

转动纸张，空白面朝上，数字"2"在左上角。然后把右边向左折，这样数字"5"靠着数字"2"。现在，将下半部往上折，结果数字"4"靠着数字"5"。接下来将"4"和"5"向内折，位于数字"6"和"3"之间。最后，把数字"1"和"2"折到小数字堆上，到此一切结束。

759 分割

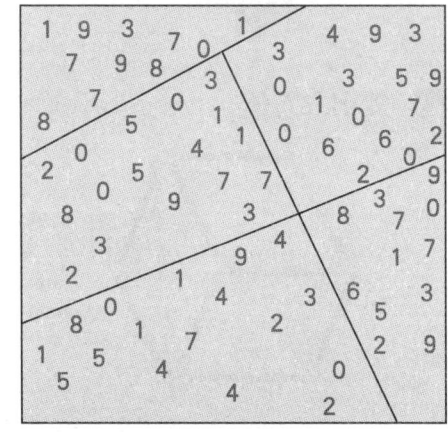

760 连接数字

答案如图所示。原题中选的是18个点，其实用任意多个点都可以做到把它们从头到尾相连，且连线不相交。

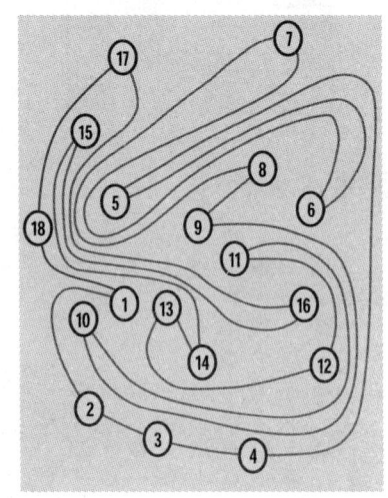

761 连接四边形

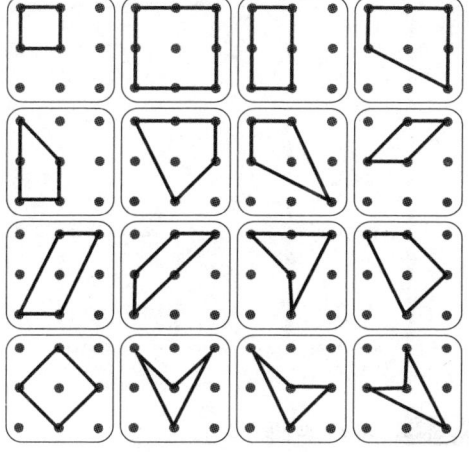

762 4等分钉板

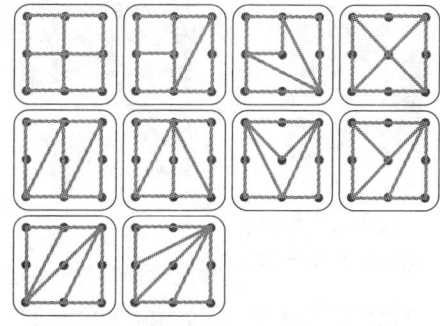

763 摆放皇后

12种摆放方法如下图所示。

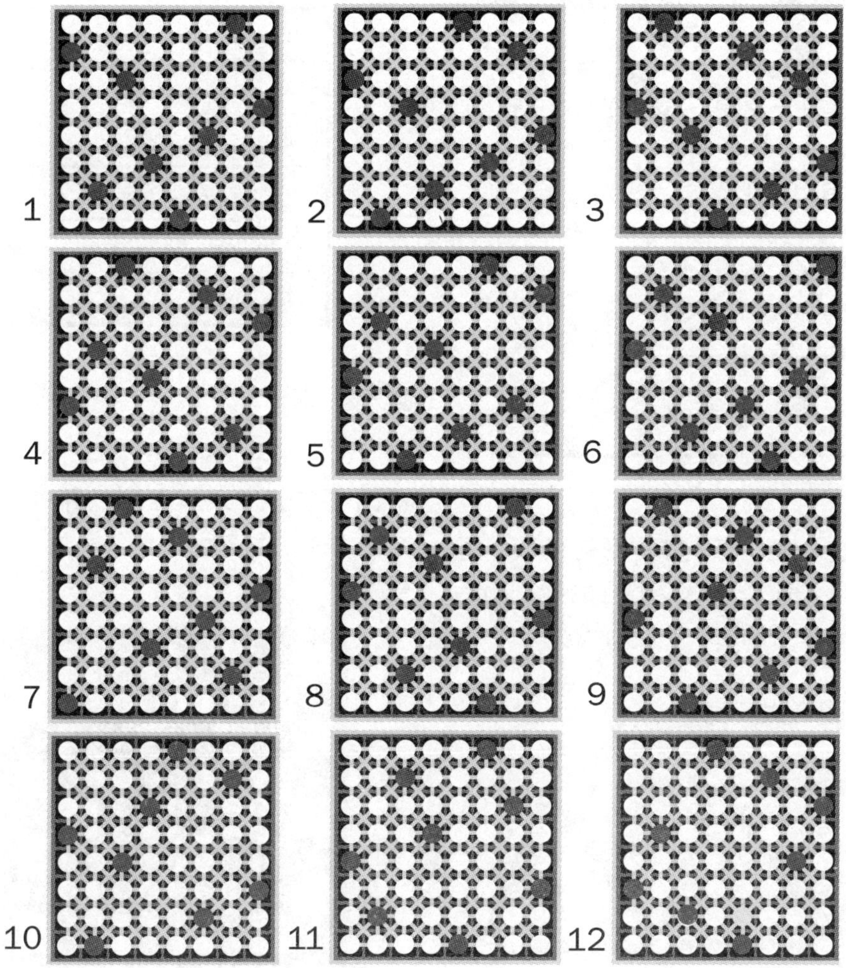

764 多少个皇后

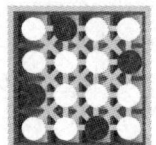

题 1
一共有 2 种解法，这里是其中一种。

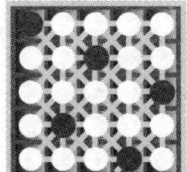

题 2
一共有 10 种解法，这里是其中一种。

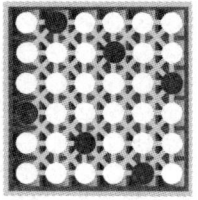

题 3
一共有 4 种解法，这里是其中一种。

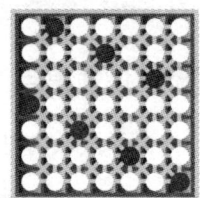

题 4
一共有 7 种解法，这里是其中一种。

765 画三角形

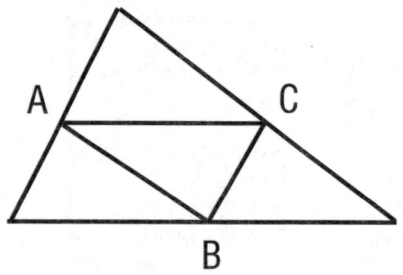

穿过 A 画 1 条与 BC 平行的线，然后穿过 B 画 1 条与 AC 平行的线，最后穿过 C 画 1 条和 AB 平行的线。

766 图形大变身

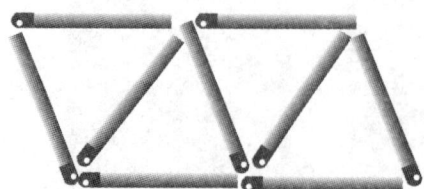

767 奇妙的火柴游戏

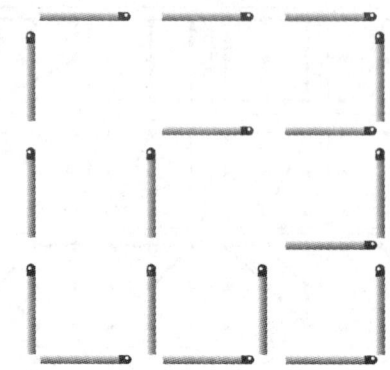

768 分割矩阵

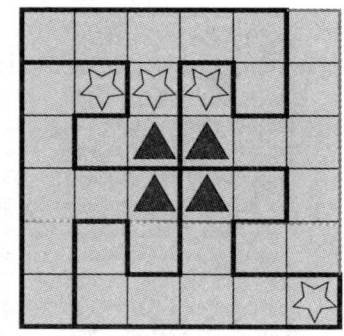

769 国王

如图所示，至少需要 12 个国王，这样国王能够进入棋盘上的每一个格子，并且包括所有上面已经摆放了棋子的格子。

770 走出棋盘

如图所示，15 步。

771 巡游路线

如图所示，14 步。

772 走出迷宫的捷径

往东走到"3"，再往东南走到"3"，最后向南走出迷宫。

773 皇后巡游

这个题目的解法有很多种，这里提供的是其中一种，如图所示。

774 瓢虫

如图，19 只瓢虫分别在不同的空间内。

一般情况下，3 个三角形相交，最多只能形成 19 个独立的空间。

这一点很容易证明。2 个三角形相交，最多能够形成 7 个独立的空间，而第 3 个三角形的每一条边最多能够与 4 条直线相交，因此它能够与前 2 个三角形再形成 12 个新的空间，所以加起来就是 19 个空间。

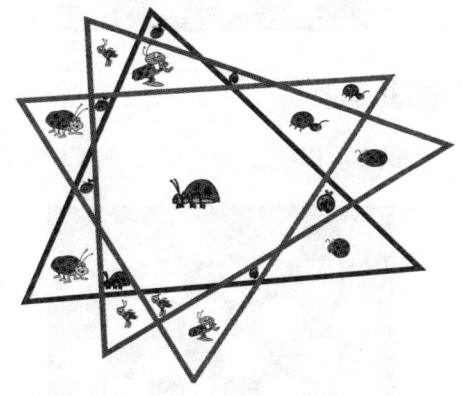

775 象巡游

题 1：最多可以进入 29 个黑格，如图所示。无论你怎么走，最终还是会剩下 3 个格子没有进入。

题 1

题2：如果棋盘上的格子允许多次进入，那么象是可以进入所有的黑格的。从棋盘上的一个顶点开始，在相对的另一个顶点结束，这样最少只需要17步，如图所示。

题2

776 摆象

最多可以摆放14个象，如下图所示。

777 正确的等式

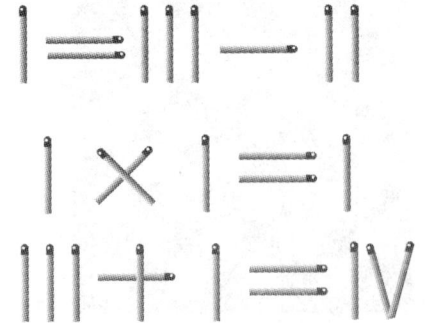

778 车的巡游

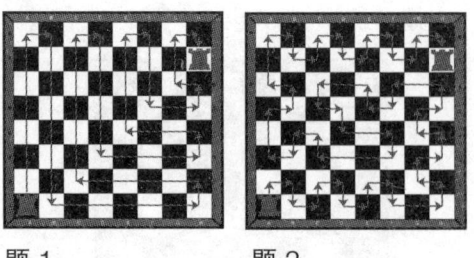

题1
最少21步

题2
最多55步

题3
最少15步

题4
最多57步

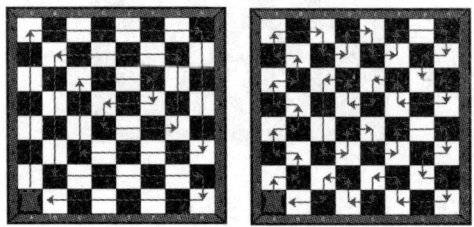

题5
最少16步

题6
最多56步

779 不可比的长方形

可以用不可比的长方形拼出的最小的长方形的长和宽的比例是22：13。

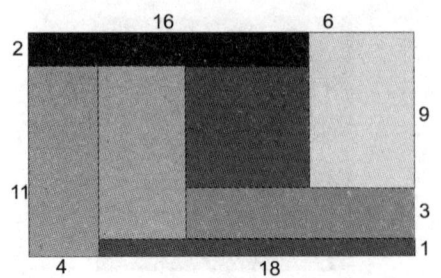

这7个不可比的长方形的总面积是286个单位正方形。由于这个长方形的一边最小是18，而且边长必须是整数，就出现2种可能的比例：26∶11和22∶13。

我们这道题目的答案是第2种，它有更小的周长。

780 连接圆点

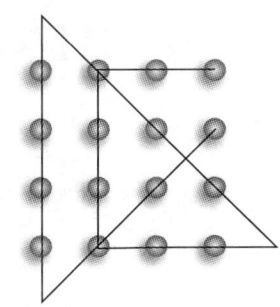

781 8个三角形

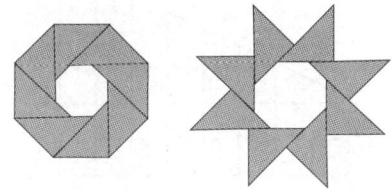

782 切巧克力

如图所示切6次。

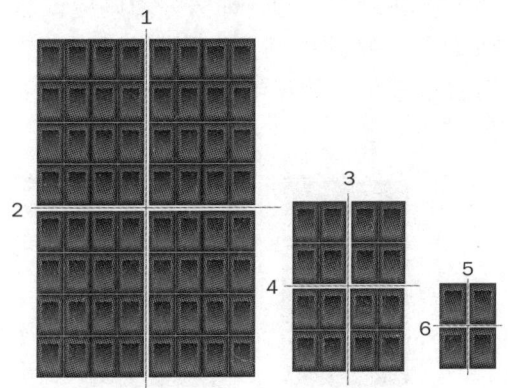

783 有闭合曲线的十二边形

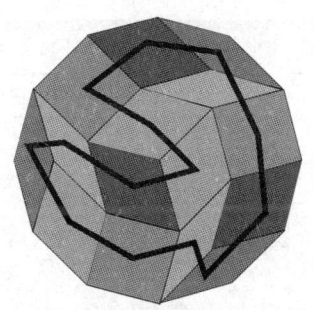

784 构建三角形围栏

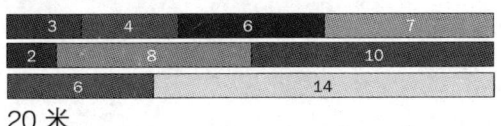

20米

785 哈密尔顿循环

这是其中一种情况，也有可能有其他的解。

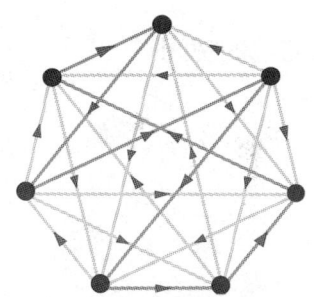

786 重物重组

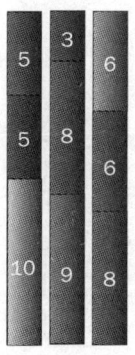

答案 | 397

787 分割图表

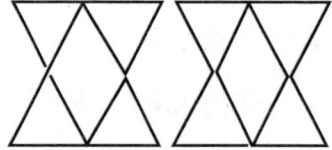

788 一笔画图

B。

789 自己的空间

790 变少的正方形

如图：

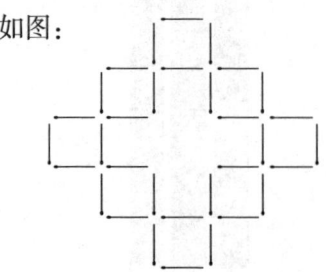

791 火柴游戏

1.

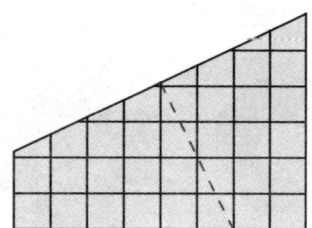

2.

792 等分网格

793 作图

在纸上沿平行方向剪3刀。其中2刀要剪在纸的一边，而另一刀则应该剪在纸另一侧的中间（如下图所示）。然后将纸弯折，使得纸的"底面"组成上表面的一半。

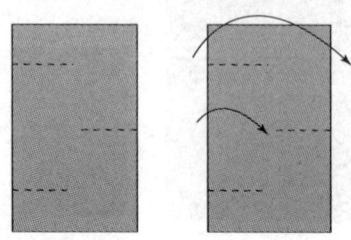

794 组成三角形

A。

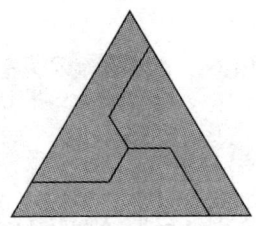

795 LOVE 立方体

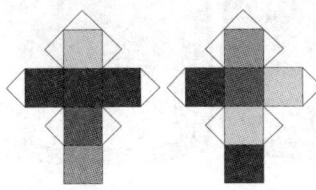

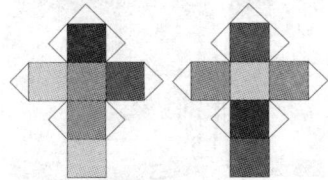

796 组合正方形

2. B D E。

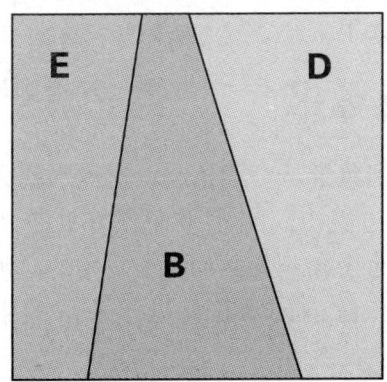

797 滑动链接谜题

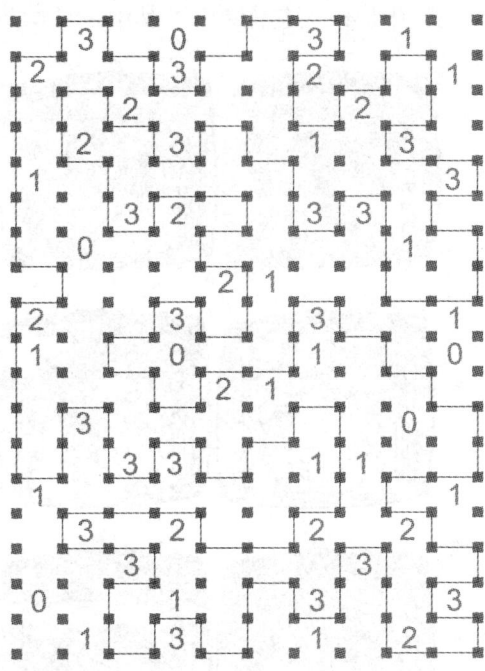

798 有始有终

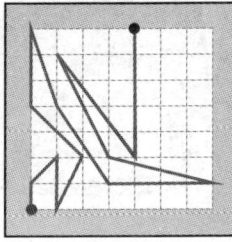 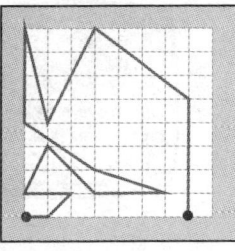

n=7, 13 步　　　　n=8, 13 步

799 正方形里的半圆

答案 | 399

800 水族馆

如图所示，这里给出了其中一种摆放方法。

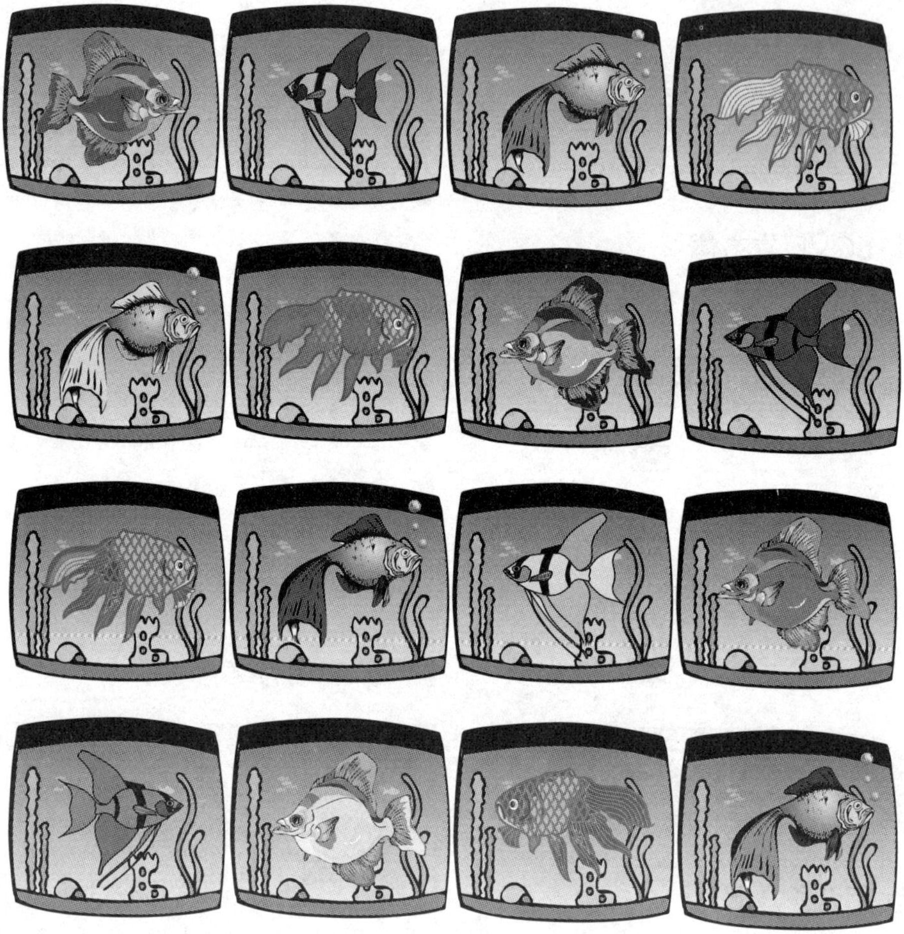

801 数学符号

[（9-3）×4+19-8]÷5+4=11。

802 麦秆提苏打瓶

将麦秆从一端约3厘米的地方轻轻地折起来，使麦秆呈现"V"形。然后，把这一端插入瓶内，慢慢调整麦秆直到把它楔牢（如图所示）。这样，你便可以把瓶子从桌子上提起来了。

803 鱼缸

把鱼缸从一边抬起，这样水就会从另一边溢出。当水平面正好处于鱼缸的一个上角到鱼缸的一个下角的对角线时，鱼缸内的水正好处于鱼缸的中间位置。

804 牙签

将左图（A）中虚线上的 3 根牙签放到右图（B）虚线上的位置。

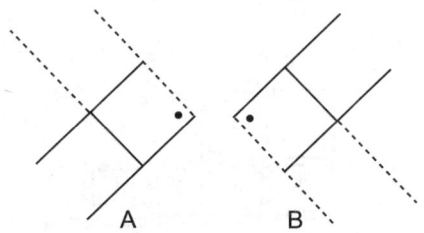

805 飞船

舰长的检查路线如下：从 2 号指挥中心进去，然后是 E, N, H, 3, J, M, 4, L, 3, G, 2, C, 1, B, N, K, 3, I, N, F, 2, D, N, A, 1。

806 杯垫

A 图到 C 图向我们展示了如何将这些杯垫重新排列形成一个"完整的圆"的过程。

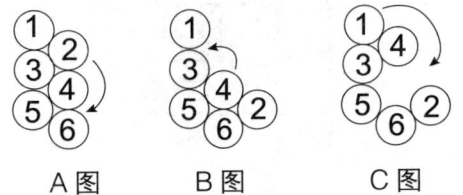

A 图　　B 图　　C 图

807 圆圈

把这个正方形的纸板的任意一个角的顶点放在这个圆圈内边的任意一点。在 A 点和 B 点（即正方形与圆圈相交的两个点）作两个标记（参见图 1）。把纸板当直尺，将 A、B 两点连接。然后，用正方形的这个角的顶点放在这个圆圈内边的另外一点，并重复刚才的步骤，在另外的两个交点，即 C、D 两点作标记（参见图 2）。将 C、D 两点连接。这样，这个圆圈的中心点就是线段 AB 与线段 CD 的交点（参见图 3）。

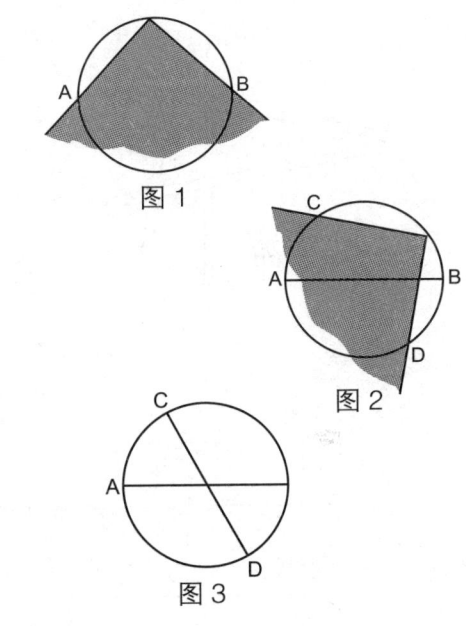

808 X 射线

把这张纸放在这枚硬币上，用一支铅笔在硬币上的纸上直接涂画。这时，硬币的轮廓将会显现在纸上，当然也就看到了硬币的日期。

809 警察

这名警察的巡视路线已经展示在下页的图中。

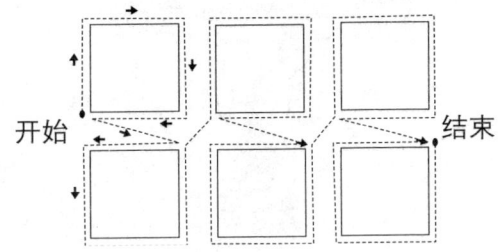

810 钉子

按照下图中的排列方式，你会发现，所有的钉子都会彼此相接触。

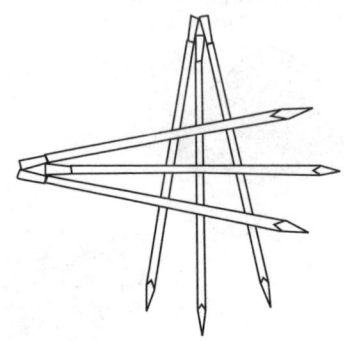

811 徽章

答案如下图：

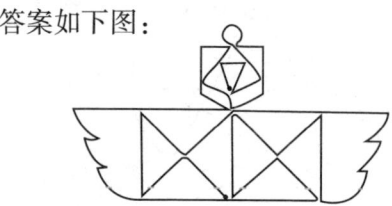

812 盘子

将两个瓶塞纵向切开，然后，把每半个瓶塞插进4个叉子的齿上（如下图所示）。保证叉子与齿的角度小于90度。现在，把这4个叉子放在盘子的四周；同时，叉子要面向盘子的边。这样，叉子就不会乱动。然后，你就可以轻而易举地把盘子稳稳地放在针尖上了。

813 火柴

要解决这种类型的难题实在是很困难。下图中展示了如何把15根火柴摆成8个大小相同的正方形。

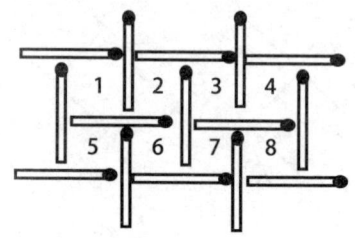

814 国际象棋

要解决这个问题，你必须经过除了左上角的9个方格之外的方格，但是仍然不易解决。你要通过四步使"皇后"经过左上角的全部9个方格。在下次俱乐部会战时，你可以按照下图所示的步骤一展身手。

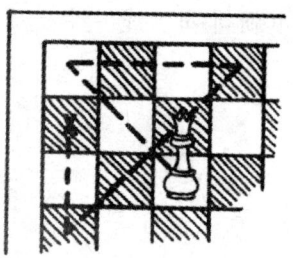

815 置换

移动的步骤如下：从2号到3号、从8号到5号、从10号到7号、从3号到9号、从5号到2号、从7号到4号、从9号到6号、从4号到10号、从6号到8号、从1号到6号、从2号到4号、从6号到5号、从4号到3号、从10号到9号、从5号到7号、从3号到2号、从9号到1号、从7号到10号。

816 蜂箱

这个题的解法有很多。下面是其中一个：

817 城堡

有好几条路线供你选择，其中的一条是：f-b-a-u-t-p-o-n-c-d-e-j-k-l-m-q-r-s-h-g-f。

818 纸片

如下图所示：图 A 所示的是最初的三角形，上面显示了将要被剪成的 5 个部分。纸片 1 便是这 4 个等边三角形中的一个。图 B、C、D 展示了其余 3 个三角形是如何利用这些纸片组成的。

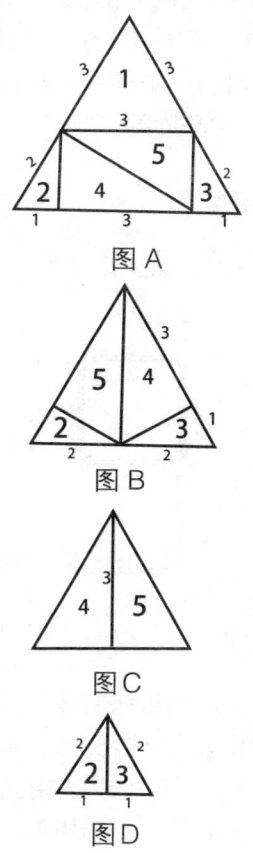

第六章　分析力

819 安全的名画

那是一幅巨大的壁画。偷窃技巧再高明的人也不可能连美术馆一起偷吧。

820 一剪成形

如图：

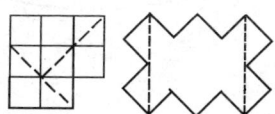

821 花坛有多大

欲求面积可以划分为三角形和长方形，分别求出其面积再求和即可。

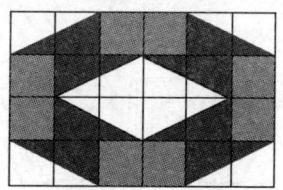

不被承认的彩票

他参赌的是两周前的一场比赛,在比赛中这匹马跑在了最后。报纸上公布的是前一天的比赛结果,这匹马是在前一天的比赛中获胜的。

823 字母变小

如图所示:加上火柴棒,就成小写的"e"。

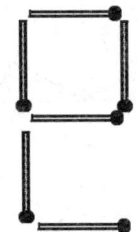

824 妙招

在河道上撒煤粉或黑土。因为黑色物体吸收阳光中的热量多,冰雪可早日融化。在北方开冻季节,用这种办法可使河道提早通航2～3周时间。

825 六角迷宫

如图:

826 一笔画五环

可以一笔画出来(如图所示)。

827 五棵松

如图:

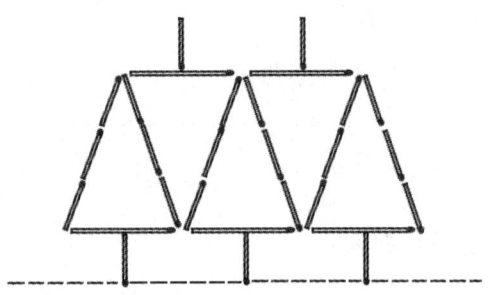

828 出征

如图所示,泰勒斯指挥部队在营寨后面挖了一条很深的弧形沟渠,使其两端与河水沟通。这样,湍急的河水分两股而流,原来河道的河水就变得浅而流缓,大部队足可以涉水过河了。

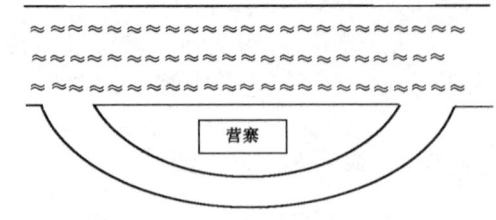

829 穿越山谷

如图:

830 遗嘱纠纷

让兄弟二人互换一下所分的家产。

831 变化无穷

如图:

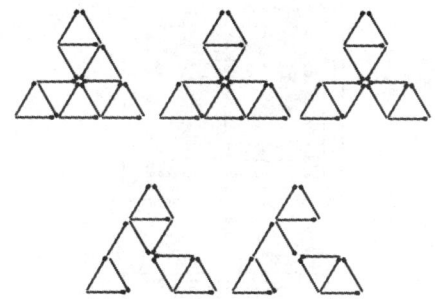

832 酒鬼有几个

一共有6个酒鬼。

833 按时归队

能。首先，让士兵甲跑步，士兵乙和丙骑车，骑到全程2/3处停下，士兵乙再骑车回来接甲，士兵丙这时跑步往营地赶。士兵乙会在全程1/3处接到甲，然后他们骑着车子往营地赶，他们可以和士兵丙同时赶到营地。按这种走法，他们需要用时50分钟，可以提前2分钟赶回去。

834 错误在哪里

在这一问题上，"错误"这个词出现过3次。也就是说，有3个"错误"。还有一个错误在哪里呢？原来就有3个"错误"，却说有4个，这就是另外一个错误。

835 视图

另一个黑面。这道题也要画一个展开图来考虑，但你很快会发现自己被捉弄了，那就是因为存在两个黑色的面，黑色面的对面还是一个黑色的面。

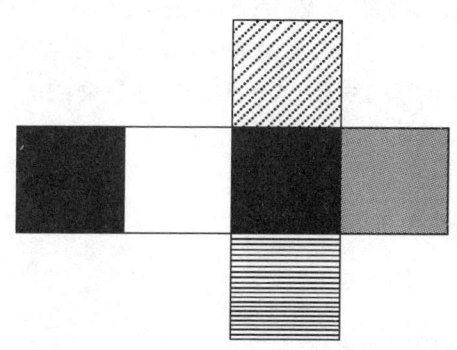

836 妙运钢管

工程师向乘务人员要了一个长、宽、高均为1米的货运箱子，然后再将钢管斜着放了进去，因为1米的立方体其对角线长刚好超过1.7米，所以自然就顺利地把钢管带上了飞机。

837 巧挪硬币

如图所示，即可满足要求。

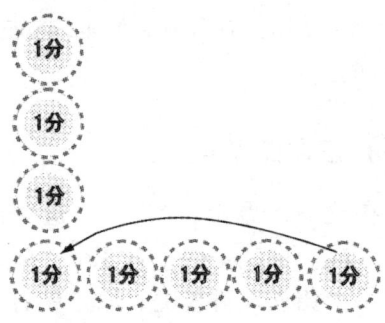

838 不同的耗油量

美国的 1 加仑大约等于英国的 0.833 加仑。

839 聪明搬动

两件家具互换位置，至少要把家具搬动 17 次。搬动的顺序是：1. 钢琴；2. 书橱；3. 沙发；4. 钢琴；5. 办公桌；6. 床；7. 钢琴；8. 沙发；9. 书橱；10. 办公桌；11. 沙发；12. 钢琴；13. 床；14. 沙发；15. 办公桌；16. 书橱；17. 钢琴。

840 产量

少。

841 中间的绳子

如图所示，原因就是白木杆比黑木杆长。

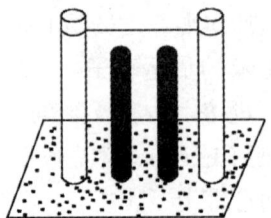

842 是否相等

不相等。

843 裁展纸环

如图：

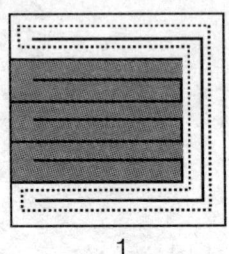

1

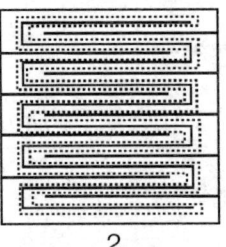

2

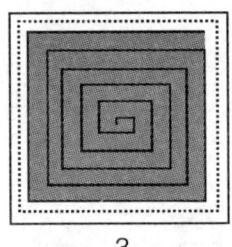

3

4

844 三棱柱

C。

845 财主分田

如图：

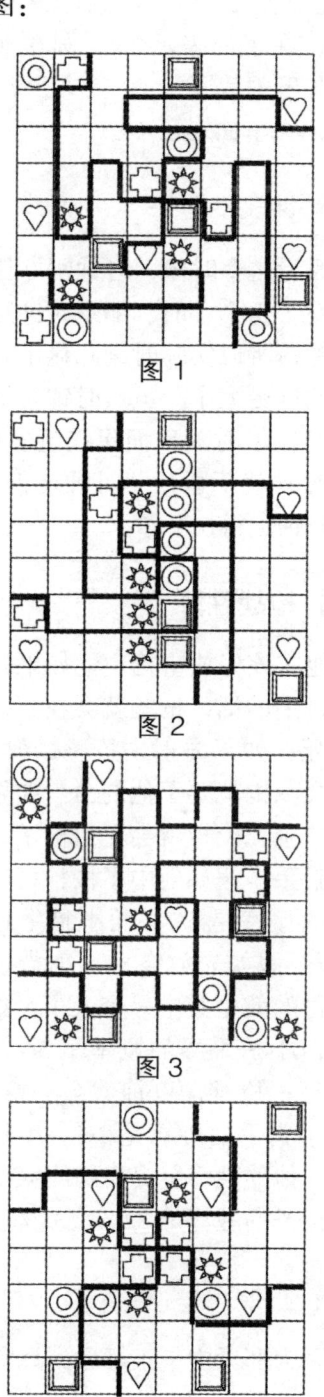

图1

图2

图3

图4

846 死里逃生

很容易就能使他们分开。一个人质用双手抓住他的绳子，使他的绳子在他同伴的另一侧形成一个松弛的绳圈。然后他把绳圈塞进同伴手腕上的套索中，并将绳圈绕过同伴的手指。当他把绳圈绕过同伴的手并从套索中拉出后，他们就自由了。

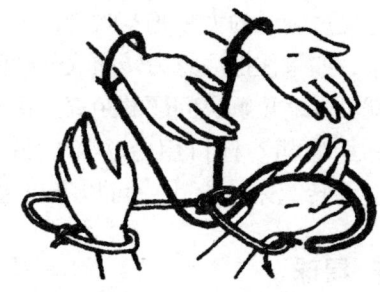

847 心愿难了

现在住在美国的日本移民，也就是活着的日本人，当然不能埋葬。

848 方格挪球

移动2个小球的位置即可。如图所示：

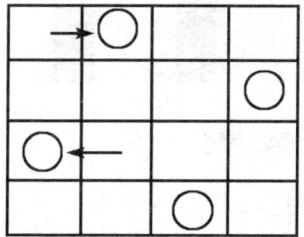

849 问路

因为伊索要观察行人走路的快慢，所以要等行人走一段路以后才告诉他需要多长时间。

| 850 | 哪边的灯亮

一眼可以看出右边的灯亮着，因为人的影子是在左边。

| 851 | 杯中取币

急得你可能想把金币倒出来，那么不妨先把杯子倾斜一下看看，并把它作为思维过程中的一个闪光点保留在脑海里。你见过旋风的力量吗？吹气也可以吹动金币，如果你把注意力转向吹气的问题上，就可以缩短解决问题的距离。正确做法是：用嘴朝着杯口用力吹气，那么银币就会旋转起来，金币就可以飞出去。

| 852 | 星球

地球。在地球上你随便往上空扔一个小石头，它都会弹回来的。

| 853 | 切割马蹄

如图：

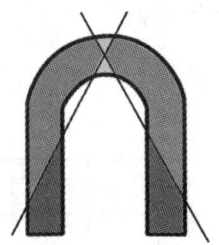

| 854 | 降妖魔圈

如图：

| 855 | 图形数字

应该是6835。六边形在图形外面表示45，在里面表示35；圆在外面表示79，在里面表示16；正方形在外面表示68，在里面表示24。

| 856 | 钟表不慢了

因为这个时候，时钟刚好比实际的时刻慢了六个小时。那座时钟是个传统式时钟，所以实际时刻和显示时刻的差不会比这更大了。虽然时钟会继续慢下去，但显示时刻反而更接近实际时刻，这个时候就不再是"时钟走得慢"，而是"时钟走得快"了。

| 857 | 枪战胜算

他应该先放空枪。他如果先射击枪神，打中的话，枪圣就会在2枪之内把他打死；如果先射击枪圣，射中的话，枪神会一枪就要了他的命。如果先射枪圣而未中，枪神就会先射枪圣，然后对付小猎手。假如射中了枪神，枪圣赢小猎手的概率是6/7，而小猎手赢的概率是1/7。假如先放空枪，小猎手下一步要对付的就是其中一个人了。如果枪圣活着，小猎手赢的概率是3/7。如果枪圣没打中枪神，枪神就会一枪打中他，此时小猎手的胜算是1/3。小猎手先放空枪，他的胜算会提高到约40%，而枪神、枪圣的胜算是22%、38%。

| 858 | 拍照

因为那天中午正好遇到日食。

859 巧套纸靴

如图所示，把纸靴夹在方框中，再把方框对折起来，从下端套小圆环，然后套在纸靴上。

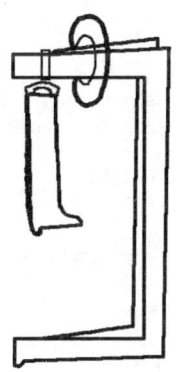

860 谁对

乙说得对。因为铁丝左端遇冷之后，这整根铁丝的电阻小了，电流更大，所以右端更热。

861 筷子搭桥

试一试，让3个筷子互相利用，跷起来就搭成一座桥把3个碗子连起来了。a筷在c筷下，压着b筷；b筷在a下，压着c筷；c筷在b筷下，压着a筷。

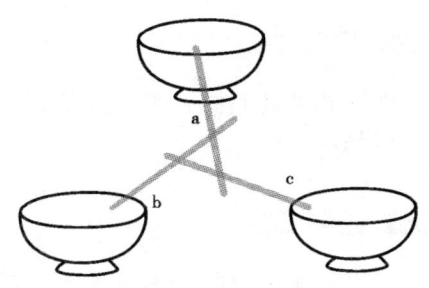

862 书虫啃书

3毫米。你计算的是不是把所有的厚度都相加呢？要知道，题目中已经提到了，这是两本线装古书，按照古书的设计，是向右翻页的。所以，从上册封面到下册封底的距离只有1.5毫米+7.5毫米=3毫米。

863 房间分配

不可能。将2号客人与13号客人相混了。

864 谁更有利

一般来说，后开枪的人有利。如果以数学概率做严密计算，会发现两个玩家的死亡概率都是1/2。但从逻辑的角度来看，应该是后开枪的人有利。比方说，当两个玩家发现弹匣里只有最后一发子弹时，后发的人可以朝对方先开一枪，然后再逃离现场。

865 有趣的故事

甲讲的这个故事就是他的朋友刚才讲过的那个故事，大家怎能不笑呢？

866 看台

如图所示，将这个看台翻过来就可以了。此题需要你对此站台有立体想象力。

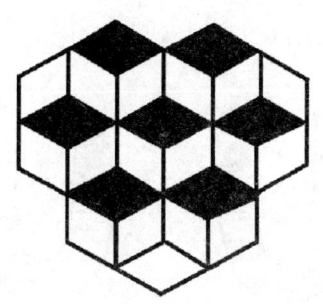

867 规律勾勒

前3个图案分别是由2个反方向的"2""4""6"组成，所以第四幅图应该是由两个"8"组成。

868 半杯咖啡

将咖啡杯倾斜45°，倒出的咖啡正好半杯。

869 房子的位置

南极或北极。

870 蚯蚓

有7条蚯蚓，因为被切为两段的蚯蚓都活着。

871 走入一端

如图所示，先塞牢U型管的两边开口，接着将玻璃管倒过来，使这两个乒乓球浮到中央地带。然后，依照逆时针方向缓缓再摆正U型管即可。

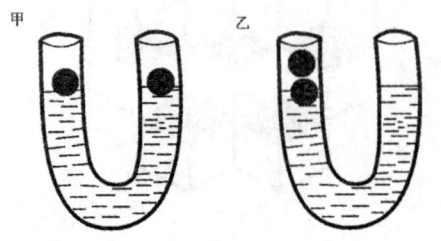

872 货车卸运

如图：

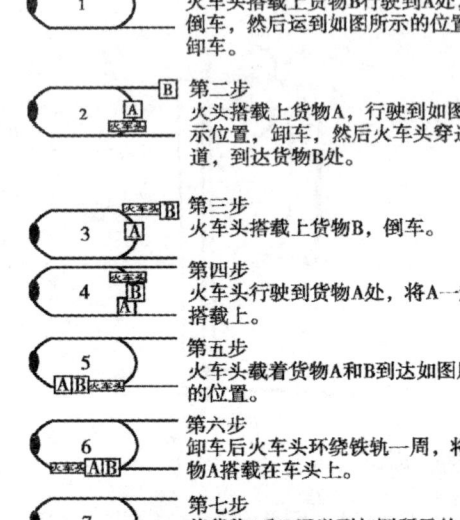

第一步
火车头搭载上货物B行驶到A处，倒车，然后运到如图所示的位置，卸车。

第二步
火头搭载上货物A，行驶到如图所示位置，卸车，然后火车头穿过隧道，到达货物B处。

第三步
火车头搭载上货物B，倒车。

第四步
火车头行驶到货物A处，将A一起搭载上。

第五步
火车头载着货物A和B到达如图所示的位置。

第六步
卸车后火车头环绕铁轨一周，将货物A搭载在车头上。

第七步
将货物A和B运送到如图所示的位置，将B卸下。

第八步
载着A倒车到如图所示的位置。

第九步
将A卸下后，火车头环绕铁轨行驶到如图所示的位置。

第十步
搭载上货物B向货物A处倒车。

第十一步
将货物B运到如图所示的位置，然后火车头返回到原先位置。

873 南来北往

南来和北往是同一方向，他们可以一前一后地过桥去。

874 十字变方

先沿图1的虚线折叠，然后再沿图2的虚线折叠，最后沿图3的虚线折一下，并沿这条线剪一刀，就把"十"字形分成了四块相同的图形，把它们拼起来，就是一个正方形了。

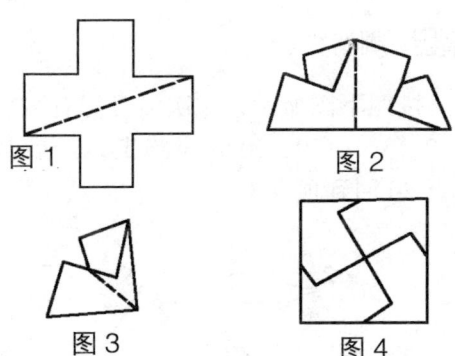

图1　图2　图3　图4

875 比面积

将这两块铁皮板放在天平两头称一称，即可知道各自的面积大小。重量大的面积也大，重量小的面积也小，重量相等则面积相等。

876 当水缸满溢

和雨竖直下的一样长。

877 扔球

把球用力垂直向上扔，利用地球的引力，也就是重力，可以使球又掉回到你的身边来。

878 动手钻纸

如图所示，沿着纸上所画的线展开。不要只凭空想象，动手试一试。

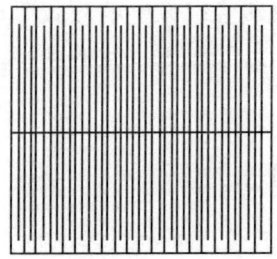

879 行星"赤道"

不是立体上的最短路径就是展开图上的直线，所以，下图中的直线是正解。并且，上下两端刚好相接。

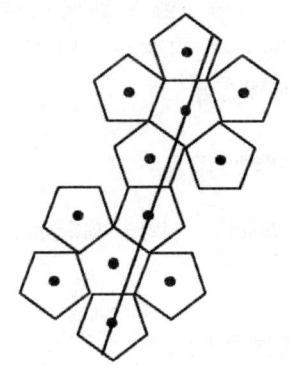

880 巧做十字标

沿虚线锯开。

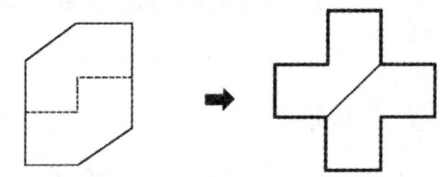

881 条条大道通罗马

如图：

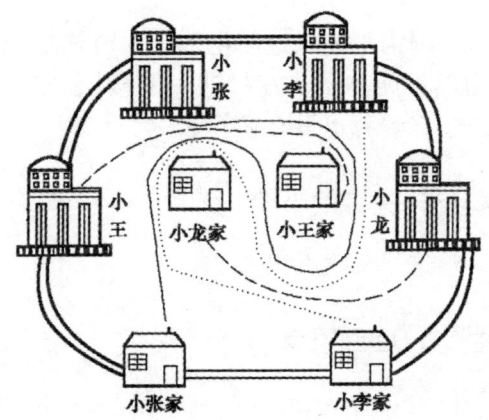

882 客轮

从甲地开往乙地的客轮,除了在海上会遇到13艘轮以外,还会遇到2艘:一艘是在开航时候遇到的(从乙地开过来的客轮),另一艘是到达乙地时遇到的正从乙地出发的客轮,所以,加起来一共是15艘客轮。

883 小管妙用

将金属制管一圈一圈缠起,缠成大的输送制管。

884 售票员的警觉

警察给自己买了一张往返票,但没有给他的妻子买。售票员认为这很奇怪。当警方调查此事时,这名警察已经拿到了他妻子死亡的保险费。警察承认了这一切。

885 你快乐吗

因为那个人掉了900元,刚才一直为不能找到那最后的100元钱都快急死了,哪还有时间快乐!

886 停止不动

因为王先生进了电梯。在电梯里面当然不能跑了,在抵达目的楼层之前,再怎么着急也只有忍着。

887 失踪的小鸭

这只母鸭不识数。

888 回到原点

他可以回到出发点。他一共走了24米。

889 周游世界

按照下图所示,顺次沿着标有数字1、2、3……19、20的线路走,最后从顶点20回到顶点1。

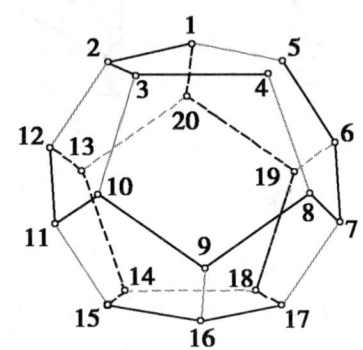

890 方格寻宝

如图:

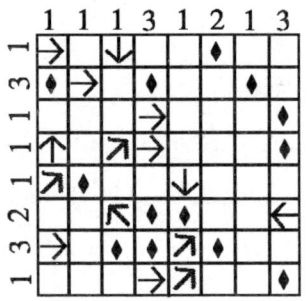

891 奥斯卡

B。1931年,一位女士发现作为电影奖的雕塑像很像她的叔叔奥斯卡,就脱口而出,喊出了叔叔的名字,从此就被传开了。

892 哪来的蛋

董老太吃的是鸭蛋,她养了一群鸭。

893 奇效

他女朋友的眼睛。

894 没收钱币

商人最初就只有 2 个钱币。

895 几枚邮票

每打总是 12 枚，不会因为面值的变化而变化。

896 智采草莓

东东可以装出采草莓的样子沿着圆圈跑，这样狗为了不让他摘到也会跟着跑，等拴狗的绳子一圈圈缠在木桩上后，他就能摘到了。之后再反方向沿圆圈跑，使狗和绳子恢复原样。

897 一笔方圆

略。

898 贪玩的蜗牛

下面只是正确答案的一种，你可以发挥你的想象帮蜗牛设计路线。

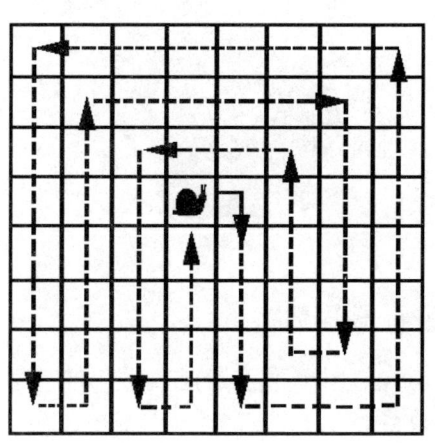

899 拼剪三角

因为是不等边三角形，翻成反面时会变形，因此，只要将翻成反面也不会变形的部分分割成几个等腰三角形，再缝合起来即可。要分割成数目最少的等腰三角形，如图所示，只要分割成 4 片就行了。

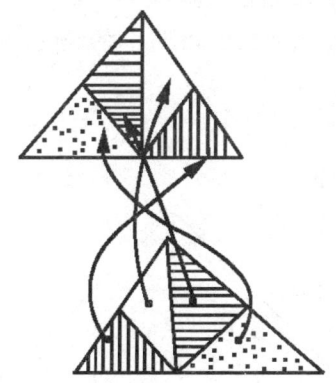

900 单摆

当球摆动到最高点的刹那间，球即不再向上，也不向下摆动，这时因绳断而球不再下摆，球是垂直下落的。

901 圣诞聚会

依据题目给出的条件，很快就可以分析出 A、B、C、E 都不是第一个，只有 D 是第一个到达的。由 "E 在 D 之后"，可以知道两人的顺序是：D、E。由 "B 紧跟在 A 后面" 得知两个人的顺序是：A、B。由 "C 不是最后一个到达约会地点"，可以得知这样的顺序：C、A、B。所以，总的先后顺序是 D、E、C、A、B。

902 有眼睛的正方形

假定小格为 1 平方厘米。如图所示，

含有眼睛的正方形中，1平方厘米的2个、4平方厘米的5个、9平方厘米的2个，以上加起来是9个。

903 溢水加水

能。由于壶嘴比壶口要低，你可以在壶嘴一开始溢水时便停止加水，然后找一样小东西把靠壶嘴那边的壶底垫高一点点，这样就能再加一点水进去了。

904 设计桌面

如图：

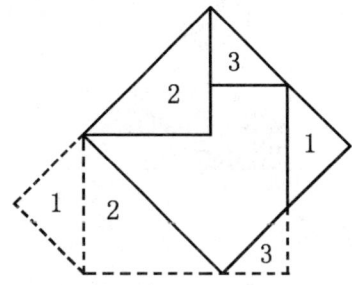

905 形单影只

E。其他的都是中心对称图形。换句话说，如果它们旋转180°，将会出现一个完全相同的图形。

906 正常国与反常国

智者问："您居住在此地吗？"就可知道此地是正常国还是反常国。因为那人是住在这里的，如果他摇头，那就说明这里是反常国，如果他点头，就说明这里是正常国。

907 字母散步

C。

908 连环纸带

大环扭了一次，2个环像锁链一样套在一起（如下图所示）。

909 孰对孰错

杰瑞说得对。书的右边都是单数页码，左边都是双数页码，右边页码都比左边页码多1，根据单数+双数=单数的规律，可以判断左右两页页码的和一定是单数。

910 平均分配

让两只油桶浮在水面上，将油倒来倒去，直至两只桶浮在水面上的高度相等时，这些油就被均分了。

911 勾画六边形

像下图所画的那样，把正立方体各边的中点（6个）连接起来即可。

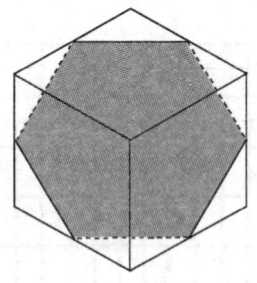

912 模糊数字

这是用单手手指指数时，伸直手指的数目。

913 快速续图

略。

914 更大的正方形

D。先将第 1 个图形分为两等份，然后在中间插入一个同样大小的图形，最后再将它倒置。

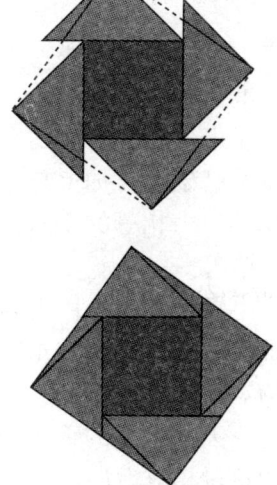

915 对应

D。其他图形都有 3 个阴影部分，D 中只有 2 个。

916 与其他不同的图

A。按行计算，如果你把左右两边的图形添加在一起，就得到中间的图形。

917 未完的序列

A。按行计算，如果你把左右两边的图形添加在一起，就得到中间的图形。

918 男孩女孩

919 数字狭条

缺失的是：4 7 8 15

920 恰当的数字

4。在每个图形中,左边2个数字的和除以右边2个数字的和,就得到中间的数字。

921 移动的数字

下列答案中n指前一个数:
1. 122 (n+3) ×2
2. 132 (n−7) ×3
3. 19 2n−3

922 合适的长方形

E。每行每列长方形都包含6个红点和5个黄点。

923 数字游戏板

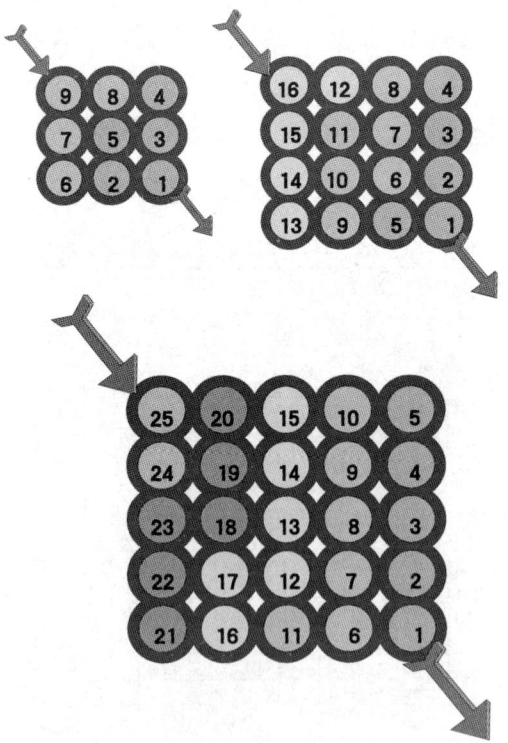

924 六边形上色

925 失衡的天平

浸在水里的物体的浮力等于它所排出的水的重量。

你可能想说结果应该是在天平右端原来的重物基础上再加上与左端容器里重物承受的浮力相等的重量,然而真的是这么简单吗?

根据牛顿定律,作用力与反作用力相等。那么容器里的水对重物的浮力就等于重物对水的反作用力。

因此,天平右端的重量减少时,天平左端的重量相应增加。

所以要达到平衡,天平右端需要加上2W的重量,W等于重物在左端容器里排出的水的重量。

926 三角形里正确的数字

28。　(9 + 8) × 1 = 17
　　　(5 + 6) × 3 = 33
　　　(6 + 7) × 4 = 52
　　　(3 + 11) × 2 = 28

927 阿基米德保卫叙利亚

尽管许多科学家和历史学家都对这个故事着迷,但是他们都判定这是个不可能实现的功绩。不过有几个科学家曾试图证明阿基米德的确能使罗马船舰突然冒出火苗。这些科学家的假设是，阿基米德用的肯定不是巨型镜子，而是用非常多的小反射物制造出一面大镜子，这些小反射物可能是磨得非常光亮的金属片（也许是叙拉古战士的盾牌）。

阿基米德所做的是不是仅仅让他的士兵们举着盾牌排成一行，将太阳光聚焦到罗马船只上呢？

1747年法国物理学家布丰做了一个实验。他用168面普通的长方形平面镜成功地将330英尺（约100米）以外的木头点燃。似乎阿基米德也能做到这一点，因为罗马船队在叙拉古港湾里距离岸边肯定不会超过大约65英尺（约20米）。

1973年一位希腊工程师重复了一个与之类似的实验。他用70面镜子将太阳光聚集到离岸260英尺（约80米）的一艘划艇上。镜子准确瞄准目标后的几秒钟内，这艘划艇开始燃烧。为了使这个实验成功，这些镜子的镜面必须是有点凹的，而阿基米德很有可能用的就是这种镜子。

928 排列规律

D。图形交替旋转180°或90°。圆圈和正方形交换位置，菱形和矩形交换颜色。

929 旗子

旗子会上升。

930 不一样的时间

B。其他时刻都可在数字表的表面上显示出来。

931 镜子成像

正常情况下，镜子将物体的镜像左右翻转。以正确角度接合的两面镜子则不会这样。

转角镜中右面的镜子显示的没有左右变化，男孩在镜子中看到的自己和日常生活中别人看到的他是一样的。

这种成像结果是由于左手反转以及前后反转同时作用。

932 坐座位

满足条件的排列方法只有唯一的一种，如下图所示。

而如果有3对以上的夫妻，情况会发生很大的变化。下面列举了从3对到10对夫妻满足条件的排列数：

n=3...................... 1
n=4...................... 2
n=5......................13
n=6......................80
n=7......................579
n=8......................4738
n=9......................43387
n=10............439792

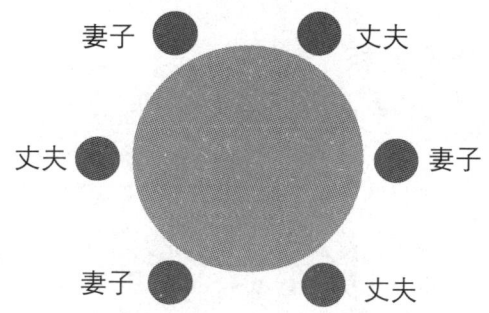

933 猜图

C。从左上角的方块开始沿第1行进行,再沿第2行回来,依此类推,图形按照黄圆、紫圆、三角的顺序循环排列。

934 骑士

n个骑士的排列方式有:
$$\frac{(n-1)\times(n-2)}{2}$$ 种,

8个骑士即 $\frac{(8-1)\times(8-2)}{2}=21$ 种。

另外的20种排列方法如图所示。

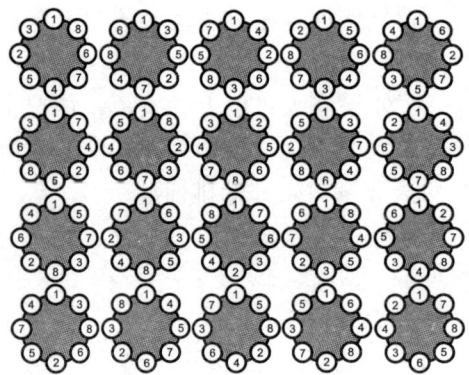

935 填图补白

C。从左上角开始,按照顺时针方向以螺旋形向中心进行。7个不同的符号每次按照相同的顺序重复。

936 地板

B。

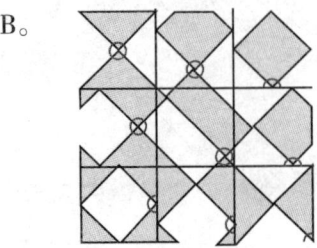

在每行中,交叉点向下移动。在每列中,交叉点向右移动。

937 蛋卷冰激凌

一共有3种颜色需要排序,那么就是3的阶乘,也就是一共有6种排序方法,因此冰激凌的口味正好是你最喜欢的顺序的概率应该是1/6。

938 通话

声音的传播跟光一样,也遵循反射定律。

当两根管子跟墙所成的角度分别相等时,两个孩子能够听到对方讲话。声波反射到墙面上,然后再通过墙反射到管子上。

939 关系

21。将每个三角形各个角上的数字相加起来,得出的和放入下一个三角形中间,这样便是将三角形D三个角上的数字和放入三角形A中。

940 扑克牌

梅花9。把灰色扑克牌看成是正数,把黑色扑克牌看成是负数。在图中每列扑克牌中,最下面一张牌等于上面两张牌数值的和。每列牌的花色交替重复。

941 合适的图形

E。

942 特别的数字

15。其他数字都是质数。

943 破解密码

5 和 9。4×4=16，6×8=48，5×9=45，将 3 个结果相加，就等于 109。

944 图形转变

拓扑学的基本观点包括很多我们在儿童时代就非常熟悉的概念：内侧和外侧、右边和左边、连接、打结、相连和不相连。

很多拓扑学问题都是建立在拓扑变形的基础上的，也就是说改变图形的表面，但是不能使表面断开。如果两个图形能够通过拓扑变形得到对方，我们就说这两个图形是拓扑等价的。例如，球体和立方体是拓扑等价的；同样，数字 8 和字母 B 也是拓扑等价的，因为它们中间都有两个圈。拓扑学的基本问题就是把拓扑等价的图形归在一起。

945 保持平衡

放入 1 个四边形。4 个四边形 =3 个向右箭头 =6 个向上箭头。

946 蜂巢六边形魔方

最简单的证据就是 1～7 的和 28 不能被 3 整除。

947 装饰物

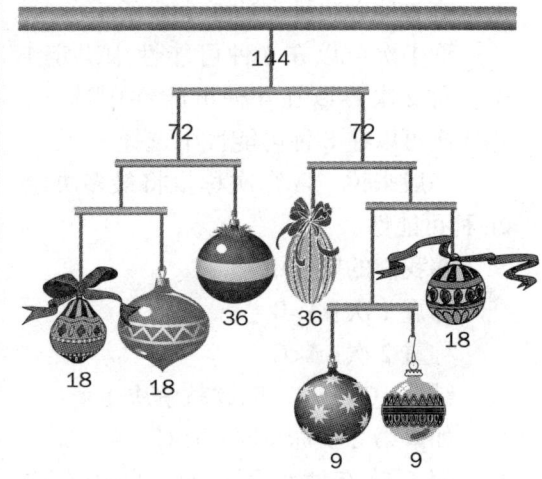

948 称重量

称量茶叶按以下步骤进行：（1）把 5 千克的砝码放在秤盘上，然后把 9 千克的砝码放在另一个秤盘上。现在，在 5 千克砝码的秤盘上称出 4 千克茶叶；（2）把两个砝码拿走，并把 4 千克茶叶放在一个秤盘上，然后再称出另外 4 千克茶叶；（3）接着称出 4 千克茶叶；（4）再称出 4 千克茶叶；这时，剩下的茶叶也是 4 千克；在（5）、（6）、（7）、（8）和（9）当中，利用天平的刻度将每份 4 千克的茶叶各分成 2 千克。

949 排序

D。图中小圆圈的运动规律是先往右移 2 格，再往左移 1 格；中等圆圈的运动规律是先往左移 1 格，再往右移 2 格；大圆圈的运动规律是先往右移 1 格，再往左移 2 格。

950 称重

有 6 种方法排列这 3 个盒子。

称 1 次可以在 2 种可能性中决定 1 个，称 2 次可以在 4 种可能性中选择，称 3 次可以在 8 种可能性中选择……

一般来说，"n"次称重将最多决定 2n 种可能性。

在我们的题目中：

称重 1 次：A>B

称重 2 次：A<C

结论：C>A>B，问题就解决了。

如果第 2 步称重时：A>C

那么就有两种可能性：A>B>C 或 A>C>B，所以我们需要第 3 次称重来比较 B 和 C。所以最多需要称 3 次。

951 去电影院

一边描画一边计算还得同时牢记所走的每一步——这肯定会让你疯掉的。要想选择简单的方法，那就只需要写下连接每一个圆圈的可能的路线。到达下一个圆圈的路线的数字和与之相连接的路线的总和是相等的。

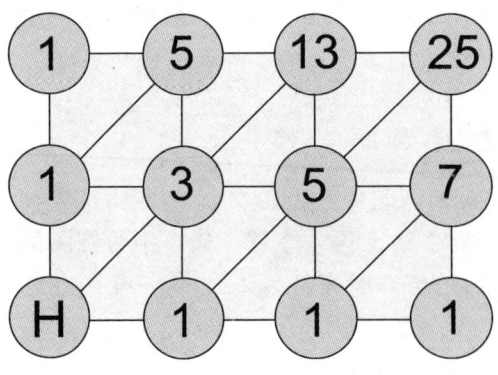

952 神奇的环

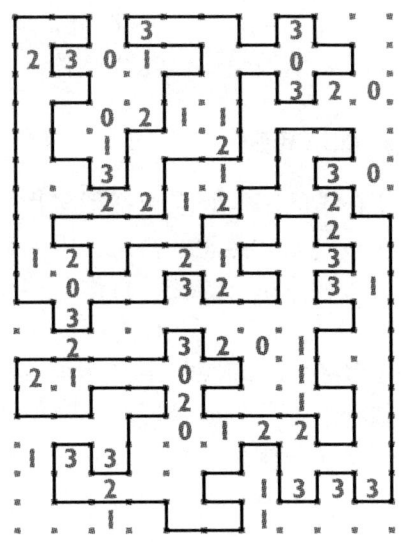

953 守卫

图 1 表明 5 名看守人的行进路线，图 2 则是伦敦塔看守人走遍所有房间的路线，他只要拐 16 次弯就够了。

图 1

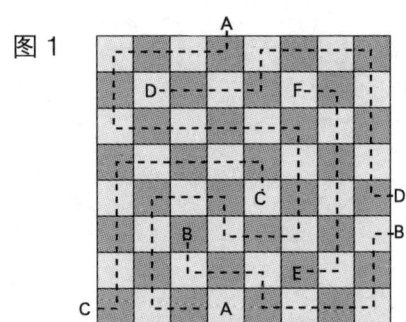

图 2

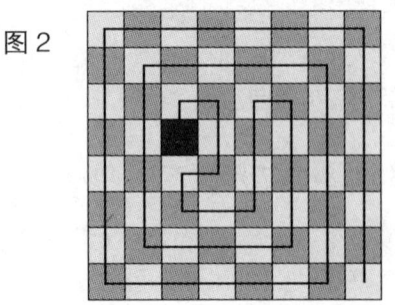

954 圆筒观物

两只眼睛中的图像发生了融合，因而产生了手上的洞的错觉。

955 2条变3条

这是一个特殊的视角，引起了两只眼睛看到的图像交叉在一起，导致了第3条线产生。

956 中间位置

60。把经过中间圆上的直线两端的数字相乘，就可以得到这个答案。

957 最后的星星

10。在每个星星图形中，如果你把上面3个角上的数字相加，再减去下面2个角上的数字的和，所得结果就是中间的数字。

958 派对

这里有一个解决办法，即从离那个男孩子最近的1号盘子开始：将1号盘子内的硬币移到4号盘子、将5号盘子内的硬币移到8号盘子、将9号盘子内的硬币移到12号盘子、将3号盘子内的硬币移到6号盘子、将7号盘子内的硬币移到10号盘子、将11号盘子内的硬币移到2号盘子。

再次，绕桌子一圈便可回到1号盘子。

这时，你一共绕桌子3圈。如果绕桌子4圈，那么这个题很容易解决。

959 三维的剑

眼睛贴近纸面，从图右下方的一点往上看。

960 平衡天平

7千克。
左边
6千克 ×4 = 24
8千克 ×2 = 16
　　　　　　40
右边
7千克 ×4 = 28
6千克 ×2 = 12
　　　　　　40

961 圣诞节长袜

大的长袜里有54个玩具，小的长袜里则有45个玩具。54正好是45的翻版。2个袜子里的玩具总和为99，其$\frac{1}{11}$为9，即2个长袜里玩具个数的差。

962 发射炮弹

沿着地平线发射的炮弹将最先落地，然后是与地平线成45°角发射的炮弹，最后是与地平线成90°角的炮弹。

963 较重的盒子

最多需要称3次。

把21个盒子分成3组，每组7个。在天平的每端各放1组，可以得出2种可能的结果：

a. 天平平衡；

b. 天平倾斜。

如果天平平衡，那么那个较重的盒

子就在没有被称的那组里。如果天平倾斜了，显然那个较重的盒子在天平倾斜的那边。把重的那组分为2组，每组3个盒子，剩下1个盒子，把这2组分别放在天平的两端。

又一次，有2种可能的结果：

a. 天平平衡；

b. 天平倾斜。

如果天平平衡，那么那个剩出的盒子就是那个比较重的盒子，我们就不需要再称了。否则，我们就需要再称1次，在天平两端每边放1个盒子，剩下1个盒子。

964 骨牌覆盖棋盘

许多与棋盘有关的题目以及其他谜题都可以通过简单的奇偶数检验法解决。

第1个棋盘中，无论你用什么办法都不能覆盖空缺的棋盘，而证明方法很简单。除空缺块以外，棋盘上有32块黄色方块，但只有30块红色的。1块多米诺骨牌必须覆盖一红一黄的方块，因此第1个棋盘不能用31块多米诺骨牌覆盖。

如果从棋盘中移走2个相同颜色的方块，剩下的方块就不能用多米诺骨牌覆盖。

该原理的反面由斯隆基金会主席拉尔夫·戈莫里证明。

如果将2个颜色不同的方块从棋盘移出，剩下的部分必然能用多米诺骨牌覆盖。

因此只有第2个棋盘能全部用多米诺覆盖住。

965 最近距离

如图所示，对于房子总数为偶数的情况，到所有的房子距离最近的点应该在最中间的两栋房子的中心。

而对于房子总数为奇数的情况，到所有房子距离最近的点应该是最中间的那栋房子。

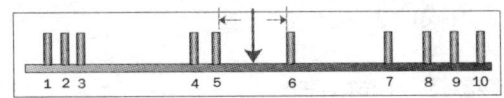

966 左撇子，右撇子

N是既是左撇子同时也是右撇子的学生数。

7N的人是左撇子，9N的人是右撇子。

那么N+6N+8N=15N即全班的学生数。

而右撇子在学生总数中所占的比例是9N/15N，即3/5，超过班上一半的人数。

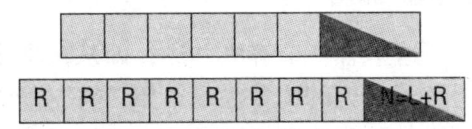

967 空白

A。外环三角形里的数字跟与之相对应的内环三角形里的数字之和等于最中间的三角形里的数字。

968 桌球

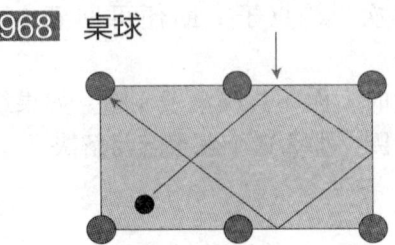

969 踩着石头过河

踩踏石头的顺序是 2 — 5 — 6 — 12，环在这些石头上的图案呈现出逐渐向中间靠拢的趋势。

970 禁酒时期

斯威夫特是按如下方式分配酒的：

萨尔的酒吧获得 8 箱——比汉拉迪的酒吧多 2 箱；

汉拉迪的酒吧获得 6 箱——比荷兰人的咖啡厅多 2 箱；

荷兰人的咖啡厅获得 4 箱——比埃德娜的海德威酒吧多 2 箱；

埃德娜的海德威酒吧获得 2 箱——比萨尔的酒吧少 6 箱。

971 箱子的重量

箱子的重量为 3 个单位。

972 骑士数量

如图所示，最少需要 7 个骑士。

973 海市蜃楼之碗

顶部所显示的景象是由 2 次反射产生的，如下图所示。

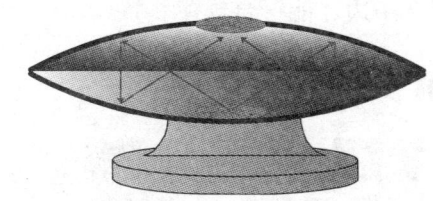

974 瀑布

不可能。图中水所经之处是一个平面。

975 下一个字母

B。因为它们都是由 3 条线构成。

976 F 在哪里

F 应该在 5 的位置上。1 = B 或 D, 2 = A, 3 = E, 4 = C, 5 = F, 6 = B 或 D。

977 特殊的数

132。其他的数里面都包含数字 4。

978 吃掉骑士

如下图所示，至少需要 14 个骑士。

979 例外

B。方框内图形的边应当每次增加1条边。如此推算，则B项中的图形应当有2条边才能符合规律。

980 过桥

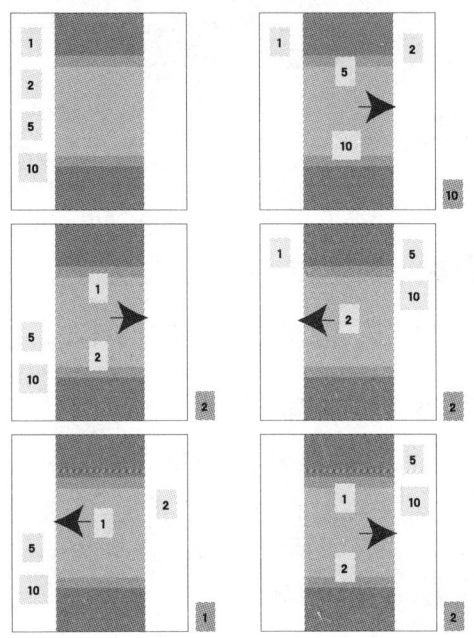

981 添图配平

1朵云。数值分别为：云=3，伞=2，月亮=4。

982 不同

D。D里面包含E,F,H这3个字母。而其他项里面的字母在字母表中的顺序都是相连的。

983 正透镜

如下图所示，通过两个正透镜的光线的弯曲度更大，因此两个正透镜会聚光线的能力要比一个正透镜强。

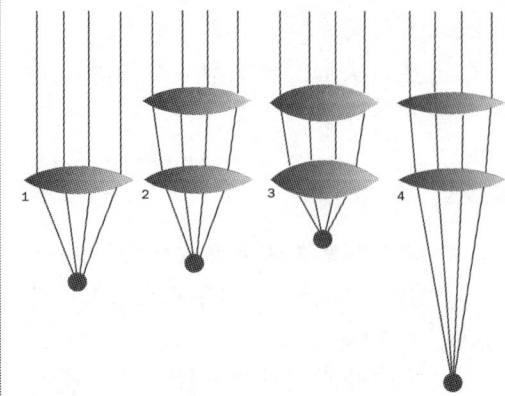

984 白纸着火

透镜2比透镜1更厚，因此经过透镜2的光线弯曲度更大，会聚太阳光也更强。如下图所示。

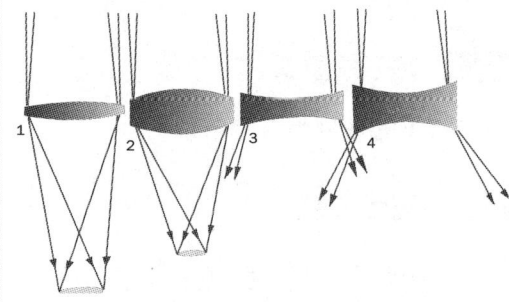

透镜3和透镜4都是凹透镜，它们根本不会会聚太阳光，因此它们下面的纸不可能燃起来。

985 反射

986 蜡烛的像

当镜子之间角度减小时，放在两面镜子之间的物体的多重镜像的数目将会增加。

每次夹角度数以 360/N（N=2，3，4，5，…）的数值减少时，镜像数目会对应增加。

因此，镜像数是两镜夹角度数的一个函数，如下所示：

夹角度数：120°，90°，72°，60°，51.4°

镜像数：3°，4°，5°，6°，7°

理论上，当夹角接近零时，镜像数将变为无穷。当你站在两面平行镜之间或者看一面无穷大的镜子时，你就会看到这种效果。但实际上，能看到的只有有限的镜像数，因为随着每次反射，镜像将逐渐变得微弱。

987 恰当的字母

K。在每一行中，左右两边的数字相乘，所得结果等于中间3个字母的顺序值相加。

988 两类皇后

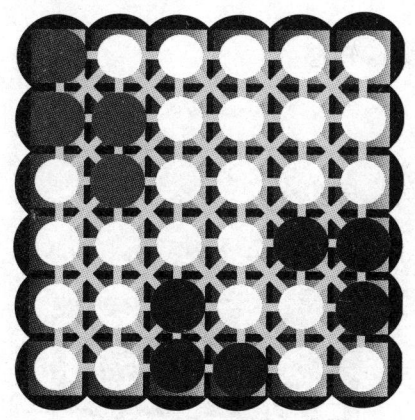

989 齿轮

由于A齿轮和D齿轮上齿的数目都相同，因此它们会以同样的速度旋转。C齿轮并不会影响轮齿通过的速度，它只是把B齿轮上轮齿的动作传送到了D齿轮之上。

990 路线

1. 路线为：17-19-22-24-28-20，总值为130。

2. 路线为：17-19-22-28-25-20，总值为131；17-23-22-24-25-20，总值为131。

3. 路线为：17-24-26-28-25-20，最大值是140。

4. 路线为：17-19-22-24-25-20，最小值是127。

5. 一共有两种方式：17-24-26-24-25-20；17-23-22-26-28-20。

991 保持平衡

5个太阳。月亮=2；云=3，太阳=4。

992 最短接线长度

下面的图已经画出了从B到A点的接线法，一共需要用去233厘米的电线。

993 与众不同

D。其他3个表格中的数字的总和

都大于100。

994 监视器

有人认为可以用下面的定理来解决这个美术馆的问题。

如图所示，将这个美术馆的平面图分成若干个三角形，每个三角形的顶点分别用3种不同的颜色标注出来，每个三角形所用的3种颜色都相同。最后在出现次数最少的颜色的顶点处安放监视器。

但是这个办法只能帮助我们从理论上知道最多需要放多少台监视器。

按照这一定理一共需要6台监视器，而在实际操作中只需要4台就够了。

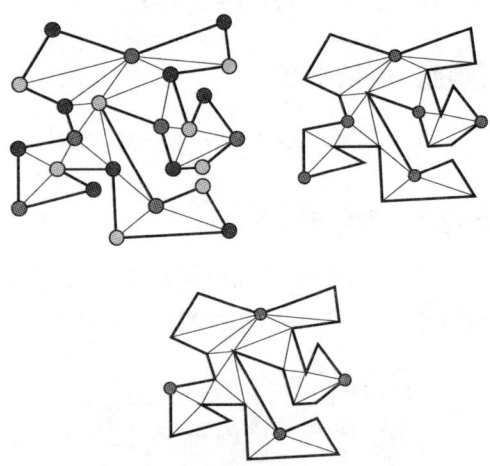

995 欧几里得平面

如图将三角形的3个角分别向内折，中间形成1个长方形，这样A，B，C3个角加起来正好是1个平角，也就是相加之和等于180°。

除了欧几里得平面，还存在球面和双曲平面，在球面上的三角形3个内角之和大于180°，而在双曲平面上的三角形内角和则小于180°。

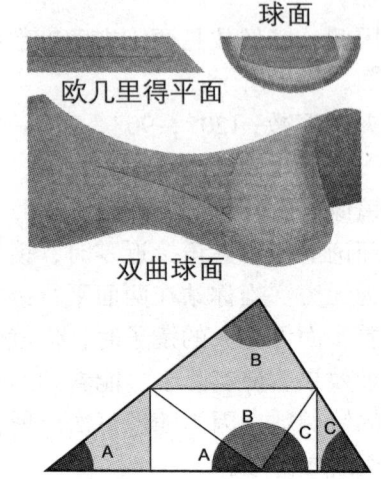

996 代替问号

11。每组由圆圈组成的三角形中，从最长一排开始，把3个相邻的数字相加，所得结果填在这些数字的正上方或者正下方中间的位置，从每个三角形的底边向顶角进行计算。

997 转移

C。

998 多少个象

需要摆放10个象，如下图所示。

999 7张纸条

1	2	3	4	5	6	7
3	4	5	6	7	1	2
5	6	7	1	2	3	4
7	1	2	3	4	5	6
2	3	4	5	6	7	1
4	5	6	7	1	2	3
6	7	1	2	3	4	5

1000 配平

1. 圆形的数值为2，五角星的数值为3，三角形的数值为5。所以天平C的右端需要放4个五角星才能平衡。

2. 五角星的数值为1，三角形的数值为3，圆形的数值为6。所以天平C的右端需要放2个圆形才能平衡。

1001 几根绳子

只用了一根绳子。

1002 角度

两条对角线之间的度数是60°。如果将第3个面的对角线——BC连接起来，那么，就可以构成等边三角形ABC。因为同是立方体对角线，所以它们的长度都相等。由于是等边三角形，所以每个角的度数都是60°。

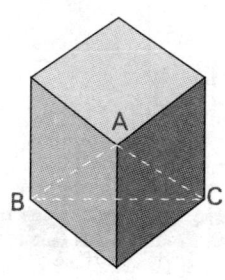

1003 指针相遇

1点9分9秒。

1004 百分比

我们可以看到图中竖向的线都是平行的。根据等底等高的平行四边形和长方形的面积相等，因而很容易得到黑色部分的面积为总面积的4/9，即约为44%。

1005 约会地点

这个地方是5号路与4号街的交叉点。

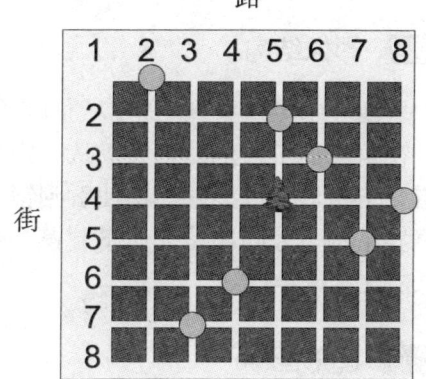

1006 找标志

4个月亮。太阳=9，月亮=5，云=3。

1007 凹陷的原因

立方体内部油漆出一种与外部相似的效果。在特定的灯光环境下，由于过于模糊，视觉系统无法判断物体是凸起的还是凹陷的。此外，你必须站在某个特定的位置，在这个位置，凹陷的立方体与凸起的立方体对眼睛呈现相同的视角。

1008 从 A 到 B

一共有 252 种路线。下图中的数字表示所有可能的路线经过该数字所在交叉点的累积次数。

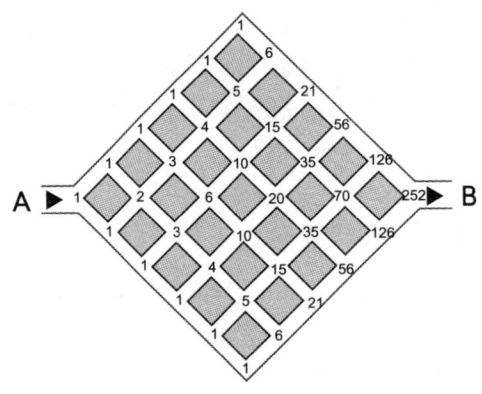

1011 杂技演员

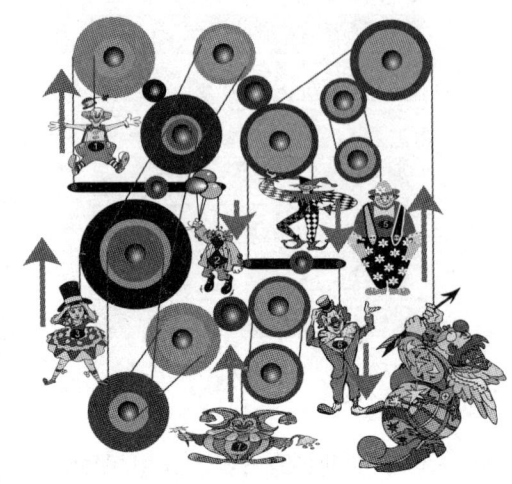

1009 影像结构

从镜子中可以看到三角形的真实结构。视角影响了人们的判断。从一定角度看，三角形是可能的。即使看到镜中的真实结构，大脑还是无法抵制镜外看似天衣无缝的结构。

1010 图形配平

3 朵云和 1 个月亮。太阳 =6，月亮 =7，云 =9。

1012 用材料最少的围栏

关着大象的围栏所用的材料最少。

也就是说，2 个相连的全等图形面积相等时，周长最短的并不是正方形，而是长比宽长 1/3 的长方形。

举个例子，2 个边长为 6 厘米的相连的正方形，面积为 72 平方厘米，而围栏长为 42 厘米。

而 2 个长和宽分别为 6.83 和 5.27 的长方形，面积与上面的正方形是一样的，但是总围栏长只有 41.57 厘米。

1013 倒酒

倒 6 次即可解决问题，有 4 种不同方法，其中一种解法如下图所示。

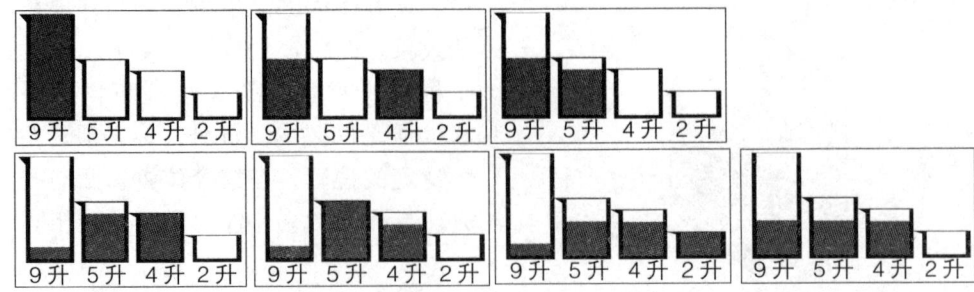

1014 正确的图标

1个箭头。椭圆=1，箭头=2，菱形=3。

1015 平分红酒

倒8次即可解决问题。其中一种解法如下图所示。

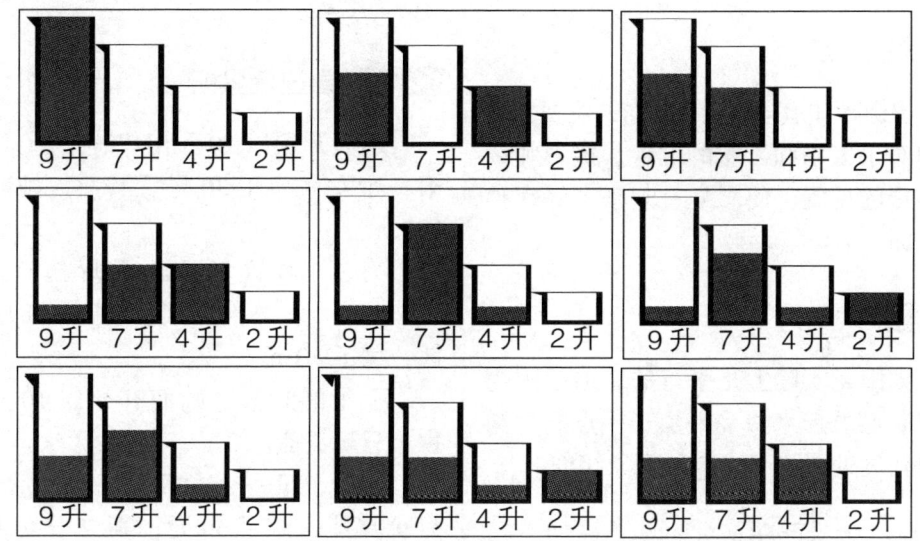

1016 分配方法

有5种分配方法将3个不同的物体放在3个没有标记的碟子上。

1017 接通电路

B。

1018 变形

把书旋转到与脸垂直的位置，放在眼睛正下方观察，脑袋就会恢复正常。

1019 辨别假币

把8个金币分成2个部分，一部分6个金币，一部分2个。

不管假币在哪一部分，我们只用2步就可以把它找出来：

先将第1部分的金币一边3个分别放在天平的左右两边。如果天平是平衡的，那么假币一定在剩下的2个中。

再将剩下的2个金币分别放在天平的两端，翘起的那一端的金币较轻，这个就是假币。

如果第1步分别将3个金币放在天平的两端，天平是不平衡的，那么假币在翘起的那端。

再取这 3 个金币中的任意 2 个分别放在天平的两端，如果天平不平衡，那么轻的那一端放的就是假币。

如果天平仍然是平衡的，那么剩下的那个就是假币。

1020　彩虹

摄影师知道彩虹没有确切的位置，只有相对于太阳和云彩的位置。摄影师调整拍摄的位置，使彩虹看起来正好在神庙上面。

1021　太阳光

太阳光实际上是平行的，但是因为透视它们看起来似乎聚焦于一点。这与铁轨在远处聚焦于一点的现象相似。

1022　平行四边形

所有任意四边形四边中点的连线都会组成 1 个平行四边形，我们将这个平行四边形称之为伐里农平行四边形，是以数学家皮埃尔·伐里农（1654 — 1722）的名字命名的。

伐里农平行四边形的面积是原四边形的面积的一半，而它的周长则等于原四边形两条对角线的长度之和。

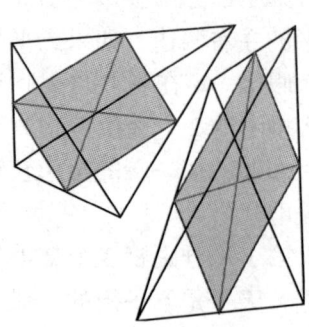

1023　几何级数

无论 n 如何增大，级数和都不会达到 2，也就是说这个级数和的极限是 2。

1024　天平

2 个。

1025　泰迪玩具熊

她们开始以 10 元出售 3 个玩具熊。第一个女人卖了 30 只玩具熊，她赚了 100 元。

第二个女人卖了 24 只玩具熊，赚了 80 元；第 3 个女人卖了 21 只玩具熊，赚了 70 元。

下午的时候，她们开始以 10 元出售 1 只玩具熊。

这样，第一个女人卖了她最后的 3 只玩具熊，赚了 30 元；第二个女人卖了剩下的 5 只玩具熊，赚了 50 元；第三个女人卖了剩下的 6 只玩具熊，赚了 60 元。

所以，她们每个人都赚了 130 元。

1026　翡翠乐大厦

该例子似乎通过采用非正统的形状来设计阳台，在无意间创造了一种建筑错觉，但实际上阳台完全是水平的。

1027　钞票

尽管抓住纸币看上去是很简单的事情，但是如果没有尝试一次就想抓住它是不可能的。因为，你的反应不够快。

1028 十字路口

拿破仑将路标杆放回原处，这样，上面标有他刚刚去过的城镇的名字的牌子就指向他来的方向，同时，他也知道应该去的地方了。

1029 细长玻璃杯

如果用小玻璃杯的话，我们倒8次才能把大玻璃杯装满水。因为大玻璃杯在杯身直径和高度上是小玻璃杯的2倍，所以它的体积就是小玻璃杯的体积乘以8。比如，我们拿一个1厘米×1厘米×1厘米的立方体举例，它的体积为1立方厘米；那么，大玻璃杯的体积，即2厘米×2厘米×2厘米，这时它的体积就是8立方厘米。

1030 古董

90%的账面价值与125%的账面价值之间差了35%。因为35%相当于105元，所以1%就是3元。因此，原账面价值就等于300元。

1031 钱包

钱包里有2张50元的钞票、2张100元的钞票、4张5元的钞票。

1032 家庭

祖父的生日宴会有许多人参加。下面列出的是在场的家庭成员，其中也包括祖父：2个弟兄、2个姐妹，他们的父母，以及父母各自的父母——这样，对孩子而言就有1个祖父和1个外祖父，1个祖母和1个外祖母。因此，共有10位家庭成员。

1033 圣诞节

在圣诞节前一天，巴顿是8岁，温德尔是5岁，苏姗是3岁。

1034 纸牌

下面就是每人分得的钱数：马尔文得到94.25元、哈维得到74.25元、布鲁斯得到41.25元、罗洛得到23.25元。

1035 葡萄酒

A桶中原来有66升的葡萄酒，B桶中原来有30升的葡萄酒。

1036 牌点

第1个多米诺骨牌：上半部分有6个点；下半部分有4个点。

第2个多米诺骨牌：上半部分有1个点；下半部分有1个点。

第3个多米诺骨牌：上半部分有1个点。

第4个多米诺骨牌：上半部分有1个点；下半部分有4个点。

如图所示：

1037 铁匠

答案如下图所示：

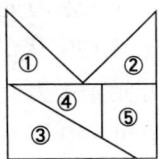

第七章　计算力

1038 喝茶

一杯茶。

1039 猜猜年龄

他们的年龄是17岁、28岁、39岁和43岁。

1040 布鞋与皮鞋

让2种情况下的皮鞋双数一样，4双布鞋和6双皮鞋要花116×2=232（元），15双布鞋加上6双皮鞋要花103×3=309（元）；皮鞋双数相减为0，布鞋双数相减为15-4=11（双），价格相减为309-232=77（元），所以11双布鞋要花77元，每双布鞋要花7元，继而算得每双皮鞋的价格是34元。

1041 她几岁了

21岁。

1042 薪酬

选择B公司。分析：肯定是哪一个公司收入高就选择哪一家。为了保险起见，还是要实际计算一下年收入，以利比较。

第一年A公司100万元。

B公司50万元+55万元=105万元。

第二年A公司120万元。

B公司60万元+65万元=125万元。

第三年A公司140万元。

B公司70万元+75万元=145万元。

显然，在B公司有利，在B公司每年多收入5万元。

1043 分马

老人牵来自己的1匹马，加入到这17匹马中，共计为18匹马。这样，大儿子分得1/2为9匹马；二儿子分得1/3为6匹马；三儿子分得1/9为2匹马。最后还剩1匹马，老人又牵了回去。

1044 数字和密码

最后1个数是625。用10减去数字里的每位数上的数字得到破解后的数字。

1045 走楼梯

随口答出48秒的人是没有认真思考的。从1层到4层和从4层到8层是否一样呢？当然不一样。1到4层只走了3层楼梯，而从4层至8层却要走4层楼梯。48÷3=16（秒），是走一层用的时间。从4层到8层用的时间应为16×4=64（秒）。

1046 一串字符

得到了一串数字"555555"。只要最开始输入的数字不是7，经过这些步骤就会得到一串6个与最开始输入的数字相同的数字。如果对方一开始输入的是7，那么乘以15873以后，就会变成111111。

1047 养鸽

不能。因为1+2+3+4+……+10=11×5=55。

1048 三人买马

甲有五两金子，乙有十一两金子，丙有十三两金子。

1049 鸡和蛋

5只。

1050 胜算最大的赌博

7。两个骰子朝上的面共有36种可能（如图所示），点数之和分别可为2~12共11种。从中可知，7是最容易出现的数，它出现的概率是6/36=1/6。

2	3	4	5	6	7
3	4	5	6	7	8
4	5	6	7	8	9
5	6	7	8	9	10
6	7	8	9	10	11
7	8	9	10	11	12

1051 求值

在解题之前，如先通观全局，就应该发现，本题的重要问题是分母要求分子为某等分。但通过观察，可以很容易地知道：(9871+9879)÷2、(9872+9878)÷2、(9873+9877)÷2、(9874+9876)÷2，都是均等的数字：9875。

1052 几只鸟

3棵树上的鸟分别为18只、10只、8只。

1053 狡猾的狐狸

5×15÷3×4=100，狐狸绕了许多圈子，其实是为了迷惑老虎。他将得数后面的两个0去了，就知道对方心里想的那个数。

1054 比大小

可以。即：1111 > 1111 > 1111 > 1111999
< 999 < 999 < 9999（5/5 /5/5）
1=1

1055 井有多深

7尺深。设井深为x，绳长为y，则依题可得到公式：
$x+3=y/4$
$x+1=y/5$，解此公式即可。

1056 下车

每站下的乘客人数依次为：最后一站：3÷(1-2/3)=99×2/3=6（人）第四站：9÷(1-3/4)=3636×3/4=27（人）第三站：36÷(1-1/2)=7272×1/2=36（人）第二站：72÷(1-1/5)=9090×1/5=18（人）第一站：90÷(1-1/6)=108108×1/6=18（人）车上原有人数为108人。

1057 各自的硬币

假设三人分别为A、B、C，结果是

A 带的是 100 元、50 元和 10 元的，共 3 张；B 带的和 A 相同，也是那 3 张；C 根本没带钱。

1058 看图填数字

如图：

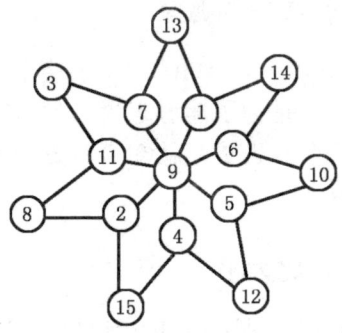

1059 补充表格

26。第一列数乘以第二列数，再加上第三列的数，等于第四列的数。

1060 鸡蛋的价钱

这个妇女起先买了 16 只鸡蛋，但老板又加给她 2 只，所以妇女总共买了 18 只鸡蛋。分析：设妇女最初买了 x 只鸡蛋。$12×（12/x）-（12/x+2）×12=1x=16$ 只 $16+2=18$ 只

1061 中央五角星

5。每个图形中心的数字等于上面三个数字之和与下面三个数字之和的差。

1062 韩信点兵

答案：9948。分析：首先我们先求 5、9、13、17 之最小公倍数 9945（注：因为 5、9、13、17 为两两互质的整数，故其最小公倍数为这些数的积），然后再加 3，得 9948 人。

1063 □代表几

代表数字 4。

1064 粗心的人

在 1：10 的时候，离家的距离是：
甲：80m/2 分 ×10 分 =800m。
乙：100m/2 分 ×5 分 =500m。也就是说，两人之间的距离（间隔）为 300m。从那个时候到两人碰面为止：300÷（100+80）= 1 2/3 分 =1 分 40 秒。甲把返回的距离和时间又走了一次，往返浪费的时间 = 迟到的时间：1 分 40 秒 ×2=3 分 20 秒。

1065 数字是 1

+29，×7，-94，×4，-435。（29×7-94）×4-435=1。

1066 出生日期

这个男子是 1973 年出生的。注意：先估计大约年份为 1970 年左右，再根据数字和年份差相等的特征推算出结果。

1067 数字通缉令

除 48 外，还有 1680，57120，1940448。可以看出：1681 与 841，57121 与 28561，1940449 与 970225，分别是 41 与 29，239 与 169，1393 与 985 的平方。

1068 分糖果

从上面的数据可以知道，男孩的分配比例应为 9 ： 12 ： 14。因此，770 颗

糖果的分法如下：老大分到 198 颗，老二分到 264 颗，老三分到 308 颗。

1069 失落的数字

从算式的最后一层可看出（有些数字用字母表示）图①，c=0。efg-hij 是三位数，而 lmnp-rst 是两位数，所以 lmnp>efg，因此 rst>hij，这样 b>7。a 和 d 分别与除数相乘后都得四位数，由此 a>b，d>b，这样只可能 b=8，a=d=9，现在得商是 97809。

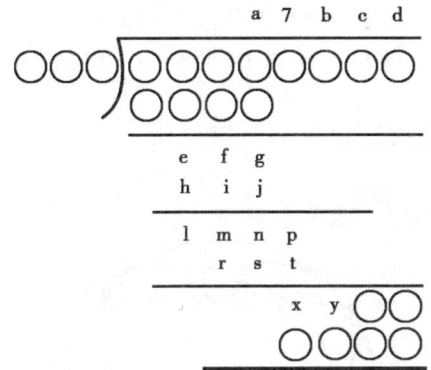

因 rst≤999，所以除数不能大于 124。xy 不能大于 11，应是 10 或 11，又 lmnp≥1000，因此 rst>988，123×8=984，所以除数一定大于 123。除数只能是 124，被除数是 124×97809=12128316，如图②。

```
            9 7 8 0 9
    ┌─────────────────
124 │ 1 2 1 2 8 3 1 6
      1 1 1 6
      ─────
          9 6 8
          8 6 8
          ─────
          1 0 0 3
            9 9 2
            ─────
            1 1 1 6
            1 1 1 6
            ───────
```

1070 黑白棋子

黑棋子有 48 个，白棋子有 24 个。

1071 几人割草

（1）若大草地上用全部人数的 1 1/2，半天割完大草地的草。（2）用全部人数的 1 1/2÷2=3/4，半天可割完小草的草。现在用了全部人数的 1/2，差全部人数的 3/4-1/2=1/4，所以没割完。余下这块地用全部人数的 1/4，半天就可割完，或用全部人数的 1/4÷2=1/8，经过一天可割完。已知 1/8 是 1 个人，所以全部人数是 1÷1/8=8（人）。方程解法：设这组割草的人数为 x 人。当每个人的割草能力不变时，割草人数与草地面积成正比例关系。若要关天内割完大草地的草，需（x+x/2）人。若要关天内割完小草地的草，需（x/2+1×2）人。按比例关系列出方程为：(x+x+x/2)：(x/2+1×2)=2：1 解方程 3/2x=x+4x=8。

1072 迷路

第二批是 3 个人。9 个冒险者见到第二批人的时候，剩下的水只够 9 个人喝 4 天了。与第二批人合在一起后，水只够喝 3 天的，因此可知道第二批人在 3 天中喝的水等于 9 个人一天喝的水，那么第二批肯定是 3 个人。

1073 齐头并进

1 分钟后。

1074 罗盘推数

120。从 9 开始，顺时针下去，3 个数字为一组，前两个数字的乘积等于第三个数字。

1075 蚂蚁搬面包

14641只蚂蚁。本题极具干扰性，各找来10个伙伴并不是直接乘以10。第一次11只；第二次：11×11=121只；第三次：11×11×11=1331只；第四次：11×11×11×11=14641只。

1076 奥赛试题

全部答对应得100分，而小明只得了70分，少得了30分。答错一道题要倒扣1分，也就是错一道题少得5+1=6（分），所以小明答错了30÷6=5（道）题，答对了20-5=15（道）。

1077 蜡烛燃烧了多久

两支蜡烛各点燃了3小时45分钟。

1078 商人卖牛

一头奶牛原来的进价为150美元，另一头奶牛为50美元。分析：设一头进价为x美元，另一头为y美元。则：

（x+y）（1+5%）=210

10%x-10%y=210/（1+5%）×5%

x=150美元　y=50美元

1079 桃子有多少

1020÷（1-1/5）+1=1276（个）

1276÷（1-1/5）+1=1596（个）

1596÷（1-1/5）+1=1996（个）

1996÷（1-1/5）+1=2496（个）

2496÷（1-1/5）+1=3121（个）

一共有3121个桃子。

1080 多才多艺

该宿舍内这三种运动都会的最多能有4人。因为三种运动全部都会的人数不可能少于最少会某种运动的人数。

1081 补充数字

12。图形中左侧的1加2加3与4加6加8加3相差15；右侧的3加6加9与3加8加14加8相差15，所以1加4加7与2加6加?加7也应相差15；7加8加9与6加14加?加7也相差15。

1082 奇妙六圆阵

如图。

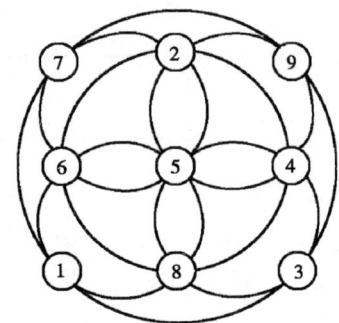

1083 数字运算

如图：

$\boxed{7}+\boxed{4}+\boxed{5}=16$
× × ×
$\boxed{8}+\boxed{9}÷\boxed{3}=11$
+ − −
$\boxed{6}+\boxed{1}×\boxed{2}=8$
↓ ↓ ↓
62　35　13

1084 善良的老奶奶

她原来口袋中有 42 枚硬币。

1085 手指数数

1981/8 余数为 5，因此应该数到小指。任何正整数除以 8 的余数与它的百、十、个三位数除以 8 的余数是一致的。所以，如果要你判断 27531981 数到哪个手指，你也只要将 981 除以 8，找出余数就够了。

1086 完成算式

$$\begin{array}{r} 9\,2\,7 \\ -\ 3\,4\,6 \\ \hline 5\,8\,1 \end{array}$$

1087 巧算线段

不用数，你就能把它算出来。每个点引出 14 条边，15 个点，共 210 条边。但每条边都有两个点相连接，即被算了两次，所以答案应为 210 的一半，105 条边。

1088 魔方

如表所示，只在原方阵中各格数字后再添加 1/3 即可。

$2\frac{1}{3}$	$7\frac{1}{3}$	$6\frac{1}{3}$
$9\frac{1}{3}$	$5\frac{1}{3}$	$1\frac{1}{3}$
$4\frac{1}{3}$	$3\frac{1}{3}$	$8\frac{1}{3}$

1089 推算生日

设他在世时某年年龄为 x，则 $x^2 < 1945$，且 x 为自然数。其出生年份 x 的平方 $-x = x(x-1)$，他在世年龄 $1945-x(x-1)$。1945 的平方根约等于 44.1，则 x 应为 44 或略小于 44 的数。而 x=44 时，x(x-1)=44×43=1892，算得其在世年龄为 1945-1892=53；又 x=43 时，x(x-1)=43×42=1806，得其在世年龄为 1945-1806=139；若 x 再取小，其在世年龄愈大，显然不妥。故 x=44，即他出生于 1892 年，终年 53 岁。

1090 得分

解题步骤：（1）主队个人得分是一组等差数列，说明 3 名得 22 分的队员中，只有一名在主队；（2）客队个人得分上下只差 3 分，已知其中有两人各得 22 分，可见得 30 分者不在客队；（3）在主队个人得分的等差数列中，以 30 分为首项，22 分只能是中项，由此可推知主队个人得分分别为 30、26、22、18、14 分；（4）客队个人得分除两名得 22 分外，少于 20 分者只能是 19。（5）根据条件 3 和 4，余下两名的得分数只能是 21 和 20。综合上述可知比赛结果为：主队 110 分，客队 104 分，赢 6 分。

1091 固定的数

这个固定的数是 37。算式为：111÷(1+1+1)=37。

1092 创意算式

1=55÷55 2=5/5+5/5 3=(5+5+5)÷5

4=（5×5-5）÷5 5=5+5×（5-5） 6=55÷5-5

1093 半张唱片

你有没有上过当，以为某物的一半加 1/2 就不可能是一个整数？假如是这样的话，也许你会从掰开唱片的角度来考虑解决这个问题，那可就立即误入歧途了。本题窍门在于看出：数量为奇数的唱片，取其一半再加上半张唱片，一定是个整数。因为小熊在最后一次送礼后只剩下了一张唱片，所以在他把唱片送给小海之前，一定有 3 张唱片。3 的一半为 $1\frac{1}{2}$，而 $1\frac{1}{2}+\frac{1}{2}=2$，所以小熊最后一次送礼是 2 张唱片，末了自己留有一张完整的唱片。现在倒过来往前算就很简单了，他原来一定有 7 张唱片，给了小吴 4 张。

1094 寻找最大和

这道题中虽然不可以向下，但是可以横着走，比如最下端的两个 12，可以从其中的一格跳到另一个格中。那么每一个格子里都能走一步，这数字之和是最大的。

1095 同一数字

由于左边两数字的个位是相同的，而且右边的个位是 9，因此两个相同的数字相乘的结果个位是 9 的只能是 3 或 7。把这两个数分别试一下也不麻烦。93×3=279（不等于目标数值）。97×7=679（符合条件）。

1096 几人能脱险

到达岛上要 4 分钟的话，来回就要花 8 分钟。先让 5 个人乘船上岛，因为必须有一个人要把船划回来，所以只有 4 个人到达岛上避难（花 8 分钟，4 人获救）。然后再载 5 个人到岛上，1 个人再驾船回来（16 分钟，8 人获救），当船再载 5 个人离开后，就没有时间再回来接人了，当船到达岛上时，那艘船已经沉了。所以最多能有 13 人安全脱险。

1097 多少人

这群学生一共有 12 人。因为甲、乙两个学生"正好面对面"，这说明两人左右间隔的人数一样，都是 5 个人。

1098 圆花周长

圆花饰的周长与大圆的周长恰好相等。无论圆花饰中有多少个圆，或者这些圆如何排列（只要它们经过同一点），答案都是如此。

1099 龟兔赛跑

不对，乌龟的看法只看到了速度和距离，却没考虑时间。事实上，兔子只要用 10/9 秒的时间就能与乌龟相遇，然后，兔子就跑到乌龟的前面去了。

1100 遗嘱执行

儿子是妻子的 2 倍，妻子是女儿的 2 倍。相当于遗产分成 4+2+1=7 份，儿子 4/7，妻子 2/7，剩下的是女儿的。

1101 连撕日历

第一张是2号,最后一张是10号。

1102 赔了还是赚了

赔了5元。如按每枚60元出售,则赚了20%的古钱币的收购价格为:60×100/120=50元;另一枚赔了20%的古钱币,其收购价格为:x÷(1−20%)=60元,x=75元。这样,两枚古钱币的收购价格为60+75=125元,而出售价格为120元,所以这个人在这次交易中赔了5元钱。

1103 交换

即使不列方程式,而以两人手中钱数相等(妻子向丈夫交100元钱的状态)为前提(丈夫向妻子交200元钱的话,妻子手中的钱是丈夫的2倍)考虑,就可以了。我们可以这样猜,两人各有100元、200元……猜到600元的时候,就有眉目了。因此结果就是丈夫从600元里面拿出100元返还给妻子,即妻子有700元,丈夫有500元。

1104 趣味金字塔

A=5,B=4,C=15。每一条格子里数字的积等于比它略长一点的格子里的数字乘积的一半。

1105 跳台阶

119个。

1106 迅速过桥

假设这四人分别为甲、乙、丙、丁。甲、乙一起过桥用4分钟;乙留在桥那边,甲返回用3分钟;丙、丁一起过桥用9分钟;留在桥那边的乙返回用4分钟;甲、乙一起过桥用4分钟。一共是4+3+9+4+4=24分钟。

1107 快速计算

27000,计算方法是:(1×30)3=303=27000

1108 猜出新号码

设旧号码是ABCD,那么新号码是DCBA,已知新号码是旧号码的4倍,所以A必须是个不大于2的偶数,即A等于2。4×D的个位数若要为2,D只能是3或8,只要满足:4×(1000×A+100×B+10×C+D)=1000×D+100×C+10×B+A 经计算可得:D是8,C是7,B是1,所以新号码是8712。

1109 卖水

倒给要买12升水的客人。乍看之下,可能会让人觉得只要由25升的皮囊中倒出6升水,再把剩下的卖给第一位客人即可。但是,皮囊装有25升水的事情,只有水商知道,客人并不晓得。任何事都可视为大前提。在交易方面,让客人了解就是大前提。这个问题或许会出现多种解答方法,但首先能满足大前提者,才是正确的解答。

1110 网球赛

最少要打1044场才可决出冠军。注意:由于每一场只淘汰1个人,而要决出冠军,须淘汰1044人,所以最少要打 1044 场。

1111 规律推数

11。在每个三角形中，把最长的边上相邻的三个数字之和写在其正上方或正下方的圆圈中，同理进行至三角形顶点。

1112 删数字

正确结果如下：

28	21	21	42
14	14	21	14
35	7	28	35

1113 分割圆环

6。每个圆中左右两数字之和再加 3 即为下面的数字。

1114 三只桶的称量

先从大桶中倒出 5 千克油到 5 千克的桶，然后将其倒入 9 千克桶里，再从大桶里倒出 5 千克油到 5 千克的桶里，然后用 5 千克桶里的油将 9 千克的桶灌满。现在，大桶里剩有 2 千克油，9 千克的桶已装满，5 千克的桶里有 1 千克油。再将 9 千克桶里的油全部倒回大桶里，大桶里有了 11 千克油。把 5 千克桶里的 1 千克油倒进 9 千克桶里，再从大桶里倒出 5 千克油，现在大桶里有 6 千克油，而另外 6 千克油也被换成了 1 千克和 5 千克两份。

1115 两数之差

在 1～8 这 8 个数中，只有 1 与 8 各只有一个相邻数（分别是 2 与 7），其他 6 个数都各有两个相邻数。图中的 C 圆圈，它只与 H 不相连，因此如果 C 填上了 2~7 中任意一个，那么只有 H 这一个格子可以填进它的邻数，这显然不可能，于是 C 内只能填 1（或 8）。同理，F 内只能填 8（或 1），A 只能填 7（或 2），H 只能填 2（或 7），再填其他 4 个数就方便了。

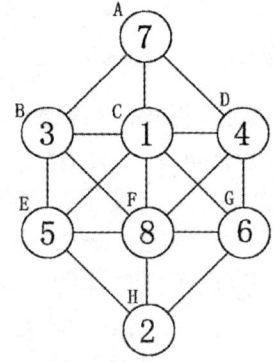

1116 李白买酒

壶中原有 7/8 斗酒。

1117 统筹方法

如果把各道程序所需时间加起来，确如小明估算的那样，需要：2+12+2+3+2 = 21（分钟）。但是，如果在烧水的同时，进行洗茶壶、洗茶杯、拿茶叶等工作，就只需 14 分钟就可以沏茶。下面的流程图能清晰地表示这种时间安排：

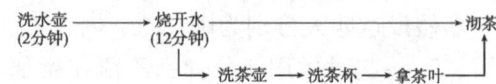

1118 相撞的导弹

要解此问题,只需从发生碰撞的时刻向后回溯。相对速度为每分钟1000公里时,回溯到导弹碰撞前的1分钟,两导弹一定相距1000公里。

1119 镜子里的游戏

18 和 81,29 和 92。

1120 双环填数

(1)填数字 7~14。如图:

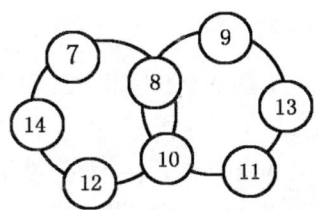

(2)填数字 13~20。如图:

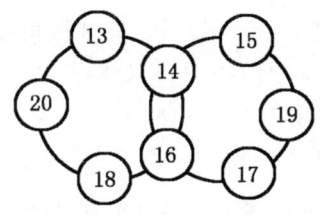

1121 稀奇的算式

18,27,36,45,54,63,72,81。

1122 青蛙爬井

不少粗心的人做出的答案是6天。他们的思路是:青蛙每天白天向上爬6米,晚上向下滑3米,因此平均每天向上爬3米;井深18米,所以6天后青蛙爬出井口。他们忽略了关键的一点,即当最后一天青蛙爬出井口后就不再下滑了。因此,正确答案是青蛙只需5天爬出井口。前4天青蛙共向上爬了12米,第5天白天,青蛙正好爬完剩下的6米,爬出井口。

1123 数字六边形

如图。

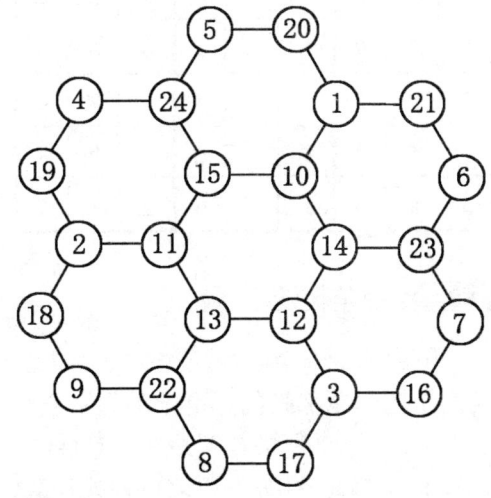

1124 购票

直接买50张票,这样可以省30元。如下:46张票需要46×5=230(元),50张票需要50×5×80%=200(元)。

1125 魔法公式

这是一个通用的式子,把最后的数字扣掉365,前四位数就是你的出生月日,剩下的十位与个位数就是你的年龄。

1126 如何表示100

99+99/99=100。

1127 数独魔方

如图。

3	1	7	4	6	9	8	2	5
4	5	6	2	8	7	3	1	9
9	2	8	3	1	5	7	4	6
2	8	5	6	4	3	9	7	1
6	4	1	7	9	8	5	3	2
7	3	9	5	2	1	4	6	8
1	7	2	8	5	6	9	3	4
8	6	3	9	7	2	1	5	4
5	9	4	1	3	6	2	8	7

1128 百羊趣题

甲原来赶的羊一共有36只。注意：我们先把甲原来赶的那群羊的只数看作1。那么，原来那群羊只数的（1+1+1/2+1/4）倍正好是99只，所以可列式计算：（100–1）÷（1+1+1/2+1/4）=36（只）。

1129 实际损失

商店老板损失了100元。老板与朋友换钱时，用100元假币换了100元真币，此过程中，老板没有损失，而朋友亏损了100元。老板与持假钞者在交易时：100=75+25元的货物，其中100元为兑换后的真币，所以这个过程中老板没有损失。朋友发现兑换的为假币后找老板退回时，用自己手中的100元假币换回了100元真币，这个过程老板亏损了100元。所以，整个过程中，商店老板损失了100元。

1130 古柏树的年龄

从已知条件看，古柏树的年龄比100大比1000小，它一定是个三位数。又知个、十、百三位上的数字之和是21，而且个位上的数字比十位上数字多2，十位上的数字比百位上数字多2，则个位上的数字比百位上的数字多4，因此百位上的数字是［21–（2+4）］÷3＝5，十位上的数字为5+2＝7，个位上的数字为7+2＝9，所以古柏树的年龄是579岁。

1131 棋子

九宫图中的9个数字相加之和为45。

因为方块中的3行（或列）都分别包括数字1～9当中的1个，将这9个数字相加之和除以3便得到"魔数"——15。

总的来说，任何n阶魔方的"魔数"都可以很容易用这个公式求出：

和为15的三数组合有8种可能性：
9+5+1 9+4+2 8+6+1 8+5+2
8+4+3 7+6+2 7+5+3 6+5+4

方块中心的数字必须出现在这些可能组合中的4组。5是唯一在4组三数组合中都出现的。因此它必然是中心数字。

9只出现于2个三数组合中。因此它必须处在边上的中心，这样我们就得到完整的一行：9+5+1。

3和7也是只出现在2个三数组合中。剩余的4个数字只能有一种填法——这就证明了魔方的独特性（当然，旋转和镜像的情况不算）。

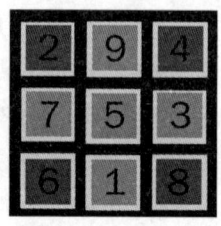

1132 算一算

将小正方形上下 2 个数字相乘，再将正方形左右 2 个数字相乘，然后用较大的值减去较小的值，其结果就是该正方形内的值。

答案如下图所示：

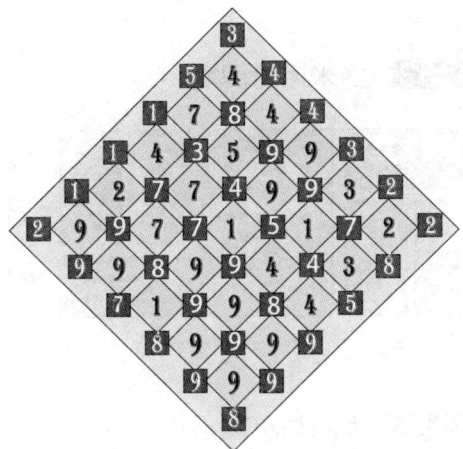

1133 四阶魔方

有 880 种解法。我们在此举一例。

16	5	2	11
3	10	13	8
9	4	7	14
6	15	12	1

1134 菱形高度

图中所有菱形的亮度是一样的。但是以这种镶嵌的方式排列时，底层的菱形看起来要比上层的暗一些。在从浅到深的变化过程中，边界两侧有一个明显的亮度变化。

1135 构建等式

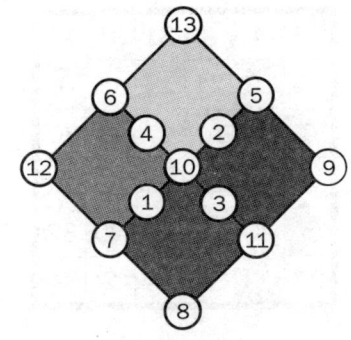

1136 砖头重量

这个问题把你难住了吗？许多人认为答案是 1.5 千克，实际上应该是 2 千克。

1137 归位

1138 格子屋

事实上，由 1～9 当中的 3 个数字组成和为 15 的可能组合有 8 种。

答案 | 443

1139 位置对应

22	21	13	5	46	38	30
31	23	15	14	6	47	39
40	32	24	16	8	7	48
49	41	33	25	17	9	1
2	43	42	34	26	18	10
11	3	44	36	35	27	19
20	12	4	45	37	29	28

1140 6数之和

就像杜勒的恶魔魔方一样，八阶魔方具有许多"神秘"的特性，而且超出魔方定义的一般要求。

比如说每行、每列的一半相加之和等于魔数的一半等。

28	4	3	31	35	10
36	18	21	24	11	1
7	23	12	17	22	30
8	13	26	19	16	29
5	20	15	14	25	32
27	33	34	6	2	9

1141 八阶魔方

52	61	4	13	20	29	36	45
14	3	62	51	46	35	30	19
53	60	5	12	21	28	37	44
11	6	59	54	43	38	27	22
55	58	7	10	23	26	39	42
9	8	57	56	41	40	25	24
50	63	2	15	18	31	34	47
16	1	64	49	48	33	32	17

1142 符号与数字

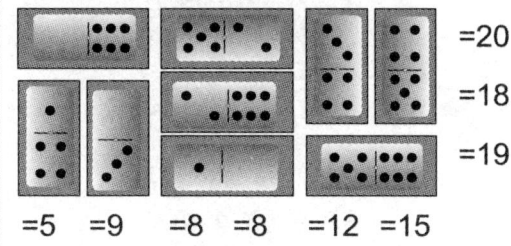

1143 多米诺骨牌墙

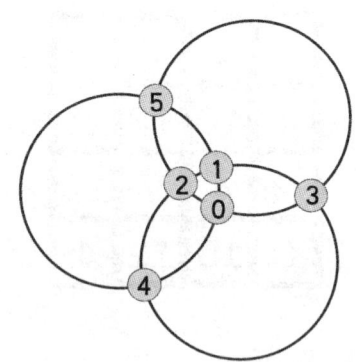

1144 大圆与小圆

8。在每个图形中，中间的数字等于上面2个数字的乘积减去下面2个数字的乘积。

1145 算数

8。在每个图形中，中间的数字等于上面2个数字的乘积减去下面2个数字的乘积。

1146 博彩游戏

$$C\frac{k}{n}\frac{n!}{k!(n-k)!}=\frac{54!}{6!(54-6)!}=$$

$$\frac{54\times53\times52\times\cdots\times3\times2\times1}{(6\times5\times4\times3\times2\times1)\times(48\times47\times46\times\cdots3\times2\times1)}$$

=25827165

1147 五星数字谜题

这些条形是平行的。

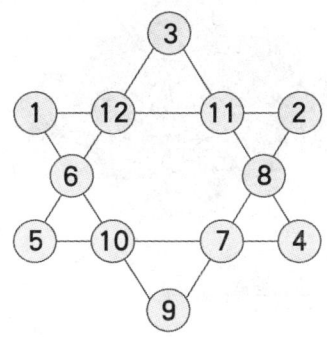

1148 数独

2	8	9	7	5	1	6	4	3
6	5	1	4	9	3	8	2	7
7	3	4	8	2	6	1	9	5
9	4	5	6	3	8	2	7	1
1	6	8	2	7	5	9	3	4
3	7	2	1	4	9	5	6	8
8	1	6	9	2	7	3	5	4
4	9	7	3	8	2	5	1	6
5	2	3	5	1	4	7	8	2

1149 数字谜题

10。每列数字之和均为 23。

1150 替代数字

4。将每一格外圈的 2 个数字相乘，将乘积放入内圈顺时针隔开 2 格的位置。

1151 完美六边形

7。将每个三角形角上的数字加起来，乘以 2，并将最终结果放入三角形中间。

1152 哪个数

88。左边的数字的平方 + 右边的数字的平方 + 上边的数字 = 中间的数字。

1153 活塞

我们必须记住的是水压所产生的巨大力量是以距离为代价的。

因此，大活塞每活动 1 个单位距离，那么小活塞应该要活动 7 个单位距离。

加在小汽缸上的压力应该是 7 个单位，那么这个压力能够举起的重量应该是 49，也就是 7 倍。

1154 送货

总共要转 12 圈半。滚轴每走 1 个单位的距离，传送带就前进两个单位的距离，而滚轴走 1 个单位的距离要转 5/4 圈。

1155 结果是 12

（17+6+5+9）−（11+2+4+8）=12。

1156 完成等式

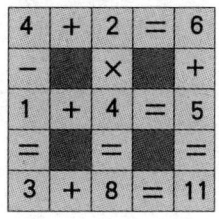

答案 | 445

1157 合力

可以把每 2 个力相加，按顺序算出它们的合力，直到得到最后的作用力，或者把它们按照下面所示加起来。

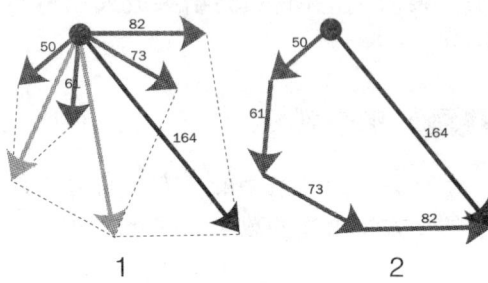

1158 解答难题

11。分别求出上面 2 个数字的平均值，第 1 个平均值加 1，就是第 1 个图形下面的数字；第 2 个图形加 2，第 3 个加 3，下面的图形加 4。

1159 问号里的数字

8。每一条直线上的 3 个圆中的数字之和为 20。

1160 蜂巢

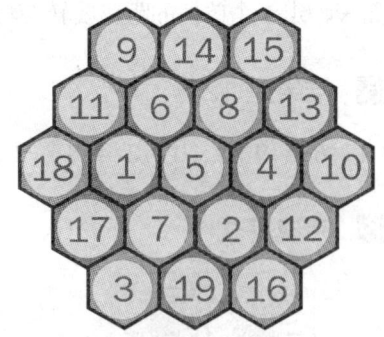

1161 最大的和

F。

1162 填数完形

C。每行第 1 格的数字 × 第 2 格的数字 − 第 3 格的数字 = 第 4 格的数字。

（6×2）−5=7

（8×3）−17=7

（9×2）−9=9

（7×4）−10=18

1163 倍数难题

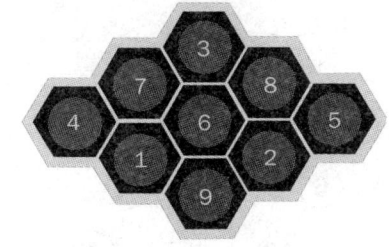

1164 五星填数

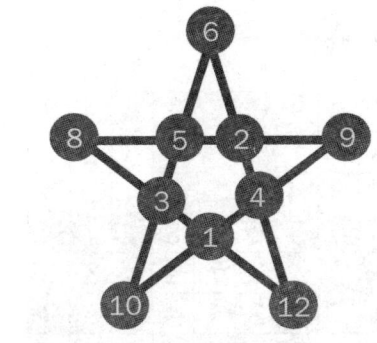

1165 填空

A=35，B=15。

每行小方格中的数字除以 3，然后再将它们相乘就得到中间的数字。

1166 三角形面积

三角形面积是 24 个平方单位，正方形面积为 36 个平方单位。

假设三角形面积为 X，我们可以得出这个方程式：3/4X=36/2，答案是 X=24。

1167 填数

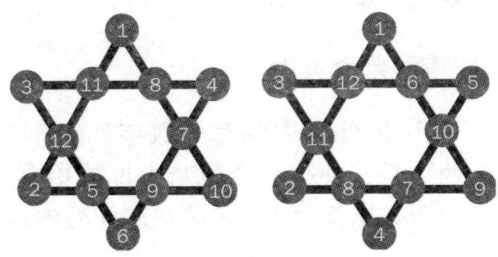

1168 相等的数字之和

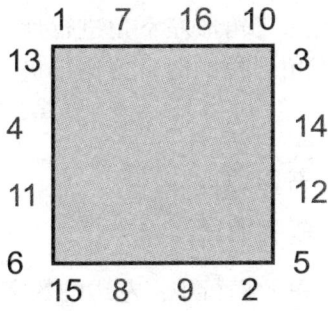

1169 三角形组

这个问题可不简单。一共有 12!（12 阶乘 =1×2×3×…×11×12=479001600）种方法将数字 1 ~ 12 填入六角形上的三角形中。这里给出其中一种解法：

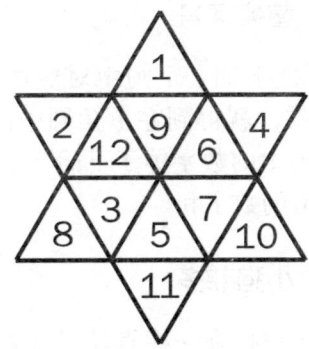

1170 七角星

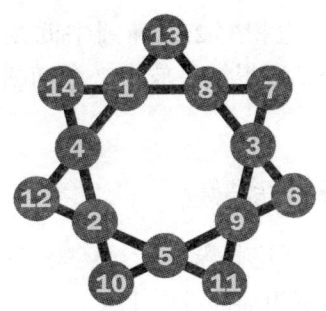

1171 八角星

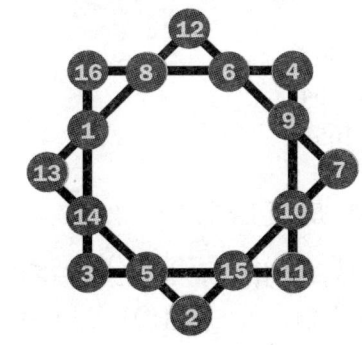

1172 完成链形图

71。把前 2 个数字加起来，就得到第 3 个数字，在链形图中依次进行。

1173 路径

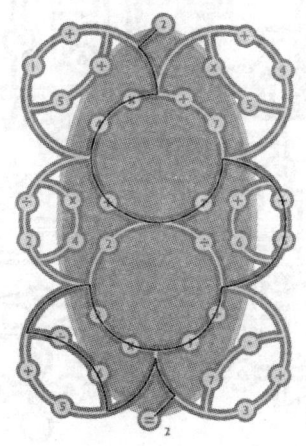

1174 代数

4。把相邻2个椭圆中间的2个数字相减,所得结果放在2个椭圆交叉的位置上。

1175 完成谜题

6。无论是纵向计算还是横向计算,这些数字相加都等于15。

1176 墨迹

```
  289
+ 764
─────
 1053
```

1177 房顶上的数

175。计算的规则是:(左窗户处的数值+右窗户处的数值)×门上的数值。

1178 迷宫算式

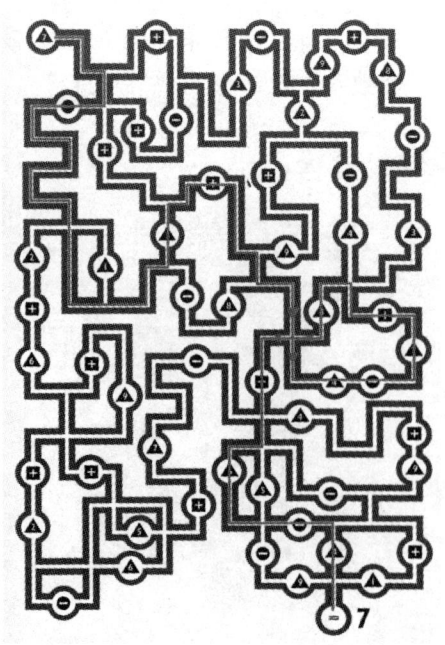

1179 算算看

A=4,B=14,C=20。
中间的数字是上下数字的总和与左右数字总和的差的2倍。

1180 数字补白

9。把外环中的每个数字都看作1个两位数,并把个位数与十位数相乘。再把所得结果加上1,填在对面的内环位置上。

1181 数字完形

16。从三角形左下角进行计算,围绕这个三角形按顺时针方向行进,这些数字分别是1,2,3,4,5,6,7,8,9的平方数。

1182 数字填空

24。每一横行中:左边的数字×中间的数字÷4=右边的数字。(2×4)÷4=2:(16×12)÷4=48;(8×12)÷4=24。

1183 标志

68。方形=7,X=11,Z=3,心形=17

1184 替换问号

1。把下面2个圆中对应位置上的数字相乘,就得到左上角圆中的数字;右上角圆中的数字等于下面2个圆中对应位置上的数字和。

1185 小狗菲多

菲多被拴在一棵直径超过2米的粗

壮的树上，所以菲多可以绕着树转一个直径为22米的圆，如图所示。

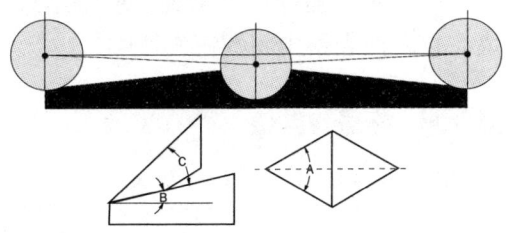

1186 几个白色小圆

6个。★=3，n=3/2，○=2。

1187 剩余面积

4个小正六边形的面积等于大正六边形的面积，而它们重叠部分的面积是相等的，因此减去了重叠部分之后的面积还是相等的。

1188 数字难题

4。把每个正方形中对应位置的数字相加，左边部分数字的和等于20，上面的和等于22，右边部分的和等于24，下面部分的和等于26。

1189 缺少的数字

A=10，B=14。

用外面的数字减去里面的数字，将每个角的差额都加在一起，所得的值正是中间的数字。

1190 数字圆盘

1。在每个圆中，先把上面两格中的数字平方，所得结果相加，就是最下面的数字。

1191 白色小圆

3个。方框内灰色小球的值是由其在方框内的位置决定的：位于上边为1，下边为3，左边为4，右边为2。白色小圆的值等于5。每个方框的值等于里面小圆的值的总和。

1192 四边形面积

7.5个单位面积。

可以把这个红色四边形的面积分成3个直角三角形和中间的3个小正方形。中间的3个小正方形的面积是3个单位面积，而3个直角三角形的面积分别是1.5，1，2个单位面积，因此红色四边形的总面积是3+1.5+1+2=7.5个单位面积。

1193 总值

25。灰色圆圈的值是5，白色圆圈的值是2，黑色圆圈的值是8。

1194 求面积

4个图形的面积分别是17，9，10，16个单位面积。

当我们要计算一个小钉板上的闭合多边形的面积时，我们所要做的就是数出这个多边形内（不包括多边形的边线）的钉子数（N），和多边形的边线上的钉子数（B），多边形的面积就等于：N+B/2−1。

你可以用本题中的例子来验证一下这个公式。

1195 数字

100。计算的规则是：每个三角形

内的数字之和都等于200。

1196 最小正方形边长

可以放入7个等边三角形的最小正方形的边长为2个单位。

1197 正方形边长

可以放8个等边三角形的最小正方形的边长为2.098个单位。

1198 金字塔上的问号

设丢失的数字为X，然后一层层填满空格，那么顶部的数字就为3X+28。我们知道这个数字等于112，因而3X=112–28=84，所以X=28。

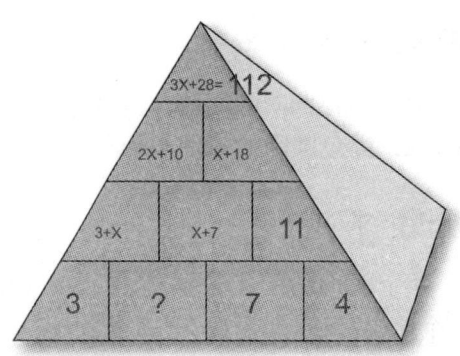

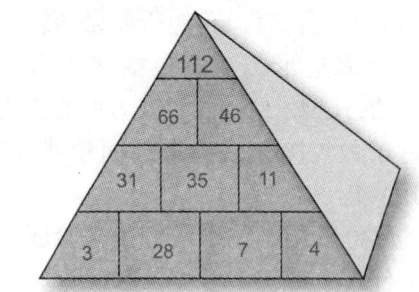

1199 最后的格子

8。在每个图中按纵列进行计算，把上下2个数字相加，对上面的表格来说，所得结果填在它下面表格中间的正方形中；对下面的表格来说，所得结果填在它上面表格中间的正方形中。

1200 符号与数值

23。方形=9，叉=5，Z=6，心=7。

1201 数字台阶

33。从最下面一行数字开始，把相邻两格的数字相加，把所得的和填在它们的正上方。同样方法向上进行。

1202 面积比值

D。中间的白色三角形有1个角是直角，根据毕达哥拉斯定理，2个直角边的平方之和等于斜边的平方，所以浅灰色和深灰色区域的面积之和等于黑色区域的面积（包括浅灰色的圆）。如果去掉和浅灰色三角形面积相等的圆，黑色区域的面积就等于深灰色区域的面积。

1203 年龄

60岁。如果将他的整个寿命设为"X"年，那么：

他的孩童时期 =1/4X

他的青年时期 =1/5X

他的成人期 =1/3X

他的老年时期 =13

1/4X+1/5X+1/3X+13=X

X=60

1204 结果是203

17/17	20/23	31/21	3/2	4/19	16/16
22/20	18/33	11/0	10/3	5/13	19/14
49/1	6/8	13/7	27/4	30/5	15/26
8/3	14/24	24/8	18/20	29/11	32/9
12/5	17/15	36/1	43/36	8/6	25/23
28/20	19/8	34/34	39/6	7/40	14/14
2/24	32/26	6/38	3/50	1/5	20/4

第八章 语言力

1205 拼汉字

4个。如图：

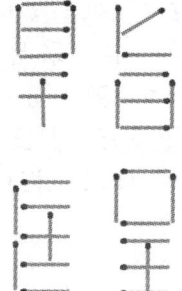

1206 诗词填数

一、二、三、四、五、六、七、八、九、十、百、千、万。

1207 纵横交错

横向：1.世界足球先生 2.联通 3.太平天国 4.易如反掌 5.安小慧 6.堆积如山 7.理科 8.包法利夫人 9.社会保险 10.金山 11.养老院 12.千金

纵向：一、世界贸易组织 二、执法如山 三、核反应堆 四、球迷 五、夫子 六、比如女人 七、生态平衡 八、社科院 九、联合国安全理事会 十、邢慧娜 十一、风险基金

1208 三国演义

缺算（蒜）、少言（盐）、无缰（姜）、短将（酱）。

1209 疑惑的小书童

原来冯梦龙要的是酒桌。

1210 文学想象

答案是长征。《长征》是毛泽东写的一首七律。红军长征经过11个省市。"长征"号运载火箭将我国第一颗人造地球卫星送上了轨道。红军长征经过了万水千山。

1211 成语十字格

如图：

（十字格图：
自欺欺人、大庭广众、先声夺人、发制人、人微言轻、人微权轻、多势众、口诛笔伐（口铄金）、金刚怒、擎易举、而易举、举世瞩目、轻重缓急、急转直下、举国上下 等）

1212 一笔变新字

1. 刁—习 2. 凡—风 3. 尤—龙
4. 勿—匆 5. 立—产 6. 车—轧 7. 开—卉
8. 叶—吐 9. 史—吏 10. 主—庄 11. 禾—杀 12. 灭—灰 13. 头—买 14. 玉—压 15. 去—丢 16. 舌—乱 17. 亚—严
18. 西—酉 19. 利—刹 20. 烂—烊

1213 看图猜字

分。

1214 一台彩电

有声有色、不露声色。

1215 成语猜谜

水印木刻。

1216 几家欢喜几家愁

翠。

1217 快乐联想

五行指金、木、水、火、土，金是五行之一。金朝（1115~1234年），由女真族完颜阿骨打所建，在我国北部。金是古代金属制的打击乐器，鸣金是撤兵的信号。金星是太阳系九大行星之一。

1218 成语接龙

今是昨（非）同小（可）望不可（即）以其人之道，还治其人之（身）体力（行）若无（事）在人（为）所欲（为）富不（仁）至义（尽）心竭（力）不胜（任）重道（远）走高（飞）沙走（石）破天（惊）天动（地）利人（和）睦相（处）心积虑醉生梦（死）去活（来）去自（如）花似（玉）树临（风）调雨（顺）手牵（羊）肠小（道）听途（说）长道（短）兵相（接）二连（三）言两（语）重心（长）驱直（入）不敷（出）其不（意）气风（发）扬光（大）材小（用）兵如（神）采飞（扬）眉吐（气）象万（千）军万（马）到成（功）败垂（成）千上（万）古长（青）红皂（白）日作（梦）寐以（求）同存（异）想天（开）天辟地

1219 学三部曲

《雾》《雨》《电》；《家》《春》《秋》；《童年》《在人间》《我的大学》；《两姐妹》《一九一八年》《阴暗的早晨》；《幻灭》《动摇》《追求》；《歧路》《炼狱》《十字架》。

1220 象棋成语

丢车保帅、车水马龙、一马当先、身先士卒、自相矛盾、如法炮制、调兵

遣将、行将就木、兵荒马乱。

1221 组合猜字

如图数字方格，每个数字都代表一个文字，两格相加，又可以合成一个字，你能依照下面的按时猜出此文字来吗？

① 1 加 2 等于日落的意思。
② 2 加 3 等于日出的意思。
③ 3 加 4 等于欺侮的意思。
④ 4 加 5 风雨瞄准出击的意思。
⑤ 2 加 6 等于光亮的意思。
⑥ 6 加 7 等于丰满的意思。

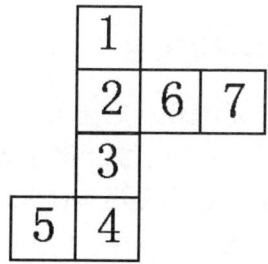

1222 串门

王秀才字谜诗的谜底是："特来问安。"
朋友答字谜诗的谜底是："请坐奉茶。"

1223 乌龟信

这是谐音"龟"（归）字。归、归……速归（竖龟）。

1224 拜访

为什么他们第一次不敲门，第二次才敲门呢？门上写"心"就是"闷"字，表示主人心情不好，不要去打扰；门上写"木"字，表示主人现在闲着，可以接待来客。

1225 成语与算式

略。

1226 长联句读

五百里滇池，奔来眼底，披襟岸帻，喜茫茫，空阔无边！看：东骧神骏，西翥灵仪，北走蜿蜒，南翔缟素，高人韵士，何妨选胜登临，趁蟹屿螺洲，梳裹就风鬟雾鬓，更苹天苇地，点缀些翠羽丹霞，莫辜负四围香稻，万顷晴沙，九夏芙蓉，三春杨柳。数千年往事，注到心头，把酒凌虚，叹滚滚，英雄谁在！想：汉习楼船，唐标铁柱，宋挥玉斧，元跨革囊，伟烈丰功，费尽移山心力，尽珠帘画栋，卷不及暮雨朝云，便断碣残碑，都付于苍烟落照，只赢得几许疏钟，半江渔火，两行秋雁，一枕清霜。

1227 穿针引线

望眼欲穿。

1228 一封怪信

B.表示他们分离了。C.三个月亮表示他们分离四个月了。D.表示孩子已出生了。E.八个月亮表示希望丈夫 8 个月后回来。F.表示全家团聚。

1229 秀才贵姓

安（谜面的意思是：生了一个"日"是宴字。宴字去掉"日"是"安"）。

1230 成语加减

1.成语加法（2）龙戏珠＋（1）鸣

惊人=（3）令五申（0）敲碎打+（1）来二去=（1）事无成（3）生有幸+（1）呼百应=（4）海升平（7）步之才+（1）举成名=（8）面威风 2.成语减法（10）全十美－（1）发千钧=（9）霄云外（8）方呼应－（1）网打尽=（7）零八落（6）亲不认－（1）无所知=（5）花八门（2）管齐下－（1）孔之见=（1）落千丈

1231 "山东"唐诗

　　山光物态弄春晖　张旭《山行留客》
　　荆山已去华山来　韩愈《次潼关先寄张十二阁老使君》
　　峨眉山下水如油　薛涛《乡思》
　　两岸青山相对出　李白《望天门山》
　　若非群玉山头见　李白《清平调词三首》
　　姑苏城外寒山寺　张继《枫桥夜泊》
　　轻舟已过万重山　李白《早发白帝城》
　　东风不与周郎便　杜牧《赤壁》
　　滚东滚西一万家　杜甫《夔州歌》
　　碧水东流至此回　李白《望天门山》
　　澶漫山东一百州　杜甫《承闻河北诸道节度入朝欢喜口号》
　　平明日出东南地　李益《度破讷沙二首》
　　坑灰未冷山东乱　章碣《焚书坑》
　　射雕今欲过山东　吴融《金桥感事》

1232 雪中送炭

　　上联缺"一"，下联少"十"，就是谐音"缺衣少食"，所以郑板桥送来"及时雨"。

1233 汉字拼凑

　　旦、亘、旭、晃、昏、早、示、耒、全、驷、目、吾、口五、叱、叭、叶、由、甲、申、田、古、菱、百、自、皂、切、分、轨、支。

1234 真实的谎言

　　夫人，只要像我一样说假话就行了。

1235 老父读信

　　父母大人拜上：新年好，晦气全无，人丁兴旺，读书少不得，五谷丰登。

1236 诗词影片名

　　（1）巴山夜雨；（2）柳暗花明；（3）燕归来；（4）八千里路云和月；（5）一江春水向东流；（6）路漫漫；（7）春眠不觉晓；（8）彩云归；（9）万水千山；（10）花开花落。

1237 断肠谜

　　一二三四五六七八九十。

1238 巧读同音联

　　"万岁，臣对的不错啊，臣讲的是'水上一鸥游'。"

1239 趣味课程表

　　1.痛不欲生、物尽其用 2.出神入化、学而不厌 3.十全十美、不学无术 4.九霄云外、语无伦次 5.照本宣科、学以致用 6.既明且哲、学富五车 7.胸中有数、学贯中西 8.风云人物、理屈词穷 9.万众一心、理直气壮 10.烽火连天、文章盖世 11.弦外之音、乐不思蜀 12.顶天立地、理所当然 13.妙趣横生、物美价廉 14.贫下中农、开科取士 15.精兵简政、治病救人 16.不识大体、封山育林 17.一本正经、济济一堂 18.奉公守法、严于律己 19.甜言蜜语、文经武略 20.历历在目、史无前例

1240 是否别字

"我还不知道这'黑'字下面有个'土'？这是写给日本人的，不能让他们带走'土'，这叫作'寸土不让'！"

1241 屏开雀选

如图：

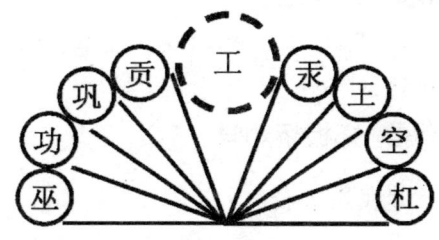

1242 快来猜一猜

1.孙中山 2.出租车 3.黄药师 4.水浒传 5.女生贾梅 6.七龙珠 7.复写纸 8.光年 9.打油诗 10.机不可失 11.氢气 12.三重门 13.天府之国 14.海南岛 15.志在千里 16.复读机 17.中学生读写 18.不见天日 19.黄梅戏 20.苏打 21.三国志 22.出师表 23.七言诗 24.车水马龙 25.海里 26.珠光宝气 27.纪传体 28.胰岛素

1243 环形情诗

久慕秦郎假乱真，假乱真时又逢春；
时又逢春花含玉，花含玉久慕秦郎。

1244 组字透诗意

填日字，拼成"香、晴、旭、早"四字。

1245 多维提示

霓虹灯。霓虹灯被广泛用于广告显示和装饰，在广告事业中发挥了重要作用。霓虹灯的玻璃管内壁涂覆光粉，改变荧光粉的成分，即可辐射出不同颜色的光。1879年，在英国维多利亚女王60寿辰的庆典上，霓虹灯第一次作为烘托节日气氛的照明光源使用。《霓虹灯下的哨兵》是新中国的优秀影片。

1246 几读连环诗

一共有5种读法：
（1）秋月曲如钩，
　　如钩上画楼。
　　画楼帘半卷，
　　半卷一痕秋。
（2）月曲如钩，
　　钩上画楼。
　　楼帘半卷，
　　卷一痕秋。
（3）月，
　　曲如钩，
　　上画楼。
　　上画楼，
　　帘半卷。
　　帘半卷，

一痕秋。

（4）秋,
月曲如钩上画楼。
帘半卷一痕秋。

（5）秋痕一卷半帘楼,
卷半帘楼画上钩。
楼画上钩如曲月——秋。

1247 树木字谜

彬。

1248 什么关系

鸡毛掸公鸡的毛可以用来做鸡毛掸。鸡毛掸在有的地区叫鸡毛帚。鸡毛掸是用来掸灰尘的用具。鸡毛掸是把鸡毛扎在竹棒一端制成的。

1249 难解之谜

"您怎么放进去，我就怎么拿出来，您显然是凭嘴一说就把鸡装进了瓶子，那么我就用嘴再把鸡拿出来。"

1250 孪生成语

如图:

曰波未平,	曰波又起
一夫当关,	万夫莫开
十年树木,	百年树人
囚可意会,	不可言传
成事不足,	败事有余
宁为玉碎,	不为瓦全
机不可失,	时不再来
有则改之,	无则加勉
道高一尺,	魔高一丈
言者无罪,	闻者足戒

1251 文静的姑娘

夺。

1252 水果汉字

香蕉（立）、苹果（日）、梨（十）

1253 拆字猜谜

谜底：窝头、火腿、点心。

1254 运动会

云。

1255 张三李四

不打自招。

1256 添字组字

月。分别组成"胡"和"肥"字。

1257 郑板桥劝学

谜底是水壶。

1258 字画藏唐诗

（1）北斗七星高；（2）山月随人归；（3）月出惊山鸟；（4）白日依山尽；（5）一览众山小。

1259 聪明的长生

青蛙、蛇。

1260 大树不得砍

要是砍了树，院子里只剩下人，不就成了囚吗？囚比困更不吉利。

1261 数字藏成语

3.5（不三不四）；2+3（接二连三）；333 和 555（三五成群）；9 寸 +1 寸 =1 尺（得寸进尺）；1256789（丢三落四）；12345609（七零八落）。

1262 答非所问

田、面疙瘩、可乐

1263 心连心

如图：

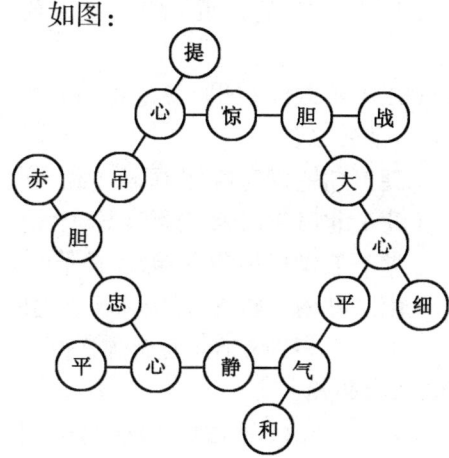

1264 蜻蜓点水

汗（蜻蜓象形"干"，与"氵"组合）。

1265 人名变成语

1. 生死攸关、羽扇纶巾
2. 剑拔弩张、飞黄腾达
3. 千军万马、超凡脱俗
4. 飞苍走黄、忠言逆耳
5. 完璧归赵、云开见日
6. 千疮百孔、明察暗访
7. 招兵买马、良师益友
8. 单枪匹马、忠心赤胆
9. 改弦更张、松柏之茂
10. 及时行乐、进贤任能
11. 投桃报李、通风报信
12. 信口雌黄、盖世无双
13. 不肖子孙、权倾天下
14. 目不识丁、奉公守法

1266 "5"字中的成语

如图：

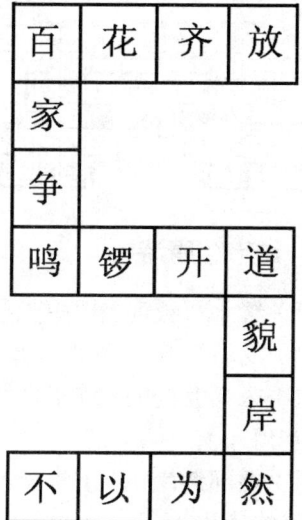

1267 三谜同底

谜底是"鲜"字。

1268 回文成语

大快人心、心口如一、一马当先、先声夺人、人才辈出、出其不意、意志风发、发扬光大

1269 图片猜成语

狡兔三窟；枯木逢春；蛛丝马迹；水滴石穿

答案 | 457

1270 一环扣一环

1271 省市组唐诗

（河）置水写银河　崔国辅《七夕》

（北）戎马关山北　杜甫《登岳阳楼》

（河）未是渡河时　陈子良《七夕看新妇隔巷停车》

（南）君问终南山　王维《答裴迪辋口过雨忆终南山》

（广）脉脉广川流　上官仪《入朝洛堤步月》

（东）渭水东流去　岑参《西过渭州见渭水思秦川》

（江）三江潮水急　崔颢《长干曲四首》

（西）村西日已斜　孟浩然《寻菊花潭主人》

（山）山中一夜雨　王维《送梓州李使君》

（西）西园引上才　李白药《赋得魏都》

（山）山中无历日　太上隐者《答人》

（东）东西任老身　司空曙《逢江客向南中故人因以诗寄》

（云）影灭彩云断　李白《凤凰曲》

（南）江南季春天　严维《状江南》

（辽）身征辽海边　贾岛《寄远》

（宁）寒歌宁戚牛　李白《秋浦歌十七首》

（新）园林过新节　韦应物《寒食后北楼作》

（疆）先人辟疆园　皇甫冉《题卢十一所居》

（贵）自古黄金贵　陆龟蒙《黄金二首》

（州）不敢向松州　薛涛《罚赴边有怀上韦令公二首》

（湖）湖里鸳鸯鸟　崔国辅《湖南曲》

（北）北风吹白云　苏颋《汾上惊秋》

（湖）五湖风浪涌　崔颢《长干曲》

（南）湖南送君去　崔国辅《湖南曲》

（浙）不畏浙江风　姚合《送薛二十三郎中赴婺州》

（江）牢落江湖意　白居易《庾楼新岁》

（台）还见南台月　贾岛《上谷送客游江湖》

（湾）茅屋深湾里　杜荀鹤《钓叟》

（南）鱼戏莲叶南　陆龟蒙《江南曲》

（京）犹能扼帝京　皮日休《古函关》

（北）夜战桑乾北　许浑《塞下》

（京）关门限二京　李隆基《潼关口号》

（天）渺渺望天涯　钱起《江行》

（津）家住孟津河　王维《杂诗三首》

（四）皆言四海同　李峤《中秋月二首》

（川）宿雨川原霁　司空图《即事

九首》

（上）水上秋日鲜 王建《汽水曲》
（海）四海无闲田 李绅《悯农》
（江）江水千万层 孟郊《寒江吟》
（苏）苏武节旄尽 杨衡《边思》

1272　剪读唐诗

如图：

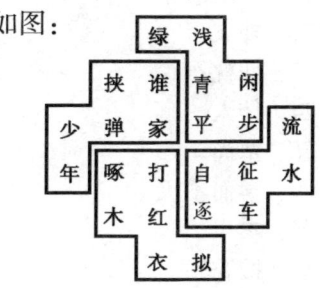

闲步浅青平绿，流水征车自连。谁家挟弹少年，拟打红家啄木。

1273　三个举人

"天下"为"大"，"第一"者为头，"味"也可当菜讲，所以"天下第一味"是指"大头菜"。

1274　钟表成语

（1）一时半刻；（2）七上八下；（3）三长两短。

1275　迷宫成语

如图：

1276　博杂填字

横向：
1. 阿尔巴尼亚
2. 叶甫盖尼奥涅金
3. 人无千日好
4. 丁小倩
5. 花旗参
6. 斯芬克斯
7. 欺人之谈
8. 通天岩
9. 安徒生
10. 朗拿度
11. 曲终人不见
12. 葛新爱
13. 爱情电影
14. 名不虚传
15. 昆仑山
16. 南山塞天地
17. 玉兰花
18. 地铁
19. 龙卷风
20. 热那亚
21. 堂皇
22. 拉力赛
23. 窗外
24. 大学
25. 观河楼
26. 格陵兰海
27. 文学家
28. 深山老林
29. 上款
30. 天下
31. 夜游
32. 爱上一个不回家的人
33. 门风
34. 西王母
35. 秦始皇

36. 花亭湖
37. 爱情鸟
38. 大西洋海岭
39. 朝阳花
40. 人生如梦
41. 游仙半壁画
42. 木人石心
43. 奇梦石
44. 观水法
45. 拉萨
46. 好丹非素
47. 情景说
48. 那一场风花雪月的事
49. 白日梦

纵向：

一、阿姆斯特朗
二、昆德拉
三、夜花花
四、人间第一情
五、拿破仑
六、力争上游
七、巴拉克
八、山地赛
九、西湖
十、如意
十一、小说
十二、斯通
十三、二王
十四、圆梦
十五、亚丁
十六、天地情缘
十七、陵园
十八、母爱
十九、冬不拉
二十、龙舌兰
二十一、情冷却
二十二、萨那
二十三、叶倩文

二十四、海滩上的鸟
二十五、道奇
二十六、心曲
二十七、南风窗
二十八、信天游
二十九、梦一场
三十、盖洛普
三十一、终南山
三十二、外文
三十三、仙枕石
三十四、佳人
三十五、塞尚
三十六、学而不厌
三十七、参半
三十八、樱花
三十九、奥地利
四十、不怨天
四十一、大家
四十二、壁上观
四十三、主见
四十四、地热学
四十五、西洋画
四十六、水中月
四十七、金花菜
四十八、深深的海洋
四十九、历法
五十、亚武山
五十一、海底针
五十二、好事
五十三、人参
五十四、徒有虚名
五十五、老狼
五十六、秦岭
五十七、拉封丹
五十八、欺生
五十九、伊始
六十、道木
六十一、千面人

六十二、玉皇观
六十三、皇朝
六十四、人生
六十五、素白
六十六、新西兰
六十七、河汾下门
六十八、阳起石
六十九、好想谈恋爱
七十、花戏楼
七十一、风雨花
七十二、心里有个梦

1277 诗句重排

独上江楼思悄然，风景依旧似去年。同来玩月人何在？月光如水水如天。

1278 幽默的夫妻

蜂蜜、牛奶。

1279 成语之最

如图：

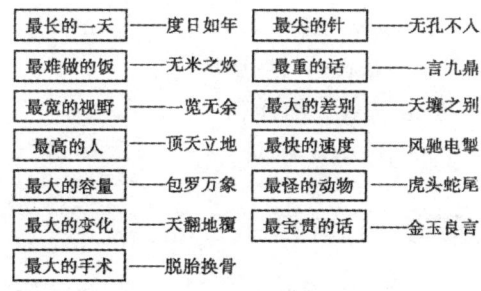

1280 巧拼省名

如图：

1281 以谜和谜

关羽、项羽，都是羽，在户下边，就是"扇"。

1282 意外收获

调虎离山、放虎归山。

1283 藏头成语

天天树叶绿，日日百花开。地名：长春。

1284 指路

西（要字去掉"女"）

1285 百鹅题诗

食尽皇家千钟禄，凤凰何少尔何多？

1286 画师

各国军队列"阵"，托桃寓"脱逃"，合起来就是讽刺西太后当年"临阵脱逃"，跑到西安。

1287 魔法字条

弗莱德在上面写着："先生，我排在队伍的第21位，在您看到我之前，请千万别忙着做出决定。"

1288 二王相争

原来谜底就是"日"字。

1289 拆字对联

蚕为天下虫。

1290 智改电文

李根源先生只是把蒋介石回的两句

电文颠倒了一下，这样就使电文的意思变成了"罪无可恕，情有可原"8个字。而这样一来，大特务沈醉和他的手下还以为这是蒋介石的命令，自然也就不会再迫害那些爱国民主人士了。

1291 唐伯虎填诗

画。

1292 接头暗语

周末、点心（周字的末尾是"口"，点字的中心是"口"）。

1293 神童解缙

父亲的职业是挑水；母亲的职业是磨豆腐。

1294 骑士传说

剩下的字母连成的话：Knight who can't defeat dragons get fired（打不过巨龙的骑士，就要被炒鱿鱼）。

如图所示

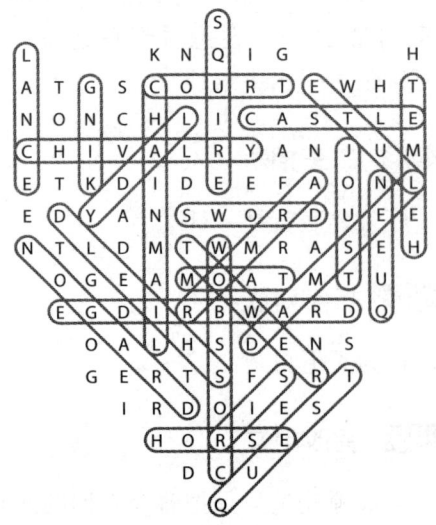

1295 棋盘成语

一马当先、按兵不动。

1296 快乐猜想

几何。几何是数学的一个分支。几何研究的是空间问题。笛卡儿创立了解析几何。几何有多少的意思。

1297 识图猜字

①朋 ②驯 ③闪 ④鲁

1298 猜谜招亲

谜底是"晶"字。

1299 各国风情

第一栏：
Italy（意大利）
whistle（哨子）
Canada（加拿大）
sandals（凉鞋）
Norway（挪威）
snowboard（滑雪板）
Hungary（匈牙利）
hourglass（沙漏）

1300 开国君主

①（秦）嬴政 ②（汉）刘邦 ③（唐）李渊 ④（宋）赵匡胤 ⑤（元）忽必烈 ⑥（明）朱元璋 ⑦（清）努尔哈赤

1301 猜一猜

永、冰、江、泗、洲、汁、汗。

1302 虎字成语

生龙活虎 虎头蛇尾
龙潭虎穴 为虎作伥
骑虎难下 狼吞虎咽
虎视眈眈 降龙伏虎
虎背熊腰 三人成虎
养虎遗患 龙行虎步
龙吟虎啸 调虎离山
九牛二虎 虎口余生

1303 成双成对

对联春节贴对联是一项习俗。对联是对偶的语句，通常成双成对。对联贴在门上。明代的徐渭（字文长）是善于写对联的奇才。

1304 和珅求匾

纪晓岚采用的是拆散字形结构的偏旁笔画方式暗示本意。他其实是在骂和珅一家个个是草包。"竹苞——个个草包。"

1305 更正片名填成语

片名成语（1）《小二黑结婚》，颠倒黑白。（2）《李二嫂改嫁》，张冠李戴。（3）《煤店新主人》，喜新厌旧。（4）《二十次列车》，丢卒保车。（5）《但愿人长久》，舍己为人。（6）《真是烦死人》，去伪存真。（7）《激战无名川》，有名无实。（8）《长虹号起义》，舍生取义。（9）《最聪明的人》，弃暗投明。（10）《英雄坦克手》，手到病除。

1306 书生猜字

口。

1307 拼单词

如图所示，把图中的每个色块按顺时针方向旋转180°就得到下面的单词：

1308 寻找作家

如图：

第九章 反应力

1309 山羊和卷心菜

答案如图所示：

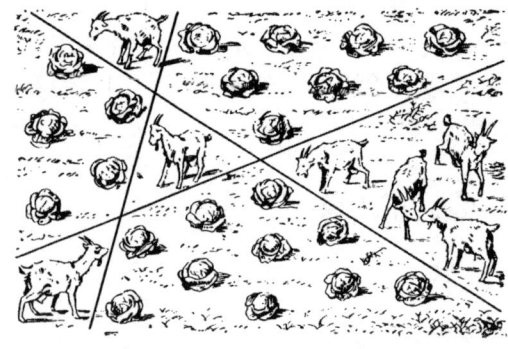

1310 五色环

A。大洋洲的代表颜色是绿色，美洲的代表颜色是红色，非洲的代表颜色是黑色，亚洲的代表颜色是黄色。

1311 "√"何处来

据说，它来源于英国教师的手笔。他们看到学生们作业内容无误，便信手写上批语"right"（英语，意为"正确"）。后来又简写成right的第一个字母"r"。久而久之"r"又演化为更加简单的写法，这就是"√"。其后，西学东渐，风俗交流，中国近代教育界也引进了这个既简便又明了的书写符号，正式用来表示学生作业正确无误。

1312 细菌分裂

充满瓶子需59分钟。

1313 体重

完全有可能。最轻的时候是他出生的时候。

1314 一个回答

"你睡着没有？"除非你不回答，否则你肯定没有睡着。

1315 圣诞礼物

圣诞老人首先把自己的脚放进自己的袜子里才能出门呀。

1316 奇特等式

1堆加1堆还是等于1堆。

1317 奇特的车祸

这是一辆献血车。

1318 冒险航海

以上皆不是，冒险航海绕地球的是麦哲伦。

1319 越来越大

脾气。

1320 立起来的鸡蛋

只要拿起鸡蛋往桌上一磕，把下面的蛋壳磕破了，就能把鸡蛋稳稳地立在桌面上。

1321 兔毛产地

安哥拉兔身上。

1322 不乘电梯

老大爷住12楼的底层,是不用乘电梯的。

1323 绳结

当水位上升时,船也跟着上浮,所以绳结是不会没入水中的。

1324 三角形与正方形

如图:想单独一个个的摆出来,是肯定不行的,必须充分利用每一根火柴,让它发挥最大的效用,才会有完美的结果。

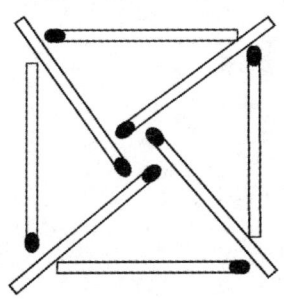

1325 外星人到月球

有。地球人。

1326 看谁跑得慢

聪明人让两个骑手交换马骑着比,这样,两个骑手都想使自己骑的马(对方的马)跑得快点。用"调换一个角度"的办法,把"比慢"变成了"比快",所以比赛很快就结束了。

1327 照镜子

什么也看不见,因为没有光线。

1328 在哪里

毫无疑问,火车应该在铁轨上。

1329 舰艇沉没

别慌,这只不过是一艘潜水艇而已。

1330 跳过两天

多撕了两张日历。

1331 骨科医生

骨科医生去看牙病。

1332 美梦成真

起床。

1333 耳朵有两只

兼听则明。

1334 寸步难行

风车。

1335 奇怪的字

"胖"字一写写半月。"孬"字永远写不好。

1336 国内盛产

中国的国内:玉。

1337 巧妙反驳

儿子说:"如果我正直的话,就不会

被神遗弃；如果我不正直，就不会被大众所背叛。所以不论如何，我都不会被背叛的。"这位坚强的儿子不但不放弃，还利用这番话中的盲点说服了他母亲。

1338 寄钥匙

因为王先生寄回家的是信箱钥匙，钥匙寄回去又被投到信箱里了，他妻子还是打不开信箱，拿不到钥匙。

1339 熊猫的愿望

这辈子就想睡个好觉，这辈子就想拍张彩色照片。

1340 专利

C。

1341 吝啬的姨夫

"要是早来三个月，这盘竹片还是一碗鲜美的竹笋了。"

1342 紧急时刻

他是聋子，但是可以说话，喊那个男孩注意就可以了。

1343 红十字

如图：

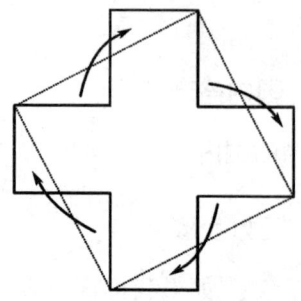

1344 掉落的小鸟

舞厅声音太大，小鸟用翅膀捂住了耳朵，结果……

1345 两堵墙

咱们拐角见。

1346 无法修改

孔。

1347 停在哪里

落在原地。因为地球有引力，所以地球自转，停在空中的飞机也跟着转。

1348 锅盖

老二。因为铝能散热，秫秸盖密封不严，只有木锅盖最能保温。

1349 选举

C。

1350 折痕

1厘米宽。

1351 他去买什么

小王买的就是柜台，拿回来再装东西。

1352 点火柴

聪明人再聪明，他也只有60根火柴，点完就没有了，所以他也只能点60根火柴。

1353 杯中的鱼

平衡。

1354 赛跑

都不流汗。狗的皮肤汗腺不发达，所以即使是在大热天或运动之后，也不会出汗。狗经常伸出舌头喘气，让体内部分水分由喉部和舌面排出，这是狗散发体内热量的一种方式。

1355 最长的手指

无名指的名称为3个字，其他各指的名称都是2个字，所以说无名指的名称最长。

1356 遗书

劳伦是看了信上的日期后，才推断凶手可能是美国人。因为英国人写时间是先写日期，再写月份。但美式写法则刚好相反，是先写月份，再写日期。

1357 喝酒划拳

敬酒不吃吃罚酒。

1358 空中射弹

同时到达地面。因为重力加速度与水平速度无关。

1359 不同的答案

张三问的只能是时间。

1360 花圃

他将红、蓝两色的花朵混杂种在同一花圃里，若从远处的窗口眺望，便会看成是紫色的花朵。

1361 袜子的毛病

要不然怎么穿？

1362 越小越旧

一个人的相片。相片上的人越年轻，那张相片越旧。

1363 不可能变可能

去掉一个"不"字。

1364 将来式

"我哥哥的孩子去学校。"

1365 小狗变大

将"犬"上的"、"去掉。

1366 死掉的蚯蚓

小东竖着切，蚯蚓必死无疑。

1367 挖洞

洞里面没有土，已被挖走。

1368 问题

"如果我问你'今天没有猛兽出没，是吗？'你会回答我'是'，对不对？"

1369 好听的字母

CD。

1370 给蠢货让路

我恰好相反。

1371　冰变水

把"冰"字去掉两点，就成了"水"。

1372　魔法符号

加入小数点。

1373　滑轮比赛

小孩获胜。因为大力士的重量大于小孩的重量，大力士越用力，就越快地通过滑轮把小孩拉向顶端。

1374　智过界桥

看见哨兵离开了哨所，他立刻从北岸上桥往南走，走到7分钟的时候，已走过了哨兵的哨所，这时，转身往北走，走了不到1分钟，哨兵回来了，他马上喝令其回到南岸去，这样，就很顺利地通过了这座桥。

1375　倒向何方

右边。树是左边被砍掉一块，那么树的上半部分的重心开始右倾，因此，会往右边倒。

1376　高尔夫球

用打火机将这个纸袋点燃，使之最后烧成一撮灰，高尔夫球自然就露出来了。

1377　称职的士兵

他正在瞄准。

1378　过生日

有上次，有下次，那么这次呢？这次汤姆是过8岁生日。

1379　谐音巧问

当然是喂草了。而你的朋友很可能会把"喂什么"听成"为什么"，而在千方百计地想"为什么这头牛有两只耳朵、四条腿，还有一条尾巴"。

1380　巧取袜子

取出任何3只便够了。

1381　谁先升天

俗话说，"放下屠刀，立地成佛"。

1382　照片顺序

D、A、C、B。

1383　解铃与系铃

解铃还须系铃人。要去问原来给这些猛兽系铃的人，铃是怎么系上去的。答案一，系铃的人给系上去的。答案二，可以用麻醉枪将它们麻醉，这样就可以解下铃来。

1384　作案人

丁说假话，作案的是丙和丁。

1385　迅速灭火

把火熄灭最快的方法是在"火"字上加一横成"灭"字。

1386　雪后脚印

是一个人由于某种原因而伪造了一

个自杀现场的恶作剧。没有想到吧。他的伪造过程是怎样的呢？他制造了一副高跷，但这副高跷是脚尖朝后的。当快要下雪的时候，他拿着这副高跷走到了峭壁上；当雪将停时，他就踩着自制的高跷，小心翼翼地一步步走回村了。谁都会知道，我们的脚一般是用来移动身体使之前进的，这是人们的常识。也就是说，脚印当中的脚趾总是与人前进的方向一致，能够指出那时人是朝着什么方向走的，是人行进方向的证据。作此恶作剧的人，就是利用了这一点，做了反常的现场。而解决这个问题的关键，也在于识破这一点。

1387 特殊的月份

每个月都有。

1388 狡猾的商人

"横幅上不是写了嘛：色褪不保。"

1389 游泳比赛

因为当时的比赛规则是只许狗刨，不许蛙泳。

1390 不走的时钟

时钟本来就不会走。

1391 巧分蛋糕

最后一个小朋友将他的蛋糕放在盒子里一起拿着。

1392 天敌

E。火被灭火器扑灭，类同于灰尘被真空吸尘器吸掉。

1393 取胜

由于只有9枚硬币，因此谁先开局就必定会输。

1394 迟钝的士兵

如果拿破仑说中文，士兵肯定听不懂啊，他们怎么又能根据命令行事？

1395 奖赏

打开粮仓，让老人自己一粒粒地去数。

1396 微型相机

正确的顺序是：2，6，1，5，3，4。

1397 倒粮食

先把袋子上半部分的大米倒入空袋子，解开原先袋子的绳子，并将它扎在已倒入大米的袋子上，然后把这个袋子的里面翻到外面，再把小米倒入袋子。这时候，把已倒空的袋子接在装有大米和小米的袋子下面，把手伸入小米里解开绳子，这样大米就会倒入这只空袋子，另一个袋子里就是小米。

1398 如此作画

正确的顺序是：6，3，1，4，5，2。

1399 奇怪的鸟

是鸵鸟。

1400 找对手

C。从原图的缺失部分，特别是凸出和凹进去的部分与所给的答案进行对比，就可得出答案。

1401 真假之辨

死者脚底板的伤痕是从脚趾到脚跟，是纵向的，若他真是爬树时从树上摔下来的，那么脚底板不会有纵向的伤痕。因为爬树时要用双脚夹住树干，脚底受伤也只能是横向的。

1402 半篮鸡蛋

篮子里的鸡蛋在60分钟时全满，一分钟之前，即59分钟的时候是半篮鸡蛋。

1403 巧租公寓

5岁的孩子说："老爷爷，这个房子我租了。我没有孩子，我只带来两个大人。"房东听了哈哈大笑，就把房子租给他们了。

1404 如何出场

可能的排列顺序应该是 $6×5×4×3=360$ 种。

1405 链形图

17。这一环中应该填的数字，遵循质数表的顺序。

1406 演员金字塔

如图所示，想象有两个这样的金字塔，它们正好拼成1个平行四边形，从图中可以很直观地看出这个平行四边形有20横行，21纵行，那么组成这个平行四边形需要 $20×21=420$ 个演员，两个金字塔需要420个演员，那么一个金字塔则需要210个演员。

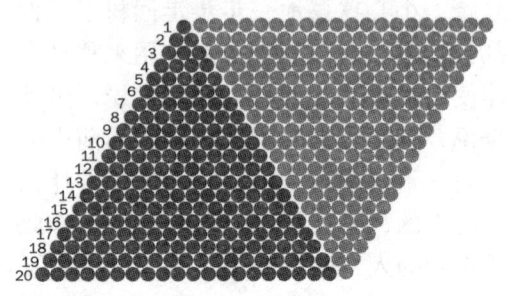

1407 T

1408 拼合图形

1409 七巧板

1410 拼拼七巧板

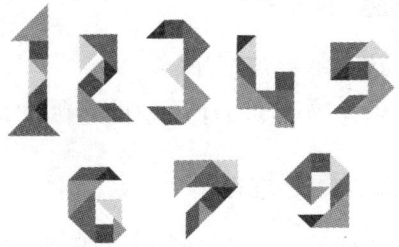

1411 篱笆

B。Billy 那块地的篱笆最长。

1412 铅球

如果球直接掉进水池里，它排出的水量等于它本身的体积。

如果球落到船上，那么它排除的水量等于它自身的重量（阿基米德定律）。由于铅球的密度比水的密度大，因此落到船上所排出的水的体积要更大。

1413 七巧板拼数字

1414 点菜

第 1 份菜单中你有 2 道可以选择，第 2 份菜单中你有 3 道可以选择，而第 3 份菜单中你有 2 种选择。因此，你的选择一共是 $2 \times 3 \times 2 = 12$ 种。

1415 "解放"棍子

8-10-7-3-2-11-5-4-13-1-6-9-12

1416 动物组合

满足条件的排序一共有 4 种，下图是其中的 1 种。

1417 曲线半径

3个圆弧看起来弯曲度差别很大，实际上它们是一样的，只是下面2个比上面那个短一些。

1418 对角线路径

在10×14长方形中对角线穿过了23个小正方形。

关于被对角线穿过的正方形的个数，我们是否可以总结出这样一个公式：被对角线穿过的正方形的个数等于长方形两个边上小正方形的个数和减去1？

这个公式适用于所有的长方形吗？

试一下6×9这个长方形。

我们得到9+6-1=14，但是对角线穿过的正方形的个数只有12个。显然，我们的公式也不适用于对角线穿过正方形的角的情况。

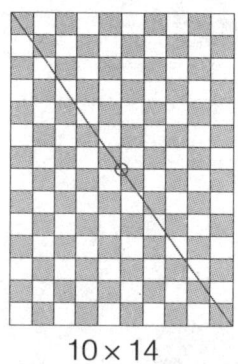
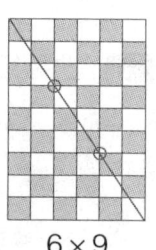

10×14　　6×9

1419 拓扑游戏

字母应该如下图分别放入3个圆圈中，其中与众不同的字母用方框标了出来。

该圆圈内的字母都不含曲线，且可以一笔写成。

该圆圈内的字母都不是闭合的。

该圆圈内的字母都是闭合的。

1420 多出的图形

F。它是唯一一块带有圆边的图片。

1421 弦的交点

每3个圆的3条公共弦有1个交点，一共有3个这样的交点，这3点连成线组成1个三角形。

1422 玩玩棋子游戏

简单的策略就是：要放置这8个棋子，就要记住每次你放1个棋子，它的最终位置应该是上一个的开始位置。如此考虑的话，就总会有一条路。

很现实的办法就是把8个棋子先摆上去，然后逆向思维。

1423 拇指结

这个结会被打开。

绳子需要绕3下才会形成新的结。

1424 穿越地球

假设没有摩擦力和空气阻力，这个球将以不断增加的速度一直下落直到到达地心。在那一点它将开始减速下落到另一边，然后停止，再无休止地重新下落。

1425 平分小圆点

我们可以从圆的外面选一点，从这

一点向圆发出射线，射线从圆的边缘开始旋转。我们可以数这条射线与圆相夹的面积内有多少个点，直到正好为100万个点为止。这时这条射线在该圆内的线段就是我们要找的线段。

如果射线一次扫射正好从999 999个点到了1 000 001个点，那就只能在圆外面另选一个点，重新来试，最后总有一条线会成功的。这就是所谓的馅饼理论的一个简单例子。

1426 数量

图中共有8×8×8个1×1的立方体。

有7×7×7个2×2的立方体。

有6×6×6个3×3的立方体。

……

依此类推，最后有1个8×8的立方体。

因此立方体的总数应该是83+73+63+53+

43+33+23+13=1296。

事实上由一个公式可以直接得到这个结果：

总的立方体数=[n×（n+1）]2，当n = 8时，得到1296。

1427 小狗吃饼干

8块饼干。

1428 剪纸

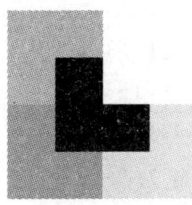

1429 路线图

如图所示，有2种不同的方法。

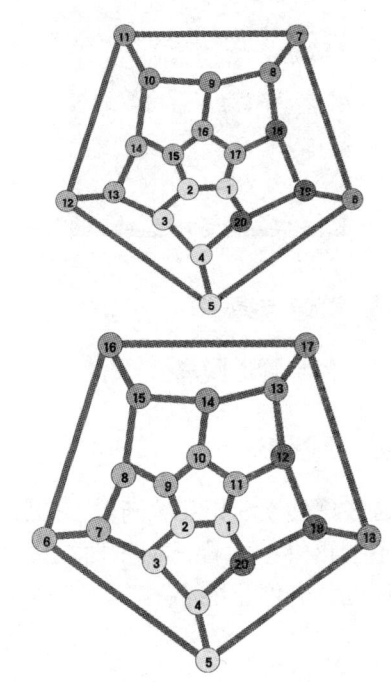

1430 走出迷宫

1431 棋子游戏

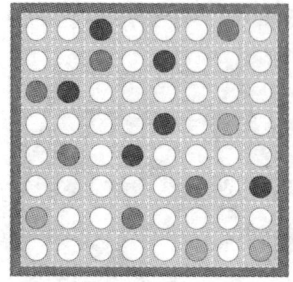

1432 管道与绳子

绳子将与管道脱离。

1433 吞吃蛇

这些蛇会逐渐相互填满对方的肚子，而且不会再继续吞食任何东西。因此这个圆环也就会停止缩小。

1434 重新拼入

如图所示，5个边长为1个单位的正方形可以拼入1个边长是2.707个单位的正方形内。

1435 方向

2。乘客行走的方向用平行四边形图示如下：

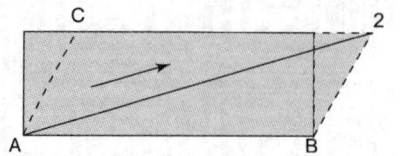

1436 金鱼的位置

从鱼身反射出的光线，由水进入空气时，在水面发生了折射，而折射角大于入射角，折射光线进入人眼，人眼逆着折射光线的方向看去，觉得这些光线好像是从它们的反向延长线的交点鱼像发出来，鱼像是鱼的虚像，鱼像的位置比实际的鱼的位置要高。

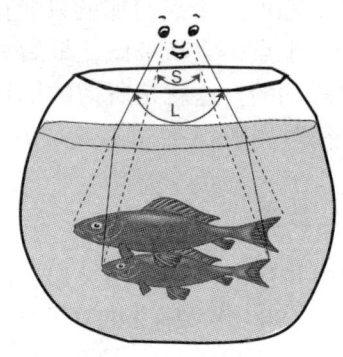

1437 线段长度

线段 AB 与 CD 一样长。

1438 小人

两者在大小上没有区别，只是后景中的人距地平线远一些。

1439 变更硬币位置

将右边第5个硬币放在拐角处的硬币上。

1440 三角形个数

1. 1个三角形
2. 5个三角形
3. 13个三角形
4. 27个三角形
5. 48个三角形
6. 78个三角形

如果n（n为每条边上三角形的个

数）为偶数，三角形的总数将遵循下面这个公式：

$$\frac{n(n+2)(2n+1)}{8}$$

而如果 n 为奇数，公式应该是：

$$\frac{n(n+2)(2n+1)-1}{8}$$

1441 大厦

在第 121 号大厦和编号开始处之间一共有 120 栋大厦。相应地就有 120 栋编号高于 294 的大厦。因此，街两旁建筑共有 294+120=414 栋。

1442 重组连续

229，230，231。

1443 加法运算

4100。

1444 数字之和

8679。将题目所在的页面颠倒，然后把 2 个数字相加。

1445 内接正方形

直角三角形的内接正方形只有 2 个，摆放位置如图所示。而最大的是用深灰色标示出来的那个正方形。

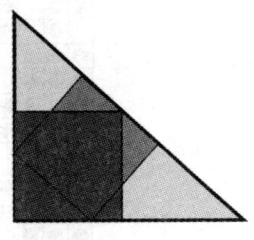

1446 围栏

在面积相等的 3 个围栏中正方形围栏所用的材料最少。

1447 有趣的跳棋游戏

如图所示，18 步是步数最少的解法。

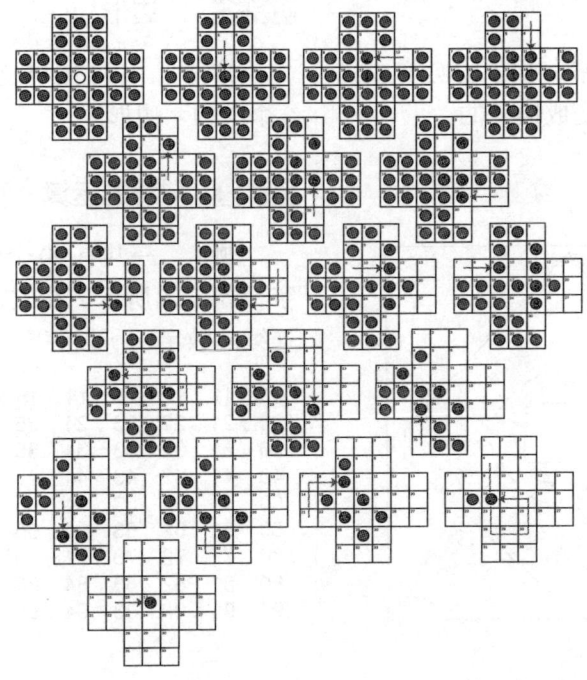

答案 | 475

1448 跳棋

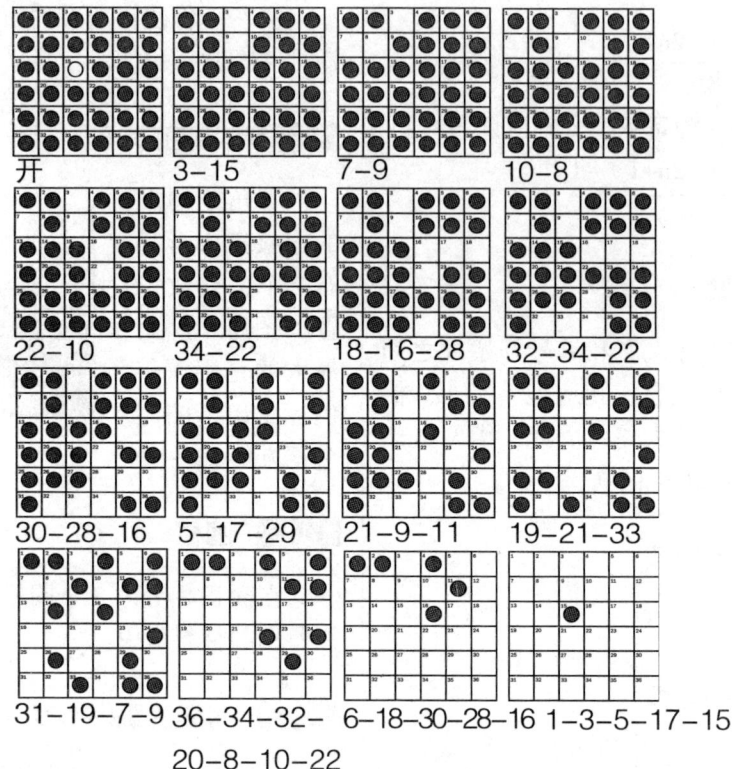

1449 变换心情

将图片颠倒过来，欢乐的会变成忧郁的，忧郁的则会变成快乐的。

1450 一笔描画

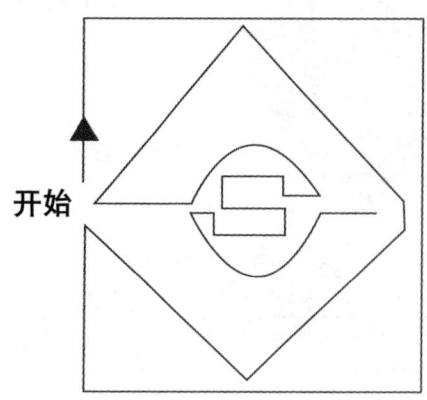

1451 六边形

21个。一共有15个小的六边形和6个大的六边形。

1452 神奇的运算

题1：一共有90个两位的阿拉伯数字，如下图所示。在它们之中有8个有连续的数字，所以答案是82个两位数。

10	11	12	13	14	15	16	17	18	19
20	21	22	23	24	25	26	27	28	29
30	31	32	33	34	35	36	37	38	39
40	41	42	43	44	45	46	47	48	49
50	51	52	53	54	55	56	57	58	59
60	61	62	63	64	65	66	67	68	69
70	71	72	73	74	75	76	77	78	79
80	81	82	83	84	85	86	87	88	89
90	91	92	93	94	95	96	97	98	99

题2：有9个两位数包含有相同的数字，所以答案是81个两位数。

题3：也许你可以在1分钟之内做完这一长串的计算。对于任何的这类四位数只要算1次就可以了，如图所示。

```
 345    543 - 345 =  198
 456    654 - 456 =  198
 567    765 - 567 =  198
 678    876 - 678 =  198
 789    987 - 789 =  198
1234   4321 - 1234 = 3087
2345   5432 - 2345 = 3087
3456   6543 - 3456 = 3087
4567   7654 - 4567 = 3087
5678   8765 - 5678 = 3087
6789   9876 - 6789 = 3087
```

1453 多少个菱形

42。有5个菱形是由9个正方形构成的，有12个菱形是由4个正方形构成的，还有25个菱形是由1个正方形构成的。

1454 油漆窗户

下图中的阴影部分就是应漆成蓝色的地方。

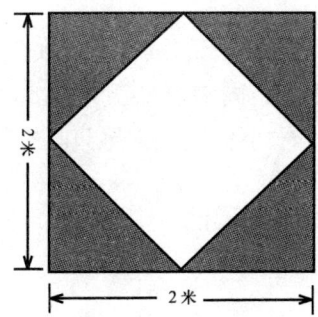

1455 1角硬币

将食指放在桌子上，方向要与这枚1角硬币相对。然后，轻轻地用手指抓动桌布。这样，硬币会慢慢地向相反的方向移动，不一会儿，它就可以从玻璃杯下面"走"出来。

1456 奶牛喝什么

人们总是习惯将"奶牛""白色""喝"与"牛奶"而不是"水"联系在一起。通过让人不断重复白色，你强化了这种联系。

1457 喇叭

葛鲁丘想出来一个十分巧妙的方法。他让商店的包装师找出一个0.9米宽、1.2米长的大盒子。他把喇叭的橡胶球拆掉，然后把喇叭放在盒子的对角线位置上（这个对角线的长度为1.5米）。这样，就符合邮局的标准了。

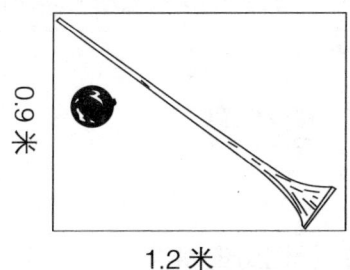

1458 扑克筹码

两行筹码要相交在一个角。而那个角上的筹码上面又有另一个筹码，这样，一行有3个筹码而另一行有4个筹码（如图所示）。

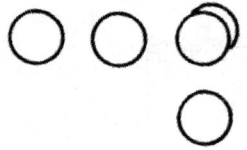

第十章　记忆力

1459 回忆填图

C。

1460 寻找底片

③。

1461 回忆手势

略。

1462 图形再现

略。

1463 补充图案

C，每行的图形不论颜色如何都是顺序重复着的。

1464 减少信息

略。

1465 记忆历史事件

这3次起义的时间可以用对比法来记，最令人头痛的是起义名称的先后顺序容易搞混。为此，可采用联想记忆法来记忆。这3次起义的名称都有颜色，即绿、红、黄，可与枫叶联系起来。枫叶春夏时绿，秋天变红，冬天变黄。

1466 记忆涂格

略。

1467 规律推图

B。

1468 面面俱到

B。

1469 消失的标记

略。

1470 选择记忆

略。

1471 判断图形

C。

1472 记住词义

略。

1473 谐音法记忆

可用谐音法记作："大鱼取两边，小鱼取中间。"同时联想到吃大鱼只吃两边的肉，吃小鱼掐头去尾只吃中间。

1474 识图记忆

略。

1475 图形选择

D。

1476 回忆选图

D。

1477 底部的图案

出现了两次的是空圆。一个图形或者出现一次，或者出现两次。假设空圆只出现一次，则图一和图二中的空圆是同一个侧面上的空圆。这样，和空圆相邻的四个侧面上，是四个互相不同并且与空圆也不同的图案。因此，图一中位于底部的图案一定出现了两次，这和条件矛盾。所以，图一和图二中的空圆是两个不同的侧面上的空圆，即出现了两次。

1478 倒扣的扑克

略。

1479 超级联想

有一顶帽子，它底下放一部电话机；电话机上尽是刺，因为这是仙人掌；拿这个仙人掌听筒的人确实不方便，何况他的嘴里还塞满点心。点心里有一个小信封，拆开里面还有钱。钱上印着一条鳗鱼，忽然这条鳗鱼变活，钻到办公桌下。原来这个办公桌是一所房屋，其烟囱是一枝巨大的铅笔，它像火箭一样向上升起，落到上衣上。上衣有花边，中间有纽扣。但上衣口袋是无底的，铅笔漏到地上的袜子里，袜子夹着木夹。忽然铅笔又飞走了，飞到猫吃的米饭碗里。猫正蹲在一本书上。它一受惊就逃出门外，被一盏车灯照射。它向前一扑，恰巧被车前的钓钩钩着了。

1480 破译数字密码

略。

1481 记忆填箭头

如图所示：

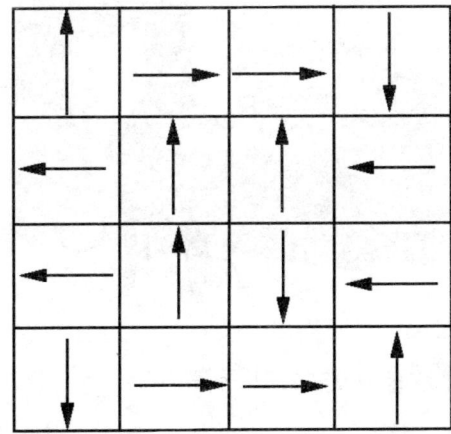

1482 过程描述

略。

1483 慧眼识星

略。

1484 记忆推图

A。

1485 图形组合

B。

1486 拼凑瓷砖

B。

1487 细节比较

如图：

1488 动物公共汽车

略。

1489 巧记圆周率

快速记住圆周率小数点后60位，3.14159265358979323846 264338327950 288419716939937 5105820974944

我们可以用两种方法记忆。前30位，用一个小故事记忆：山巅一寺一壶酒，尔乐苦杀吾，把酒吃，酒杀尔，杀不死，溜尔溜死，扇扇吧，扇尔吃酒。后30位用编码法记忆。第31～40位可记为：武林（50）中自己的儿子爬（28）上巴士（84），取药酒（19），去救一名党员（71）。第41~50位可记为：遛狗（69）的时候遇到一个卖胃药（39）的人，用一把旧伞（93）欺负（75）一个只会说"是"（10）的人。第51～60位可记为：我爸（58）用耳朵（20）去香港（97）换了一条死狗（49），这是一个事实（44）。怎么样，是不是很轻松，只要你愿意，一千位，一万位都不会太费力气的。

1490 图符相对

略。

1491 巧记书名

首先准备一套定位词，1.头顶，2.眼睛，3.耳朵，4.口，5.手，6.胸，7.背，8.臀，9.膝，10.脚。

然后可记为：我头上（1）顶着三支锅（三国演义），在看（2）一场精彩的球（好逑传）赛，耳朵（3）上挂着三个玉做得非常娇美的梨（玉娇梨），但那梨太硬不能吃，吃（4）的是平山产的冷炒燕窝（平山冷燕），手（5）上挂着一把水壶（水浒传），胸（6）前抱着（西厢记），背（7）上背着一只琵琶（琵琶记），膝（8）盖上爬着一只白色的乌龟（白圭志），屁股（9）下被我坐平了的是一个转来转去的鬼（平鬼传），脚（10）下踏着绿色的祥云（绿云缘），真是优哉游哉。

1492 与椅子有关的东西

略。

1493 图形推理

D。

1494 超级记忆

略。

1495 正方形个数

27 个。

1496 记忆分辨

如图所示：

1497 众里挑一

略。

1498 停车次数

一开始，如果你就被众多的数字所缠绕，那么你也许会很困惑，思路不清晰，不知道哪个信息是有用的，其实很简单，公交车共停了 8 站，如下表所示：

停站	上车人数（人）	下车人数（人）
第一站	4	4
第二站	10	4
第三站	6	11
第四站	4	4
第五站	15	8
第六站	7	6
第七站	0	5
第八站	8	1

1499 猫窝的门

蓝色的门应该是选择 2；红色的门应该选择 7。

1500 渐变

略。